자바 퍼시스턴스
프로그래밍
완벽 가이드

스프링 데이터, JPA, 하이버네이트를 활용한
자바 영속성 프로그래밍

자바 퍼시스턴스 프로그래밍 완벽 가이드

스프링 데이터, JPA, 하이버네이트를 활용한
자바 영속성 프로그래밍

지은이 커틀린 투도세

옮긴이 트랜스메이트

펴낸이 박찬규   엮은이 이대엽   디자인 북누리   표지디자인 Arowa & Arowana

펴낸곳 위키북스   전화 031-955-3658, 3659   팩스 031-955-3660

주소 경기도 파주시 문발로 115 세종출판벤처타운 311호

가격 48,000   페이지 728   책규격 188 x 240mm

초판 발행 2024년 02월 22일
ISBN 979-11-5839-476-9 (93000)

등록번호 제406-2006-000036호   등록일자 2006년 05월 19일

홈페이지 wikibook.co.kr   전자우편 wikibook@wikibook.co.kr

JAVA PERSISTENCE WITH SPRING DATA AND HIBERNATE by Catalin Tudose

자바 퍼시스턴스 프로그래밍
완벽 가이드
완벽 가이드

스프링 데이터, JPA, 하이버네이트를 활용한
자바 영속성 프로그래밍

커틀린 투도세 지음
트랜스메이트 옮김

위키북스

이 책을 가족, 친구, 동료, 교수, 학생, 이전 책의 독자, 제 강좌의 수강생 등

이 모든 것을 가능하게 해준 모든 분들께 바칩니다.

추천사

커틀린(Cătălin)이 추천사를 써 달라고 부탁했을 때, 제가 17년 동안 이 책에서 논의하고 해결하는 문제들을 주로 다뤄왔다는 사실을 깨달았습니다. 역사적으로 우리는 대부분의 데이터가 관계형 DBMS에 저장되는 상태에 이르렀습니다. 데이터베이스에 데이터를 저장하고, 데이터를 읽고, 필요한 경우 수정하고, 마지막으로 삭제하는 작업은 매우 간단해 보일 수 있습니다. 많은 (심지어 선임) 개발자들도 이러한 작업에 얼마나 많은 컴퓨터 과학이 담겨 있는지 깨닫지 못합니다. 자바 같은 OOP 언어에서 관계형 데이터베이스와 상호작용하는 것은 완전히 다른 규칙을 따르며 살아가는 다른 세계의 사람과 대화하는 것과 같습니다.

경력 초창기에는 정교한 로직 없이 'ResultSet'을 자바 객체에 매핑하는 데 대부분의 시간을 보냈습니다. 어렵지는 않았지만 정말 시간이 많이 걸렸습니다. 아키텍트가 갑자기 객체 구조를 변경해서 모든 것을 처음부터 다시 작성해야 하는 일은 없을 거라고 생각하는 꿈만 꾸고 있었습니다. 그리고 저만 그런 게 아니었습니다!

수작업을 줄이고 이러한 변환 작업을 자동화하기 위해 하이버네이트와 이후 스프링 데이터 같은 프레임워크가 만들어졌습니다. 이러한 프레임워크는 정말 많은 작업을 대신해줍니다. 의존성으로 추가하고 코드에 몇 가지 애너테이션을 추가하기만 하면 마법이 일어납니다! 이 방법은 소규모 프로젝트에서는 완벽하게 작동하지만, 현실의 프로젝트는 수많은 특이 케이스가 포함돼 있고 훨씬 더 규모가 큽니다!

하이버네이트와 스프링 데이터는 이 마법 같은 기능을 구현하기 위해 엄청난 노력을 기울인 꽤 오랜 역사를 가지고 있습니다. 이 책에서는 각 프레임워크의 기능, 각 프레임워크의 특이 케이스, 최적화 방법과 모범 사례에 대한 명확한 설명을 확인할 수 있습니다.

이 책의 흐름은 먼저 관계형 데이터베이스의 기본 이론과 객체/관계형 매핑(ORM)의 주요 문제를 이해할 수 있도록 설계돼 있습니다. 그런 다음 하이버네이트로 이 문제를 해결하는 방법과 스프링 프레임워크 세계의 스프링 데이터에서는 기능이 어떻게 확장되는지 살펴봅니다. 마지막으로, NoSQL 솔루션용 ORM의 사용법을 익히게 됩니다.

그리고 이러한 기술은 모든 곳에서 사용되고 있다고 할 수 있습니다! 말 그대로 모든 곳에 말입니다! 은행 계좌를 개설하거나, 항공권을 구매하거나, 정부에 민원을 넣거나, 블로그 게시물에 댓글을 작성할 때 시스템 내부에서 하이버네이트 및/또는 스프링 데이터가 해당 애플리케이션의 영속성을 처리하고 있을 확률이 높습니다! 이러한 기술은 매우 중요하며, 이 책에서는 그러한 기술의 다양한 응용 방법에 대한 정보를 제공합니다.

일을 제대로 하려면 도구를 잘 아는 것이 필수입니다. 이 책에서는 컴퓨터 과학 이론을 바탕으로 하이버네이트와 스프링 데이터로 작업을 효과적으로 처리하는 데 필요한 모든 것을 찾을 수 있습니다. 모든 자바 개발자, 특히 엔터프라이즈 기술 분야에서 일하는 개발자라면 반드시 읽어야 할 필독서입니다.

– 드미트리 알렉산드로프
오라클 소프트웨어 개발자, 자바 챔피언,
불가리아 자바 사용자 그룹 공동 리더, 《헬리돈 인 액션》 저자 데이터 영속성은 모든 애플리케이션에서 매우 중요한 부분이며, 데이터베이스는 현대 기업의 핵심입니다. 자바 같은 프로그래밍 언어는 비즈니스 엔티티에 대한 객체지향적 관점을 제공하지만 이러한 엔티티의 기반이 되는 데이터는 일반적으로 관계형 데이터입니다. 관계형 데이터와 자바 객체를 연결하는 이 같은 과제를 하이버네이트와 스프링 데이터는 객체/관계형 매핑(ORM)을 통해 해결합니다.

이 책의 저자가 보여주듯이, 가장 단순한 엔터프라이즈 환경을 제외한 모든 환경에서 ORM 기술을 효과적으로 활용하려면 관계형 데이터와 객체를 연결하는 작업에 대한 이해와 구성이 필요합니다. 이를 위해서는 개발자가 애플리케이션과 해당 애플리케이션의 데이터 요구사항, SQL 쿼리 언어, 관계형 저장소의 구조, 최적화 가능성에 대해 잘 알고 있어야 합니다.

이 책은 업계를 선도하는 도구인 스프링 데이터와 하이버네이트를 사용해 자바 영속성에 대한 포괄적인 개요를 제공합니다. 연관관계와 상속을 모델링하기 위한 타입 매핑 기능과 이를 지원하는 요소들을 사용하는 방법, Querydsl로 JPA에 쿼리해서 객체를 효율적으로 조회하는 방법, 스프링 데이터와 하이버네이트로 트랜잭션을 처리하고 관리하는 방법, 페치 계획·전략·프로파일을 만드는 방법, 데이터를 필터링하는 방법, 관리 및 비관리 환경 모두에서 사용할 수 있게 하이버네이트를 구성하는 방법, 각 환경에서 명령어를 사용하는 방법 등을 다룹니다. 또한 스프링 데이터 REST 프로젝트를 구축하고, 비관계형 데이터베이스에서 자바 영속성을 사용하고, 자바 영속성 애플리케이션을 테스트하는 방법에 대해서도 배울 수 있습니다. 이 책 전반에 걸쳐 저자는 ORM의 근본적인 문제와 하이버네이트의 설계 선택에 대한 통찰력을 제시합니다. 이러한 인사이트를 통해 독자는 엔터프라이즈 기술로서 ORM의 효과적인 활용법을 깊게 이해할 수 있습니다.

《자바 퍼시스턴스 프로그래밍 완벽 가이드》는 이러한 인기 있는 도구를 활용한 영속화 가이드의 결정판입니다. 이 책에서는 스프링 데이터 JPA, 스프링 데이터 JDBC, 스프링 데이터 REST, JPA, 하이버네이트에 대해 자세히 다루며, 각 대안을 비교하고 대조하면서 오늘날 엔터프라이즈 컴퓨팅에서 프로젝트에 가장 적합한 것을 선택할 수 있게 도와줍니다.

두 가지 이유로 이 책을 추천하게 되어 영광입니다. 첫째, 다른 사람들이 안심하고 신뢰할 수 있는 품질로 성능이 우수하고 안전하며 테스트 가능한 소프트웨어를 제작하는 데 도움이 되기를 바라는 저자의 마음을 이 책을 통해 나눌 수 있습니다. 둘째, 저는 저자를 개인적으로 알고 있으며, 저자는 개인적 측면과 기술적 측면 모두에서 뛰어납니다. 그는 소프트웨어 개발 업계에서 오랜 경험을 쌓았으며, 영상 강의, 책, 글쓰기 등의 전문적인 활동을 통해 전 세계 개발자 커뮤니티에 도움이 되는 방향으로 활동하고 있습니다.

— 모하메드 타맘, 최고 솔루션 아키텍트, NORTAL
자바 챔피언, 오라클 에이스, JCP 회원

베타리더 후기

JPA를 모르는 상태로 회사에서 JPA 기술전환 프로젝트에 참여하고 있어 공부를 하던 중 베타리딩 기회를 얻어 신청하였습니다. 한국에서는 스프링을 사용한다면 MyBatis라는 SQL 매퍼를 사용하는 경우가 많으나 점차 ORM기술인 JPA를 도입히는 기업이 늘어나는 추세인 것 같습니다. 이 책은 연관관계의 기초부터 Spring Data JPA, QueryDSL에 대한 기본 지식을 코드를 통해 친절히 설명해주며 JPA를 입문하는 입장에서 견고한 기초를 다질 수 있게 해주어 실무에서도 많은 도움이 되었습니다.

– 류찬혁, 스타트업

자바 개발 환경에서 다양한 데이터 접근 방법에 대한 소개와 각 상황에 맞게 합리적인 데이터 접근 방식을 선택한 이유를 저자의 실무 경험을 통해 설명해주는 방식이 매우 유익했습니다. 더불어, 각 프레임워크별 쿼리 실행 시간과 테스트 시간을 제시함으로써 구체적인 지표를 통해 정보를 제공하는 점도 돋보였습니다. 이 책을 끝까지 읽는다면 데이터베이스 접근 시 사용 가능한 다양한 선택지에 대한 이해뿐만 아니라, 각 상황에서 최적의 접근 방법이 무엇인지 깨닫게 될 것입니다.

– 장서연, 한국정보통신

이 책을 통해 자바에서 영속성을 효과적으로 다루는 방법에 대한 궁금증과 의문이 명쾌하게 해소되었습니다. 이론적인 내용뿐만 아니라 다양한 실제 사례와 튜토리얼을 통해 이해도를 높였고, 실무에서 겪은 어려움을 해소하는 데 큰 도움이 되었습니다. 또한 책을 읽으면서 시간이 어떻게 흘렀는지 모르게 만드는 중독성 있는 구성이 놀라웠습니다. 마지막으로, 데이터 접근 방법에 대한 심층적인 이해를 원하는 독자에게 꼭 필요한 책이라고 생각합니다.

– 이명원, 조선비즈

한국어판 감수자 후기

요즘 주위에는 데이터가 흘러넘칩니다. 최근에는 헬스케어나 IoT 산업도 발달하면서 데이터가 무궁무진하게 쌓이고 있습니다. 도메인에 상관없이 데이터는 늘 잘 저장하고 조회할 수 있어야 합니다.

이 책은 이러한 데이터를 자바 진영에서 어떻게 효율적으로 다룰 수 있는지, 그리고 자주 실수하기 쉬운 연관관계 설계에 대해 심도 있게 설명합니다. 요즘 스프링과 데이터베이스를 사용하는 신규 프로젝트 중에 JPA를 쓰지 않는 경우는 찾아보기 힘들 정도입니다. 관련 자료도 인터넷에 차고 넘칠 정도입니다. 하지만 그만큼 잘못된 정보들을 접할 가능성도 많습니다. 이 책의 저자는 그러한 함정에 빠지지 않도록 자신의 경험을 바탕으로 쌓은 노하우를 공유하고 있으며, 단순히 JPA에 대한 내용만 다루는 데 그치지 않고, 데이터베이스에 대해 좀 더 심도 있게 파고듭니다.

이 책을 감수하며 읽는 내내 책 내용에 감탄했던 저처럼 여러분들도 그러한 기분을 느껴볼 수 있으면 좋겠습니다.

끝으로 이렇게 좋은 책을 써주신 저자 커틀린 투도세, 저에게 맨 처음 번역서를 읽을 기회를 주신 위키북스에 감사드립니다.

– 이소망, 조선비즈

서문

저는 운 좋게도 25년 이상 IT 업계에 종사해 왔습니다. 저는 학생 시절과 경력 초기에 C++와 델파이로 프로그래밍을 시작했습니다. 10대 때 수학을 전공하다가 컴퓨터 공학으로 넘어오면서 두 가지를 모두 염두에 두려고 끊임없이 노력했습니다.

2000년에 저는 처음으로 자바 프로그래밍 언어에 관심을 갖게 되었습니다. 당시에는 신생 언어였지만 많은 사람들이 자바의 미래를 예측하고 있었습니다. 저는 온라인 게임 개발팀의 일원이었고, 당시 유행하던 애플릿이라는 기술을 사용했습니다. 애플리케이션 내부에서는 데이터베이스에 접근하는 프로그램이 필요했고, 우리 팀은 데이터베이스에 접근하고 상호작용하는 로직을 개발하는 데 시간을 투자했습니다. 당시에는 ORM 같은 개념이 사용되지는 않았지만 데이터베이스와 상호작용할 수 있는 자체 라이브러리를 개발해서 ORM의 초기 아이디어를 구체화할 수 있었습니다.

2004년 이후 저는 업무 시간의 90% 이상을 자바로 작업했습니다. 저에게는 새로운 시대가 열리고 있었고 코드 리팩터링, 단위 테스트, 객체/관계형 매핑과 같은 것들이 업무에 일상화되고 있었습니다.

지금은 데이터베이스에 접근하고 JPA, 하이버네이트, 스프링 데이터 같은 고수준 기술 및 프레임워크에 의존하는 자바 프로그램이 많습니다. JDBC로 작업하던 시절은 거의 기억나지 않습니다. 룩소프트(Luxoft)에서 자바 및 웹 기술 전문가이자 자바 챕터 리드로서 제가 하는 활동 중 하나는 자바 영속성이라는 주제에 대한 강좌를 진행하고 동료들에게 이 주제에 대해 코칭하는 것입니다.

2020년에 저는 매닝 출판사에서 첫 번째 책인 《JUnit in Action》을 썼고, 운 좋게도 계속해서 매닝 출판사와 함께 일할 수 있었습니다. 이 책의 이전 버전에서는 하이버네이트에 중점을 뒀지만 오늘날에는 스프링과 스프링 데이터가 자바 프로그래밍에서 점점 더 중요한 역할을 하고 있습니다. 물론 자바 영속성 애플리케이션 테스트에도 한 단원을 할애했습니다.

객체/관계형 매핑과 자바 영속성은 초창기부터 제가 사용하기 시작한 이래로 많은 발전을 거듭해 왔습니다. 특정 애플리케이션과 기술에는 특별한 지식과 접근법이 필요하기 때문에 이러한 개념은 신중한 고려와 계획이 필요합니다. 이 책은 사실상 그러한 정보를 많은 예제와 함께 제공합니다. 또한 일련의 작업을 해결하기 위한 간결하고 따라 하기 쉬운 절차를 이 책에서 발견할 수 있습니다. 여기에 설명된 방법이 업무에서 새로운 상황에 직면했을 때 어떻게 해야 할지 결정하는 데 도움이 되기를 바랍니다.

한국어판에 대한 특별 서문

제 책《Java Persistence with Spring Data and Hibernate》가 한국어로 번역되어 한국에서 출간된다는 소식을 들었을 때 무척 기뻤습니다. 자바 퍼시스턴스는 전 세계 소프트웨어 엔지니어에게 필요하고 중요한 주제로서 이 책의 번역본이 필요하다는 사실이 이를 증명합니다. 정보 기술이 점진적으로 발전함에 따라 어느 시점부터 애플리케이션에서 영속성을 다루지 않기란 거의 불가능합니다.

제 책의 집필은 2021년 1월에 시작됐습니다. 기술이 발전하고 소프트웨어 버전이 계속 업데이트되면서 책에 나오는 많은 예제에도 이를 반영해야 했기에 집필 과정은 전진과 후퇴를 반복하는 여정이었습니다. 2023년 1월에 이 책이 실제로 인쇄되기까지는 2년이 걸렸습니다. 그리고 정확히 1년이 더 지난 지금, 《Java Persistence with Spring Data and Hibernate》의 한국어판이 출간된 것은 정말 축하할 만한 일입니다! 처음 출간될 때부터 많은 관심을 불러일으켰던 이 책을 이제 한국어로 만나볼 수 있게 되어 정말 뿌듯합니다.

비록 저는 한국어를 할 줄 모르지만 경험이 풍부한 번역가가 번역을 맡아 원문에 충실하면서도 쉽게 이해할 수 있게 번역했다는 느낌을 받았습니다. 또한 지난 몇 달 동안 여러 차례의 토론을 통해 이 책의 감수를 맡은 이소망 님이 지닌 기술 지식의 세부적인 분석 수준을 확인할 수 있었기에 이 점에 대해 확신하고 있습니다.

자바 퍼시스턴스의 세계에 오신 것을 환영합니다!

2023년 12월, 루마니아 부쿠레슈티에서 커틀린 투도세

감사의 글

먼저, 수년 동안 많은 도움을 주신 교수님과 동료들, 그리고 대면 및 온라인 강좌에 참여한 많은 분들께 감사의 말씀을 드리고 싶습니다. 이분들은 이 책의 품질을 높이고 항상 개선점을 찾도록 자극을 주셨습니다.

거의 20년 동안 활동해 왔고 현재 자바 및 웹 기술 전문가이자 자바 챕터 리드로 근무하고 있는 룩소프트에 감사의 말씀을 전합니다.

이 책의 견고한 토대를 제공한 《Java Persistence with Hibernate》의 공동 저자인 크리스찬 바우어, 개빈 킹, 개리 그레고리에게 깊은 감사를 드립니다. 언젠가 여러분 모두를 직접 만나 뵙기를 기원합니다.

새로운 기술을 연구하고 자바 강좌와 자바 챕터를 함께 개발하는 룩소프트의 동료들, 블라디미르 손킨과 올렉시 크비신스키에게 감사의 마음을 전합니다. 역사상 이 시기에 러시아인과 우크라이나 엔지니어와 함께 이렇게 효과적으로 작업할 수 있는 기회는 흔치 않습니다.

인수 편집자 마이크 스티븐스, 개발 편집자 케이티 스포사토 존슨과 크리스티나 테일러, 기술 교정자 장 프랑수아 모린, 카피 편집자 앤디 캐롤, 그리고 제작진 등 매닝의 직원분들에게도 감사의 말씀을 전하고 싶습니다. 매닝 팀은 수준 높은 책을 만드는 데 큰 도움을 주었으며, 앞으로도 이런 기회가 더 많아지기를 기대합니다.

저명한 두 전문가인 드미트리 알렉산드로프와 모하메드 타만이 이 책을 높이 평가하고 추천사를 써주셔서 기쁩니다. 기술적인 문제를 함께 분석하는 것은 언제나 큰 기쁨입니다.

모든 리뷰어 여러분께: Amrah Umudlu, Andres Sacco, Bernhard Schuhmann, Bhagvan Kommadi, Damián Mazzini, Daniel Carl, Abayomi Otebolaku, Fernando Bernardino, Greg Gendron, Hilde Van Gysel, Jan van Nimwegen, Javid Asgarov, Kim Gabrielsen, Kim Kjærsulf, Marcus Geselle, Matt Deimel, Mladen Knezic, Najeeb Arif, Nathan B. Crocker, Özay Duman, Piotr Gliźniewicz, Rajinder Yadav, Richard Meinsen, Sergiy Pylypets, Steve Prior, Yago Rubio, Yogesh Shetty, Zorodzayi Mukuy—여러분의 제안이 이 책을 더 나은 책으로 만드는 데 큰 도움이 되었습니다.

이 책에 관해

《자바 퍼시스턴스 프로그래밍 완벽 가이드》에서는 가장 널리 사용되는 도구를 이용한 영속성을 살펴봅니다. 스프링 데이터 JPA, 스프링 데이터 JDBC, 스프링 데이터 REST, JPA, 하이버네이트를 자세히 다루고, 대안을 비교 및 대조하면서 프로젝트에 가장 적합한 것을 선택할 수 있게 돕습니다.

이 책에서는 객체/관계형 매핑(ORM)에 대한 실습 소개부터 시작해서 객체와 데이터베이스를 연결하기 위한 매핑 전략을 자세히 살펴봅니다. 하이버네이트와 스프링 데이터의 트랜잭션에 대한 다양한 접근 방식과 비관계형 데이터베이스로 자바 영속성을 제공하는 방법까지 배우게 됩니다. 마지막으로, 코드를 깔끔하고 버그 없이 유지하기 위한 영속성 애플리케이션의 테스트 전략을 살펴봅니다.

대상 독자

이 책은 이미 자바 코드 작성에 능숙하고 데이터베이스와 쉽고 효과적으로 상호작용하는 애플리케이션을 개발하는 방법을 배우는 데 관심이 있는 애플리케이션 개발자를 위한 책입니다. 객체지향 프로그래밍에 익숙하고 최소한 자바에 대한 실무 지식이 있어야 합니다. 또한 메이븐에 대한 실무 지식이 있어야 하며, 메이븐 프로젝트를 빌드하고 IntelliJ IDEA에서 자바 프로그램을 열어 편집하고 실행할 수 있어야 합니다. 일부 단원에서는 스프링이나 REST 같은 기술에 대한 기본 지식이 필요합니다.

이 책의 구성: 로드맵

이 책은 총 6부, 20개의 장으로 구성돼 있습니다. 1부에서 다루는 내용은 ORM을 시작하는 데 도움이 될 것입니다.

- 1장에서는 객체/관계형 패러다임의 불일치와 이를 해결하기 위한 몇 가지 전략, 그중에서도 객체/관계형 매핑(ORM)을 소개합니다.

- 2장에서는 자카르타 퍼시스턴스 API, 하이버네이트, 스프링 데이터를 사용한 튜토리얼을 단계별로 안내하며, "Hello World" 예제를 구현하고 테스트합니다.

- 3장에서는 복잡한 비즈니스 도메인 모델을 자바로 설계하고 구현하는 방법과 매핑 메타데이터 옵션을 소개합니다.

- 4장에서는 스프링 데이터 JPA를 처음으로 소개하고, 이를 활용하는 방법과 기능을 소개합니다.

2부에서는 클래스와 프로퍼티에서 테이블과 칼럼에 이르기까지 ORM에 대해 설명합니다.

- 5장에서는 일반적인 클래스 및 프로퍼티 매핑으로 시작해서 잘게 세분화된 자바 도메인 모델을 매핑하는 방법을 설명합니다.

- 6장에서는 기본 프로퍼티와 임베드 가능한 컴포넌트를 매핑하는 방법과 자바와 SQL 타입 간의 매핑을 제어하는 방법을 설명합니다.

- 7장에서는 4가지 기본 상속 매핑 전략을 사용해 엔티티의 상속 계층구조를 데이터베이스에 매핑하는 방법을 설명합니다.

- 8장에서는 컬렉션 및 엔티티 연관관계 매핑에 대해 설명합니다.

- 9장에서는 일대일 엔티티 연관관계 매핑, 일대다 매핑 옵션, 다대다 및 삼항 엔티티 관계와 같은 고급 엔티티 연관관계 매핑에 대해 자세히 살펴봅니다.

- 10장에서는 데이터 관리, 객체의 수명주기 및 상태, 자카르타 퍼시스턴스 API를 효과적으로 사용하는 방법을 다룹니다.

3부에서는 하이버네이트와 자바 퍼시스턴스를 이용한 데이터 로드와 저장에 대해 알아봅니다. 프로그래밍 인터페이스, 트랜잭션 방식의 애플리케이션을 작성하는 방법, 하이버네이트가 데이터베이스에서 데이터를 가장 효율적으로 로드하는 방법을 소개합니다.

- 11장에서는 데이터베이스 트랜잭션과 시스템 트랜잭션의 핵심 요소를 정의하고 하이버네이트, JPA 및 스프링으로 동시 접근을 제어하는 방법을 설명합니다.

- 12장에서는 지연 로딩과 즉시 로딩, 페치 계획·전략·프로파일을 살펴보고, SQL 실행 최적화에 대한 논의로 마무리합니다.

- 13장에서는 상태 전이 연쇄 적용, 이벤트 수신과 인터셉트, 하이버네이트 엔버스를 활용한 감사 및 버전 관리, 동적 데이터 필터링에 대해 설명합니다.

4부에서는 오늘날 가장 널리 사용되는 자바 프레임워크인 스프링을 활용해 자바 영속성 애플리케이션을 구축하는 방법을 다룹니다.

- 14장에서는 JPA 또는 하이버네이트 애플리케이션을 생성하고 스프링과 통합하기 위한 가장 중요한 전략을 소개합니다.

- 15장에서는 스프링 데이터 프레임워크의 산하 프로젝트 중 하나인 스프링 데이터 JDBC를 활용해 영속성 애플리케이션을 개발할 수 있는 가능성을 소개하고 분석합니다.

- 16장에서는 REST(Representational State Transfer) 아키텍처 스타일로 애플리케이션을 구축하는 데 사용할 수 있는 스프링 데이터 REST를 살펴봅니다.

5부에서는 자주 사용되는 NoSQL 데이터베이스인 MongoDB와 Neo4j에 자바 애플리케이션을 연결합니다.

- 17장에서는 스프링 데이터 MongoDB 프레임워크의 가장 중요한 기능을 설명하고 앞에서 설명한 스프링 데이터 JPA 및 스프링 데이터 JDBC와 비교합니다.
- 18장에서는 하이버네이트 OGM 프레임워크를 소개하고 JPA 코드를 사용해 다양한 NoSQL 데이터베이스(MongoDB 와 Neo4j)에 연결하는 방법을 설명합니다.

6부에서는 쿼리를 작성하는 방법과 자바 영속성 애플리케이션을 테스트하는 방법을 다룹니다.

- 19장에서는 자바 프로그램을 사용해 데이터베이스를 쿼리할 수 있는 대안 중 하나인 Querydsl을 살펴봅니다.
- 20장에서는 테스트 피라미드를 소개하고 해당 맥락에서 영속성 테스트를 분석해서 자바 영속성 애플리케이션을 테스트하는 방법을 살펴봅니다.

예제 코드

이 책에는 대부분 짧은 코드 조각이 아닌 큰 코드 블록이 포함돼 있습니다. 따라서 모든 코드 예제에 대해 주석과 함께 본문을 통해 설명합니다.

모든 예제에 대한 전체 소스코드는 이 책의 깃허브 저장소[1]에서 다운로드할 수 있습니다. 이 책의 예제 코드는 위키북스 홈페이지(https://wikibook.co.kr/javapersistence/)에서도 다운로드할 수 있습니다.

---

1 (옮긴이) 이 책의 원서와 한국어판 본문은 스프링 부트 2.7을 기반으로 구성돼 있습니다. 이와 별도로 한국어판의 감수를 담당한 이소망 님이 스프링 부트 3.1.5를 비롯해 비교적 최신 버전으로 테스트한 예제 코드를 아래 브랜치를 통해 제공하고 있으니 최신 버전의 코드가 궁금하신 분들은 참고하실 수 있습니다.
- https://github.com/wikibook/javapersistence/tree/springboot3

저자 소개

커틀린 투도세(Cătălin Tudose)는 루미니아 아르제슈주 피테슈티에서 태어나 1997년 부쿠레슈티에서 컴퓨터 공학 학위를 취득했습니다. 또한 이 분야에서 박사 학위도 취득했습니다. 자바 분야에서 20년 이상의 경력을 보유하고 있으며, 현재 룩소프트 루마니아 지부에서 사바 및 웹 기술 전문가로 활동하고 있습니다. 부쿠레슈티의 자동화 및 컴퓨터 학부에서 조교 및 교수로 2,000시간 이상의 과정과 애플리케이션을 가르쳤습니다. 또한 폴란드에서 약 50명의 신입 자바 프로그래머를 양성한 기업 주니어 프로그램을 비롯해 회사 내에서 3,000시간 이상 자바를 가르쳤습니다. 그는 UMUC(University of Maryland University College)에서 『자바를 사용한 컴퓨터 그래픽스』(CMSC 405), 『자바 중급 프로그래밍』(CMIS 242), 『자바 고급 프로그래밍』(CMIS 440) 같은 온라인 강좌를 개설하기도 했습니다. 커틀린은 JUnit 5, 스프링, 하이버네이트와 관련된 주제에 대해 "JUnit 5를 이용한 TDD", "자바 BDD 기초", "자바에서의 테스트 피라미드 전략 구현", "스프링 프레임워크: 스프링 AOP를 이용한 관점 지향 프로그래밍", "JUnit 4에서 JUnit 5 테스트 플랫폼으로의 마이그레이션", "하이버네이트 5를 이용한 자바 영속성 기초"와 같은 6개의 강좌를 플루럴사이트(Pluralsight)와 함께 개발했습니다. IT 분야와 수학 외에도 세계 문화와 축구에도 관심이 많습니다. 그는 FC 아르제슈 피테슈티의 평생 서포터입니다.

옮긴이 소개

트랜스메이트

다양한 IT 기술과 주제에 관심 있는 사람들이 함께하는 번역가 모임입니다. 시시각각 변화하는 IT 분야에 발맞춰 정확하게 이해하고 편안하게 읽을 수 있는 기술서로 거듭날 수 있게 노력하고 있습니다.

한국어판 감수자 소개

이소망

현 조선비즈 검색 개발자로 조선닷컴의 검색 서비스를 개발 및 운영하고 있습니다. 책 읽는 것을 좋아하고 (특히 개발과 관련된 책을 좋아한다) 새로운 기술이 나오면 동료 개발자들에게 꼭 소개하는 편입니다. 최근에는 전사의 디지털 전환에 힘을 보태고자 다양한 기술들을 공부해보고 있습니다.

《Java Persistent with Hibernate》 2판의 저자

크리스찬 바우어(Christian Bauer)는 하이버네이트 개발자 팀의 일원으로 트레이너 및 컨설턴트로 활동하고 있습니다.

개빈 킹(Gavin King)은 하이버네이트의 창시자이며 레드햇의 저명한 엔지니어입니다. JPA와 EJB 3의 설계를 도왔으며, CDI 명세의 명세 책임자이자 제작자이기도 합니다. 최근에는 하이버네이트 6 및 하이버네이트 리액티브에 참여했으며, 쿼커스(Quarkus)의 설계를 자문하기도 했습니다. 개빈은 전 세계 수백 개의 컨퍼런스와 자바 사용자 그룹에서 발표해왔습니다.

개리 그레고리(Gary Gregory)는 로켓 소프트웨어(Rocket Software)의 수석 소프트웨어 엔지니어로, 애플리케이션 서버 및 레거시 통합을 담당하고 있습니다. 그는 매닝 출판사의 《JUnit in Action》과 《Spring Batch in Action》의 공동 저자이며, 아파치 소프트웨어 재단에서 운영하는 프로젝트인 Commons, HttpComponents, Logging Services, Xalan 프로젝트의 프로젝트 관리 위원회 위원으로 활동하고 있습니다.

표지 삽화 정보

《자바 퍼시스턴스 프로그래밍 완벽 가이드》의 표지에 있는 그림은 1788년에 출판된 자크 그라세 드 생소베르의 컬렉션에서 가져온 "Homme Maltois", 즉 "몰타에서 온 남자"입니다. 각 삽화는 손으로 정교하게 그려지고 채색되었습니다.

당시에는 복장만 보고도 사람들이 어디에 사는지, 직업이나 지위가 무엇인지 쉽게 알 수 있었습니다. 매닝 출판사는 이 같은 컬렉션에서 발췌한 그림을 통해 2세기 전 지역 문화의 풍부한 다양성을 바탕으로 한 책 표지로 컴퓨터 비즈니스의 독창성과 진취성을 나타내고 있습니다.

1부

ORM 시작하기

3 부

/

트랜잭션 방식의
데이터 처리

부록

**자바 퍼시스턴스
프로그래밍**
완벽 가이드
스프링 데이터, JPA, 하이버네이트를 활용한
자바 영속성 프로그래밍

1부

ORM
시작하기

1부에서는 객체 영속성이 왜 그렇게 복잡한 주제이고 실무에 적용 가능한 해결책은 무엇인지 살펴봅니다. 1장에서는 객체/관계형 패러다임의 불일치(paradigm mismatch)와 이를 해결하기 위한 몇 가지 전략, 그중에서도 객체/관계형 매핑(Object/Relational Mapping; ORM)을 소개합니다. 2장에서는 자카르타 퍼시스턴스 API(Jakarta Persistence API; JPA)와 하이버네이트(Hibernate), 스프링 데이터(Spring Data)를 이용한 기초 실습을 단계별로 안내하고 이를 위해 "Hello World" 예제를 구현하고 테스트하겠습니다. 이렇게 준비를 마치면 3장에서 복잡한 비즈니스 도메인 모델을 자바로 설계 및 구현하는 방법과 사용 가능한 매핑 메타데이터 옵션을 학습할 수 있게 됩니다. 이어서 4장에서는 스프링 데이터 JPA를 이용하는 방법을 살펴봅니다.

1부를 읽고 나면 ORM이 필요한 이유와 JPA, 하이버네이트, 스프링 데이터가 실제로 어떻게 작동하는지 이해하게 될 것입니다. 그 과정에서 첫 번째 소규모 프로젝트를 만들고 더 복잡한 문제를 해결할 준비가 될 것입니다. 또한 실제 비즈니스 엔티티를 자바 도메인 모델로 구현하는 방법과 ORM 메타데이터를 활용할 때 어떤 형식을 사용할 수 있는지도 알게 됩니다.

01

객체/관계형 영속성 이해

이번 장에서 다루는 내용

- 자바 애플리케이션에서 SQL 데이터베이스를 이용한 영속화

- 객체/관계형 패러다임의 불일치 분석

- ORM, JPA, 하이버네이트, 스프링 데이터 소개

이 책에서는 JPA, 하이버네이트, 스프링 데이터에 대해 설명하며, 하이버네이트를 자카르타 퍼시스턴스 API(기존 자바 퍼시스턴스 API)의 공급자로 사용하고 스프링 데이터를 데이터 접근을 위한 스프링 기반 프로그래밍 모델로 사용하는 데 중점을 두고 있습니다. 이 책에서는 기본 기능과 고급 기능을 다루고 자바 퍼시스턴스 API를 사용해 새로운 애플리케이션을 개발하는 몇 가지 방법을 설명합니다. 이 책에서 권장하는 내용은 하이버네이트나 스프링 데이터에만 국한되지 않는 경우가 많으며, 때로는 하이버네이트와 스프링 데이터의 맥락에서 설명한, 데이터 영속화를 다룰 때 가장 좋은 방법에 대한 아이디어이기도 합니다.

영속성 데이터의 관리 방법을 선택하는 것은 여러 소프트웨어 프로젝트에서 핵심적인 설계 결정일 수 있습니다. 영속성은 자바 커뮤니티에서 항상 열띤 논쟁의 주제였습니다. 영속성은 SQL이나 저장 프로시저 같은 확장 기능으로 이미 해결된 문제일까요, 아니면 특별한 자바 프레임워크로 해결해야 하는 더 보편적인 문제일까요? 가장 기초적인 CRUD(생성, 읽기, 업데이트, 삭제) 연산도 SQL과 JDBC에서 직접 코딩해야 할까요, 아니면 이 작업을 전담 계층에 넘겨야 할까요? 모든 데이터베이스 관리 시스템마다 고유한 SQL 방언이 있는 경우에는 어떻게 이식성을 확보할 수 있을까요? SQL을 완전히 버리고 객체 데이터베이스 시스템이나 NoSQL 시스템과 같은 다른 데이터베이스 기술을 채택해야 할까요? 이 논쟁은 끝나지 않

을 수도 있지만 **객체/관계형 매핑**(Object/Relational Mapping; ORM)이라는 솔루션이 현재 폭넓게 사용되고 있습니다. 이는 오픈소스 ORM 서비스 구현체인 하이버네이트, 그리고 관계형 데이터베이스 시스템과 NoSQL 데이터베이스를 비롯한 다양한 종류의 영속성 저장소에 대한 접근을 통합하고 용이하게 하는 것을 목적으로 하는 스프링 제품군의 산하 프로젝트인 스프링 데이터의 영향이 크다고 할 수 있습니다.

하지만 하이버네이트와 스프링 데이터를 알아보기에 앞서 객체 영속성과 ORM의 핵심 문제를 이해해야 합니다. 이번 장에서는 하이버네이트나 스프링 데이터 같은 도구가 필요한 이유와 **자카르타 퍼시스턴스 API**(Jakarta Persistence API; JPA) 같은 명세에 대해 설명합니다.

먼저 소프트웨어 애플리케이션의 맥락에서 영속성 데이터 관리를 정의하고, 하이버네이트와 스프링 데이터의 기반이 되는 기술이자 표준인 SQL, JDBC, 자바 간의 관계에 대해 설명합니다. 그런 다음, 이른바 **객체/관계형 패러다임의 불일치**와 SQL 데이터베이스를 이용한 객체지향 소프트웨어 개발에서 발생하는 일반적인 문제에 대해 논의할 것입니다. 이러한 문제를 통해 애플리케이션에서 영속성 관련 코드에 소요되는 시간을 최소화할 수 있는 도구와 패턴이 필요하다는 점을 명확하게 알 수 있습니다.

하이버네이트와 스프링 데이터를 배울 때 반드시 차례대로 배울 필요는 없습니다. 하이버네이트나 스프링 데이터를 바로 사용해 보고 싶을 수도 있습니다. 그러려면 다음 장으로 건너뛰어 "Hello World" 예제를 사용해 프로젝트를 설정합니다. 이 책을 읽는 도중에 어느 시점에는 이곳으로 돌아오는 것을 권장하며, 그렇게 하면 나머지 내용을 이해하는 데 필요한 배경 지식을 쌓을 수 있을 것입니다.

1.1 영속성이란?

대부분의 애플리케이션에는 영속성 데이터가 필요합니다. 영속성은 애플리케이션 개발의 기본 개념 중 하나입니다. 정보 시스템의 전원이 꺼졌을 때 데이터를 보존하지 못한다면 그 시스템은 실용적이지 못할 것입니다. **객체 영속성**(object persistence)이란 개별 객체가 애플리케이션 프로세스보다 오래 유지될 수 있음을 의미하며, 각 객체는 데이터 저장소에 저장했다가 나중에 특정 시점에서 다시 생성할 수 있습니다. 자바에서 영속성에 대해 이야기할 때는 일반적으로 SQL을 사용해 데이터베이스의 객체 인스턴스를 매핑하고 데이터베이스에 저장하는 것을 말합니다.

먼저 영속성이 무엇이고 자바에서 영속성이 어떻게 사용되는지 간략하게 살펴보겠습니다. 이 정보를 바탕으로 영속성에 대한 논의를 이어가고 객체지향 애플리케이션에서 영속성이 어떻게 구현되는지 살펴보겠습니다.

1.1.1 관계형 데이터베이스

다른 대부분의 소프트웨어 엔지니어와 마찬가지로 여러분도 SQL과 관계형 데이터베이스를 사용해본 적이 있을 것입니다. 많은 사람들이 매일 이러한 시스템을 다루고 있습니다. 관계형 데이터베이스 관리 시스템에는 SQL 기반 애플리케이션 프로그래밍 인터페이스가 있으므로 오늘날의 관계형 데이터베이스 제품을 SQL **데이터베이스 관리 시스템(database management system; DBMS)**이라 부르거나 특정 시스템에 대해 이야기할 때는 SQL **데이터베이스**라고 부릅니다.

관계형 기술은 잘 알려진 기술이며, 이 점만으로도 많은 조직이 관계형 기술을 선택하는 충분한 이유가 됩니다. 또한 관계형 데이터베이스는 데이터 관리에 있어서도 매우 유연하고 강력한 접근법입니다. 관계형 데이터 모델의 이론적 기반이 잘 연구되어 있기 때문에 관계형 데이터베이스는 저장된 데이터의 무결성을 보장하고 보호할 수 있을 뿐만 아니라 다른 바람직한 특성도 갖추고 있습니다. 관계형 모델을 소개한 E.F. 코드(E.F. Codd)의 50년 전 논문인 "대규모 공유 데이터 뱅크를 위한 관계형 데이터 모델(A Relational Model of Data for Large Shared Data Banks)"(Codd, 1970)을 잘 알고 있을 것입니다. SQL에 초점을 맞춘 더 최근의 개론서로는 C.J. 데이트(C.J. Date)의 "SQL과 관계형 이론(SQL and Relational Theory)"(Date, 2015)이 있습니다.

관계형 DBMS는 자바에만 국한되지 않으며, SQL 데이터베이스도 특정 애플리케이션에만 국한되지 않습니다. 이 중요한 원칙을 **데이터 독립성(data independence)**이라고 합니다. 즉, **데이터는 일반적으로 애플리케이션보다 수명이 길다**는 뜻입니다. 관계형 기술은 서로 다른 애플리케이션 간에 또는 한 시스템 내의 여러 부분(예: 데이터 입력 애플리케이션과 리포팅 애플리케이션) 간에 데이터를 공유하는 수단을 제공합니다. 관계형 기술은 여러 이질적인 시스템과 기술 플랫폼의 공통 분모입니다. 따라서 관계형 데이터 모델이 비즈니스 엔티티를 전사적으로 표현하기 위한 기반이 될 때가 많습니다.

SQL 데이터베이스의 실용적인 측면에 대해 자세히 알아보기에 앞서 한 가지 중요한 사항을 언급할 필요가 있습니다. 즉, 관계형 데이터베이스로 판매되곤 있지만 SQL 데이터 언어 인터페이스만 제공하는 데이터베이스 시스템은 실제로 관계형 데이터베이스가 아니며 여러 면에서 원래 개념에 가깝지도 않습니다. 당연히 이로 인해 혼란이 야기됐습니다. SQL 실무자는 관계형 데이터 모델의 단점을 SQL 언어의 단점으로 돌리고, 관계형 데이터 관리 전문가는 SQL 표준이 관계형 모델이나 이상에 대한 구현으로서 빈약하다고 비난합니다. 이 책 전체에 걸쳐 이 문제의 몇 가지 중요한 측면을 강조하겠지만 일반적으로는 실용적인 측면에 초점을 맞출 것입니다. 이와 관련된 자료에 관심이 있다면 관계형 데이터베이스 시스템의 이론과 개념에 대해 라메즈 엘마스리(Ramez Elmasri)와 샴칸트 B. 나바스(Shamkant B. Navathe)의 "Fundamentals of Database Systems"(Elmasri, 2016) [1]를 적극 추천합니다.

1.1.2 SQL 이해

JPA, 하이버네이트, 스프링 데이터를 효과적으로 사용하려면 먼저 관계형 모델과 SQL에 대해 탄탄하게 이해할 필요가 있습니다. 관계형 모델과 정보 모델, 데이터의 무결성을 보장하기 위한 정규화와 같은 주제를 이해해야 하고, 애플리케이션의 성능을 최적화하기 위해서는 SQL에 대한 지식을 활용해야 하는데, 이 모든 것이 이 책을 읽기 위한 전제 조건입니다. 하이버네이트와 스프링 데이터는 여러 반복적인 코딩 작업을 간소화하지만 최신 SQL 데이터베이스를 최대한 활용하려면 프레임워크 자체를 비롯해 영속성 기술에 대한 더욱더 폭넓은 지식이 필요합니다. 더 심도 있는 자료가 필요하다면 이 책의 마지막에 있는 참고 문헌을 참조하세요.

아마도 여러분은 수년 동안 SQL을 사용해 왔으며 이 언어로 작성된 기본 연산과 구문에 익숙할 것입니다. 하지만 저자의 경험에 비추어 볼 때 SQL은 때때로 기억하기 어렵고 일부 용어는 용법이 다양하기도 합니다.

SQL에 익숙해질 수 있도록 이 책에서 사용할 몇 가지 SQL 용어에 대해 간략히 살펴보겠습니다. SQL은 **데이터 정의 언어**(data definition language; DDL)로 사용되며, DBMS에서 테이블이나 제약조건(constraint)과 같은 요소를 **생성, 변경, 삭제**하기 위한 구문을 갖추고 있습니다. 이러한 **스키마**(schema)가 준비되면 SQL을 **데이터 조작 언어**(data manipulation language; DML)로 사용해 **삽입, 업데이트, 삭제** 등 데이터에 대한 연산을 수행할 수 있습니다. **제한**(restriction), **프로젝션**(projection), **카테시안 곱**(Cartesian product)과 함께 **데이터 질의 언어**(data query language; DQL)를 실행해 데이터를 조회할 수 있습니다. 효율적인 리포팅을 위해 필요에 따라 SQL을 사용해 데이터를 **조인**(join), **집계**(aggregate), **그룹화**(group)할 수 있습니다. **서브쿼리**(subselect)를 사용하는 기법을 활용해 한 SQL문을 다른 SQL에 중첩할 수도 있습니다. 비즈니스 요구사항이 변경되면 데이터가 저장된 후 DDL 문을 사용해 데이터베이스 스키마를 다시 수정해야 하는데, 이를 **스키마 진화**(schema evolution)라고 합니다. 또한 SQL을 **데이터 제어 언어**(data control language; DCL)로 사용해 데이터베이스 또는 데이터베이스의 일부분에 대한 접근 권한을 **부여**(grant)하거나 **취소**(revoke)할 수도 있습니다.

---

1 한국어판: 《데이터베이스 시스템》(홍릉과학출판사, 2019)

SQL 전문가를 위한 최적화와 SQL 실행 방식에 대해 더 자세히 알고 싶다면 댄 토우(Dan Tow)의 훌륭한 책인 "SQL 튜닝(SQL Tuning)"(Tow, 2003)을 구입해 보길 바랍니다. SQL을 사용하지 않는 관점에서 SQL의 실용적인 측면을 살펴보고 싶다면 빌 카윈(Bill Karwin)이 쓴 "SQL 안티패턴: 데이터베이스 프로그래밍의 함정 피하기(SQL Antipatterns: Avoiding the Pitfalls of Database Programming)"(Karwin, 2010)[2]가 훌륭한 참고 자료입니다.

ORM은 이러한 SQL 데이터베이스와 더불어 데이터베이스에 영속화되고 데이터베이스에서 가져와야 하는 자바 애플리케이션의 데이터로 구성됩니다.

1.1.3 자바에서의 SQL 사용

자바 애플리케이션에서 SQL 데이터베이스를 활용할 때는 JDBC(Java Database Connectivity) API를 통해 데이터베이스에 SQL 문을 전달합니다. SQL을 직접 작성해서 자바 코드에 포함하든, 자바 코드를 통해 SQL을 생성하든, 쿼리 매개변수를 준비하고, 쿼리를 실행하며, 쿼리 결과를 순회하고, 결과 집합에서 값을 조회하는 등의 작업을 수행할 때 JDBC API를 사용해 인수를 바인딩합니다. 이러한 작업은 저수준의 데이터 접근 작업이며, 애플리케이션 엔지니어라면 이러한 데이터 접근이 필요한 비즈니스 문제에 더 관심이 있을 것입니다. 여러분이 작성하고 싶은 코드는 이러한 저수준 작업을 덜어주는, 클래스의 인스턴스를 저장하고 조회하는 코드일 것입니다.

데이터 접근 작업은 매우 지루할 때가 많아서 관계형 데이터 모델과 (특히) SQL이 객체지향 애플리케이션의 영속성을 위한 올바른 선택인지 고민해볼 필요가 있습니다. 이 문제에 대해서는 "그렇다"라고 명확하게 답할 수 있습니다. SQL 데이터베이스가 IT 업계에서 널리 사용되는 데는 여러 가지 이유가 있습니다. 바로 관계형 데이터베이스 관리 시스템이 입증된 유일한 범용 데이터 관리 기술이며, 자바 프로젝트에서 거의 항상 **요구되는** 기술이기 때문입니다.

참고로 관계형 기술이 **언제나** 최고의 솔루션이라는 말은 아닙니다. 데이터 관리 요구사항에 따라 완전히 다른 접근 방식이 필요하기도 합니다. 예를 들어, 인터넷 규모의 분산 시스템(웹 검색 엔진, CDN(content distribution networks), P2P 공유, 메신저)은 엄청난 양의 트랜잭션을 처리해야 합니다. 이러한 시스템 중 상당수는 데이터 업데이트가 완료된 후 모든 프로세스에서 동일한 업데이트된 데이터(강력한 트랜잭션 일관성)를 볼 필요가 없습니다. 일관성이 다소 부족하더라도 사용자는 만족할 수 있습니다. 즉, 데이터 업데이트 후 모든 프로세스가 업데이트된 데이터를 보기 전에 데이터가 서로 불일치하는

---

2 한국어판: 《SQL AntiPatterns》(인사이트, 2011)

구간이 있을 수 있습니다. 이와 달리 일부 과학용 애플리케이션은 방대하지만 매우 특화된 데이터셋을 이용합니다. 이러한 시스템들은 일반적으로 해당 시스템에 특화되고 맞춤형 영속성 솔루션을 필요로 할 때가 많습니다. 이러한 시스템에서는 ACID 호환 트랜잭션 SQL 데이터베이스, JDBC, 하이버네이트, 스프링 데이터 같은 일반적인 데이터 관리 도구들의 역할은 제한적일 수밖에 없습니다.

인터넷 규모의 관계형 시스템[3]

관계형 시스템 및 이와 관련된 데이터 무결성 보장이 왜 시스템 규모에 따라 확장하기 어려운지 이해하려면 먼저 CAP 정리(CAP theorem)를 숙지하는 것이 좋습니다. 이 정리에 따르면 분산 시스템은 **일관성**(consistency), **가용성**(availability), **파티션 장애 내성**(partition tolerance)을 동시에 갖출 수 없습니다.

시스템은 모든 노드가 동시에 동일한 데이터를 볼 수 있고 데이터 읽기와 쓰기 요청이 항상 응답하도록 보장할 수 있습니다. 하지만 호스트나 네트워크, 데이터센터 문제로 인해 시스템의 일부에 장애가 발생하면 강력한 일관성 또는 100% 가용성을 포기해야 합니다. 즉, 실무에서는 파티션 장애를 감지하고 일관성 또는 가용성을 일정 수준으로 복원하는 전략이 필요합니다(예: 백그라운드에서 데이터 동기화가 이뤄질 수 있도록 시스템의 일부를 일시적으로 사용할 수 없게 만듦). 데이터나 사용자, 작업에 따라 강력한 일관성이 필요한지 여부가 결정되는 경우가 많습니다.

이 책에서는 **도메인 모델**(domain model)을 사용하는 객체지향 애플리케이션의 맥락에서 데이터 저장 및 공유 문제를 고려할 것입니다. 애플리케이션의 비즈니스 로직은 `java.sql.ResultSet`의 로우(row)와 칼럼(column)을 직접 다루는 대신 애플리케이션에 특화된 객체지향 도메인 모델과 상호작용하게 됩니다. 예를 들어, 온라인 경매 시스템의 SQL 데이터베이스 스키마에 ITEM 테이블과 BID 테이블이 있다면 자바 애플리케이션에서는 그에 해당하는 `Item` 및 `Bid` 클래스를 정의합니다. 애플리케이션에서는 ResultSet API를 사용해 특정 로우와 칼럼의 값을 읽고 쓰는 대신 `Item` 클래스와 `Bid` 클래스의 인스턴스를 로드하고 저장합니다.

따라서 애플리케이션은 런타임에 이러한 클래스의 인스턴스를 통해 작업을 수행합니다. 각 `Bid` 인스턴스에는 경매 `Item`에 대한 참조가 있으며, 각 `Item`에는 `Bid` 인스턴스에 대한 참조 컬렉션이 있을 수 있습니다. 비즈니스 로직은 데이터베이스에서 (SQL 저장 프로시저의 형태로) 실행되지 않고 자바로 구현되어 애플리케이션 계층에서 실행됩니다. 따라서 비즈니스 로직에서 상속과 다형성 같은 정교한 객체지향 개념을 활용할 수 있습니다. 예를 들어, **전략**(strategy), **중재자**(mediator), **컴포지트**(composite)와

---

3 (옮긴이) 여기에서 설명한 주제와 관련된 더 자세한 내용이 궁금하다면 《데이터 중심 애플리케이션 설계》(위키북스, 2018)를 참고하기 바랍니다.

같이 잘 알려진 디자인 패턴을 사용할 수 있으며("Design Patterns: Elements of Reusable Object-Oriented Software" [Gamma, 1994][4] 참조), 이 모든 패턴들은 다형적 메서드 호출에 의존합니다.

한 가지 경고하자면 모든 자바 애플리케이션이 이러한 방식으로 설계된 것은 아니며, 그렇게 설계되어서도 안 된다는 것입니다. 간단한 애플리케이션은 도메인 모델이 없는 편이 훨씬 더 나을 수 있습니다. 이 같은 경우라면 JDBC ResultSet을 사용하면 됩니다. 기존의 저장 프로시저를 호출하고 해당 SQL 결과 집합도 읽어서 처리하면 됩니다. 많은 애플리케이션은 데이터에 가까운 곳에서 대규모 데이터를 수정하는 프로시저를 실행할 필요가 있습니다. 또한 평범한 SQL 쿼리로 리포팅 기능을 구현하고 결과를 화면에 직접 렌더링할 수도 있습니다. SQL과 JDBC API는 표 형식의 데이터를 처리하는 데 적합하고, JDBC의 RowSet을 이용하면 CRUD 작업을 훨씬 더 쉽게 수행할 수 있습니다. 이러한 영속성 데이터 표현을 다루는 것은 간단하고 이해하기 쉽습니다.

그러나 비즈니스 로직이 간단하지 않은 애플리케이션의 경우 도메인 모델 접근 방식을 사용하면 코드 재사용과 유지보수성을 크게 개선할 수 있습니다. 실무에서는 두 가지 전략 모두 일반적으로 사용되고 필요하기도 합니다.

지난 수십 년 동안 개발자들은 **패러다임의 불일치**에 대해 이야기해 왔습니다. 여기서 말하는 **패러다임**은 객체 모델링과 관계형 모델링, 좀 더 실질적으로는 객체지향 프로그래밍과 SQL에 해당합니다. 이러한 불일치 때문에 모든 엔터프라이즈 프로젝트에서는 영속성 관련 문제에 많은 노력을 기울입니다. 이 같은 사실을 염두에 두면 객체지향 도메인 모델과 영속성 관계형 모델이 결합된 애플리케이션에서 해결해야 하는 문제(일부는 잘 이해되고 일부는 잘 이해되지 않는)를 파악할 수 있습니다. 이른바 패러다임 불일치라고 하는 이 문제에 대해 자세히 살펴보겠습니다.

1.2 패러다임의 불일치

객체/관계형 패러다임의 불일치는 여러 부분으로 나눌 수 있으며, 여기서는 한 번에 하나씩 살펴보겠습니다. 먼저 문제가 없는 간단한 예제부터 살펴보겠습니다. 이 예제를 기반으로 애플리케이션을 구축하면 불일치가 나타나기 시작하는 것을 볼 수 있습니다.

---

4 한국어판: 《GoF의 디자인 패턴》(프로텍미디어, 2015)

온라인 전자상거래 애플리케이션을 설계하고 구현해야 한다고 가정해 봅시다. 이 애플리케이션에는 그림 1.1과 같이 시스템 사용자에 관한 정보를 나타내는 클래스가 필요하고, 사용자의 청구 상세 내역에 관한 정보를 나타내는 또 다른 클래스가 필요합니다.

그림 1.1 User 및 BillingDetails 엔티티를 나타내는 간단한 UML 다이어그램

이 다이어그램에서 User는 여러 BillingDetails를 가진다는 사실을 알 수 있습니다. 이것은 속이 채워진 다이아몬드로 표시된 합성관계(composition)입니다. 합성관계는 개념적으로 컨테이너(이 경우 User) 없이는 객체(이 경우 BillingDetails)가 존재할 수 없는 유형의 연관관계(association)입니다. 클래스 간의 관계를 양방향으로 탐색할 수 있으므로 컬렉션을 순회하거나 메서드를 호출해서 관계의 "다른" 쪽에 접근할 수 있습니다. 이러한 엔티티를 나타내는 클래스는 다음과 같이 매우 간단할 수 있습니다.

```
FILE Ch01/e-commerce/src/com/manning/javapersistence/ch01/User.java

public class User {
    private String username;
    private String address;
    private Set<BillingDetails> billingDetails = new HashSet<>();

    // 생성자, 접근자 메서드(게터/세터), 비즈니스 메서드
}
```

```
FILE Ch01/e-commerce/src/com/manning/javapersistence/ch01/BillingDetails.java

public class BillingDetails {
    private String account;
    private String bankname;
    private User user;

    // 생성자, 접근자 메서드(게터/세터), 비즈니스 메서드
}
```

이 책에서는 엔티티의 영속성 상태에만 관심이 있으므로 생성자, 접근자 메서드, 비즈니스 메서드의 구현은 생략했습니다.

이 예제의 SQL 스키마 설계는 어렵지 않게 만들 수 있습니다(다음 쿼리 구문은 MySQL에 적용 가능합니다).

```sql
CREATE TABLE USERS (
    USERNAME VARCHAR(15) NOT NULL PRIMARY KEY,
    ADDRESS VARCHAR(255) NOT NULL
);

CREATE TABLE BILLINGDETAILS (
    ACCOUNT VARCHAR(15) NOT NULL PRIMARY KEY,
    BANKNAME VARCHAR(255) NOT NULL,
    USERNAME VARCHAR(15) NOT NULL,
    FOREIGN KEY (USERNAME) REFERENCES USERS(USERNAME)
);
```

BILLINGDETAILS의 외래키 제약조건 칼럼인 USERNAME은 두 엔티티 간의 관계를 나타냅니다. 이처럼 간단한 도메인 모델에서는 객체/관계형 패러다임의 불일치가 거의 나타나지 않으며, 사용자 및 청구 상세 내역에 관한 정보를 삽입, 업데이트, 삭제하는 JDBC 코드를 작성하는 것은 간단합니다.

이제 좀 더 현실적인 상황을 고려하면 어떻게 되는지 살펴봅시다. 애플리케이션에 엔티티와 엔티티 관계를 더 추가하면 패러다임의 불일치를 확인할 수 있습니다.

1.2.1 세분성 문제

현재 구현의 가장 명백한 문제점은 주소를 단순한 String 값으로 설계했다는 점입니다. 대부분의 시스템에서는 시, 군, 구, 우편번호 등의 정보를 별도로 저장해야 합니다. 물론 이러한 속성을 User 클래스에 직접 추가할 수도 있지만 시스템의 다른 클래스에도 주소 정보가 있을 가능성이 높기 때문에 Address 클래스를 만들어 재사용하는 편이 더 합리적입니다. 그림 1.2는 업데이트된 모델을 보여줍니다.

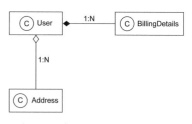

그림 1.2 User는 Address를 갖습니다.

User와 Address 간의 관계는 빈 다이아몬드로 표시된 집합관계(aggregation)입니다. ADDRESS 테이블도 추가해야 할까요? 꼭 그래야 하는 것은 아닙니다. 주소 정보는 USERS 테이블의 개별 칼럼에 보관하는 것이 일반적입니다. 쿼리 하나로 사용자와 주소를 조회하려는 경우 테이블 조인이 필요하지 않으므로 이 설계가 더 나은 성능을 발휘할 가능성이 높습니다. 가장 좋은 해결책은 새 칼럼을 여러 개 추가하는 대신 주소를 나타내는 새로운 SQL 데이터 타입을 만들고 USERS 테이블에 해당 타입의 칼럼을 하나 추가하는 것입니다.

이처럼 여러 개의 칼럼을 추가할지 또는 새로운 SQL 데이터 타입의 칼럼 하나를 추가할지 선택하는 것은 바로 **세분성(granularity)** 문제입니다. 일반적으로 세분성은 사용 중인 타입의 상대적 크기를 의미합니다.

예제로 돌아가 봅시다. 데이터베이스 카탈로그에 새 데이터 타입을 추가해서 Address 자바 인스턴스를 단일 칼럼에 저장하는 것이 가장 좋은 방법처럼 보입니다.

```
CREATE TABLE USERS (
    USERNAME VARCHAR(15) NOT NULL PRIMARY KEY,
    ADDRESS ADDRESS NOT NULL
);
```

새로운 Address 타입(자바 클래스)과 새로운 ADDRESS SQL 데이터 타입은 상호 운용성을 보장해야 합니다. 하지만 오늘날의 SQL 데이터베이스 관리 시스템에서 사용자 정의 데이터 타입(user-defined data type; UDT)에 대한 지원 기능을 확인해 보면 다양한 문제를 발견할 수 있습니다.

UDT 지원은 기존 SQL에 대한 이른바 **객체/관계형 확장**이라고 불리는 여러 기능 중 하나입니다. 이 용어만 놓고 보면 데이터베이스 관리 시스템이 정교한 데이터 타입 시스템을 지원하거나 지원해야 한다는 의미이기 때문에 혼란스러울 수 있습니다. 안타깝게도 UDT 지원은 대부분의 SQL DBMS에서 다소 모호한 기능이며, 다른 제품 간의 이식성도 보장되지 않습니다. 또한 SQL 표준은 사용자 정의 데이터 타입을 지원하긴 하지만 형편없는 수준에 불과합니다.

이러한 한계는 관계형 데이터 모델의 잘못이 아닙니다. 이러한 중요한 기능을 표준화하지 못한 것은 1990년대 중반에 데이터베이스 공급자 간에 벌어진 객체/관계형 데이터베이스 전쟁의 결과라고 볼 수 있습니다. 오늘날 대부분의 엔지니어는 SQL 제품의 타입 시스템이 제한적이라는 사실을 받아들입니다. SQL DBMS에 정교한 UDT 시스템이 있더라도 여전히 타입을 중복해서 선언하고 자바로 새 타입을 생성하고 다시 SQL로 작성할 가능성이 높습니다. 안타깝게도 SQLJ와 같이 자바 진영에서 더 나은 해법을 찾으려는 시도는 그다지 성공하지 못했습니다. DBMS 제품들은 데이터베이스에서 직접 자바 클래스를 배포하고 실행하는 기능을 거의 지원하지 않으며, 지원하더라도 매우 기본적인 기능으로 제한되는 경우가 많습니다.

이러한 이유와 기타 여러 가지 이유로 현재 SQL 데이터베이스에서 UDT 또는 자바 타입을 사용하는 것은 일반적인 관행이 아니며, UDT를 광범위하게 사용하는 레거시 스키마를 만나게 될 가능성도 거의 없습니다. 따라서 여기서는 새로운 Address 클래스의 인스턴스를 자바 계층과 동일한 데이터 타입을 가진 새로운 칼럼에 저장할 수도 없고 저장하지도 않을 것입니다.

이 문제의 실용적인 해법은 데이터베이스 공급자에서 정의한 SQL 타입(예: 부울, 숫자, 문자열 데이터 타입 같은)으로 구성된 칼럼을 여러 개 두는 것입니다. 일반적으로 USERS 테이블은 다음과 같이 정의할 것입니다.

```
CREATE TABLE USERS (
    USERNAME VARCHAR(15) NOT NULL PRIMARY KEY,
    ADDRESS_STREET VARCHAR(255) NOT NULL,
    ADDRESS_ZIPCODE VARCHAR(5) NOT NULL,
    ADDRESS_CITY VARCHAR(255) NOT NULL
);
```

자바 도메인 모델의 클래스는 User 같은 거칠게 세분화된(coarse-grained) 엔티티 클래스부터 Address 같은 잘게 세분화된(fine-grained) 클래스, AbstractNumericZipCode를 확장하는 단순한 SwissZipCode(또는 원하는 추상화 수준)에 이르기까지 다양한 수준의 세분성을 제공합니다. 이와는 대조적으로 SQL 데이터베이스에서는 USERS, BILLINGDETAILS 같은 사용자가 만든 관계 타입과 VARCHAR, BIGINT, TIMESTAMP 같은 내장 데이터 타입이라는 두 가지 수준의 타입 세분성만 볼 수 있습니다.

여러 단순한 영속성 메커니즘에서는 이러한 불일치를 인식하지 못하기 때문에 결국 SQL 제품들의 표현들은 객체지향 모델에서 유연성이 떨어지는 형태가 되고 사실상 평평해지게 됩니다. 세분성 문제는 기존의 많은 시스템에서 볼 수 있는 문제임에도 특별히 해결하기 어려운 문제가 아니라는 것이 밝혀졌습니다. 5.1.1절에서 이 문제에 대한 해결책을 살펴보겠습니다.

전자상거래 애플리케이션의 사용자에게 새롭고 흥미로운 방식으로 요금을 청구하기 위해 도메인 모델에서 객체지향 설계의 특징 중 하나인 **상속**을 사용하는 경우 훨씬 더 어렵고 흥미로운 문제가 발생합니다.

1.2.2 상속 문제

자바에서는 상위 클래스와 하위 클래스를 사용해 타입 상속을 구현합니다. 이것이 왜 불일치 문제를 일으킬 수 있는지 설명하기 위해 은행계좌 청구뿐만 아니라 신용카드 청구도 허용하도록 전자상거래 애플리케

이션을 수정해 보겠습니다. 모델에 이러한 변경 사항을 반영하는 가장 자연스러운 방법은 CreditCard,
BankAccount 같은 여러 구체적인 하위 클래스로
BillingDetails 상위 클래스를 상속하는 것입니다. 이러
한 각 하위 클래스에서는 약간씩 다른 데이터를 정의합니
다(해당 데이터를 대상으로 수행되는 기능도 완전히 다릅
니다). 그림 1.3의 UML 클래스 다이어그램은 이 모델을
보여줍니다.

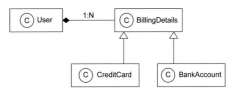

그림 1.3 다양한 청구 전략에 상속을 사용

이렇게 업데이트된 자바 클래스 구조를 지원하려면 어떻게 변경해야 할까요? BILLINGDETAILS를 **확장**하
는 CREDITCARD 테이블을 만들 수 있나요? SQL 데이터베이스 제품은 일반적으로 테이블 상속(또는 데이
터 타입 상속)을 구현하지 않으며, 상속을 구현하더라도 표준 문법을 따르지 않습니다.

아직 상속이 마무리되지 않았습니다. 모델에 상속을 도입하자마자 **다형성**이 발생할 가능성이 생깁니다.
User 클래스는 BillingDetails 상위 클래스와 다형적 연관관계(polymorphic association)를 맺습니다.
런타임에 User 인스턴스는 BillingDetails의 하위 클래스 중 하나의 인스턴스를 참조할 수 있습니다. 이
와 마찬가지로 BillingDetails 클래스를 참조하고 쿼리가 BillingDetails 클래스의 하위 클래스의 인스
턴스를 반환하는 **다형적 쿼리**(polymorphic query)를 작성하고 싶을 것입니다.

SQL 데이터베이스에는 다형적 연관관계를 표현할 수 있는 명확한 방법(또는 적어도 표준화된 방법)이 없
습니다. 외래키 제약조건은 정확히 하나의 대상 테이블을 참조하므로 여러 테이블을 참조하는 외래키를
정의하기란 쉽지 않습니다.

이러한 서브타입 불일치의 결과는 모델의 상속 구조를 상속 메커니즘을 제공하지 않는 SQL 데이터베이스
에 영속화해야 한다는 것입니다. 7장에서는 하이버네이트 같은 ORM 솔루션이 어떻게 SQL 데이터베이스
테이블(들)에 클래스 계층 구조를 영속화하는 문제를 해결하는지, 그리고 다형적 동작을 어떻게 구현하는
지 설명합니다. 다행히도 이 문제는 이제 커뮤니티에서도 충분히 이해하고 있는 문제이며, 대부분의 솔루
션이 거의 동일한 기능을 지원합니다.

객체/관계형 불일치 문제의 다음 측면은 **객체 동일성**(object identity) 문제입니다.

1.2.3 동일성 문제

예제에서는 USERNAME을 USERS 테이블의 기본키로 정의했습니다. 이것은 적절한 선택이었을까요? 자바에
서는 동일한 객체를 어떻게 처리하나요?

처음에는 동일성(identity) 문제가 명확하지 드러나지 않을 수 있지만 두 인스턴스가 동일한지 확인해야 하는 경우와 같이 나날이 성장하는 전자상거래 시스템에서는 이 문제를 자주 접하게 될 것입니다. 이 문제를 해결하는 세 가지 방법이 있는데, 그중 두 가지 방법은 자바 세계에서, 한 가지 방법은 SQL 데이터베이스에서 사용할 수 있습니다. 예상대로 이 두 가지 방법은 약간의 도움이 있어야만 가능합니다.

자바에서는 **동일성**에 대해 다음과 같은 두 가지 개념이 있습니다.

- 인스턴스 동일성(identity): 대략 메모리 위치와 상응하며, a == b로 확인됨
- 인스턴스 동등성(equality): equals() 메서드의 구현에 의해 결정됨(**값에 의한 동등성**이라고도 함)

반면 데이터베이스 로우의 동일성은 기본키 값의 비교로 표현됩니다. 9.1.2절에서 살펴보겠지만 equals()나 ==는 항상 기본키 값의 비교와 상응하지 않습니다. 동시에 실행되는 애플리케이션 스레드에서와 같이 자바에서는 동일하지 않은 여러 인스턴스가 데이터베이스의 동일한 로우를 동시에 나타내는 경우가 일반적입니다. 또한 영속성 클래스에 대해 equals()를 올바르게 구현하고 이 메서드가 언제 필요한지 이해하는 데는 미묘한 어려움이 있습니다.

예를 들어, 데이터베이스 동일성(database identity)과 관련된 또 다른 문제를 살펴보겠습니다. USERS에 대한 테이블 정의에서 USERNAME은 기본키입니다. 안타깝게도 이렇게 설계할 경우 사용자의 이름을 변경하기가 어려워지는데, USERS의 로우뿐만 아니라 BILLINGDETAILS의 (여러) 로우에 있는 외래키 값도 업데이트해야 하기 때문입니다. 이 문제를 해결하기 위해 이 책의 후반부에서는 적절한 자연키(natural key)를 찾을 수 없을 때마다 **대리키(surrogate key)**를 사용하는 방법을 권장합니다. 또한 좋은 기본키의 조건에 대해서도 설명합니다. 대리키 칼럼은 애플리케이션 사용자에게 의미가 없는 기본키 칼럼입니다. 다시 말해, 애플리케이션 사용자에게 표시되지 않는 키입니다. 대리키의 유일한 목적은 애플리케이션 내부의 데이터를 식별하는 것입니다.

예를 들어, 테이블 정의를 다음과 같이 변경할 수 있습니다.

```
CREATE TABLE USERS (
    ID BIGINT NOT NULL PRIMARY KEY,
    USERNAME VARCHAR(15) NOT NULL UNIQUE,
    ...
);
CREATE TABLE BILLINGDETAILS (
    ID BIGINT NOT NULL PRIMARY KEY,
```

```
    ACCOUNT VARCHAR(15) NOT NULL,
    BANKNAME VARCHAR(255) NOT NULL,
    USER_ID BIGINT NOT NULL,
    FOREIGN KEY (USER_ID) REFERENCES USERS(ID)
);
```

ID 칼럼에는 시스템에서 생성된 값이 들어갑니다. 이러한 칼럼은 순전히 데이터 모델의 이점을 활용하기 위해 도입된 것이라서 자바 도메인 모델에서 (군이 표현한다면) 어떻게 표현해야 할까요? 이 질문에 대해서는 5.2절에서 논의할 것이며, ORM을 통해 해결책을 찾을 것입니다.

영속성의 맥락에서 동일성은 시스템이 캐싱 및 트랜잭션을 처리하는 방식과 밀접한 관련이 있습니다. 영속성 솔루션마다 서로 다른 전략을 선택해 왔으며, 이는 혼란을 야기했습니다. 9.1절에서 이 모든 흥미로운 주제를 다루고 그러한 주제 간의 연관성을 살펴보겠습니다.

지금까지 설계한 전자상거래 애플리케이션은 매핑 세분성, 서브타입, 동일성에 대한 패러다임 불일치 문제를 드러냈습니다. 이제 **연관관계(association)**라는 중요한 개념, 즉 엔티티 간의 관계를 매핑하고 처리하는 방법에 대해 좀 더 논의할 필요가 있습니다. 데이터베이스에 외래키 제약조건만 있으면 되는 걸까요?

1.2.4 연관관계 문제

도메인 모델에서 연관관계는 엔티티 간의 관계를 나타냅니다. User, Address, BillingDetails 클래스는 모두 연관관계를 맺고 있지만 Address와 달리 BillingDetails는 독립적으로 존재합니다. BillingDetails 인스턴스는 자체 테이블에 저장됩니다. 연관관계 매핑과 엔티티 연관관계 관리는 모든 객체 영속성 솔루션의 핵심 개념입니다.

객체지향 언어에서는 **객체 참조(object reference)**를 사용해 연관관계를 나타내지만 관계형 세계에서는 **외래키 제약조건 칼럼**이 키 값의 복사본을 통해 연관관계를 나타냅니다. 제약조건은 연관관계의 무결성을 보장하는 규칙입니다. 두 메커니즘 사이에는 상당한 차이점이 있습니다.

객체 참조는 본질적으로 방향성이 있어서 연관관계가 한 인스턴스에서 다른 인스턴스로 이어집니다. 즉, 객체 참조는 포인터입니다. 인스턴스 간의 연관관계를 양방향으로 탐색할 수 있어야 한다면 연관관계를 맺는 각 클래스에서 한 번씩, **총 두 번**에 걸쳐 연관관계를 정의해야 합니다. 그림 1.4의 UML 클래스 다이어그램은 일대다(one-to-many) 연관관계를 맺은 모델을 보여줍니다.

그림 1.4 User와 BillingDetails 간의 일대다 연관관계

이미 도메인 모델 클래스에서 이를 본 적이 있을 것입니다.

FILE Ch01/e-commerce/src/com/manning/javapersistence/ch01/User.java

```java
public class User {
    private Set<BillingDetails> billingDetails = new HashSet<>();
}
```

FILE Ch01/e-commerce/src/com/manning/javapersistence/ch01/BillingDetails.java

```java
public class BillingDetails {
    private User user;
}
```

관계형 데이터 모델에서는 **조인** 및 **프로젝션** 연산자를 사용해 데이터 연관관계를 만들 수 있기 때문에 특정 방향으로의 탐색은 의미가 없습니다. 문제는 데이터를 다루는 애플리케이션과 독립적인, 완전히 개방된 데이터 모델을 애플리케이션에 종속적인 탐색 모델(특정 애플리케이션에서 필요로 하는 연관관계라는 제한된 관점)에 매핑하는 것입니다.

자바에서의 연관관계는 **다대다(many-to-many)** 다중성을 가질 수 있습니다. 그림 1.5의 UML 클래스 다이어그램은 이러한 모델을 보여줍니다.

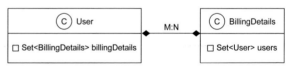

그림 1.5 User와 BillingDetails 간의 다대다 연관관계

클래스는 다음과 같이 작성합니다.

FILE Ch01/e-commerce/src/com/manning/javapersistence/ch01/User.java

```java
public class User {
    private Set<BillingDetails> billingDetails = new HashSet<>();
}
```

FILE Ch01/e-commerce/src/com/manning/javapersistence/ch01/BillingDetails.java

```java
public class BillingDetails {
    private Set<User> users = new HashSet<>();
}
```

그러나 BILLINGDETAILS 테이블의 외래키 선언은 **다대일(many-to-one)** 연관관계이므로 각 은행계좌는 특정 사용자와 연결되지만 각 사용자는 연결된 은행계좌를 여러 개 가질 수 있습니다.

SQL 데이터베이스에서 **다대다** 연관관계를 표현하려면 일반적으로 **링크 테이블(link table)**이라고 하는 새로운 테이블을 도입해야 합니다. 대부분의 경우 이 테이블은 도메인 모델의 어디에도 나타나지 않습니다. 예제에서 사용자와 청구 상세 내역 간의 관계를 다대다 관계로 간주한다면 링크 테이블을 다음과 같이 정의합니다.

```
CREATE TABLE USER_BILLINGDETAILS (
    USER_ID BIGINT,
    BILLINGDETAILS_ID BIGINT,
    PRIMARY KEY (USER_ID, BILLINGDETAILS_ID),
    FOREIGN KEY (USER_ID) REFERENCES USERS(ID),
    FOREIGN KEY (BILLINGDETAILS_ID) REFERENCES BILLINGDETAILS(ID)
);
```

이제 이 테이블이 두 엔티티 간의 연결을 관리하므로 더 이상 BILLINGDETAILS 테이블에 USER_ID 외래키 칼럼과 제약조건이 필요하지 않습니다. 연관관계와 컬렉션 매핑에 대해서는 8장에서 자세히 설명하겠습니다.

지금까지 살펴본 문제는 주로 **구조적인** 문제로, 시스템을 순수하게 정적인 관점에서 생각해 보면 알 수 있습니다. 하지만 객체 영속성에서 가장 어려운 문제는 아마도 **동적인** 문제, 즉 런타임에 데이터에 어떻게 접근하느냐일 것입니다.

1.2.5 데이터 탐색 문제

자바 코드에서 데이터에 접근하는 방법과 관계형 데이터베이스 내에서 데이터에 접근하는 방법에는 근본적인 차이가 있습니다. 자바에서는 사용자의 청구 정보에 접근할 때 someUser. getBillingDetails().iterator().next() 또는 이와 비슷한 것을 호출합니다. 또는 자바 8부터는 someUser.getBillingDetails().stream().filter(someCondition).map(someMapping). forEach(billingDetails-> {doSomething(billingDetails)})을 호출할 수 있습니다. 이것은 객체지향 데이터에 접근하는 가장 자연스러운 방법이며, 이를 가리켜 **객체망을 이동하는** 것으로 묘사할 때가 많습니다. 클래스 간에 미리 준비된 포인터를 따라 한 인스턴스에서 다른 인스턴스로 이동하고 컬렉션을 순회하기도 합니다. 하지만 안타깝게도 이 방법은 SQL 데이터베이스에서 데이터를 조회하는 효율적인 방법은 아닙니다.

데이터 접근 코드의 성능을 개선하기 위해 할 수 있는 가장 중요한 일은 **데이터베이스에 대한 요청 횟수를 최소화하는 것**입니다. 이를 위한 가장 확실한 방법은 SQL 쿼리 수를 최소화하는 것입니다. (물론 광범위한 캐싱과 같은 더 정교한 방법도 뒤따라야 합니다.)

따라서 SQL을 사용해 관계형 데이터에 효율적으로 접근하려면 일반적으로 관련 테이블 간의 조인이 필요합니다. 데이터를 조회할 때 조인에 포함된 테이블의 수에 따라 메모리상에서 탐색할 수 있는 개체망의 깊이가 결정됩니다. 예를 들어, User를 조회하는데 사용자의 청구 정보에는 관심이 없다면 다음과 같은 간단한 쿼리를 작성할 수 있습니다.

```
SELECT * FROM USERS WHERE ID = 123
```

반면 User를 조회한 다음, User와 연관관계를 맺고 있는 각 BillingDetails 인스턴스에 접근해야 하는 경우(예: 사용자의 은행계좌를 나열하기 위해)에는 다음과 같은 쿼리를 작성해야 합니다.

```
SELECT * FROM USERS, BILLINGDETAILS
WHERE USERS.ID = 123 AND
BILLINGDETAILS.ID = USERS.ID
```

보다시피 조인을 효율적으로 사용하려면 객체망 탐색을 시작하기 **전에** 객체망의 어느 부분에 접근할지 알아야 합니다! 너무 많은 데이터를 조회하면(아마도 필요한 것보다 더 많이) 애플리케이션 계층에서 메모리를 낭비하게 된다는 점도 유의해야 합니다. 또한 거대한 카테시안 곱 결과 집합으로 인해 SQL 데이터베이스에 과부하가 걸릴 수도 있습니다. 하나의 쿼리에서 사용자와 은행계좌뿐만 아니라 각 은행계좌에서 결제된 모든 주문, 각 주문에 포함된 제품 등을 조회한다고 상상해 봅시다.

어느 객체 영속성 솔루션을 사용하든 자바 코드에서 연관관계에 처음 접근할 때만 연관관계를 맺은 인스턴스의 데이터를 가져오도록 허용합니다. 이를 지연 로딩(lazy loading)이라고 하며, 필요할 때만 데이터를 조회하는 것입니다. 이러한 데이터 접근 방식은 접근하는 객체망의 각 노드 또는 컬렉션마다 하나의 SQL 문을 실행해야 하므로 SQL 데이터베이스의 맥락에서는 기본적으로 비효율적입니다. 이것이 바로 무시무시한 n+1 문제(n+1 select)입니다. 예제의 경우 User를 조회하기 위해 한 번의 **조회(select)**가 필요하고, 그다음으로 연관관계를 맺고 있는 BillingDetails 인스턴스 각각에 대해 **n번의 조회**가 필요합니다.

자바 코드와 관계형 데이터베이스 내에서 데이터에 접근하는 방식의 이러한 불일치는 아마도 자바 정보 시스템에서 성능 문제를 일으키는 가장 일반적인 원인일 것입니다. 카테시안 곱과 n+1 문제를 방지하는 것은 여전히 많은 자바 프로그래머가 해결해야 할 문제입니다. 하이버네이트는 데이터베이스에서 애플리케이션으로 객체망을 효율적이고 투명하게 가져오는 정교한 기능을 제공합니다. 12장에서 이러한 기능에 대해 설명하겠습니다.

이렇게 해서 세분성 문제, 상속 문제, 동일성 문제, 연관관계 문제, 데이터 탐색 문제 등 객체/관계형 불일치와 관련된 문제를 다뤘습니다. 경험해 봐서 알 수 있겠지만 해결책을 찾는 데는 시간과 노력 측면에서 많은 비용이 들 수 있습니다. 이 책의 많은 부분을 할애하여 이러한 문제에 대한 상세한 해답을 제시하고 실행 가능한 해결책으로서의 ORM을 보여드리겠습니다. 이어서 ORM, 자바 퍼시스턴스 표준(JPA), 하이버네이트, 스프링 데이터 프로젝트를 간단히 알아보겠습니다.

1.3 ORM, JPA, 하이버네이트, 스프링 데이터

간단히 말해, 객체/관계형 매핑(ORM)은 애플리케이션의 클래스와 SQL 데이터베이스의 스키마 간의 매핑을 설명하는 메타데이터를 사용해 자바 애플리케이션의 객체를 RDBMS(관계형 데이터베이스 관리 시스템)의 테이블에 자동으로(그리고 투명하게) 영속화하는 기술입니다. 본질적으로 ORM은 데이터를 한 표현에서 다른 표현으로 (가역적으로) 변환하는 방식으로 작동합니다. ORM을 사용하는 프로그램은 메모리상의 객체를 데이터베이스로 매핑하는 방법에 대한 메타 정보를 제공하며, 실질적인 변환은 ORM에 의해 수행됩니다.

어떤 사람들은 ORM의 장점 중 하나로 개발자를 지저분한 SQL로부터 보호해준다는 점을 꼽기도 합니다. 이 같은 관점은 객체지향 개발자가 SQL이나 관계형 데이터베이스를 깊게 파고들지 않아도 된다는 견해를 담고 있습니다. 그와 정반대로 자바 개발자가 하이버네이트와 스프링 데이터를 활용하려면 관계형 모델링과 SQL에 대해 충분히 숙지하고 있어야 합니다. ORM은 이미 그러한 일들을 충분히 경험해본 개발자들이 사용하는 고급 기법입니다.

JPA(Jakarta Persistence API, 이전의 자바 퍼시스턴스 API)는 객체 및 객체/관계형 매핑의 영속성을 관리하는 API를 정의한 명세입니다. 하이버네이트는 이 명세의 가장 널리 사용되는 구현체입니다. 따라서 JPA는 객체를 영속화하기 위해 해야 할 일들을 명시하고, 하이버네이트는 이를 어떻게 수행할지 결정합니다. 스프링 데이터 제품군에 포함된 스프링 데이터 커먼즈(Spring Data Commons)는 모든 스프링 데이터 모듈을 지원하는 핵심 스프링 프레임워크 개념들을 제공합니다. 스프링 데이터 제품군의 또 다른 프로젝트인 스프링 데이터 JPA(Spring Data JPA)는 JPA 구현(예: 하이버네이트) 위에 추가 레이어를 제공합니다. 스프링 데이터 JPA는 JPA의 모든 기능을 사용할 수 있을 뿐만 아니라 메서드 이름을 토대로 데이터베이스 쿼리를 생성하는 것과 같은 자체적인 기능을 제공합니다. 이 책에서도 자세한 내용을 다룰 예정이지만, 곧바로 전체적인 내용을 보려면 그림 4.1로 바로 건너뛰어도 됩니다.

하이버네이트를 효과적으로 사용하려면 하이버네이트에서 실행되는 SQL 문을 보고 해석할 수 있어야 하며, 이러한 SQL 문이 성능에 미치는 영향을 이해할 수 있어야 합니다. 스프링 데이터의 이점을 활용하려면 상용구 코드(boilerplate code)와 생성된 쿼리가 어떻게 만들어질지 예측할 수 있어야 합니다.

JPA 명세는 다음과 같은 사항을 정의합니다.

- 영속성 클래스 및 해당 클래스의 프로퍼티가 데이터베이스 스키마와 어떻게 관련돼 있는지 지정하는 매핑 메타데이터. JPA는 도메인 모델 클래스의 자바 애너테이션에 의존하지만 XML 파일에 매핑 정보를 작성할 수도 있습니다.

- 영속성 클래스의 인스턴스를 대상으로 기본적인 CRUD 작업을 수행하기 위한 API. 가장 대표적인 API로 데이터 저장과 로딩을 위한 javax.persistence.EntityManager가 있습니다.[5]

- 클래스 및 클래스의 프로퍼티를 참조하는 쿼리를 지정하기 위한 언어와 API. 이 언어를 JPQL(Jakarta Persistence Query Language)이라 하며, SQL과 비슷한 형태를 취합니다. 표준화된 API를 사용하면 문자열 조작을 하지 않고도 프로그래밍 방식으로 **기준 쿼리**(criteria query)를 생성할 수 있습니다.

- 영속성 엔진이 트랜잭션 방식으로 동작하는 인스턴스와 상호작용해 변경 감지, 연관관계 페치, 기타 최적화 기능을 수행하는 방법. JPA 명세에서는 몇 가지 기본적인 캐싱 전략을 다룹니다.

하이버네이트는 JPA를 구현하고 모든 표준화된 매핑, 쿼리, 프로그래밍 인터페이스를 지원합니다. 하이버네이트의 이점을 몇 가지 살펴보면 다음과 같습니다.

- **생산성**: 하이버네이트가 반복적인 작업을 상당수(예상보다 많이) 제거해서 개발자는 비즈니스 문제에 집중할 수 있습니다. 하향식(도메인 모델에서 시작) 또는 상향식(기존 데이터베이스 스키마에서 시작) 중 어떤 애플리케이션 개발 전략을 선호하든 적절한 도구와 함께 하이버네이트를 사용하면 개발 시간을 크게 단축할 수 있습니다.

- **유지보수 용이성**: 하이버네이트를 통한 자동화된 ORM은 코드 줄 수를 줄여 시스템을 더 이해하기 쉽고 리팩터링하기 쉽게 만듭니다. 하이버네이트는 도메인 모델과 SQL 스키마 사이에 완충지대를 제공함으로써 각 모델에서 발생하는 사소한 변경으로부터 영향을 받지 않게 해줍니다.

- **성능**: 어셈블리 코드가 자바 코드보다 빠를 수 있는 것과 같은 의미에서 손수 작성한 영속성 코드가 더 빠를 수 있지만, 하이버네이트 같은 자동화된 솔루션을 사용하면 **언제나** 최적화할 수 있는 여지가 많습니다. 한 가지 예로 애플리케이션

---

5 (옮긴이) 2020년에 Java EE에서 Jakarta EE로 명칭이 바뀌면서 javax.*로 시작하는 패키지 이름이 jakarta.*로 변경됐습니다. 하지만 이 책의 원서에서는 javax.*로 작성돼 있고, 최신 버전으로 실습할 경우 패키지명이 달라 오류가 발생할 가능성이 있으므로 번역서에서는 원서의 패키지명을 그대로 유지합니다.

계층에서 효율적이고도 손쉽게 최적화할 수 있는 캐싱을 들 수 있습니다. 즉, 개발자는 조기에 모든 것을 최적화하는 대신 몇 가지 실제 병목 현상을 직접 최적화하는 데 더 많은 에너지를 쏟을 수 있습니다.

- **공급자 독립성**: 하이버네이트는 공급자 종속과 관련된 위험성을 완화하는 데 도움이 될 수 있습니다. DBMS 제품을 변경할 계획이 없더라도 여러 가지 DBMS를 지원하는 ORM 도구를 사용하면 어느 정도 이식성을 확보할 수 있습니다. 또한 엔지니어가 가벼운 로컬 데이터베이스를 사용하지만 테스트와 운영을 위해 다른 시스템에 배포하는 개발 환경에서도 DBMS 독립성은 도움이 됩니다.

스프링 데이터는 영속성 계층의 구현을 더욱 효율적으로 만들어줍니다. 스프링 데이터 제품군의 프로젝트 중 하나인 스프링 데이터 JPA는 JPA 레이어를 기반으로 합니다. 같은 제품군의 또 다른 프로젝트인 스프링 데이터 JDBC는 JDBC 레이어를 기반으로 합니다. 스프링 데이터의 몇 가지 이점을 살펴보겠습니다.

- **공유 인프라**: 스프링 데이터 프로젝트의 일부인 스프링 데이터 커먼즈는 자바 클래스를 영속화하기 위한 메타데이터 모델과 기술 중립적인 리포지터리(repository) 인터페이스를 제공합니다. 이 프로젝트는 다른 스프링 데이터 프로젝트에 기능을 제공합니다.

- **DAO 구현 제거**: JPA 구현은 **데이터 접근 객체**(data access object; DAO) 패턴을 사용합니다. 이 패턴은 데이터베이스에 대한 추상적인 인터페이스라는 아이디어에서 시작해서 데이터베이스의 세부 사항을 숨기면서 애플리케이션 호출을 영속성 계층에 매핑합니다. 스프링 데이터 JPA를 사용하면 DAO 구현을 완전히 제거할 수 있으므로 코드가 더 짧아집니다.

- **자동 클래스 생성**: 스프링 데이터 JPA를 사용할 경우 DAO 인터페이스는 JPA 전용 Repository 인터페이스인 JpaRepository를 확장해야 합니다. 스프링 데이터 JPA는 이 인터페이스에 대한 구현을 자동으로 생성하므로 프로그래머는 이 작업을 처리할 필요가 없습니다.

- **메서드에 대한 기본 구현**: 스프링 데이터 JPA는 리포지터리 인터페이스에 정의된 각 메서드에 대한 기본 구현을 생성합니다. 기본 CRUD 작업은 더 이상 구현할 필요가 없습니다. 이렇게 하면 상용구 코드가 줄어들고 개발 속도가 빨라지며 버그가 발생할 가능성이 없어집니다.

- **생성된 쿼리**: 명명 패턴에 따라 리포지터리 인터페이스에서 메서드를 정의할 수 있습니다. 스프링 데이터 JPA가 메서드 이름을 파싱해서 쿼리를 생성하므로 쿼리를 직접 작성할 필요가 없습니다.

- **필요한 경우 데이터베이스에 접근**: 스프링 데이터 JDBC는 데이터베이스와 직접 통신해서 스프링 데이터 JPA가 부리는 "마법"을 사용하지 않을 수 있습니다. 이 같은 방식으로 JDBC를 통해 데이터베이스와 직접 상호작용할 수 있지만 스프링 프레임워크의 기능을 활용함으로써 상용구 코드를 없앨 수 있습니다.

이번 장에서는 객체/관계형 영속성과 객체/관계형 패러다임의 불일치로 인해 발생하는 문제를 이해하는 데 중점을 뒀습니다. 2장에서는 자바 애플리케이션을 위한 몇 가지 영속성 대안, 즉 JPA, 하이버네이트 네이티브, 스프링 데이터 JPA를 살펴보겠습니다.

정리

- 객체 영속성을 활용하면 개별 객체가 데이터 저장소에 저장된 후 나중에 다시 생성되는 방식으로 애플리케이션 프로세스보다 오래 유지될 수 있습니다. 객체/관계형 불일치는 데이터 저장소가 SQL 기반 관계형 데이터베이스 관리 시스템인 경우에 발생합니다. 예를 들어, 객체망은 데이터베이스 테이블에 저장할 수 없으며, 이를 분해해서 이식성 있는 SQL 데이터 타입의 칼럼에 영속화해야 합니다. 이 문제에 대한 좋은 해결책은 객체/관계형 매핑(ORM)입니다.

- ORM은 모든 영속성 작업을 위한 만병통치약은 아니며, 테이블 조인이 많은 복잡한 SQL 문을 작성하거나 JDBC 결과 집합에서 객체 또는 객체 그래프로 값을 복사하는 등 개발자가 객체 영속성 작업의 약 95%에서 벗어날 수 있도록 도와주는 역할을 합니다.

- 완전한 기능을 갖춘 ORM 미들웨어 솔루션은 데이터베이스 이식성, 캐싱과 같은 최적화 기법, SQL과 JDBC로는 제한된 시간 내에 직접 개발하기 쉽지 않은 그 밖의 기능들을 제공할 수 있습니다. 자바 세계에서 ORM 솔루션은 JPA 명세와 JPA 구현을 의미하며, 현재 가장 널리 사용되는 JPA 구현은 하이버네이트입니다.

- 스프링 데이터는 JPA 구현을 기반으로 하며, 데이터 영속성 절차를 훨씬 더 간소화합니다. 스프링 데이터는 스프링 프레임워크 원칙을 준수하는 산하 프로젝트로, DAO 패턴 제거, 자동 코드 생성, 자동 쿼리 생성 등 훨씬 더 간단한 접근 방식을 제공합니다.

02

―――――

프로젝트
시작

이번 장에서 다루는 내용

- 하이버네이트와 스프링 데이터 프로젝트 소개
- 자카르타 퍼시스턴스 API, 하이버네이트, 스프링 데이터를 이용한 "Hello World" 개발
- 구성 및 통합 옵션

이번 장에서는 자카르타 퍼시스턴스 API(Jakarta Persistence API; JPA), 하이버네이트, 스프링 데이터로 시작해서 단계별 예제를 살펴보겠습니다. 영속성 API를 살펴보고 표준화된 JPA나 네이티브 하이버네이트, 스프링 데이터를 사용할 때의 이점을 살펴봅니다.

간단한 "Hello World" 애플리케이션을 살펴보면서 JPA, 하이버네이트, 스프링 데이터를 살펴보는 것으로 시작하겠습니다. JPA(Jakarta Persistence API; 이전의 Java Persistence API)는 객체 및 객체/관계형 매핑의 영속성 관리 API를 정의하는 명세로, 객체를 영속화하기 위해 수행해야 하는 작업을 지정합니다. 이 명세의 가장 널리 사용되는 구현체인 하이버네이트가 영속성을 구현합니다. 스프링 데이터는 영속성 계층의 구현을 훨씬 더 효율적으로 만들어주며, 스프링 프레임워크의 원칙을 준수하고 훨씬 더 간단한 접근 방식을 제공하는 스프링 데이터의 산하 프로젝트입니다.

2.1 하이버네이트 소개

객체/관계형 매핑(ORM)은 호환되지 않는 객체지향 시스템과 관계형 데이터베이스의 세계를 연결하기 위한 프로그래밍 기법입니다. 하이버네이트는 자바에서 영속성 데이터를 관리하는 문제에 대한 완벽한 솔루션을 제공하는 것을 목표로 하는 야심 찬 프로젝트입니다. 오늘날 하이버네이트는 ORM 서비스일뿐만 아니라 ORM을 훨씬 더 뛰어넘는 데이터 관리 도구의 모음이기도 합니다.

하이버네이트 프로젝트는 다음과 같은 하위 프로젝트로 구성돼 있습니다.[1]

- **하이버네이트 ORM(Hibernate ORM)**: 하이버네이트 ORM은 SQL 데이터베이스를 통한 영속성을 위한 핵심적인 기반 서비스와 전용 API로 구성됩니다. 하이버네이트 ORM은 다른 하위 프로젝트의 기반이 되며, 가장 오래된 하이버네이트 프로젝트입니다. 모든 JDK에서 프레임워크나 특정 런타임 환경과 관계없이 하이버네이트 ORM을 단독으로 사용할 수 있습니다. 데이터 소스에 접근할 수만 있다면 데이터 소스를 하이버네이트에 맞게 구성할 수 있고, 이를 통해 하이버네이트가 작동합니다.

- **하이버네이트 EntityManager**: 표준 자카르타 퍼시스턴스 API의 하이버네이트 구현입니다. 하이버네이트 ORM 기반에서 사용할 수 있는 선택적 모듈이며, 하이버네이트의 기본 기능들은 모든 측면에서 JPA의 영속성 기능들을 포괄하고 있습니다.

- **하이버네이트 유효성 검사기(Hibernate Validator)**: 하이버네이트에서는 빈 유효성 검사(JSR 303) 명세의 참조 구현체(reference implementation)[2]를 제공합니다. 다른 하이버네이트 프로젝트와는 독립적이며, 도메인 모델(또는 다른) 클래스에 대한 선언적 유효성 검사를 제공합니다.

- **하이버네이트 엔버스(Hibernate Envers)**: 엔버스는 감사 로깅과 SQL 데이터베이스에 여러 버전의 데이터를 보관하는 기능을 제공합니다. 이를 통해 애플리케이션에 데이터 이력 및 감사 기록을 추가할 수 있으며, 서브버전(Subversion)이나 Git 같은 대중적인 버전 관리 시스템과 유사합니다.

- **하이버네이트 검색(Hibernate Search)**: 하이버네이트 검색은 도메인 모델 데이터의 인덱스를 아파치 루씬(Apache Lucene) 데이터베이스에 최신 상태로 유지합니다. 강력하고 자연스럽게 통합된 API를 이용해 이 데이터베이스를 대상으로 질의할 수 있습니다. 많은 프로젝트에서 하이버네이트 ORM과 함께 하이버네이트 검색을 사용해 전문 검색(full-text search) 기능을 추가하고 있습니다. 애플리케이션의 사용자 인터페이스에 텍스트 검색란이 있고 사용자의 만족도를 높이고 싶다면 하이버네이트 검색을 활용하면 됩니다. 이 책에서는 하이버네이트 검색을 다루지 않지만 엠마누엘 버나드(Emmanuel Bernard)의 《Hibernate Search in Action》(Manning, 2008)이 참고하기에 좋습니다.

---

1 (옮긴이) 여기에 나열된 하위 프로젝트 가운데 하이버네이트 EntityManager, 하이버네이트 엔버스, 하이버네이트 OGM은 다른 프로젝트로 통합되어 현재는 하이버네이트 홈페이지(https://hibernate.org/)의 하위 프로젝트 목록에 표시되지 않습니다.

2 (옮긴이) 일반적으로 하드웨어나 소프트웨어 기술 표준을 구현하는 데 사용되는 모범 사례 구현을 의미합니다. 즉, 특정 기술이나 규격의 구현을 보여주는 것으로, 이 구현은 해당 기술이나 규격을 이해하고 활용하는 데 도움을 줍니다. 참조 구현은 표준 구현의 일종으로 볼 수 있으며, 일반적으로 무료로 제공됩니다.

- **하이버네이트 OGM(Hibernate OGM)**: 이 하이버네이트 프로젝트는 객체/그리드 매퍼(object/grid mapper)입니다. 이 프로젝트는 하이버네이트 코어 엔진을 재사용하지만 매핑된 엔티티를 키/값이나 문서, 그래프 지향 데이터 저장소에 개별적으로 저장해서 NoSQL 솔루션에서 JPA를 사용할 수 있게 합니다.

- **하이버네이트 리액티브(Hibernate Reactive)**: 하이버네이트 리액티브는 비차단(non-blocking) 방식으로 데이터베이스와 상호작용하는 하이버네이트 ORM용 리액티브 API입니다. 하이버네이트 리액티브는 비차단 데이터베이스 드라이버를 지원합니다. 이 책에서는 하이버네이트 리액티브에 대해 다루지 않습니다.

하이버네이트 소스코드는 https://github.com/hibernate에서 무료로 다운로드할 수 있습니다.

2.2 스프링 데이터 소개

스프링 데이터는 관계형 데이터베이스와 NoSQL 데이터베이스에 대한 접근을 간소화하는 것을 목표로 하는 스프링 프레임워크의 하위 프로젝트입니다.

- **스프링 데이터 커먼즈(Spring Data Commons)**: 스프링 데이터 커먼즈는 스프링 데이터 프로젝트의 하위 프로젝트 중 하나로서 자바 클래스를 영속화하기 위한 메타데이터 모델과 기술 중립적인 리포지터리 인터페이스를 제공합니다.

- **스프링 데이터 JPA(Spring Data JPA)**: 스프링 데이터 JPA는 JPA 기반 리포지터리의 구현을 담당합니다. 상용구 코드를 줄이고 리포지터리 인터페이스에 대한 구현을 생성해서 JPA 기반 데이터 접근 계층에 대한 향상된 지원 기능을 제공합니다.

- **스프링 데이터 JDBC(Spring Data JDBC)**: 스프링 데이터 JDBC는 JDBC 기반 리포지터리의 구현을 담당합니다. JDBC 기반 데이터 접근 계층에 대한 향상된 지원 기능을 제공합니다. 캐싱이나 지연 로딩과 같은 JPA 기능을 제공하지 않으므로 더 간단하고 제한된 ORM 기능을 제공합니다.

- **스프링 데이터 REST(Spring Data REST)**: 스프링 데이터 REST는 스프링 데이터 리포지터리를 RESTful 리소스로 내보내는 작업을 담당합니다.

- **스프링 데이터 MongoDB(Spring Data MongoDB)**: 스프링 데이터 MongoDB는 MongoDB 도큐먼트 데이터베이스에 대한 접근을 처리합니다. 스프링 데이터 MongoDB는 리포지터리 형식의 데이터 접근 계층과 POJO 프로그래밍 모델에 의존합니다.

- **스프링 데이터 Redis(Spring Data Redis)**: 스프링 데이터 Redis는 Redis 키/값 데이터베이스에 대한 접근을 담당합니다. 개발자가 인프라를 관리하지 않아도 되고 데이터 저장소에 대한 접근을 위한 고수준 및 저수준 추상화를 제공합니다. 이 책에서는 스프링 데이터 Redis를 다루지 않습니다.

스프링 데이터의 소스코드(및 다른 스프링 프로젝트)는 https://github.com/spring-projects에서 무료로 다운로드할 수 있습니다.

그럼 첫 번째 JPA, 하이버네이트, 스프링 데이터 프로젝트를 시작해 보겠습니다.

2.3 JPA를 이용한 "Hello World" 예제

이번 절에서는 데이터베이스에 메시지를 저장한 다음 조회하는 첫 번째 JPA 애플리케이션을 작성해 보겠습니다. 코드를 실행할 컴퓨터에는 MySQL 8.0이 설치돼 있습니다. MySQL 8.0을 설치하려면 공식 문서 [3]의 안내를 따릅니다.

소스코드의 예제를 실행하려면 먼저 그림 2.1에 표시된 것처럼 Ch02.sql 스크립트를 실행해야 합니다. MySQL Workbench를 열고 **File → Open SQL Script**로 이동한 다음, SQL 파일을 선택해 실행합니다. 이 예제에서는 기본 자격 증명(사용자명: root, 비밀번호: 없음)으로 MySQL 서버를 사용합니다.

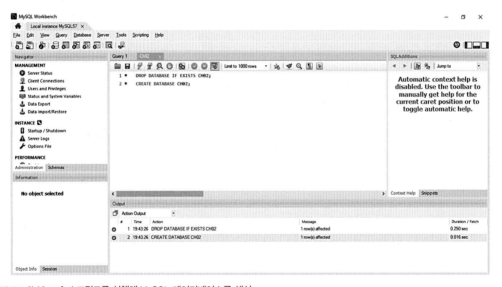

그림 2.1 Ch02.sql 스크립트를 실행해 MySQL 데이터베이스를 생성

---

3 https://dev.mysql.com/doc/refman/8.0/en/installing.html

"Hello World" 애플리케이션에서는 메시지를 데이터베이스에 저장하고 데이터베이스에서 로드합니다. 하이버네이트 애플리케이션에서는 데이터베이스 테이블에 매핑되는 영속성 클래스를 정의합니다. 이러한 클래스는 비즈니스 도메인에 대한 분석을 기반으로 정의되므로 도메인의 모델에 해당합니다. 이번 예제는 하나의 클래스와 해당 클래스의 매핑으로 구성됩니다. 여기서는 각 연산의 올바른 결과를 확인하는 어설션(assertion)을 통해 실행 가능한 테스트 형식으로 예제를 작성하겠습니다. 이 책의 모든 예제는 테스트를 거쳤으므로 제대로 작동한다고 보장할 수 있습니다.

JPA, 하이버네이트, 기타 필요한 의존성을 설치하고 구성하는 것부터 시작하겠습니다. 이 책의 모든 예제에서는 프로젝트 빌드 도구로 아파치 메이븐(Apache Maven)을 사용하겠습니다. 메이븐의 기본 개념과 메이븐을 설정하는 방법에 대한 자세한 내용은 부록 A를 참고합니다.

다음 예제에 나열된 의존성을 선언하겠습니다.

예제 2.1 하이버네이트, JUnit Jupiter, MySQL에 대한 메이븐 의존성

FILE Ch02/helloworld/pom.xml

```xml
<dependency>
    <groupId>org.hibernate</groupId>
    <artifactId>hibernate-entitymanager</artifactId>
    <version>5.6.9.Final</version>
</dependency>
<dependency>
    <groupId>org.junit.jupiter</groupId>
    <artifactId>junit-jupiter-engine</artifactId>
    <version>5.8.2</version>
    <scope>test</scope>
</dependency>
<dependency>
    <groupId>mysql</groupId>
    <artifactId>mysql-connector-java</artifactId>
    <version>8.0.29</version>
</dependency>
```

hibernate-entitymanager 모듈에는 hibernate-core 및 JPA 인터페이스 스텁(stub)과 같이 필요한 다른 모듈에 대한 전이 의존성(transitive dependency)이 포함돼 있습니다. 또한 JUnit 5를 이용해 테스트를 실행하기 위한 junit-jupiter-engine 의존성과 MySQL용 공식 JDBC 드라이버인 mysql-connector-java 의존성도 필요합니다.

JPA에서 가장 먼저 살펴볼 부분은 **영속성 단위**(persistence unit)입니다. 영속성 단위는 도메인 모델 클래스 매핑과 데이터베이스 커넥션, 그리고 기타 구성 설정까지 포함해서 한 쌍을 이룹니다. 모든 애플리케이션에는 적어도 하나 이상의 영속성 단위가 있으며, 다수의 (논리적 또는 물리적) 데이터베이스와 통신하는 일부 애플리케이션에는 영속성 단위가 여러 개이기도 합니다. 따라서 첫 번째 단계는 애플리케이션 구성에서 영속성 단위를 설정하는 것입니다.

2.3.1 영속성 단위 구성

영속성 단위의 표준 구성 파일은 클래스패스의 `META-INF/persistence.xml`에 있습니다. "Hello World" 애플리케이션에 대해 다음과 같은 구성 파일을 생성합니다.

예제 2.2 persistence.xml 구성 파일

FILE `Ch02/helloworld/src/main/resources/META-INF/persistence.xml`

```
<persistence xmlns="http://java.sun.com/xml/ns/persistence"
            xmlns:xsi="http://www.w3.org/2001/XMLSchema-instance"
            xsi:schemaLocation="http://java.sun.com/xml/ns/persistence http://java.sun.com/xml
/ns/persistence/persistence_2_0.xsd"
            version="2.0">

    <persistence-unit name="ch02">                              ❶
        <provider>org.hibernate.jpa.HibernatePersistenceProvider</provider>    ❷
        <properties>
            <property name="javax.persistence.jdbc.driver"
                      value="com.mysql.cj.jdbc.Driver"/>          ❸
            <property name="javax.persistence.jdbc.url"
                      value="jdbc:mysql://localhost:3306/CH02?serverTimezone=UTC "/>    ❹
            <property name="javax.persistence.jdbc.user" value="root"/>      ❺
            <property name="javax.persistence.jdbc.password" value=""/>      ❻

            <property name="hibernate.dialect"
                      value="org.hibernate.dialect.MySQL8Dialect"/>     ❼

            <property name="hibernate.show_sql" value="true"/>      ❽
            <property name="hibernate.format_sql" value="true"/>     ❾

            <property name="hibernate.hbm2ddl.auto" value="create"/>    ❿
```

```
        </properties>
    </persistence-unit>
</persistence>
```

❶ persistence.xml 파일은 하나 이상의 영속성 단위를 구성하며, 각 단위는 고유한 이름을 가져야 합니다.

❷ JPA는 명세일 뿐이므로 API에 대한 공급자별 PersistenceProvider 구현을 지정해야 합니다. 이번 예제의 영속성은 하이버네이트 공급자에 의해 처리됩니다.

❸ JDBC 프로퍼티(드라이버)

❹ 데이터베이스 URL

❺ 사용자명

❻ 접속을 위한 비밀번호가 없습니다. 프로그램을 실행하는 컴퓨터에는 MySQL 8이 설치돼 있으며, 자격 증명은 persistence. xml에 있는 것을 사용합니다. 여러분이 사용 중인 컴퓨터의 자격 증명과 일치하도록 자격 증명을 수정해야 합니다.

❼ 상호작용할 데이터베이스는 MySQL 8.0이므로 하이버네이트 방언은 MySQL8입니다[4].

❽ 프로그램을 실행하는 동안 SQL 코드를 표시합니다.

❾ 하이버네이트가 SQL 문을 보기 좋게 표시하고 하이버네이트가 해당 SQL 문을 실행한 이유를 알 수 있게 SQL 문자열에 주석을 생성합니다.

❿ 프로그램이 실행될 때마다 데이터베이스가 처음부터 새로 만들어집니다. 이렇게 하면 테스트를 실행할 때마다 깨끗한 데이터베이스로 테스트할 수 있으므로 자동화된 테스트에 좋습니다.

이어서 간단한 영속성 클래스가 어떻게 생겼고, 매핑이 어떻게 생성되며, JPA에서 영속성 클래스의 인스턴스로 무엇을 할 수 있는지 보겠습니다.

2.3.2 영속성 클래스 작성

이번 예제의 목적은 데이터베이스에 메시지를 저장하고 표시하기 위해 메시지를 조회하는 것입니다. 애플리케이션에는 다음과 같이 간단한 영속성 클래스인 **Message**가 있습니다.

예제 2.3 Message 클래스

FILE Ch02/helloworld/src/main/java/com/manning/javapersistence/ch02/Message.java

```
@Entity             ❶
public class Message {
```

---

4 (옮긴이) 이 방언은 현재 지원 중단된 상태이므로 MySQLDialect를 대신 사용해도 됩니다.

```
    @Id              ❷
    @GeneratedValue(strategy = GenerationType.IDENTITY)        ❸
    private long id;

    private String text;

    public String getText() {
        return text;
    }                                          ❹

    public void setText(String text) {
        this.text = text;
    }

}
```

❶ 모든 영속성 엔티티 클래스에는 적어도 @Entity 애너테이션은 있어야 합니다. 하이버네이트는 이 클래스를 MESSAGE라는 테이블에 매핑합니다.

❷ 모든 영속성 엔티티 클래스에는 @Id 애너테이션이 지정된 식별자 속성이 있어야 합니다. 하이버네이트는 이 속성을 id라는 칼럼에 매핑합니다.

❸ 누군가는 식별자 값을 생성해야 하는데, 이 애너테이션을 사용하면 자동으로 식별자 값을 생성할 수 있습니다.

❹ 일반적으로 영속성 클래스의 일반적인 속성은 비공개(private) 필드와 공개(public) 게터/세터 메서드로 구현합니다. 하이버네이트는 이 속성을 text라는 칼럼에 매핑합니다.

영속성 클래스의 식별자 속성을 사용하면 애플리케이션이 영속 인스턴스의 데이터베이스 식별자, 즉 기본 키(primary key) 값에 접근할 수 있습니다. 어떤 두 개의 Message 인스턴스가 동일한 식별자 값을 갖는다면 그것들은 데이터베이스에서 동일한 로우(row)를 나타냅니다. 이번 예제에서는 식별자 속성 타입으로 Long을 사용하지만 반드시 그래야 하는 것은 아닙니다. 이 책의 뒷부분에서 살펴보겠지만 하이버네이트를 사용하면 식별자 타입으로 거의 모든 타입을 사용할 수 있습니다.

Message 클래스의 text 속성이 자바빈(JavaBeans) 스타일의 프로퍼티 접근자 메서드를 가진다는 것을 눈치챘을 것입니다. 이 클래스에는 매개변수가 없는 (기본) 생성자도 있습니다. 예제의 영속성 클래스는 일반적으로 이러한 형태일 것입니다. 특정 인터페이스를 구현하거나 특별한 상위 클래스를 확장할 필요가 없다는 점에 유의합니다.

Message 클래스의 인스턴스는 하이버네이트를 통해 관리(영속화)할 수 있지만 반드시 그럴 필요는 없습니다. Message 객체는 영속성 관련 클래스나 인터페이스를 아무것도 구현하지 않으므로 다른 여느 자바 클래스처럼 사용할 수 있습니다.

```
Message msg = new Message();
msg.setText("Hello!");
System.out.println(msg.getText());
```

위 코드는 간단한 예제처럼 보이지만 실제로는 다른 영속성 솔루션과 하이버네이트를 구별하는 중요한 특징을 보여줍니다. 바로 어떠한 실행 컨텍스트에서도 영속성 클래스를 사용할 수 있다는 것인데, 이것은 어떤 특별한 컨테이너도 필요하지 않다는 것을 의미합니다.

영속성 클래스를 매핑하기 위해 애너테이션을 사용할 필요가 없습니다. 나중에 JPA의 orm.xml 매핑 파일과 네이티브 hbm.xml 매핑 파일과 같은 다른 매핑 방법을 보여드리고, 요즘 가장 자주 사용되는 접근 방식인 소스 애너테이션보다 어떤 상황에서 더 나은지 살펴보겠습니다.

이제 Message 클래스가 준비됐습니다. 인스턴스를 데이터베이스에 저장하고 쿼리를 작성해서 애플리케이션 메모리로 다시 불러올 수 있습니다.

2.3.3 메시지 저장과 로딩

여기서는 하이버네이트를 이용한 JPA에 초점을 맞추고 있으므로 새 Message를 데이터베이스에 저장해 보겠습니다.

예제 2.4 HelloWorldJPATest 클래스

FILE Ch02/helloworld/src/test/java/com/manning/javapersistence/ch02/HelloWorldJPATest.java

```
public class HelloWorldJPATest {

    @Test
    public void storeLoadMessage() {

        EntityManagerFactory emf =
                Persistence.createEntityManagerFactory("ch02");    ❶

        try {
```

```
        EntityManager em = emf.createEntityManager();     ❷
        em.getTransaction().begin();       ❸

        Message message = new Message();
        message.setText("Hello World!");                   ❹

        em.persist(message);               ❺

        em.getTransaction().commit();      ❻
        //INSERT into MESSAGE (ID, TEXT) values (1, 'Hello World!')

        em.getTransaction().begin();       ❼

        List<Message> messages =
            em.createQuery("select m from Message m", Message.class)     ❽
               .getResultList();
        //SELECT * from MESSAGE

        messages.get(messages.size() - 1)
               .setText("Hello World from JPA!");          ❾

        em.getTransaction().commit();      ❿
        //UPDATE MESSAGE set TEXT = 'Hello World from JPA!' where ID = 1

        assertAll(
               () -> assertEquals(1, messages.size()),      ⓫
               () -> assertEquals("Hello World from JPA!",
                        messages.get(0).getText())          ⓬
        );

        em.close();     ⓭

    } finally {
        emf.close();     ⓮
    }
  }
}
```

❶ 먼저 데이터베이스와 상호작용하려면 EntityManagerFactory가 필요합니다. 이 API는 영속성 단위를 나타내며, 대부분의 애플리케이션에는 구성된 영속성 단위 각각에 대해 하나의 EntityManagerFactory가 있습니다. 애플리케이션이 시작되면 EntityManagerFactory를 생성해야 합니다. EntityManagerFactory는 스레드에 안전하며 데이터베이스에 접근하는 애플리케이션의 모든 코드에서 이를 공유해야 합니다.

❷ EntityManager를 생성해서 데이터베이스와의 새 세션을 시작합니다. 이것이 모든 영속성 연산의 컨텍스트가 됩니다.

❸ 표준 트랜잭션 API에 접근한 후 이 실행 스레드에서 트랜잭션을 시작합니다.

❹ 매핑된 도메인 모델 클래스인 Message의 새 인스턴스를 만들고 해당 인스턴스의 text 프로퍼티를 설정합니다.

❺ 비영속(transient) 인스턴스를 영속성 컨텍스트에 등록해서 영속화합니다. 이제 우리가 해당 데이터를 저장하려 한다는 것을 하이버네이트도 알지만 데이터베이스 호출을 즉시 수행하지는 않습니다.

❻ 트랜잭션을 커밋합니다. 하이버네이트는 자동으로 영속성 컨텍스트를 확인하고 필요한 SQL INSERT 문을 실행합니다. 하이버네이트의 작동 방식을 쉽게 이해할 수 있도록 자동으로 생성되고 실행되는 SQL 문을 소스코드 주석에 표시했습니다. 하이버네이트는 ID 기본키 칼럼에 대해 자동으로 생성된 값과 TEXT 값을 사용해 MESSAGE 테이블에 로우를 삽입합니다.

❼ 데이터를 읽기만 하는 경우에도 데이터베이스와의 모든 상호작용은 트랜잭션 경계 내에서 이뤄져야 하므로 새 트랜잭션을 시작합니다. 이제부터 발생 가능한 어떠한 오류도 이전에 커밋된 트랜잭션에는 영향을 미치지 않습니다.

❽ 쿼리를 실행해 데이터베이스의 모든 Message 인스턴스를 조회합니다.

❾ 프로퍼티의 값을 변경할 수 있습니다. 로드된 Message가 앞서 로드됐던 영속성 컨텍스트에 여전히 연결돼 있기 때문에 하이버네이트가 이를 자동으로 감지합니다.

❿ 커밋 시 하이버네이트가 영속성 컨텍스트에서 변경 상태를 확인하고, SQL UPDATE를 자동으로 실행해 인메모리 객체와 데이터베이스 상태를 동기화합니다.

⓫ 데이터베이스에서 조회한 메시지 리스트의 크기를 확인합니다.

⓬ 영속화한 메시지가 데이터베이스에 있는지 확인합니다. 일부 어설션이 실패하더라도 전달된 모든 어설션을 항상 검사하는 JUnit 5의 assertAll 메서드를 사용합니다. 여기서 확인하는 두 가지 어설션은 개념적으로 서로 관련돼 있습니다.

⓭ EntityManager를 만들었으므로 닫아야 합니다.

⓮ EntityManagerFactory를 만들었으므로 이를 닫아야 합니다.

이번 예제에서 본 쿼리 언어는 SQL이 아니라 JPQL(Jakarta Persistence Query Language)입니다. 이처럼 간단한 예제에서는 구문상으로 차이가 없지만 쿼리 문자열의 Message는 데이터베이스 테이블 이름이 아니라 영속성 클래스 이름을 가리킵니다. 이러한 이유로 쿼리의 Message 클래스 이름은 대소문자를 구분합니다. 클래스를 다른 테이블에 매핑해도 쿼리는 여전히 작동합니다.

또한 하이버네이트가 Message의 text 프로퍼티에 대한 변경을 감지하고 데이터베이스를 자동으로 업데이트하는 방법도 눈여겨봅시다. 이것이 바로 JPA의 자동 변경 감지(dirty check) 기능이 작동하는 방식입니다. 이를 통해 트랜잭션 내에서 인스턴스의 상태를 변경할 때 영속성 관리자가 데이터베이스를 업데이트하도록 명시적으로 요청하는 수고를 덜 수 있습니다.

그림 2.2는 삽입 및 업데이트한 레코드를 데이터베이스 측에서 확인한 결과입니다. 기억하겠지만 이번 장의 소스코드에 있는 Ch02.sql 스크립트를 실행해 CH02라는 이름의 데이터베이스를 만들었습니다.

그림 2.2 삽입 및 업데이트된 레코드를 데이터베이스 측에서 확인한 결과

이렇게 해서 첫 번째 JPA 및 하이버네이트 애플리케이션을 완성했습니다. 이제 네이티브 하이버네이트의 부트스트랩과 구성 API에 대해 간단히 살펴보겠습니다.

2.4 네이티브 하이버네이트 구성

기본적인(및 광범위한) 구성은 JPA에서 표준화돼 있지만 persistence.xml의 프로퍼티로 하이버네이트의 모든 구성 기능을 이용할 수는 없습니다. 참고로 대부분의 애플리케이션, 심지어 상당히 정교한 애플리케이션도 아주 특별한 구성 옵션이 필요하지는 않으므로 이번 절에서 다룰 부트스트랩 API를 이용할 필요는 없습니다. 특별한 구성 옵션이 필요할지 확실하지 않다면 이번 절을 건너뛰고 나중에 하이버네이트의 타입 어댑터를 확장하거나 사용자 정의 SQL 함수를 추가해야 할 때 이번 절로 되돌아와도 됩니다.

네이티브 하이버네이트를 사용할 때는 JPA 의존성이나 클래스가 아닌 하이버네이트 의존성과 API를 직접 사용합니다. JPA는 명세이며, 동일한 API를 통해 다른 구현체(하이버네이트가 이러한 구현체의 하나이며 대체재로 EclipseLink를 사용할 수도 있습니다)를 사용할 수 있습니다. 하이버네이트는 구현체로서 자체적인 의존성과 클래스를 제공합니다. JPA를 사용하는 편이 더 많은 유연성을 제공하지만 이 책을 읽다 보면 하이버네이트 구현체를 직접 이용할 경우 JPA 표준에서 다루지 않는 기능을 사용할 수 있다는 사실을 알게 될 것입니다(이와 관련된 부분에서 다시 언급하겠습니다).

표준 JPA의 `EntityManagerFactory`에 상응하는 네이티브 구현은 `org.hibernate.SessionFactory`입니다. 일반적으로 `SessionFactory`는 애플리케이션당 하나씩 두며, `EntityManagerFactory`와 동일하게 클래스 매핑과 데이터베이스 커넥션 구성으로 구성된 쌍을 포함합니다.

네이티브 하이버네이트를 구성하려면 `hibernate.properties` 자바 프로퍼티 파일이나 `hibernate.cfg.xml` XML 파일을 사용하면 됩니다. 여기서는 두 번째 방법을 사용하며, 구성에는 데이터베이스 및 세션 관련 옵션이 포함됩니다. 이 XML 파일은 일반적으로 `src/main/resource`나 `src/test/resource` 폴더에 위치합니다. 테스트에서 하이버네이트 구성에 대한 정보가 필요하므로 여기서는 두 번째 위치를 선택하겠습니다.

예제 2.5 `hibernate.cfg.xml` 구성 파일

FILE Ch02/helloworld/src/test/resources/hibernate.cfg.xml

```xml
<?xml version='1.0' encoding='utf-8'?>
<!DOCTYPE hibernate-configuration PUBLIC
"-//Hibernate/Hibernate Configuration DTD//EN" "http://www.hibernate.org/dtd/hibernate-configuration-3.0.dtd">
<hibernate-configuration>                    ❶
    <session-factory>                        ❷
        <property name="hibernate.connection.driver_class">
            com.mysql.cj.jdbc.Driver                          ❸
        </property>
        <property name="hibernate.connection.url">
            jdbc:mysql://localhost:3306/CH02?serverTimezone=UTC   ❹
        </property>
        <property name="hibernate.connection.username">root</property>  ❺
        <property name="hibernate.connection.password"></property>      ❻
        <property name="hibernate.connection.pool_size">50</property>   ❼
        <property name="show_sql">true</property>                       ❽
        <property name="hibernate.hbm2ddl.auto">create</property>       ❾
    </session-factory>
</hibernate-configuration>
```

❶ 태그를 사용해 하이버네이트를 구성하고 있음을 나타냅니다.

❷ 좀 더 정확히 말하면 SessionFactory 객체를 구성하고 있습니다. SessionFactory는 인터페이스이며, 하나의 데이터베이스와 상호작용하려면 하나의 SessionFactory가 필요합니다.

❸ JDBC 프로퍼티(드라이버)

❹ 데이터베이스 URL

❺ 사용자명

❻ 접속을 위한 비밀번호가 없습니다. 프로그램을 실행하는 컴퓨터에는 MySQL 8이 설치돼 있으며, 자격 증명은 hibernate.cfg.xml에 있는 것을 사용합니다. 여러분이 사용 중인 컴퓨터의 자격 증명과 일치하도록 자격 증명을 수정해야 합니다.

❼ 하이버네이트 데이터베이스 커넥션 풀에서 대기 중인 커넥션 수를 50개로 제한합니다.

❽ 프로그램을 실행하는 동안 SQL 코드가 표시됩니다.

❾ 프로그램이 실행될 때마다 데이터베이스가 처음부터 새로 만들어집니다. 이렇게 하면 테스트를 실행할 때마다 깨끗한 데이터베이스로 테스트할 수 있으므로 자동화된 테스트에 좋습니다.

네이티브 하이버네이트를 사용해 데이터베이스에 Message를 저장해 보겠습니다.

예제 2.6 HelloWorldHibernateTest 클래스

FILE Ch02/helloworld/src/test/java/com/manning/javapersistence/ch02/HelloWorldHibernateTest.java

```java
public class HelloWorldHibernateTest {

    private static SessionFactory createSessionFactory() {
        Configuration configuration = new Configuration();              ❶
        configuration.configure().addAnnotatedClass(Message.class);    ❷
        ServiceRegistry serviceRegistry = new
                StandardServiceRegistryBuilder()                       ❸
                .applySettings(configuration.getProperties()).build();
        return configuration.buildSessionFactory(serviceRegistry);     ❹
    }


    @Test
    public void storeLoadMessage() {
        try (SessionFactory sessionFactory = createSessionFactory();   ❺
            Session session = sessionFactory.openSession()) {          ❻

            session.beginTransaction();                                ❼
```

```java
        Message message = new Message();
        message.setText("Hello World from Hibernate!");          ❽

        session.persist(message);          ❾

        session.getTransaction().commit();          ❿
        // INSERT into MESSAGE (ID, TEXT)
        // values (1, 'Hello World from Hibernate!')
        session.beginTransaction();          ⓫

        CriteriaQuery<Message> criteriaQuery =
            session.getCriteriaBuilder().createQuery(Message.class);          ⓬
        criteriaQuery.from(Message.class);          ⓭

        List<Message> messages =
            session.createQuery(criteriaQuery).getResultList();          ⓮
        // SELECT * from MESSAGE

        session.getTransaction().commit();          ⓯

        assertAll(
                () -> assertEquals(1, messages.size()),          ⓰
                () -> assertEquals("Hello World from Hibernate!",
                        messages.get(0).getText())          ⓱
        );

    }
  }
}
```

❶ SessionFactory를 생성하려면 먼저 Configuration을 생성해야 합니다.

❷ Configuration의 configure 메서드를 호출하고 Message를 애너테이션이 지정된 클래스로서 추가해야 합니다. configure 메서드를 실행하면 기본 hibernate.cfg.xml 파일의 내용이 로드됩니다.

❸ 빌더 패턴은 불변 서비스 레지스트리를 생성하고 메서드 연쇄 호출로 설정을 적용해 서비스 레지스트리를 구성하는 데 도움이 됩니다. ServiceRegistry는 SessionFactory에 접근해야 하는 서비스를 관리합니다. 서비스는 하이버네이트에 다양한 기능의 착탈식(pluggable) 구현체를 제공하는 클래스입니다.

❹ 앞에서 만든 구성과 서비스 레지스트리를 사용해 SessionFactory를 만듭니다.

❺ 앞에서 정의한 createSessionFactory 메서드로 생성된 SessionFactory는 try-with-resources 구문의 인수로 전달되는데, 이것은 SessionFactory가 AutoCloseable 인터페이스를 구현하기 때문입니다.

❻ 마찬가지로, AutoCloseable 인터페이스를 구현하는 Session도 생성해서 데이터베이스와의 새 세션을 시작합니다. 이것이 모든 영속성 연산의 컨텍스트가 됩니다.

❼ 표준 트랜잭션 API에 접근한 후 이 실행 스레드에서 트랜잭션을 시작합니다.

❽ 매핑된 도메인 모델 클래스인 Message의 새 인스턴스를 만들고 해당 인스턴스의 text 프로퍼티를 설정합니다.

❾ 비영속(transient) 인스턴스를 영속성 컨텍스트에 등록해서 영속화합니다. 이제 우리가 해당 데이터를 저장하려 한다는 것을 하이버네이트도 알지만 데이터베이스 호출을 즉시 수행하지는 않습니다. 네이티브 하이버네이트 API는 표준 JPA와 매우 유사하며, 대부분의 메서드명이 동일합니다.

❿ 세션과 데이터베이스를 동기화하고 트랜잭션 커밋 시 현재 세션을 자동으로 닫습니다.

⓫ 다른 트랜잭션을 시작합니다. 데이터를 읽기만 하는 경우에도 데이터베이스와의 모든 상호작용은 트랜잭션 경계 내에서 이뤄져야 합니다.

⓬ CriteriaBuilder의 createQuery() 메서드를 호출해서 CriteriaQuery 인스턴스를 생성합니다. CriteriaBuilder는 기준 쿼리(criteria query), 복합 쿼리(compound selection), 표현식(expression), 조건절(predicate), 정렬(ordering)을 구성하는 데 사용됩니다. CriteriaQuery는 최상위 쿼리(top-level query)에 국한된 기능을 정의합니다. CriteriaBuilder와 CriteriaQuery는 프로그래밍 방식으로 쿼리를 생성할 수 있는 Criteria API에 속합니다.

⓭ Message 엔티티에 해당하는 쿼리 루트(query root)[5]를 생성하고 추가합니다.

⓮ 쿼리 객체의 getResultList() 메서드를 호출해서 결과를 가져옵니다. 이때 생성 및 실행되는 쿼리는 SELECT * FROM MESSAGE입니다.

⓯ 트랜잭션을 커밋합니다.

⓰ 데이터베이스에서 조회된 메시지 리스트의 크기를 확인합니다.

⓱ 영속화한 메시지가 데이터베이스에 있는지 확인합니다. 일부 어설션이 실패하더라도 전달된 모든 어설션을 항상 검사하는 JUnit 5의 assertAll 메서드를 사용합니다. 여기서 확인하는 두 가지 어설션은 개념적으로 서로 관련돼 있습니다.

그림 2.3은 네이티브 하이버네이트를 사용해 삽입한 레코드의 존재 여부를 데이터베이스 측에서 확인한 결과입니다.

---

5 (옮긴이) CriteriaQuery 객체에 대해 탐색이 시작되는 루트 엔티티를 쿼리 루트라고 합니다. 쿼리 루트는 CriteriaQuery 인스턴스에서 from 메서드를 호출해서 만듭니다. 참고: https://docs.oracle.com/cd/E19798-01/821-1841/gjivq/index.html

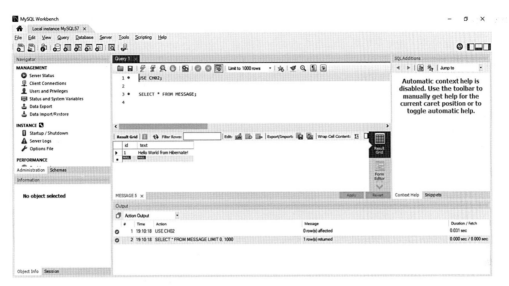

그림 2.3 삽입된 레코드의 존재 여부를 데이터베이스 측에서 확인한 결과

이 책에 나오는 대부분의 예제에서는 SessionFactory 또는 Session API를 사용하지 않습니다. 때때로 특정 기능이 하이버네이트에서만 사용할 수 있는 경우 네이티브 인터페이스를 unwrap()하는 방법을 보여 드리겠습니다.

2.5 JPA와 하이버네이트 간 전환

JPA를 사용 중인데 하이버네이트 API에 접근해야 한다고 가정해 봅시다. 또는 그 반대의 경우로 네이티 브 하이버네이트를 사용 중인데 하이버네이트 구성으로부터 EntityManagerFactory를 생성해야 한다고 가정해 봅시다. EntityManagerFactory에서 SessionFactory를 가져오려면 EntityManagerFactory에서 SessionFactory를 꺼내야 합니다.

예제 2.7 EntityManagerFactory에서 SessionFactory 가져오기

FILE Ch02/helloworld/src/test/java/com/manning/javapersistence/ch02/HelloWorldJPAToHibernateTest.java

```
private static SessionFactory getSessionFactory
            (EntityManagerFactory entityManagerFactory) {
    return entityManagerFactory.unwrap(SessionFactory.class);
}
```

JPA 버전 2.0부터는 기반이 되는 구현체의 API에 접근할 수 있습니다. `EntityManagerFactory`(및 `EntityManager`)에는 JPA 구현체 클래스에 속하는 객체를 반환하는 unwrap 메서드가 선언돼 있습니다. 하이버네이트 구현을 사용할 경우 예제 2.6에 나온 것처럼 해당 `SessionFactory` 또는 `Session` 객체를 가져와 사용할 수 있습니다. 특정 기능을 하이버네이트에서만 사용할 수 있다면 unwrap 메서드를 사용해 하이버네이트로 전환할 수 있습니다.

이번에는 반대로 하이버네이트 구성으로부터 `EntityManagerFactory`를 생성하는 데 관심이 있다고 가정해 봅시다.

예제 2.8 하이버네이트 구성으로부터 `EntityManagerFactory` 가져오기

`FILE` Ch02/helloworld/src/test/java/com/manning/javapersistence/ch02/HelloWorldHibernateToJPATest.java

```java
private static EntityManagerFactory createEntityManagerFactory() {
    Configuration configuration = new Configuration();              ❶
    configuration.configure().addAnnotatedClass(Message.class);        ❷

    Map<String, String> properties = new HashMap<>();              ❸
    Enumeration<?> propertyNames =
                configuration.getProperties().propertyNames();     ❹
    while (propertyNames.hasMoreElements()) {
        String element = (String) propertyNames.nextElement();
        properties.put(element,                                    ❺
            configuration.getProperties().getProperty(element));
    }

    return Persistence.createEntityManagerFactory("ch02", properties);    ❻
}
```

❶ 새 하이버네이트 구성을 만듭니다.

❷ 기본 hibernate.cfg.xml 파일의 내용을 구성에 추가하는 configure 메서드를 호출한 다음, Message를 애너테이션이 지정된 클래스로서 명시적으로 추가합니다.

❸ 기존 프로퍼티로 채울 새 해시 맵을 만듭니다.

❹ 하이버네이트 구성으로부터 모든 프로퍼티 이름을 가져옵니다.

❺ 앞에서 만든 맵에 프로퍼티 이름을 하나씩 추가합니다.

❻ 새 `EntityManagerFactory`를 반환하는데, 이때 ch02라는 영속성 단위의 이름과 앞에서 생성한 프로퍼티 맵을 전달합니다.

2.6 스프링 데이터 JPA를 이용한 "Hello World" 예제

이제 데이터베이스에 메시지를 저장한 다음, 이를 조회하는 첫 번째 스프링 데이터 JPA 애플리케이션을 작성해 보겠습니다.

먼저 아파치 메이븐 구성에 스프링 의존성을 추가하겠습니다.

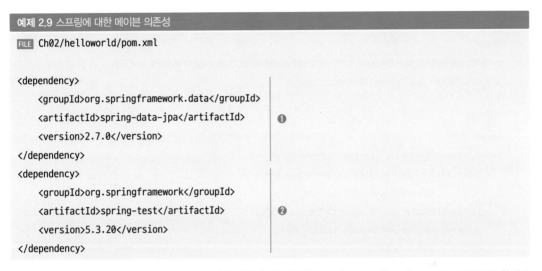

예제 2.9 스프링에 대한 메이븐 의존성

`FILE` Ch02/helloworld/pom.xml

```xml
<dependency>
    <groupId>org.springframework.data</groupId>
    <artifactId>spring-data-jpa</artifactId>      ❶
    <version>2.7.0</version>
</dependency>
<dependency>
    <groupId>org.springframework</groupId>
    <artifactId>spring-test</artifactId>           ❷
    <version>5.3.20</version>
</dependency>
```

❶ spring-data-jpa 모듈은 JPA에 대한 리포지터리 지원 기능을 제공하며, spring-core와 spring-context 같이 필요한 다른 모듈에 대한 전이 의존성을 포함합니다.

❷ 테스트를 실행하기 위한 spring-test 의존성도 필요합니다.

스프링 데이터 JPA의 표준 구성 파일은 스프링 데이터에서 필요로 하는 빈을 생성하고 설정하는 자바 클래스입니다. 구성은 XML 파일이나 자바 코드로 할 수 있으며, 여기서는 두 번째 방법을 택했습니다. "Hello World" 애플리케이션에 대해 다음과 같은 구성 파일을 생성합니다.

예제 2.10 SpringDataConfiguration 클래스

`FILE` Ch02/helloworld/src/test/java/com/manning/javapersistence/ch02/configuration/SpringDataConfiguration.java

```java
@EnableJpaRepositories("com.manning.javapersistence.ch02.repositories")   ❶
public class SpringDataConfiguration {

    @Bean
```

```
    public DataSource dataSource() {                                        ❷
        DriverManagerDataSource dataSource = new DriverManagerDataSource();
        dataSource.setDriverClassName("com.mysql.cj.jdbc.Driver");        ❸
        dataSource.setUrl("jdbc:mysql://localhost:3306/CH02?serverTimezone=UTC");  ❹
        dataSource.setUsername("root");        ❺
        dataSource.setPassword("");            ❻
        return dataSource;          ❷
    }


    @Bean
    public JpaTransactionManager transactionManager(EntityManagerFactory emf) {
        return new JpaTransactionManager(emf);                            ❼
    }


    @Bean
    public JpaVendorAdapter jpaVendorAdapter() {
        HibernateJpaVendorAdapter jpaVendorAdapter = new      ❽
                HibernateJpaVendorAdapter();
        jpaVendorAdapter.setDatabase(Database.MYSQL);        ❾
        jpaVendorAdapter.setShowSql(true); ❿
        return jpaVendorAdapter;    ❻
    }


    @Bean
    public LocalContainerEntityManagerFactoryBean entityManagerFactory() {
        LocalContainerEntityManagerFactoryBean                            ⓫
            localContainerEntityManagerFactoryBean =
                new LocalContainerEntityManagerFactoryBean();            ⓬
        localContainerEntityManagerFactoryBean.setDataSource(dataSource());
        Properties properties = new Properties();
        properties.put("hibernate.hbm2ddl.auto", "create");
        localContainerEntityManagerFactoryBean                          ⓭
                .setJpaProperties(properties);
        localContainerEntityManagerFactoryBean
                .setJpaVendorAdapter(jpaVendorAdapter());               ⓮
        localContainerEntityManagerFactoryBean
                .setPackagesToScan("com.manning.javapersistence.ch02");  ⓯
        return localContainerEntityManagerFactoryBean;        ⓫
    }
}
```

❶ @EnableJpaRepositories 애너테이션을 사용하면 스프링 데이터 리포지터리를 활성화하기 위해 인수로 받은 패키지를 스캔하게 됩니다.

❷ 데이터 소스 빈을 생성합니다.

❸ JDBC 프로퍼티(드라이버)

❹ 데이터베이스 URL

❺ 사용자명

❻ 접속을 위한 비밀번호가 없습니다. 프로그램을 실행하는 컴퓨터에는 MySQL 8이 설치돼 있으며, 자격 증명은 현재 구성에 기재된 것을 사용합니다. 여러분이 사용 중인 컴퓨터의 자격 증명과 일치하도록 자격 증명을 수정해야 합니다.

❼ 엔티티 매니저 팩터리를 기반으로 트랜잭션 매니저 빈을 생성합니다. 데이터베이스와의 모든 상호작용은 트랜잭션 경계 내에서 일어나야 하며, 스프링 데이터는 트랜잭션 매니저 빈을 필요로 합니다.

❽ JPA가 하이버네이트와 상호작용하는 데 필요한 JPA 공급자 어댑터 빈을 생성합니다.

❾ 이 공급자 어댑터가 MySQL 데이터베이스에 접근하도록 구성합니다.

❿ 프로그램이 실행되는 동안 SQL 코드를 표시합니다.

⓫ LocalContainerEntityManagerFactoryBean을 생성합니다. 이것은 JPA 표준 컨테이너 부트스트랩 계약에 따라 EntityManagerFactory를 생성하는 팩터리 빈입니다.

⓬ 데이터 소스를 설정합니다.

⓭ 프로그램이 실행될 때마다 데이터베이스를 처음부터 새로 생성하도록 설정합니다.

⓮ 공급자 어댑터를 설정합니다.

⓯ 엔티티 클래스를 스캔할 패키지를 설정합니다. Message 엔티티는 com.manning.javapersistence.ch02에 있으므로 이 패키지를 스캔하도록 설정합니다.

스프링 데이터 JPA는 상용구 코드를 줄이고 리포지터리 인터페이스에 대한 구현을 생성함으로써 JPA 기반 데이터 접근 계층에 대한 지원 기능을 제공합니다. 따라서 개발자는 스프링 데이터 인터페이스 중 하나를 확장하는 자체적인 리포지터리 인터페이스만 정의하면 됩니다.

예제 2.11 MessageRepository 인터페이스

FILE Ch02/helloworld/src/main/java/com/manning/javapersistence/ch02/repositories/MessageRepository
.java

```java
public interface MessageRepository extends CrudRepository<Message, Long> {
}
```

MessageRepository 인터페이스는 CrudRepository<Message, Long>을 확장합니다. 이것은 Long 타입의 식별자를 가진 Message 엔터티의 저장소를 의미합니다. Message 클래스에는 Long 타입의 @Id 애너테이션이 지정된 id 필드가 있다는 것을 떠올려 봅시다. MessageRepository 인터페이스를 이용하면 CrudRepository에서 상속된 save나 findAll, findById 같은 메서드를 직접 호출할 수 있으며, 다른 추가 정보 없이도 이를 이용해 데이터베이스에 대한 일반적인 연산을 실행할 수 있습니다.

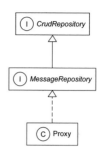

그림 2.4 스프링 데이터 JPA의 Proxy 클래스가 MessageRepository 인터페이스를 구현합니다.

스프링 데이터 JPA는 MessageRepository 인터페이스를 구현하는 프락시(proxy) 클래스를 생성하고 해당 인터페이스의 메서드들을 구현합니다(그림 2.4).

스프링 데이터 JPA를 사용해 데이터베이스에 Message를 저장해 봅시다.

예제 2.12 HelloWorldSpringDataJPATest 클래스

FILE Ch02/helloworld/src/test/java/com/manning/javapersistence/ch02/HelloWorldSpringDataJPATest.java

```java
@ExtendWith(SpringExtension.class)                              ❶
@ContextConfiguration(classes = {SpringDataConfiguration.class})    ❷
public class HelloWorldSpringDataJPATest {

    @Autowired
    private MessageRepository messageRepository;               ❸

    @Test
    public void storeLoadMessage() {
        Message message = new Message();
        message.setText("Hello World from Spring Data JPA!");   ❹

        messageRepository.save(message);    ❺

        List<Message> messages = (List<Message>)messageRepository.findAll();    ❻

        assertAll(
                () -> assertEquals(1, messages.size()),    ❼
```

```
             () -> assertEquals("Hello World from Spring Data JPA!",        ❽
                        messages.get(0).getText())
    );

  }
}
```

❶ SpringExtension을 사용해 테스트를 확장합니다. 이 확장은 스프링 테스트 컨텍스트를 JUnit 5 Jupiter 테스트와 통합하는 데 사용됩니다.

❷ 스프링 테스트 컨텍스트는 앞에서 보여준 SpringDataConfiguration 클래스에 정의된 빈을 사용해 구성됩니다.

❸ MessageRepository 빈은 의존성 자동 주입(autowiring)을 통해 스프링에 의해 주입됩니다. 이것이 가능한 이유는 MessageRepository가 있는 com.manning.javapersistence.ch02.repositories 패키지가 예제 2.8의 @EnableJpaRepositories 애너테이션의 인수로 사용됐기 때문입니다. messageRepository.getClass()를 호출하면 그림 2.4에서 보여준 것처럼 스프링 데이터에서 생성한 프락시인 com.sun.proxy.$Proxy41과 같은 것을 반환하는 것을 볼 수 있습니다.

❹ 매핑된 도메인 모델 클래스인 Message의 새 인스턴스를 만들고 해당 인스턴스의 text 프로퍼티를 설정합니다.

❺ message 객체를 영속화합니다. save 메서드는 CrudRepository 인터페이스로부터 상속되며, 프락시 클래스가 생성될 때 스프링 데이터 JPA에 의해 메서드 본문이 생성됩니다. 이 메서드는 단순히 Message 엔티티를 데이터베이스에 저장하는 역할을 합니다.

❻ 리포지터리에서 메시지를 조회합니다. findAll 메서드는 CrudRepository 인터페이스로부터 상속되며, 프락시 클래스가 생성될 때 스프링 데이터 JPA에서 해당 메서드의 본문을 생성합니다. 이 메서드는 단순히 Message 클래스에 속하는 모든 엔티티를 반환하는 역할을 합니다.

❼ 데이터베이스로부터 조회된 메시지 리스트의 크기와 앞서 데이터베이스에 영속화한 메시지를 확인합니다.

❽ 일부 어설션이 실패하더라도 전달된 모든 어설션을 검사하는 JUnit 5의 assertAll 메서드를 사용합니다. 예제에서 확인하는 두 가지 어설션은 개념적으로 서로 관련돼 있습니다.

스프링 데이터 JPA 테스트가 JPA나 네이티브 하이버네이트를 사용하는 테스트보다 상당히 짧다는 것을 알 수 있습니다. 이는 상용구 코드가 제거되어 더 이상 명시적인 객체 생성이나 명시적인 트랜잭션 제어가 필요하지 않기 때문입니다. 리포지터리 객체가 주입되고, 해당 객체가 프락시 클래스에서 생성된 메서드들을 제공합니다. 이제 구성 측면의 부담이 더 커졌지만 이 작업은 애플리케이션당 한 번만 하면 됩니다.

그림 2.5는 스프링 데이터 JPA로 삽입한 레코드가 데이터베이스에 존재하는지 확인한 결과입니다.

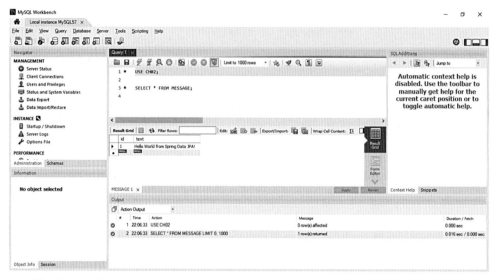

그림 2.5 삽입된 레코드가 데이터베이스에 존재하는지 확인한 결과

2.7 엔티티 영속화에 대한 접근 방식 비교

지금까지 데이터베이스와 상호작용하는 간단한 애플리케이션을 구현했으며, JPA, 네이티브 하이버네이트, 스프링 데이터 JPA를 각각 사용해봤습니다. 이렇게 하는 목적은 각 접근 방식을 분석하고 구성과 코드가 어떻게 다른지 확인하기 위해서였습니다. 표 2.1에는 이러한 접근 방식의 특징이 정리돼 있습니다.

표 2.1 JPA, 네이티브 하이버네이트, 스프링 데이터 JPA의 비교

프레임워크	특성
JPA	<ul><li>일반 JPA API를 사용하며 영속성 공급자가 필요합니다.</li><li>구성에서 영속성 공급자를 전환할 수 있습니다.</li><li>`EntityManagerFactory`, `EntityManager`, 트랜잭션에 대한 명시적 관리가 필요합니다.</li><li>구성 및 작성해야 하는 코드의 양은 네이티브 하이버네이트를 사용하는 경우와 비슷합니다.</li><li>네이티브 하이버네이트 구성으로부터 `EntityManagerFactory`를 생성해 JPA 접근 방식으로 전환할 수 있습니다.</li></ul>

프레임워크	특성
네이티브 하이버네이트	▪ 네이티브 하이버네이트 API를 사용합니다. 따라서 이 프레임워크를 사용하는 방식에 종속됩니다. ▪ 기본 하이버네이트 구성 파일(`hibernate.cfg.xml` 또는 `hibernate.properties`)로 구성 작업을 합니다. ▪ `SessionFactory`, `Session`, 트랜잭션에 대한 명시적인 관리가 필요합니다. ▪ 구성 및 작성해야 하는 코드의 양은 JPA를 사용하는 경우와 비슷합니다. ▪ `EntityManagerFactory`에서 `SessionFactory`를 꺼내거나 `EntityManager`에서 `Session`을 꺼내는 방식으로 네이티브 하이버네이트 접근 방식으로 전환할 수 있습니다.
스프링 데이터 JPA	▪ 프로젝트에 추가적인 스프링 데이터 의존성이 필요합니다. ▪ 구성에서 트랜잭션 매니저를 포함해서 프로젝트에 필요한 빈의 생성도 처리합니다. ▪ 리포지터리 인터페이스를 선언해 두기만 하면 스프링 데이터가 데이터베이스와 상호작용하는 자동 생성 메서드가 포함된 프락시 클래스의 형태로 리포지터리 인터페이스의 구현체를 생성합니다. ▪ 필요한 리포지터리는 주입되며, 프로그래머가 명시적으로 생성하지 않습니다. ▪ 이 접근 방식에서는 구성을 통해 상당수의 작업을 처리하므로 작성해야 하는 코드의 양이 가장 적습니다.

각 접근 방식의 성능에 대한 자세한 내용은 커틀린 투도세(Cătălin Tudose)와 카르멘 오두버슈테아누(Carmen Odubăşteanu)가 쓴 "JPA, 하이버네이트, 스프링 데이터 JPA를 활용한 객체 관계형 매핑"(Tudose, 2021)이라는 글을 참고합니다.

실행 시간을 분석하기 위해 세 가지 접근 방식을 사용해 삽입, 업데이트, 조회, 삭제 연산을 일괄 실행하고 레코드 수를 1,000개에서 50,000개까지 점진적으로 증가시켰습니다. 테스트는 2.40GHz의 4코어 인텔 i7-5500U 프로세서와 8GB RAM에서 실행되는 윈도우 10 엔터프라이즈에서 수행했습니다.

하이버네이트와 JPA의 삽입 실행 시간은 매우 비슷합니다(표 2.2와 그림 2.6). 스프링 데이터 JPA의 실행 시간은 레코드 수가 증가함에 따라 훨씬 더 빠르게 늘어납니다.

표 2.2 프레임워크별 삽입 실행 시간(ms 단위)

레코드 수	하이버네이트	JPA	스프링 데이터 JPA
1,000	1,138	1,127	2,288
5,000	3,187	3,307	8,410

레코드 수	하이버네이트	JPA	스프링 데이터 JPA
10,000	5,145	5,341	14,565
20,000	8,591	8,488	26,313
30,000	11,146	11,859	37,579
40,000	13,011	13,300	48,913
50,000	16,512	16,463	59,629

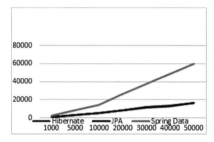

그림 2.6 프레임워크별 삽입 실행 시간(ms 단위)

하이버네이트와 JPA의 업데이트 실행 시간도 매우 비슷합니다(표 2.3과 그림 2.7). 이번에도 레코드 수가 증가함에 따라 스프링 데이터 JPA의 실행 시간이 훨씬 더 빠르게 늘어납니다.

표 2.3 프레임워크별 업데이트 실행 시간(ms 단위)

레코드 수	하이버네이트	JPA	스프링 데이터 JPA
1,000	706	759	2,683
5,000	2,081	2,256	10,211
10,000	3,596	3,958	17,594
20,000	6,669	6,776	33,090
30,000	9,352	9,696	46,341
40,000	12,720	13,614	61,599
50,000	16,276	16,355	75,071

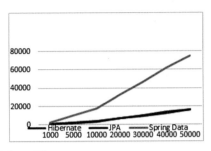

그림 2.7 프레임워크별 업데이트 실행 시간(ms 단위)

조회 연산의 경우에도 상황은 비슷하며, 하이버네이트와 JPA 간에 거의 차이가 없고 레코드 수가 증가함에 따라 스프링 데이터의 경우 가파른 곡선을 보입니다(표 2.4와 그림 2.8).

표 2.4 프레임워크별 조회 실행 시간(ms 단위)

레코드 수	하이버네이트	JPA	스프링 데이터 JPA
1,000	1,138	1,127	2,288
5,000	3,187	3,307	8,410
10,000	5,145	5,341	14,565
20,000	8,591	8,488	26,313
30,000	11,146	11,859	37,579
40,000	13,011	13,300	48,913
50,000	16,512	16,463	59,629

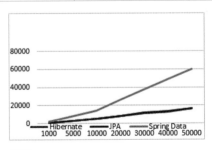

그림 2.8 프레임워크별 조회 실행 시간(ms 단위)

삭제 연산 또한 비슷한데, 하이버네이트와 JPA는 거의 비슷한 양상을 보이며, 레코드 수가 증가함에 따라 스프링 데이터의 실행 시간은 훨씬 더 빠르게 늘어납니다(표 2.5와 그림 2.9).

표 2.5 프레임워크별 삭제 실행 시간(ms 단위)

레코드 수	하이버네이트	JPA	스프링 데이터 JPA
1,000	584	551	2,430
5,000	1,537	1,628	9,685
10,000	2,992	2,763	17,930
20,000	5,344	5,129	32,906
30,000	7,478	7,852	47,400
40,000	10,061	10,493	62,422
50,000	12,857	12,768	79,799

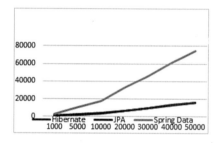

그림 2.9 프레임워크별 삭제 실행 시간(ms 단위)

이 세 가지 접근 방식은 각기 다른 성능을 보여줍니다. 하이버네이트와 JPA는 네 가지 작업(삽입, 업데이트, 조회, 삭제) 모두에 대해 그래프가 거의 겹칩니다. JPA는 하이버네이트를 기반으로 자체적인 API를 제공하지만 이러한 추가 계층이 오버헤드를 발생시키지 않습니다.

1,000개의 레코드에 대해 스프링 데이터 JPA의 삽입 실행 시간은 하이버네이트와 JPA의 약 2배, 50,000개의 레코드에 대해서는 약 3.5배로 증가합니다. 스프링 데이터 JPA 프레임워크의 오버헤드는 상당한 수준입니다.

하이버네이트와 JPA의 경우 업데이트와 삭제 실행 시간이 삽입 실행 시간보다 짧습니다. 반면 스프링 데이터 JPA의 업데이트와 삭제 실행 시간은 삽입 실행 시간보다 더 깁니다.

하이버네이트와 JPA의 경우 로우 개수에 따라 조회 실행 시간이 아주 조금씩 증가합니다. 스프링 데이터 JPA의 조회 실행 시간은 로우 개수에 따라 크게 증가합니다.

스프링 데이터 JPA는 주로 프로젝트에서 이미 스프링 프레임워크를 사용 중이고 기존 패러다임(예: 제어 역전(inversion of control)이나 자동 관리 트랜잭션 같은)에 의존해야 하거나 코드의 양을 줄여 개발 시간을 단축해야 하는 경우(요즘에는 개발자를 채용하는 것보다 컴퓨팅 성능을 확보하는 편이 더 저렴합니다) 등 특정한 상황에 한해 사용하는 것이 적절해 보입니다.

이번 장에서는 자바 애플리케이션에서 데이터베이스 작업을 수행하는 데 활용할 수 있는 JPA, 네이티브 하이버네이트, 스프링 데이터 JPA에 초점을 맞춰 각각의 예제를 살펴봤습니다. 3장에서는 좀 더 복잡한 예제를 소개하고 도메인 모델과 메타데이터에 대해 더 자세히 다루겠습니다.

정리

- 자바 영속성 프로젝트는 JPA, 네이티브 하이버네이트, 스프링 데이터 JPA라는 세 가지 접근 방식을 활용해 구현할 수 있습니다.

- 영속성 클래스를 생성하고, 매핑하고, 애너테이션을 지정할 수 있습니다.

- JPA를 이용해 영속성 단위의 구성 및 부트스트랩을 구현하고 `EntityManagerFactory`라는 진입점을 생성할 수 있습니다.

- `EntityManager`를 통해 데이터베이스와 상호작용해서 영속성 도메인 모델 클래스의 인스턴스를 저장하거나 로드할 수 있습니다.

- 네이티브 하이버네이트는 `EntityManagerFactory`와 `EntityManager`에 상응하는 기본 하이버네이트 API인 `SessionFactory`와 `Session`을 비롯해 부트스트랩 및 구성 옵션을 제공합니다.

- `EntityManagerFactory`로부터 `SessionFactory`를 꺼내거나 하이버네이트 구성으로부터 `EntityManagerFactory`를 만들어내는 방식으로 JPA 접근 방식과 하이버네이트 접근 방식을 서로 전환할 수 있습니다.

- 리포지터리 인터페이스를 생성해서 스프링 데이터 JPA 애플리케이션의 구성을 구현한 다음, 이를 이용해 영속성 도메인 모델 클래스의 인스턴스를 저장하고 로드할 수 있습니다.

- JPA, 네이티브 하이버네이트, 스프링 데이터 JPA라는 세 가지 접근 방식을 비교하고 대조해 보면서 이식성, 필요한 의존성, 코드의 양, 실행 속도 측면에서 각 접근 방식의 장단점을 확인합니다.

03

도메인 모델과
메타데이터

이번 장에서 다루는 내용

- CaveatEmptor 예제 애플리케이션 소개

- 도메인 모델 구현

- 객체/관계형 매핑 메타데이터 옵션

이전 장의 "Hello World" 예제에서 하이버네이트, 스프링 데이터, JPA를 소개했지만 복잡한 데이터 모델을 사용하는 실제 애플리케이션의 요구사항을 이해하는 데는 유용하지 않습니다. 이 책의 나머지 부분에서는 훨씬 더 정교한 예제 애플리케이션으로 온라인 경매 시스템인 CaveatEmptor를 사용해 JPA, 하이버네이트, 스프링 데이터를 실습하겠습니다. ('Caveat emptor'는 라틴어로 "구매자가 조심하라"라는 뜻입니다.)

계층형 애플리케이션 아키텍처(layered application architecture)를 소개하는 것으로 CaveatEmptor 애플리케이션에 대한 논의를 시작하겠습니다. 그런 다음, 문제 도메인의 비즈니스 엔티티를 식별하는 방법을 배웁니다. 이러한 엔티티와 엔티티 속성에 대한 개념적 모델, 즉 **도메인 모델**을 생성하고 영속성 클래스를 생성해서 자바로 구현합니다. 이러한 자바 클래스가 정확히 어떤 모습이어야 하고, 일반적인 계층형 애플리케이션 아키텍처 내에서 어디에 둬야 하는지 살펴볼 것입니다. 또한 클래스의 영속성 기능과 이것이 애플리케이션의 설계 및 구현에 어떤 영향을 미치는지 살펴볼 것입니다. 이어서 도메인 모델 데이터(영속성 정보와 비즈니스 로직 모두)의 무결성을 자동으로 검증하는 데 도움이 되는 빈 유효성 검증(Bean Validation)을 추가할 것입니다.

JPA 2의 주요 새 기능

이제 JPA 영속성 공급자에 빈 유효성 검증 공급자가 자동으로 통합됩니다. 데이터가 저장되면 빈 유효성 검증 공급자가 영속성 클래스에 대한 제약조건을 자동으로 검증합니다.

`Metamodel` API도 추가되어 영속성 단위에 속한 클래스의 이름, 프로퍼티, 매핑 메타데이터를 가져올 수 있습니다.

그런 다음 몇 가지 매핑 메타데이터 옵션, 즉 영속성 클래스와 해당 프로퍼티가 데이터베이스 테이블 및 칼럼과 어떻게 관련되는지 하이버네이트에 알려주는 방법을 살펴보겠습니다. 이는 클래스의 자바 소스코드에 직접 애너테이션을 추가하거나 런타임에 하이버네이트가 접근하는 컴파일된 자바 클래스와 함께 배포하는 XML 문서를 작성하는 것처럼 간단할 수 있습니다.

이번 장을 읽고 나면 복잡한 현실 세계의 프로젝트에서 도메인 모델의 영속성과 관련된 부분을 설계하는 방법과 주로 사용할 매핑 메타데이터 옵션들을 알 수 있습니다. 예제 애플리케이션부터 시작하겠습니다.

3.1 CaveatEmptor 예제 애플리케이션

CaveatEmptor 예제는 ORM 기법, JPA, 하이버네이트, 스프링 데이터의 기능들을 시연할 온라인 경매 애플리케이션입니다. 이 책에서는 사용자 인터페이스(웹 기반 또는 리치 클라이언트일 수 있습니다)에는 크게 신경 쓰지 않고 데이터 접근 코드에 집중하겠습니다.

ORM과 관련된 설계 과제를 이해하기 위해 CaveatEmptor 애플리케이션이 아직 존재하지 않고 처음부터 새로 구축한다고 가정해 보겠습니다. 먼저 아키텍처부터 살펴봅시다.

3.1.1 계층형 아키텍처

간단하지 않은 애플리케이션이라면 일반적으로 관심사(concern)별로 클래스를 구성하는 것이 좋습니다. 영속성이 하나의 관심사이며, 다른 관심사로는 프레젠테이션, 워크플로, 비즈니스 로직이 있습니다. 일반적인 객체지향 아키텍처에는 이러한 관심사를 나타내는 코드 계층들이 포함됩니다.

횡단 관심사

일반적으로 프레임워크 코드와 같은 것으로 구현될 수 있는 이른바 횡단 관심사(cross-cutting concern)라는 것도 있습니다. 이 같은 횡단 관심사로는 로깅, 권한 부여, 트랜잭션 경계 설정이 있습니다.

계층형 아키텍처(layered architecture)는 다양한 관심사를 구현하는 코드 간의 인터페이스를 정의해서 다른 계층의 코드에 크게 영향을 주지 않고도 한 가지 관심사가 구현되는 방식을 변경할 수 있게 합니다. 계층화는 계층 간에 발생하는 의존성의 종류를 결정합니다. 규칙은 다음과 같습니다.

- 계층들은 위에서 아래로 통신합니다. 한 계층은 바로 아래 계층의 인터페이스에만 의존합니다.
- 각 계층은 바로 아래 계층을 제외하고는 다른 계층을 인식하지 못하며, 위 계층으로부터 명시적인 요청을 받는다면 위에 있는 계층도 인식하지 못합니다.

시스템마다 관심사를 그룹화하는 방식이 다르므로 저마다 다른 계층들을 정의합니다. 그림 3.1에서 볼 수 있듯이 일반적으로 검증된 고수준 애플리케이션 아키텍처에서는 프레젠테이션, 비즈니스 로직, 영속성마다 하나씩, 총 3개의 계층을 사용합니다.

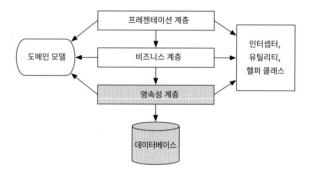

그림 3.1 영속성 계층은 계층형 아키텍처의 기반입니다.

- **프레젠테이션 계층**: 사용자 인터페이스 로직은 맨 위에 위치합니다. 페이지나 화면 탐색의 표현과 제어를 담당하는 코드는 프레젠테이션 계층에 있습니다. 사용자 인터페이스 코드는 공유 도메인 모델의 비즈니스 엔티티에 직접 접근해서 특정 작업을 실행하는 컨트롤과 함께 비즈니스 엔티티들을 화면에 렌더링할 수 있습니다. 일부 아키텍처에서는 프레젠테이션 계층이 시스템의 나머지 부분과 동일한 장비에서 실행되지 않는 경우처럼 사용자 인터페이스 코드에서 비즈니스 엔티티 인스턴스에 직접 접근하지 못할 수도 있습니다. 그러한 경우에는 전송 가능한 도메인 모델의 일부 속성만을 나타내는 자체적인 데이터 전송 모델이 프레젠테이션 계층에 필요할 수 있습니다. 프레젠테이션 계층의 좋은 예는 브라우저를 사용해 애플리케이션과 상호작용하는 것입니다.
- **비즈니스 계층**: 비즈니스 계층은 일반적으로 문제 도메인의 일부인 비즈니스 규칙이나 시스템 요구사항을 구현하는 역할을 담당합니다. 일반적으로 이 계층에는 제어 구성요소가 포함되는데, 제어 구성요소란 언제 어떤 비즈니스 규칙을 호출해야 하는지 알고 있는 코드를 의미합니다. 어떤 시스템에서는 이 계층 내에서 비즈니스 도메인 엔티티를 자체적으로 표현하기도 합니다. 또는 애플리케이션의 다른 계층과 공유되는 도메인 모델 구현에 의존하기도 합니다. 비즈니스 계층의 좋은 예로는 비즈니스 로직을 실행하는 코드가 있습니다.

- **영속성 계층**: 영속성 계층은 하나 이상의 데이터 저장소에 데이터를 저장하고 데이터 저장소로부터 데이터를 조회하는 역할을 담당하는 클래스와 구성요소의 그룹입니다. 이 계층에서는 영속화 상태를 유지하려는 비즈니스 도메인 엔티티 의 모델을 필요로 합니다. 영속성 계층은 JPA, 하이버네이트, 스프링 데이터가 주로 사용되는 곳입니다.

- **데이터베이스**: 데이터베이스는 일반적으로 외부에 있으며, 시스템 상태의 실제 영속성 표현입니다. SQL 데이터베이스 를 사용하는 경우 데이터베이스에는 스키마 및 데이터 가까이에서 비즈니스 로직을 실행하기 위한 저장 프로시저가 포 함됩니다. 데이터베이스는 데이터가 장기적으로 저장되는 곳입니다.

- **헬퍼 및 유틸리티 클래스**: 모든 애플리케이션에는 애플리케이션의 모든 계층에서 사용되는 공용 헬퍼 또는 유틸리티 클 래스들이 있습니다. 여기에는 범용 클래스나 횡단 관심사 클래스(로깅, 보안, 캐싱을 위한)가 포함될 수 있습니다. 이러 한 공유 인프라 요소들은 계층형 아키텍처에서 계층 간 의존성 규칙을 따르지 않으므로 계층을 형성하지 않습니다.

이제 고수준 아키텍처를 마련했으니 비즈니스 문제에 집중할 수 있습니다.

3.1.2 비즈니스 도메인 분석

이 단계에서는 도메인 전문가의 도움을 받아 주요 엔티티와 그것의 상호작용을 식별하면서 소프트웨어 시 스템이 해결해야 하는 비즈니스 문제를 분석해야 합니다. 도메인 모델 분석 및 설계의 주요 목표는 애플리 케이션의 목적을 달성하기 위한 비즈니스 정보의 본질을 포착하는 것입니다.

엔티티는 일반적으로 결제, 고객, 주문, 품목, 입찰 등 시스템 사용자가 이해하는 개념입니다. 어떤 엔 티티는 가격 책정 알고리즘과 같이 사용자가 생각하는 것보다 덜 구체적인 것을 추상화한 것일 수도 있지만, 일반적으로 이러한 엔티티도 사용자가 이해할 수 있습니다. 이러한 모든 엔티티는 **정보 모델** (information model)이라고도 하는 비즈니스의 개념적 관점에서 찾을 수 있습니다.

객체지향 소프트웨어의 엔지니어와 아키텍트는 이 같은 비즈니스 모델로부터 아직까지는 개념 수준에 머 무르는(자바 코드가 없는) 객체지향 모델을 만듭니다. 이 모델은 개발자의 머릿속에만 존재하는 심상처럼 단순할 수도 있고, UML 클래스 다이어그램처럼 정교할 수도 있습니다. 그림 3.2는 UML로 표현된 간단 한 모델을 보여줍니다.

그림 3.2 일반적인 온라인 경매 모델의 클래스 다이어그램

이 모델에는 카테고리, 품목, 사용자 등 일반적인 전자상거래 시스템에서 흔히 볼 수 있는 엔티티가 포함 돼 있습니다. 이 도메인 모델은 모든 엔티티와 그 관계(그리고 어쩌면 속성도)를 나타냅니다. 문제 도메인

의 엔티티 가운데 사용자와 상호작용하는 엔티티만 포함하는 이러한 종류의 객체지향 모델을 **도메인 모델**이라고 합니다. 이것은 현실 세계에 대한 추상적인 관점입니다.

엔지니어와 아키텍트가 객체지향 모델을 사용하는 대신 데이터 모델로 애플리케이션 설계를 시작할 수도 있습니다. 이는 엔티티 관계 다이어그램으로 표현할 수 있으며, 여기에는 **CATEGORY, ITEM, USER** 엔티티와 이들 간의 관계가 포함됩니다. 일반적으로 영속성과 관련해서 두 가지 유형의 모델 간에는 거의 차이가 없으며, 단지 출발점이 다를 뿐입니다. 결국 어떤 모델링 언어를 사용하느냐는 부차적인 문제이며, 중요한 것은 비즈니스 엔티티 간의 구조와 관계입니다. 또한 데이터의 무결성을 보장하기 위해 적용해야 하는 규칙(예: 모델에 포함된 관계의 다중성)과 데이터를 조작하는 데 사용되는 코드 프로시저(일반적으로 모델에 포함되지 않음)도 관심을 둘 필요가 있습니다.

다음 절에서는 CaveatEmptor 문제 도메인에 대한 분석을 완료하겠습니다. 분석의 결과물인 도메인 모델이 이 책의 중심 주제가 될 것입니다.

3.1.3 CaveatEmptor 도메인 모델

CaveatEmptor 사이트에서는 전자기기부터 항공권까지, 다양한 종류의 품목을 경매에 부칠 수 있습니다. 경매는 영국식 경매 전략에 따라 진행되므로 사용자는 품목의 입찰 기한이 만료될 때까지 계속 입찰을 진행해 가장 높은 입찰가를 제시한 사람이 낙찰받게 됩니다.

어떤 상점을 가든 상품은 유형별로 분류되고 유사한 상품끼리 구역과 진열대로 그룹화됩니다. 경매 카탈로그에는 구매자가 카테고리를 탐색하거나 카테고리 및 품목 속성을 기준으로 임의로 검색할 수 있도록 일종의 품목 카테고리 계층 구조가 필요합니다. 카테고리 브라우저와 검색 결과 화면에 품목의 목록이 표시됩니다. 목록에서 품목을 선택하면 구매자는 품목에 이미지가 첨부된 품목 세부 정보 페이지로 이동합니다.

경매는 일련의 입찰로 구성되며, 그중 가장 높은 입찰가로 낙찰됩니다. 사용자 세부 정보에는 이름, 주소, 청구 정보가 포함됩니다.

이 분석의 결과인 도메인 모델의 개요가 그림 3.3에 나와 있습니다.

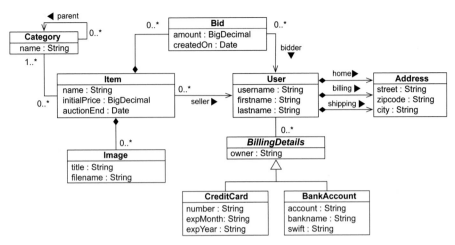

그림 3.3 CaveatEmptor 도메인 모델의 영속성 클래스와 그 관계

이 모델의 몇 가지 흥미로운 특징에 대해 간략히 살펴보겠습니다.

- 각 품목은 딱 한 번만 경매할 수 있으므로 Item을 다른 경매 엔티티와 구분할 필요가 없습니다. 대신 Item이라는 경매 품목 엔티티 하나만 있습니다. 따라서 Bid는 Item과 직접적으로 연관관계를 맺습니다. User의 Address 정보를 별도의 클래스로 모델링했는데, User는 집, 청구, 배송에 대해 3개의 주소를 가질 수 있기 때문입니다. 사용자는 여러 BillingDetails를 가질 수 있습니다. 추상 클래스의 하위 클래스가 다양한 청구 전략을 나타냅니다(향후 확장 가능).

- 애플리케이션은 다른 Category 안에 Category를 중첩하는 등의 방식으로 카테고리를 중첩할 수 있습니다. Category 엔티티에서 자기 자신으로 재귀적으로 이뤄지는 연관관계가 이러한 관계를 표현합니다. 하나의 Category 에는 여러 개의 하위 카테고리가 있을 수 있지만 부모 카테고리는 최대 하나만 있을 수 있습니다. 각 Item은 적어도 하나의 Category에 속합니다.

- 이 표현은 **완전한** 도메인 모델이 아니며 영속성 기능이 필요한 클래스만 표시한 것입니다. Category, Item, User 등의 인스턴스를 저장하고 로드하고 싶을 것이기 때문입니다. 지금은 약간 단순화한 형태지만 더 복잡한 예제를 다루기 위해 필요할 경우 이러한 클래스를 수정할 것입니다.

- 도메인 모델 내의 엔티티는 상태와 행동을 캡슐화해야 합니다. 예를 들어, User 엔티티에서는 고객의 이름과 주소, 그리고 해당 고객에게 전달할 품목의 배송비를 계산하는 데 필요한 로직을 정의해야 합니다.

- 도메인 모델에 비영속(transient) 런타임 인스턴스만 있는 다른 클래스가 있을 수 있습니다. 최고 입찰자가 경매에서 낙찰된다는 사실을 캡슐화하는 WinningBidStrategy 클래스를 예로 들어보겠습니다. 이 클래스는 경매 상태를 확인할 때 비즈니스 계층(컨트롤러)의 코드에서 호출될 수 있습니다. 어느 시점에서는 판매된 품목에 대한 세금을 계산하는 방법이나 시스템이 새 사용자 계정을 승인하는 방법을 파악해야 할 수도 있습니다. 이러한 비즈니스 규칙이나 도메인 모델 행동이 중요하지 않다고 생각하지는 않지만, 이러한 관심사는 대부분 영속성 문제와 별개로 다뤄야 합니다.

이제 도메인 모델이 포함된 (초보적인) 애플리케이션 설계가 완성됐으므로 다음 단계는 이를 자바로 구현하는 것입니다.

도메인 모델이 없는 ORM

완전한 ORM을 이용한 객체 영속화는 풍부한 도메인 모델을 기반으로 하는 애플리케이션에 가장 적합합니다. 애플리케이션에 복잡한 비즈니스 규칙이나 엔티티 간의 복잡한 상호작용이 구현돼 있지 않거나 엔티티 수가 적은 경우에는 도메인 모델이 필요하지 않을 수 있습니다. 간단하거나 일부 그렇게 간단하지는 않은 수많은 문제들은 테이블 지향 솔루션, 즉 애플리케이션이 객체지향 도메인 모델이 아닌 데이터베이스 데이터 모델을 중심으로 설계되고 로직이 데이터베이스에서 실행(저장 프로시저를 통해)되는 방식으로 처리하는 것이 적합합니다.

학습 곡선도 고려할 필요가 있습니다. 하이버네이트나 스프링 데이터에 능숙해지면 모든 애플리케이션에 하이버네이트와 스프링 데이터를 사용하게 될 것입니다. 간단한 SQL 쿼리 생성기나 결과 집합 매퍼 같은 것인데도 말입니다. ORM을 배우고 있는 중이라면 간단한 작업을 처리하는 데 많은 시간과 노력을 쏟는 것은 적절하지 않습니다.

3.2 도메인 모델 구현

모든 구현에서 반드시 해결해야 하는 문제, 즉 어떤 계층이 어떤 책임을 맡을 것인가를 가리키는 관심사의 분리(separation of concern)부터 시작하겠습니다. 일반적으로 도메인 모델 구현은 새로운 애플리케이션 기능을 구현할 때마다 자주 재사용되는 중심적이고 조직적인 구성요소입니다. 따라서 도메인 모델 구현에 비즈니스 외적인 문제가 스며들지 않도록 노력을 기울여야 합니다.

3.2.1 관심사 누출 처리

영속성, 트랜잭션 관리, 권한 부여와 같은 관심사가 도메인 모델 클래스에 나타나기 시작한다면 이는 관심사 누출(leakage of concerns)의 예로 볼 수 있습니다. 도메인 모델 구현은 그것과 무관한 API에 의존해서는 안 되는 중요한 코드입니다. 예를 들어, 도메인 모델 내의 코드는 데이터베이스를 직접 호출하거나 다른 중간에 위치한 추상화를 통해 호출해서는 안 됩니다. 그래야만 사실상 모든 곳에서 도메인 모델 클래스를 재사용할 수 있습니다.

애플리케이션의 아키텍처는 다음과 같은 계층을 포함합니다.

- 프레젠테이션 계층에서는 뷰를 렌더링할 때 도메인 모델 엔티티의 인스턴스와 속성에 접근할 수 있습니다. 사용자는 브라우저와 같은 프런트엔드를 사용해 애플리케이션과 상호작용할 수 있습니다. 이러한 관심사는 다른 계층의 관심사와 분리되어야 합니다.

- 비즈니스 계층의 컨트롤러 구성요소는 도메인 모델 엔티티의 상태에 접근하고 이러한 엔티티의 메서드를 호출할 수 있습니다. 이곳에서 비즈니스 계산과 로직이 실행됩니다. 이러한 관심사는 다른 계층의 관심사와 분리되어야 합니다.

- 영속성 계층에서는 데이터베이스로부터 도메인 모델 엔티티의 인스턴스를 로드하고 데이터베이스에 저장함으로써 도메인 모델 엔티티의 상태를 보존합니다. 이 계층은 정보가 오랫동안 지속되는 곳입니다. 이러한 관심사도 다른 계층의 관심사와 분리되어야 합니다.

관심사의 누출을 방지하면 특정 런타임 환경이나 컨테이너 없이도 도메인 모델을 쉽게 단위 테스트하거나 서비스 의존성을 모킹할 수 있습니다. 특별한 테스트 장치 없이도 도메인 모델 클래스의 올바른 동작을 검증하는 단위 테스트를 작성할 수 있습니다. (여기서 말하는 단위 테스트는 '데이터베이스로부터 로드'나 '데이터베이스에 저장'과 같은 성능 및 통합 테스트가 아닌 '배송비와 세금 계산'과 같은 단위 테스트를 의미합니다.)

자카르타 EE 표준은 코드 내 애너테이션이나 외부 XML 디스크립터 같은 메타데이터를 통해 관심사 누출 문제를 해결합니다. 이 접근 방식을 사용하면 런타임 컨테이너가 애플리케이션 구성요소에 대한 호출을 가로채는 식의 일반화된 방식으로 보안, 동시성, 영속성, 트랜잭션, 원격 호출 등의 사전에 정의된 횡단 관심사를 구현할 수 있습니다.

JPA는 **엔티티 클래스**를 기본 프로그래밍 아티팩트로 정의합니다. 이 프로그래밍 모델은 투명한 영속성을 가능하게 하며, 하이버네이트 같은 JPA 공급자는 자동화된 영속성도 제공합니다. 하이버네이트는 자카르타 EE 런타임 환경이 아니며 애플리케이션 서버도 아닙니다. 하이버네이트는 ORM 기법의 구현체입니다.

3.2.2 투명하고 자동화된 영속성

여기서는 '**투명하다**(transparent)'라는 용어를 도메인 모델의 영속성 클래스와 영속성 계층 간의 관심사를 완전히 분리한다는 의미로 사용합니다. 영속성 클래스는 영속성 메커니즘을 인식하지 못하며 영속성 메커니즘에 대한 의존성도 없습니다. 영속성 클래스 내부에서는 외부 영속성 메커니즘을 참조하지 않습니다. '**자동**(automatic)'이라는 용어는 대부분의 SQL 문 작성이나 JDBC API 작업과 같은 저수준의 기계적 세부 사항을 처리할 필요가 없도록 해주는 영속성 솔루션(애너테이션을 지정한 도메인, 계층, 메커니즘)을 지칭합니다. 실제 사용 사례로 Item 클래스 수준에서 투명하고 자동화된 영속성이 어떻게 반영되는지 분석해 보겠습니다.

CaveatEmptor 도메인 모델의 Item 클래스에는 자카르타 퍼시스턴스 API나 하이버네이트 API에 대한 런타임 의존성이 있어서는 안 됩니다. 게다가 JPA는 영속성 클래스에서 특별한 상위 클래스나 인터페이스를 상속하거나 구현할 것을 요구하지 않습니다. 속성이나 연관관계를 구현하는 데 사용되는 특별한 클래스도 없습니다. 이로써 단위 테스트나 프레젠테이션 계층과 같이 영속성 컨텍스트 외부에서 영속성 클래스를 재사용할 수 있습니다. 평범한 자바의 new 연산자를 사용해 모든 런타임 환경에서 인스턴스를 생성할 수 있으므로 테스트 가능성과 재사용성을 확보할 수 있습니다.

투명한 영속성을 갖춘 시스템에서는 엔티티의 인스턴스가 기저에 놓인 데이터 저장소를 인식하지 못하며, 심지어 자신이 영속화되거나 조회되고 있다는 사실조차 인식할 필요가 없습니다. JPA는 영속성 관심사를 일반 영속성 관리자 API로 외부화합니다. 따라서 대부분의 코드, 특히 복잡한 비즈니스 로직에서는 단일 실행 스레드 내 도메인 모델 엔티티 인스턴스의 현재 상태에 신경 쓸 필요가 없습니다. 투명성을 필수 요건으로 간주하는 이유는 투명성을 통해 애플리케이션을 더 쉽게 구축하고 유지보수할 수 있기 때문입니다. 투명한 영속성은 모든 ORM 솔루션의 주된 목표 중 하나일 것입니다.

자동화된 영속성 솔루션 중 완전히 투명한 솔루션은 없습니다. JPA와 하이버네이트를 포함한 모든 자동화된 영속성 계층에서는 영속성 클래스가 몇 가지 요건을 지켜야 합니다. 예를 들어, JPA에서는 컬렉션 값 속성이 java.util.Set이나 java.util.List 같은 인터페이스 타입이어야 하고, java.util.HashSet 같은 실제 구현체 타입이어서는 안 됩니다(어쨌든 이것은 좋은 관행입니다). 이와 마찬가지로 JPA 엔티티 클래스에는 **데이터베이스 식별자(database identifier)**라는 특별한 속성이 있어야 합니다(이 또한 제약으로 볼 수 있지만 일반적으로 이 같은 속성이 있으면 편리합니다).

이제 영속성 메커니즘이 도메인 모델을 구현하는 방식에 최소한의 영향을 미쳐야 하며, 투명하고 자동화된 영속성이 필요하다는 것을 알게 됐을 것입니다. 이를 달성하기 위한 프로그래밍 모델 중 하나가 바로 POJO입니다.

> **참고** POJO는 'Plain Old Java Object'의 약자입니다. 마틴 파울러(Martin Fowler), 레베카 파슨스(Rebecca Parsons), 조시 맥킨지(Josh Mackenzie)가 2000년에 이 용어를 만들었습니다.

2000년대 초, 많은 개발자들이 기본으로 돌아가서 UI 개발을 위한 컴포넌트 모델인 자바빈즈(JavaBeans)를 부활시키고 이를 시스템의 다른 계층에 다시 적용하는 접근 방식인 POJO에 대해 이야기하기 시작했습니다. EJB와 JPA 명세가 여러 차례 개정되면서 새로운 경량 엔티티가 등장했는데, 이를 **영속성 지원 자바빈즈(persistence-capable JavaBeans)**라고 부르는 것이 적절할 것입니다. 자바 엔지니어들은 이 모든 용어를 동일한 기본 설계 접근 방식의 동의어로 사용할 때가 많습니다.

이 책에서 사용하는 용어에 대해 너무 신경 쓸 필요는 없습니다. 궁극적인 목표는 영속성 측면을 가능한 한 투명하게 자바 클래스에 적용하는 것입니다. 몇 가지 간단한 실천법을 따르면 거의 모든 자바 클래스에 영속성을 지원할 수 있습니다. 코드에서 이것이 어떤 모습인지 살펴봅시다.

> 참고 이번 장의 소스코드에 포함된 예제를 실행하려면 먼저 Ch03.sql 스크립트를 실행해야 합니다. 이 예제에서는 기본 자격 증명(사용자 이름은 root이고 비밀번호는 없습니다)이 적용된 MySQL 서버를 사용합니다.

3.2.3 영속성 지원 클래스 작성

잘게 세분화되고 풍부한 도메인 모델을 지원하는 것은 하이버네이트의 주요 목표입니다. 이것이 바로 POJO를 활용하는 이유 중 하나입니다. 일반적으로 잘게 세분화된 객체를 사용한다는 것은 테이블보다 클래스의 수가 더 많다는 것을 의미합니다.

영속성을 지원하는 일반 자바 클래스에서는 상태를 나타내는 속성과 행동을 정의하는 비즈니스 메서드를 선언합니다. 일부 속성은 다른 영속성 지원 클래스에 대한 연관관계를 나타내기도 합니다.

다음은 도메인 모델의 User 엔티티에 대한 POJO 구현을 보여줍니다(소스코드의 domainmodel 폴더에 있는 첫 번째 예제). 이 코드를 살펴봅시다.

예제 3.1 User 클래스의 POJO 구현

FILE Ch03/domainmodel/src/main/java/com/manning/javapersistence/ch03/ex01/User.java

```java
public class User {

    private String username;

    public String getUsername() {
        return username;
```

```
    }

    public void setUsername(String username) {
        this.username = username;
    }

}
```

이 클래스를 추상 클래스로 작성할 수도 있으며, 필요한 경우 비영속성 클래스를 확장하거나 인터페이스를 구현할 수 있습니다. 이 클래스는 최상위 클래스여야 하고 다른 클래스에 중첩되어서는 안 됩니다. 영속성 지원 클래스와 그 메서드는 final로 선언해서는 **안 됩니다**(이것은 JPA 명세의 요구사항입니다). 하이버네이트는 그렇게 엄격하지 않으며, final 클래스를 엔티티로 선언하거나 영속성 필드에 접근하는 final 메서드가 포함된 엔티티로 선언할 수 있습니다. 하지만 이렇게 하면 하이버네이트가 성능 향상을 위해 프락시 패턴을 사용하지 못하게 되므로 좋은 방법이 아닙니다. 일반적으로 애플리케이션이 서로 다른 JPA 공급자 사이에서 이식성을 유지하려면 JPA 요구사항을 따라야 합니다.

하이버네이트와 JPA는 모든 영속성 클래스에 대해 인수가 없는 생성자를 요구합니다. 또는 생성자를 전혀 작성하지 않으면 하이버네이트는 기본 자바 생성자를 사용합니다. 하이버네이트는 이러한 인수가 없는 생성자에 대해 자바 리플렉션(Reflection) API를 사용해 클래스를 호출해서 인스턴스를 생성합니다. 생성자를 public으로 지정할 필요는 없지만, 성능 최적화를 위해 런타임에 생성되는 프락시를 사용하려면 최소한 패키지 가시성(package-visible)으로 설정해야 합니다.

POJO의 프로퍼티는 User의 username 같은 비즈니스 엔티티의 속성을 구현합니다. 일반적으로 프로퍼티를 private 또는 protected 필드로 구현하고 프로퍼티 접근자 메서드를 public이나 protected로 구현할 텐데, 각 필드에 대해 필드의 값을 조회하는 메서드와 값을 설정하는 메서드가 필요합니다. 이러한 메서드를 각각 **게터**(getter)와 **세터**(setter)라고 합니다. 예제 3.1의 POJO에서는 username 프로퍼티에 대한 게터와 세터 메서드를 선언합니다.

자바빈(JavaBean) 명세에서는 접근자 메서드의 이름에 대한 가이드라인을 정의하며, 이를 통해 하이버네이트 같은 일반 도구에서 프로퍼티 값을 손쉽게 발견하고 조작할 수 있습니다. 게터 메서드의 이름은 get으로 시작하고 그 뒤에 프로퍼티 이름(첫 글자는 대문자로 지정)이 이어집니다. 세터 메서드의 이름은 set로 시작하고 그 뒤에 프로퍼티 이름이 옵니다. 부울 프로퍼티에 대한 게터 메서드 이름은 get 대신 is로 시작할 수 있습니다.

하이버네이트에는 접근자 메서드가 필요하지 않습니다. 영속성 클래스의 인스턴스 상태를 어떻게 영속화할지 선택할 수 있습니다. 하이버네이트는 필드에 직접 접근하거나 접근자 메서드를 호출합니다. 그 덕분에 클래스 설계에 크게 구애받지 않습니다. 일부 접근자 메서드를 public이 아닌 것으로 설정하거나 완전히 제거한 다음, 이러한 프로퍼티에 대해 필드 접근을 사용하도록 하이버네이트를 구성할 수 있습니다.

프로퍼티 필드와 접근자 메서드를 private이나 protected, 패키지 가시성으로 설정하기

일반적으로 클래스의 내부 상태에 직접 접근하지 못하게 할 것이므로 속성 필드를 public으로 만들지 않을 것입니다. 필드나 메서드를 private으로 설정하면 사실상 필드나 메서드에 아무도 접근해서는 안 되며, 오직 개발자(또는 하이버네이트 같은 서비스)만 접근이 허용된다고 선언하는 셈입니다. 이것은 확정적인 표현입니다.

누군가가 '공개되지 않은' 내부 구조에 접근하려고 하는 데는 보통 버그 수정과 같은 정당한 이유가 있으며, 긴급한 상황에서 리플렉션을 활용한 접근 방법을 사용해야 한다면 사람들을 번거롭게만 만들 뿐입니다. 대신에 후임자가 여러분이 작성한 코드에 접근할 권한이 있고, 코드가 무슨 일을 하는지 알고 있다고 가정할 수도 있습니다.

접근자 메서드는 널리 사용되지만 자바빈즈 스타일의 접근자 메서드를 선호하는 이유 중 하나는 캡슐화를 제공하기 때문입니다. 즉, 공용 인터페이스를 변경하지 않고도 속성의 숨겨진 내부 구현을 변경할 수 있습니다. 메서드를 통해 속성에 접근하도록 하이버네이트를 구성하면 데이터베이스 설계로부터 클래스의 내부 자료구조인 인스턴스 변수를 추상화할 수 있습니다.

예를 들어, 데이터베이스에서는 사용자 이름을 NAME 칼럼 하나로 저장하지만 User 클래스에는 firstname과 lastname 필드가 있는 경우 다음과 같은 영속성 name 프로퍼티를 클래스에 추가할 수 있습니다(소스코드의 domainmodel 폴더에 포함된 두 번째 예제).

예제 3.2 접근자 메서드에 로직이 있는 User 클래스의 POJO 구현

FILE Ch03/domainmodel/src/main/java/com/manning/javapersistence/ch03/ex02/User.java

```java
public class User {

    private String firstname;
    private String lastname;

    public String getName() {
        return firstname + ' ' + lastname;
```

```
    }

    public void setName(String name) {
        StringTokenizer tokenizer = new StringTokenizer(name);
        firstname = tokenizer.nextToken();
        lastname = tokenizer.nextToken();
    }

}
```

나중에 영속성 서비스의 사용자 정의 타입 변환기(type converter)를 사용하는 것이 이 같은 상황을 처리하는 더 좋은 방법이라는 점을 알게 될 것입니다. 선택지가 여러 개 있으면 도움이 됩니다.

고려해야 할 또 다른 문제는 **변경 감지(dirty check)**입니다. 하이버네이트는 상태 변경을 자동으로 감지해서 업데이트된 상태를 데이터베이스와 동기화할 수 있습니다. 일반적으로 하이버네이트가 세터에 전달한 인스턴스와는 다른 인스턴스를 게터 메서드에서 반환하는 것이 안전합니다. 하이버네이트는 인스턴스를 값(객체 식별자가 아니라)으로 비교해서 속성의 영속성 상태를 업데이트해야 할지 여부를 결정합니다. 예를 들어, 다음과 같은 게터 메서드는 불필요한 SQL UPDATE를 발생시키지 않습니다.

```
public String getFirstname() {
    return new String(firstname);
}
```

컬렉션을 영속화할 때 **변경 감지**에 대해 주의해야 할 중요한 점이 있습니다. Item 엔티티에 Set<Bid> 필드가 있고 setBids 세터를 통해 접근하는 경우 다음 코드를 실행하면 불필요한 SQL UPDATE가 발생합니다.

```
item.setBids(bids);
em.persist(item);
item.setBids(bids);
```

그 이유는 하이버네이트에 자체적인 컬렉션 구현인 PersistentSet, PersistentList, PersistentMap이 있기 때문입니다. 컬렉션 전체에 대한 세터를 제공하는 것은 좋은 방법이 아닙니다.

접근자 메서드에서 예외를 던질 경우 하이버네이트는 예외를 어떻게 처리할까요? 인스턴스를 로드하고 저장할 때 하이버네이트가 접근자 메서드를 사용하고 RuntimeException(언체크 예외)이 발생하면 현재 트랜잭션이 롤백되고 자카르타 퍼시스턴스(또는 네이티브 하이버네이트) API를 호출한 코드에서 예외를 처리해야 합니다. 체크 예외를 던진다면 하이버네이트가 해당 예외를 `RuntimeException`으로 감쌉니다.

이어서 엔티티 간의 관계와 영속성 클래스 간의 연관관계에 대해 알아보겠습니다.

3.2.4 POJO 연관관계 구현

이제 객체 간에 연관관계를 맺고 일대다, 다대일, 양방향 관계 등의 다양한 관계를 생성하는 방법을 살펴보겠습니다. 이러한 연관관계를 만드는 데 필요한 골격 코드를 비롯해 관계 관리를 간소화하는 방법, 그리고 이러한 관계의 무결성을 강화하는 방법을 살펴보겠습니다.

클래스 간의 연관관계를 표현하는 프로퍼티를 생성할 수 있으며, (일반적으로) 런타임에 접근자 메서드를 호출해서 인스턴스 사이를 이동할 것입니다. 그림 3.4에 나온 것과 같이 `Item` 및 `Bid` 영속성 클래스로 정의된 연관관계를 생각해 봅시다.

연관관계 관련 속성인 `Item#bids`와 `Bid#item`은 그림 3.4에서 제외했습니다. 이러한 프로퍼티와 각 프로퍼티의 값을 조작하는 메서드를 **골격 코드**(scaffolding code)라고 합니다. `Bid` 클래스의 골격 코드는 다음과 같습니다.

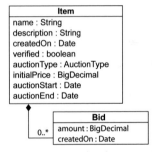

그림 3.4 Item 클래스와 Bid 클래스 간의 연관관계

FILE Ch03/domainmodel/src/main/java/com/manning/javapersistence/ch03/ex03/Bid.java

```java
public class Bid {

    private Item item;

    public Item getItem() {
        return item;
    }

    public void setItem(Item item) {
        this.item = item;
    }

}
```

item 프로퍼티를 통해 Bid에서 관련 Item으로 이동할 수 있습니다. 이것은 **다대일**(many-to-one) 다중성을 가진 연관관계로서, 사용자는 각 품목에 대해 입찰을 여러 번 할 수 있습니다.

Item 클래스의 골격 코드는 다음과 같습니다.

FILE Ch03/domainmodel/src/main/java/com/manning/javapersistence/ch03/ex03/Item.java

```java
public class Item {
    private Set<Bid> bids = new HashSet<>();

    public Set<Bid> getBids() {
        return Collections.unmodifiableSet(bids);
    }
}
```

두 클래스 간의 이러한 연관관계를 통해 **양방향** 탐색이 가능하며, **다대일** 다중성을 이 관점에서 보면 **일대다** 다중성이 됩니다. 표 3.1에 표시된 것처럼 하나의 품목에 여러 개의 입찰이 있을 수 있는데, 입찰은 타입은 같지만 경매 중에 다양한 사용자에 의해 서로 다른 금액으로 생성되기 때문입니다.

표 3.1 하나의 Item에 대해 경매 과정에서 여러 개의 Bid가 생성되는 경우

품목	입찰	사용자	금액
1	1	John	100
1	2	Mike	120
1	3	John	140

bids 프로퍼티에 대한 골격 코드에서는 컬렉션 인터페이스 타입인 java.util.Set을 사용합니다. JPA에서는 컬렉션 타입 프로퍼티에 대해 인터페이스를 요구하므로, 예를 들어 HashSet이 아닌 java.util.Set이나 java.util.List, java.util.Collection을 사용해야 합니다. 어차피 구체적인 구현체보다는 컬렉션 인터페이스로 프로그래밍하는 것이 좋은 관행이므로 이 같은 제약은 문제가 되지 않습니다.

애플리케이션이 중복 입찰을 허용하지 않아서 Set을 사용하기로 하고 필드를 HashSet으로 초기화할 수도 있습니다. 이렇게 하면 아직 입찰이 없는 새 Item의 프로퍼티에 누군가가 접근했을 때 NullPointerException이 발생하는 것을 방지할 수 있으므로 좋은 방법입니다. 또한 입찰이 없는 Item을 데이터베이스에서 불러올 때처럼 JPA 공급자도 매핑된 컬렉션 값 프로퍼티에 비어 있지 않은 값을 설정해

야 합니다. (반드시 HashSet을 사용할 필요는 없고 어떤 구현체를 사용할지는 공급자의 몫입니다. 하이버네이트에는 변경 감지와 같은 기능을 갖춘 자체적인 컬렉션 구현이 있습니다.)

품목에 대한 입찰은 리스트에 저장해야 하지 않나요?

앞서와 같이 설계했을 때 사용자가 입력한 요소대로 순서를 유지해야 하지 않느냐고 반응하는 경우가 많습니다. 나중에 요소를 표시할 때도 같은 순서로 보여줄 수 있기 때문입니다. 특히 경매 애플리케이션에서는 사용자가 품목에 대한 입찰을 볼 때 최고 입찰을 먼저 보거나 최신 입찰을 마지막에 보는 것과 같이 정의된 순서가 있어야 합니다. 사용자 인터페이스 코드에서 java.util.List를 사용해 품목에 대한 입찰을 정렬하고 표시할 수도 있습니다.

그렇다고 해서 이러한 표시 순서를 계속 유지해야 한다는 의미는 아닙니다. 데이터 무결성은 입찰을 표시되는 순서에 영향을 받지 않습니다. 항상 가장 높은 입찰가를 찾을 수 있도록 각 입찰의 금액을 저장해야 하며, 항상 최신 입찰을 찾을 수 있도록 각 입찰이 생성된 시점의 타임스탬프를 저장해야 합니다. 이마저도 충분하지 않다면 시스템을 유연하게 유지하고, 데이터가 저장될 때가 아니라 데이터 저장소로부터 조회하거나(쿼리에서) 사용자에게 표시될 때(자바 코드에서) 데이터를 정렬하면 됩니다.

연관관계에 대한 접근자 메서드는 그것들이 애플리케이션 로직에서 두 인스턴스 간의 링크를 생성하는 데 사용되는, 영속성 클래스의 외부 인터페이스에 해당하는 경우에만 public으로 선언해야 합니다. 이제 이 문제를 집중적으로 다룰 텐데, 왜냐하면 선언적 외래키 제약조건이 있는 SQL 데이터베이스보다 자바 코드에서 Item과 Bid 간의 링크를 관리하는 것이 훨씬 더 복잡하기 때문입니다. 경험상 엔지니어들은 양방향 참조(포인터)가 있는 네트워크 객체 모델에서 발생하는 이러한 복잡성을 인식하지 못할 때가 많습니다. 이 문제를 단계별로 살펴보겠습니다.

Bid와 Item을 연결하는 기본 절차는 다음과 같습니다.

```
anItem.getBids().add(aBid);
aBid.setItem(anItem);
```

이 양방향 링크를 만들 때마다 다음과 같은 두 가지 작업이 필요합니다.

- Item의 bids 컬렉션에 Bid를 추가해야 합니다(그림 3.5).
- Bid의 item 프로퍼티를 설정해야 합니다(그림 3.6).

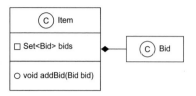

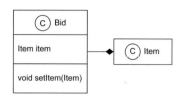

그림 3.5 Bid와 Item을 연결하는 1단계: Item의 bids 세트에 Bid 추가

그림 3.6 Bid와 Item을 연결하는 2단계: Bid 측에서 Item 설정

JPA는 영속성 연관관계를 관리하지 않습니다. 연관관계를 조정하고 싶다면 하이버네이트 없이 작성할 때와 동일한 코드를 작성해야 합니다. 연관관계가 양방향인 경우 관계의 양쪽을 모두 고려해야 합니다. JPA에서의 연관관계가 작동하는 방식을 이해하기가 어렵다면 "하이버네이트가 없다면 어떻게 해야 할까?"라고 자문해 봅시다. 하이버네이트는 일반적인 자바 시맨틱을 변경하지 않습니다.

이러한 연산을 그룹화해서 재사용을 촉진하고 정확성을 보장하며 결국 데이터 무결성(Bid는 Item에 대한 참조를 **필요로 함**)을 보장하는 데 도움이 되는 편의 메서드를 추가하는 것이 좋습니다. 다음 예제는 Item 클래스에 포함된 이러한 편의 메서드를 보여줍니다(domainmodel 폴더에 있는 세 번째 예제).

예제 3.3 관계 관리를 간소화하는 편의 메서드

FILE Ch03/domainmodel/src/main/java/com/manning/javapersistence/ch03/ex03/Item.java

```java
public void addBid(Bid bid) {
    if (bid == null)
        throw new NullPointerException("Can't add null Bid");
    if (bid.getItem() != null)
        throw new IllegalStateException("Bid is already assigned to an Item");
    bids.add(bid);
    bid.setItem(this);
}
```

addBid() 메서드는 Item 및 Bid 인스턴스를 처리하는 데 필요한 코드 줄 수를 줄일 뿐만 아니라 연관관계의 다중성을 강제하기도 합니다. 이를 통해 이 같은 두 가지 필수 작업 중 하나를 누락해서 발생하는 오류를 방지할 수 있습니다. 가능하면 항상 연관관계에 대해 이처럼 연산을 그룹화해야 합니다. 이를 SQL 데이터베이스의 외래키 관계형 모델과 비교하면 네트워크와 포인터 모델이 이처럼 간단한 작업을 얼마나 복잡하게 만드는지 쉽게 알 수 있습니다. 즉, 선언적 제약조건 대신 데이터 무결성을 보장하기 위한 절차적 코드가 필요하기 때문입니다.

addBid()를 품목의 입찰에 대해 외부에서 볼 수 있는 유일한 변경 메서드(mutator method)로 만들고 싶다면(아마도 removeBid() 메서드와 더불어) Bid#setItem() 메서드를 패키지 가시성으로 설정하는 방법을 고려해 볼 수 있습니다.

Item#getBids() 게터 메서드에서 수정 가능한 컬렉션을 반환해서는 안 됩니다. 그래야만 클라이언트가 컬렉션을 사용해 다른 쪽에 반영되지 않은 변경을 수행하는 것을 방지할 수 있습니다. 컬렉션에 직접 추가된 입찰은 품목에 속할 수 있지만 해당 품목에 대한 참조가 없을 테고, 데이터베이스 제약조건에 따라 일관되지 않은 상태가 만들어질 것입니다. 이 문제를 방지하기 위해 게터 메서드에서 컬렉션을 반환하기 전에 내부 컬렉션을 Collections.unmodifiableCollection(c)이나 Collections.unmodifiableSet(s)로 감쌀 수 있습니다. 그러면 클라이언트가 컬렉션을 수정하려고 할 때 예외가 발생합니다. 따라서 모든 변경 작업이 관계 관리 메서드를 거치도록 강제함으로써 무결성을 보장할 수 있습니다. 클라이언트가 컬렉션에 직접 접근하지 못하도록 클래스에서 변경 불가능한 컬렉션을 반환하는 것은 언제나 좋은 관행입니다.

다른 전략은 불변 인스턴스를 사용하는 것입니다. 예를 들어, 다음 예제(소스코드의 domainmodel 폴더에 포함된 네 번째 예제)에서 볼 수 있듯이 Bid의 생성자에서 Item 인수를 전달받게 해서 무결성을 강화할 수 있습니다.

예제 3.4 생성자를 이용한 관계 무결성 강화

FILE Ch03/domainmodel/src/main/java/com/manning/javapersistence/ch03/ex04/Bid.java

```java
public class Bid {

    private Item item;

    public Bid(Item item) {
        this.item = item;
        item.bids.add(this); // 양방향
    }

    public Item getItem() {
        return item;
    }
}
```

이 생성자에서 item 필드가 설정되고 나면 더 이상 필드 값이 수정되지 않습니다. 다른 쪽의 컬렉션 도 양방향 관계에 따라 업데이트되고, Item 클래스의 bids 필드는 이제 package-private이 됩니다. Bid#setItem() 메서드가 없기 때문입니다.

하지만 이 접근 방식에는 몇 가지 문제가 있습니다. 먼저, 하이버네이트에서 이 생성자를 호출할 수 없습 니다. 따라서 하이버네이트를 위해 인수가 없는 생성자를 추가해야 하며, 최소한 패키지에서 볼 수 있도록 가시성을 지정해야 합니다. 또한 setItem() 메서드가 없기 때문에 item 필드에 직접 접근하도록 하이버 네이트를 구성해야 합니다. 즉, 필드가 final 필드가 될 수 없으므로 클래스의 불변성이 보장되지 않습 니다.

영속성 연관관계 프로퍼티나 필드를 얼마나 많은 편의 메서드와 계층으로 감쌀지는 개발자에게 달려 있지 만, 일관성을 유지하고 모든 도메인 모델 클래스에 동일한 전략을 적용하는 것이 좋습니다. 이 책에서는 가독성을 위해 편의 메서드, 특수 생성자, 기타 골격 코드를 이후 코드 예제에서 항상 표시하지는 않으므 로 자신의 취향과 요구사항에 따라 추가하면 됩니다.

이렇게 해서 도메인 모델 클래스를 비롯해 도메인 모델 클래스의 속성과 클래스 간의 관계를 표현하는 방 법을 살펴봤습니다. 다음으로 도메인 모델 구현에 메타데이터를 추가하고 유효성 검사나 영속성 규칙과 같은 측면을 선언하는 등 추상화 수준을 높여 보겠습니다.

3.3 도메인 모델 메타데이터

메타데이터란 데이터에 대한 데이터이므로 도메인 모델 메타데이터는 도메인 모델에 대한 정보입니다. 예 를 들어, 자바 리플렉션 API를 사용해 도메인 모델에서 클래스명이나 해당 클래스의 속성명을 조회하는 경우 도메인 모델 메타데이터에 접근하는 것입니다.

ORM 도구 또한 클래스와 테이블, 프로퍼티와 칼럼, 연관관계와 외래키, 자바 타입과 SQL 타입 등의 매 핑을 지정하는 메타데이터를 필요로 합니다. 이러한 객체/관계형 매핑 메타데이터는 객체지향 및 SQL 시 스템에서 서로 다른 타입 시스템과 관계 표현 간의 변환을 관리합니다. JPA에는 영속성 엔티티 및 속성의 이름과 같은 도메인 모델의 영속성 측면에 대한 세부 정보를 얻기 위해 호출할 수 있는 메타데이터 API가 있습니다. 이 정보를 생성하고 유지보수하는 것은 엔지니어의 역할입니다.

JPA는 자바 코드 내의 애너테이션과 외부화된 XML 디스크립터 파일이라는 두 가지 메타데이터 옵션을 표준화합니다. 하이버네이트에는 애너테이션이나 XML 디스크립터로 사용할 수 있는 기본 기능의 몇 가지 확장 기능이 있습니다. 일반적으로 메타데이터 매핑 방식으로 애너테이션을 선호합니다. 이번 절을 읽고 나면 프로젝트에서 어떤 것을 사용할지 결정할 때 도움이 되는 정보를 얻을 수 있을 것입니다.

또한 이번 절에서는 **빈 유효성 검사**(Bean Validation; JSR 303)와 도메인 모델(또는 기타 일반) 클래스에 대한 선언적 유효성 검사를 제공하는 방법을 설명합니다. 이 명세의 참조 구현체는 **하이버네이트 유효성 검사기**(Hibernate Validator) 프로젝트입니다. 오늘날 대부분의 엔지니어는 메타데이터를 선언하는 기본 메커니즘으로 자바 애너테이션을 선호합니다.

3.3.1 애너테이션 기반 메타데이터

애너테이션의 가장 큰 장점은 메타데이터를 다른 파일에 분리하지 않고 애너테이션이 설명하는 정보 옆에 @Entity와 같은 메타데이터를 넣는다는 점입니다. 다음 예제를 봅시다.

```
import javax.persistence.Entity;

@Entity
public class Item {
}
```

표준 JPA 매핑 애너테이션은 javax.persistence 패키지에서 찾을 수 있습니다. 이 예제에서는 @javax.persistence.Entity 애너테이션을 사용해 Item 클래스를 영속성 엔티티로 선언합니다. 이제 모든 속성이 기본 전략에 따라 자동으로 영속화됩니다. 즉, Item의 인스턴스를 로드하고 저장할 수 있으며, 클래스의 모든 속성이 관리되는 상태에 속하게 됩니다.

애너테이션은 타입 안전하며, JPA 메타데이터는 컴파일된 클래스 파일에 포함됩니다. 애너테이션은 런타임에도 접근할 수 있으며, 애플리케이션이 시작될 때 하이버네이트가 자바 리플렉션을 통해 클래스와 메타데이터를 읽습니다. 또한 IDE는 애너테이션의 유효성을 쉽게 검사하고 강조 표시할 수 있습니다. 애너테이션은 결국 일반 자바 타입이기 때문입니다. 코드를 리팩터링할 경우 클래스나 프로퍼티의 이름을 바꾸고, 삭제하고, 이동하게 됩니다. 대부분의 개발 도구와 편집기는 XML 요소와 속성 값을 리팩터링할 수 없지만 애너테이션은 자바 언어의 일부이므로 모든 리팩터링 작업에 포함됩니다.

그럼 클래스가 JPA에 의존하게 되나요?

도메인 모델 클래스의 소스를 컴파일할 때 클래스패스에 JPA 라이브러리가 위치해야 합니다. JPA 코드를 실행하지 않는 클라이언트 애플리케이션과 같이 클래스의 인스턴스를 생성할 때는 클래스패스에 JPA를 두지 않아도됩니다. 런타임에 리플렉션을 통해 애너테이션에 접근할 때만(하이버네이트가 메타데이터를 읽을 때 내부적으로수행하는 것처럼) 클래스패스에 해당 패키지를 둘 필요가 있습니다.

표준화된 자카르타 퍼시스턴스 애너테이션으로 충분하지 않을 경우에는 JPA 공급자가 별도의 애너테이션을 제공할 수 있습니다.

공급자 확장 기능 사용하기

애플리케이션 모델의 대부분을 javax.persistence 패키지의 JPA 호환 애너테이션으로 매핑하더라도 어느 시점에서는 공급자의 확장 기능을 사용해야 할 수도 있습니다. 예를 들어, 고품질 영속성 소프트웨어에서 사용 가능한 성능 최적화 옵션 중 일부는 하이버네이트 전용 애너테이션으로만 사용할 수 있습니다. 이것이 바로 JPA 공급자가 경쟁하는 방식이므로 이 경우 다른 패키지의 애너테이션을 사용해야만 하며, 하이버네이트를 선택하는 데는 그만한 이유가 있습니다.

다음 코드는 하이버네이트 전용 매핑 옵션을 사용하는 Item 엔티티의 소스코드입니다.

```
import javax.persistence.Entity;

@Entity
@org.hibernate.annotations.Cache(
    usage = org.hibernate.annotations.CacheConcurrencyStrategy.READ_WRITE
)
public class Item {
}
```

우리는 하이버네이트 애너테이션의 접두사 앞에 전체 org.hibernate.annotations 패키지명을 붙이는방식을 선호합니다. 이렇게 하면 이 클래스에 대한 메타데이터 중 어떤 것이 JPA 명세에서 가져온 것이고어떤 것이 공급자의 것인지 쉽게 구분할 수 있습니다. 또한 소스코드에서 org.hibernate.annotations를검색해 검색 결과에서 애플리케이션에 사용된 모든 비표준 애너테이션을 손쉽게 확인할 수 있습니다.

자카르타 퍼시스턴스 공급자를 바꾸는 경우 공급업체별 확장 기능만 교체하면 되며, 대부분의 성숙한 JPA 구현에서 유사한 기능들을 사용할 수 있을 것으로 기대할 수 있습니다. 물론 이렇게 되지 않기를 바라며, 실무에서도 자주 발생하는 일은 아니지만 만일에 대비할 필요는 있습니다.

클래스에 지정한 애너테이션은 해당 클래스에 적용되는 메타데이터만 처리합니다. 전체 패키지 또는 전체 애플리케이션에 대한 상위 수준의 메타데이터가 필요한 경우도 종종 있습니다.

전역 애너테이션 메타데이터

@Entity 애너테이션은 특정 클래스를 매핑합니다. JPA와 하이버네이트에도 전역 메타데이터에 대한 애너테이션이 있습니다. 예를 들어, @NamedQuery는 전역 유효범위를 가지며, 특정 클래스에 적용되지 않습니다. 이 애너테이션은 어디에 둬야 할까요?

이러한 전역 애너테이션을 클래스의 소스 파일(모든 클래스의 맨 위)에 둘 수도 있지만 우리는 별도의 파일에 전역 메타데이터를 보관하는 방식을 선호합니다. 패키지 수준 애너테이션의 경우 특정 패키지 디렉터리 내의 package-info.java라는 파일에 저장합니다. 그러고 나면 여러 파일을 탐색할 필요 없이 한 곳에서 모두 확인할 수 있게 됩니다. 다음 예제는 전역 명명 쿼리(named query) 선언의 예를 보여줍니다 (domainmodel 폴더에 포함된 소스코드의 다섯 번째 예제).

예제 3.5 package-info.java 파일에 들어 있는 전역 메타데이터

FILE Ch03/domainmodel/src/main/java/com/manning/javapersistence/ch03/ex05/package-info.java

```java
@org.hibernate.annotations.NamedQueries({
    @org.hibernate.annotations.NamedQuery(
        name = "findItemsOrderByName",
        query = "select i from Item i order by i.name asc"
    )
    ,
    @org.hibernate.annotations.NamedQuery(
        name = "findItemBuyNowPriceGreaterThan",
        query = "select i from Item i where i.buyNowPrice > :price",
        timeout = 60, // 초
        comment = "Custom SQL comment"
    )
})

package com.manning.javapersistence.ch03.ex05;
```

패키지 수준 애너테이션을 사용해 본 적이 없다면 하단에 패키지 및 임포트 선언이 있는 이 파일의 문법이 생소할 수 있습니다.

이 책에서는 ORM 메타데이터를 다루기 위한 주요 도구로 애너테이션을 사용할 것이며, 이 주제에 대해 배울 것이 많습니다. XML 파일을 사용하는 다른 매핑 형식을 살펴보기에 앞서 몇 가지 간단한 애너테이션으로 유효성 검사 규칙을 사용해 도메인 모델 클래스를 개선해 보겠습니다.

3.3.2 자바 객체에 제약조건 적용

대부분의 애플리케이션에는 다수의 데이터 무결성 검사가 포함돼 있습니다. 가장 간단한 데이터 무결성 제약조건 중 하나를 위반하면 값을 사용할 수 없다는 이유로 NullPointerException이 발생할 수 있습니다. 문자열 값 프로퍼티가 비어서는 안 되는 경우(빈 문자열은 null이 아님), 문자열이 특정 정규식 패턴과 일치해야 하는 경우, 숫자 또는 날짜 값이 특정 범위 내에 있어야 하는 경우에도 마찬가지로 이 같은 예외가 발생할 수 있습니다.

이러한 비즈니스 규칙은 애플리케이션의 모든 계층에 영향을 미칩니다. 사용자 인터페이스 코드에서는 상세하고 현지화된 오류 메시지를 표시해야 합니다. 비즈니스 및 영속성 계층에서는 클라이언트로부터 받은 입력 값을 데이터 저장소로 전달하기 전에 반드시 확인해야 합니다. SQL 데이터베이스는 최종 유효성 검사기 역할로서 데이터의 무결성을 보장해야 합니다.

빈 유효성 검사의 기본 개념은 "이 프로퍼티는 null일 수 없습니다" 또는 "이 숫자는 특정 범위 내에 있어야 합니다" 같은 규칙을 선언하는 편이 if-then-else 프로시저를 반복적으로 작성하는 것보다 훨씬 쉽고 오류가 발생할 가능성이 적다는 것입니다. 또한 애플리케이션의 핵심 구성요소인 도메인 모델 구현에 이러한 규칙을 선언하면 시스템의 모든 계층에서 무결성 검사를 수행할 수 있습니다. 그러면 프레젠테이션 및 영속성 계층에서 이러한 규칙을 사용할 수 있습니다. 데이터 무결성 제약조건이 자바 애플리케이션 코드뿐만 아니라 무결성 규칙의 모음인 SQL 데이터베이스 스키마에도 영향을 미친다는 점을 고려하면 빈 유효성 검사 제약조건을 추가적인 ORM 메타데이터로 생각할 수 있습니다.

validation 폴더의 소스코드에서 다음과 같이 확장된 Item 도메인 모델 클래스를 봅시다.

예제 3.6 Item 엔티티 필드에 유효성 검사 제약조건 적용하기

FILE Ch03/validation/src/main/java/com/manning/javapersistence/ch03/validation/Item.java

```
import javax.validation.constraints.Future;
```

```
import javax.validation.constraints.NotNull;
import javax.validation.constraints.Size;
import java.util.Date;

public class Item {
    @NotNull
    @Size(
            min = 2,
            max = 255,
            message = "Name is required, maximum 255 characters."
    )
    private String name;

    @Future
    private Date auctionEnd;
}
```

경매가 시작되면 품목의 name과 auctionEnd라는 두 가지 속성을 추가합니다. 두 가지 모두 추가 제약조건의 전형적인 예입니다. 첫째, 이름은 항상 존재하고 사람이 읽을 수 있어야 하며(한 글자로 된 품목명은 의미가 없음) 너무 길지도 않아야 합니다. SQL 데이터베이스에서는 최대 255자의 가변 길이 문자열을 사용하는 것이 가장 효율적이며, 사용자 인터페이스에도 레이블이 표시되는 공간에 대한 제약조건이 있을 수 있습니다. 둘째, 경매의 종료 시간은 당연히 미래여야 합니다. 제약조건에 대한 오류 메시지를 제공하지 않으면 기본 메시지가 사용됩니다. 메시지는 국제화를 위해 외부 프로퍼티 파일의 키로 지정할 수 있습니다.

필드에 애너테이션을 지정하면 유효성 검사 엔진이 필드에 직접 접근합니다. 접근자 메서드를 통한 호출을 사용하려는 경우 세터가 아닌 게터 메서드에 유효성 검사 제약조건을 애너테이션으로 지정합니다(세터에 대한 애너테이션은 지원되지 않음). 그러면 제약조건이 클래스 API의 일부가 되어 해당 자바독에 포함되므로 도메인 모델 구현을 더 쉽게 이해할 수 있습니다. 제약조건이 클래스 API의 일부가 되는 것은 JPA 공급자와는 별개입니다. 예를 들어, 하이버네이트 유효성 검사기는 접근자 메서드를 호출할 수 있는 반면, 하이버네이트 ORM은 필드를 직접 호출할 수 있습니다.

빈 유효성 검사는 내장(built-in) 애너테이션에만 국한되지 않으며, 여러분이 직접 별도의 제약조건과 애너테이션을 생성할 수 있습니다. 사용자 정의 제약조건을 사용하면 클래스 수준 애너테이션을 사용해 클래스 인스턴스의 여러 속성 값을 대상으로 동시에 유효성 검사를 수행할 수도 있습니다. 다음 테스트 코드는 Item 인스턴스의 무결성을 수동으로 확인하는 방법을 보여줍니다.

예제 3.7 Item 인스턴스에 대한 제약조건 위반 테스트

FILE Ch03/validation/src/test/java/com/manning/javapersistence/ch03/validation/ModelValidation.java

```java
ValidatorFactory factory = Validation.buildDefaultValidatorFactory();
Validator validator = factory.getValidator();

Item item = new Item();
item.setName("Some Item");
item.setAuctionEnd(new Date());

Set<ConstraintViolation<Item>> violations = validator.validate(item);

ConstraintViolation<Item> violation = violations.iterator().next();
String failedPropertyName = violation.getPropertyPath().iterator().next().getName();

// 유효성 검사 오류, 경매 종료일이 미래가 아닙니다!
assertAll(() -> assertEquals(1, violations.size()),
    () -> assertEquals("auctionEnd", failedPropertyName),
    () -> {
        if (Locale.getDefault().getLanguage().equals("ko"))
            assertEquals(violation.getMessage(), "미래 날짜여야 합니다");
    });
```

이 코드를 자세히 설명하지는 않겠지만 직접 살펴볼 수 있도록 예제 코드로 제공하겠습니다. 일반적으로 이러한 유효성 검사 코드는 사용자 인터페이스나 영속성 프레임워크에서 자동으로 처리되기 때문에 직접 작성할 일은 많지 않습니다. 따라서 UI 프레임워크를 선택할 때 빈 유효성 검사 통합을 지원하는지 살펴보는 것이 중요합니다.

모든 JPA 공급자에서 요구하는 바와 같이 하이버네이트도 클래스패스에서 라이브러리를 사용할 수 있는 경우 하이버네이트 유효성 검사기와 자동으로 통합되며, 다음과 같은 기능을 제공합니다.

- 인스턴스를 하이버네이트로 전달하기 전에 수동으로 인스턴스의 유효성을 검사할 필요가 없습니다.

- 하이버네이트가 영속성 도메인 모델 클래스에 대한 제약조건을 인식하고 데이터베이스 삽입 또는 업데이트 작업을 수행하기 전에 유효성 검사를 실행하게 합니다. 유효성 검사에 실패하면 하이버네이트가 영속성 관리 작업을 호출하는 코드로 실패에 관한 세부 정보가 포함된 ConstraintViolationException을 던집니다.

- 자동 SQL 스키마 생성을 위한 하이버네이트 도구들은 여러 제약조건을 이해하고 SQL DDL과 동등한 제약조건을 생성합니다. 예를 들어, @NotNull 애너테이션은 SQL NOT NULL 제약조건으로 변환되며, @Size(n) 규칙은 VARCHAR(n) 타입 칼럼의 문자 수를 정의합니다.

persistence.xml 구성 파일에서 <validation-mode> 요소를 사용해 하이버네이트의 이러한 동작 방식을 제어할 수 있습니다. 기본 모드는 AUTO이므로 실행 중인 애플리케이션의 클래스패스에서 빈 유효성 검사 공급자(예: 하이버네이트 유효성 검사기)를 찾은 경우에만 하이버네이트가 유효성 검사를 수행합니다. CALLBACK 모드를 사용하면 유효성 검사가 항상 수행되며, 빈 유효성 검사 공급자를 포함하는 것을 잊어버린 경우 배포 오류가 발생합니다. NONE 모드는 JPA 공급자에 의한 자동 유효성 검사를 비활성화합니다.

이 책의 뒷부분에서 빈 유효성 검사 애너테이션을 다시 볼 수 있으며, 예제 코드에서도 확인할 수 있습니다. 하이버네이트 유효성 검사기에 대해 훨씬 더 많은 내용을 다룰 수도 있었지만 이 프로젝트의 훌륭한 참조 가이드(https://mng.bz/ne65)에 이미 나와 있는 내용만 다뤘습니다. 유효성 검사 그룹이나 제약조건 검색을 위한 메타데이터 API와 같은 기능을 참고하세요.

3.3.3 XML 파일을 이용한 메타데이터 외부화

JPA의 모든 애너테이션을 XML 디스크립터 요소로 대체하거나 재정의할 수 있습니다. 즉, 애너테이션을 사용하고 싶지 않다거나 매핑 메타데이터를 소스코드와 분리해서 유지하는 것이 어떤 이유로든 시스템 설계에 유리한 경우에는 애너테이션을 사용하지 않아도 됩니다. 매핑 메타데이터를 별도로 유지하면 타입 안전성을 잃게 되지만 JPA 애너테이션으로 자바 코드가 복잡해지는 것을 막고 자바 클래스의 재사용성을 높일 수 있다는 이점이 있습니다. 요즘에는 이 방식이 별로 사용되지 않지만 여전히 이 방식을 접하거나 자신의 프로젝트에 이 방식을 택할 수도 있으므로 이 책에서도 분석해 보겠습니다.

JPA를 활용한 XML 메타데이터

다음 예제는 특정 영속성 단위에 대한 JPA XML 디스크립터를 보여줍니다(metadataxmljpa 폴더의 소스코드).

예제 3.8 영속성 단위의 매핑 메타데이터가 포함된 JPA XML 디스크립터

`FILE` Ch03/metadataxmljpa/src/test/resources/META-INF/orm.xml

```
<entity-mappings
        version="2.2"
```

```
        xmlns="http://xmlns.jcp.org/xml/ns/persistence/orm"
        xmlns:xsi="http://www.w3.org/2001/XMLSchema-instance"
        xsi:schemaLocation="http://xmlns.jcp.org/xml/ns/persistence/orm
            http://xmlns.jcp.org/xml/ns/persistence/orm_2_2.xsd">

    <persistence-unit-metadata>         ❶
        <xml-mapping-metadata-complete/>    ❷
        <persistence-unit-defaults>         ❸
            <delimited-identifiers/>        ❹
        </persistence-unit-defaults>
    </persistence-unit-metadata>
    <entity class="com.manning.javapersistence.ch03.metadataxmljpa.Item"
                access="FIELD">                                             ❺
        <attributes>
            <id name="id">
                <generated-value strategy="AUTO"/>
            </id>
            <basic name="name"/>                               ❻
            <basic name="auctionEnd">
                <temporal>TIMESTAMP</temporal>
            </basic>
        </attributes>
    </entity>
</entity-mappings>
```

❶ 전역 메타데이터를 선언합니다.

❷ 모든 매핑 애너테이션을 무시합니다. <xml-mapping-metadata-complete> 요소를 포함하면 JPA 공급자는 이 영속성 단위의 도메인 모델 클래스에 대한 모든 애너테이션을 무시하고 XML 디스크립터에 정의된 매핑에만 의존합니다.

❸ 기본 설정은 모든 SQL 칼럼, 테이블, 기타 이름을 이스케이프 처리합니다.

❹ 이스케이프는 SQL 이름이 실제로 키워드인 경우 유용합니다(예: "USER" 테이블).

❺ Item 클래스를 필드 접근이 가능한 엔티티로 선언합니다.

❻ 엔티티 속성으로 id(자동 생성됨), name, auctionEnd(시간 필드)가 있습니다.

이 디스크립터를 영속성 단위의 클래스패스에 있는 META-INF/orm.xml 파일에 두면 JPA 공급자가 이 디스크립터를 자동으로 가져옵니다. 다른 파일명을 사용하거나 영속성 단위를 여러 파일로 구성하고 싶다면 META-INF/persistence.xml 파일의 영속성 단위 구성을 변경해야 합니다.

```xml
<persistence-unit name="persistenceUnitName">
    ...
    <mapping-file>file1.xml</mapping-file>
    <mapping-file>file2.xml</mapping-file>
    ...
</persistence-unit>
```

애너테이션 메타데이터를 무시하고 이를 재정의하려면 XML 디스크립터를 "complete"로 표시하지 말고 재정의하려는 클래스와 프로퍼티의 이름을 지정합니다.

```xml
<entity class="com.manning.javapersistence.ch03.metadataxmljpa.Item">
    <attributes>
        <basic name="name">
            <column name="ITEM_NAME"/>
        </basic>
    </attributes>
</entity>
```

여기서는 name 프로퍼티를 ITEM_NAME 칼럼에 매핑합니다(기본적으로 이 프로퍼티는 NAME 칼럼에 매핑됩니다). 이제 하이버네이트는 Item 클래스의 name 프로퍼티에 대한 javax.persistence.annotation과 org.hibernate.annotations 패키지의 애너테이션을 무시합니다. 그러나 하이버네이트에서는 빈 유효성 검사 애너테이션을 무시하지 않고 계속 자동 유효성 검사와 스키마 생성에 적용합니다. Item 클래스의 다른 모든 애너테이션도 인식됩니다. 참고로 이 매핑에서는 접근 전략을 지정하지 않았으므로 Item에서 @Id 애너테이션의 위치에 따라 필드 접근 또는 접근자 메서드가 사용됩니다(자세한 내용은 다음 장에서 다시 설명하겠습니다).

이 책에서는 JPA XML 디스크립터에 대해서는 많이 다루지 않겠습니다. 이 방식의 구문은 JPA 애너테이션 문법과 동일하므로 작성하는 데 문제가 없을 것입니다. 더 중요한 측면인 매핑 전략에 초점을 맞추겠습니다.

3.3.4 런타임에 메타데이터에 접근

JPA 명세에서는 영속성 클래스의 메타모델(모델에 대한 정보)에 접근하기 위한 프로그래밍 인터페이스를 제공합니다. API에는 두 가지 버전이 있습니다. 하나는 더 동적이며 기본 자바 리플렉션과 유사합니다. 다른 하나는 정적 메타모델입니다. 두 API 모두 읽기 전용이므로 런타임에 메타데이터를 수정할 수 없습니다.

자카르타 퍼시스턴스의 동적 메타모델 API

사용자 정의 유효성 검사나 일반화된 UI 코드를 작성하려는 경우와 같이 엔티티의 영속성 속성에 프로그래밍 방식으로 접근하고 싶을 때가 있습니다. 도메인 모델에 어떤 영속성 클래스와 속성이 있는지 동적으로 알고 싶을 수도 있습니다.

다음 코드는 자카르타 퍼시스턴스 인터페이스를 사용해 메타데이터를 읽는 방법을 보여줍니다(metamodel 폴더의 소스코드에서 발췌).

예제 3.9 Metamodel API로 엔티티 타입 정보 가져오기

FILE Ch03/metamodel/src/test/java/com/manning/javapersistence/ch03/metamodel/MetamodelTest.java

```
Metamodel metamodel = emf.getMetamodel();
Set<ManagedType<?>> managedTypes = metamodel.getManagedTypes();
ManagedType<?> itemType = managedTypes.iterator().next();

assertAll(() -> assertEquals(1, managedTypes.size()),
        () -> assertEquals(
                Type.PersistenceType.ENTITY,
                itemType.getPersistenceType()));
```

Metamodel 객체는 일반적으로 애플리케이션의 데이터 소스당 하나의 인스턴스만 있는 Entity ManagerFactory에서 가져올 수 있으며, 혹은 더 편리한 방법으로 EntityManager#getMetamodel()을 호출해서 가져올 수도 있습니다. 관리되는 타입(managed type)에는 모든 영속성 엔티티와 임베드된 (embedded) 클래스에 대한 정보가 포함돼 있습니다(다음 장에서 설명하겠습니다). 이 예제에서는 관리되는 타입이 Item 엔티티 하나뿐입니다. 이 같은 방식으로 각 속성에 대해 더 자세히 알아볼 수 있습니다.

예제 3.10 Metamodel API로 엔티티 속성 정보 가져오기

FILE Ch03/metamodel/src/test/java/com/manning/javapersistence/ch03/metamodel/MetamodelTest.java

```
SingularAttribute<?, ?> idAttribute =
        itemType.getSingularAttribute("id");          ❶
assertFalse(idAttribute.isOptional());                ❷

SingularAttribute<?, ?> nameAttribute =
        itemType.getSingularAttribute("name");        ❸
```

```
assertAll(() -> assertEquals(String.class, nameAttribute.getJavaType()),
       () -> assertEquals(
              Attribute.PersistentAttributeType.BASIC,          ❹
              nameAttribute.getPersistentAttributeType()
       ));

SingularAttribute<?, ?> auctionEndAttribute =
       itemType.getSingularAttribute("auctionEnd");          ❺
assertAll(() -> assertEquals(Date.class,
                             auctionEndAttribute.getJavaType()),
       () -> assertFalse(auctionEndAttribute.isCollection()),     ❻
       () -> assertFalse(auctionEndAttribute.isAssociation())
);
```

❶ 엔티티의 속성은 id라는 문자열로 접근합니다.

❷ id 속성이 선택 사항인지 여부를 확인합니다. id는 기본 키이므로 NULL이 될 수 없습니다.

❸ name을 나타냅니다.

❹ name 속성이 자바 String 타입과 기본 영속성 속성 타입을 가지는지 확인합니다.

❺ auctionEnd 날짜. 이것은 타입 안전하지 않으며, 속성의 이름을 변경하면 코드가 깨지고 변경된 다른 코드와 맞지 않게 됩니다. 문자열은 IDE의 리팩터링 작업으로 자동으로 처리되지 않습니다.

❻ auctionEnd 속성이 자바의 Date 타입이고 컬렉션이나 연관관계가 아닌지 확인합니다.

JPA에서도 정적이고 타입 안전한 메타모델을 제공합니다.

정적 메타모델 사용하기

자바(적어도 버전 17까지는)에서는 문자열을 사용해 빈의 필드나 접근자 메서드에 타입 안전한 방식으로 접근할 수 없으며, 문자열을 사용해 이름만으로 접근할 수 있습니다. 이 같은 특성은 문자열 기반 쿼리 언어의 타입 안전 대안인 JPA 기준(criteria) 쿼리에서 특히 불편하게 작용합니다. 다음 예제를 봅시다.

FILE Ch03/metamodel/src/test/java/com/manning/javapersistence/ch03/metamodel/MetamodelTest.java

```
CriteriaBuilder cb = em.getCriteriaBuilder();
CriteriaQuery<Item> query = cb.createQuery(Item.class);          ❶
Root<Item> fromItem = query.from(Item.class);
query.select(fromItem);
```

```
List<Item> items = em.createQuery(query).getResultList();

assertEquals(2, items.size());
```

❶ 이 쿼리는 select i from Item i에 해당합니다. 이 쿼리는 데이터베이스의 모든 품목을 반환하며, 이 경우 두 개의 품목이 있습니다. 이 결과를 제한하고 특정 이름을 가진 품목만 반환하려면 각 품목의 name 속성을 매개변수에 설정된 패턴과 비교하는 like 표현식을 사용해야 합니다.

다음 코드에서는 읽기 연산에 필터를 도입합니다.

FILE Ch03/metamodel/src/test/java/com/manning/javapersistence/ch03/metamodel/MetamodelTest.java

```
Path<String> namePath = fromItem.get("name");
query.where(cb.like(namePath, cb.parameter(String.class, "pattern")));
List<Item> items = em.createQuery(query)
                    .setParameter("pattern", "%Item 1%")          ❶
                    .getResultList();
assertAll(() -> assertEquals(1, items.size()),
        () -> assertEquals("Item 1", items.iterator().next().getName()));
```

❶ 이 쿼리는 select i from Item i where i.name like :pattern에 해당합니다. namePath 조회에는 name 문자열이 필요하다는 점에 유의합니다. 여기서 기준 쿼리의 타입 안전성이 무너집니다. IDE의 리팩터링 도구를 사용해 Item 엔티티 클래스의 이름을 바꿔도 쿼리는 계속 작동합니다. 하지만 Item#name 프로퍼티를 건드리면 수작업이 필요합니다. 다행히도 테스트가 실패할 때 이 문제를 발견할 수 있습니다.

리팩터링에 안전하며 런타임이 아닌 컴파일 타임에 불일치를 감지하는 훨씬 더 나은 접근 방식은 타입 안전한 정적 메타모델입니다.

FILE Ch03/metamodel/src/test/java/com/manning/javapersistence/ch03/metamodel/MetamodelTest.java

```
query.where(
    cb.like(
        fromItem.get(Item_.name),
        cb.parameter(String.class, "pattern")
    )
);
```

여기서 특별한 클래스는 `Item_`인데, 밑줄에 주목합니다. 이 클래스는 메타데이터 클래스이며, `Item` 엔티티 클래스의 모든 속성을 나열합니다.

```
FILE Ch03/metamodel/target/classes/com/manning/javapersistence/ch03/metamodel/Item_.class

@Generated(value = "org.hibernate.jpamodelgen.JPAMetaModelEntityProcessor")
@StaticMetamodel(Item.class)
public abstract class Item_ {
    public static volatile SingularAttribute<Item, Date> auctionEnd;
    public static volatile SingularAttribute<Item, String> name;
    public static volatile SingularAttribute<Item, Long> id;

    public static final String AUCTION_END = "auctionEnd";
    public static final String NAME = "name";
    public static final String ID = "id";
}
```

이 클래스는 자동으로 생성됩니다. 하이버네이트 JPA 2 메타모델 생성기(Hibernate JPA 2 Metamodel Generator; 하이버네이트 제품군의 하위 프로젝트)가 이 작업을 처리합니다. 이 프로젝트의 유일한 목적은 관리되는 영속성 클래스로부터 정적 메타모델 클래스를 생성하는 것입니다. 메타모델 생성기를 사용하려면 다음과 같은 의존성을 pom.xml 파일에 추가해야 합니다.

```
FILE Ch03/metamodel/pom.xml

<dependency>
    <groupId>org.hibernate</groupId>
    <artifactId>hibernate-jpamodelgen</artifactId>
    <version>5.6.9.Final</version>
</dependency>
```

프로젝트를 빌드할 때마다 메타모델 생성기가 자동으로 실행되며, 적절한 `Item_` 메타데이터 클래스가 생성됩니다. 생성된 클래스는 `target\generated-sources` 폴더에서 확인할 수 있습니다.

이번 장에서는 도메인 모델과 동적 및 정적 메타모델에 대해 설명했습니다. 이전 절에서 몇 가지 매핑 요소를 살펴봤지만 아직까지는 더 정교한 클래스 및 프로퍼티 매핑을 소개하지 않았습니다. 이제 프로젝트에서 어떤 매핑 메타데이터 전략을 사용할지 결정해야 합니다(이 책에서는 많이 사용되지 않는

XML 대신 더 일반적으로 사용되는 애너테이션을 권장합니다). 그러고 나면 이 책의 5장부터 시작되는 2부에서 클래스 및 프로퍼티 매핑에 대해 자세히 살펴볼 수 있습니다.

정리

- 정보 모델이나 데이터 모델과 같은 다양한 추상적 개념을 분석한 다음, 자바 프로그램에서 데이터베이스를 활용할 수 있도록 JPA/하이버네이트를 배웠습니다.

- 로깅, 권한 부여, 트랜잭션 경계 설정과 같은 횡단 관심사에 신경 쓰지 않고도 영속성 클래스를 구현할 수 있습니다.

- 영속성 클래스는 컴파일 시점에만 JPA에 의존합니다.

- 영속성 관련 관심사가 도메인 모델 구현으로 누출되어서는 안 됩니다.

- 비즈니스 객체를 독립적으로 실행하고 테스트하려면 투명한 영속성이 중요합니다.

- POJO 개념과 JPA 엔티티 프로그래밍 모델에는 이전의 자바빈 명세에서 비롯된 몇 가지 공통점이 있습니다. 즉, 프로퍼티를 private 또는 protected 멤버 필드로 구현하는 반면 프로퍼티 접근자 메서드는 일반적으로 public 또는 protected로 구현하는 것입니다.

- 동적 메타모델이나 정적 메타모델을 사용해 메타데이터에 접근할 수 있습니다.

04

스프링 데이터 JPA
다루기

스프링 데이터는 다양한 데이터베이스에 특화된 여러 프로젝트로 구성된 포괄적인 프로젝트입니다. 각 데이터베이스에 특화된 프로젝트들은 데이터베이스 기술을 직접 개발한 회사들과의 협력을 통해 개발됩니다. 스프링 데이터의 목표는 다양한 데이터 저장소의 세부 사항을 유지하면서 데이터 접근을 위한 추상화를 제공하는 것입니다.

이번 장에서는 스프링 데이터에서 제공하는 다음과 같은 일반적인 기능들을 살펴보겠습니다.

- JavaConfig와 XML 구성을 통한 스프링과의 통합

- 리포지터리 및 사용자 정의 객체 매핑 추상화

- 사용자 정의 리포지터리 코드와의 통합

- 리포지터리의 메서드명에 기반한 동적 쿼리 생성

- 스프링 부트 같은 다른 스프링 프로젝트와의 통합

2장에서 주요 스프링 데이터 모듈을 열거했습니다. 이번 장에서는 주로 자바 프로그램에서 데이터베이스에 접근하기 위한 대안으로 사용되는 스프링 데이터 JPA에 초점을 맞추겠습니다. 스프링 데이터 JPA는 스프링 프레임워크의 철학에 따라 하이버네이트 같은 JPA 공급자 위에 추상화 계층을 제공함으로써 구성 및 트랜잭션 관리를 제어합니다. 이후 장에 나오는 많은 예제에서 데이터베이스와 상호작용하는 데 스프링 데이터 JPA를 사용할 것이므로 이번 장에서 스프링 데이터 JPA의 기능을 심층적으로 분석하겠습니다. 그럼에도 여전히 JPA와 하이버네이트를 이용해 엔티티를 정의하고 관리할 테지만, 이러한 엔티티와 상호작용하기 위한 대안으로서 스프링 데이터 JPA를 제공할 것입니다.

4.1 스프링 데이터 JPA 소개

스프링 데이터 JPA는 JPA 리포지터리와의 상호작용을 지원합니다. 그림 4.1에서 볼 수 있듯이 스프링 데이터 JPA는 스프링 데이터 커먼즈 프로젝트와 JPA 공급자(여기서는 하이버네이트)가 제공하는 기능을 기반으로 합니다. 주요 스프링 데이터 모듈에 대해서는 2장을 참고합니다.

그림 4.1 스프링 데이터 JPA는 스프링 데이터 커먼즈와 JPA 공급자를 기반으로 합니다.

이 책에서는 일반적으로 하이버네이트 JPA, 그리고 스프링 데이터를 대안으로 사용해 데이터베이스와 상호작용할 것입니다. 1~3장에서 제시한 배경 지식과 함께 이번 장에서 다루는 내용은 스프링 데이터 JPA의 가장 중요한 기능을 사용하는 데 도움이 될 것입니다. 필요할 경우 스프링 데이터 JPA의 추가 기능을 살펴보고, 각각의 단원에서 다른 스프링 데이터 프로젝트를 살펴볼 것입니다.

2.6절에서 "Hello World" 애플리케이션을 만들 때 살펴봤듯이 스프링 데이터 JPA는 데이터베이스와의 상호작용을 용이하게 하기 위해 여러 가지 작업을 수행할 수 있습니다.

- 데이터 소스 빈 구성

- 엔티티 매니저 팩터리 빈 구성

- 트랜잭션 매니저 빈 구성

- 애너테이션을 통한 트랜잭션 관리

4.2 스프링 데이터 JPA 프로젝트 생성

3장에서 소개한 CaveatEmptor 예제 애플리케이션을 사용해 스프링 데이터 JPA의 기능을 시연하고 분석해 보겠습니다. 여기서는 영속성 프레임워크로서 스프링 데이터 JPA를 사용해 CaveatEmptor 사용자를 관리하고 영속화하며, 기본 JPA 공급자로 하이버네이트 JPA를 사용하겠습니다. 스프링 데이터 JPA는 데이터베이스에 대한 CRUD 연산과 쿼리를 실행할 수 있으며, 다양한 JPA 구현체를 통해 지원 가능합니다. 스프링 데이터 JPA는 데이터베이스와 상호작용하기 위한 또 하나의 추상화 계층을 제공합니다.

> 참고   소스코드에 포함된 예제를 실행하려면 먼저 `Ch04.sql` 스크립트를 실행해야 합니다. 소스코드는 `springdatajpa` 폴더에 있습니다.

스프링 데이터 JPA를 사용하기 위해 스프링 부트 애플리케이션을 생성하겠습니다. 이를 위해 스프링 이니셜라이저(Spring Initializr) 웹사이트(https://start.spring.io/)를 통해 다음과 같이 설정된 새 스프링 부트 프로젝트를 생성합니다(그림 4.2).

- Group: com.manning.javapersistence
- Artifact: springdatajpa
- Description: Spring Data with Spring Boot

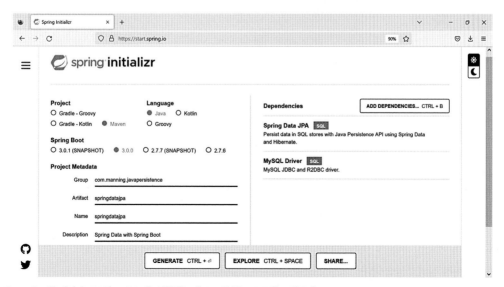

그림 4.2 스프링 데이터 JPA와 MySQL을 사용하는 새 스프링 부트 프로젝트 만들기

또한 다음과 같은 의존성을 추가합니다.

- Spring Data JPA(이렇게 하면 메이븐 pom.xml 파일에 spring-boot-starter-data-jpa가 추가됩니다.)
- MySQL Driver(이렇게 하면 메이븐 pom.xml 파일에 mysql-connector-java가 추가됩니다.)

그림 4.2에 표시된 **Generate** 버튼을 클릭하면 스프링 이니셜라이저 웹사이트에서 압축 파일이 다운로드 됩니다. 이 파일에는 스프링 데이터 JPA와 MySQL을 사용하는 스프링 부트 프로젝트가 포함돼 있습니다. 그림 4.3은 IntelliJ IDEA IDE에서 이 프로젝트가 열린 모습을 보여줍니다.

프로젝트의 골격에는 4개의 파일이 포함돼 있습니다.

- SpringDataJpaApplication에는 기본 골격에 해당하는 main 메서드가 포함돼 있습니다.
- SpringDataJpaApplicationTests에는 기본 골격에 해당하는 테스트 메서드가 포함돼 있습니다.
- application.properties는 처음에 비어 있습니다.
- pom.xml에는 메이븐에 필요한 관리 정보가 포함돼 있습니다.

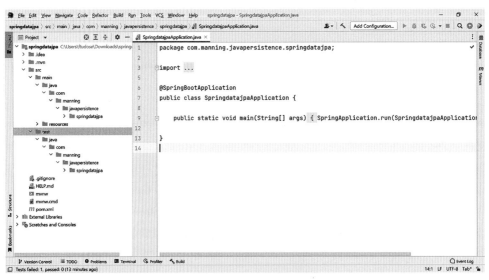

그림 4.3 스프링 데이터 JPA와 MySQL을 사용하는 스프링 부트 프로젝트 열기

앞의 목록에 나열된 처음 세 개의 파일은 표준 파일이므로 이제 스프링 이니셜라이저에서 생성된 pom.xml 파일을 자세히 살펴보겠습니다.

예제 4.1 pom.xml 메이븐 파일

`FILE` Ch04/springdatajpa/pom.xml

```
<parent>
  <groupId>org.springframework.boot</groupId>
  <artifactId>spring-boot-starter-parent</artifactId>     ❶
  <version>2.7.0</version>
  <relativePath/> <!-- lookup parent from repository -->
</parent>
<groupId>com.manning.javapersistence</groupId>
<artifactId>springdatajpa</artifactId>
<version>0.0.1-SNAPSHOT</version>
<name>springdatajpa</name>
<description>Spring Data with Spring Boot</description>    ❷
<properties>
  <java.version>17</java.version>
</properties>
<dependencies>
  <dependency>
    <groupId>org.springframework.boot</groupId>
    <artifactId>spring-boot-starter-data-jpa</artifactId>   ❸
  </dependency>


  <dependency>
    <groupId>mysql</groupId>
    <artifactId>mysql-connector-java</artifactId>           ❹
    <scope>runtime</scope>
  </dependency>
  <dependency>
    <groupId>org.springframework.boot</groupId>
    <artifactId>spring-boot-starter-test</artifactId>       ❺
    <scope>test</scope>
  </dependency>
</dependencies>

<build>
  <plugins>
```

```
    <plugin>
      <groupId>org.springframework.boot</groupId>
      <artifactId>spring-boot-maven-plugin</artifactId>        ❻
    </plugin>
  </plugins>
</build>
```

❶ 부모 POM은 spring-boot-starter-parent입니다. 이 부모 POM에서는 메이븐 애플리케이션에 대한 기본 구성, 의존성, 플러 그인 관리를 제공합니다. 또한 부모 spring-boot-dependencies로부터 의존성 관리를 상속받습니다.

❷ 프로젝트의 groupId, artifactId, version, name, description, 자바 버전을 나타냅니다.

❸ spring-boot-starter-data-jpa는 스프링 부트가 하이버네이트 기반의 스프링 데이터 JPA를 통해 관계형 데이터베이스에 연 결하기 위해 사용하는 스타터 의존성입니다. 이 의존성은 전이 의존성으로 하이버네이트를 사용합니다.

❹ mysql-connector-java는 MySQL용 JDBC 드라이버입니다. 이것은 런타임 의존성으로, 컴파일할 때 클래스패스에 둘 필요는 없고 런타임에만 필요합니다.

❺ spring-boot-starter-test는 테스트를 위한 스프링 부트 스타터 의존성입니다. 이 의존성은 테스트 컴파일 및 실행 단계에만 필요합니다.

❻ spring-boot-maven-plugin은 스프링 부트 프로젝트를 빌드하고 실행하기 위한 유틸리티 플러그인입니다.

4.3 스프링 데이터 JPA 프로젝트 구성을 위한 첫 단계

이제 User 엔티티를 설명하는 클래스를 작성하겠습니다. CaveatEmptor 애플리케이션에서는 상호작용하는 사용자를 관리해야 하므로 이 클래스의 구현부터 시작하는 것이 자연스럽습니다.

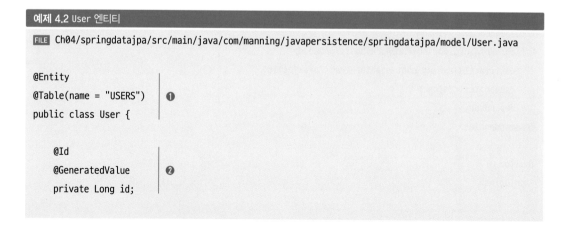

예제 4.2 User 엔티티

FILE Ch04/springdatajpa/src/main/java/com/manning/javapersistence/springdatajpa/model/User.java

```
@Entity
@Table(name = "USERS")        ❶
public class User {

    @Id
    @GeneratedValue        ❷
    private Long id;
```

```
private String username;

                                    ❸
private LocalDate registrationDate;

public User() {

}

public User(String username) {
    this.username = username;
}                                       ❹

public User(String username, LocalDate registrationDate) {
    this.username = username;
    this.registrationDate = registrationDate;
}

public Long getId() {
    return id;                          ❷
}

public String getUsername() {
    return username;
}

public void setUsername(String username) {
    this.username = username;
}                                       ❸

public LocalDate getRegistrationDate() {
    return registrationDate;
}

public void setRegistrationDate(LocalDate registrationDate) {
    this.registrationDate = registrationDate;
}
```

```
    @Override
    public String toString() {
        return "User{" +
                "id=" + id +
                ", username='" + username + '\'' +
                ", registrationDate=" + registrationDate +
                '}';
    }
}
```
❺

❶ User 엔티티를 생성하고 @Entity와 @Table 애너테이션을 지정합니다. 대부분의 데이터베이스 시스템에서는 USER라는 이름이 기본적으로 예약돼 있으므로 테이블명으로 USERS를 지정합니다.

❷ id 필드를 기본키로 지정하고 이에 대한 게터를 포함합니다. @GeneratedValue 애너테이션을 사용하면 id를 자동으로 생성할 수 있습니다. 이에 대해서는 5장에서 자세히 살펴보겠습니다.

❸ username과 registrationDate 필드를 게터 및 세터와 함께 선언합니다.

❹ 인수가 없는 생성자 하나를 포함해서 3개의 생성자를 선언합니다. JPA에서는 모든 영속성 클래스에 대해 인수가 없는 생성자가 필요하다는 것을 떠올려봅시다. JPA는 이러한 인수가 없는 생성자에 대해 자바 리플렉션 API를 사용해 인스턴스를 생성합니다.

❺ User 클래스의 인스턴스를 멋지게 표시하는 toString 메서드를 생성합니다.

이어서 UserRepository 인터페이스도 만들겠습니다.

예제 4.3 UserRepository 인터페이스

FILE Ch04/springdatajpa/src/main/java/com/manning/javapersistence/springdatajpa/repositories/UserRepository.java

```
public interface UserRepository extends CrudRepository<User, Long> {
}
```

UserRepository 인터페이스는 CrudRepository<User, Long>을 확장합니다. 즉, 식별자가 Long 타입인 User 엔티티의 리포지터리입니다. User 클래스에는 @Id 애너테이션이 지정된 Long 타입의 id 필드가 있다는 것을 떠올려봅시다. CrudRepository에서 상속된 save, findAll, findById 같은 메서드를 직접 호출할 수 있으며, 추가 정보 없이도 이를 이용해 데이터베이스에 대한 일반적인 연산을 수행할 수 있습니다. 스프링 데이터 JPA가 UserRepository 인터페이스 및 해당 인터페이스의 메서드를 구현하는 프락시 클래스를 생성할 것입니다.

한 가지 더 언급하자면 CrudRepository는 기술에 종속되지 않는 일반화된 영속성 인터페이스로서 JPA/
관계형 데이터베이스뿐만 아니라 NoSQL 데이터베이스에도 사용할 수 있습니다. 예를 들어, 구현을 건드
리지 않고도 의존성을 spring-boot-starter-data-jpa에서 spring-boot-starter-data-mongodb로 바
꿔서 데이터베이스를 MySQL에서 MongoDB로 손쉽게 변경할 수 있습니다.

다음 단계는 스프링 부트의 application.properties 파일을 채우는 것입니다. 스프링 부트는 클래스패
스에서 application.properties 파일을 자동으로 찾아서 로드하며, src/main/resources 폴더는 메이븐
에 의해 클래스패스에 추가됩니다.

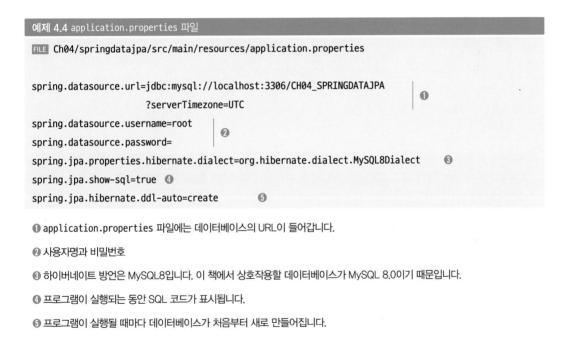

예제 4.4 application.properties 파일

`FILE` Ch04/springdatajpa/src/main/resources/application.properties

```
spring.datasource.url=jdbc:mysql://localhost:3306/CH04_SPRINGDATAJPA
                      ?serverTimezone=UTC                                    ❶
spring.datasource.username=root
spring.datasource.password=                    ❷
spring.jpa.properties.hibernate.dialect=org.hibernate.dialect.MySQL8Dialect    ❸
spring.jpa.show-sql=true  ❹
spring.jpa.hibernate.ddl-auto=create           ❺
```

❶ application.properties 파일에는 데이터베이스의 URL이 들어갑니다.

❷ 사용자명과 비밀번호

❸ 하이버네이트 방언은 MySQL8입니다. 이 책에서 상호작용할 데이터베이스가 MySQL 8.0이기 때문입니다.

❹ 프로그램이 실행되는 동안 SQL 코드가 표시됩니다.

❺ 프로그램이 실행될 때마다 데이터베이스가 처음부터 새로 만들어집니다.

이제 두 명의 사용자를 데이터베이스에 저장한 다음, 해당 사용자를 조회하는 코드를 작성해 보겠습니다.

예제 4.5 User 엔터티 영속화와 조회

`FILE` Ch04/springdatajpa/src/main/java/com/manning/javapersistence/springdatajpa/SpringDataJpaAppli
cation.java

```
@SpringBootApplication     ❶
public class SpringDataJpaApplication {

    public static void main(String[] args) {
```

```
        SpringApplication.run(SpringDataJpaApplication.class, args);  ❷
    }

    @Bean
    public ApplicationRunner configure(UserRepository userRepository) {   ❸
        return env ->
        {
            User user1 = new User("beth", LocalDate.of(2020, Month.AUGUST, 3));
            User user2 = new User("mike", LocalDate.of(2020, Month.JANUARY, 18));   ❹

            userRepository.save(user1);
            userRepository.save(user2);   ❺

            userRepository.findAll().forEach(System.out::println);   ❻
        };
    }
}
```

❶ @SpringBootApplication 애너테이션(스프링 부트에 의해 main 메서드가 포함된 클래스에 추가된)은 스프링 부트의 자동 구성(autoconfiguration) 메커니즘과 애플리케이션이 위치한 패키지에 대한 스캔을 활성화하고 컨텍스트에서 추가 빈을 등록할 수 있게 해줍니다.

❷ SpringApplication.run은 main 메서드에서 독립형 스프링 애플리케이션을 로드합니다. 또한 적절한 ApplicationContext 인스턴스를 생성하고 빈을 로드합니다.

❸ 스프링 부트는 @Bean 애너테이션이 지정된 메서드를 실행해 SpringApplication.run()이 완료되기 직전에 ApplicationRunner를 반환합니다.

❹ 두 명의 사용자를 만듭니다.

❺ 데이터베이스에 저장합니다.

❻ 사용자를 조회하고 해당 정보를 표시합니다.

이 애플리케이션을 실행하면 다음과 같은 출력 결과가 표시됩니다(User 클래스의 toString() 메서드가 작동하는 방식에 따라 출력 결과가 달라짐).

```
User{id=1, username='beth', registrationDate=2020-08-03}
User{id=2, username='mike', registrationDate=2020-01-18}
```

4.4 스프링 데이터 JPA를 이용한 쿼리 메서드 정의

email, level, active 필드를 추가해서 사용자 클래스를 확장하겠습니다. 사용자는 특정 행동(예: 일정 금액 이상 입찰)을 수행할 수 있는 다양한 레벨을 가질 수 있습니다. 사용자는 활성 상태이거나 비활성 상태일 수 있습니다(기존 CaveatEmptor 경매 시스템에서는 모두 활성 상태였지만 더 이상은 아닙니다). 이것은 CaveatEmptor 애플리케이션이 사용자에 대해 보관해야 하는 중요한 정보입니다.

> 참고   이번 장의 나머지 부분에서 설명할 소스코드는 springdatajpa2 폴더에서 확인할 수 있습니다.

예제 4.6 수정된 User 클래스

FILE Ch04/springdatajpa2/src/main/java/com/manning/javapersistence/springdatajpa/model/User.java

```java
@Entity
@Table(name = "USERS")
public class User {

    @Id
    @GeneratedValue
    private Long id;

    private String username;

    private LocalDate registrationDate;

    private String email;

    private int level;

    private boolean active;

    public User() {
    }

    public User(String username) {
        this.username = username;
    }
}
```

```
    public User(String username, LocalDate registrationDate) {
        this.username = username;
        this.registrationDate = registrationDate;
    }


    // 게터 및 세터
}
```

이제 UserRepository 인터페이스에 새로운 메서드를 추가하고 새로 생성된 테스트에서 사용하겠습니다. 사용자 리포지터리 인터페이스가 CrudRepository 대신 JpaRepository를 확장하도록 변경하겠습니다. JpaRepository는 PagingAndSortingRepository를 확장하고, PagingAndSortingRepository는 CrudRepository를 확장합니다[1].

CrudRepository는 기본적인 CRUD 기능을 제공하는 반면, PagingAndSortingRepository는 레코드를 정렬하고 페이징을 처리하는 편의 메서드를 제공합니다(이번 장의 뒷부분에서 다룰 것입니다). JpaRepository는 영속성 컨텍스트를 플러시하고 레코드를 일괄 삭제하는 등 JPA 관련 메서드를 제공합니다. 또한 JpaRepository는 CrudRepository의 findAll, findAllById, saveAll 같은 몇 가지 메서드를 재정의해서 Iterable 대신 List를 반환합니다[2].

또한 다음 예제에 나오는 것처럼 일련의 쿼리 메서드를 UserRepository 인터페이스에 추가하겠습니다.

예제 4.7 새로운 메서드가 포함된 UserRepository 인터페이스

`FILE` Ch04/springdatajpa2/src/main/java/com/manning/javapersistence/springdatajpa/repositories/UserRepository.java

```java
public interface UserRepository extends JpaRepository<User, Long> {

    User findByUsername(String username);
    List<User> findAllByOrderByUsernameAsc();
    List<User> findByRegistrationDateBetween(LocalDate start, LocalDate end);
    List<User> findByUsernameAndEmail(String username, String email);
```

---

1 (옮긴이) 참고로 스프링 부트 3.0.x부터는 상속 관계가 바뀌었습니다. https://github.com/spring-projects/spring-data-commons/issues/2537

2 (옮긴이) 참고로 스프링 부트 3.0.x부터는 JpaRepository가 아닌 ListCrudRepository에서 해당 메서드들을 재정의해서 Iterable 대신 List를 반환합니다.

```
    List<User> findByUsernameOrEmail(String username, String email);
    List<User> findByUsernameIgnoreCase(String username);
    List<User> findByLevelOrderByUsernameDesc(int level);
    List<User> findByLevelGreaterThanEqual(int level);
    List<User> findByUsernameContaining(String text);
    List<User> findByUsernameLike(String text);
    List<User> findByUsernameStartingWith(String start);
    List<User> findByUsernameEndingWith(String end);
    List<User> findByActive(boolean active);
    List<User> findByRegistrationDateIn(Collection<LocalDate> dates);
    List<User> findByRegistrationDateNotIn(Collection<LocalDate> dates);

}
```

이러한 쿼리 메서드의 목적은 데이터베이스로부터 정보를 조회하는 것입니다. 스프링 데이터 JPA는 이름을 기반으로 리포지터리 메서드에 대한 동작을 생성하는 쿼리 빌더 메커니즘을 제공합니다. 이렇게 조회한 데이터를 수정하는 수정 쿼리에 대해서는 나중에 살펴보기로 하고, 지금은 정보를 찾는 것이 목적인 쿼리에 초점을 맞추겠습니다. 이 쿼리 메커니즘은 메서드 이름에서 `find...By`, `get...By`, `query...By`, `read...By`, `count...By`와 같은 접두사와 접미사를 제거하고 나머지 부분을 파싱합니다.

표현식에 `Distinct`가 포함된 메서드를 선언해서 `distinct` 절을 설정하거나, 연산자를 `LessThan`, `GreaterThan`, `Between`, `Like`로 선언하거나, `And`나 `Or`로 복합 조건을 선언할 수 있습니다. 쿼리 메서드명에 `OrderBy` 절과 함께 프로퍼티와 정렬 방향(`Asc` 또는 `Desc`)을 지정해 정렬을 적용할 수 있습니다. 이러한 절을 지원하는 프로퍼티를 대상으로 `IgnoreCase`를 사용할 수도 있습니다. 로우를 삭제하려면 메서드명에서 `find`를 `delete`로 바꿔야 합니다. 또한 스프링 데이터 JPA는 메서드의 반환 타입을 확인합니다. `User`를 찾아서 `Optional` 컨테이너에 담아 반환하려는 경우 메서드 반환 타입은 `Optional<User>`가 됩니다. 이와 관련된 자세한 설명과 함께 사용 가능한 반환 타입의 전체 목록은 스프링 데이터 JPA 참조 문서의 부록 D에서 확인할 수 있습니다(http://mng.bz/o51y).

메서드명은 규칙을 따라야 합니다. 메서드명이 잘못되면(예: 쿼리 메서드에서 엔티티 프로퍼티가 일치하지 않는 경우) 애플리케이션 컨텍스트가 로드될 때 오류가 발생합니다. 표 4.1에서는 스프링 데이터 JPA가 지원하는 필수 키워드와 각 메서드명이 JPQL에서 어떻게 바뀌는지를 보여줍니다. 더 포괄적인 목록은 이 책의 마지막에 있는 부록 B를 참고합니다.

표 4.1 스프링 데이터 JPA 키워드와 생성된 JPQL

키워드	예제	생성된 JPQL
Is, Equals	findByUsername findByUsernameIs findByUsernameEquals	... where e.username = ?1
And	findByUsernameAndRegistrationDate	... where e.username = ?1 and e.registrationDate = ?2
Or	findByUsernameOrRegistrationDate	... where e.username = ?1 or e.registrationDate = ?2
LessThan	findByRegistrationDateLessThan	... where e.registrationDate < ?1
LessThanEqual	findByRegistrationDateLessThanEqual	... where e.registrationDate <= ?1
GreaterThan	findByRegistrationDateGreaterThan	... where e.registrationDate > ?1
GreaterThanEqual	findByRegistrationDateGreaterThanEqual	... where e.registrationDate >= ?1
Between	findByRegistrationDateBetween	... where e.registrationDate between ?1 and ?2
OrderBy	findByRegistrationDateOrderByUsernameDesc	... where e.registrationDate = ?1 order by e.username desc
Like	findByUsernameLike	... where e.username like ?1
NotLike	findByUsernameNotLike	... where e.username not like ?1
Before	findByRegistrationDateBefore	... where e.registrationDate < ?1

키워드	예제	생성된 JPQL
After	findByRegistrationDateAfter	... where e.registrationDate > ?1
Null, IsNull	findByRegistrationDate(Is)Null	... where e.registrationDate is null
NotNull, IsNotNull	findByRegistrationDate(Is)NotNull	... where e.registrationDate is not null
Not	findByUsernameNot	... where e.username <> ?1

향후 테스트의 기반 클래스로 사용할 SpringDataJpaApplicationTests 추상 클래스를 작성하겠습니다.

예제 4.8 SpringDataJpaApplicationTests 추상 클래스

FILE Ch04/springdatajpa2/src/test/java/com/manning/javapersistence/springdatajpa/SpringDataJpaAppl
icationTests.java

```java
@SpringBootTest  ❶
@TestInstance(TestInstance.Lifecycle.PER_CLASS)  ❷
abstract class SpringDataJpaApplicationTests {
    @Autowired
    UserRepository userRepository;  ❸

    @BeforeAll
    void beforeAll() {
        userRepository.saveAll(generateUsers());  ❹
    }

    private static List<User> generateUsers() {
        List<User> users = new ArrayList<>();

        User john = new User("john", LocalDate.of(2020, Month.APRIL, 13));
        john.setEmail("john@somedomain.com");
        john.setLevel(1);
```

```
        john.setActive(true);

        // 총 10명의 사용자를 생성 및 설정

        users.add(john);
        // 총 10명의 사용자를 리스트에 추가

        return users;
    }


    @AfterAll
    void afterAll() {
        userRepository.deleteAll();                ❺
    }

}
```

❶ 스프링 부트가 처음 생성된 클래스에 추가한 @SpringBootTest 애너테이션은 스프링 부트가 기본 구성 클래스(예: @SpringBootApplication 애너테이션이 지정된 클래스)를 검색하고 테스트에 사용할 ApplicationContext를 생성하도록 지시합니다. 스프링 부트가 main 메서드가 포함된 클래스에 추가한 @SpringBootApplication 애너테이션은 스프링 부트 자동 구성 메커니즘을 활성화하고 애플리케이션이 위치한 패키지를 대상으로 스캔을 활성화하며 컨텍스트에서 추가 빈을 등록할 수 있도록 합니다.

❷ @TestInstance(TestInstance.Lifecycle.PER_CLASS) 애너테이션을 사용해 JUnit 5로 하여금 테스트 클래스의 단일 인스턴스를 생성하고 그것을 모든 테스트 메서드에서 재사용하게 합니다. 이렇게 하면 @BeforeAll과 @AfterAll 애너테이션이 지정된 메서드가 비정적 메서드가 되고, 그 안에서 의존성 자동 주입된 UserRepository 인스턴스 필드를 곧바로 사용할 수 있습니다.

❸ UserRepository 인스턴스를 의존성 자동 주입합니다. 이러한 의존성 자동 주입이 가능한 것은 애플리케이션이 위치한 패키지에 대한 스캔을 활성화하고 컨텍스트에 빈을 등록하는 @SpringBootApplication 애너테이션 덕분입니다.

❹ @BeforeAll 애너테이션이 지정된 메서드는 SpringDataJpaApplicationTests를 확장하는 클래스에서 모든 테스트를 실행하기 전에 한 번 실행됩니다. 이 메서드는 비정적 메서드입니다(앞의 ❷ 참조).

❺ @AfterAll 애너테이션이 지정된 메서드는 SpringDataJpaApplicationTests를 확장하는 클래스에서 모든 테스트를 실행한 후 한 번 실행됩니다. 이 메서드는 비정적 메서드입니다(앞의 ❷ 참조).

다음 테스트에서는 이 클래스를 확장하고 이미 데이터가 채워진 데이터베이스를 사용합니다. 이제 UserRepository에 속하는 메서드를 테스트하기 위해 FindUsersUsingQueriesTest 클래스를 만들고 동일한 테스트 작성 방법에 따라 리포지터리 메서드를 호출하고 그 결과를 확인합니다.

예제 4.9 FindUsersUsingQueriesTest 클래스

FILE Ch04/springdatajpa2/src/test/java/com/manning/javapersistence/springdatajpa/FindUsersUsingQu
eriesTest.java

```java
public class FindUsersUsingQueriesTest extends SpringDataJpaApplicationTests {

    @Test
    void testFindAll() {
        List<User> users = userRepository.findAll();
        assertEquals(10, users.size());
    }

    @Test
    void testFindUser() {
        User beth = userRepository.findByUsername("beth");
        assertEquals("beth", beth.getUsername());
    }

    @Test
    void testFindAllByOrderByUsernameAsc() {
        List<User> users = userRepository.findAllByOrderByUsernameAsc();
        assertAll(() -> assertEquals(10, users.size()),
                () -> assertEquals("beth", users.get(0).getUsername()),
                () -> assertEquals("stephanie", users.get(users.size() - 1).getUsername()));
    }

    @Test
    void testFindByRegistrationDateBetween() {
        List<User> users = userRepository.findByRegistrationDateBetween(
            LocalDate.of(2020, Month.JULY, 1),
            LocalDate.of(2020, Month.DECEMBER, 31));
        assertEquals(4, users.size());
    }

    // 기타 테스트
}
```

4.5 쿼리 결과 제한, 정렬, 페이징

first 키워드와 top 키워드(동일하게 사용됨)는 쿼리 메서드의 결과를 제한힐 수 있습니다. top과 first 키워드 뒤에는 반환할 최대 결과 크기를 나타내는 숫자 값(선택사항)이 올 수 있습니다. 이 숫자 값을 생략하면 결과 크기는 1이 됩니다.

Pageable은 페이징 정보를 위한 인터페이스이지만 실무에서는 이를 구현하는 PageRequest 클래스를 사용합니다. PageRequest 클래스에는 페이지 번호, 페이지 크기, 정렬 기준을 지정할 수 있습니다.

예제 4.10의 메서드를 UserRepository 인터페이스에 추가하겠습니다.

예제 4.10 쿼리 결과 제한, 정렬, 페이징

`FILE` Ch04/springdatajpa2/src/main/java/com/manning/javapersistence/springdatajpa/repositories/UserRepository.java

```java
User findFirstByOrderByUsernameAsc();
User findTopByOrderByRegistrationDateDesc();
Page<User> findAll(Pageable pageable);
List<User> findFirst2ByLevel(int level, Sort sort);
List<User> findByLevel(int level, Sort sort);
List<User> findByActive(boolean active, Pageable pageable);
```

다음으로 새로 추가된 메서드가 어떻게 작동하는지 확인하기 위해 다음과 같은 테스트를 작성하겠습니다.

예제 4.11 쿼리 결과 제한, 정렬, 페이징 테스트

`FILE` Ch04/springdatajpa2/src/test/java/com/manning/javapersistence/springdatajpa/FindUsersSortingAndPagingTest.java

```java
public class FindUsersSortingAndPagingTest extends
            SpringDataJpaApplicationTests {

    @Test
    void testOrder() {
        User user1 = userRepository.findFirstByOrderByUsernameAsc();        ❶
        User user2 = userRepository.findTopByOrderByRegistrationDateDesc(); ❶
        Page<User> userPage = userRepository.findAll(PageRequest.of(1, 3)); ❷
        List<User> users = userRepository.findFirst2ByLevel(2, Sort.by("registrationDate")); ❸
```

```
        assertAll(
            () -> assertEquals("beth", user1.getUsername()),
            () -> assertEquals("julius", user2.getUsername()),
            () -> assertEquals(2, users.size()),
            () -> assertEquals(3, userPage.getSize()),
            () -> assertEquals("beth", users.get(0).getUsername()),
            () -> assertEquals("marion", users.get(1).getUsername())
        );
    }


    @Test
    void testFindByLevel() {
        Sort.TypedSort<User> user = Sort.sort(User.class);        ❹

        List<User> users = userRepository.findByLevel(3,
                user.by(User::getRegistrationDate).descending());    ❺
        assertAll(
                () -> assertEquals(2, users.size()),
                () -> assertEquals("james", users.get(0).getUsername())
        );
    }


    @Test
    void testFindByActive() {
        List<User> users = userRepository.findByActive(true,
                PageRequest.of(1, 4, Sort.by("registrationDate")));    ❻
        assertAll(
                () -> assertEquals(4, users.size()),
                () -> assertEquals("burk", users.get(0).getUsername())
        );
    }

}
```

❶ 첫 번째 테스트에서는 사용자명을 기준으로 오름차순으로 정렬한 결과에서 첫 번째 사용자를 찾고 등록일자를 기준으로 내림차순으로 정렬한 결과에서 두 번째 사용자를 찾습니다.

❷ 모든 사용자를 찾아서 여러 페이지로 나눈 다음, 크기 3의 페이지 번호 1을 반환합니다(페이지 번호는 0부터 시작).

❸ 등록일자 순으로 레벨이 2인 첫 두 명의 사용자를 찾습니다.

❹ 두 번째 테스트에서는 User 클래스를 대상으로 정렬 기준을 정의합니다. Sort.TypedSort는 Sort를 확장하며, 메서드 핸들 (method handle)을 사용해 정렬 기준이 되는 프로퍼티를 정의할 수 있습니다.

❺ 레벨이 3인 사용자를 찾아 등록일자 기준으로 내림차순으로 정렬합니다.

❻ 세 번째 테스트에서는 등록일자를 기준으로 정렬된 활성 사용자를 찾아 페이지별로 분할한 후 크기 4의 페이지 번호 1을 반환합니다(페이지 번호는 0부터 시작).

4.6 결과 스트리밍

둘 이상의 결과를 반환하는 쿼리 메서드에서는 Iterable, List, Set 같은 표준 자바 인터페이스를 사용할 수 있습니다. 또한 스프링 데이터는 Iterable 또는 모든 컬렉션 타입의 대안으로 사용할 수 있는 Streamable을 지원합니다. 이러한 Streamable은 서로 연결하거나 요소를 직접 필터링하거나 매핑할 수 있습니다.

UserRepository 인터페이스에 다음과 같은 메서드를 추가하겠습니다.

예제 4.12 UserRepository 인터페이스에 Streamable을 반환하는 메서드를 추가

FILE Ch04/springdatajpa2/src/main/java/com/manning/javapersistence/springdatajpa/repositories/User Repository.java

```
Streamable<User> findByEmailContaining(String text);
Streamable<User> findByLevel(int level);
```

새로 추가한 메서드가 작동하는지 확인하기 위해 다음과 같은 테스트를 작성하겠습니다.

예제 4.13 Streamable을 반환하는 테스트 메서드

FILE Ch04/springdatajpa2/src/test/java/com/manning/javapersistence/springdatajpa/QueryResultsTest .java

```
@Test
void testStreamable() {
    try(Stream<User> result =                                    ❶
        userRepository.findByEmailContaining("someother")
        .and(userRepository.findByLevel(2))                      ❷
        .stream().distinct()) {                                  ❸
```

```
        assertEquals(6, result.count());    ❹
    }
}
```

❶ 테스트에서 "someother"가 포함된 이메일을 검색하는 findByEmailContaining 메서드를 호출합니다.

❷ 테스트에서 결과로 반환된 Streamable을 레벨이 2인 사용자를 제공하는 Streamable과 연결합니다.

❸ 이를 스트림으로 변환하고 중복된 사용자를 제거합니다. 이 스트림은 try 블록의 리소스로 제공되므로 자동으로 닫힙니다. 다른 방법은 명시적으로 close() 메서드를 호출하는 것입니다. 그렇게 하지 않으면 스트림이 데이터베이스에 대한 연결을 유지합니다.

❹ 결과 스트림에 6명의 사용자가 포함돼 있는지 확인합니다.

4.7 @Query 애너테이션

@Query 애너테이션을 이용하면 메서드를 만든 다음, 해당 메서드에 사용자 정의 쿼리를 작성할 수 있습니다. @Query 애너테이션을 사용할 경우 메서드 이름은 명명 규칙을 따를 필요가 없습니다. 사용자 정의 쿼리를 매개변수화해서 위치나 이름으로 매개변수를 식별하고 @Param 애너테이션으로 쿼리 내에서 이러한 이름을 바인딩할 수 있습니다. @Query 애너테이션에서 nativeQuery 플래그를 true로 설정하면 네이티브 쿼리를 생성할 수 있습니다. 그러나 네이티브 쿼리는 애플리케이션의 이식성에 영향을 줄 수 있다는 점에 유의해야 합니다. 결과를 정렬하려면 Sort 객체를 사용하면 됩니다. 정렬 기준이 되는 프로퍼티는 쿼리 프로퍼티나 쿼리 별칭으로 리졸브(resolve)할 수 있어야 합니다.

스프링 데이터 JPA는 @Query 애너테이션을 이용해 정의된 쿼리에서 스프링 표현식 언어(SpEL; Spring Expression Language)를 지원하며, entityName 변수를 지원합니다. select e from #{#entityName} e와 같은 쿼리에서 entityName은 @Entity 애너테이션을 기반으로 리졸브됩니다. UserRepository extends JpaRepository<User, Long>의 경우 entityName은 User로 리졸브됩니다.

UserRepository 인터페이스에 다음과 같은 메서드를 추가하겠습니다.

예제 4.14 쿼리 결과 제한, 정렬, 페이징

FILE Ch04/springdatajpa2/src/main/java/com/manning/javapersistence/springdatajpa/repositories/UserRepository.java

```
@Query("select count(u) from User u where u.active = ?1")
int findNumberOfUsersByActivity(boolean active);                    ❶


@Query("select u from User u where u.level = :level and u.active = :active")
List<User> findByLevelAndActive(@Param("level") int level,
                                @Param("active") boolean active);    ❷


@Query(value = "SELECT COUNT(*) FROM USERS WHERE ACTIVE = ?1", nativeQuery = true)
int findNumberOfUsersByActivityNative(boolean active);              ❸


@Query("select u.username, LENGTH(u.email) as email_length from
        #{#entityName} u where u.username like %?1%")
List<Object[]> findByAsArrayAndSort(String text, Sort sort);       ❹
```

❶ findNumberOfUsersByActivity 메서드는 활성화된 사용자 수를 반환합니다.

❷ findByLevelAndActive 메서드는 명명 매개변수로 특정 level 및 active 상태를 가진 사용자를 반환합니다. @Param 애너테이션은 쿼리의 :level 매개변수를 메서드의 level 인수와 매칭하고 쿼리의 :active 매개변수를 메서드의 active 인수와 매칭합니다. 이 기능은 메서드 시그니처에서 매개변수의 순서를 변경하고 쿼리는 업데이트하지 않을 때 특히 유용합니다.

❸ findNumberOfUsersByActivityNative 메서드는 특정 active 상태의 사용자 수를 반환합니다. nativeQuery 플래그를 true로 설정하면 JPQL로 작성된 이전 쿼리와 달리 해당 쿼리가 데이터베이스에 특화된 네이티브 SQL을 사용해서 작성됐음을 나타냅니다.

❹ findByAsArrayAndSort 메서드는 username을 기준으로 필터링한 후 각 배열에 username과 email 길이가 포함된 배열 리스트를 반환합니다. 두 번째 Sort 매개변수를 사용하면 다양한 기준에 따라 쿼리 결과를 정렬할 수 있습니다.

이러한 쿼리 메서드에 대한 테스트는 매우 간단합니다. 여기서는 정렬 기준을 변경할 수 있는 네 번째 쿼리 메서드에 대해 작성된 테스트만 살펴보겠습니다.

예제 4.15 쿼리 메서드 테스트

FILE Ch04/springdatajpa2/src/test/java/com/manning/javapersistence/springdatajpa/QueryResultsTest.java

```java
public class QueryResultsTest extends SpringDataJpaApplicationTests {

    // 첫 3개의 쿼리 메서드를 테스트


    @Test
    void testFindByAsArrayAndSort() {
```

```
        List<Object[]> usersList1 =
            userRepository.findByAsArrayAndSort("ar", Sort.by("username"));    ❶
        List<Object[]> usersList2 =
            userRepository.findByAsArrayAndSort("ar",                          ❷
                Sort.by("email_length").descending());
        List<Object[]> usersList3 =
            userRepository.findByAsArrayAndSort("ar",                          ❸
                JpaSort.unsafe("LENGTH(u.email)"));


        assertAll(
            () -> assertEquals(2, usersList1.size()),
            () -> assertEquals("darren", usersList1.get(0)[0]),
            () -> assertEquals(21, usersList1.get(0)[1]),
            () -> assertEquals(2, usersList2.size()),
            () -> assertEquals("marion", usersList2.get(0)[0]),
            () -> assertEquals(26, usersList2.get(0)[1]),
            () -> assertEquals(2, usersList3.size()),
            () -> assertEquals("darren", usersList3.get(0)[0]),
            () -> assertEquals(21, usersList3.get(0)[1])
        );
    }
}
```

❶ findByAsArrayAndSort 메서드는 username이 %ar%와 같은 사용자를 반환하고 username을 기준으로 정렬합니다.

❷ findByAsArrayAndSort 메서드는 username이 %ar%와 같은 사용자를 반환하고 email_length를 기준으로 내림차순으로 정렬합니다. 참고로 쿼리 내에 정렬에 사용할 email_length 별칭을 지정해야 합니다.

❸ findByAsArrayAndSort 메서드는 username이 %ar%와 같은 사용자를 반환하고 LENGTH(u.email)을 기준으로 정렬합니다. JpaSort는 Sort를 확장하는 클래스이며, 정렬을 위해 프로퍼티 참조나 별칭 이외의 다른 것을 사용할 수 있습니다. unsafe 프로퍼티 처리 방식은 제공된 문자열이 반드시 속성이나 별칭이 아니라 쿼리 내부의 임의의 표현식일 수 있음을 의미합니다.

스프링 데이터 JPA의 명명 규칙을 따르는 이전 메서드의 메서드명이 잘못된 경우(예: 엔티티 프로퍼티가 쿼리 메서드 내에서 일치하지 않음) 애플리케이션 컨텍스트가 로드될 때 오류가 발생합니다. @Query 애너테이션을 사용 중이고, 작성한 쿼리가 잘못된 경우 해당 메서드를 실행할 때 런타임에 오류가 발생할 것입니다. 따라서 @Query 애너테이션이 지정된 메서드는 더 유연하지만 안전성은 떨어집니다.

4.8 프로젝션

엔티티의 모든 속성이 항상 필요한 것은 아니므로 일부 속성에만 접근할 수도 있습니다. 예를 들어, 프런 트엔드에서는 I/O를 줄이고 최종 사용자가 관심을 가질 만한 정보만 표시할 수 있습니다. 따라서 리포지 터리에서 관리하는 루트 엔티티의 인스턴스를 반환하는 대신 그러한 엔티티의 특정 속성을 기반으로 프로 젝션(projection)을 생성하고 싶을 수 있습니다. 스프링 데이터 JPA에서는 반환 타입을 만들어 엔티티의 속성들을 선택적으로 반환할 수 있습니다.

인터페이스 기반 프로젝션을 사용하려면 프로젝션에 포함할 프로퍼티에 대한 게터 메서드를 선언하는 인 터페이스를 만들어야 합니다. 이러한 인터페이스에서는 @Value 애너테이션과 SpEL 표현식을 사용해 특 정 값을 계산할 수도 있습니다. 실행 엔진은 런타임에 쿼리를 실행해서 반환된 각 요소에 대해 인터페이스 의 프락시 인스턴스를 생성하고 노출된 메서드에 대한 호출을 대상 객체로 전달합니다.

여기서는 Projection 클래스를 만들고 UserSummary를 중첩된 인터페이스로 추가하겠습니다. 프로젝션들 은 논리적으로 연결돼 있으므로 그룹화하겠습니다.

예제 4.16 인터페이스 기반 프로젝션

FILE Ch04/springdatajpa2/src/main/java/com/manning/javapersistence/springdatajpa/model/Projection. java

```java
public class Projection {

    public interface UserSummary {

        String getUsername();        ❶

        @Value("#{target.username} #{target.email}")        ❷
        String getInfo();

    }
}
```

❶ getUsername 메서드는 username 필드를 반환합니다.

❷ getInfo 메서드에는 @Value 애너테이션이 지정돼 있으며, username 필드, 공백, email 필드를 차례로 연결한 값을 반환합니다.

실무에서는 프로젝션에 어떻게 접근해야 할까요? 예제 4.16의 ❶과 같은 메서드만 포함하면 닫힌 프로젝션(closed projection)이 만들어지는데, 닫힌 프로젝션이란 인터페이스의 모든 게터가 대상 엔티티의 프로퍼티에 해당하는 인터페이스를 말합니다. 닫힌 프로젝션의 경우 프로젝션 프락시에 필요한 모든 프로퍼티를 처음부터 알고 있기 때문에 스프링 데이터 JPA를 통해 쿼리 실행을 최적화할 수 있습니다.

❷와 같은 메서드를 포함하면 더 유연한 열린 프로젝션(open projection)이 만들어집니다. 그러나 SpEL 표현식은 런타임에 평가되고 엔티티 루트의 모든 프로퍼티 또는 프로퍼티 조합을 포함할 수 있기 때문에 스프링 데이터 JPA가 쿼리 실행을 최적화할 수 없습니다.

일반적으로 전체 엔티티를 노출하지 않고 제한된 정보를 제공해야 하는 경우 프로젝션을 사용해야 합니다. 성능상의 이유로 처음부터 어떤 정보를 반환할지 알고 있는 경우에는 닫힌 프로젝션을 사용하는 편이 좋습니다. 전체 객체를 반환하는 쿼리가 있고 프로젝션만 반환하는 비슷한 쿼리가 있는 경우에는 한 메서드의 이름을 find...By로 지정하고 다른 메서드의 이름을 get...By로 지정하는 식으로 대체 명명 규칙을 사용할 수 있습니다.

클래스 기반 프로젝션을 사용하려면 프로젝션에 포함할 프로퍼티와 게터 메서드를 선언하는 데이터 전송 객체(DTO; data transfer object) 클래스를 만들어야 합니다. 클래스 기반 프로젝션을 사용하는 것은 인터페이스 기반 프로젝션을 사용하는 것과 유사합니다. 그러나 스프링 데이터 JPA가 프로젝션을 관리하기 위해 프락시 클래스를 만들지 않아도 됩니다. 스프링 데이터 JPA가 프로젝션을 선언하는 클래스를 인스턴스화하며, 포함할 속성은 클래스 생성자의 매개변수 이름에 따라 결정됩니다.

다음 예제에서는 Projection 클래스의 중첩 클래스로 UsernameOnly를 추가합니다.

예제 4.17 클래스 기반 프로젝션

FILE Ch04/springdatajpa2/src/main/java/com/manning/javapersistence/springdatajpa/model/Projection.java

```java
public class Projection {

    // ...

    public static class UsernameOnly {          ❶
        private String username;          ❷
```

```
        public UsernameOnly(String username) {
            this.username = username;                    ❸
        }

        public String getUsername() {
            return username;                    ❹
        }

    }

}
```

❶ UsernameOnly 클래스

❷ username 필드

❸ 선언된 생성자

❹ 게터를 통해 노출되는 username 필드

UserRepository 인터페이스에 추가할 메서드는 다음과 같습니다.

> FILE Ch04/springdatajpa2/src/main/java/com/manning/javapersistence/springdatajpa/repositories/User
> Repository.java

```
List<Projection.UserSummary> findByRegistrationDateAfter(LocalDate date);
List<Projection.UsernameOnly> findByEmail(String email);
```

이러한 리포지터리 메서드들은 이번 절의 이전 예제에서 적용한 것과 동일한 명명 규칙을 사용하며, 컴파일 시점부터 반환 타입을 프로젝션 타입의 컬렉션으로서 알고 있습니다. 하지만 리포지터리 메서드의 반환 타입에 제네릭을 적용해 반환 타입을 동적으로 만들 수 있습니다. UserRepository 인터페이스에 다음과 같은 새로운 메서드를 추가하겠습니다.

> FILE Ch04/springdatajpa2/src/main/java/com/manning/javapersistence/springdatajpa/repositories/User
> Repository.java

```
<T> List<T> findByEmail(String email, Class<T> type);
```

프로젝션을 사용해 이러한 쿼리 메서드에 대한 테스트를 작성하겠습니다.

예제 4.18 프로젝션을 사용해 쿼리 메서드 테스트하기

FILE Ch04/springdatajpa2/src/test/java/com/manning/javapersistence/springdatajpa/ProjectionTest.java

```
public class ProjectionTest extends SpringDataJpaApplicationTests {

    @Test
    void testProjectionUsername() {

        List<Projection.UsernameOnly> users =
            userRepository.findByEmail("john@somedomain.com");          ❶

        assertAll(
            () -> assertEquals(1, users.size()),
            () -> assertEquals("john", users.get(0).getUsername())      ❷
        );
    }

    @Test
    void testProjectionUserSummary() {
        List<Projection.UserSummary> users =
            userRepository.findByRegistrationDateAfter(                 ❸
                LocalDate.of(2021, Month.FEBRUARY, 1));

        assertAll(
            () -> assertEquals(1, users.size()),
            () -> assertEquals("julius", users.get(0).getUsername()),
            () -> assertEquals("julius julius@someotherdomain.com",     ❹
                            users.get(0).getInfo())
        );
    }

    @Test
    void testDynamicProjection() {
        List<Projection.UsernameOnly> usernames =
            userRepository.findByEmail("mike@somedomain.com",           ❺
            Projection.UsernameOnly.class);
        List<User> users = userRepository.findByEmail("mike@somedomain.com",  ❻
            User.class);
```

```
    assertAll(
        () -> assertEquals(1, usernames.size()),
        () -> assertEquals("mike", usernames.get(0).getUsername()),    ❼
        () -> assertEquals(1, users.size()),
        () -> assertEquals("mike", users.get(0).getUsername())
    );
  }

}
```

❶ findByEmail 메서드는 Projection.UsernameOnly 인스턴스의 리스트를 반환합니다.

❷ 어설션을 확인합니다.

❸ findByRegistrationDateAfter 메서드는 Projection.UserSummary 인스턴스의 리스트를 반환합니다.

❹ 어설션을 확인합니다.

❺ 이 findByEmail 메서드는 동적 프로젝션을 제공합니다. 이 메서드는 Projection.UsernameOnly 인스턴스의 리스트를 반환합니다.

❻ 이 findByEmail 메서드는 제네릭화된 클래스에 따라 User 인스턴스의 리스트를 반환할 수도 있습니다.

❼ 어설션을 확인합니다.

4.9 수정 쿼리

@Modifying 애너테이션으로 수정 메서드(modifying method)를 정의할 수 있습니다. 예를 들어, INSERT, UPDATE, DELETE 쿼리나 DDL 문은 데이터베이스의 내용을 수정합니다. @Query 애너테이션에는 수정 쿼리(modifying query)가 인수로 사용되며, 바인딩 매개변수가 필요할 수 있습니다. 이러한 메서드에는 @Transactional 애너테이션을 사용하거나 프로그래밍 방식으로 관리되는 트랜잭션에서 실행해야 합니다. 수정 쿼리는 쿼리가 어떤 칼럼을 처리하는지 명확하게 강조할 수 있다는 장점이 있고 조건을 포함할 수 있어서 전체 객체를 영속화하거나 삭제하는 것에 비해 코드를 더 명확하게 만들 수 있습니다. 또한 데이터베이스에서 제한된 수의 칼럼만 변경하는 작업은 더 빠르게 실행됩니다.

스프링 데이터 JPA는 메서드 이름을 기반으로 삭제 쿼리를 생성할 수도 있습니다. 이 메커니즘은 표 4.1의 예제와 매우 유사하게 작동하지만 find 키워드를 delete로 대체합니다.

UserRepository 인터페이스에 다음과 같은 메서드를 추가하겠습니다.

예제 4.19 UserRepository 인터페이스에 수정 메서드 추가

`FILE` Ch04/springdatajpa2/src/main/java/com/manning/javapersistence/springdatajpa/repositories/User
Repository.java

```
@Modifying
@Transactional
@Query("update User u set u.level = ?2 where u.level = ?1")    ❶
int updateLevel(int oldLevel, int newLevel);


@Transactional
int deleteByLevel(int level);                                  ❷


@Transactional
@Modifying
@Query("delete from User u where u.level = ?1")                ❸
int deleteBulkByLevel(int level);
```

---

❶ updateLevel 메서드는 @Query 애너테이션의 인수에서 알 수 있듯이 oldLevel 매개변수로 지정된 레벨을 가진 사용자의
level을 newLevel로 설정합니다. 이 메서드에는 @Modifying과 @Transactional 애너테이션도 지정돼 있습니다.

❷ deleteByLevel 메서드는 메서드 이름을 기반으로 쿼리를 생성하며, 매개변수로 지정된 level을 가진 모든 사용자를 제거합
니다. 이 메서드에는 @Transactional 애너테이션이 지정돼 있습니다. 이 경우에는 쿼리가 프레임워크에 의해 생성되므로 @
Modifying은 필요하지 않습니다.

❸ deleteBulkByLevel 메서드는 @Query 애너테이션의 인수에서 알 수 있듯이 매개변수로 지정된 level을 가진 모든 사용자를
제거합니다. 이 메서드에는 @Modifying 애너테이션과 @Transactional 애너테이션도 있습니다.

deleteByLevel 메서드와 deleteBulkByLevel 메서드의 차이점은 무엇일까요? deleteByLevel 메서
드는 쿼리를 실행한 다음, 반환된 인스턴스를 하나씩 제거합니다. 각 인스턴스의 수명주기를 제어하
는 콜백 메서드(예: 사용자가 제거될 때 실행되는 메서드)가 있는 경우에는 해당 메서드가 실행됩니다.
deleteBulkByLevel 메서드는 사용자를 일괄적으로 제거하며, 이때 단 하나의 JPQL 쿼리만 실행합니다.
어떤 User 인스턴스(이미 메모리에 로드된 인스턴스도 포함)도 수명주기 콜백 메서드를 실행하지 않습
니다.

이제 수정 메서드에 대한 테스트를 작성할 수 있습니다.

예제 4.20 수정 메서드 테스트

`FILE` Ch04/springdatajpa2/src/test/java/com/manning/javapersistence/springdatajpa/ModifyQueryTest.java

```java
@Test
void testModifyLevel() {
    int updated = userRepository.updateLevel(5, 4);
    List<User> users = userRepository.findByLevel(4, Sort.by("username"));

    assertAll(
        () -> assertEquals(1, updated),
        () -> assertEquals(3, users.size()),
        () -> assertEquals("katie", users.get(1).getUsername())
    );
}
```

삭제 메서드에 대한 테스트도 다음과 같이 작성합니다.

예제 4.21 삭제 메서드 테스트

`FILE` Ch04/springdatajpa2/src/test/java/com/manning/javapersistence/springdatajpa/DeleteQueryTest.java

```java
@Test
void testDeleteByLevel() {
    int deleted = userRepository.deleteByLevel(2);
    List<User> users = userRepository.findByLevel(2, Sort.by("username"));
    assertEquals(0, users.size());
}


@Test
void testDeleteBulkByLevel() {
    int deleted = userRepository.deleteBulkByLevel(2);
    List<User> users = userRepository.findByLevel(2, Sort.by("username"));
    assertEquals(0, users.size());
}
```

4.10 예제 기반 쿼리

예제 기반 쿼리(Query by Example; QBE)는 엔티티와 프로퍼티를 포함하기 위해 일반적인 쿼리를 작성할 필요가 없는 쿼리 기법입니다. 예제 기반 쿼리를 이용하면 동적 쿼리 생성이 가능하며, 프로브(probe), ExampleMatcher, Example이라는 세 가지 요소로 구성됩니다.

프로브는 프로퍼티의 값이 미리 설정된(already-set) 도메인 객체입니다. ExampleMatcher는 특정 프로퍼티를 매칭하기 위한 규칙을 제공합니다. Example은 프로브와 ExampleMatcher를 결합해 쿼리를 생성합니다. 여러 Example에서 하나의 ExampleMatcher를 재사용하는 것도 가능합니다.

다음은 QBE를 사용하기에 적합한 사용 사례입니다.

- 기반 데이터 저장소 API와 코드를 분리하는 경우
- 도메인 객체의 내부 구조가 자주 변경되고, 변경된 내용이 기존 쿼리까지 전달되지 않는 경우
- 리포지터리를 대상으로 쿼리하기 위해 정적 또는 동적 제약조건들을 만드는 경우

QBE에는 다음과 같은 몇 가지 제약이 있습니다.

- 문자열 프로퍼티에 대해서는 시작/끝/포함 정규식 매칭만 지원하고, 다른 타입에 대해서는 정확한 매칭(exact matching)만 지원합니다.
- username = ?0 or (username = ?1 and email = ?2)와 같이 중첩되거나 그룹화된 프로퍼티 제약조건은 지원하지 않습니다.

UserRepository 인터페이스에는 더 이상 메서드를 추가하지 않을 것입니다. 프로브, ExampleMatcher, Example을 만들기 위한 테스트만 작성하겠습니다.

예제 4.22 예제 기반 쿼리 테스트

`FILE` Ch04/springdatajpa2/src/test/java/com/manning/javapersistence/springdatajpa/QueryByExampleTest.java

```java
public class QueryByExampleTest extends SpringDataJpaApplicationTests {

    @Test
    void testEmailWithQueryByExample() {
```

```
    User user = new User();
    user.setEmail("@someotherdomain.com");              ❶

    ExampleMatcher matcher = ExampleMatcher.matching()
            .withIgnorePaths("level", "active")          ❷
            .withMatcher("email", match -> match.endsWith());

    Example<User> example = Example.of(user, matcher);   ❸

    List<User> users = userRepository.findAll(example);  ❹

    assertEquals(4, users.size());       ❺
}

@Test
void testUsernameWithQueryByExample() {
    User user = new User();
    user.setUsername("J");                    ❻

    ExampleMatcher matcher = ExampleMatcher.matching()
            .withIgnorePaths("level", "active")
            .withStringMatcher(ExampleMatcher.StringMatcher.STARTING)  ❼
            .withIgnoreCase();

    Example<User> example = Example.of(user, matcher);   ❽

    List<User> users = userRepository.findAll(example);  ❾

    assertEquals(3, users.size());       ❿
}

}
```

❶ User 인스턴스를 초기화하고 해당 인스턴스에 대한 email을 설정합니다. 이것은 프로브를 나타냅니다.

❷ 빌더 패턴을 사용해 ExampleMatcher를 생성합니다. 모든 null 참조 프로퍼티는 매처에서 무시됩니다. 그러나 원시 타입 (primitive type)인 level과 active 프로퍼티는 명시적으로 무시해야 합니다. 그렇게 하지 않으면 기본값(level의 경우 0, active의 경우 false)으로 매처에 포함되고 생성되는 쿼리가 변경될 것입니다. email 프로퍼티가 지정된 문자열로 끝나도록 매칭 조건을 구성하겠습니다.

❸ 프로브와 ExampleMatcher를 결합해 쿼리를 생성하는 Example을 만듭니다. 이 쿼리는 email 프로퍼티가 프로브의 email 프로퍼티에 지정한 문자열로 끝나는 사용자를 검색합니다.

❹ 쿼리를 실행해 프로브와 일치하는 모든 사용자를 찾습니다.

❺ 이러한 사용자가 4명인지 확인합니다.

❻ User 인스턴스를 초기화하고 name을 설정합니다. 이것은 두 번째 프로브를 나타냅니다.

❼ 빌더 패턴을 사용해 ExampleMatcher를 생성합니다. 모든 null 참조 프로퍼티는 매처에서 무시됩니다. 다시 말하지만, 원시 타입인 level과 active 프로퍼티는 명시적으로 무시해야 합니다. 구성된 프로퍼티(이 경우 프로브의 username 프로퍼티)의 시작 문자열과 일치하도록 매처 조건을 구성합니다.

❽ 프로브와 ExampleMatcher를 결합해 쿼리를 생성하는 Example을 만듭니다. 이 쿼리는 username 프로퍼티가 프로브의 username 프로퍼티에 지정한 문자열로 시작하는 사용자를 검색합니다.

❾ 쿼리를 실행해 프로브와 일치하는 모든 사용자를 찾습니다.

❿ 이러한 사용자가 3명인지 확인합니다.

기본 원시 타입의 프로퍼티를 무시하는 것의 중요성을 강조하기 위해 생성된 쿼리에 대해 withIgnorePaths("level", "active") 메서드를 호출하는 경우와 호출하지 않는 경우를 비교해 보겠습니다. 다음은 첫 번째 테스트에 대해 withIgnorePaths("level", "active") 메서드를 호출해서 생성된 쿼리입니다.

```
select user0_.id as id1_0_, user0_.active as active2_0_, user0_.email as email3_0_, user0_.level
as level4_0_, user0_.registration_date as registra5_0_, user0_.username as username6_0_ from users
user0_ where user0_.email like ? escape ?
```

다음은 withIgnorePaths("level", "active") 메서드를 호출하지 않고 생성된 쿼리입니다.

```
select user0_.id as id1_0_, user0_.active as active2_0_, user0_.email as email3_0_, user0_.level
as level4_0_, user0_.registration_date as registra5_0_, user0_.username as username6_0_ from users
user0_ where user0_.active=? and (user0_.email like ? escape ?) and user0_.level=0
```

다음은 두 번째 테스트에 대해 withIgnorePaths("level", "active") 메서드를 호출해서 생성된 쿼리입니다.

```
select user0_.id as id1_0_, user0_.active as active2_0_, user0_.email as email3_0_, user0_.level
as level4_0_, user0_.registration_date as registra5_0_, user0_.username as username6_0_ from users
user0_ where lower(user0_.username) like ? escape ?
```

다음은 withIgnorePaths("level", "active") 메서드를 호출하지 않고 생성된 쿼리입니다.

```
select user0_.id as id1_0_, user0_.active as active2_0_, user0_.email as email3_0_, user0_.level
as level4_0_, user0_.registration_date as registra5_0_, user0_.username as username6_0_ from users
user0_ where user0_.active=? and user0_.level=0 and (lower(user0_.username) like ? escape ?)
```

withIgnorePaths("level", "active") 메서드를 제거했을 때 다음과 같이 원시 타입의 프로퍼티에 조건이 추가된 것을 눈여겨봅시다.

```
user0_.active=? and user0_.level=0
```

이렇게 되면 쿼리 결과가 바뀝니다.

정리

- 스프링 부트를 사용해 스프링 데이터 JPA 프로젝트를 생성하고 구성할 수 있습니다.

- 스프링 데이터 JPA의 쿼리 빌더 메커니즘을 이용하면 쿼리 메서드를 정의하고 사용해 리포지터리에 접근할 수 있습니다.

- 스프링 데이터 JPA는 쿼리 결과 제한, 정렬, 페이징, 결과 스트리밍을 위한 기능을 제공합니다.

- @Query 애너테이션을 사용해 비네이티브 및 네이티브 사용자 정의 쿼리를 모두 정의할 수 있습니다.

- 반환 타입을 만들고 엔티티의 속성을 선택적으로 반환하는 프로젝션을 구현할 수 있으며, 수정 쿼리를 생성하고 사용해 엔티티를 업데이트하거나 삭제할 수 있습니다.

- 예제 기반 쿼리를 활용하면 동적 쿼리를 생성할 수 있으며, 예제 기반 쿼리는 프로브, ExampleMatcher, Example이라는 세 가지 요소로 구성됩니다.

2부

매핑 전략

이 책의 2부에서는 클래스와 프로퍼티부터 테이블과 칼럼에 이르기까지 ORM에 관한 모든 것을 다룹니다. 2부에서 습득하게 될 지식은 영속성 프레임워크로 하이버네이트를 사용하든 스프링 데이터 JPA를 사용하든 상관없이 필수적입니다. 5장에서는 일반적인 클래스 및 프로퍼티 매핑으로 시작해서 잘게 세분화된 자바 도메인 모델을 매핑하는 방법을 설명합니다. 다음으로, 6장에서는 기본 프로퍼티와 임베드 가능한 컴포넌트를 매핑하는 방법과 자바 타입과 SQL 타입 간의 매핑을 제어하는 방법을 살펴봅니다. 7장에서는 4가지 기본 상속 매핑 전략을 사용해 엔티티의 상속 계층 구조를 데이터베이스에 매핑하고 다형적 연관관계도 매핑합니다. 8장에서는 컬렉션과 엔티티 연관관계 매핑에 대해 다루며, 영속성 컬렉션, 기본 및 임베드 가능한 타입의 컬렉션, 간단한 다대일 및 일대다 엔티티 연관관계 매핑을 살펴봅니다. 9장에서는 일대일 엔티티 연관관계 매핑, 일대다 매핑 옵션, 다대다 및 삼항 엔티티 관계 매핑과 같은 고급 엔티티 연관관계 매핑에 대해 자세히 살펴봅니다.

2부를 읽고 나면 아무리 복잡한 매핑도 올바른 전략으로 빠르게 만들 수 있을 것입니다. 또한 상속 매핑의 문제를 해결하는 방법과 컬렉션과 연관관계를 매핑하는 방법을 이해하게 될 것입니다.

05

영속성 클래스
매핑

이번 장에서 다루는 내용

- 엔티티와 값 타입 이해
- 식별자를 가진 엔티티 클래스의 매핑
- 엔티티 수준의 매핑 옵션 제어

이번 장에서는 몇 가지 기본적인 매핑 옵션을 제시하고 엔티티 클래스를 SQL 테이블에 매핑하는 방법을 설명합니다. 이것은 하이버네이트나 스프링 데이터 JPA, 또는 JPA 명세를 구현하는 다른 어떠한 영속성 프레임워크를 사용하느냐와 상관없이 애플리케이션에서 클래스를 구조화하는 데 필수적인 지식입니다. 이번 장에서는 데이터베이스 식별자나 기본키를 처리하는 방법과 다양한 메타데이터 설정을 사용해 하이버네이트 또는 하이버네이트를 영속성 공급자로 사용하는 스프링 데이터 JPA가 도메인 모델 클래스의 인스턴스를 로드하고 저장하는 방식을 커스터마이징하는 방법을 보여주고 분석하겠습니다.

데이터 접근 추상화에 해당하는 스프링 데이터 JPA는 JPA 공급자(예: 하이버네이트)를 기반으로 하며 데이터베이스와 상호작용하는 데 필요한 상용구 코드를 크게 줄여줍니다. 그렇기 때문에 영속성 클래스의 매핑을 만들어두면 하이버네이트나 스프링 데이터 JPA 모두에서 사용할 수 있습니다. 이번 장의 예제를 통해 이를 확인할 수 있으며, 모든 매핑 예제에서는 JPA 애너테이션을 사용할 것입니다.

하지만 매핑을 살펴보기에 앞서 엔티티와 값 타입(value type)의 차이점을 정의하고 도메인 모델의 객체/관계형 매핑에 어떻게 접근해야 하는지 설명하겠습니다. 엔지니어의 역할은 시스템이 다뤄야 할 문제 환경인 **애플리케이션 도메인**(application domain)과 이 시스템을 구축할 소프트웨어 및 기술인 **솔루션 도메인**(solution domain)을 연결하는 것입니다. 그림 5.1에서 애플리케이션 도메인은 애플리케이션 도메인 모델(실제 엔티티)로 표현되고, 솔루션 도메인은 시스템 모델(소프트웨어 애플리케이션의 객체)로 표현됩니다.

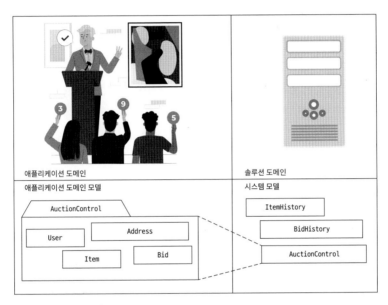

그림 5.1 연결해야 할 다양한 도메인과 모델

5.1 엔티티와 값 타입 이해

도메인 모델을 보면 클래스 간에 차이가 있음을 알 수 있습니다. 어떤 타입은 더 중요해 보이고 일급 비즈니스 객체를 나타냅니다. 일례로 `Item`, `Category`, `User` 클래스가 있으며, 이러한 클래스는 실제 세계에서 표현하려는 엔티티를 나타냅니다(예제의 도메인 모델을 보려면 그림 3.3을 참조). 반면 도메인 모델 내의 `Address` 같은 다른 타입은 덜 중요해 보입니다. 이번 절에서는 잘게 세분화된 도메인 모델을 사용한다는 것이 무엇을 의미하는지 살펴보고 엔티티와 값 타입을 구분해 보겠습니다.

5.1.1 잘게 세분화된 도메인 모델

하이버네이트 또는 하이버네이트를 영속성 공급자로 사용하는 스프링 데이터 JPA의 주요 목표는 잘게 세분화되고 풍부한 도메인 모델을 지원하는 것입니다. 이것이 바로 우리가 어떤 프레임워크에도 종속되지 않는 일반 자바 객체인 POJO(Plain Old Java Object)를 사용하는 이유 중 하나입니다. **잘게 세분화**된다는 것은 간단하게 말하면 테이블보다 클래스의 수가 더 많다는 뜻입니다.

예를 들어, 도메인 모델에서 사용자는 집 주소를 가지고 있을 수 있습니다. 데이터베이스에는 HOME_STREET, HOME_CITY, HOME_ZIPCODE 칼럼이 포함된 USERS 테이블 하나가 있을 수 있습니다. (1.2.1절에서 설명한 SQL 타입 문제를 떠올려봅시다.) 도메인 모델에서도 동일한 접근 방식을 사용해 주소를 User 클래스의 문자열 값 프로퍼티 3개로 나타낼 수 있습니다. 하지만 Address 클래스를 사용해 User가 homeAddress 프로퍼티를 갖도록 모델링하는 편이 훨씬 더 좋습니다. 그럼 도메인 모델의 응집성 (cohesion)이 향상되고, 코드 재사용이 용이해지며, 유연하지 않은 타입 시스템을 사용하는 SQL보다 더 이해하기가 쉽습니다.

JPA는 타입 안전성(type safety)과 행동(behavior)을 구현할 때 잘게 세분화된 클래스의 유용성을 강조합니다. 예를 들어, 많은 사람들이 이메일 주소를 User의 문자열 값 프로퍼티로 모델링합니다. 그러나 더 정교한 접근 방식은 EmailAddress 클래스를 정의하는 것으로, 이 경우 더 높은 수준의 의미(semantic)와 행위가 더해집니다. 즉, 이 클래스에서 prepareMail() 메서드를 제공할 수도 있습니다(하지만 도메인 모델 클래스가 메일 서브시스템에 종속되는 것을 바라지는 않을 테니 sendMail() 메서드를 둬서는 안 됩니다).

이러한 세분성 문제는 ORM에서 중대한 차이점을 가져옵니다. 자바에서는 모든 클래스가 동등한 지위를 가집니다. 즉, 모든 인스턴스는 저마다 고유한 식별자와 수명주기를 가집니다. 영속성을 도입하면 일부 인스턴스는 고유한 식별자와 수명주기를 갖지 않고 다른 인스턴스에 의존할 수 있습니다. 예제를 통해 이를 살펴보겠습니다.

5.1.2 애플리케이션 개념 정의

두 사람이 같은 집에 살고 있고, 두 사람 모두 CaveatEmptor에 사용자 계정을 등록했다고 가정해 봅시다. 이들을 존(John)과 제인(Jane)이라고 해봅시다. User 인스턴스는 각 계정을 나타냅니다. 이러한 User 인스턴스를 독립적으로 로드, 저장, 삭제하고 싶기 때문에 User는 값 타입이 아닌 엔티티 클래스입니다. 엔티티 클래스는 쉽게 찾을 수 있습니다.

User 클래스에는 homeAddress 프로퍼티가 있으며, 이것은 Address 클래스와의 연관관계를 나타냅니다. 두 User 인스턴스 모두 동일한 Address 인스턴스에 대한 런타임 참조를 가지고 있을까요, 아니면 각 User 인스턴스가 각자의 Address에 대한 참조를 가지고 있을까요? 존과 제인이 같은 집에 사는 것이 중요할까요?

그림 5.2에서는 어떻게 두 개의 User 인스턴스가 집 주소를 나타내는 단일 Address 인스턴스를 공유하는지 볼 수 있습니다(이것은 클래스 다이어그램이 아닌 UML 객체 다이어그램입니다). Address가 공유 런타임 참조를 지원해야 한다면 이것은 엔티티 타입입니다. Address 인스턴스는 고유한 수명을 가집니다. 존이 자신의 User 계정을 삭제해도 제인은 여전히 Address에 대한 참조를 가지고 있을 수 있으므로 삭제할 수 없습니다.

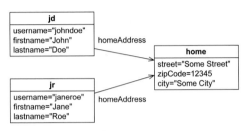

그림 5.2 두 개의 User 인스턴스가 한 Address에 대한 참조를 가집니다.

이제 그림 5.3과 같이 각 User가 자체적인 homeAddress 인스턴스를 참조하는 대체 모델을 살펴봅시다. 이 경우 Address 인스턴스를 User 인스턴스에 의존하도록 만들 수 있는데, Address를 값 타입으로 만들면 됩니다. 존이 자신의 User 계정을 제거하면 존의 Address 인스턴스도 안전하게 삭제할 수 있습니다. 다른 누구도 이 인스턴스에 대한 참조를 갖고 있지 않기 때문입니다.

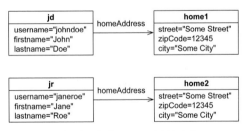

그림 5.3 두 개의 User 인스턴스에는 각 User 인스턴스에 종속된 Address가 있습니다.

따라서 다음과 같이 본질적인 차이점을 확인할 수 있습니다.

- **엔티티 타입**: 영속성 식별자를 사용해 **엔티티 타입**의 인스턴스(예: User, Item, Category 인스턴스)를 조회할 수 있습니다. 엔티티 인스턴스에 대한 참조(JVM 내의 포인터)는 데이터베이스에서 참조(외래키 제약조건 값)로 영속화됩니다. 엔티티 인스턴스에는 저마다 고유한 수명주기가 있으며, 다른 엔티티와 독립적으로 존재할 수 있습니다. 도메인 모델의 일부 선택된 클래스를 엔티티 타입으로 매핑합니다.

- **값 타입**: 값 타입의 인스턴스에는 영속성 식별자 프로퍼티가 없습니다. 즉, 값 타입 인스턴스는 엔티티 인스턴스에 속하며, 수명은 그것을 소유한 엔티티 인스턴스에 종속됩니다. 값 타입 인스턴스는 공유 참조를 지원하지 않습니다. 여러분이 자체적으로 만든 도메인 모델 클래스를 값 타입으로 매핑할 수 있습니다(예: Address, MonetaryAmount).

JPA 명세를 읽어보면 이와 동일한 개념을 찾을 수 있지만 JPA에서 값 타입은 **기본 프로퍼티 타입(basic property type)**이나 **임베드 가능한 클래스(embeddable class)**라고 불립니다. 이에 대해서는 다음 장에서 다시 살펴보겠습니다.

도메인 모델에서 엔티티와 값 타입을 식별하는 것은 임의로 하는 작업이 아니라 일정한 절차를 따릅니다.

5.1.3 엔티티와 값 타입 구분

엔티티와 값 타입을 즉시 파악할 수 있게 UML 클래스 다이어그램에 스테레오타입 정보를 추가하는 것이 도움이 될 수 있습니다(스테레오타입은 UML 확장성 메커니즘입니다). 이렇게 하면 모든 클래스에 대해 이러한 구분을 해야 할지 고민하게 되고, 이것은 최적의 매핑과 성능이 우수한 영속성 계층을 만드는 첫걸음입니다. 그림 5.4는 겹화살괄호(《, 》)에다 스테레오타입 정보를 기재한 예시를 보여줍니다.

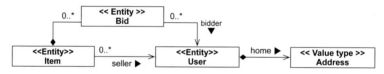

그림 5.4 엔티티와 값 타입에 스테레오타입을 표기

Item과 User 클래스는 명백한 엔티티입니다. 각기 고유한 식별자를 가지고 있으며, 각각의 인스턴스는 다른 여러 인스턴스의 참조(공유 참조)를 가지고 있으며, 독립적인 수명을 가집니다.

Address를 값 타입으로 표시하는 것도 어렵지 않습니다. 즉, 단일 User 인스턴스가 특정 Address 인스턴스를 참조하는 형태입니다. 이것은 둘 간의 연관관계가 합성관계로 만들어졌기 때문인데, 이 경우 User 인스턴스가 참조된 Address 인스턴스의 수명주기를 전적으로 책임집니다. 따라서 Address 인스턴스는 다른 어떤 곳에서도 참조할 수 없고 자체적인 식별자가 필요하지 않습니다.

Bid 클래스는 문제가 될 수 있습니다. 객체지향 모델링에서는 이를 합성관계(Item과 Bid 간에 속이 채워진 다이아몬드로 연결된 연관관계)로 표시합니다. 합성관계는 한 객체가 컨테이너의 일부로만 존재할 수 있는 연관관계 유형입니다. 컨테이너가 없어지면 컨테이너에 포함된 객체도 사라집니다. 따라서 Item은 Bid 인스턴스의 소유자이며, 참조의 컬렉션을 보유합니다. Item 없이는 Bid 인스턴스가 존재할 수 없습니다. 경매 시스템에서 입찰은 입찰의 대상이 되는 품목이 사라지면 쓸모가 없기 때문에 언뜻 보기에 이것은 합리적으로 보입니다.

하지만 향후에 도메인 모델이 확장되면서 특정 User의 모든 입찰이 포함된 User#bids 컬렉션이 필요하다면 어떻게 해야 할까요? 지금은 Bid와 User 간의 연관관계가 단방향입니다. 즉, Bid에 bidder 참조가 있습니다. 그런데 이것이 양방향 연결이었다면 어떻게 될까요?

이 경우 Bid 인스턴스에 대한 공유 참조를 처리해야 하므로 Bid 클래스는 엔티티여야 할 것입니다. Bid 클래스는 종속된 수명주기를 갖지만 (향후) 공유 참조를 지원하기 위해 자체적인 식별자를 가져야만 합니다.

이처럼 다양한 행동들이 발생하는 경우를 자주 발견하게 될 텐데, 이때 가장 먼저 해야 할 일은 모든 것을 값 타입 클래스로 만들고 꼭 필요한 경우에만 엔티티로 승격하는 것입니다. Bid는 Item과 User에 의해 식별자가 정의되므로 값 타입입니다. 그렇다고 해서 Bid를 저장할 별도의 테이블을 만들 필요도 없다는 의미는 아닙니다. 연관관계를 단순화하기 위해 노력해야 한다는 것입니다. 예를 들어, 영속성 컬렉션은 아무런 이점도 제공하지 않으면서 복잡성만 가중시키는 경우가 많습니다. Item#bids와 User#bids 컬렉션을 매핑하는 대신 쿼리를 작성해 Item에 대한 모든 입찰과 특정 User가 만든 입찰을 가져올 수 있습니다. UML 다이어그램의 연관관계는 Bid에서 Item과 User로 단방향으로 가리키며, 그 반대 방향으로는 가리키지 않습니다. 그럼 Bid 클래스의 스테레오타입은 <<Value type>>이 될 것입니다. 이 부분은 8장에서 다시 다루겠습니다.

다음으로 도메인 모델 다이어그램을 가지고 모든 엔티티와 값 타입에 대한 POJO를 구현할 수 있습니다. 이때 다음과 같은 세 가지에 유의해야 합니다.

- **공유 참조**: POJO 클래스를 작성할 때 값 타입 인스턴스에 대한 공유 참조를 피해야 합니다. 예를 들어, 오직 한 명의 User만 Address를 참조할 수 있게 하는 것이 좋습니다. 가시성이 public인 setUser() 메서드를 만들지 않고 User 인수를 받는 public 생성자를 사용하게 함으로써 Address를 불변으로 만들 수 있습니다. 물론 3장에서 설명한 것처럼 하이버네이트나 스프링 데이터 JPA에서 인스턴스를 생성할 수 있게 인수가 없는 생성자(아마도 가시성이 protected인)는 여전히 필요할 것입니다.

- **수명주기 의존성**: User가 삭제되면 해당 User의 Address 의존성도 삭제해야 합니다. 영속성 메타데이터에는 이러한 모든 의존성에 대한 연쇄 적용(cascade) 규칙이 포함되므로 하이버네이트나 스프링 데이터 JPA, 또는 데이터베이스에서 더 이상 사용되지 않는 Address를 제거할 수 있습니다. 이러한 의존성을 고려하고 예상할 수 있도록 애플리케이션의 작업 절차와 사용자 인터페이스를 설계해야 하며, 그에 따라 도메인 모델의 POJO를 작성해야 합니다.

- **식별자**: 엔티티 클래스는 거의 모든 경우에 식별자 프로퍼티가 필요합니다. 값 타입 클래스(String이나 Integer 같은 JDK 클래스도 마찬가지)의 인스턴스는 그것을 소유한 엔티티를 통해 식별되므로 값 타입 클래스에는 식별자 프로퍼티가 없습니다

참조, 연관관계, 수명주기 규칙은 이후 장에서 고급 매핑에 대해 설명할 때 다시 다루겠습니다. 다음 주제는 객체 동일성과 식별자 프로퍼티입니다.

5.2 식별자가 있는 엔티티 매핑

식별자를 가진 엔티티를 매핑하려면 자바 동일성(identity)과 동등성(equality)을 이해해야 합니다. 이를 이해하고 나면 엔티티 클래스 예제와 해당 매핑을 살펴보고, **데이터베이스 동일성**과 같은 용어에 대해 논의하고, JPA가 동일성을 관리하는 방법을 살펴볼 수 있습니다. 그 후에는 더 깊이 파고들어 기본키를 선정하고, 키 생성기를 구성하며, 마지막으로 식별자 생성기 전략을 검토할 수 있습니다.

5.2.1 자바 동일성과 동등성 이해

자바 개발자라면 자바 객체의 동일성과 동등성의 차이를 이해할 것입니다. 객체 동일성(==)은 자바 가상 머신에 의해 정의되는 개념입니다. 두 개의 참조가 동일한 메모리 위치를 가리키면 두 참조는 동일합니다.

반면 객체 동등성은 클래스의 equals() 메서드에 의해 정의되는 개념으로, 때때로 **등가성**(equivalence)이라 말하기도 합니다. 등가성이란 서로 다른(동일하지 않은) 두 인스턴스가 같은 값, 즉 같은 상태를 갖는다는 뜻입니다. 같은 종류의 새로 인쇄된 책 더미가 있고 그중 하나를 골라야 한다면 동일하지는 않지만 내용이 같은 여러 책 중에서 하나를 골라야 한다는 뜻입니다.

두 개의 서로 다른 String 인스턴스는 가상 머신의 메모리 공간에서 서로 다른 곳에 위치하더라도 동일한 문자 시퀀스를 나타내는 경우 동등합니다. (자바에 능숙하다면 String이 특별한 경우라는 사실을 알고 있을 것입니다. 다른 클래스를 사용해 같은 요점을 설명했다고 생각합시다.)

영속성은 이 같은 상황을 복잡하게 만듭니다. 객체/관계형 영속성에서 영속 인스턴스는 데이터베이스 테이블의 특정 로우를 메모리상에서 표현한 것입니다. 자바 동일성 및 동등성과 더불어 **데이터베이스 동일성**을 정의할 수 있습니다. 이제 참조를 구별하는 세 가지 방법이 생겼습니다.

- **객체 동일성**: 두 객체가 JVM에서 같은 메모리 위치를 차지한다면 두 객체는 동일한 것입니다. 이것은 a == b 연산자로 확인할 수 있습니다. 이 개념을 객체 동일성이라고 합니다.

- **객체 동등성**: 두 객체가 a.equals(Object b) 메서드에 정의된 대로 같은 상태를 가지면 두 객체는 동등한 것입니다. equals() 메서드를 명시적으로 재정의하지 않는 클래스는 ==로 객체 동일성을 비교하는 java.lang.Object에 정의된 구현을 상속합니다. 이 개념을 **객체 동등성**이라고 합니다. 기억하겠지만 객체 동등성은 반사성(reflexivity), 대칭성(symmetry), 추이성(transitivity)을 띱니다. 이 특징들이 암시하는 한 가지는 a == b이면 a.equals(b)와 b.equals(a)가 모두 참이어야 한다는 것입니다.

- **데이터베이스 동일성**: 관계형 데이터베이스에 저장된 객체가 동일한 테이블과 기본키 값을 공유하면 동일한 것입니다. 자바 공간에 매핑된 이 개념을 가리켜 **데이터베이스 동일성**이라고 합니다.

이제 데이터베이스 동일성이 객체 동일성과 어떤 관련이 있고, 매핑 메타데이터에서 데이터베이스 동일성을 어떻게 표현할 수 있는지 살펴볼 필요가 있습니다. 이를 위한 예제로 도메인 모델의 엔티티를 매핑해 보겠습니다.

5.2.2 첫 번째 엔티티 클래스와 매핑

@Entity 애너테이션만으로는 영속성 클래스를 매핑하기에 부족합니다. 다음 예제에 나온 것처럼 @Id 애너테이션도 필요합니다(소스코드는 generator 폴더를 참조).

> 참고   소스코드의 예제를 실행하려면 먼저 Ch05.sql 스크립트를 실행해야 합니다.

예제 5.1 식별자 프로퍼티를 가진 매핑된 Item 엔티티 클래스

FILE Ch05/generator/src/main/java/com/manning/javapersistence/ch05/model/Item.java

```java
@Entity
public class Item {
    @Id
    @GeneratedValue(generator = "ID_GENERATOR")
    private Long id;


    public Long getId() {
        return id;
    }
}
```

이것은 가장 기본적인 엔티티 클래스로, @Entity 애너테이션과 데이터베이스 식별자 프로퍼티에 대한 @Id 매핑을 통해 "영속화 가능" 클래스로 간주됩니다. 이 클래스는 데이터베이스 스키마에서 ITEM(기본 값)이라는 이름의 테이블에 매핑됩니다.

모든 엔티티 클래스에는 @Id 프로퍼티가 있어야 합니다. 이를 통해 JPA가 데이터베이스 동일성을 애플리 케이션에 노출합니다. 다이어그램에는 식별자 프로퍼티가 표시돼 있지 않지만 각 엔티티 클래스에는 식별 자 프로퍼티가 있다고 가정하겠습니다. 예제에서는 식별자 프로퍼티의 이름을 항상 id로 지정했습니다. 이처럼 프로젝트의 모든 도메인 모델 엔티티 클래스에 동일한 식별자 프로퍼티명을 사용하는 것은 바람직 한 관행입니다. 특별히 다른 것을 지정하지 않으면 이 프로퍼티는 데이터베이스 스키마의 테이블에서 ID 라는 이름의 기본키 칼럼에 매핑됩니다.

하이버네이트와 스프링 데이터 JPA에서는 품목을 로드 및 저장할 때 게터 또는 세터 메서드가 아닌 이 필 드를 사용해 식별자 프로퍼티 값에 접근합니다. 필드에 @Id를 지정했기 때문에 하이버네이트나 스프링 데 이터 JPA는 기본적으로 클래스의 모든 필드를 영속성 프로퍼티로 활성화합니다. JPA에서는 @Id가 필드에 있는 경우 JPA 공급자는 클래스의 필드에 직접 접근하고 모든 필드를 기본적으로 영속성 상태로 간주합니 다. 경험상 필드 접근에는 접근자를 사용하는 것보다 접근자 메서드 설계에 더 많은 자유도를 주기 때문에 더 나은 선택일 때가 많습니다.

식별자 프로퍼티에 대한 public 게터 메서드가 있어야 할까요? 애플리케이션에서는 영속성 계층 외부에 서도 특정 인스턴스에 대한 편리한 핸들로 데이터베이스 식별자를 사용하는 경우가 많습니다. 예를 들어, 웹 애플리케이션에서는 검색 결과를 요약 목록으로 사용자에게 표시하는 것이 일반적입니다. 사용자가 특 정 요소를 선택하면 애플리케이션은 선택한 항목을 조회해야 할 수 있으며, 이를 위해 식별자를 기준으로 조회하는 것이 일반적입니다. JDBC를 사용하는 애플리케이션에서도 이미 이러한 방식으로 식별자를 사 용해 본 적이 있을 것입니다.

세터 메서드는 어떨까요? 기본키 값은 절대 변경되지 않으므로 식별자 프로퍼티 값을 수정할 수 없게 해 야 합니다. 하이버네이트 또는 하이버네이트를 공급자로 사용하는 스프링 데이터 JPA에서는 기본키 칼럼 을 업데이트하지 않으며, 엔티티에서 public 식별자 세터 메서드를 노출해서는 안 됩니다.

식별자 프로퍼티의 자바 타입(앞의 예제에서는 java.lang.Long)은 ITEM 테이블의 기본키 칼럼 타입과 키 값이 만들어지는 방식에 따라 달라집니다. 따라서 @GeneratedValue 애너테이션과 기본키에 대해 알아볼 필요가 있습니다.

5.2.3 기본키 선정

엔티티의 데이터베이스 식별자는 테이블의 기본키에 매핑되므로 먼저 매핑은 제쳐 두고 기본키에 대한 배경 지식을 알아봅시다. 한 걸음 물러나 엔티티를 식별하는 방법에 대해 생각해 봅시다.

후보키(candidate key)는 테이블의 특정 로우를 식별하는 데 사용할 수 있는 칼럼 또는 칼럼의 집합입니다. 기본키가 되려면 후보키가 다음과 같은 요건을 충족해야 합니다.

- 후보키 칼럼의 값이 절대 null이서는 안 됩니다. 알 수 없는 데이터로는 무언가를 식별할 수 없으며, 관계형 모델에는 널이 존재하지 않습니다. 일부 SQL 제품에서는 널 허용(nullable) 칼럼을 사용해 (복합) 기본키를 정의하도록 허용하기도 하므로 주의해야 합니다.
- 후보키 칼럼(또는 여러 개의 칼럼)의 값이 모든 로우에 대해 고유한 값입니다.
- 후보키 칼럼(또는 여러 개의 칼럼)의 값이 절대 변경되지 않고, 불변입니다.

기본키는 반드시 불변이어야 하나요?

관계형 모델에서 후보키는 반드시 고유하고 더 이상 단순화할 수 없어야 합니다(키 속성의 부분집합이 고유 프로퍼티를 가져선 안 됨). 그것 외에는 후보키를 기본키로 택하는 것은 취향의 문제입니다. 그러나 하이버네이트와 스프링 데이터 JPA는 후보키가 기본키로 사용될 때 후보키가 불변성을 가질 것을 기대합니다. 하이버네이트 또는 하이버네이트를 공급자로 사용하는 스프링 데이터 JPA에서는 API로 기본키 값을 업데이트하는 것을 지원하지 않습니다. 이를 우회하려고 하면 하이버네이트의 캐싱 및 변경 감지 엔진에 문제가 발생할 수 있습니다. 데이터베이스 스키마가 업데이트 가능한 기본키에 의존하는 경우(그리고 ON UPDATE CASCADE 외래키 제약 조건을 사용할 수도 있음), 하이버네이트 또는 하이버네이트를 공급자로 사용하는 스프링 데이터 JPA를 사용하기 전에 스키마를 반드시 변경해야 합니다.

테이블에 식별자 속성이 하나만 있다면 정의에 따라 해당 속성이 기본키가 됩니다. 그러나 여러 개의 칼럼 또는 칼럼의 조합이 특정 테이블의 이러한 특성들을 충족할 수 있습니다. 이 경우 후보키 중에서 하나를 골라 테이블에 가장 적합한 기본키로 결정할 수 있습니다. 기본키로 선택되지 않은 후보키의 값이 실제로 고유한 경우(그러나 불변은 아닐 수 있음) 데이터베이스에서 고유키(unique key)로 선언해야 합니다.

여러 레거시 SQL 데이터 모델에서는 자연 기본키를 사용합니다. **자연키(natural key)**는 업무적 의미가 있는 키로서, 업무적 의미에 따른 고유한 속성 또는 속성 조합을 의미합니다. 자연키의 예로 미국 사회보장번호(Social Security Number)와 호주 세금 파일 번호(Australian Tax File Number)가 있습니다.

자연키를 구분하는 것은 간단합니다. 후보키 속성이 데이터베이스 컨텍스트 외부에서 의미를 갖는다면 그것이 자동으로 생성되는지 여부와 관계없이 자연키입니다. 애플리케이션 사용자를 생각해 봅시다. 사용자가 "#A23-abc 항복의 사진을 보내줄 수 있나요?"와 같이 애플리케이션에 대해 이야기하고, 애플리케이션을 사용할 때 키 속성을 언급한다면 그것은 자연키입니다.

경험상 자연 기본키는 결국엔 문제를 일으킵니다. 좋은 기본키는 고유해야 하고, 변경 불가능해야 하며, 절대 널이 아니어야 합니다. 이러한 요건을 충족하는 엔티티 속성은 거의 없으며, 충족하는 일부 속성은 SQL 데이터베이스에서 효율적으로 색인화할 수 없습니다(비록 이것이 구현 세부 사항이고, 특정 키의 찬반을 결정하는 요소가 되어서는 안 되지만). 또한 데이터베이스가 사용되는 동안 후보키 정의가 절대 변경되어서도 안 됩니다. 기본키와 이를 참조하는 모든 외래키의 값(또는 정의까지)을 변경하는 것은 매우 번거로운 일입니다. 애플리케이션은 그렇지 않더라도 데이터베이스 스키마는 수십 년 동안 살아남을 것으로 예상해야 합니다.

게다가 **복합** 자연키(composite natural key)에서 여러 칼럼을 결합해야만 자연 후보키를 찾을 수 있는 경우가 많습니다. 이러한 복합키(composite key)는 일부 스키마(예: 다대다 관계의 링크 테이블)에는 확실히 적합하지만 유지보수나 임시 쿼리(ad hoc query), 스키마 개선을 훨씬 더 어렵게 만들 수 있습니다.

이러한 이유로 **대리키**(surrogate key)라고도 하는 인공 식별자를 추가하는 방식을 적극 권장합니다. 대리키는 데이터베이스나 애플리케이션에서 생성된 고유한 값일 뿐 업무적 의미가 없습니다. 애플리케이션 사용자는 이러한 키 값을 보거나 참조하지 않는 것이 바람직한데, 이러한 키 값은 시스템 내부의 일부이기 때문입니다. 대리키 칼럼을 도입하는 것은 후보키가 없는 일반적인 상황에서도 적절합니다. 즉, 스키마의 거의 모든 테이블에는 이 용도로만 사용되는 전용 대리 기본키 칼럼이 있어야 합니다.

대리키 값을 생성하는 몇 가지 잘 알려진 접근 방식이 있습니다. 앞서 언급한 `@GeneratedValue` 애너테이션이 이를 구성하는 방법입니다.

5.2.4 키 생성기 구성

`@Id` 애너테이션은 엔티티 클래스의 식별자 프로퍼티를 표시하는 데 필요합니다. 이 애너테이션 다음에 `@GeneratedValue`가 없으면 JPA 공급자는 인스턴스를 저장하기 전에 식별자 값을 생성하고 할당하는 작업을 사용자가 처리한다고 가정합니다. 이를 **애플리케이션 할당 식별자**(application-assigned identifier)라고 합니다. 레거시 데이터베이스나 자연 기본키를 다룰 때는 엔티티 식별자를 수동으로 할당할 필요가 있습니다.

일반적으로 엔티티 인스턴스를 저장할 때 시스템에서 기본키 값을 생성하기를 바랄 것이므로 @Id 다음에 @GeneratedValue 애너테이션을 작성하면 됩니다. JPA는 @GeneratedValue (strategy = ...)에서 지정하는 javax.persistence.GenerationType 열거형으로 여러 가지 값 생성 전략을 표준화해뒀습니다.

- GenerationType.AUTO: 하이버네이트(또는 하이버네이트를 영속성 공급자로 사용하는 스프링 데이터 JPA)가 구성된 데이터베이스의 SQL 방언에 무엇이 최선인지 물어 적절한 전략을 선택합니다. 이는 설정이 없는 @GeneratedValue()와 동일합니다.

- GenerationType.SEQUENCE: 하이버네이트(또는 하이버네이트를 영속성 공급자로 사용하는 스프링 데이터 JPA)가 데이터베이스에 HIBERNATE_SEQUENCE라는 시퀀스가 있을 것으로 기대합니다(도구를 사용할 경우 이를 생성합니다). 이 시퀀스는 매번 INSERT가 실행되기 전에 개별적으로 호출되어 순차적인 숫자 값을 생성합니다.

- GenerationType.IDENTITY: 하이버네이트(또는 하이버네이트를 영속성 공급자로 사용하는 스프링 데이터 JPA)가 INSERT가 실행될 때 숫자 값을 자동으로 생성하는 특별한 자동 증가 기본키 칼럼이 데이터베이스에 있을 것으로 기대합니다(그리고 테이블 DDL에다 생성합니다).

- GenerationType.TABLE: 하이버네이트(또는 하이버네이트를 영속성 공급자로 사용하는 스프링 데이터 JPA)가 데이터베이스 스키마 내의 다음 숫자 기본키 값이 담긴 별도 테이블(각 엔티티 클래스마다 로우가 하나씩 있는)을 사용합니다. 이 테이블은 INSERT 전에 읽혀지고 업데이트됩니다. 이 테이블의 기본 이름은 HIBERNATE_SEQUENCES이고, SEQUENCE_NAME과 NEXT_VALUE 칼럼을 포함합니다.

AUTO 설정이 편리해 보이지만 때로는 ID가 생성되는 방식을 더 세밀하게 제어해야 할 수 있으므로 일반적으로는 기본키 생성 전략을 명시적으로 구성해야 합니다. 대부분의 애플리케이션은 데이터베이스 시퀀스로도 작동하지만 데이터베이스 시퀀스의 이름이나 기타 설정을 바꾸고 싶을 수도 있습니다. 따라서 JPA 전략 중 하나를 선택하는 대신 예제 5.1에 나온 것처럼 식별자를 @GeneratedValue(generator = "ID_GENERATOR")로 매핑할 수 있습니다. 이를 **명명** 식별자 생성기(named identifier generator)라고 하며, 이제 엔티티 클래스와 독립적으로 ID_GENERATOR 구성을 자유롭게 설정할 수 있습니다.

JPA에는 명명된 생성기를 구성하는 데 사용할 수 있는 @javax.persistence.SequenceGenerator와 @javax.persistence.TableGenerator라는 두 가지 내장 애너테이션이 있습니다. 이러한 애너테이션을 사용하면 자체적인 시퀀스나 테이블명으로 명명된 생성기를 만들 수 있습니다. 아쉽게도 이러한 애너테이션은 JPA 애너테이션과 마찬가지로 package-info.java 파일이 아닌 클래스의 맨 위에서만 사용할 수 있습니다.

이러한 이유로, 그리고 JPA 애너테이션으로는 하이버네이트의 완전한 기능을 활용할 수 없으므로 우리는 네이티브 @org.hibernate.annotations.GenericGenerator 애너테이션을 선호하는 편입니다. 이 애너테이션은 모든 하이버네이트 식별자 생성기 전략과 해당 구성 세부 사항을 지원합니다. 다소 제한적인 JPA

애너테이션과 달리, 일반적으로 도메인 모델 클래스와 동일한 패키지에 있는 `package-info.java` 파일에서 하이버네이트 애너테이션을 사용할 수 있습니다. 다음 예제는 권장하는 구성을 보여 주며, generator 폴더에서도 이를 확인할 수 있습니다.

예제 5.2 패키지 수준 메타데이터로 구성된 하이버네이트 식별자 생성기

FILE Ch05/generator/src/main/java/com/manning/javapersistence/ch05/package-info.java

```java
@org.hibernate.annotations.GenericGenerator(
  name = "ID_GENERATOR",
  strategy = "enhanced-sequence",    ❶
  parameters = {
    @org.hibernate.annotations.Parameter(
      name = "sequence_name",        ❷
      value = "JPWHSD_SEQUENCE"
    ),
    @org.hibernate.annotations.Parameter(
      name = "initial_value",        ❸
      value = "1000"
    )
})

package com.manning.javapersistence.ch05;
```

❶ enhanced-sequence 전략은 순차적인 숫자 값을 생성합니다. SQL 방언이 시퀀스를 지원하는 경우 하이버네이트(또는 하이버네이트를 영속성 공급자로 사용하는 스프링 데이터 JPA)가 실제 데이터베이스 시퀀스를 사용합니다. DBMS가 네이티브 시퀀스를 지원하지 않는 경우 하이버네이트(또는 하이버네이트를 영속성 공급자로 사용하는 스프링 데이터 JPA)는 시퀀스의 동작을 시뮬레이션하는 별도의 "시퀀스 테이블"을 관리하고 사용합니다. 이 전략은 이식성이 매우 뛰어납니다. 예를 들어, 나중에 애플리케이션으로 반환해야 하는 값을 INSERT가 실행될 때 생성하는 자동 증가 식별자 칼럼과 달리, 이 생성기는 SQL INSERT를 수행하기 전에 항상 호출할 수 있습니다.

❷ sequence_name을 구성할 수 있습니다. 하이버네이트(또는 하이버네이트를 영속성 공급자로 사용하는 스프링 데이터 JPA)는 기존 시퀀스를 사용하거나 SQL 스키마를 자동으로 생성할 때 시퀀스를 생성합니다. 사용 중인 DBMS가 시퀀스를 지원하지 않는 경우 이 이름이 특별한 "시퀀스 테이블" 이름이 됩니다.

❸ 테스트 데이터를 위한 여유 공간을 마련하기 위해 initial_value에 지정한 값으로 식별자 값을 시작할 수 있습니다. 예를 들어, 통합 테스트가 실행될 때 하이버네이트(또는 하이버네이트를 영속성 공급자로 사용하는 스프링 데이터 JPA)는 테스트 코드에서 새로운 데이터를 삽입할 때 식별자 값으로 1,000보다 큰 값을 사용할 것입니다. 테스트 전에 임포트하고 싶은 모든 테스트 데이터는 숫자 1~999를 사용할 수 있으며, 테스트에서는 "ID가 123인 품목을 로드하고 이를 대상으로 몇 가지 테스트를 실행합니다."와 같이 식별자 값을 안정적으로 가리킬 수 있습니다. 이것은 DDL 옵션으로서 하이버네이트(또는 하이버네이트를 영속성 공급자로 사용하는 스프링 데이터 JPA)가 SQL 스키마 및 시퀀스를 생성할 때 적용됩니다.

모든 도메인 모델 클래스 간에 동일한 데이터베이스 시퀀스를 공유할 수 있습니다. 모든 엔티티 클래스에서 @GeneratedValue(generator = "ID_GENERATOR")를 지정해도 아무런 문제가 없습니다. 특정 엔티티에 대해 기본키 값들이 인접하지 않더라도 한 테이블 내에서 고유하다면 상관없습니다.

마지막으로, 숫자 데이터베이스 시퀀스 생성기에 완벽하게 매핑되는 엔티티 클래스의 식별자 프로퍼티 타입으로 java.lang.Long을 사용할 수 있습니다. long 원시 타입을 사용할 수도 있습니다. 가장 큰 차이점은 데이터베이스에 저장되지 않은 새 품목에 대해 someItem.getId()가 반환하는 값이 null 또는 0이라는 점입니다. 품목이 새 품목인지 테스트하려는 경우 코드를 읽는 다른 사람이 이해하기 쉽도록 null을 검사하는 것이 좋습니다. 식별자로 int나 short 같은 다른 정수형을 사용해서는 안 됩니다. 이러한 타입은 한동안(어쩌면 몇 년 동안) 작동하겠지만 데이터베이스의 규모가 커지면 식별자 값의 범위에 제한을 받을 수 있습니다. Integer는 1밀리초마다 간격을 두지 않고 새 식별자를 생성하는 경우 거의 두 달 동안 유효하며, Long은 약 3억 년 동안 유효합니다.

예제 5.2에 나온 enhanced-sequence 전략은 대부분의 애플리케이션에 권장되지만 하이버네이트에 내장된 전략 중 하나일 뿐입니다. 키 생성기의 구성은 그것을 사용하는 프레임워크를 인식하지 못하며, 프로그래머는 기본키의 값을 관리할 일이 없습니다. 이것은 프레임워크 수준에서 이뤄집니다. 이러한 코드를 예제 5.3과 예제 5.4에서 확인할 수 있습니다.

예제 5.3 하이버네이트 JPA에서 생성된 기본키로 Item 영속화하기

FILE Ch05/generator/src/test/java/com/manning/javapersistence/ch05/HelloWorldJPATest.java

```
em.getTransaction().begin();

Item item = new Item();
item.setName("Some Item");
item.setAuctionEnd(Helper.tomorrow());
em.persist(item);

em.getTransaction().commit();
```

예제 5.4 스프링 데이터 JPA에서 생성된 기본키로 Item 영속화하기

FILE Ch05/generator/src/test/java/com/manning/javapersistence/ch05/HelloWorldSpringDataJPATest.java

```
Item item = new Item();
```

```
item.setName("Some Item");
item.setAuctionEnd(Helper.tomorrow());
itemRepository.save(item);
```

하이버네이트 JPA나 스프링 데이터 JPA 프로그램을 실행하면 생성기가 지정한 첫 번째 식별자 값인 1000
을 id로 갖는 새 ITEM이 데이터베이스에 삽입됩니다(그림 5.5). 다음 삽입을 위해 생성된 값은 JPWHSD_
SEQUENCE 내에 보관됩니다(그림 5.6).

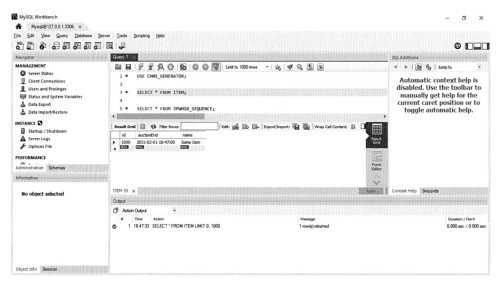

그림 5.5 생성된 기본키를 가진 로우를 삽입한 후 ITEM 테이블의 내용

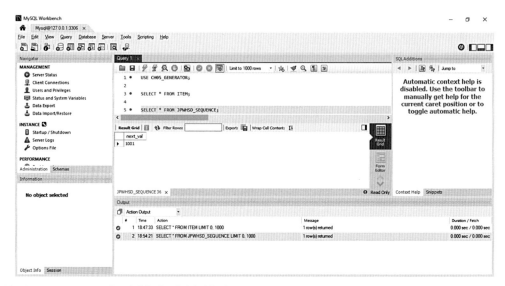

그림 5.6 JPWHSD_SEQUENCE에 보관되어 있는 생성된 다음 값

5.2.5 식별자 생성기 전략

하이버네이트 또는 하이버네이트를 공급자로 사용하는 스프링 데이터 JPA에서는 몇 가지 식별자 생성기 전략을 제공하며, 이번 절에서는 이러한 전략을 나열하고 살펴보겠습니다. 더 이상 지원되지 않는 생성기 전략은 다루지 않겠습니다.

지금 당장 전체 식별자 생성기가 궁금하지 않다면 GenerationType.AUTO를 활성화하고 데이터베이스 방언에 대한 하이버네이트의 기본값이 무엇인지 확인합니다. sequence나 identity가 적절한 선택일 가능성이 높지만 가장 효율적이거나 이식성이 좋은 방식은 아닐 수도 있습니다. 일관성 있고 이식 가능한 동작 방식과 INSERT가 실행되기 전에 사용할 수 있는 식별자 값이 필요한 경우에는 앞 절에서 다룬 enhanced-sequence를 사용하는 편이 좋습니다. enhanced-sequence는 이식 가능하고 유연한 현대적인 전략으로, 대규모 데이터셋을 위한 다양한 옵티마이저도 제공합니다.

INSERT 전후로 식별자 생성하기: 무슨 차이점이 있나요?

ORM 서비스는 JDBC 수준에서 여러 개의 INSERT를 일괄 처리하는 등 SQL INSERT를 최적화하려고 시도합니다. 따라서 SQL 실행은 entityManager.persist(someItem)을 호출할 때가 아닌 작업 단위(unit of work) 동안 가능한 한 늦게 이뤄집니다. 이를 위해 나중에 실행될 수 있도록 삽입 작업을 대기열에 추가하고 가능한 경우 식별자 값을 할당할 뿐입니다. 하지만 지금 someItem.getId()를 호출하면 엔진이 INSERT 전에 식별자를 생성하지 못한 경우 null을 반환할 수 있습니다.

일반적으로 우리는 INSERT 전에 식별자 값을 독립적으로 생성하는 **삽입 전**(pre-insert) 생성 전략을 선호합니다. 이를 위해 공유되고 동시 접근이 가능한 데이터베이스 시퀀스를 사용하곤 합니다. 자동 증가 칼럼, 칼럼 기본값, 트리거 생성 키는 INSERT 이후에만 사용할 수 있습니다.

식별자 생성기 전략을 전부 살펴보기에 앞서 이러한 생성기 전략에 대해 권장하는 바는 다음과 같습니다.

- 일반적으로 INSERT 전에 식별자 값을 독립적으로 생성하는 삽입 전 생성 전략을 사용하는 편이 좋습니다.
- 네이티브 데이터베이스 시퀀스가 지원되는 경우 이를 사용하고, 그렇지 않을 경우 시퀀스를 흉내 내는 단일 칼럼과 로우로 구성된 별도의 데이터베이스 테이블을 사용하는 enhanced-sequence를 사용합니다.

다음 목록에서는 하이버네이트의 식별자 생성기 전략과 각 전략의 옵션 및 권장 사항을 간략하게 설명합니다. 또한 각 표준 JPA 전략과 그에 상응하는 네이티브 하이버네이트 전략 간의 관계에 대해서도 설명합니다. 하이버네이트는 유기적으로 성장해 왔기 때문에 지금은 표준 전략과 네이티브 전략에 대한 두 가지 매핑이 있으며, 아래 목록에서는 이를 각각 **이전** 매핑과 **새** 매핑이라고 지칭합니다. 이러한 매핑은 persistence.xml 파일에서 hibernate.id.new_generator_mappings 설정으로 전환할 수 있습니다. 기본 값은 true이며, 새 매핑이 사용된다는 것을 의미합니다. 와인과 달리 소프트웨어는 오래될수록 숙성되는 것은 아닙니다.

- native: 이 옵션은 구성된 SQL 방언에 따라 sequence나 identity 같은 전략을 자동으로 선택합니다. 어떤 전략이 선택될지 결정하려면 persistence.xml에서 구성한 SQL 방언의 Javadoc(또는 소스코드까지도)을 확인해야 합니다. 이것은 이전 매핑에서 JPA GenerationType.AUTO와 동일합니다.

- sequence: 이 전략은 HIBERNATE_SEQUENCE라는 네이티브 데이터베이스 시퀀스를 사용합니다. 이 시퀀스는 새 로우 에 대한 각 INSERT가 실행되기 전에 호출됩니다. 시퀀스 이름을 바꾸거나 추가 DDL 설정을 제공할 수 있습니다(org. hibernate.id.SequenceGenerator 클래스에 대한 Javadoc을 참조).

- enhanced-sequence: 이 전략은 네이티브 데이터베이스 시퀀스가 지원되는 경우 이를 사용하며, 그렇지 않은 경 우 시퀀스를 흉내 내는 단일 칼럼과 로우로 구성된 별도의 데이터베이스 테이블을 사용합니다(기본 테이블 이름은 HIBERNATE_SEQUENCE입니다). 이 전략을 사용하면 INSERT가 실행되기 전에 항상 데이터베이스 "시퀀스"를 호출하 므로 DBMS가 실제 시퀀스를 지원하는지 여부와 관계없이 동일한 동작 방식을 보장합니다. 또한 이 전략은 각 INSERT 전에 데이터베이스에 접근하는 것을 피하기 위해 org.hibernate.id.enhanced.Optimizer를 지원하며, 기본적으 로는 최적화를 수행하지 않고 각 INSERT에 대해 새 값을 가져오도록 설정돼 있습니다. 이것은 새 매핑이 활성화된 JPA GenerationType.SEQUENCE 및 GenerationType.AUTO와 동일하며, 기본 제공되는 전략 중 가장 좋은 전략일 것입 니다. 모든 매개변수에 대한 자세한 내용은 org.hibernate.id.enhanced.SequenceStyleGenerator 클래스의 Javadoc을 참고하세요.

- enhanced-table: 이 전략은 HIBERNATE_SEQUENCES라는 별도 테이블을 사용하는데, 이 테이블에는 기본 적으로 시퀀스를 나타내고 다음 값을 저장하는 로우 하나가 들어있습니다. 이 값은 식별자 값을 생성해야 할 때 조회되고 업데이트됩니다. 또는 각 생성기에 대해 하나씩, 여러 개의 로우를 사용하도록 이 생성기를 구성 할 수 있습니다(org.hibernate.id.enhanced.TableGenerator에 대한 Javadoc 참고). 이것은 새 매핑 이 활성화된 JPA GenerationType.TABLE과 동일합니다. 이 매핑은 오래됐지만 유사한 org.hibernate. id.MultipleHiLoPerTableGenerator를 대체하는데, 이것은 JPA GenerationType.TABLE에 대한 이전 매핑입 니다.

- identity: 이 전략은 DB2, MySQL, MS SQL Server, Sybase에서 IDENTITY와 자동 증가 칼럼을 지원합니다. 기본 키 칼럼의 식별자 값은 로우를 INSERT할 때 생성됩니다. 이 전략에는 지정 가능한 옵션이 없습니다. 안타깝게도 하이버 네이트 코드의 특수성으로 인해 @GenericGenerator에서 이 전략을 **구성할 수 없습니다**. DDL 생성에는 기본키 칼럼 에 대한 식별자나 자동 증가 옵션이 포함되지 않을 것입니다. 이것을 사용하는 유일한 방법은 JPA GenerationType. IDENTITY와 이전 매핑 또는 새 매핑을 사용해 GenerationType.IDENTITY의 기본값으로 만드는 것입니다.

- **increment**: 하이버네이트가 시작될 때 이 전략은 각 엔티티 테이블의 최대(숫자) 기본키 칼럼의 값을 읽고 새 로우가 삽입될 때마다 값을 1씩 증가시킵니다. 이 전략은 클러스터링되지 않은 하이버네이트 애플리케이션이 데이터베이스에 배타적으로 접근할 수 있는 경우에 특히 효율적이지만 다른 상황에서는 사용하지 않는 편이 좋습니다.

- **select**: 이 전략을 사용하면 하이버네이트가 키 값을 생성하거나 INSERT 문에 기본키 칼럼을 포함하지 않습니다. 하이버네이트는 레코드를 삽입할 때 DBMS가 칼럼에 값(스키마의 기본값 또는 트리거에 의해 지정된 값)을 할당할 것으로 예상합니다. 그러고 나면 레코드 삽입 후 하이버네이트가 SELECT 쿼리를 사용해 기본키 칼럼을 조회합니다. 필수 매개변수는 SELECT에 대한 데이터베이스 식별자 프로퍼티(예: id)의 이름을 지정하는 key입니다. 이 전략은 그다지 효율적이지 않으며, 생성된 키를 직접 반환할 수 없는 구형 JDBC 드라이버에서만 사용해야 합니다.

- **uuid2**: 이 전략은 애플리케이션 계층에서 고유한 128비트 UUID를 생성합니다. 이 전략은 여러 데이터베이스에 걸쳐 전 세계적으로 고유한 식별자가 필요할 때 유용합니다(예: 매일 밤 일괄 실행되는 여러 운영 데이터베이스의 데이터를 아카이브에 병합하는 경우). UUID는 엔티티 클래스에서 java.lang.String이나 byte[16], java.util.UUID 프로퍼티로 인코딩할 수 있습니다. 이 전략은 레거시 uuid나 uuid.hex 전략을 대체합니다. 이 전략은 org.hibernate.id.UUIDGenerationStrategy를 사용해 구성할 수 있으며, 자세한 내용은 org.hibernate.id.UUIDGenerator 클래스의 Javadoc을 참고합니다.

- **guid**: 이 전략은 데이터베이스에서 생성된 전역적으로 고유한 식별자를 사용하며, Oracle, Ingres, MS SQL Server, MySQL에서 사용할 수 있는 SQL 함수를 사용합니다. 하이버네이트는 INSERT 전에 데이터베이스 함수를 호출합니다. 반환된 값은 java.lang.String 식별자 프로퍼티에 매핑됩니다. 식별자 생성을 완전하게 제어해야 할 경우, @GenericGenerator의 전략을 org.hibernate.id.IdentityGenerator 인터페이스를 구현하는 클래스의 전체 경로로 구성합니다.

아직 도메인 모델의 엔티티 클래스에 식별자 프로퍼티를 추가하지 않았다면 어서 추가하기 바랍니다. 이 식별자는 API 등을 통해 비즈니스 로직 외부로 노출하지 말아야 합니다. 비즈니스 로직과 관련된 의미가 없고 영속성하고만 관련이 있기 때문입니다.

각 엔티티와 해당 엔티티의 식별자 프로퍼티에 대한 기본적인 매핑을 완료하고 나면 계속해서 엔티티의 값 타입 프로퍼티를 매핑할 수 있습니다. 다음 장에서 값 타입 매핑에 대해 설명하겠습니다. 하지만 그 전에 클래스 매핑을 단순화하고 개선할 수 있는 몇 가지 특별한 옵션에 대해 알아볼 필요가 있습니다.

5.3 엔티티 매핑 옵션

지금까지 @Entity를 이용해 영속성 클래스를 매핑했고, 매핑된 SQL 테이블명과 같은 다른 모든 설정에 대해서는 기본값을 사용했습니다. 이제 다음과 같은 클래스 수준 옵션과 이를 제어하는 방법을 살펴보겠습니다.

- 기본값과 전략의 이름 지정

- 동적 SQL 생성

- 엔티티 변경 가능성

이것들은 모두 옵션입니다. 따라서 원한다면 지금은 이번 절을 건너뛰고 나중에 특정 문제를 처리해야 할 때 다시 돌아와서 읽어도 됩니다.

5.3.1 이름 제어

엔티티 클래스와 테이블의 이름을 지정하는 것에 대해 이야기해 보겠습니다. 영속성 지원 클래스 (persistence-capable class)에서 @Entity만 지정하면 매핑된 기본 테이블명은 클래스명과 동일합니다. 예를 들어, 자바 엔티티 클래스인 Item은 ITEM 테이블에 매핑됩니다. BidItem이라는 자바 엔티티 클래스 는 BID_ITEM 테이블에 매핑됩니다(여기서는 카멜 표기법이 스네이크 표기법으로 변환됨). 다음 그림과 같 이 JPA의 @Table 애너테이션을 사용해 테이블명을 재정의할 수 있습니다. (소스코드는 mapping 폴더를 참고.)

> 참고 이 책에서는 SQL 요소의 이름을 쉽게 구분할 수 있도록 대문자로 작성합니다(실제로 SQL은 대소문자를 구분하지 않습니다).

예제 5.5 @Table 애너테이션으로 매핑된 테이블명 재정의하기

FILE Ch05/mapping/src/main/java/com/manning/javapersistence/ch05/model/User.java

```
@Entity
@Table(name = "USERS")
public class User {
    // ...
}
```

User 엔티티는 USER 테이블에 매핑되지만 대부분의 SQL DBMS에서 이 키워드는 예약된 키워드라서 해 당 이름으로 테이블을 만들 수 없습니다. 그래서 여기서는 USER 대신 USERS에 매핑했습니다. 데이터베이 스에서 이러한 이름 접두사를 필요로 하는 경우에 사용할 수 있도록 @javax.persistence.Table 애너테 이션에서는 catalog와 schema 옵션도 제공합니다.

꼭 필요한 경우 따옴표를 사용하면 예약된 SQL 이름을 사용할 수 있고 대소문자를 구분하는 이름을 사용할 수도 있습니다.

SQL 식별자를 따옴표로 감싸기

이따끔(특히 레거시 데이터베이스에서) 이상한 문자나 공백이 포함된 식별자가 사용되는 경우가 있거나 대소문자 구분을 강제로 적용하고 싶을 때가 있습니다. 또는 이전 예제처럼 클래스나 프로퍼티의 자동 매핑에서 테이블 또는 칼럼의 이름으로 예약 키워드를 사용하려는 경우도 있습니다. 하이버네이트 또는 하이버네이트를 공급자로 사용하는 스프링 데이터 JPA에서는 구성된 데이터베이스 방언을 통해 DBMS의 예약 키워드를 알고 있으며, SQL을 생성할 때 이러한 문자열 주위에 자동으로 따옴표를 넣을 수 있습니다. 이 기능은 영속성 단위 구성에서 `hibernate.auto_quote_keyword=true`를 사용해 활성화할 수 있습니다. 이전 버전의 하이버네이트를 사용 중이거나 방언 정보가 불완전한 경우 키워드를 사용하는 데 문제가 발생한다면 매핑에서 이름에다 따옴표를 수동으로 넣어야 합니다.

매핑에서 테이블명이나 칼럼명을 백틱()으로 감싸는 경우 하이버네이트에서는 생성된 SQL에서 항상 이 식별자를 백틱으로 감쌉니다. 이 기능은 최신 버전의 하이버네이트에서도 여전히 작동하지만 JPA 2.0에서는 이 기능을 큰따옴표("")로 감싼 구분된 식별자의 형태로 표준화했습니다.

다음은 이전 예제를 백틱을 사용한 하이버네이트 전용 방식으로 나타낸 것입니다.

```
@Table(name = "`USER`")
```

JPA 규정을 준수하려면 문자열 안의 따옴표도 이스케이프 처리해야 합니다.

```
@Table(name = "\"USER\"")
```

어느 쪽이든 하이버네이트 또는 하이버네이트를 공급자로 사용하는 스프링 데이터 JPA에서는 문제없이 작동합니다. 하이버네이트는 데이터베이스 방언의 네이티브 인용 문자를 이해하고 그에 따라 SQL을 생성합니다. 예를 들어, MS SQL Server의 경우 `[USER]`로, MySQL의 경우 `'USER'`로, H2의 경우 `"USER"` 등과 같이 처리합니다.

모든 SQL 식별자를 따옴표로 감싸야 하는 경우 예제 3.8의 앞부분에서 봤듯이 `orm.xml` 파일을 생성하고 `<persistence-unit-defaults>` 섹션에 `<delimited-identifiers/>` 설정을 추가합니다. 그러면 하이버네이트가 모든 곳에서 따옴표로 묶인 식별자를 적용합니다.

가능하면 예약 키워드를 사용하는 테이블이나 칼럼의 이름을 바꾸는 것이 좋습니다. 모든 것을 일일이 따옴표로 묶고 이스케이프 처리해야 하는 경우 SQL 콘솔에서 임시 SQL 쿼리를 작성하기 어렵습니다. 또한 하이버네이트나 JPA, 스프링 데이터 이외의 다른 수단으로 접근하는 데이터베이스(예: 리포트용)에서도 따옴표로 묶인 식별자를 사용하지 않는 편이 좋습니다. (복잡한) 보고서 쿼리에서 모든 식별자에다 구분 기호를 사용해야 한다면 정말 번거로운 일입니다.

다음으로, 데이터베이스 테이블과 칼럼 이름에 대한 엄격한 규칙을 둔 조직에서 하이버네이트 또는 하이버네이트를 공급자로 사용하는 스프링 데이터 JPA가 어떻게 도움이 되는지 살펴보겠습니다.

명명 규칙 구현하기

하이버네이트에서는 명명 표준을 자동으로 적용할 수 있는 기능을 제공합니다. CaveatEmptor의 모든 테이블명이 CE_<테이블명> 패턴을 따라야 한다고 가정해 봅시다. 한 가지 해결책은 모든 엔티티 클래스에서 @Table 애너테이션을 수동으로 지정하는 것이지만 이 방법은 시간이 많이 걸리고 쉽게 잊어버릴 수 있습니다. 대신 다음 예제와 같이 하이버네이트의 PhysicalNamingStrategy 인터페이스를 구현하거나 기존 구현을 재정의할 수 있습니다.

예제 5.6 PhysicalNamingStrategy로 기본 명명 규칙 재정의하기

FILE Ch05/mapping/src/main/java/com/manning/javapersistence/ch05/CENamingStrategy.java

```java
public class CENamingStrategy extends PhysicalNamingStrategyStandardImpl {
    @Override
    public Identifier toPhysicalTableName(Identifier name,
                                          JdbcEnvironment context) {
        return new Identifier("CE_" + name.getText(), name.isQuoted());
    }
}
```

재정의된 toPhysicalTableName() 메서드는 스키마에서 생성된 모든 테이블 이름에 CE_를 앞에 붙입니다. 칼럼, 시퀀스, 기타 아티팩트의 사용자 정의 이름 지정에 대해서는 이와 관련된 메서드를 제공하는 PhysicalNamingStrategy 인터페이스의 Javadoc을 참고합니다.

앞서 만든 명령 전략 구현을 적용하려면 먼저 활성화해야 합니다. 하이버네이트 JPA를 사용한다면 persistence.xml에서 이를 활성화할 수 있습니다.

FILE Ch05/mapping/src/main/resources/META-INF/persistence.xml

```
<persistence-unit name="ch05.mapping">
    ...
    <properties>
        ...
        <property name="hibernate.physical_naming_strategy"
                  value="com.manning.javapersistence.ch05.CENamingStrategy"/>
    </properties>
</persistence-unit>
```

하이버네이트를 영속성 공급자로 사용하는 스프링 데이터 JPA의 경우 이 작업은 LocalContainerEntityM
anagerFactoryBean 구성에서 합니다.

FILE Ch05/mapping/src/test/java/com/manning/javapersistence/ch05/configuration/SpringDataConfigura
tion.java

```
properties.put("hibernate.physical_naming_strategy",
               CENamingStrategy.class.getName());
```

이제 또 다른 관련 문제인 쿼리의 엔티티명 지정에 대해 간단히 살펴보겠습니다.

쿼리에 엔티티명 지정하기

기본적으로 모든 엔티티명은 쿼리 엔진의 네임스페이스로 자동으로 가져오게 됩니다. 즉, 다음과 같이 편
리하게 JPA 쿼리 문자열에서 패키지 접두사 없이 짧은 클래스명을 사용할 수 있습니다.

FILE Ch05/generator/src/test/java/com/manning/javapersistence/ch05/HelloWorldJPATest.java

```
List<Item> items = em.createQuery("select i from Item i", Item.class).getResultList();
```

이 기능은 영속성 단위에서 Item 클래스가 하나만 있는 경우에만 작동합니다. 다른 패키지에 또 다른 Item
클래스를 추가하는 경우 쿼리에서 짧은 형태의 클래스명을 계속 사용하려면 그중 하나를 JPA에 사용할 용
도로 이름을 바꿔야 합니다.

```
package my.other.model;
```

```
@javax.persistence.Entity(name = "AuctionItem")
public class Item {
    // ...
}
```

이제 짧은 쿼리 형태는 `my.other.model` 패키지의 `Item` 클래스에 대해 `select i from AuctionItem i`가 됩니다. 따라서 다른 패키지에 있는 또 다른 `Item` 클래스와의 이름 충돌을 피할 수 있습니다. 물론 패키지 접두사와 함께 전체 경로가 지정된 긴 이름은 언제든지 사용할 수 있습니다.

이것으로 이름 지정과 관련된 옵션을 살펴봤습니다. 다음으로 하이버네이트 또는 하이버네이트를 사용하는 스프링 데이터 JPA가 이러한 이름을 포함하는 SQL을 어떻게 생성하는지 살펴보겠습니다.

5.3.2 동적 SQL 생성

기본적으로 하이버네이트 또는 하이버네이트를 공급자로 사용하는 스프링 데이터 JPA는 기동 시 영속성 단위가 생성될 때 각 영속성 클래스에 대한 SQL 문을 생성합니다. 이러한 SQL 문은 단일 로우를 읽거나 삭제하는 등의 간단한 생성, 읽기, 업데이트, 삭제(CRUD) 연산입니다. 런타임에 이러한 간단한 쿼리를 실행해야 할 때마다 SQL 문자열을 생성하는 대신 이러한 SQL 문을 미리 생성해두고 캐싱하는 편이 더 저렴합니다. 또한 JDBC 수준에서 준비된 SQL 문(prepared statement)을 캐싱하는 것은 SQL 문의 개수가 적은 경우 훨씬 더 효율적입니다.

하이버네이트가 기동할 때 어떻게 UPDATE 문을 생성할 수 있을까요? 어쨌든 현재로서는 업데이트할 칼럼을 알 수 없습니다. 정답은 생성된 SQL 문이 모든 칼럼을 업데이트하고, 특정 칼럼의 값이 수정되지 않은 경우에는 해당 SQL 문이 해당 칼럼을 이전 값으로 설정한다는 것입니다.

수백 개의 칼럼으로 구성된 레거시 테이블처럼 가장 간단한 작업(예: 하나의 칼럼만 업데이트해야 하는 경우)에도 SQL 문의 규모가 커지는 일부 상황에서는 이러한 기동 시 SQL 생성을 비활성화하고 런타임에 생성되는 동적 문으로 전환해야 합니다. 엔티티 수가 매우 많으면 하이버네이트가 CRUD에 대한 모든 SQL 문을 미리 생성해야 하므로 기동 시간에도 영향을 미칠 수 있습니다. 수천 개의 엔티티에 대해 수십 개의 문을 캐싱해야 하는 경우 이러한 쿼리 캐싱에 대한 메모리 소비량도 높아집니다. 이는 메모리 제한이 있는 가상 환경이나 저전력 장치에서 문제가 될 수 있습니다.

기동 시 INSERT 및 UPDATE SQL 문 생성을 비활성화하려면 네이티브 하이버네이트 애너테이션을 사용해야 합니다.

```
@Entity
@org.hibernate.annotations.DynamicInsert
@org.hibernate.annotations.DynamicUpdate
public class Item {
    // ...
}
```

동적 삽입이나 업데이트를 사용하도록 설정하면 하이버네이트가 SQL 문자열을 미리 생성하지 않고 필요할 때 생성하도록 지시할 수 있습니다. UPDATE에는 업데이트된 값이 있는 칼럼만 포함되며, INSERT에는 널이 아닌 칼럼만 포함됩니다.

5.3.3 엔티티를 불변으로 만들기

특정 클래스의 인스턴스는 불변일 수 있습니다. 예를 들어, CaveatEmptor에서 품목에 대한 Bid는 불변입니다. 따라서 하이버네이트 또는 하이버네이트를 공급자로 사용하는 스프링 데이터 JPA에서는 BID 테이블에 대해 UPDATE 문을 실행할 필요가 없습니다. 또한 다음 예제와 같이 불변 클래스를 매핑하는 경우 변경 감지를 방지하는 등 몇 가지 다른 최적화를 수행할 수 있습니다. 여기서 Bid 클래스는 불변 클래스이며 인스턴스가 수정될 일은 없습니다.

```
@Entity
@org.hibernate.annotations.Immutable
public class Bid {
    // ...
}
```

클래스의 프로퍼티에 대한 public 세터 메서드가 노출되지 않고 모든 값이 생성자에서 설정되는 POJO는 변경 불가능합니다. 하이버네이트 또는 하이버네이트를 공급자로 사용하는 스프링 데이터 JPA에서는 인스턴스를 로드하고 저장할 때 필드에 직접 접근해야 합니다. 이에 관해서는 이번 장의 앞부분에서 이야기한 바 있는데, @Id 애너테이션이 필드에 있는 경우 하이버네이트가 필드에 직접 접근하므로 게터 및 세터 메서드를 자유롭게 설계할 수 있습니다. 또한 모든 프레임워크가 세터 메서드가 없는 POJO를 활용하는 것은 아니라는 점을 기억해 둡시다.

데이터베이스 스키마에서 뷰를 만들 수 없는 경우 불변 엔티티 클래스를 SQL SELECT 쿼리에 매핑할 수 있습니다.

5.3.4 엔티티를 서브쿼리에 매핑

DBA가 데이터베이스 스키마 변경을 허용하지 않는 경우가 있습니다. 새로운 뷰를 추가하는 것조차 불가능할 수 있습니다. 경매 Item의 식별자와 해당 품목에 대한 입찰 개수로 구성된 뷰를 만들고 싶다고 가정해 봅시다(소스코드는 subselect 폴더를 참조). 하이버네이트 애너테이션을 이용하면 애플리케이션 차원의 뷰, 즉 SQL SELECT에 매핑된 읽기 전용 엔티티 클래스를 만들 수 있습니다.

FILE Ch05/subselect/src/main/java/com/manning/javapersistence/ch05/model/ItemBidSummary.java

```java
@Entity
@org.hibernate.annotations.Immutable
@org.hibernate.annotations.Subselect(
    value = "select i.ID as ITEMID, i.NAME as NAME, " +
            "count(b.ID) as NUMBEROFBIDS " +
            "from ITEM i left outer join BID b on i.ID = b.ITEM_ID " +
            "group by i.ID, i.NAME"
)
@org.hibernate.annotations.Synchronize({"ITEM", "BID"})
public class ItemBidSummary {
    @Id
    private Long itemId;
    private String name;
    private long numberOfBids;
    public ItemBidSummary() {
    }
    // 게터 메서드 ...
    // ...
}
```

이 경우 SELECT에서 참조하는 모든 테이블명을 @org.hibernate.annotations.Synchronize 애너테이션에 나열해야 합니다. 그러면 프레임워크가 ItemBidSummary에 대한 쿼리를 실행하기 전에 Item과 Bid 인스턴스의 변경 사항을 플러시해야 한다는 것을 알 수 있습니다. 아직 데이터베이스에 영속화되지 않았지만 쿼리에 영향을 줄 수 있는 인메모리 변경 사항이 있는 경우 하이버네이트(또는 하이버네이트를 공급자로 사용하는 스프링 데이터 JPA)가 이를 감지하고 쿼리를 실행하기 전에 변경 사항을 플러시합니다. 그렇지 않으면 오래된 상태(stale state)의 결과가 만들어질 수 있습니다. ItemBidSummary 클래스에는 @Table

애너테이션이 없기 때문에 프레임워크는 쿼리를 실행하기 전에 언제 자동 플러시해야 하는지 알 수 없습니다. @org.hibernate.annotations.Synchronize 애너테이션은 쿼리를 실행하기 전에 프레임워크가 ITEM 테이블과 BID 테이블을 플러시해야 한다는 것을 나타냅니다.

다음은 하이버네이트 JPA에서 읽기 전용 ItemBidSummary 엔티티 클래스를 사용하는 예입니다.

> **FILE** Ch05/subselect/src/test/java/com/manning/javapersistence/ch05/ItemBidSummaryTest.java

```java
TypedQuery<ItemBidSummary> query =
    em.createQuery("select ibs from ItemBidSummary ibs where ibs.itemId = :id",
                ItemBidSummary.class);
ItemBidSummary itemBidSummary =
                query.setParameter("id", 1000L).getSingleResult();
```

스프링 데이터 JPA에서 읽기 전용 ItemBidSummary 엔티티 클래스를 사용하려면 먼저 새 스프링 데이터 리포지터리를 도입해야 합니다.

> **FILE** Ch05/mapping/src/main/java/com/manning/javapersistence/ch05/repositories/ItemBidSummaryRepository.java

```java
public interface ItemBidSummaryRepository extends
                CrudRepository<ItemBidSummary, Long> {
}
```

리포지터리는 사실상 다음과 같이 사용될 것입니다.

> **FILE** Ch05/subselect/src/test/java/com/manning/javapersistence/ch05/ItemBidSummarySpringDataTest.java

```java
Optional<ItemBidSummary> itemBidSummary =
                        itemBidSummaryRepository.findById(1000L);
```

정리

- 엔티티는 시스템의 거칠게 세분화된 클래스입니다. 엔티티의 인스턴스는 녹립석인 수명주기와 사체적인 식별자를 가지며, 다른 여러 인스턴스가 엔티티를 참조할 수 있습니다.

- 값 타입은 특정 엔티티 클래스에 종속됩니다. 값 타입 인스턴스는 그것을 소유한 엔티티 인스턴스에 종속되며, 하나의 엔티티 인스턴스만 값 타입 인스턴스를 참조할 수 있고, 개별적인 식별자는 없습니다.

- 자바 동일성, 객체 동등성, 데이터베이스 동일성은 서로 다른 개념으로, 앞의 두 개념은 객체지향 세계에서, 마지막 개념은 관계형 데이터베이스 세계에서 적용됩니다.

- 좋은 기본키는 절대 널이 될 수 없고, 고유하며, 변경되지 않습니다.

- 기본키 생성기는 다양한 전략을 사용해서 구성할 수 있습니다.

- 엔티티, 매핑 옵션, 명명 전략은 하이버네이트 JPA와 스프링 데이터 JPA 모두에서 사용할 수 있습니다.

06

값 타입
매핑

이번 장에서 다루는 내용

- 기본 프로퍼티 매핑

- 임베드 가능한 컴포넌트 매핑

- 자바와 SQL 타입 간 매핑 제어

이전 장에서 엔티티와 해당 엔티티의 클래스 및 식별자 매핑 옵션에 대해서만 주로 살펴봤다면 이제 다양한 형태의 값 타입에 대해 집중적으로 살펴보겠습니다. 값 타입은 개발 중인 클래스에서 자주 접하게 됩니다. 여기서는 값 타입을 두 가지 범주로 구분할 텐데, String, Date, 원시 타입 및 해당 타입의 래퍼와 같이 JDK와 함께 제공되는 기본 값 타입 클래스(basic value-typed class)와 CaveatEmptor의 Address 나 MonetaryAmount와 같이 개발자가 정의한 값 타입 클래스(developer-defined value-type class)입니다.

이번 장에서는 먼저 영속성 프로퍼티를 JDK 타입으로 매핑하고 기본 매핑 애너테이션에 대해 설명합니다. 기본값 재정의, 접근 방식 변경, 생성되는 값 등 프로퍼티의 다양한 측면을 다루는 방법을 살펴봅니다. 또한 SQL에 파생 프로퍼티(derived property)와 변환된 칼럼 값을 사용하는 방법도 살펴봅니다. 기본 프로퍼티, 시간 프로퍼티, 열거형 매핑도 다룰 것입니다.

그런 다음, 사용자 정의 값 타입 클래스를 살펴보고 이를 임베드 가능한 컴포넌트(embeddable component)로 매핑합니다. 클래스가 데이터베이스 스키마와 어떻게 연관되는지 살펴보고, 임베드된 속성을 재정의할 수 있도록 하면서 클래스를 임베드 가능하게 만들 것입니다. 중첩된 컴포넌트를 매핑하는 것으로 임베드 가능한 컴포넌트를 살펴보는 것을 마무리합니다. 마지막으로 모든 JPA 공급자의 표준화된 확장 지점에 해당하는 유연한 JPA 변환기를 사용해 저수준에서 프로퍼티 값의 로드와 저장을 커스터마이징하는 방법을 분석하겠습니다.

JPA 2의 주요 새 기능

JPA 2.2에서는 자바 8 날짜 및 시간(Date and Time) API를 지원합니다. 이전에 `java.util.Date` 타입의 필드에 애너테이션을 지정할 때 필요했던 `@Temporal`과 같은 별도의 매핑 애너테이션을 더 이상 사용할 필요가 없습니다.

6.1 기본 프로퍼티 매핑

매핑은 ORM 기법의 핵심입니다. 매핑은 객체지향 세계와 관계형 세계를 연결합니다. 엔티티든 임베드 가능한 타입(6.2절에서 자세히 설명합니다)이든 영속성 클래스를 매핑하면 기본적으로 모든 프로퍼티가 영속화된 것으로 간주됩니다.

다음은 영속성 클래스의 프로퍼티에 대한 기본 JPA 규칙입니다.

- 프로퍼티가 원시 타입 또는 원시 타입의 래퍼이거나 `String`, `BigInteger`, `BigDecimal`, `java.time.LocalDateTime`, `java.time.LocalDate`, `java.util.Date`, `java.util.Calendar`, `java.sql.Date`, `java.sql.Time`, `java.sql.Timestamp`, `byte[]`, `Byte[]`, `char[]`, `Character[]` 타입인 경우 자동으로 영속화됩니다. 하이버네이트 또는 하이버네이트를 공급자로 사용하는 스프링 데이터 JPA에서는 프로퍼티 값을 적절한 SQL 타입과 프로퍼티와 동일한 이름을 가진 칼럼에 로드하고 저장합니다.

- 그렇지 않고 프로퍼티의 클래스에 `@Embeddable` 애너테이션을 지정하거나 프로퍼티 자체를 `@Embedded`로 매핑하면 해당 프로퍼티는 그것을 소유한 클래스의 임베드된 컴포넌트(embedded component)로 매핑됩니다. 컴포넌트의 임베딩에 대해서는 이번 장의 뒷부분에서 CaveatEmptor의 임베드 가능한 클래스인 `Address`와 `MonetaryAmount`를 살펴볼 때 분석하겠습니다.

- 그렇지 않고 프로퍼티의 타입이 `java.io.Serializable`인 경우 해당 값이 직렬화된 형태로 저장됩니다. 이렇게 하면 호환성 문제(한 클래스 타입을 사용해 정보를 저장했다가 나중에 다른 클래스 형태를 사용해 조회하려고 할 수 있음)와 성능 문제(직렬화/역직렬화 작업에 많은 비용이 소요됨)가 발생할 수 있습니다. 따라서 데이터베이스에 바이트 형태로

저장하는 대신 항상 자바 클래스를 매핑해야 합니다. 몇 년 후에 애플리케이션이 사라졌을 때 이 같은 바이너리 정보로 데이터베이스를 유지보수할 경우 직렬화된 버전으로 매핑한 클래스는 더 이상 사용할 수 없게 됩니다.

- 아니면 시작 시 프로퍼티 타입을 이해할 수 없다는 내용의 예외가 발생합니다.

이 같은 **예외별 구성**(configuration by exception) 접근법은 프로퍼티를 영속화하기 위해 애너테이션을 지정할 필요 없이 예외적인 경우에만 매핑을 구성하면 된다는 것을 의미합니다. JPA에서는 기본 프로퍼티 매핑을 커스터마이징하고 제어하기 위한 여러 가지 애너테이션을 사용할 수 있습니다.

6.1.1 기본 프로퍼티 기본값 재정의

엔티티 클래스의 모든 프로퍼티를 영속화하고 싶지 않을 수도 있습니다. 그렇다면 어떤 정보를 영속화하고 어떤 정보를 영속화하지 않아야 할까요? 예를 들어, `Item#initialPrice` 프로퍼티는 영속화하는 것이 타당하겠지만 `Item#totalPriceIncludingTax` 프로퍼티의 경우에는 런타임에 해당 값을 계산하고 사용한다면 데이터베이스에 영속화해서는 안 됩니다. 어떤 프로퍼티를 제외하려면 프로퍼티의 필드나 게터 메서드에 `@javax.persistence.Transient` 애너테이션을 지정하거나 자바 `transient` 키워드를 사용합니다. `transient` 키워드는 자바 직렬화와 영속화에서 필드를 제외하며, 이는 JPA 공급자에서도 인식됩니다. `@javax.persistence.Transient` 애너테이션은 필드만 영속화에서 제외합니다.

어떤 프로퍼티의 영속화 여부를 결정하려면 다음과 같은 질문을 해봅시다. 인스턴스를 형성하는 기본 속성인가? 맨 처음부터 필요한 프로퍼티인가, 아니면 다른 프로퍼티를 기반으로 계산할 것인가? 일정 시간이 지나면 정보를 재구성하는 것이 합당한가, 아니면 더 이상 중요하지 않은 정보인가? 암호화되지 않은 비밀번호처럼 나중에 노출되지 않게 영속화하지 않는 편이 좋은 민감한 정보인가? 다른 환경에서는 의미가 없는 정보(예: 다른 네트워크에서는 의미가 없는 로컬 IP 주소)인가?

잠시 후에 필드 또는 게터 메서드에 애너테이션을 배치하는 것에 대해 다시 살펴보겠습니다. 먼저, 이전과 마찬가지로 `@Id`를 필드에 배치해서 하이버네이트 또는 하이버네이트를 사용하는 스프링 데이터 JPA가 필드에 직접 접근한다고 가정하겠습니다. 따라서 다른 모든 JPA 및 하이버네이트 매핑 애너테이션도 필드에 있을 것으로 예상합니다.

> **참고** 소스코드의 예제를 실행하려면 먼저 `Ch06.sql` 스크립트를 실행해야 합니다. 소스코드는 `mapping-value-types` 폴더에서 확인할 수 있습니다.

CaveatEmptor 애플리케이션에서는 프로그램의 영속성 로직을 처리하는 것뿐만 아니라 유연하고 변경하기 쉬운 코드를 구축하는 것이 목표입니다. 프로퍼티 매핑 기본값에 의존하고 싶지 않다면 **@Basic** 애너테이션을 특정 프로퍼티(예: **Item**의 **initialPrice**)에 적용하면 됩니다.

```
@Basic(optional = false)
BigDecimal initialPrice;
```

이 애너테이션은 여러 옵션을 제공하지 않습니다. **optional**과 **fetch**라는 두 가지 매개변수만 있습니다. **fetch** 옵션에 대해서는 12.1절에서 최적화 전략을 살펴볼 때 설명하겠습니다. 여기에 표시된 **optional** 옵션은 자바 객체 수준에서 해당 프로퍼티를 선택 사항이 아닌 것으로 표시합니다.

기본적으로 모든 영속성 프로퍼티는 널을 허용하며(nullable) 선택적인(optional) 프로퍼티이며, 이것은 **Item**에 알 수 없는 **initialPrice**가 있을 수 있음을 의미합니다. SQL 스키마의 **INITIALPRICE** 칼럼에 **NOT NULL** 제약조건을 사용하고 싶다면 **initialPrice** 프로퍼티를 비선택적 프로퍼티로 매핑하는 것이 좋습니다. 그럼 생성된 SQL 스키마에 비선택적 프로퍼티에 대한 **NOT NULL** 제약조건이 자동으로 포함됩니다.

이제 애플리케이션에서 **initialPrice** 필드에 값을 설정하지 않고 **Item**을 저장하려고 하면 SQL 문이 데이터베이스로 전송되기 전에 예외가 발생합니다. **INSERT**나 **UPDATE**를 수행하려면 **initialPrice**에 값이 필요합니다. **initialPrice** 프로퍼티를 선택 사항으로 표시하지 않고 **NULL**을 저장하려고 하면 데이터베이스에서 SQL 문을 거부하고 제약조건 위반 예외가 발생합니다.

@Basic 대신 **@Column** 애너테이션을 사용해 널 허용 여부를 선언할 수도 있습니다.

```
@Column(nullable = false)
BigDecimal initialPrice;
```

지금까지 프로퍼티 값이 필요한지 여부를 선언하는 세 가지 방법, 즉 **@Basic** 애너테이션, **@Column** 애너테이션, 그리고 앞서 빈 유효성 검사의 **@NotNull** 애너테이션(3.3.2절 참고)을 살펴봤습니다. 세 가지 방법 모두 JPA 공급자에 동일한 영향을 미칩니다. 즉, 저장 시 null 검사가 수행되고 데이터베이스 스키마에 **NOT NULL** 제약조건이 만들어집니다. **Item** 인스턴스의 유효성을 수동으로 검사하고 프레젠테이션 계층의 사용자 인터페이스 코드가 유효성 검사를 자동으로 실행하게 하려면 빈 유효성 검사의 **@NotNull** 애너테이션을 사용하는 것이 좋습니다. 최종 결과에는 큰 차이가 없지만 실패하는 코드로 데이터베이스를 공격하는 일이 없도록 하는 편이 더 깔끔합니다.

@Column 애너테이션으로 프로퍼티명과 데이터베이스 칼럼의 매핑을 재정의할 수도 있습니다.

```
@Column(name = "START_PRICE", nullable = false)
BigDecimal initialPrice;
```

@Column 애너테이션에는 몇 가지 다른 매개변수가 있으며, 대부분 **catalog** 및 **schema** 이름과 같은 SQL 수준의 세부 사항을 제어합니다. 이러한 매개변수는 사용될 일이 거의 없으며, 이 책에서는 필요한 경우에만 보여드리겠습니다.

프로퍼티 애너테이션이 항상 필드에 있는 것은 아니며, JPA 공급자가 필드에 직접 접근하는 것을 원하지 않을 수도 있습니다. 이어서 프로퍼티 접근 방식을 변경하는 방법을 살펴보겠습니다.

6.1.2 프로퍼티 접근 방식 변경

영속성 엔진은 필드를 통해 직접적으로, 또는 게터/세터 메서드를 통해 간접적으로 클래스의 프로퍼티에 접근합니다. 이제 "각 영속성 프로퍼티에 어떻게 접근해야 할까?"라는 질문에 답해 보겠습니다. 애너테이션이 지정된 엔티티는 필수 @Id 애너테이션의 위치로부터 기본값을 상속받습니다. 예를 들어, 게터 메서드를 사용하는 대신 필드에 @Id를 선언하면 해당 엔티티에 대한 다른 모든 매핑 애너테이션도 필드에 있어야 할 것입니다. 세터 메서드에서는 애너테이션이 지원되지 않습니다.

기본 접근 전략을 단일 엔티티 클래스에만 적용할 수 있는 것은 아닙니다. 모든 @Embedded 클래스는 그것을 소유하는 루트 엔티티 클래스의 기본 접근 전략 또는 명시적으로 선언된 접근 전략을 상속받습니다. 임베드된 컴포넌트에 대해서는 이번 장의 뒷부분에서 다루겠습니다. 또한 모든 @MappedSuperclass 프로퍼티는 매핑된 엔티티 클래스의 기본 접근 전략 또는 명시적으로 선언된 접근 전략을 통해 접근됩니다. 상속은 7장의 주제입니다.

JPA 명세에서는 AccessType.FIELD(필드를 통한 접근)와 AccessType.PROPERTY(게터를 통한 접근) 매개변수를 사용해 기본 동작 방식을 재정의하는 @Access 애너테이션을 제공합니다. 클래스나 엔티티 수준에서 @Access를 설정하면 선택한 전략에 따라 클래스의 모든 프로퍼티에 접근합니다. @Id를 포함한 다른 모든 매핑 애너테이션은 필드나 게터 메서드에 설정할 수 있습니다.

다음 예제에서처럼 @Access 애너테이션을 사용해 개별 프로퍼티의 접근 전략을 재정의할 수도 있습니다. @Column과 같은 다른 매핑 애너테이션의 위치는 변경되지 않으며, 런타임에 인스턴스에 접근하는 방법만 바뀐다는 점에 유의합니다.

예제 6.1 name 프로퍼티에 대한 접근 전략 재정의

`FILE` Ch06/mapping-value-types/src/main/java/com/manning/javapersistence/ch06/model/Item.java

```java
@Entity
public class Item {

    @Id
    @GeneratedValue(generator = "ID_GENERATOR")      ❶
    private Long id;

    @Access(AccessType.PROPERTY)
    @Column(name = "ITEM_NAME")                      ❷
    private String name;

    public String getName() {
        return name;
    }
                                                                    ❸
    public void setName(String name) {
        this.name = !name.startsWith("AUCTION: ") ? "AUCTION: " + name : name;
    }

}
```

❶ Item 엔티티는 기본적으로 필드 접근을 사용합니다. @Id가 필드에 지정돼 있습니다.

❷ name 필드의 @Access(AccessType.PROPERTY) 설정은 이 프로퍼티에 대해 런타임에 JPA 공급자가 게터/세터를 통해 접근하게 합니다.

❸ 하이버네이트 또는 하이버네이트를 사용하는 스프링 데이터 JPA에서는 품목을 로드하고 저장할 때 getName()과 setName()을 호출합니다.

엔티티의 기본(또는 명시적) 접근 유형이 프로퍼티 게터/세터 메서드인 경우 게터 메서드에 @Access (AccessType.FIELD)를 지정하면 하이버네이트 또는 하이버네이트를 사용하는 스프링 데이터 JPA가 필드에 직접 접근하게 될 것입니다. 다른 모든 매핑 정보는 여전히 필드가 아닌 게터 메서드에 있어야 합니다.

그런데 어떤 프로퍼티는 칼럼에 매핑되지 않습니다. 특히 계산된 필드와 같은 파생 프로퍼티는 SQL 표현식에서 값을 가져옵니다.

6.1.3 파생 프로퍼티 활용

이제 파생 프로퍼티, 즉 다른 프로퍼티를 통해 만들어지는 프로퍼티에 대해 알아보겠습니다. 파생 프로퍼티의 값은 다음 예제에 나온 것처럼 `@org.hibernate.annotations.Formula` 애너테이션으로 선언된 SQL 식을 평가하는 방식으로 런타임에 계산됩니다.

예제 6.2 두 개의 읽기 전용 파생 프로퍼티

`FILE` Ch06/mapping-value-types/src/main/java/com/manning/javapersistence/ch06/model/Item.java

```
@Formula(
        "CONCAT(SUBSTR(DESCRIPTION, 1, 12), '...')"
)
private String shortDescription;

@Formula(
        "(SELECT AVG(B.AMOUNT) FROM BID B WHERE B.ITEM_ID = ID)"
)
private BigDecimal averageBidAmount;
```

SQL 수식은 데이터베이스에서 `Item` 엔티티를 조회할 때만 평가되므로 다른 프로퍼티가 수정될 경우 결과가 최신 내용을 반영하지 않을 수 있습니다. 파생 프로퍼티는 SQL `INSERT`나 `UPDATE`에는 나타나지 않고 `SELECT`에만 나타납니다. 평가는 데이터베이스에서 이뤄지며, 인스턴스를 로드할 때 `SELECT` 절에 SQL 수식이 포함됩니다.

SQL 수식은 데이터베이스 테이블의 칼럼을 참조할 수도 있고, 특정 데이터베이스 SQL 함수를 호출할 수도 있으며, SQL 서브쿼리를 포함할 수도 있습니다. 앞의 예제에서는 `SUBSTR()`과 `CONCAT()` 함수를 호출했습니다.

SQL 표현식은 기반 데이터베이스에 그대로 전달됩니다. 특정 데이터베이스 제품에 특화된 연산자나 키워드를 사용할 경우 매핑 메타데이터가 특정 데이터베이스 제품에 종속될 수 있습니다. 예를 들어, 앞의 예제에 나온 `CONCAT()` 함수는 MySQL 전용이므로 이식성에 영향을 미칠 수 있다는 점에 유의해야 합니다. 이때 SQL 표현식에 지정한 칼럼명은 파생된 프로퍼티가 속한 클래스의 테이블 칼럼을 나타냅니다.

하이버네이트에서는 **칼럼 변환기**(column transformer)라는 수식의 변종도 지원하므로 프로퍼티 값을 읽고 쓰기 위한 사용자 정의 SQL 표현식을 작성할 수 있습니다. 이 기능에 대해 살펴보겠습니다.

6.1.4 칼럼 값 변환

이제 객체지향 시스템과 관계형 시스템에서 서로 다른 표현 방식을 가진 정보를 다뤄보겠습니다. 데이터 베이스에 Item의 무게를 파운드로 저장하는 IMPERIALWEIGHT라는 칼럼이 있다고 가정해 보겠습니다. 하지만 애플리케이션에서는 Item#metricWeight 프로퍼티가 킬로그램 단위이므로 ITEM 테이블에서 로우를 읽거나 쓸 때 데이터베이스 칼럼의 값을 변환해야 합니다. 하이버네이트 확장 기능인 @org.hibernate.annotations.ColumnTransformer 애너테이션을 이용해 이를 구현할 수 있습니다.

예제 6.3 SQL 표현식을 사용해 칼럼 값 변환하기

FILE Ch06/mapping-value-types/src/main/java/com/manning/javapersistence/ch06/model/Item.java

```
@Column(name = "IMPERIALWEIGHT")
@ColumnTransformer(
    read = "IMPERIALWEIGHT / 2.20462",
    write = "? * 2.20462"
)
private double metricWeight;
```

ITEM 테이블에서 로우를 읽을 때 하이버네이트 또는 하이버네이트를 사용하는 스프링 데이터 JPA에서는 IMPERIALWEIGHT / 2.20462 표현식을 포함하므로 데이터베이스에서 계산이 수행되고 결과적으로 킬로그램 단위의 값이 애플리케이션 계층으로 반환됩니다. 칼럼에 쓰는 경우 하이버네이트 또는 하이버네이트를 사용하는 스프링 데이터 JPA에서는 물음표로 표시된 위치 표시자에 킬로그램 단위의 값을 설정하고, SQL 식을 통해 삽입 또는 업데이트할 실제 값을 계산합니다.

하이버네이트는 쿼리 결과를 제한하는 데 칼럼 변환기를 적용하기도 합니다. 예를 들어, 다음 예제의 쿼리는 무게가 2킬로그램인 모든 품목을 조회합니다.

예제 6.4 쿼리 결과를 제한하는 데 칼럼 변환기 적용하기

FILE Ch06/mapping-value-types/src/test/java/com/manning/javapersistence/ch06/MappingValuesJPATest.java

```
List<Item> result =
    em.createQuery("SELECT i FROM Item i WHERE i.metricWeight = :w")
        .setParameter("w", 2.0)
        .getResultList();
```

이 쿼리에 대해 실행되는 실제 SQL에서는 WHERE 절에 다음과 같은 부분이 포함됩니다.

```
// ...
where
    i.IMPERIALWEIGHT / 2.20462=?
```

참고로 쿼리 결과 제한을 평가하기 위해 모든 ITEM 로우의 무게를 계산해야 하므로 전체 테이블 스캔이 수행되고, 이 경우 데이터베이스는 인덱스를 활용할 수 없을 것입니다.

또 다른 특별한 종류의 프로퍼티는 데이터베이스에서 생성되는 값에 의존합니다.

6.1.5 생성되는 프로퍼티 값과 기본 프로퍼티 값

데이터베이스에서 프로퍼티 값을 생성하는 경우가 있는데, 이것은 대개 로우를 처음 삽입할 때 발생합니다. 데이터베이스에서 생성되는 값의 예로는 생성 타임스탬프, 품목의 기본가, 수정할 때마다 실행되는 트리거 등이 있습니다.

일반적으로 하이버네이트(또는 하이버네이트를 사용하는 스프링 데이터 JPA) 애플리케이션에서는 저장 후 데이터베이스가 값을 생성하는 프로퍼티가 포함된 인스턴스를 새로고침할 필요가 있습니다. 즉, 로우를 삽입하거나 업데이트한 후 애플리케이션이 그 값을 읽기 위해 데이터베이스를 한 번 더 왕복해야 합니다. 그러나 프로퍼티를 생성되는 값으로 표시해두면 애플리케이션이 이 책임을 하이버네이트 또는 하이버네이트를 사용하는 스프링 데이터 JPA에 위임할 수 있습니다. 생성되는 프로퍼티를 선언한 엔티티에 대해 SQL INSERT나 UPDATE가 실행될 때마다 즉시 SELECT를 수행해 생성된 값을 조회합니다.

생성되는 프로퍼티를 표시하려면 @org.hibernate.annotations.Generated 애너테이션을 사용합니다. 시간 프로퍼티의 경우 @CreationTimestamp나 @UpdateTimestamp 애너테이션을 사용합니다. @CreationTimestamp 애너테이션은 createdOn 프로퍼티를 표시하는 데 사용됩니다. 이렇게 하면 하이버네이트 또는 하이버네이트를 사용하는 스프링 데이터가 프로퍼티 값을 자동으로 생성하게 됩니다[3]. 이 경우 엔티티 인스턴스가 데이터베이스에 삽입되기 전의 현재 날짜로 값이 설정됩니다. 다른 비슷한 내장 애너테이션인 @UpdateTimestamp는 엔티티 인스턴스가 업데이트될 때 프로퍼티 값을 자동으로 생성합니다.

---

3 (옮긴이) 기본적으로 @CreationTimestamp와 @UpdateTimestamp는 타임스탬프를 메모리에서 생성합니다. 즉, 애플리케이션이 실행되는 컴퓨터(JVM)에서 타임스탬프가 생성되는 것입니다. 만약 데이터베이스의 시간을 사용해야 한다면 다음과 같이 설정해야 합니다.

```
@UpdateTimestamp(
  source = SourceType.DB
)
```

이렇게 하면 생성 시에 current_timestamp 함수가 호출됩니다.

예제 6.5 데이터베이스에서 생성하는 프로퍼티 값

FILE Ch06/mapping-value-types/src/main/java/com/manning/javapersistence/ch06/model/Item.java

```
@CreationTimestamp
private LocalDate createdOn;

@UpdateTimestamp
private LocalDateTime lastModified;

@Column(insertable = false)
@ColumnDefault("1.00")
@Generated(
    org.hibernate.annotations.GenerationTime.INSERT
)
private BigDecimal initialPrice;
```

GenerationTime 열거형에 사용할 수 있는 설정은 ALWAYS와 INSERT입니다. GenerationTime.ALWAYS를 사용하면 하이버네이트 또는 하이버네이트를 사용하는 스프링 데이터 JPA가 SQL UPDATE 또는 INSERT가 실행될 때마다 엔티티 인스턴스를 새로고침합니다. GenerationTime.INSERT를 지정하면 SQL INSERT 후에만 데이터베이스에서 제공하는 기본값을 조회하기 위해 새로고침이 수행됩니다. initialPrice 프로퍼티를 insertable하지 않은 것으로 매핑할 수도 있습니다. @ColumnDefault 애너테이션은 하이버네이트 또는 하이버네이트를 사용하는 스프링 데이터 JPA가 SQL 스키마 DDL을 내보내고 생성할 때 칼럼의 기본값을 설정합니다.

타임스탬프는 이전 예제에서와 같이 데이터베이스 또는 애플리케이션에 의해 자동으로 생성되는 경우가 많습니다. JPA 2.2와 자바 8의 LocalDate, LocalDateTime, LocalTime 클래스를 사용 중이라면 @Temporal 애너테이션을 사용할 필요가 없습니다. java.time 패키지의 자바 8 클래스는 날짜, 날짜 및 시간, 시간만 포함하는 시간 정밀도를 자체적으로 갖추고 있습니다. 그럼에도 여전히 마주칠 수 있는 @Temporal 애너테이션의 쓰임새를 살펴봅시다.

6.1.6 @Temporal 애너테이션

JPA 명세에서는 시간 프로퍼티에 @Temporal 애너테이션을 지정해 매핑된 칼럼의 SQL 데이터 타입의 정확성을 선언할 수 있게 합니다. 자바 8 이전의 자바 시간 타입으로는 java.util.Date, java.util.Calendar, java.sql.Date, java.sql.Time, java.sql.Timestamp가 있습니다. 다음은 @Temporal 애너테이션을 사용하는 예입니다.

예제 6.6 @Temporal 애너테이션을 지정해야 하는 시간 타입의 프로퍼티

```
@CreationTimestamp
@Temporal(TemporalType.DATE)
private Date createdOn;

@UpdateTimestamp
@Temporal(TemporalType.TIMESTAMP)
private Date lastModified;
```

사용 가능한 TemporalType 옵션은 DATE, TIME, TIMESTAMP이며, 시간 값에서 어느 부분을 데이터베이스에 저장할지 나타냅니다. @Temporal 애너테이션이 없는 경우의 기본값은 TemporalType.TIMESTAMP입니다.

또 다른 특별한 프로퍼티 타입은 열거형으로 표현됩니다.

6.1.7 열거형 매핑

열거형(enumeration type)은 클래스가 일정한(소량) 개수의 불변 인스턴스를 갖는 자바 코딩 패턴입니다. 예를 들어, CaveatEmptor에서는 유형이 몇 가지로 제한된 경매에 열거형을 적용할 수 있습니다.

FILE Ch06/mapping-value-types/src/main/java/com/manning/javapersistence/ch06/model/AuctionType.java

```
public enum AuctionType {
    HIGHEST_BID,
    LOWEST_BID,
    FIXED_PRICE
}
```

이제 각 Item에 적절한 auctionType을 설정할 수 있습니다.

FILE Ch06/mapping-value-types/src/main/java/com/manning/javapersistence/ch06/model/Item.java

```
@NotNull
@Enumerated(EnumType.STRING)
private AuctionType auctionType = AuctionType.HIGHEST_BID;
```

@Enumerated 애너테이션이 없다면 하이버네이트 또는 하이버네이트를 사용하는 스프링 데이터 JPA에서는 값의 ORDINAL 위치를 저장할 것입니다. 즉, HIGHEST_BID의 경우 1, LOWEST_BID의 경우 2, FIXED_PRICE의 경우 3을 저장합니다. 이것은 깨지기 쉬운 기본값으로, AuctionType 열거형을 변경해서 새 인스턴스를 추가하면 기존 값이 더 이상 같은 위치에 매핑되지 않아 애플리케이션이 중단될 수 있습니다. 따라서 EnumType.STRING 옵션을 사용하는 편이 좀 더 바람직하며, 이 경우 하이버네이트 또는 하이버네이트를 사용하는 스프링 데이터 JPA는 열거형 값의 라벨을 그대로 저장할 수 있습니다.

이렇게 해서 기본 프로퍼티와 해당 매핑 옵션에 대해 살펴봤습니다. 지금까지 String, Date, BigDecimal과 같이 JDK에서 제공하는 타입의 프로퍼티를 살펴봤습니다. 그런데 도메인 모델에는 사용자 정의 값 타입 클래스, 즉 UML 다이어그램에서 합성관계를 맺는 클래스도 있습니다.

6.2 임베드 가능한 컴포넌트 매핑

지금까지 도메인 모델의 매핑된 클래스는 모두 각기 고유한 수명주기와 식별자를 가진 엔티티 클래스였습니다. 그러나 그림 6.1에서 볼 수 있듯이 User 클래스는 Address 클래스와 특별한 연관관계를 맺고 있습니다.

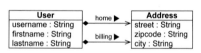

그림 6.1 User와 Address의 합성관계

객체 모델링 용어로 이러한 연관관계는 일종의 **집합관계(aggregation)**, 즉 **부분(part-of)** 관계입니다. 집합관계는 연관관계의 한 형태지만 객체의 수명주기와 관련된 몇 가지 추가적인 의미가 있습니다. 이 경우에는 부분의 수명주기가 전체의 수명주기에 전적으로 의존하는 훨씬 더 강력한 형태인 **합성관계(composition)**입니다. User 객체 없이는 Address 객체가 존재할 수 없으므로 UML에서 Address처럼 합성관계에 있는 클래스는 객체/관계형 매핑의 값 타입 후보가 되는 경우가 많습니다.

6.2.1 데이터베이스 스키마

이 같은 Address와의 합성관계를 값 타입(String이나 BigDecimal과 동일한 의미)으로, User를 엔티티로 매핑할 수 있습니다. 그림 6.2의 SQL 스키마를 봅시다.

User 엔티티에 대해 매핑된 테이블은 USERS 하나만 있습니다. 이 테이블에는 컴포넌트의 모든 세부 정보가 포함되며, 한 로우에 특정 User와 해당 User의 homeAddress와 billingAddress가 포함됩니다. 다른 엔티티에

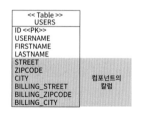

그림 6.2 컴포넌트의 칼럼들이 엔티티 테이블에 포함돼 있습니다.

Address에 대한 참조(예: Shipment#deliveryAddress)가 있는 경우 SHIPMENT 테이블에도 Address를 저장하는 데 필요한 모든 칼럼이 포함될 것입니다.

이 스키마는 값 타입의 시맨틱, 즉 Address는 공유할 수 없고 고유한 식별자를 갖지 않는다는 것을 반영합니다. 값 타입의 기본키는 그것을 소유하는 엔티티의 매핑된 데이터베이스 식별자입니다. 임베드된 컴포넌트는 종속적인 수명주기를 가집니다. 즉, 그것을 소유하는 엔티티 인스턴스가 저장될 때 컴포넌트 인스턴스도 저장됩니다. 임베드된 컴포넌트를 소유하는 엔티티 인스턴스가 삭제되면 컴포넌트 인스턴스도 삭제됩니다. 이를 위해 특별한 SQL을 실행할 필요는 없는데, 모든 데이터가 하나의 로우에 들어 있기 때문입니다.

"테이블보다 더 많은 클래스"를 보유하는 것이 잘게 세분화된 도메인 모델을 지원하는 방법입니다. 이 구조에 대한 클래스와 매핑을 작성해 보겠습니다.

6.2.2 클래스를 임베드 가능하게 만들기

자바에는 합성관계라는 개념이 없기 때문에 클래스나 프로퍼티를 컴포넌트로 표시할 수 없습니다. 컴포넌트와 엔티티의 유일한 차이점은 데이터베이스 식별자입니다. 즉, 컴포넌트 클래스에는 개별 식별자가 없으므로 식별자 프로퍼티나 식별자 매핑이 필요하지 않습니다. 다음 예제와 같이 단순한 POJO입니다.

예제 6.7 Address 클래스: 임베드 가능한 컴포넌트

FILE Ch06/mapping-value-types/src/main/java/com/manning/javapersistence/ch06/model/Address.java

```
@Embeddable          ❶
public class Address {
    @NotNull          ❷
    @Column(nullable = false)          ❸
    private String street;

    @NotNull
    @Column(nullable = false, length = 5)          ❹
    private String zipcode;

    @NotNull
    @Column(nullable = false)          ❺
    private String city;
```

```
    public Address() {    ❻
    }

    public Address(String street, String zipcode, String city) {    ❼
        this.street = street;
        this.zipcode = zipcode;
        this.city = city;
    }
    // 게터 및 세터
}
```

❶ 이 컴포넌트 POJO에는 @Entity 대신 @Embeddable이 표시돼 있습니다. 식별자 프로퍼티가 없기 때문입니다.

❷ @NotNull 애너테이션은 DDL 생성에서 무시됩니다.

❸ @Column(nullable=false)는 DDL 생성에 사용됩니다.

❹ @Column 애너테이션의 길이 인수는 칼럼의 기본 생성 타입인 VARCHAR(255)를 재정의합니다.

❺ city 칼럼의 타입은 기본값인 VARCHAR(255)가 됩니다.

❻ 하이버네이트 또는 하이버네이트를 사용하는 스프링 데이터 JPA에서는 인수가 없는 이 생성자를 호출해서 인스턴스를 생성한 다음 필드를 직접 채웁니다.

❼ 편의를 위해 추가 (public) 생성자를 둘 수 있습니다.

앞의 예제에서 임베드 가능한 클래스의 프로퍼티는 영속성 엔티티 클래스의 프로퍼티와 마찬가지로 기본적으로 모두 영속화됩니다. 프로퍼티 매핑은 엔티티와 마찬가지로 @Column이나 @Basic 같은 애너테이션으로 구성할 수 있습니다. Address 클래스의 프로퍼티는 STREET, ZIPCODE, CITY 칼럼에 매핑되며, NOT NULL 제약조건이 지정됩니다. 이것이 매핑의 전부입니다.

문제: 하이버네이트 유효성 검사기가 NOT NULL 제약조건을 생성하지 않습니다

이 글을 쓰는 시점에도 하이버네이트 유효성 검사기에는 공개 결함이 남아 있습니다. 즉, 하이버네이트가 데이터베이스 스키마를 생성할 때 임베드 가능한 컴포넌트 프로퍼티에 대한 @NotNull 제약조건을 NOT NULL 제약조건으로 매핑하지 않는다는 것입니다. 하이버네이트는 빈 유효성 검사를 위해 런타임에 컴포넌트의 프로퍼티에만 @NotNull을 사용합니다. 스키마에서 제약조건을 생성하려면 프로퍼티를 @Column(nullable = false)로 매핑해야 합니다. 하이버네이트 버그 데이터베이스에서는 이 문제를 HVAL-3으로 관리하고 있습니다(http://mng.bz/IR0R).

User 엔티티에는 특별한 것이 없습니다.

예제 6.8 Address를 참조하는 User 클래스

`FILE` Ch06/mapping-value-types/src/main/java/com/manning/javapersistence/ch06/model/User.java

```
@Entity
@Table(name = "USERS")
public class User {
    @Id
    @GeneratedValue(generator = Constants.ID_GENERATOR)
    private Long id;

    private Address homeAddress;    ❶

    // ...
}
```

❶ Address는 @Embeddable이므로 여기서는 애너테이션을 지정하지 않아도 됩니다.

위 예제에서는 하이버네이트 또는 하이버네이트를 사용하는 스프링 데이터가 **Address** 클래스에 **@Embeddable** 애너테이션이 지정돼 있고, **STREET, ZIPCODE, CITY** 칼럼이 소유 엔티티의 테이블인 **USERS** 테이블에 매핑돼 있음을 감지합니다.

이번 장의 앞부분에서 프로퍼티 접근에 대해 이야기할 때 임베드 가능한 컴포넌트는 그것을 소유하는 엔티티로부터 접근 전략을 상속받는다고 설명한 바 있습니다. 즉, 하이버네이트 또는 하이버네이트를 사용하는 스프링 데이터는 User 프로퍼티와 동일한 전략으로 **Address** 클래스의 프로퍼티에 접근합니다. 이러한 상속은 임베드 가능한 컴포넌트 클래스에서 매핑 애너테이션을 배치하는 데도 영향을 줍니다. 규칙은 다음과 같습니다.

- 임베드된 컴포넌트를 소유하는 **@Entity**가 필드 접근으로 매핑돼 있는 경우(필드에 **@Id**를 사용해 암시적으로 매핑하거나 클래스에 **@Access(AccessType.FIELD)**를 지정해 명시적으로 매핑) 임베드된 컴포넌트 클래스의 모든 매핑 애너테이션이 컴포넌트 클래스의 필드에 있을 것으로 예상합니다. 애너테이션은 Address 클래스의 필드에 있을 것으로 예상되며, 런타임에 필드를 직접 읽고 쓰게 됩니다. Address의 게터/세터 메서드는 선택 사항입니다.

- 임베드된 컴포넌트를 소유하는 **@Entity**가 프로퍼티 접근으로 매핑돼 있는 경우(게터 메서드에 **@Id**를 사용해 암시적으로 매핑하거나 클래스에 **@Access(AccessType.PROPERTY)**를 지정해 명시적으로 매핑) 임베드된 컴포넌트 클래스의 모든 매핑 애너테이션이 컴포넌트 클래스의 게터 메서드에 있을 것으로 예상합니다. 이 경우 임베드 가능한 컴포넌트 클래스의 게터/세터 메서드를 호출해서 값을 읽고 씁니다.

- 임베드된 컴포넌트를 소유하는 엔티티 클래스의 임베드된 프로퍼티(예제 6.8의 User#homeAddress)에 @Access(AccessType.FIELD)가 지정된 경우 애너테이션이 Address 클래스의 필드에 있을 것으로 예상하며, 런타임에 필드에 접근합니다.

- 임베드된 컴포넌트를 소유하는 엔티티 클래스의 임베드된 프로퍼티(예제 6.8의 User#homeAddress)에 @Access(AccessType.PROPERTY)가 지정된 경우 애너테이션이 Address 클래스의 게터 메서드에 있을 것으로 예상하며, 런타임에 게터/세터 메서드를 통해 접근이 이뤄집니다.

- @Access 애너테이션이 임베드 가능한 클래스 자체에 지정돼 있으면 선택한 전략이 임베드 가능한 클래스의 매핑 애너테이션을 읽거나 런타임에 접근하는 데 사용됩니다.

이제 필드 기반 접근과 프로퍼티 기반 접근을 비교해 보겠습니다. 왜 둘 중 하나를 사용해야 할까요?

- **필드 기반 접근**(field-based access): 필드 기반 접근을 사용하면 노출되지 말아야 할 필드에 대한 게터 메서드를 생략할 수 있습니다. 또한 필드는 한 줄로 선언되는 반면 접근자 메서드는 여러 줄에 걸쳐 작성되므로 필드 기반 접근을 사용하면 코드의 가독성을 높일 수 있습니다.

- **프로퍼티 기반 접근**(property-based access): 접근자 메서드는 추가 로직을 실행할 수 있습니다. 객체를 영속화할 때 이러한 추가 로직을 수행하고 싶다면 프로퍼티 기반 접근을 사용할 수 있습니다. 영속화할 때 이러한 추가 작업을 실행할 필요가 없다면 필드 기반 접근을 사용하면 됩니다.

한 가지 더 기억해야 할 점이 있습니다. Address에 대한 null 참조를 우아하게 표현할 방법은 없다는 것입니다. STREET, ZIPCODE, CITY 칼럼이 null일 경우 어떻게 될지 생각해 봅시다. 주소 정보 없이 User를 로드하는 경우 someUser.getHomeAddress()는 무엇을 반환해야 할까요? 이 경우 null이 반환됩니다. 하이버네이트 또는 하이버네이트를 사용하는 스프링 데이터에서는 임베드된 프로퍼티가 null일 경우 그에 해당하는 컴포넌트의 모든 매핑된 칼럼에 NULL 값을 저장합니다. 따라서 Address가 "비어 있는"(Address 인스턴스는 존재하지만 모든 프로퍼티가 null인 경우) 채로 User를 저장하면 User를 로드할 때 Address 인스턴스가 반환되지 않습니다. 이것은 직관적이지 않을 수 있습니다. 여러분은 사용자가 실제 주소를 갖기를 바랄 가능성이 높을 것이므로 어찌됐건 널을 허용하는 칼럼을 두지 말고 삼항 로직(ternary logic)을 사용하지 않는 편이 좋습니다.

값을 기준으로 인스턴스를 비교하려면 Address의 equals()와 hashCode() 메서드를 재정의해야 합니다. 그러나 인스턴스를 HashSet에 넣는 것과 같이 인스턴스를 비교해야 할 일이 없다면 이것은 크게 중요하지 않습니다. 이 문제에 대해서는 8.2.1절에서 컬렉션 맥락에서 논의하겠습니다.

현실적인 시나리오에서는 사용자가 다양한 용도로 주소를 여러 개 가지고 있을 것입니다. 그림 6.1에서는 User와 Address 사이에 별도로 추가된 합성관계인 billingAddress를 보여드렸습니다.

6.2.3 임베드된 속성 재정의

billingAddress는 앞으로 사용해야 할 User 클래스의 또 다른 임베드된 컴포넌트 프로퍼티이므로 USERS 테이블에 또 하나의 Address를 저장해야 합니다. 이로 인해 매핑 충돌이 발생하는데, 지금까지는 스키마에 하나의 주소를 저장할 수 있는 STREET, ZIPCODE, CITY 칼럼만 있었기 때문입니다.

각 USERS 로우에 또 다른 Address를 저장하려면 칼럼을 추가할 필요가 있습니다. 이를 위해 billing Address를 매핑할 때 칼럼명을 재정의할 수 있습니다.

예제 6.9 칼럼명 재정의하기

`FILE` Ch06/mapping-value-types/src/main/java/com/manning/javapersistence/ch06/model/User.java

```java
@Entity
@Table(name = "USERS")
public class User {
    @Embedded                              ❶
    @AttributeOverride(name = "street",
        column = @Column(name = "BILLING_STREET"))
    @AttributeOverride(name = "zipcode",
        column = @Column(name = "BILLING_ZIPCODE", length = 5))   ❷
    @AttributeOverride(name = "city",
        column = @Column(name = "BILLING_CITY"))
    private Address billingAddress;

    public Address getBillingAddress() {
        return billingAddress;
    }

    public void setBillingAddress(Address billingAddress) {
        this.billingAddress = billingAddress;
    }
    // ...
}
```

❶ billingAddress 필드에 @Embedded 애너테이션이 표시돼 있는데, 실제로 @Embedded 애너테이션은 필요하지 않습니다. 컴포넌트 클래스나 그것을 소유하는 엔티티 클래스의 프로퍼티를 표시해도 됩니다(둘 다 사용해도 문제는 없지만 이점도 없습니다). @Embedded 애너테이션은 소스나 애너테이션은 없지만 게터/세터 메서드를 사용해(일반 자바빈처럼) 서드파티 컴포넌트 클래스를 매핑하려는 경우에 유용합니다.

❷ 반복 가능한 @AttributeOverride 애너테이션은 임베드된 클래스의 프로퍼티 매핑을 선택적으로 재정의합니다. 이 예제에서는 세 개의 프로퍼티를 모두 재정의하고 각각 다른 칼럼명을 제공합니다. 이제 USERS 테이블에 두 개의 Address 인스턴스를 저장할 수 있으며, 각 인스턴스는 서로 다른 칼럼들로 저장됩니다(그림 6.2의 스키마를 다시 살펴보세요).

컴포넌트 프로퍼티에 @AttributeOverride 애너테이션을 지정하면 구성이 "완료"된 것으로 간주해 재정의된 프로퍼티의 모든 JPA 또는 하이버네이트 애너테이션은 무시됩니다. 즉, Address 클래스의 @Column 애너테이션은 무시되므로 (@Column 애너테이션의 nullable 속성의 기본값은 true이므로) 모든 BILLING_* 칼럼은 NULL 값을 허용하게 됩니다! (단, 빈 유효성 검사는 여전히 컴포넌트 프로퍼티의 @NotNull 애너테이션을 인식하며, 영속성 애너테이션만 재정의됩니다.)

데이터베이스와 상호작용하기 위해 두 개의 스프링 데이터 JPA 리포지터리 인터페이스를 만들겠습니다. UserRepository 인터페이스는 CrudRepository만 확장하며, CrudRepository 인터페이스의 모든 메서드를 상속합니다. UserRepository 인터페이스는 Long 타입의 ID를 가진 User 엔티티를 관리하기 때문에 User와 Long으로 제네릭화됩니다.

예제 6.10 UserRepository 인터페이스

FILE Ch06/mapping-value-types/src/main/java/com/manning/javapersistence/ch06/repositories/UserRepository.java

```java
public interface UserRepository extends CrudRepository<User, Long> {
}
```

ItemRepository 인터페이스는 CrudRepository를 확장하며, CrudRepository 인터페이스의 모든 메서드를 상속합니다. 또한 스프링 데이터 JPA의 명명 규칙에 따라 findByMetricWeight 메서드를 선언합니다. 이 메서드는 Long 타입의 ID를 가진 Item 엔티티를 관리하기 때문에 Item과 Long으로 제네릭화됩니다.

예제 6.11 ItemRepository 인터페이스

FILE Ch06/mapping-value-types/src/main/java/com/manning/javapersistence/ch06/repositories/ItemRepository.java

```java
public interface ItemRepository extends CrudRepository<Item, Long> {
```

```
    Iterable<Item> findByMetricWeight(double weight);
}
```

다음 예제에 나온 것처럼 스프링 데이터 JPA 프레임워크를 사용해서 작성한 코드의 기능을 테스트해 보겠습니다. 이 책의 소스코드에는 JPA와 하이버네이트를 사용하는 테스트 코드도 포함돼 있습니다.

예제 6.12 영속성 코드의 기능 테스트하기

FILE Ch06/mapping-value-types/src/test/java/com/manning/javapersistence/ch06/MappingValuesSpringDataJPATest.java

```
@ExtendWith(SpringExtension.class)                          ❶
@ContextConfiguration(classes = {SpringDataConfiguration.class})    ❷
public class MappingValuesSpringDataJPATest {

    @Autowired
    private UserRepository userRepository;            ❸

    @Autowired
    private ItemRepository itemRepository;            ❹

    @Test
    void storeLoadEntities() {

        User user = new User();
        user.setUsername("username");                 ❺
        user.setHomeAddress(new Address("Flowers Street",
                                "12345", "Boston"));
        userRepository.save(user);              ❻

        Item item = new Item();
        item.setName("Some Item");
        item.setMetricWeight(2);                ❼
        item.setDescription("descriptiondescription");
        itemRepository.save(item);              ❽

        List<User> users = (List<User>) userRepository.findAll();        ❾
        List<Item> items = (List<Item>) itemRepository.findByMetricWeight(2.0);    ❿
```

```
        assertAll(
            () -> assertEquals(1, users.size()),          ⑪
            () -> assertEquals("username", users.get(0).getUsername()),          ⑫
            () -> assertEquals("Flowers Street",
                            users.get(0).getHomeAddress().getStreet()),      ⑬
            () -> assertEquals("12345",
                            users.get(0).getHomeAddress().getZipcode()),     ⑭
            () -> assertEquals("Boston",
                            users.get(0).getHomeAddress().getCity()),        ⑮
            () -> assertEquals(1, items.size()),          ⑯
            () -> assertEquals("AUCTION: Some Item",
                                                                             ⑰
                            items.get(0).getName()),
            () -> assertEquals("descriptiondescription",
                            items.get(0).getDescription()),                  ⑱
            () -> assertEquals(AuctionType.HIGHEST_BID,
                            items.get(0).getAuctionType()),                  ⑲
            () -> assertEquals("descriptiond...",
                            items.get(0).getShortDescription()),             ⑳
            () -> assertEquals(2.0, items.get(0).getMetricWeight()),  ㉑
            () -> assertEquals(LocalDate.now(),
                                                                             ㉒
                            items.get(0).getCreatedOn()),
            () -> assertTrue(ChronoUnit.SECONDS.between(
                            LocalDateTime.now(),
                                                                             ㉓
                            items.get(0).getLastModified()) < 1),
            () -> assertEquals(new BigDecimal("1.00"),
                                                                             ㉔
                            items.get(0).getInitialPrice())
        );


    }
}
```

❶ SpringExtension을 사용해 테스트를 확장합니다. 이 확장은 스프링 테스트 컨텍스트를 JUnit 5 Jupiter 테스트와 통합하는 데 사용됩니다.

❷ 스프링 테스트 컨텍스트는 SpringDataConfiguration 클래스에 정의된 빈을 사용해 구성됩니다.

❸ UserRepository 빈은 스프링의 의존성 자동 주입을 통해 주입됩니다.

❹ ItemRepository 빈은 스프링의 의존성 자동 주입을 통해 주입됩니다. 이것이 가능한 이유는 UserRepository와 ItemRepository가 있는 com.manning.javapersistence.ch06.repositories 패키지를 스캔하도록 SpringData Configuration 클래스의 @EnableJpaRepositories 애너테이션에 해당 패키지를 지정했기 때문입니다. SpringData Configuration 클래스가 어떻게 생겼는지 기억나지 않는다면 2장을 참조하세요.

❺ 사용자를 만들고 설정합니다.

❻ 사용자를 리포지터리에 저장합니다.

❼ 품목을 만들고 설정합니다.

❽ 품목을 리포지터리에 저장합니다.

❾ 모든 사용자 리스트를 가져옵니다.

❿ 무게가 2.0킬로그램인 품목의 리스트를 가져옵니다.

⓫ 사용자 리스트의 크기를 확인합니다.

⓬ 이름을 확인합니다.

⓭ 도로명 주소를 확인합니다.

⓮ 우편번호를 확인합니다.

⓯ 리스트에서 첫 번째 사용자의 시군구명을 확인합니다.

⓰ 품목 리스트의 크기를 확인합니다.

⓱ 첫 번째 품목의 이름을 확인합니다.

⓲ 설명을 확인합니다.

⓳ 경매 유형을 확인합니다.

⓴ 요약 설명을 확인합니다.

㉑ 킬로그램 단위의 무게를 확인합니다.

㉒ 생성 날짜를 확인합니다.

㉓ 마지막으로 수정한 날짜와 시간을 확인합니다. 마지막 수정 날짜와 시간이 현재 날짜와 시간과 비교해 1초 이내인지 확인합니다
(조회 지연 시간을 감안).

㉔ 리스트에서 첫 번째 품목의 시작가를 확인합니다.

이전 예제의 도메인 모델에서는 임베드된 컴포넌트를 중첩해서 재사용성을 더욱 개선하고 더 잘게 세분화
할 수 있습니다.

6.2.4 중첩 임베드된 컴포넌트 매핑

Address 클래스와 주소의 상세 정보를 캡슐화하는 방법을 고민해 봅시다. 단순한 city 문자열 대신 이러
한 상세 정보를 새로운 City라는 임베드 가능한 클래스로 옮길 수 있습니다. 수정된 도메인 모델 다이어그
램을 그림 6.3에서 볼 수 있습니다. 매핑을 위한 SQL 스키마에는 그림 6.4와 같이 여전히 USERS 테이블이
하나만 있습니다. 예제 6.13과 예제 6.14의 소스코드는 mapping-value-types2 폴더에서 확인할 수 있습
니다.

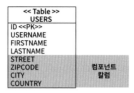

그림 6.3 Address와 City의 중첩된 합성관계

<< Table >>
USERS
ID <<PK>>
USERNAME
FIRSTNAME
LASTNAME
STREET
ZIPCODE
CITY
COUNTRY

컴포넌트
칼럼

그림 6.4 임베드된 칼럼에 Address와 City의 상세 정보가 들어갑니다.

임베드 가능한 클래스에는 임베드된 프로퍼티가 있을 수 있으며, Address에는 city 프로퍼티가 있습니다.

예제 6.13 city 프로퍼티가 담긴 Address 클래스

FILE Ch06/mapping-value-types2/src/main/java/com/manning/javapersistence/ch06/model/Address.java

```java
@Embeddable
public class Address {
    @NotNull
    @Column(nullable = false)
    private String street;

    @NotNull
    @AttributeOverride(
        name = "name",
        column = @Column(name = "CITY", nullable = false)
    )
    private City city;
    // ...
}
```

기본 프로퍼티만 포함된 임베드 가능한 City 클래스를 생성하겠습니다.

예제 6.14 임베드 가능한 City 클래스

FILE Ch06/mapping-value-types2/src/main/java/com/manning/javapersistence/ch06/model/City.java

```java
@Embeddable
```

```
public class City {
    @NotNull
    @Column(nullable = false, length = 5)
    private String zipcode;

    @NotNull
    @Column(nullable = false)
    private String name;

    @NotNull
    @Column(nullable = false)
    private String country;
    // ...
}
```

가령 Country 클래스를 생성하는 식으로 이러한 종류의 중첩을 계속할 수 있습니다. 모든 임베드된 프로퍼티는 합성관계의 깊이에 관계없이 그것을 소유하는 엔티티의 테이블(여기서는 USERS 테이블)의 칼럼에 매핑됩니다.

City 클래스의 name 프로퍼티는 CITY 칼럼에 매핑됩니다. 이것은 예제에 나온 것처럼 Address에서 @AttributeOverride를 사용하거나 루트 엔티티 클래스인 User를 재정의하는 방식으로 처리할 수 있습니다. 중첩된 프로퍼티는 점 표기법(dot notation)으로 참조할 수 있습니다. 예를 들어, User#address에서 @AttributeOverride(name = "city.name")은 Address#city#name 속성을 참조합니다.

8.2절에서 임베드된 컴포넌트에 대해 다시 살펴보면서 컴포넌트 컬렉션 매핑과 컴포넌트에서 엔티티로 연결되는 참조를 사용하는 것에 대해 살펴보겠습니다.

이번 장의 초반부에서는 기본 프로퍼티를 분석하고 하이버네이트 또는 하이버네이트를 사용하는 스프링 데이터 JPA가 어떻게 java.lang.String과 같은 JDK 타입을 적절한 SQL 타입으로 매핑하는지 살펴봤습니다. 이제 이러한 타입 시스템과 저수준에서 값이 어떻게 변환되는지 자세히 알아보겠습니다.

6.3 변환기를 이용한 자바 타입과 SQL 타입의 매핑

지금까지는 java.lang.String 프로퍼티를 매핑할 때 하이버네이트 또는 하이버네이트를 사용하는 스프링 데이터 JPA가 올바른 SQL 타입을 선택한다고 가정했습니다. 하지만 자바 타입과 SQL 타입 간의 올바른 매핑은 무엇이고 이를 어떻게 제어할 수 있을까요? 구체적인 내용을 살펴보면서 이러한 타입 간의 대응 관계를 형상화해 보겠습니다.

6.3.1 내장 타입

모든 JPA 공급자는 최소한의 자바와 SQL 간의 타입 변환을 지원해야 합니다. 하이버네이트 또는 하이버네이트를 사용하는 스프링 데이터 JPA에서는 이러한 모든 매핑을 지원할 뿐만 아니라 표준은 아니지만 실무에 유용한 몇 가지 추가 어댑터를 지원합니다. 먼저 자바 원시 타입과 그에 상응하는 SQL 타입을 살펴보겠습니다.

원시 타입과 숫자 타입

표 6.1에 정리된 내장 타입들은 자바 원시 타입 및 해당 타입의 래퍼들을 적절한 SQL 표준 타입으로 매핑한 것입니다. 여기에는 다른 숫자 타입도 몇 가지 포함했습니다. '이름' 열에 있는 이름들은 하이버네이트 전용이며, 나중에 타입 매핑을 커스터마이징할 때 사용할 것입니다.

표 6.1 SQL 표준 타입으로 매핑되는 자바 원시 타입

이름	자바 타입	ANSI SQL 타입
integer	int, java.lang.Integer	INTEGER
long	long, java.lang.Long	BIGINT
short	short, java.lang.Short	SMALLINT
float	float, java.lang.Float	FLOAT
double	double, java.lang.Double	DOUBLE
byte	byte, java.lang.Byte	TINYINT
boolean	boolean, java.lang.Boolean	BOOLEAN
big_decimal	java.math.BigDecimal	NUMERIC
big_integer	java.math.BigInteger	NUMERIC

사용 중인 DBMS 제품이 표에 나열된 일부 SQL 타입을 지원하지 않는다는 것을 눈치채셨을 것입니다. 표에 나열된 SQL 타입명은 ANSI 표준 타입명입니다. 대부분의 DBMS 공급자는 일반적으로 레거시 타입 시스템이 표준보다 앞서 있기 때문에 SQL 표준의 이 부분을 무시합니다. 그러나 JDBC는 공급자별 데이터 타입을 부분적으로 추상화해서 INSERT나 UPDATE 같은 DML 문을 실행할 때 하이버네이트가 ANSI 표

준 타입으로 작동할 수 있게 합니다. 어떤 제품에 특화된 스키마를 생성하는 경우 하이버네이트에서는 구성된 SQL 방언을 사용해 ANSI 표준 타입에서 적절한 공급자 전용 타입으로 변환합니다. 즉, 일반적으로 하이버네이트가 스키마를 생성하게 하면 SQL 데이터 타입에 대해 걱정할 필요가 없습니다.

기존 스키마가 있거나 DBMS의 기본 데이터 타입을 알아야 하는 경우 구성된 SQL 방언의 소스를 살펴볼 수 있습니다. 예를 들어, 하이버네이트와 함께 제공되는 H2Dialect에는 ANSI NUMERIC 타입에서 공급업체에 특화된 DECIMAL 타입으로 매핑하는 registerColumnType(Types.NUMERIC, "decimal($p,$s)")가 포함돼 있습니다.

NUMERIC SQL 타입은 숫자의 전체 자릿수와 소수점 이하 자릿수 설정을 지원합니다. 예를 들어, BigDecimal 프로퍼티의 전체 자릿수 및 소수점 이하 자릿수 설정의 기본값은 NUMERIC(19, 2)입니다. 스키마 생성을 위해 이를 재정의하려면 프로퍼티에 @Column 애너테이션을 적용하고 해당 precision과 scale 매개변수를 설정합니다.

다음은 데이터베이스의 문자열에 매핑되는 타입입니다.

문자 타입

표 6.2에 문자와 문자열 값 표현을 매핑하는 타입이 나와 있습니다.

표 6.2 문자 및 문자열 값에 대한 어댑터

이름	자바 타입	ANSI SQL 타입
string	java.lang.String	VARCHAR
character	char[], Character[], java.lang.String	CHAR
yes_no	boolean, java.lang.Boolean	CHAR(1) 또는 'Y', 'N'
true_false	boolean, java.lang.Boolean	CHAR(1) 또는 'T', 'F'
class	java.lang.Class	VARCHAR
locale	java.util.Locale	VARCHAR
timezone	java.util.TimeZone	VARCHAR
currency	java.util.Currency	VARCHAR

하이버네이트 타입 시스템은 문자열 값에 선언된 길이에 따라 SQL 데이터 타입을 선택합니다. 즉, String 프로퍼티에 @Column(length = ...)가 지정돼 있거나 빈 유효성 검사의 @Length 애너테이션이 지정된

경우 하이버네이트가 지정된 문자열 크기에 적합한 SQL 데이터 타입을 선택합니다. 이 선택은 구성된 SQL 방언에 따라 달라집니다. 예를 들어, MySQL에서 최대 65,535 길이의 경우 하이버네이트에서 스키마가 생성될 때 일반 `VARCHAR(length)` 칼럼이 생성됩니다. 길이가 최대 16,777,215인 경우 MySQL 전용 `MEDIUMTEXT` 데이터 타입이 생성되며, 이보다 더 긴 길이의 경우 `LONGTEXT`를 사용합니다. 모든 `java.lang.String` 프로퍼티에 대한 하이버네이트의 기본 길이는 255이므로 별도의 매핑 정보가 없다면 `String` 프로퍼티는 `VARCHAR(255)` 칼럼에 매핑됩니다. SQL 방언의 클래스를 확장해서 이러한 타입 선택을 커스터마이징할 수 있으며, 사용 중인 DBMS 제품에 대한 자세한 내용에 대해서는 방언 문서나 소스코드를 참고합니다.

일반적으로 데이터베이스는 전체 데이터베이스 또는 적어도 전체 테이블에 대해 적절한 기본 문자 집합(UTF-8)을 사용해 텍스트를 국제화할 수 있습니다. 이것은 DBMS마다 특화된 설정입니다. 좀 더 세밀한 제어가 필요하고 문자 데이터 타입의 국가별 변형(예: `NVARCHAR`, `NCHAR`, `NCLOB`)으로 전환하려면 프로퍼티 매핑에 `@org.hibernate.annotations.Nationalized` 애너테이션을 지정하면 됩니다.

또한 레거시 데이터베이스나 오라클 같은 제한적인 타입 시스템을 사용하는 DBMS를 위한 몇 가지 특수 변환기가 내장돼 있습니다. 오라클 DBMS에는 관계형 모델에서 요구하는 유일한 데이터 타입인 진리값 데이터 타입조차 없습니다. 따라서 기존의 많은 오라클 스키마에서는 Y/N 또는 T/F 문자로 부울 값을 나타냅니다. 또는 `NUMBER(1,0)` 타입의 칼럼으로 표현되고 생성됩니다(그리고 이것이 하이버네이트의 오라클 방언에서 기본값입니다). 다시 한 번 말하지만 ANSI 데이터 타입에서 공급자별로 특화된 타입까지, 모든 매핑을 알고 싶다면 DBMS의 SQL 방언을 참고합니다.

다음은 데이터베이스의 날짜 및 시간에 매핑되는 타입입니다.

날짜 및 시간 타입

표 6.3에는 날짜, 시간, 타임스탬프와 관련된 타입이 나열돼 있습니다.

표 6.3 날짜 및 시간 타입

이름	자바 타입	ANSI SQL 타입
date	java.util.Date, java.sql.Date	DATE
time	java.util.Date, java.sql.Time	TIME
timestamp	java.util.Date, java.sql.Timestamp	TIMESTAMP

이름	자바 타입	ANSI SQL 타입
calendar	java.util.Calendar	TIMESTAMP
calendar_date	java.util.Calendar	DATE
duration	java.time.Duration	BIGINT
instant	java.time.Instant	TIMESTAMP
localdatetime	java.time.LocalDateTime	TIMESTAMP
localdate	java.time.LocalDate	DATE
localtime	java.time.LocalTime	TIME
offsetdatetime	java.time.OffsetDateTime	TIMESTAMP
offsettime	java.time.OffsetTime	TIME
zoneddatetime	java.time.ZonedDateTime	TIMESTAMP

도메인 모델에서 날짜 및 시간 데이터는 java.util.Date, java.util.Calendar 또는 java.sql 패키지에 정의된 java.util.Date의 서브클래스, 또는 java.time 패키지의 자바 8 클래스로 표현할 수 있습니다. 현재로서는 java.time 패키지의 자바 8 API를 사용하는 것이 가장 좋습니다. 이러한 클래스는 날짜, 시간, 시간이 포함된 날짜를 나타내거나 UTC 표준 시간대에 대한 오프셋(OffsetDateTime과 OffsetTime)을 포함할 수도 있습니다. JPA 2.2에서는 자바 8의 날짜 및 시간 클래스를 공식적으로 지원합니다.

java.util.Date 프로퍼티에 대한 하이버네이트의 동작 방식을 처음 접하는 분들이라면 조금 생소할 수도 있습니다. java.util.Date를 저장할 때 하이버네이트가 로드 후 java.util.Date를 반환하지 않기 때문입니다. 프로퍼티가 TemporalType.DATE나 TemporalType.TIME, TemporalType.TIMESTAMP와 매핑돼 있는지 여부에 따라 java.sql.Date나 java.sql.Time, java.sql.Timestamp를 반환하기 때문입니다.

데이터베이스 타입이 java.util.Date보다 정확도가 높기 때문에 하이버네이트가 데이터베이스에서 데이터를 로드할 때는 JDBC 서브클래스를 사용해야 합니다. java.util.Date는 밀리초 단위의 정확도를 갖추고 있지만 java.sql.Timestamp는 데이터베이스에 존재할 수도 있는 나노초 단위의 정보까지 포함합니다. 하이버네이트가 값을 java.util.Date에 맞추기 위해 이 정보를 잘라내지는 않을 것이며, 이것은 java.util.Date 값을 equals() 메서드로 비교할 때 문제를 일으킬 수 있습니다. java.sql.Timestamp 서브클래스의 equals() 메서드와 대칭적이지 않기 때문입니다.

이 경우 해결책은 간단하며, 하이버네이트에만 쓸 수 있는 해결책도 아닙니다. 바로 aDate.equals(bDate)를 호출하지 않는 것입니다. 대신 항상 유닉스 시간 밀리초로 날짜와 시간을 비교해야 합니다(나노초는 신경 쓰지 않는다고 가정). 예를 들어, aDate.getTime() > bDate.getTime()은 aDate가 bDate보다 나중인 경우 true입니다. 하지만 HashSet 같은 컬렉션은 equals() 메서드도 호출하므로 주의해야 합니다. 이러한 컬렉션에서 java.util.Date나 java.sql.Date¦Time¦Timestamp 값을 섞어 쓰면 안 됩니다.

Calendar 프로퍼티에서는 이런 문제가 발생하지 않습니다. Calendar 값을 저장할 경우 하이버네이트는 항상 Calendar.getInstance()로 생성된 Calendar 값을 반환하며, 실제 타입은 로캘(locale)과 시간대 (time zone)에 따라 달라집니다.

또는 6.3.2절에 나온 대로 직접 **변환기**를 작성해서 하이버네이트에서 java.sql 시간 타입의 인스턴스를 일반 java.util.Date 인스턴스로 변환할 수 있습니다. 예를 들어, 데이터베이스에서 값을 로드한 후 Calendar 인스턴스에 기본 시간대가 아닌 다른 시간대가 있어야 하는 경우 사용자 정의 변환기를 사용하는 것도 좋은 출발점이 될 수 있습니다.

앞서 6.1.5절에서 설명한 대로 자바 8 클래스인 LocalDate, LocalTime, LocalDateTime을 사용해 날짜 및 시간 데이터를 표현하기로 했다면 이러한 모든 우려가 사라집니다. 하지만 여전히 이전 클래스를 사용하는 코드를 많이 접할 수 있으므로 이로 인해 발생할 수 있는 문제를 알고 있어야 합니다.

다음은 데이터베이스의 이진 데이터(binary data)와 큰 값(large value)에 매핑되는 타입입니다.

이진 및 큰 값 타입

표 6.4에는 이진 데이터 및 큰 값을 처리하기 위한 타입이 나열돼 있습니다. 식별자 프로퍼티의 타입으로는 binary만 지원된다는 점에 유의합니다.

영속성 자바 클래스의 프로퍼티가 byte[] 타입인 경우, 하이버네이트는 해당 프로퍼티를 VARBINARY 칼럼에 매핑합니다. 실제 SQL 데이터 타입은 방언에 따라 달라집니다. 예를 들어, PostgreSQL에서는 데이터 타입이 BYTEA이고 오라클 DBMS에서는 RAW입니다. 일부 방언에서는 @Column으로 설정한 length가 네이티브 타입에도 영향을 미칩니다(예: 오라클에서는 길이가 2,000 이상인 경우 LONG RAW가 사용됨). MySQL의 경우 기본 SQL 데이터 타입은 TINYBLOB입니다. @Column으로 설정된 length에 따라 BLOB이나 MEDIUMBLOB, LONGBLOB이 될 수 있습니다.

표 6.4 이진 및 큰 값 타입

이름	자바 타입	ANSI SQL 타입
binary	byte[], java.lang.Byte[]	VARBINARY
text	java.lang.String	CLOB
clob	java.sql.Clob	CLOB
blob	java.sql.Blob	BLOB
serializable	java.io.Serializable	VARBINARY

java.lang.String 속성은 SQL VARCHAR 칼럼에 매핑되며 char[] 및 Character[]의 경우도 마찬가지입니다. 앞서 설명한 것처럼 일부 방언은 선언된 길이에 따라 다른 네이티브 타입을 등록하기도 합니다.

하이버네이트는 프로퍼티 변수를 보유한 엔티티 인스턴스가 로드될 때 프로퍼티 값을 즉시 초기화합니다. 이는 잠재적으로 큰 값을 처리해야 할 때 불편하므로 일반적으로 이 기본 매핑을 재정의하고 싶을 것입니다. JPA 명세에는 이러한 목적으로 쓸 수 있는 편리한 축약 애너테이션인 @Lob이 있습니다.

```
@Entity
public class Item {
    @Lob
    private byte[] image;

    @Lob
    private String description;
}
```

이렇게 하면 byte[]를 SQL BLOB 데이터 타입에 매핑하고 String을 CLOB에 매핑합니다. 하지만 아쉽게도 이렇게 설계해도 여전히 지연 로딩이 발생하지 않습니다. 하이버네이트 또는 하이버네이트를 사용하는 스프링 데이터 JPA가 필드 접근을 가로채야 할 것입니다(예를 들어, someItem.getImage()를 호출했을 때 image의 바이트를 로드). 이 접근법을 사용하려면 컴파일 후 추가 코드 삽입을 위해 클래스의 바이트코드 조작(bytecode instrumentation)이 필요합니다. 바이트코드 조작 및 인터셉트를 통한 지연 로딩에 대해서는 12.1.2절에서 설명하겠습니다.

아니면 자바 클래스에서 프로퍼티 타입을 바꿔도 됩니다. JDBC는 대용량 객체(LOB; large object)를 직접 지원합니다. 자바 프로퍼티가 java.sql.Clob이나 java.sql.Blob인 경우, 바이트코드 조작 없이도 지연 로딩을 하게 됩니다.

```
@Entity
public class Item {

    @Lob
    private java.sql.Blob imageBlob;

    @Lob
    private java.sql.Clob description;
}
```

BLOB/CLOB은 무엇을 의미하나요?

LOB에 대한 아이디어를 생각해 낸 짐 스타키(Jim Starkey)는 마케팅 부서에서 BLOB과 CLOB이라는 용어를 만들었다고 말합니다. BLOB는 이진 대용량 객체(Binary Large Object), 즉 단일 엔티티로 저장된 이진 데이터(일반적으로 이미지, 동영상, 오디오 같은 멀티미디어 객체)로 해석됩니다. CLOB는 문자형 대용량 객체(Character Large Object), 즉 테이블이 참조만 하는 별도의 위치에 저장된 문자 데이터를 의미합니다.

이러한 JDBC 클래스에는 필요에 따라 값을 로드하는 동작이 포함돼 있습니다. 이러한 값을 소유하는 엔티티 인스턴스가 로드될 때 프로퍼티 값은 위치 표시자일 뿐 실제 값은 즉시 구체화되지 않습니다. 동일한 트랜잭션 내에서 프로퍼티에 접근하면 값이 구체화되거나 임시 메모리를 소비하지 않고 직접 (클라이언트로) 스트리밍되기도 합니다.

```
Item item = em.find(Item.class, ITEM_ID);
InputStream imageDataStream = item.getImageBlob().getBinaryStream();    ❶
ByteArrayOutputStream outStream = new ByteArrayOutputStream();          ❷
StreamUtils.copy(imageDataStream, outStream);           ❸
byte[] imageBytes = outStream.toByteArray();
```

❶ 바이트를 직접 스트리밍합니다.

❷ 또는 메모리로 구체화할 수도 있습니다.

❸ org.springframework.util.StreamUtils는 스트림을 처리하기 위한 유틸리티 메서드를 제공하는 클래스입니다.

단점은 도메인 모델이 JDBC에 종속되어 단위 테스트에서 데이터베이스 연결 없이는 LOB 프로퍼티에 접근할 수 없다는 것입니다.

Blob 또는 Clob 값을 생성하고 설정하기 위해 하이버네이트에서는 몇 가지 편리한 수단을 제공합니다. 다음 예제는 임시 메모리를 소비하지 않고 InputStream에서 데이터베이스로 직접 byteLength만큼 바이트를 읽습니다.

```
Session session = em.unwrap(Session.class);          ❶
Blob blob = session.getLobHelper()                   ❷
                  .createBlob(imageInputStream, byteLength);
someItem.setImageBlob(blob);
em.persist(someItem);
```

❶ 네이티브 하이버네이트 API가 필요하므로 EntityManager에서 Session을 언래핑해야 합니다.

❷ 그런 다음 스트림으로부터 읽을 바이트 수를 알아야 합니다.

마지막으로, 하이버네이트는 java.io.Serializable인 모든 프로퍼티 타입에 대해 대체(fallback) 직렬화를 제공합니다. 이 매핑은 프로퍼티의 값을 VARBINARY 칼럼에 저장된 바이트 스트림으로 변환합니다. 직렬화와 역직렬화는 소유 엔티티 인스턴스가 저장되거나 로드될 때 발생합니다. 당연히 데이터는 애플리케이션보다 수명이 길기 때문에 이 전략은 매우 신중하게 사용해야 합니다. 언젠가는 데이터베이스의 바이트가 무엇을 의미하는지 아무도 모르게 될 것입니다. 직렬화는 사용자 설정, 로그인 세션 데이터 등과 같은 임시 데이터에 유용할 때가 있습니다.

하이버네이트는 프로퍼티의 자바 타입에 따라 적절한 어댑터 타입을 선택합니다. 기본 매핑이 적절하지 않을 경우 이를 재정의하는 방법을 살펴봅시다.

타입 어댑터 선택하기

이전 절에서 여러 어댑터와 그러한 어댑터의 하이버네이트 이름들을 확인했습니다. 하이버네이트의 기본 타입 선택을 재정의하고 특정 어댑터를 명시적으로 선택할 때 이러한 이름을 사용합니다.

```
@Entity
public class Item {
    @org.hibernate.annotations.Type(type = "yes_no")
    private boolean verified = false;
}
```

이제 이 boolean은 BIT 대신 Y 또는 N 값으로 CHAR 칼럼에 매핑됩니다.

또한 하이버네이트 구성에서 사용자 정의 타입으로 어댑터를 전역적으로 재정의할 수 있으며, 다음 절에서 이를 작성하는 방법을 설명하겠습니다.

```
metaBuilder.applyBasicType(new MyUserType(), new String[]{"date"});
```

이 설정은 내장 `date` 타입 어댑터를 재정의하고 `java.util.Date` 프로퍼티에 대한 값 변환을 사용자 정의 구현에 위임합니다.

이러한 확장 가능한 타입 시스템은 하이버네이트의 핵심적인 특징 중 하나이며, 하이버네이트를 유연하게 만드는 중요한 측면입니다. 다음으로 타입 시스템과 JPA 사용자 정의 변환기에 대해 더 자세히 살펴보겠습니다.

6.3.2 사용자 정의 JPA 변환기 생성

온라인 경매 시스템에 대한 새로운 요구사항은 여러 통화를 사용하는 것이며, 이러한 종류의 변경을 적용하는 것은 복잡할 수 있습니다. 데이터베이스 스키마를 수정해야 하고, 기존 데이터를 이전 스키마에서 새 스키마로 마이그레이션해야 할 수도 있으며, 데이터베이스에 접근하는 모든 애플리케이션을 업데이트해야 합니다. 이번 절에서는 JPA 변환기와 확장 가능한 하이버네이트 타입 시스템이 어떻게 이 같은 프로세스를 보조해서 애플리케이션과 데이터베이스 사이에 별도의 유연한 완충지대를 제공하는지 보여드리겠습니다.

여러 통화를 지원하기 위해 CaveatEmptor 도메인 모델에 다음 예제에 나온 `MonetaryAmount`라는 새로운 클래스를 도입합니다.

예제 6.15 불변 `MonetaryAmount` 값 타입 클래스

`FILE` Ch06/mapping-value-types2/src/main/java/com/manning/javapersistence/ch06/model/MonetaryAmount.java

```java
public class MonetaryAmount implements Serializable {          ❶
    private final BigDecimal value;
                                              ❷
    private final Currency currency;

    public MonetaryAmount(BigDecimal value, Currency currency) {     ❷
        this.value = value;
        this.currency = currency;
```

```
    }

    public BigDecimal getValue() {          ❷
        return value;
    }

    public Currency getCurrency() {         ❷
        return currency;
    }

    @Override
    public boolean equals(Object o) {       ❸
        if (this == o) return true;
        if (o == null || getClass() != o.getClass()) return false;
        MonetaryAmount that = (MonetaryAmount) o;
        return Objects.equals(value, that.value) &&
                Objects.equals(currency, that.currency);
    }

    public int hashCode() {                 ❸
        return Objects.hash(value, currency);
    }

    public String toString() {              ❹
        return value + " " + currency;
    }

    public static MonetaryAmount fromString(String s) {     ❺
        String[] split = s.split(" ");
        return new MonetaryAmount(
            new BigDecimal(split[0]),
            Currency.getInstance(split[1])
        );
    }

}
```

❶ 이 값 타입 클래스는 java.io.Serializable이어야 합니다. 하이버네이트가 엔티티 인스턴스 데이터를 공유된 2차 캐시 (second-level cache)에 저장할 때 엔티티의 상태를 **분해**하기 때문입니다. 엔티티에 MonetaryAmount 프로퍼티가 있는 경우

프로퍼티 값의 직렬화된 표현이 2차 캐시 영역에 저장됩니다. 캐시 영역에서 엔티티 데이터를 조회하면 프로퍼티 값이 역직렬화되고 재조립됩니다.

❷ 이 클래스에서는 값과 동화 필드, 이 두 필드를 모두 사용하는 생성자, 그리고 이러한 필드에 대한 게터를 정의합니다.

❸ 이 클래스에서는 equals()와 hashCode() 메서드를 구현하고 "값을 기준으로" 화폐 금액을 비교합니다.

❹ 이 클래스에서는 toString() 메서드를 구현합니다.

❺ 이 클래스에서는 String으로부터 인스턴스를 생성하는 정적 메서드를 구현합니다.

기본 프로퍼티 값 변환하기

일반적으로 데이터베이스 담당자는 여러 통화를 즉시 구현할 수 없습니다. 데이터베이스 담당자가 빠르게 할 수 있는 일이란 데이터베이스 스키마에서 칼럼 데이터 타입을 변경하는 것뿐입니다.

Item 클래스에 buyNowPrice 필드를 추가하겠습니다.

FILE Ch06/mapping-value-types/src/main/java/com/manning/javapersistence/ch06/model/Item.java

```
@NotNull
@Convert(converter = MonetaryAmountConverter.class)
@Column(name = "PRICE", length = 63)
private MonetaryAmount buyNowPrice;
```

ITEM 테이블의 VARCHAR 칼럼에 BUYNOWPRICE를 저장하고 해당 문자열 값에 화폐 금액의 통화 코드를 추가하겠습니다. 예를 들어, 11.23 USD나 99 EUR라는 값을 이 칼럼에 저장할 것입니다.

데이터를 저장할 때는 MonetaryAmount의 인스턴스를 이러한 String 표현으로 변환합니다. 데이터를 로드할 때는 문자열을 다시 MonetaryAmount로 변환합니다. 이를 위한 가장 간단한 해결책은 앞의 코드에서 @Convert 애너테이션에 사용된 MonetaryAmoutConverter 클래스에서 JPA의 표준 확장점인 javax.persistence.AttributeConverter를 구현하는 것입니다. 다음 예제를 봅시다.

예제 6.16 문자열과 MonetaryValue 간의 변환 ○

FILE Ch06/mapping-value-types2/src/main/java/com/manning/javapersistence/ch06/converter/MonetaryAmountConverter.java

```
@Converter
public class MonetaryAmountConverter          ❶
    implements AttributeConverter<MonetaryAmount, String> {
```

```
    @Override
    public String convertToDatabaseColumn(MonetaryAmount monetaryAmount) {
        return monetaryAmount.toString();
    }                                                                          ②


    @Override
    public MonetaryAmount convertToEntityAttribute(String s) {
        return MonetaryAmount.fromString(s);                                   ③
    }
}
```

❶ 변환기는 AttributeConverter 인터페이스를 구현해야 하며, 두 개의 인수는 차례로 자바 프로퍼티의 타입과 데이터베이스 스키마의 타입입니다. 자바 타입은 MonetaryAmount이고 데이터베이스 타입은 일반적으로 SQL VARCHAR에 매핑되는 String입니다. 클래스에는 반드시 @Converter 애너테이션을 지정해야 합니다.

❸ convertToDatabaseColumn 메서드는 MonetaryAmount 엔티티 타입에서 문자열 데이터베이스 칼럼으로 변환합니다.

❸ convertToEntityAttribute 메서드는 문자열 데이터베이스 칼럼을 MonetaryAmount 엔티티 타입으로 변환합니다.

영속성 코드의 기능을 테스트하기 위해 다음 예제에 나온 대로 스프링 데이터 JPA 프레임워크를 사용하겠습니다. 이 책의 소스코드에는 JPA와 하이버네이트를 사용하는 테스트 코드도 포함돼 있습니다.

예제 6.17 영속성 코드의 기능 테스트하기

FILE Ch06/mapping-value-types2/src/test/java/com/manning/javapersistence/ch06/MappingValuesSpringDataJPATest.java

```
@ExtendWith(SpringExtension.class)                                  ❶
@ContextConfiguration(classes = {SpringDataConfiguration.class})    ❷
public class MappingValuesSpringDataJPATest {

    @Autowired
    private UserRepository userRepository;                          ❸

    @Autowired
    private ItemRepository itemRepository;                          ❹

    @Test
    void storeLoadEntities() {
```

```
City city = new City();
city.setName("Boston");
city.setZipcode("12345");                    ❺
city.setCountry("USA");


User user = new User();
user.setUsername("username");                              ❻
user.setHomeAddress(new Address("Flowers Street", city));


userRepository.save(user);              ❼


Item item = new Item();
item.setName("Some Item");
item.setMetricWeight(2);
item.setBuyNowPrice(new MonetaryAmount(                    ❽
    BigDecimal.valueOf(1.1), Currency.getInstance("USD")));
item.setDescription("descriptiondescription");
itemRepository.save(item);              ❾


List<User> users = (List<User>) userRepository.findAll();              ❿
List<Item> items = (List<Item>) itemRepository.findByMetricWeight(2.0); ⓫


assertAll(
    () -> assertEquals(1, users.size()),        ⓬
    () -> assertEquals("username", users.get(0).getUsername()),            ⓭
    () -> assertEquals("Flowers Street",
                    users.get(0).getHomeAddress().getStreet()),        ⓮
    () -> assertEquals("Boston",
                    users.get(0).getHomeAddress().getCity().getName()),    ⓯
    () -> assertEquals("12345",
                    users.get(0).getHomeAddress().getCity().getZipcode()), ⓰
    () -> assertEquals("USA",
                    users.get(0).getHomeAddress().getCity().getCountry()), ⓱
    () -> assertEquals(1, items.size()),      ⓲
    () -> assertEquals("AUCTION: Some Item",
                    items.get(0).getName()),            ⓳
    () -> assertEquals("1.1 USD",
                    items.get(0).getBuyNowPrice().toString()),        ⓴
    () -> assertEquals("descriptiondescription",
                    items.get(0).getDescription()),            ㉑
```

```
            () -> assertEquals(AuctionType.HIGHEST_BID,
                           items.get(0).getAuctionType()),          ㉒
            () -> assertEquals("descriptiond...",
                           items.get(0).getShortDescription()),      ㉓
            () -> assertEquals(2.0, items.get(0).getMetricWeight()),  ㉔
            () -> assertEquals(LocalDate.now(),
                           items.get(0).getCreatedOn()),             ㉕
            () -> assertTrue(ChronoUnit.SECONDS.between(
                           LocalDateTime.now(),
                           items.get(0).getLastModified()) < 1),     ㉖
            () -> assertEquals(new BigDecimal("1.00"),
                           items.get(0).getInitialPrice())           ㉗
        );


    }
}
```

❶ SpringExtension을 사용해 테스트를 확장합니다. 이 확장은 스프링 테스트 컨텍스트를 JUnit 5 Jupiter 테스트와 통합하는 데 사용됩니다.

❷ 스프링 테스트 컨텍스트는 SpringDataConfiguration 클래스에 정의된 빈을 사용해 구성됩니다.

❸ UserRepository 빈은 스프링의 의존성 자동 주입을 통해 주입됩니다.

❹ ItemRepository 빈은 스프링의 의존성 자동 주입을 통해 주입됩니다. 이것이 가능한 이유는 UserRepository와 ItemRepository가 있는 com.manning.javapersistence.ch06.repositories 패키지를 스캔하도록 SpringData Configuration 클래스의 @EnableJpaRepositories 애너테이션에 해당 패키지를 지정했기 때문입니다. SpringData Configuration 클래스가 어떻게 생겼는지 기억나지 않는다면 2장을 참조하세요.

❺ 도시를 만들고 설정합니다.

❻ 사용자를 만들고 설정합니다.

❼ 사용자를 리포지터리에 저장합니다.

❽ 품목을 만들고 설정합니다.

❾ 품목을 리포지터리에 저장합니다.

❿ 모든 사용자 리스트를 가져옵니다.

⓫ 무게가 2.0킬로그램인 품목 리스트를 가져옵니다.

⓬ 사용자 리스트의 크기를 확인합니다.

⓭ 리스트에서 첫 번째 사용자의 이름을 확인합니다.

⓮ 리스트에서 첫 번째 사용자의 주소지를 확인합니다.

⑮ 리스트에서 첫 번째 사용자의 도시를 확인합니다.

⑯ 리스트에서 첫 번째 사용자의 우편번호를 확인합니다.

⑰ 리스트에서 첫 번째 사용자의 국가를 확인합니다.

⑱ 품목 리스트의 크기를 확인합니다.

⑲ 첫 번째 품목의 이름을 확인합니다.

⑳ 현재 구매 가격을 확인합니다.

㉑ 품목 설명을 확인합니다.

㉒ 경매 유형을 확인합니다.

㉓ 간단한 품목 설명을 확인합니다.

㉔ 킬로그램 단위의 무게를 확인합니다.

㉕ 생성일자를 확인합니다.

㉖ 리스트에서 첫 번째 품목의 마지막 수정일자와 시간, 시작가를 확인합니다. 마지막 수정일자와 시간을 현재 날짜와 시간과 비교했을 때 1초 이내인지 확인합니다(조회 지연을 고려).

㉗ 첫 번째 품목의 시작가를 확인합니다.

나중에 DBA가 데이터베이스 스키마를 업그레이드해서 통화 금액과 통화에 대해 별도의 칼럼을 제공한다면 애플리케이션을 몇 군데만 변경하면 됩니다. 프로젝트에서 `MonetaryAmountConverter`를 삭제하고 `MonetaryAmount`를 `@Embeddable`로 만들면 두 데이터베이스 칼럼에 자동으로 매핑될 것입니다. 스키마의 일부 테이블이 업그레이드되지 않은 경우에도 변환기를 선택적으로 활성화 또는 비활성화할 수 있습니다.

방금 작성한 변환기는 도메인 모델의 새 클래스인 `MonetaryAmount`에 대한 것입니다. 변환기는 사용자 정의 클래스에만 국한되지 않으며, 하이버네이트의 내장 타입 어댑터를 재정의할 수도 있습니다. 예를 들어, 도메인 모델에서 일부 또는 모든 `java.util.Date` 프로퍼티에 대한 사용자 정의 변환기를 만들 수도 있습니다.

예제 6.17의 `Item#buyNowPrice`와 같이 엔티티 클래스의 프로퍼티에 변환기를 적용할 수 있습니다. 임베드 가능한 클래스의 프로퍼티에도 적용할 수 있습니다.

컴포넌트의 프로퍼티 변환하기

이번 장에서는 잘게 세분화된 도메인 모델에 대한 사례를 살펴봤습니다. 앞에서 `User`의 주소 정보를 분리하고 임베드 가능한 `Address` 클래스를 매핑했습니다. 이 과정을 계속 진행하면서 그림 6.5와 같이 추상

Zipcode 클래스로 상속을 도입하겠습니다. 다음 소스코드는 mapping-value-types3 폴더에서 확인할 수 있습니다.

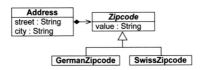

그림 6.5 추상 Zipcode 클래스에는 두 개의 구체적인 서브클래스가 있습니다.

Zipcode 클래스는 간단하지만 값을 기준으로 동등성을 구현해야 합니다.

FILE Ch06/mapping-value-types3/src/main/java/com/manning/javapersistence/ch06/model/Zipcode.java

```java
public abstract class Zipcode {
    private String value;

    public Zipcode(String value) {
        this.value = value;
    }

    public String getValue() {
        return value;
    }

    @Override
    public boolean equals(Object o) {
        if (this == o) return true;
        if (o == null || getClass() != o.getClass()) return false;
        Zipcode zipcode = (Zipcode) o;
        return Objects.equals(value, zipcode.value);
    }

    @Override
    public int hashCode() {
        return Objects.hash(value);
    }
}
```

이제 도메인 서브클래스인 독일과 스위스 우편번호의 차이를 비롯한 모든 처리 내용을 캡슐화할 수 있습니다.

FILE Ch06/mapping-value-types3/src/main/java/com/manning/javapersistence/ch06/model/GermanZipcode.java

```java
public class GermanZipcode extends Zipcode {
    public GermanZipcode(String value) {
        super(value);
    }
}
```

서브클래스에서 특별한 처리 내용을 구현하지는 않았습니다. 가장 눈에 띄는 차이점부터 살펴보겠습니다. 즉, 독일 우편번호는 5자리이고 스위스는 4자리입니다. 이 문제는 사용자 정의 변환기가 처리합니다.

예제 6.18 ZipcodeConverter 클래스

FILE Ch06/mapping-value-types3/src/main/java/com/manning/javapersistence/ch06/converter/ZipcodeConverter.java

```java
@Converter
public class ZipcodeConverter
    implements AttributeConverter<Zipcode, String> {

    @Override
    public String convertToDatabaseColumn(Zipcode attribute) {      ❶
        return attribute.getValue();
    }

    @Override
    public Zipcode convertToEntityAttribute(String s) {             ❷
        if (s.length() == 5)
            return new GermanZipcode(s);                            ❸
        else if (s.length() == 4)
            return new SwissZipcode(s);                             ❹
        throw new IllegalArgumentException(
            "Unsupported zipcode in database: " + s                 ❺
        );
    }
}
```

❶ 하이버네이트가 프로퍼티 값을 저장할 때 이 변환기의 convertToDatabaseColumn() 메서드를 호출하며, 이 메서드에서는 String 표현을 반환합니다. 스키마의 칼럼은 VARCHAR입니다. 값을 로드할 때 길이를 검사해서 GermanZipcode 또는 SwissZipcode 인스턴스를 생성합니다. 이것은 사용자 정의 타입 판별 루틴으로, 이곳에서 특정 값에 대한 자바 타입을 선택할 수 있습니다.

❷ 하이버네이트가 데이터베이스에서 프로퍼티를 로드할 때 이 컨버터의 convertToEntityAttribute 메서드를 호출합니다.

❸ 문자열의 길이가 5이면 새 GermanZipcode가 생성됩니다.

❹ 문자열의 길이가 4이면 새 SwissZipcode가 생성됩니다.

❺ 그렇지 않으면 데이터베이스에 저장된 우편번호가 지원되지 않는다는 내용의 예외가 발생합니다.

이제 User의 임베드된 homeAddress 같은 일부 Zipcode 프로퍼티에 이 변환기를 적용해 보겠습니다.

FILE Ch06/mapping-value-types3/src/main/java/com/manning/javapersistence/ch06/model/User.java

```java
@Entity
@Table(name = "USERS")
public class User {
    @Convert(
        converter = ZipcodeConverter.class,
        attributeName = "city.zipcode"
    )
    private Address homeAddress;
    // ...
}
```

attributeName은 임베드 가능한 Address 클래스의 zipcode 속성을 선언합니다. 이 설정에서는 속성 경로를 지정할 때 점 표기법을 사용할 수 있으므로 zipcode가 Address 클래스의 프로퍼티가 아니라 중첩된 임베드 가능한 City 클래스의 속성인 경우 중첩된 경로인 city.zipcode로 참조합니다.

JPA 2.2에서는 하나의 임베디드 프로퍼티에 여러 개의 @Convert 애너테이션을 적용해서 Address의 여러 속성을 변환할 수 있습니다. JPA 2.1까지는 하나의 @Converts 애너테이션 내에서 그룹화해야 했습니다. 또한 컬렉션의 값에 변환기를 적용할 수 있으며, 값이나 키가 기본 타입이거나 임베드 가능한 타입인 경우 맵에도 변환기를 적용할 수 있습니다. 예를 들어, 영속성 Set<Zipcode>에 @Convert 애너테이션을 추가할 수 있습니다. 영속성 컬렉션을 매핑하는 방법은 나중에 8장에서 @ElementCollection을 사용해 보여드리겠습니다.

영속성 맵의 경우 @Convert 애너테이션의 attributeName 옵션에는 몇 가지 특별한 구문이 있습니다.

- 영속성 Map<Address, String>에서는 각 맵 키의 zipcode 프로퍼티에 대한 변환기를 kcy.zipcodc라는 속성명을 사용해 적용할 수 있습니다.

- 영속성 Map<String, Address>에서는 각 맵 값의 zipcode 프로퍼티에 대한 변환기를 value.zipcode라는 속성명으로 적용할 수 있습니다.

- 영속성 Map<Zipcode, String>에서는 각 맵 항목의 키에 대한 변환기를 key 속성명으로 적용할 수 있습니다.

- 영속성 Map<String, Zipcode>에서는 각 맵 항목의 값에 대한 변환기를 attributeName을 설정하지 않는 방식으로 적용할 수 있습니다.

이전과 마찬가지로 임베드 가능한 클래스가 중첩된 경우 속성명을 점으로 구분된 경로로 지정할 수 있습니다. 즉, Address 클래스와의 합성관계에서 City 클래스의 zipcode 프로퍼티를 참조하기 위해 key.city.zipcode로 지정할 수 있습니다.

JPA 변환기의 몇 가지 제약 사항은 다음과 같습니다.

- 엔티티의 식별자 또는 버전 프로퍼티에는 적용할 수 없습니다.

- @Enumerated 또는 @Temporal로 매핑된 프로퍼티에 변환기를 적용해서는 안 되는데, 이러한 애너테이션은 이미 어떤 종류의 변환이 수행돼야 할지를 선언하고 있기 때문입니다. 열거형 또는 날짜/시간 프로퍼티에 사용자 정의 변환기를 적용하려면 @Enumerated 또는 @Temporal 애너테이션을 지정해서는 안 됩니다.

앞서 작성한 테스트 코드를 약간 변경해야 합니다. 다음 줄을

```
city.setZipcode("12345");
```

다음 줄로 교체합니다.

```
city.setZipcode(new GermanZipcode("12345"));
```

그리고 다음 줄도

```
() -> assertEquals("12345,
                users.get(0).getHomeAddress().getCity().getZipcode())
```

다음 줄로 교체합니다.

```
() -> assertEquals("12345,
                    users.get(0).getHomeAddress().getCity().getZipcode().getValue()))
```

이 책의 소스코드에는 스프링 데이터 JPA, 하이버네이트, JPA를 사용한 테스트가 포함돼 있습니다.

이제 CaveatEmptor의 다중 통화 지원과 관련된 내용으로 되돌아가겠습니다. 데이터베이스 관리자가 스키마를 다시 변경했으므로 이제 애플리케이션을 업데이트해야 합니다.

6.3.3 UserType을 이용한 하이버네이트 확장

결국 여러 통화를 지원하기 위해 데이터베이스 스키마에 새 칼럼이 추가됐습니다. 이제 ITEM 테이블에 BUYNOWPRICE_AMOUNT 칼럼과 해당 금액의 통화를 나타내는 BUYNOWPRICE_CURRENCY라는 별도의 칼럼이 생겼습니다. 또한 INITIALPRICE_AMOUNT와 INITIALPRICE_CURRENCY 칼럼도 있습니다. 이러한 칼럼을 Item 클래스의 MonetaryAmount 프로퍼티와 buyNowPrice, initialPrice에 매핑해야 합니다.

도메인 모델을 변경하지 않는 것이 가장 좋겠지만 프로퍼티에서 이미 MonetaryAmount 클래스를 사용하고 있습니다. 안타깝게도 표준화된 JPA 변환기는 여러 칼럼에서 또는 여러 칼럼으로의 값 변환을 지원하지 않습니다. JPA 변환기의 또 다른 한계는 쿼리 엔진과의 통합입니다. 즉, select i from Item i where i.buyNowPrice.amount > 100과 같은 쿼리를 작성할 수 없습니다. 이전 절에서 다룬 변환기 덕분에 하이버네이트는 MonetaryAmount를 문자열로 변환하거나 문자열로부터 변환하는 방법을 알고 있습니다. 그러나 MonetaryAmount에 amount 속성이 있다는 것을 알지 못하므로 이러한 쿼리를 파싱할 수 없습니다.

간단한 해결책은 이번 장의 앞부분에서 Address 클래스(예제 6.13)에 대해 살펴본 것처럼 MonetaryAmount를 @Embeddable로 매핑하는 것입니다. MonetaryAmount의 각 프로퍼티(amount와 currency)는 각각의 데이터베이스 칼럼에 매핑됩니다.

하지만 데이터베이스 관리자는 다른 오래된 애플리케이션도 데이터베이스에 접근하기 때문에 각 금액을 데이터베이스에 저장하기 전에 대상 통화로 변환해야 한다는 요구사항을 추가했습니다. 예를 들어, Item#buyNowPrice는 미국 달러로 저장하고 Item#initialPrice는 유로로 저장하는 것입니다. (이 예가 터무니없어 보여도 현실에서는 더 나쁜 상황이 벌어질 수 있습니다. 공유 데이터베이스 스키마의 개선에는 비용이 많이 들 수 있지만 데이터는 항상 애플리케이션보다 수명이 길기 때문에 당연히 필요합니다.) 이를 위해 하이버네이트는 훨씬 더 세밀하고 저수준의 사용자 정의 접근을 허용하는 확장점인 네이티브 변환기 API를 제공합니다.

확장점

하이버네이트의 타입 시스템에 대한 확장 인터페이스는 **org.hibernate.usertype** 패키지에서 찾을 수 있습니다. 구체적으로 다음과 같은 인터페이스를 사용할 수 있습니다.

- **UserType**: 일반 JDBC와 상호작용해서 값을 변환할 수 있습니다. 즉, **PreparedStatement**(데이터를 저장할 때)와 **ResultSet**(데이터를 로드할 때)과 상호작용해서 값을 변환할 수 있습니다. 이 인터페이스를 구현하면 하이버네이트가 값을 캐시하고 변경 감지하는 방법도 제어할 수 있습니다.

- **CompositeUserType**: **MonetaryAmount** 컴포넌트에 **amount**와 **currency**라는 두 가지 프로퍼티가 있다는 것을 하이버네이트에게 알릴 수 있습니다. 그러고 나면 **select avg(i.buyNowPrice.amount) from Item i**와 같이 점 표기법을 사용해 쿼리에서 이러한 프로퍼티를 참조할 수 있습니다.

- **ParameterizedType**: 매핑에서 어댑터에 설정을 제공합니다. 일부 매핑에서는 금액을 미국 달러로, 다른 매핑에서는 유로로 변환하고 싶을 수 있으므로 **MonetaryAmount** 변환을 위해 이 인터페이스를 구현할 수 있습니다. 어댑터 하나만 작성해두고 프로퍼티를 매핑할 때 해당 어댑터의 동작 방식을 커스터마이징할 수 있습니다.

- **DynamicParameterizedType**: 더욱 강력한 이 설정 API는 매핑된 칼럼 및 테이블 이름과 같은 어댑터의 동적 정보에 접근할 수 있도록 합니다. 추가 비용이나 복잡성이 없으므로 **ParameterizedType** 대신 이 인터페이스를 사용하는 것이 좋습니다.

- **EnhancedUserType**: 식별자 프로퍼티 및 판별자(discriminator)의 어댑터를 위한 선택적 인터페이스입니다. JPA 변환기와 달리 하이버네이트의 **UserType**은 모든 종류의 엔티티 프로퍼티에 대한 어댑터가 될 수 있습니다. **MonetaryAmount**는 식별자 프로퍼티나 판별자 타입이 되지는 않을 것이므로 **EnhancedUserType**은 필요하지 않을 것입니다.

- **UserVersionType**: 버전 프로퍼티의 어댑터를 위한 선택적 인터페이스입니다.

- **UserCollectionType**: 거의 필요하지 않은 이 인터페이스는 사용자 정의 컬렉션을 구현하는 데 사용됩니다. 비JDK 컬렉션(예: Google Guava 컬렉션인 **Multiset**, **Multimap**, **BiMap**, **Table** 등)을 영속화하고 별도의 시맨틱을 보존하려면 이 인터페이스를 구현해야 합니다.

MonetaryAmount에 대한 사용자 정의 타입 어댑터는 이러한 인터페이스 중 몇 가지를 구현합니다. 다음에 나오는 소스코드는 **mapping-value-types4** 폴더에서 확인할 수 있습니다.

UserType 구현하기

다음 예제에서 볼 수 있듯이 **MonetaryAmountUserType**은 규모가 큰 클래스입니다.

예제 6.19 MonetaryAmountUserType 클래스

FILE Ch06/mapping-value-types4/src/main/java/com/manning/javapersistence/ch06/converter/MonetaryAmountUserType.java

```java
public class MonetaryAmountUserType
        implements CompositeUserType, DynamicParameterizedType {     ❶

    private Currency convertTo;     ❷

    public void setParameterValues(Properties parameters) {     ❸
        String convertToParameter = parameters.getProperty("convertTo");     ❹
        this.convertTo = Currency.getInstance(
            convertToParameter != null ? convertToParameter : "USD"
        );                                                                      ❺
    }

    public Class returnedClass() {
        return MonetaryAmount.class;                    ❻
    }

    public boolean isMutable() {
        return false;                    ❼
    }

    public Object deepCopy(Object value) {
        return value;                    ❽
    }

    public Serializable disassemble(Object value,
            SharedSessionContractImplementor session){
        return value.toString();                                ❾
    }

    public Object assemble(Serializable cached,
            SharedSessionContractImplementor session, Object owner) {
        return MonetaryAmount.fromString((String) cached);              ❿
    }
```

```java
public Object replace(Object original, Object target,
        SharedSessionContractImplementor session, Object owner) {    ⑪
    return original;
}
public boolean equals(Object x, Object y) {
    return x == y || !(x == null || y == null) && x.equals(y);
}                                                                     ⑫

public int hashCode(Object x) {
    return x.hashCode();
}


public Object nullSafeGet(ResultSet resultSet,
        String[] names,                                              ⑬
        SharedSessionContractImplementor session,
        Object owner) throws SQLException {
    BigDecimal amount = resultSet.getBigDecimal(names[0]);
    if (resultSet.wasNull())
        return null;                                                 ⑭
    Currency currency =
            Currency.getInstance(resultSet.getString(names[1]));
    return new MonetaryAmount(amount, currency);              ⑮
}


public void nullSafeSet(PreparedStatement statement,
        Object value, int index,                                     ⑯
        SharedSessionContractImplementor session) throws SQLException {
    if (value == null) {
        statement.setNull(
            index,
            StandardBasicTypes.BIG_DECIMAL.sqlType());        ⑰
        statement.setNull(
            index + 1,
            StandardBasicTypes.CURRENCY.sqlType());
    } else {
        MonetaryAmount amount = (MonetaryAmount) value;              ⑱
        MonetaryAmount dbAmount = convert(amount, convertTo);
        statement.setBigDecimal(index, dbAmount.getValue());
        statement.setString(index + 1, convertTo.getCurrencyCode()); ⑲
```

```
    }
}


public MonetaryAmount convert(MonetaryAmount amount,                    ⑳
                              Currency toCurrency) {
    return new MonetaryAmount(
        amount.getValue().multiply(new BigDecimal(2)),                 ㉑
        toCurrency
    );
}


public String[] getPropertyNames() {
    return new String[]{"value", "currency"};                          ㉒
}


public Type[] getPropertyTypes() {
    return new Type[]{
        StandardBasicTypes.BIG_DECIMAL,
        StandardBasicTypes.CURRENCY                                    ㉓
    };
}


public Object getPropertyValue(Object component,
                               int property) {
    MonetaryAmount monetaryAmount = (MonetaryAmount) component;
    if (property == 0)
        return monetaryAmount.getValue();                             ㉔
    else
        return monetaryAmount.getCurrency();
}


public void setPropertyValue(Object component,
                             int property,
                             Object value) {
    throw new UnsupportedOperationException(                          ㉕
        "MonetaryAmount is immutable"
    );
}
}
```

❶ 여기서 구현한 인터페이스는 CompositeUserType과 DynamicParameterizedType입니다.

❷ 변환 대상 통화

❸ setParameterValues 메서드는 DynamicParameterizedType 인터페이스에서 상속됩니다.

❹ 데이터베이스에 값을 저장할 때 convertTo 매개변수를 사용해 대상 통화를 결정합니다.

❺ 매개변수를 설정하지 않을 경우 기본값은 미국 달러입니다.

❻ returnedClass 메서드는 특정 클래스(이 경우 MonetaryAmount)에 맞춰 변경합니다. 이 메서드와 그 아래의 메서드들은 CompositeUserType 인터페이스에서 상속됩니다.

❼ 하이버네이트가 MonetaryAmount가 불변 클래스라는 사실을 알면 최적화를 일부 활성화할 수 있습니다.

❽ 하이버네이트가 값의 복사본을 만들어야 하는 경우 이 deepCopy 메서드를 호출합니다. MonetaryAmount 같은 간단한 불변 클래스의 경우에는 전달받은 인스턴스를 반환할 수 있습니다.

❾ 하이버네이트가 값을 전역적으로 공유되는 2차 캐시에 저장할 때 disassemble 메서드를 호출합니다. 이때 Serializable 형태의 표현을 반환해야 합니다. MonetaryAmount의 경우 String 표현이 손쉬운 해결책입니다. 또는 MonetaryAmount가 Serializable이므로 직접 반환할 수도 있습니다.

❿ 하이버네이트가 전역적으로 공유되는 2차 캐시에서 직렬화된 표현을 읽을 때 assemble 메서드를 호출합니다. 여기서는 String 표현에서 MonetaryAmount 인스턴스를 생성합니다. 또는 직렬화된 MonetaryAmount를 저장한 경우 직접 반환할 수도 있습니다.

⓫ replace 메서드는 EntityManager#merge() 작업 중에 호출됩니다. 이때 원본의 복사본을 반환해야 합니다. 또는 MonetaryAmount와 같이 값 타입이 불변인 경우 원본을 반환할 수 있습니다.

⓬ 하이버네이트는 값 동등성을 사용해 값이 변경됐는지, 데이터베이스를 업데이트해야 하는지 여부를 결정합니다. 여기서는 MonetaryAmount 클래스에 이미 작성돼 있는 동등성 및 해시코드 루틴을 사용합니다.

⓭ 데이터베이스에서 MonetaryAmount 값을 조회해야 할 때 nullSafeGet 메서드가 호출되어 ResultSet을 읽습니다.

⓮ 쿼리 결과로부터 amount와 currency 값을 가져옵니다.

⓯ MonetaryAmount의 새 인스턴스를 만듭니다.

⓰ nullSafeSet 메서드는 MonetaryAmount 값을 데이터베이스에 저장해야 할 때 호출됩니다.

⓱ MonetaryAmount가 null이면 setNull()을 호출해서 문장을 설정합니다.

⓲ 그렇지 않으면 값을 대상 통화로 변환합니다.

⓳ 그런 다음, 제공된 PreparedStatement()에서 amount와 currency를 설정합니다.

⓴ 이곳에서 필요한 통화 변환 루틴은 무엇이든 구현할 수 있습니다.

㉑ 이 예제에서는 변환이 성공했는지 쉽게 테스트할 수 있도록 값을 두 배로 늘렸습니다. 실제 애플리케이션에서는 이 코드를 실제 통화 변환기로 대체해야 합니다. 이 convert 메서드는 하이버네이트 UserType API의 메서드가 아닙니다.

㉒ CompositeUserType에서 상속된 나머지 메서드는 MonetaryAmount 프로퍼티의 세부 사항을 제공하므로 하이버네이트가 해당 클래스를 쿼리 엔진과 통합할 수 있습니다. getPropertyNames 메서드는 value와 currency라는 두 가지 요소, 즉 MonetaryAmount 클래스의 프로퍼티 이름들이 포함된 String 배열을 반환합니다.

㉓ getPropertyTypes 메서드는 MonetaryAmount 클래스의 프로퍼티 타입인 BIG_DECIMAL과 CURRENCY라는 두 요소가 포함된 Type 배열을 반환합니다.

㉔ getPropertyValue 메서드는 property 인덱스에 따라 MonetaryAmount 객체의 value 필드 또는 currency 필드를 반환합니다.

㉕ MonetaryAmount 객체는 불변이므로 setPropertyValue 메서드가 MonetaryAmount 객체의 어떤 필드도 설정할 수 없습니다.

이제 MonetaryAmountUserType 클래스가 완성됐으며, 6.3.1절의 "타입 어댑터 선택하기"에서 보여준 것과 같이 @org.hibernate.annotations.Type에서 전체 클래스명(fully qualified class name)으로 매핑에서 사용할 수 있습니다. 이 애너테이션은 매개변수도 지원하므로 convertTo 인수를 대상 통화로 설정할 수 있습니다.

그러나 **타입 정의**(type definition)를 생성해서 어댑터를 몇 가지 매개변수와 함께 제공하는 방식을 권장합니다.

타입 정의 사용하기

예제에서는 미국 달러로 변환하는 어댑터와 유로로 변환하는 또 다른 어댑터가 필요합니다. 이러한 매개변수를 **타입 정의**로 한 번 선언해 두면 프로퍼티 매핑에서 반복할 필요가 없습니다. 타입 정의를 두기에 적절한 위치는 package-info.java 파일의 패키지 메타데이터입니다.

```
FILE Ch06/mapping-value-types4/src/main/java/com/manning/javapersistence/ch06/converter/package-info.java

@org.hibernate.annotations.TypeDefs({
    @org.hibernate.annotations.TypeDef(
        name = "monetary_amount_usd",
        typeClass = MonetaryAmountUserType.class,
        parameters = {@Parameter(name = "convertTo", value = "USD")}
    ),
    @org.hibernate.annotations.TypeDef(
        name = "monetary_amount_eur",
        typeClass = MonetaryAmountUserType.class,
        parameters = {@Parameter(name = "convertTo", value = "EUR")}
    )
})
package com.manning.javapersistence.ch06.converter;
```

```
import org.hibernate.annotations.Parameter;
```

이제 매핑에서 monetary_amount_usd와 monetary_amount_eur라는 이름을 사용해 어댑터를 사용할 준비가 끝났습니다.

그럼 Item의 buyNowPrice와 initialPrice를 다음과 같이 매핑할 수 있습니다.

FILE Ch06/mapping-value-types4/src/main/java/com/manning/javapersistence/ch06/model/Item.java

```
@Entity
public class Item {
    @NotNull
    @org.hibernate.annotations.Type(
        type = "monetary_amount_usd"
    )
    @org.hibernate.annotations.Columns(columns = {
        @Column(name = "BUYNOWPRICE_AMOUNT"),
        @Column(name = "BUYNOWPRICE_CURRENCY", length = 3)
    })
    private MonetaryAmount buyNowPrice;

    @NotNull
    @org.hibernate.annotations.Type(
        type = "monetary_amount_eur"
    )
    @org.hibernate.annotations.Columns(columns = {
        @Column(name = "INITIALPRICE_AMOUNT"),
        @Column(name = "INITIALPRICE_CURRENCY", length = 3)
    })
    private MonetaryAmount initialPrice;
    // ...
}
```

UserType이 단일 칼럼에 대한 값만 변환하는 경우에는 @Column 애너테이션이 필요하지 않습니다. 그러나 MonetaryAmountUserType은 두 개의 칼럼에 접근하므로 프로퍼티 매핑에 두 개의 칼럼을 명시적으로 선언해야 합니다. JPA는 한 프로퍼티에 대해 여러 개의 @Column 애너테이션을 지정하는 것을 지원하지 않으므로 하이버네이트 전용 @org.hibernate.annotations.Columns 애너테이션으로 그룹화해야 합니다. 이제 애너테이션의 순서가 중요하다는 점에 유의합니다. 많은 작업들이 배열의 인덱스 기반 접근에 의존하므로 MonetaryAmountUserType에 대한 코드를 재차 확인할 필요가 있습니다. PreparedStatement나 ResultSet에 접근할 때의 순서는 매핑에서 선언된 칼럼에 대한 순서와 동일합니다. 또한 칼럼의 수는 쿼리에 대한 값 타입 프로퍼티를 노출할지 여부만 고려할 뿐 UserType과 CompositeUserType 중 하나를 선택하는 것과는 관련이 없다는 점에 유의합니다.

앞서 작성한 테스트 코드를 변경해야 합니다. 다음 줄을 추가해서 Item을 설정하겠습니다.

```
item.setBuyNowPrice(new MonetaryAmount(BigDecimal.valueOf(1.1),
                    Currency.getInstance("USD")));
```

다음 줄을

```
() -> assertEquals("1.1 USD",
                items.get(0).getBuyNowPrice().toString())
```

다음 줄로 교체합니다.

```
() -> assertEquals("2.20 USD",
                items.get(0).getBuyNowPrice().toString())
```

다음 줄도

```
() -> assertEquals(new BigDecimal("1.00"),
                items.get(0).getInitialPrice())
```

다음 줄로 교체합니다.

```
() -> assertEquals("2.00 EUR",
                items.get(0).getInitialPrice().toString())
```

이렇게 하는 이유는 MonetaryAmountUserType 클래스의 convert 메서드가 금액 값을 두 배로 늘리기 때문입니다(예제 6.19의 ❹을 참고). 이 책의 소스코드에는 스프링 데이터 JPA, 하이버네이트, JPA를 사용한 테스트가 포함돼 있습니다.

지금까지 MonetaryAmountUserType을 통해 자바 도메인 모델과 SQL 데이터베이스 스키마 사이의 완충지대를 확장했습니다. 이제 두 표현 방법 모두 변화에 더욱 잘 견딜 수 있게 됐으며, 도메인 모델 클래스의 본질을 바꾸지 않고도 다소 까다로운 요구사항도 처리할 수 있습니다.

정리

- 엔티티 클래스의 기본 프로퍼티 및 임베드된 프로퍼티를 매핑할 수 있습니다.

- 기본 매핑을 재정의하고, 매핑된 칼럼의 이름을 변경하고, 파생, 기본, 시간, 열거형 프로퍼티를 사용하고 테스트할 수 있습니다.

- 임베드 가능한 컴포넌트 클래스를 구현하고 잘게 세분화된 도메인 모델을 만들 수 있습니다.

- 합성관계에 있는 여러 자바 클래스(예: Address와 City)의 프로퍼티를 하나의 엔티티 테이블에 매핑할 수 있습니다.

- 모든 JPA 공급자는 최소한의 자바-SQL 타입 변환과 몇 가지 추가 어댑터를 지원합니다.

- 표준 JPA 확장 인터페이스를 사용해 MonetaryAmount 클래스에서 했던 것처럼 사용자 정의 타입 변환기를 작성할 수 있습니다. 네이티브 하이버네이트의 UserType API로 했던 것처럼 저수준 어댑터를 작성할 수도 있습니다.

07

상속 매핑

이번 장에서 다루는 내용

- 상속 매핑 전략
- 다형적 연관관계

지금까지는 의도적으로 상속 매핑에 대해서는 많이 이야기하지 않았습니다. 매핑은 객체지향 세계와 관계형 세계를 연결하지만 상속은 객체지향 시스템에만 해당하는 개념입니다. 따라서 클래스의 계층 구조를 테이블에 매핑하는 것은 복잡한 문제가 될 수 있으며, 이번 장에서 다양한 상속 전략을 보여드리겠습니다.

클래스를 데이터베이스 테이블에 매핑하는 기본 전략은 "모든 영속성 엔티티 클래스당 하나의 테이블"일 수 있습니다. 이 접근 방식은 충분히 간단해 보이며 실제로 상속을 접하기 전까지는 잘 동작합니다.

상속은 객체지향 세계와 관계형 세계 사이의 대표적인 구조적 불일치인데, 그 이유는 객체지향 모델이 is a 관계와 has a 관계를 모두 제공하기 때문입니다. SQL 기반 모델은 has a 관계만 제공합니다. 즉, SQL 데이터베이스 관리 시스템은 타입 상속을 지원하지 않으며, 타입 상속을 사용할 수 있는 경우에도 일반적으로 특정 제품에서만 지원하는 기능이거나 불완전합니다.

상속 계층 구조를 표현하는 데는 다음과 같은 4가지 전략이 있습니다.

- 구체 클래스당 하나의 테이블과 기본 런타임 다형적 동작을 사용합니다.
- 구체 클래스당 하나의 테이블을 사용하되 SQL 스키마에서 다형성 및 상속 관계를 배제합니다. 런타임 다형적 동작에는 SQL UNION 쿼리를 사용합니다.

- 클래스 계층 구조당 하나의 테이블을 사용합니다. 이 경우 SQL 스키마를 비정규화해서 다형성을 활성화하고 로우 기반 구분 방법을 사용해 상위 타입과 하위 타입을 판단합니다.

- 하위 클래스당 하나의 테이블을 사용합니다. 이 경우 is a(상속) 관계를 has a(외래키) 관계로 표현하고, SQL JOIN 연산을 사용합니다.

이번 장에서는 도메인 모델에서 시작해서 새로운 SQL 스키마를 도출하려고 한다고 가정하고 하향식 접근 방식을 취합니다. 여기서 설명하는 매핑 전략은 기존 데이터베이스 테이블에서 시작하는 상향식 접근 방식에도 동일하게 적용됩니다. 불완전한 테이블 구조를 다루는 데 도움이 되는 몇 가지 요령도 살펴보겠습니다.

7.1 암시적 다형성을 활용한 구체 클래스별 테이블

이 책에서는 CaveatEmptor 애플리케이션을 개발 중이며, 클래스 계층 구조에 대한 영속성을 구현하고 있습니다. 이를 위해 각 구체 클래스마다 정확히 하나의 테이블을 사용하는 가장 간단한 접근 방식을 취할 수 있습니다. 그림 7.1과 같이 상속된 프로퍼티를 포함한 클래스의 모든 프로퍼티를 테이블의 칼럼에 매핑할 수 있습니다.

> 참고   이번 장의 소스코드에 있는 예제를 실행하려면 먼저 Ch07.sql 스크립트를 실행해야 합니다.

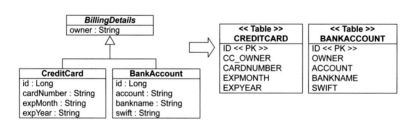

그림 7.1 모든 구체 클래스를 독립적인 테이블에 매핑하기

이 암시적 다형성에 의존해서 평소처럼 @Entity로 구체 클래스를 매핑합니다. 기본적으로 상위 클래스의 프로퍼티는 무시되고 영속화되지 않습니다! 구체 하위 클래스 테이블에 상위 클래스의 프로퍼티를 포함할 수 있게 하려면 상위 클래스에 @MappedSuperclass 애너테이션을 지정해야 합니다(mapping-inheritance-mappedsuperclass 폴더에서 예제 7.1을 확인할 수 있습니다).

FILE Ch07/mapping-inheritance-mappedsuperclass/src/main/java/com/manning/javapersistence/ch07/model/BillingDetails.java

```
@MappedSuperclass
public abstract class BillingDetails {
    @Id
    @GeneratedValue(generator = "ID_GENERATOR")
    private Long id;

    @NotNull
    private String owner;
    // ...
}
```

이제 구체 하위 클래스를 매핑해 보겠습니다.

FILE Ch07/mapping-inheritance-mappedsuperclass/src/main/java/com/manning/javapersistence/ch07/model/CreditCard.java

```
@Entity
@AttributeOverride(
    name = "owner",
    column = @Column(name = "CC_OWNER", nullable = false))
public class CreditCard extends BillingDetails {

    @NotNull
    private String cardNumber;

    @NotNull
    private String expMonth;

    @NotNull
    private String expYear;

    // ...
}
```

@AttributeOverride 애너테이션을 사용해 하위 클래스에서 상위 클래스의 칼럼 매핑을 재정의할 수 있습니다. JPA 2.2부터는 동일한 클래스에서 여러 개의 @AttributeOverride 애너테이션을 사용할 수 있지만, JPA 2.1까지는 @AttributeOverride 애너테이션을 @AttributeOverrides 애너테이션 내에 그룹화해야 했습니다. 앞의 예제에서는 CREDITCARD 테이블에서 OWNER 칼럼의 이름을 CC_OWNER로 변경합니다.

다음 예제는 BankAccount 하위 클래스의 매핑을 보여줍니다.

예제 7.3 BankAccount(구체 하위 클래스) 매핑

FILE Ch07/mapping-inheritance-mappedsuperclass/src/main/java/com/manning/javapersistence/ch07/model/BankAccount.java

```java
@Entity
public class BankAccount extends BillingDetails {
    @NotNull
    private String account;

    @NotNull
    private String bankname;

    @NotNull
    private String swift;

    // ...
}
```

모든 하위 클래스에 대해 칼럼명과 생성기 전략을 공유하면서 상위 클래스에서 식별자 프로퍼티를 선언하거나(예제 7.3과 같이) 각 구체 클래스 내에서 이를 반복해서 선언할 수 있습니다.

이러한 클래스를 이용하기 위해 세 가지 스프링 데이터 JPA 리포지터리 인터페이스를 만들겠습니다.

예제 7.4 BillingDetailsRepository 인터페이스

FILE Ch07/mapping-inheritance-mappedsuperclass/src/main/java/com/manning/javapersistence/ch07/repositories/BillingDetailsRepository.java

```java
@NoRepositoryBean
public interface BillingDetailsRepository<T extends BillingDetails, ID>
                extends JpaRepository<T, ID> {
```

```
    List<T> findByOwner(String owner);
}
```

예제의 `BillingDetailsRepository` 인터페이스에는 `@NoRepositoryBean` 애너테이션이 지정돼 있습니다. 이 애너테이션은 스프링 데이터 JPA 리포지터리 인스턴스로 인스턴스화되는 것을 방지합니다. 이것이 필요한 이유는 `BILLINGDETAILS` 테이블이 없기 때문입니다(그림 7.1의 스키마 참고). 그러나 `BillingDetailsRepository` 인터페이스는 리포지터리 인터페이스에 의해 확장되어 `CreditCard`와 `BankAccount` 하위 클래스를 처리할 의도로 만들어진 것입니다. 그렇기 때문에 `BillingDetailsRepository`는 `BillingDetails`를 확장하는 T에 의해 제네릭화됩니다. 또한 이 인터페이스에는 `findByOwner` 메서드가 포함돼 있습니다. `BillingDetails`의 owner 필드는 `CREDITCARD`와 `BANKACCOUNT` 테이블에 모두 포함될 것입니다.

이제 스프링 데이터 리포지터리 인터페이스를 두 개 더 만들어 보겠습니다.

예제 7.5 BankAccountRepository 인터페이스

FILE Ch07/mapping-inheritance-mappedsuperclass/src/main/java/com/manning/javapersistence/ch07/repositories/BankAccountRepository.java

```
public interface BankAccountRepository
        extends BillingDetailsRepository<BankAccount, Long> {
    List<BankAccount> findBySwift(String swift);
}
```

`BankAccountRepository` 인터페이스는 `BankAccount`(BankAccount 인스턴스를 처리하므로)와 `Long`(클래스의 ID가 이 타입이므로)으로 제네릭화된 `BillingDetailsRepository`를 확장합니다. 이 인터페이스에는 스프링 데이터 JPA 관례(4장 참조)를 따르는 이름을 가진 `findBySwift` 메서드가 추가돼 있습니다.

예제 7.6 CreditCardRepository 인터페이스

FILE Ch07/mapping-inheritance-mappedsuperclass/src/main/java/com/manning/javapersistence/ch07/repositories/CreditCardRepository.java

```
public interface CreditCardRepository
        extends BillingDetailsRepository<CreditCard, Long> {
    List<CreditCard> findByExpYear(String expYear);
}
```

CreditCardRepository 인터페이스는 CreditCard(CreditCard 인스턴스를 처리하므로)와 Long(클래스의 ID가 이 타입이므로)으로 제네릭화된 BillingDetailsRepository를 확장합니다. 이 인터페이스에는 스프링 데이터 JPA 관례(4장 참조)를 따르는 이름을 가진 findByExpYear 메서드가 추가돼 있습니다.

영속성 코드의 기능을 확인하기 위해 다음과 같은 테스트를 생성하겠습니다.

예제 7.7 영속성 코드의 기능 테스트하기

FILE Ch07/mapping-inheritance-mappedsuperclass/src/test/java/com/manning/javapersistence/ch07/MappingInheritanceSpringDataJPATest.java

```java
@ExtendWith(SpringExtension.class)                              ❶
@ContextConfiguration(classes = {SpringDataConfiguration.class})          ❷
public class MappingInheritanceSpringDataJPATest {

    @Autowired
    private CreditCardRepository crediCardRepository;            ❸

    @Autowired
    private BankAccountRepository bankAccountRepository;         ❹

    @Test
    void storeLoadEntities() {
        CreditCard creditCard = new CreditCard(
            "John Smith", "123456789", "10", "2030");            ❺
        creditCardRepository.save(creditCard);

        BankAccount bankAccount = new BankAccount(
            "Mike Johnson", "12345", "Delta Bank", "BANKXY12");   ❻
        bankAccountRepository.save(bankAccount);

        List<CreditCard> creditCards =
            creditCardRepository.findByOwner("John Smith");       ❼
        List<BankAccount> bankAccounts =
            bankAccountRepository.findByOwner("Mike Johnson");    ❽
        List<CreditCard> creditCards2 =
            creditCardRepository.findByExpYear("2030");           ❾
        List<BankAccount> bankAccounts2 =
            bankAccountRepository.findBySwift("BANKXY12");         ❿
```

```
        assertAll(
            () -> assertEquals(1, creditCards.size()),          ⑪
            () -> assertEquals("123456789",
                            creditCards.get(0).getCardNumber()),    ⑫
            () -> assertEquals(1, bankAccounts.size()),         ⑬
            () -> assertEquals("12345",
                            bankAccounts.get(0).getAccount()),      ⑭
            () -> assertEquals(1, creditCards2.size()),         ⑮
            () -> assertEquals("John Smith",
                            creditCards2.get(0).getOwner()),        ⑯
            () -> assertEquals(1, bankAccounts2.size()),        ⑰
            () -> assertEquals("Mike Johnson",
                            bankAccounts2.get(0).getOwner())        ⑱
        );
    }
}
```

❶ SpringExtension을 사용해 테스트를 확장합니다. 이 확장은 스프링 테스트 컨텍스트를 JUnit 5 Jupiter 테스트와 통합하는 데 사용됩니다.

❷ 스프링 테스트 컨텍스트가 SpringDataConfiguration 클래스에 정의된 빈을 사용해 구성됩니다.

❸ CreditCardRepository 빈은 스프링의 의존성 자동 주입을 통해 주입됩니다.

❹ BankAccountRepository 빈은 스프링의 의존성 자동 주입을 통해 주입됩니다. 이것이 가능한 이유는 CreditCardRepository 와 BankAccountRepository가 있는 com.manning.javapersistence.ch07.repositories 패키지가 SpringData Configuration 클래스의 @EnableJpaRepositories 애너테이션의 인수로 사용됐기 때문입니다. SpringDataConfigur ation 클래스가 어떻게 생겼는지 기억이 나지 않는다면 2장을 참조하세요.

❺ 신용카드를 생성하고 저장소에 저장합니다.

❻ 은행계좌를 생성하고 저장소에 저장합니다.

❼ 'John Smith'가 소유자인 모든 신용카드 리스트를 가져옵니다.

❽ 'Mike Johnson'이 소유자인 모든 은행계좌 리스트를 가져옵니다.

❾ 2030년에 만료되는 신용카드를 가져옵니다.

❿ SWIFT가 BANKXY12인 은행계좌를 가져옵니다.

⑪ 신용카드 리스트의 크기를 확인합니다.

⑫ 리스트에서 첫 번째 신용카드의 번호를 가져옵니다.

⑬ 은행계좌 리스트의 크기를 확인합니다.

⑭ 리스트에서 첫 번째 은행계좌의 번호를 확인합니다.

⓯ 2030년에 만료되는 신용카드 리스트의 크기를 확인합니다.

⓰ 리스트에서 첫 번째 신용카드의 소유자를 확인합니다.

⓱ SWIFT가 BANKXY12인 은행계좌 리스트의 크기를 확인합니다.

⓲ 이 리스트에서 첫 번째 은행계좌의 소유자를 확인합니다.

이번 장의 소스코드에서는 JPA와 하이버네이트를 사용해 이러한 클래스를 테스트하는 방법도 설명합니다.

암시적 상속 매핑의 주된 문제는 다형적 연관관계를 잘 지원하지 못한다는 것입니다. 데이터베이스에서는 일반적으로 연관관계를 외래키 관계로 표현합니다. 그림 7.1의 스키마에서 하위 클래스가 모두 다른 테이블에 매핑된 경우, 해당 상위 클래스(추상 클래스인 BillingDetails)에 대한 다형적 연관관계는 단순한 외래키 관계로 표현할 수 없습니다. "BILLINGDETAILS를 참조하는" 외래키로 매핑된 또 다른 엔티티를 둘 수는 없는데, 그러한 테이블은 존재하지 않기 때문입니다. 이것은 도메인 모델에서 문제가 될 수 있는데, BillingDetails가 User와 연관관계를 맺고 있기 때문입니다. 즉, CREDITCARD와 BANKACCOUNT 테이블 모두 USERS 테이블에 대한 외래키 참조가 필요할 것입니다. 이러한 문제 중 어느 것도 쉽게 해결할 수 없으므로 대체 매핑 전략을 고려해야 합니다.

쿼리된 클래스의 인터페이스와 일치하는 모든 클래스의 인스턴스를 반환하는 다형적 쿼리도 문제가 됩니다. 하이버네이트는 상위 클래스에 대한 쿼리를 구체적인 각 하위 클래스에 대해 하나씩 여러 개의 SQL SELECT로 실행해야 합니다. JPA 쿼리인 select bd from BillingDetails bd의 경우 두 개의 SQL 문이 필요합니다.

```
select
    ID, OWNER, ACCOUNT, BANKNAME, SWIFT
from
    BANKACCOUNT
select
    ID, CC_OWNER, CARDNUMBER, EXPMONTH, EXPYEAR
from
    CREDITCARD
```

하이버네이트 또는 하이버네이트를 사용하는 스프링 데이터 JPA는 구체 하위 클래스 각각에 대해 별도의 SQL 쿼리를 사용합니다. 반면 구체 클래스에 대한 쿼리는 간단하고 성능이 뛰어난데, 하이버네이트는 위의 쿼리문 중 하나만 사용하기 때문입니다.

이 매핑 전략의 또 다른 개념적 문제는 서로 다른 테이블의 여러 칼럼들이 정확히 동일한 시맨틱을 공유한다는 점입니다. 이것은 스키마 진화를 더욱 복잡하게 만듭니다. 예를 들어, 상위 클래스 프로퍼티의 이름을 바꾸거나 타입을 변경하면 여러 테이블의 여러 칼럼들이 변경됩니다. 이 경우 IDE에서 제공하는 표준 리팩터링 작업 중 상당수는 수작업이 필요할 텐데, 일반적으로 @AttributeOverride나 @AttributeOverrides 같은 항목들은 자동으로 처리되지 않기 때문입니다. 모든 하위 클래스에 적용되는 데이터베이스 무결성 제약조건을 구현하는 것은 훨씬 더 어렵습니다.

이 접근 방식은 일반적으로 다형성이 필요하지 않고 향후 상위 클래스를 수정할 가능성이 거의 없는 클래스 계층 구조의 최상위 레벨에만 사용하는 것이 좋습니다. 이 방법은 실제 애플리케이션에서 직면하는 특정 도메인 모델에는 적합할 수 있지만 쿼리 및 기타 엔티티가 BillingDetails를 참조하는 CaveatEmptor 도메인 모델에는 적합하지 않습니다. 다른 대안을 찾아보겠습니다.

SQL UNION을 활용하면 다형적 쿼리 및 연관관계와 관련된 대부분의 문제를 해결할 수 있습니다.

7.2 유니온을 활용한 구체 클래스별 테이블

이전 절과 같이 BillingDetails를 추상 클래스(또는 인터페이스)로서 사용하는 유니온 하위 클래스 매핑을 고려해 보겠습니다. 이 상황에서도 CREDITCARD와 BANKACCOUNT라는 두 테이블과 상위 클래스 칼럼은 모두 중복됩니다. 여기서 새로운 점은 다음 예제에 표시된 것처럼 상위 클래스에 선언된 TABLE_PER_CLASS라는 상속 전략입니다. 소스코드는 mapping-inheritance-tableperclass 폴더에서 확인할 수 있습니다.

> 참고 JPA 표준에서는 TABLE_PER_CLASS가 선택 사항이라고 명시하고 있으므로 모든 JPA 구현이 이를 지원하는 것은 아닙니다.

예제 7.8 TABLE_PER_CLASS로 BillingDetails 매핑하기

FILE Ch07/mapping-inheritance-tableperclass/src/main/java/com/manning/javapersistence/ch07/model/BillingDetails.java

```
@Entity
@Inheritance(strategy = InheritanceType.TABLE_PER_CLASS)
public abstract class BillingDetails {
    @Id
```

```
    @GeneratedValue(generator = "ID_GENERATOR")
    private Long id;

    @NotNull
    private String owner;

    // ...
}
```

데이터베이스 식별자와 해당 매핑을 모든 하위 클래스와 해당 테이블에서 공유하려면 그것들을 상위 클래스에 둬야 합니다. 이것은 이전 매핑 전략과 달리 더 이상 선택 사항이 아닙니다. CREDITCARD와 BANKACCOUNT 테이블에는 모두 ID 기본키 칼럼이 있습니다. 모든 구체 클래스 매핑은 상위 클래스(또는 인터페이스)로부터 영속성 프로퍼티를 상속합니다. 각 하위 클래스에는 @Entity 애너테이션만 있으면 됩니다.

예제 7.9 CreditCard 매핑하기

FILE Ch07/mapping-inheritance-tableperclass/src/main/java/com/manning/javapersistence/ch07/model/CreditCard.java

```
@Entity
@AttributeOverride(
    name = "owner",
    column = @Column(name = "CC_OWNER", nullable = false))
public class CreditCard extends BillingDetails {
    @NotNull
    private String cardNumber;

    @NotNull
    private String expMonth;

    @NotNull
    private String expYear;

    // ...
}
```

예제 7.10 BankAccount 매핑하기

FILE Ch07/mapping-inheritance-tableperclass/src/main/java/com/manning/javapersistence/ch07/model/BankAccount.java

```
@Entity
public class BankAccount extends BillingDetails {
    @NotNull
    private String account;

    @NotNull
    private String bankName;

    @NotNull
    private String swift;

    // ...
}
```

BillingDetailsRepository 인터페이스를 변경하고 @NoRepositoryBean 애너테이션을 제거해야 할 것입니다. 이제 BillingDetails 클래스에 @Entity 애너테이션을 지정하는 것과 더불어 이렇게 변경하고 나면 리포지터리가 데이터베이스와 상호작용할 수 있게 됩니다. 다음은 현재 BillingDetailsRepository 인터페이스의 모습입니다.

예제 7.11 BillingDetailsRepository 인터페이스

FILE Ch07/mapping-inheritance-tableperclass/src/main/java/com/manning/javapersistence/ch07/model/BillingDetailsRepository.java

```
public interface BillingDetailsRepository<T extends BillingDetails, ID>
                extends JpaRepository<T, ID> {
    List<T> findByOwner(String owner);
}
```

SQL 스키마는 여전히 상속을 인식하지 못하며, 테이블은 그림 7.1에 표시된 것과 완전히 비슷해 보인다는 점을 염두에 둡니다.

BillingDetails가 구체 클래스였다면 인스턴스를 보관할 별도의 테이블이 필요할 것입니다. 데이터베이스 테이블 간에 유사한 칼럼이 일부(다수) 있다는 사실을 제외하고는 아직 아무런 관계가 없다는 점을 기억하세요.

이 매핑 전략의 장점은 다형적 쿼리를 살펴보면 더욱 명확해집니다.

다음과 같이 스프링 데이터 JPA의 `BillingDetailsRepository` 인터페이스를 사용해 데이터베이스를 쿼리할 수 있습니다.

```
billingDetailsRepository.findAll();
```

또는 JPA 또는 하이버네이트에서는 다음 쿼리를 실행할 수 있습니다.

```
select bd from BillingDetails bd
```

두 접근 방식 모두 다음과 같은 SQL 문을 생성합니다.

```
select
    ID, OWNER, EXPMONTH, EXPYEAR, CARDNUMBER,
    ACCOUNT, BANKNAME, SWIFT, CLAZZ_
from
  ( select
        ID, OWNER, EXPMONTH, EXPYEAR, CARDNUMBER,
        null as ACCOUNT,
        null as BANKNAME,
        null as SWIFT,
        1 as CLAZZ_
    from
        CREDITCARD
    union all
    select
        id, OWNER,
        null as EXPMONTH,
        null as EXPYEAR,
        null as CARDNUMBER,
        ACCOUNT, BANKNAME, SWIFT,
        2 as CLAZZ_
    from
        BANKACCOUNT
) as BILLINGDETAILS
```

이 SELECT는 FROM 절 서브쿼리를 사용해 모든 구체 클래스 테이블로부터 BillingDetails의 모든 인스턴스를 조회합니다. 테이블은 UNION 연산자로 결합되고 리터럴(이 경우 1과 2)이 중간 결과에 삽입되며, 하이버네이트에서는 이를 읽고 특정 로우의 데이터를 가지고 올바른 클래스를 인스턴스화합니다. 유니온 연산을 위해서는 결합된 쿼리들이 동일한 칼럼을 대상으로 프로젝션을 수행해야 하므로 존재하지 않는 칼럼은 NULL로 채워야 합니다. 이 쿼리가 실제로 두 개의 개별 문장보다 성능이 더 좋을지 궁금할 수 있습니다. 여기서는 데이터베이스 옵티마이저가 하이버네이트의 다형적 로더 엔진처럼 메모리상에서 두 결과 집합을 병합하는 대신 여러 테이블의 로우를 결합하는 최적의 실행 계획을 찾도록 할 수 있습니다.

중요한 이점은 다형적 연관관계를 처리할 수 있다는 점입니다. 예를 들어, 이제 User에서 BillingDetails로의 연관관계 매핑이 가능해집니다. 하이버네이트는 UNION 쿼리를 사용해 단일 테이블을 연관관계 매핑의 대상으로 시뮬레이션할 수 있습니다.

지금까지 살펴본 상속 매핑 전략은 SQL 스키마에 대해 별도로 고려할 필요가 없습니다. 하지만 다음 전략에서는 상황이 달라집니다.

7.3 클래스 계층 구조별 테이블

전체 클래스 계층 구조를 단일 테이블에 매핑할 수 있습니다. 이 테이블에는 계층 구조상의 모든 클래스의 모든 프로퍼티에 대한 칼럼들이 포함됩니다. 별도의 타입 판별자 칼럼이나 수식의 값으로 특정 로우가 표현하는 구체적인 하위 클래스를 식별합니다. 그림 7.2는 이 접근 방식을 보여줍니다. 소스코드는 mapping-inheritance-singletable 폴더에서 확인할 수 있습니다.

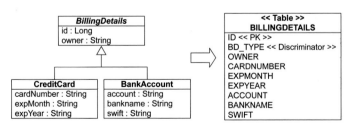

그림 7.2 전체 클래스 계층 구조를 단일 테이블에 매핑하기

이 매핑 전략은 성능과 단순성 측면에서 모두 효과적입니다. 다형성을 표현하는 가장 좋은 방법으로, 다형적 쿼리와 비다형적 쿼리 모두 성능이 우수하며 직접 쿼리를 작성하는 것도 쉽습니다. 복잡한 조인이나 유니온 없이도 임시 리포팅이 가능합니다. 스키마 진화도 간단합니다.

한 가지 중요한 문제가 있는데, 바로 데이터 무결성입니다. 이 매핑 전략에서는 하위 클래스에서 선언된 프로퍼티에 대한 칼럼을 널 허용(nullable)으로 선언해야 합니다. 각 하위 클래스에서 널을 허용하지 않는 프로퍼티를 여러 개 정의하는 경우 데이터 정확성의 관점에서 NOT NULL 제약조건의 손실은 심각한 문제가 될 수 있습니다. 신용카드의 유효기간이 필요하지만 테이블의 모든 칼럼이 NULL일 수 있기 때문에 데이터베이스 스키마에서 이 규칙을 적용할 수 없다고 상상해 봅시다. 간단한 애플리케이션 프로그래밍 오류로도 유효하지 않은 데이터가 발생할 수 있습니다.

또 다른 중요한 문제는 정규화입니다. 이 매핑 전략에서는 키가 아닌 칼럼 간에 기능적 의존성을 만들어서 제3 정규형을 위반했습니다. 항상 그렇듯이 성능상의 이유로 비정규화를 수행하는 것은 SQL 실행 계획을 적절히 최적화해서도(즉, DBA에게 요청해서) 얻을 수 있는 즉각적인 이득을 위해 장기적인 안정성, 유지보수성, 데이터 무결성을 희생하기 때문에 잘못될 가능성이 있습니다.

다음 예제와 같이 SINGLE_TABLE 상속 전략을 사용해 클래스별 테이블 계층 구조 매핑을 만들어보겠습니다.

예제 7.12 SINGLE_TABLE로 BillingDetails 매핑하기

FILE Ch07/mapping-inheritance-singletable/src/main/java/com/manning/javapersistence/ch07/model/BillingDetails.java

```java
@Entity
@Inheritance(strategy = InheritanceType.SINGLE_TABLE)
@DiscriminatorColumn(name = "BD_TYPE")
public abstract class BillingDetails {

    @Id
    @GeneratedValue(generator = "ID_GENERATOR")
    private Long id;

    @NotNull
    @Column(nullable = false)
    private String owner;

    // ...
}
```

상속 계층 구조의 루트 클래스인 BillingDetails는 BILLINGDETAILS 테이블에 자동으로 매핑됩니다. 상위 클래스의 공유 프로퍼티는 스키마에서 NOT NULL일 수 있으며, 모든 하위 클래스 인스턴스는 값을 가져야 합니다. 하이버네이트의 구현상 특이점은 하이버네이트가 데이터베이스 스키마를 생성할 때 빈 유효성 검사의 @NotNull을 무시하기 때문에 @Column으로 널 허용 여부를 선언해야 한다는 것입니다.

각 로우가 나타내는 것을 식별하기 위해 특별한 판별자 칼럼을 추가해야 합니다. 이 칼럼은 엔티티의 프로퍼티가 아니라 하이버네이트에서 내부적으로 사용됩니다. 칼럼명은 BD_TYPE이고 값은 문자열(이 경우 "CC" 또는 "BA")입니다. 하이버네이트 또는 하이버네이트를 사용하는 스프링 데이터 JPA에서는 판별자 값을 자동으로 설정하고 조회합니다.

상위 클래스에서 판별자 칼럼을 지정하지 않으면 해당 칼럼명의 기본값은 DTYPE이고 값은 문자열입니다. 상속 계층 구조의 모든 구체 클래스는 CreditCard 같은 판별자 값을 가질 수 있습니다.

예제 7.13 SINGLE_TABLE 상속 전략을 사용해 CreditCard 매핑하기

FILE Ch07/mapping-inheritance-singletable/src/main/java/com/manning/javapersistence/ch07/model/CreditCard.java

```java
@Entity
@DiscriminatorValue("CC")
public class CreditCard extends BillingDetails {
    @NotNull
    private String cardNumber;

    @NotNull
    private String expMonth;

    @NotNull
    private String expYear;

    // ...
}
```

명시적인 판별자 값을 지정하지 않으면 하이버네이트는 하이버네이트 XML 파일을 사용하는 경우 패키지명을 포함한 전체 클래스명을, 애너테이션이나 JPA XML 파일을 사용하는 경우 엔티티명을 기본값으로 사용합니다. JPA에서는 문자열이 아닌 판별자 타입에 대해서는 기본값을 지정하지 않으며, 각 영속성 공급자마다 다른 기본값을 가질 수 있다는 점에 유의합니다. 따라서 항상 구체 클래스에 대한 판별자 값을 지정해야 합니다.

여기서는 모든 하위 클래스에 @Entity 애너테이션을 지정한 다음, 하위 클래스의 프로퍼티를 BILLINGDETAILS 테이블의 칼럼에 매핑하겠습니다. BankAccount 인스턴스에는 expMonth 속성이 없고 해당 로우에 대해 EXPMONTH 칼럼이 NULL이어야 하므로 스키마에서 NOT NULL 제약조건은 허용되지 않는다는 점을 떠올려 봅시다. 하이버네이트 또는 하이버네이트를 사용하는 스프링 데이터 JPA에서는 스키마 DDL 생성 시 @NotNull을 무시하지만 런타임에 로우를 삽입하기 전에 이를 관찰합니다. 이를 통해 프로그래밍 오류를 방지할 수 있으며, 실수로 만료일이 없는 신용카드 데이터를 저장하는 것을 방지할 수 있습니다. (물론 제대로 작동하지 않는 다른 애플리케이션에서 이 데이터베이스에 잘못된 데이터를 저장할 수 있습니다.)

다음과 같이 스프링 데이터 JPA의 BillingDetailsRepository 인터페이스를 사용해 데이터베이스를 쿼리할 수 있습니다.

```
billingDetailsRepository.findAll();
```

JPA 또는 하이버네이트에서는 다음과 같은 쿼리를 실행할 수 있습니다.

```
select bd from BillingDetails bd
```

두 접근 방식 모두 다음과 같은 SQL 문을 생성합니다.

```
select
    ID, OWNER, EXPMONTH, EXPYEAR, CARDNUMBER,
    ACCOUNT, BANKNAME, SWIFT, BD_TYPE
from
    BILLINGDETAILS
```

CreditCard 하위 클래스를 쿼리하는 다른 방법도 있습니다.

다음과 같이 스프링 데이터 JPA의 CreditCardRepository 인터페이스를 사용해 데이터베이스를 쿼리할 수 있습니다.

```
creditCardRepository.findAll();
```

JPA 또는 하이버네이트에서는 다음과 같은 쿼리를 실행할 수 있습니다.

```
select cc from CreditCard cc
```

하이버네이트는 판별자 칼럼에 제한 조건을 추가합니다.

```
select
    ID, OWNER, EXPMONTH, EXPYEAR, CARDNUMBER
from
    BILLINGDETAILS
where
    BD_TYPE='CC'
```

간혹, 특히 레거시 스키마에서는 엔티티 테이블에 판별자 칼럼을 추가로 포함할 수 없는 경우가 있습니다. 이 경우 표현식을 적용해 각 로우에 대한 판별자 값을 계산할 수 있습니다. 판별을 위한 수식은 JPA 사양에 포함돼 있지 않지만 하이버네이트에는 확장 애너테이션인 **@DiscriminatorFormula**가 있습니다.

예제 7.14 @DiscriminatorFormula를 이용해 BillingDetails 매핑하기

`FILE` Ch07/mapping-inheritance-singletableformula/src/main/java/com/manning/javapersistence/ch07/model/BillingDetails.java

```
@Entity
@Inheritance(strategy = InheritanceType.SINGLE_TABLE)
@org.hibernate.annotations.DiscriminatorFormula(
    "case when CARDNUMBER is not null then 'CC' else 'BA' end"
)
public abstract class BillingDetails {
    // ...
}
```

스키마에는 판별자 칼럼이 없으므로 이 매핑은 특정 로우가 신용카드를 나타내는지 은행계좌를 나타내는지 파악하기 위해 SQL의 **CASE/WHEN** 표현식에 의존합니다(많은 개발자가 이러한 종류의 SQL 표현식을 사용해 본 적이 없을 테니 익숙하지 않은 경우 ANSI 표준을 참조하세요). 표현식의 결과는 하위 클래스 매핑에 선언된 **CC** 또는 **BA** 리터럴입니다.

클래스별 테이블 계층 구조 전략의 단점은 설계에 비해 너무 과할 수 있다는 것입니다. 비정규화된 스키마는 장기적으로 큰 부담이 될 수 있으며, DBA는 이 전략을 전혀 좋아하지 않을 수 있습니다. 다음으로 다룰 상속 매핑 전략은 이러한 문제에 노출되지 않습니다.

7.4 조인을 활용한 하위 클래스별 테이블

네 번째 상속 매핑 전략은 상속 관계를 SQL 외래키 연관관계로 표현하는 것입니다. 추상 클래스와 인터페이스를 포함해서 영속성 프로퍼티를 선언하는 모든 클래스 또는 하위 클래스마다 자체적인 테이블을 두는 방법입니다. 다음 소스코드는 `mapping-inheritance-joined` 폴더에서 확인할 수 있습니다.

앞서 매핑한 구체 클래스별 테이블 전략과 달리, 여기서 구체 `@Entity`의 테이블은 상위 클래스 테이블의 외래키이기도 한 기본키와 함께 하위 클래스 자체에서 선언한 상속되지 않은 각 프로퍼티에 대한 칼럼만 포함합니다. 이를 글로 읽기보다는 그림 7.3을 보면 좀 더 이해하기 쉽습니다.

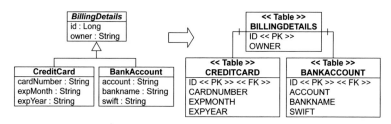

그림 7.3 계층 구조의 모든 클래스를 자체 테이블에 매핑하기

`CreditCard` 하위 클래스의 인스턴스를 영속화하면 하이버네이트가 두 개의 로우를 삽입합니다. 즉, `BillingDetails` 상위 클래스에서 선언한 프로퍼티 값은 `BILLINGDETAILS` 테이블의 새 로우에 저장됩니다. 하위 클래스에서 선언한 프로퍼티 값만 `CREDITCARD` 테이블의 새 로우에 저장됩니다. 두 로우가 공유하는 기본키가 두 로우를 서로 연결합니다. 그럼 나중에 하위 클래스 테이블을 상위 클래스 테이블과 조인해서 데이터베이스에서 하위 클래스 인스턴스를 조회할 수 있습니다.

이 전략의 가장 큰 장점은 SQL 스키마가 정규화된다는 점입니다. 스키마 진화 및 무결성 제약조건 정의가 쉽습니다. 특정 하위 클래스의 테이블을 참조하는 외래키는 해당 특정 하위 클래스에 대한 다형적 연관관계를 나타낼 수 있습니다. `JOINED` 상속 전략을 사용해 하위 클래스별 테이블 계층 구조 매핑을 만들어 보겠습니다.

예제 7.15 JOINED로 BillingDetails 매핑하기

`FILE` Ch07/mapping-inheritance-joined/src/main/java/com/manning/javapersistence/ch07/model/BillingDetails.java

```java
@Entity
@Inheritance(strategy = InheritanceType.JOINED)
```

```java
public abstract class BillingDetails {
    @Id
    @GeneratedValue(generator = "ID_GENERATOR")
    private Long id;

    @NotNull
    private String owner;
    // ...
}
```

루트 클래스인 `BillingDetails`는 `BILLINGDETAILS` 테이블에 매핑됩니다. 참고로 이 전략에는 판별자가 필요하지 않습니다.

하위 클래스에서는 하위 클래스 테이블의 기본키 칼럼이 상위 클래스 테이블의 기본키 칼럼과 이름이 같거나 같아야 하는 경우 조인 칼럼을 지정할 필요가 없습니다. 다음 예제에서 `BankAccount`는 `BillingDetails`의 하위 클래스가 됩니다.

예제 7.16 BankAccount(구체 클래스) 매핑하기

FILE Ch07/mapping-inheritance-joined/src/main/java/com/manning/javapersistence/ch07/model/BankAccount.java

```java
@Entity
public class BankAccount extends BillingDetails {

    @NotNull
    private String account;

    @NotNull
    private String bankname;

    @NotNull
    private String swift;

    // ...
}
```

이 엔티티에는 식별자 프로퍼티가 없는데, 상위 클래스로부터 ID 프로퍼티와 칼럼을 자동으로 상속받으며, 하이버네이트는 BankAccount의 인스턴스를 조회하려는 경우 테이블을 어떻게 조인할지 알고 있습니다.

물론 다음 예제에 표시된 것처럼 @PrimaryKeyJoinColumn 애너테이션을 사용해 칼럼명을 명시적으로 지정할 수도 있습니다.

예제 7.17 CreditCard 매핑하기

FILE Ch07/mapping-inheritance-joined/src/main/java/com/manning/javapersistence/ch07/model/CreditCard.java

```
@Entity
@PrimaryKeyJoinColumn(name = "CREDITCARD_ID")
public class CreditCard extends BillingDetails {

    @NotNull
    private String cardNumber;

    @NotNull
    private String expMonth;

    @NotNull
    private String expYear;

    // ...
}
```

BANKACCOUNT 및 CREDITCARD 테이블의 기본키 칼럼에는 각각 BILLINGDETAILS 테이블의 기본키를 참조하는 외래키 제약조건도 있습니다.

다음과 같이 스프링 데이터 JPA의 BillingDetailsRepository 인터페이스를 사용해 데이터베이스를 쿼리할 수 있습니다.

```
billingDetailsRepository.findAll();
```

JPA 또는 하이버네이트에서는 다음과 같은 쿼리를 실행할 수 있습니다.

```
select bd from BillingDetails bd
```

하이버네이트는 외부 조인을 이용해 다음과 같은 SQL을 생성합니다.

```
select
    BD.ID, BD.OWNER,
    CC.EXPMONTH, CC.EXPYEAR, CC.CARDNUMBER,
    BA.ACCOUNT, BA.BANKNAME, BA.SWIFT,
    case
        when CC.CREDITCARD_ID is not null then 1
        when BA.ID is not null then 2
        when BD.ID is not null then 0
    end
from
    BILLINGDETAILS BD
    left outer join CREDITCARD CC on BD.ID=CC.CREDITCARD_ID
    left outer join BANKACCOUNT BA on BD.ID=BA.ID
```

SQL의 CASE ... WHEN 절은 하위 클래스 테이블인 CREDITCARD와 BANKACCOUNT에 있는 로우의 존재 여부(또는 부재)를 감지하므로 하이버네이트 또는 하이버네이트를 사용하는 스프링 데이터에서는 BILLINGDETAILS 테이블의 특정 로우에 대한 구체 하위 클래스를 판별할 수 있습니다.

다음

```
creditCardRepository.findAll();
```

또는 다음과 같은 특정 하위 클래스에 대한 쿼리의 경우

```
select cc from CreditCard cc,
```

하이버네이트는 내부 조인을 사용합니다.

```
select
    CREDITCARD_ID, OWNER, EXPMONTH, EXPYEAR, CARDNUMBER
from
    CREDITCARD
    inner join BILLINGDETAILS on CREDITCARD_ID=ID
```

보다시피 이 매핑 전략은 수작업으로 구현하기가 더 어렵습니다. 심지어 임시 리포팅은 더 복잡합니다. 스프링 데이터 JPA 또는 하이버네이트 코드와 직접 작성한 SQL을 함께 쓰려는 경우 이것은 중요한 고려 사항입니다. 일반적인 접근 방식이자 이식성 있는 해법은 JPQL(Jakarta Persistence Query Language)을 이용해 JPQL 쿼리로 메서드에 애너테이션을 지정하는 것일 수 있습니다.

또한 이 매핑 전략은 놀라울 정도로 간단하지만 복잡한 클래스 계층 구조에서는 성능이 저하될 수 있습니다. 쿼리를 실행할 때마다 항상 여러 테이블에 걸친 조인 또는 여러 번의 순차 읽기가 필요하기 때문입니다.

조인 및 판별자를 이용한 상속

하이버네이트는 InheritanceType.JOINED 전략을 구현하기 위한 특별한 판별자 데이터베이스 칼럼을 필요로 하지 않으며, JPA 명세에도 이와 관련된 요구사항이 포함돼 있지 않습니다. SQL SELECT 문의 CASE ... WHEN 절은 조회된 각 로우의 엔터티 타입을 구분하는 현명한 방법입니다.

그러나 다른 곳에서 접할 수 있는 일부 JPA 예제에서는 InheritanceType.JOINED와 @Discriminator Column 매핑을 사용하기도 합니다. 일부 다른 JPA 공급자는 CASE ... WHEN 절을 사용하지 않고 판별자 값에만 의존하기도 하며, 심지어 InheritanceType.JOINED 전략의 경우에도 마찬가지입니다. 하이버네이트에서는 판별자가 필요하지 않지만 JOINED 매핑 전략에서도 선언된 @DiscriminatorColumn을 사용합니다. JOINED를 이용한 판별자 매핑을 무시하려면(이전 하이버네이트 버전에서는 무시됨) 구성 프로퍼티인 hibernate.discriminator.ignore_explicit_for_joined를 활성화하면 됩니다.

어떤 전략을 택해야 할지 살펴보기에 앞서 단일 클래스 계층 구조에서 상속 매핑 전략을 혼합하는 것을 검토해 보겠습니다.

7.5 상속 전략 혼합

전체 상속 계층 구조를 TABLE_PER_CLASS나 SINGLE_TABLE, JOINED 전략으로 매핑할 수 있습니다. 하지만 예를 들어, 판별자를 활용한 클래스별 테이블 계층 구조에서 정규화된 테이블별 하위 클래스 전략으로 전환하는 것과 같이 상속 전략을 혼합할 수는 없습니다. 일단 상속 전략을 결정했다면 그 전략을 고수해야 합니다.

하지만 이것은 완전한 사실은 아닙니다. 몇 가지 비법을 사용하면 특정 하위 클래스에 대한 매핑 전략을 전환할 수 있습니다. 예를 들어, 클래스 계층 구조를 단일 테이블로 매핑할 수 있지만 특정 하위 클래스에 대해서는 하위 클래스별 테이블과 마찬가지로 외래키 매핑 전략을 사용해 별도의 테이블로 전환할 수 있습니다. 그림 7.4의 스키마를 봅시다. 다음 소스코드는 mapping-inheritance-mixed 폴더에서 확인할 수 있습니다.

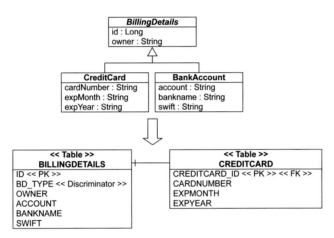

그림 7.4 하위 클래스를 자체적인 보조 테이블로 전환하기

이전에 했던 것처럼 상위 클래스인 BillingDetails를 InheritanceType.SINGLE_TABLE로 매핑하겠습니다. 그런 다음, 단일 테이블에서 보조 테이블로 전환하고자 하는 CreditCard 하위 클래스를 매핑합니다.

예제 7.18 CreditCard 매핑하기

FILE Ch07/mapping-inheritance-mixed/src/main/java/com/manning/javapersistence/ch07/model/CreditCard.java

```java
@Entity
@DiscriminatorValue("CC")
@SecondaryTable(
    name = "CREDITCARD",
    pkJoinColumns = @PrimaryKeyJoinColumn(name = "CREDITCARD_ID")
)
public class CreditCard extends BillingDetails {
    @NotNull
    @Column(table = "CREDITCARD", nullable = false)
    private String cardNumber;
```

```
    @Column(table = "CREDITCARD", nullable = false)
    private String expMonth;

    @Column(table = "CREDITCARD", nullable = false)
    private String expYear;

    // ...
}
```

@SecondaryTable과 @Column 애너테이션은 일부 프로퍼티를 그룹화하고 하이버네이트로 하여금 보조 테이블에서 해당 프로퍼티들을 가져오게 합니다. 보조 테이블로 옮긴 모든 프로퍼티를 해당 보조 테이블의 이름으로 매핑합니다. 이때 앞에서는 등장하지 않았던 @Column의 table 매개변수를 이용합니다. 이 매핑은 다양한 용도로 사용되며, 이 책의 뒷부분에서 다시 살펴보겠습니다. 이 예제에서는 단일 테이블 전략의 CreditCard 프로퍼티들을 CREDITCARD 테이블로 분리합니다. 이는 BillingDetails를 확장하기 위해 새로운 클래스(예: Paypal)를 추가하려는 경우 활용 가능한 방법입니다.

이 테이블의 CREDITCARD_ID 칼럼도 기본키이며, 단일 계층 구조 테이블의 ID를 참조하는 외래키 제약조건이 있습니다. 보조 테이블에 대해 기본키 조인 칼럼을 지정하지 않으면 단일 상속 테이블의 기본키 이름(이 경우 ID)이 사용됩니다.

InheritanceType.SINGLE_TABLE이 하위 클래스의 모든 칼럼을 널 허용으로 강제한다는 점을 떠올려 봅시다. 이 매핑의 이점 중 하나는 이제 CREDITCARD 테이블의 칼럼을 NOT NULL로 선언해 데이터 무결성을 보장할 수 있다는 점입니다.

런타임에 하이버네이트는 외부 조인을 실행해 BillingDetails 및 모든 하위 클래스 인스턴스를 다형적으로 가져옵니다.

```
select
    ID, OWNER, ACCOUNT, BANKNAME, SWIFT,
    EXPMONTH, EXPYEAR, CARDNUMBER,
    BD_TYPE
from
    BILLINGDETAILS
    left outer join CREDITCARD on ID=CREDITCARD_ID
```

클래스 계층 구조의 다른 하위 클래스에도 이 기법을 사용할 수 있습니다. 클래스 계층 구조의 폭이 굉장히 넓은 경우 외부 조인이 문제가 될 수 있습니다. 일부 데이터베이스 시스템(예: 오라클)에서는 외부 조인 연산에서 사용 가능한 테이블 수를 제한하기도 합니다. 계층 구조의 폭이 넓은 경우에는 외부 조인 대신 즉각적인 2차 SQL 쿼리를 실행하는 다른 조회 전략으로 전환하는 것이 좋습니다.

7.6 임베드 가능한 클래스의 상속

임베드 가능한 클래스는 그것을 소유한 엔티티의 컴포넌트이므로 이번 장에서 제시한 일반적인 엔티티 상속 규칙은 적용되지 않습니다. 하이버네이트 확장 기능으로 상위 클래스(또는 인터페이스)로부터 일부 영속성 프로퍼티를 상속하는 임베드 가능한 클래스를 매핑할 수 있습니다. 경매 품목의 두 가지 새로운 속성인 크기(dimension)와 무게(weight)에 관해 생각해 봅시다.

품목의 크기는 너비(width), 높이(height), 깊이(depth)로 구성되며, 크기를 나타내는 단위와 해당 기호, 예를 들어 인치(") 또는 센티미터(cm)로 표현됩니다. 품목의 무게도 파운드(lbs)나 킬로그램(kg) 같은 측정 단위로 표현됩니다. 이러한 측정의 공통 속성(이름과 기호)을 나타내기 위해 `Measurement`라는 `Dimensions`와 `Weight`의 상위 클래스를 정의하겠습니다. 다음 소스코드는 `mapping-inheritance-embeddable` 폴더에서 확인할 수 있습니다.

예제 7.19 추상 임베드 가능한 상위 클래스인 `Measurement` 매핑하기

`FILE` Ch07/mapping-inheritance-embeddable/src/main/java/com/manning/javapersistence/ch07/model/Measurement.java

```java
@MappedSuperclass
public abstract class Measurement {
    @NotNull
    private String name;

    @NotNull
    private String symbol;

    // ...
}
```

엔티티에 했던 것과 마찬가지로 매핑하려는 임베드 가능한 클래스의 상위 클래스에 @MappedSuperclass 애너테이션을 사용했습니다. 하위 클래스는 이 클래스의 프로퍼티들을 영속성 프로퍼티로서 상속합니다.

Dimensions와 Weight 하위 클래스를 @Embeddable로 정의하겠습니다. Dimensions의 경우 모든 상위 클래스 속성을 재정의하고 칼럼명 접두사를 추가합니다.

예제 7.20 Dimensions 클래스 매핑하기

> FILE Ch07/mapping-inheritance-embeddable/src/main/java/com/manning/javapersistence/ch07/model/Dimensions.java

```
@Embeddable
@AttributeOverride(name = "name",
    column = @Column(name = "DIMENSIONS_NAME"))
@AttributeOverride(name = "symbol",
    column = @Column(name = "DIMENSIONS_SYMBOL"))
public class Dimensions extends Measurement {

    @NotNull
    private BigDecimal depth;

    @NotNull
    private BigDecimal height;

    @NotNull
    private BigDecimal width;

    // ...
}
```

이렇게 재정의하지 않으면 Dimensions와 Weight를 모두 포함하는 Item을 테이블에 매핑할 때 칼럼명이 충돌할 것입니다.

다음은 Weight 클래스입니다. 이 매핑에서도 접두사를 사용해 칼럼명을 재정의합니다(일관성을 위해 앞에서 재정의한 내용과의 충돌을 방지합니다).

예제 7.21 Weight 클래스 매핑하기

FILE Ch07/mapping-inheritance-embeddable/src/main/java/com/manning/javapersistence/ch07/model/Weight.java

```java
@Embeddable
@AttributeOverride(name = "name",
    column = @Column(name = "WEIGHT_NAME"))
@AttributeOverride(name = "symbol",
    column = @Column(name = "WEIGHT_SYMBOL"))
public class Weight extends Measurement {
    @NotNull
    @Column(name = "WEIGHT")
    private BigDecimal value;

    // ...
}
```

Dimensions와 Weight를 소유하는 엔티티인 Item에서는 두 개의 일반적인 영속성 임베드된 프로퍼티를 정의합니다.

예제 7.22 Item 클래스 매핑하기

FILE Ch07/mapping-inheritance-embeddable/src/main/java/com/manning/javapersistence/ch07/model/Item.java

```java
@Entity
public class Item {
    private Dimensions dimensions;
    private Weight weight;
    // ...
}
```

그림 7.5는 이 매핑을 보여줍니다.

또는 6.2절에서 보여준 것처럼 Item 클래스에서 임베드된 프로퍼티의 충돌하는 Measurement 칼럼명을 재정의할 수도 있습니다. 하지만 우리는 @Embeddable 클래스에서 한 번 재정의하는 방식을 선호하므로 이러한 클래스를 사용하는 측에서는 이름 충돌을 해결할 필요가 없습니다.

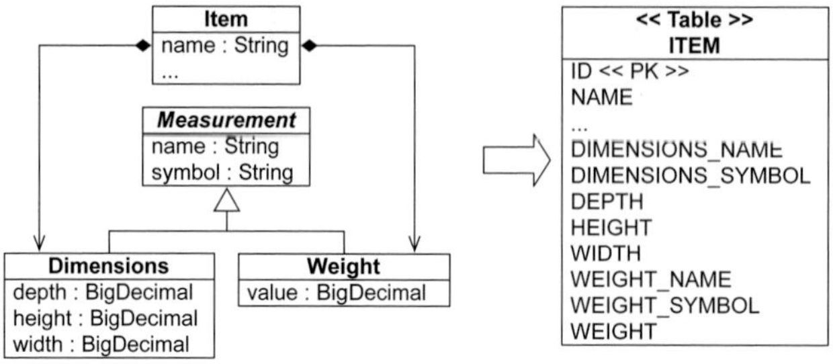

그림 7.5 구체 임베드 가능한 클래스와 해당 클래스의 상속된 프로퍼티 매핑하기

이때 한 가지 주의해야 할 함정은 추상 상위 클래스 타입(Measurement 같은)의 프로퍼티를 엔티티(Item 같은)에 포함시키는 것입니다. 이 방법은 절대 작동하지 않습니다. JPA 공급자는 Measurement 인스턴스를 어떻게 다형적으로 저장하고 로드할지 모르기 때문입니다. 판별자가 없기 때문에 데이터베이스의 값이 Dimensions 인스턴스인지 Weight 인스턴스인지 파악하는 데 필요한 정보가 없습니다. 즉, @Embeddable 클래스가 @MappedSuperclass로부터 일부 영속성 프로퍼티를 상속받게 할 수는 있지만 인스턴스에 대한 참조는 다형적이지 않은데, 항상 구체 클래스의 이름을 지정하기 때문입니다.

이를 6.3.2절 내의 "컴포넌트의 프로퍼티 변환하기"에서 살펴본 임베드 가능한 클래스에 대한 대체 상속 전략, 즉 다형성을 지원하지만 사용자 정의 타입 판별 코드가 필요했던 전략과 비교해 봅시다.

다음으로 애플리케이션의 클래스 계층 구조에 적합한 매핑 전략을 조합하는 방법에 대한 몇 가지 팁을 제공하겠습니다.

7.7 전략 선택

어떤 상속 매핑 전략을 선택할지는 엔티티 계층 구조에서 상위 클래스가 어떻게 사용되느냐에 따라 달라집니다. 상위 클래스의 인스턴스를 얼마나 자주 쿼리하는지, 상위 클래스를 대상으로 하는 연관관계가 있는지 등을 고려해야 합니다. 또 다른 중요한 측면은 상위 타입과 하위 타입의 속성, 즉 하위 타입에 추가 속성이 많은지 아니면 상위 타입과 동작만 다른지 여부입니다. 다음은 몇 가지 경험을 통해 얻은 팁입니다.

- 다형적 연관관계나 다형적 쿼리가 필요하지 않은 경우에는 구체 클래스별 테이블을 사용하는 것이 좋습니다. 즉, select bd from BillingDetails bd를 실행할 일이 없거나 드물고 BillingDetails와 연관관계를 맺는 클래스가 없는 경우입니다. 나중에 (최적화된) 다형적 쿼리와 연관관계가 가능하므로 InheritanceType.TABLE_PER_

CLASS를 이용한 명시적인 UNION 기반 매핑을 사용하는 것이 바람직합니다.

- 다형적 연관관계(상위 클래스와 연관관계를 맺고, 런타임에는 구체 클래스의 동적 해석을 통해 계층 구조의 모든 클래스와 연관관계를 맺게 되는) 또는 다형적 쿼리가 필요하고 하위 클래스에서는 상대적으로 적은 프로퍼티를 선언하는 경우(특히 하위 클래스 간의 주된 차이점이 행위에 있는 경우)에는 InheritanceType.SINGLE_TABLE을 사용하는 것이 좋습니다. 이 접근 방식은 최소한의 칼럼을 널 허용으로 설정해야 하는 경우 선택할 수 있습니다. DBA뿐만 아니라 개발자에게도 비정규화된 스키마가 장기적으로 문제를 일으키지 않으리라는 확신이 있어야 합니다.

- 다형적 연관관계 또는 다형적 쿼리가 필요하고 하위 클래스에서 여러 (선택 사항이 아닌) 프로퍼티를 선언하는 경우(하위 클래스의 주된 차이점이 보유하는 데이터에 있는) InheritanceType.JOINED를 사용하는 것이 좋습니다. 또는 상속 계층 구조의 폭과 깊이, 그리고 조인 대 유니온을 통해 발생할 수 있는 비용에 따라 InheritanceType.TABLE_PER_CLASS를 사용합니다. 이를 결정하기 위해서는 실제 데이터로 SQL 실행 계획을 평가해야 할 수도 있습니다.

기본적으로 간단한 문제에 대해서만 InheritanceType.SINGLE_TABLE을 선택하는 것이 좋습니다. 복잡한 경우 또는 데이터 모델러가 NOT NULL 제약조건의 중요성을 강조하고 정규화를 유지해야 하는 경우에는 InheritanceType.JOINED 전략을 고려해야 합니다. 이 시점에서 클래스 모델에서 상속을 위임으로 재구성하는 편이 더 낫지는 않을지 자문해 봐야 합니다. 복잡한 상속은 영속성이나 ORM과 상관없이 피하는 것이 가장 좋을 때가 많습니다. 하이버네이트는 도메인과 관계형 모델 사이의 완충지대 역할을 하지만, 그렇다고 해서 클래스를 설계할 때 영속성 문제를 완전히 무시할 수 있는 것은 아닙니다.

상속 전략을 혼합할 경우 하이버네이트의 암시적 다형성이 특이한 경우까지 처리할 수 있을 만큼 지능적이라는 점을 기억해야 합니다. 또한 인터페이스에 상속 애너테이션을 넣을 수 없다는 점도 고려해야 합니다. 이것은 JPA에서 표준화되지 않았기 때문입니다.

예를 들어, CaveatEmptor 애플리케이션에 ElectronicPaymentOption이라는 인터페이스를 추가해야 한다고 가정해 봅시다. 이 인터페이스는 영속성 측면이 없는 비즈니스 인터페이스로, CreditCard와 같은 영속성 클래스가 이 인터페이스를 구현할 가능성이 높다는 점을 제외하면 영속성 측면이 없습니다. BillingDetails 계층 구조를 어떻게 매핑하든 하이버네이트는 select o from ElectronicPaymentOption o와 같은 쿼리에 올바르게 응답할 수 있습니다. 이 쿼리는 BillingDetails 계층 구조에 속하지 않는 다른 클래스가 영속성 클래스로 매핑되고 이 인터페이스를 구현하는 경우에도 동작합니다. 하이버네이트는 어떤 테이블을 대상으로 쿼리할지, 어느 인스턴스를 생성할지, 다형적 결과를 어떻게 반환할지 항상 알고 있습니다.

모든 매핑 전략을 추상 클래스에 적용할 수 있습니다. 우리가 추상 클래스를 쿼리하거나 로드하더라도 하이버네이트는 해당 클래스를 인스턴스화하려 하지 않습니다.

지금까지 User와 BillingDetails 간의 관계에 대해 여러 번 언급했고, 상속 매핑 전략 선택에 어떤 영향을 미치는지 살펴봤습니다. 이번 장의 다음 절과 마지막 절에서는 이보다 고급 주제인 다형적 연관관계에 대해 자세히 살펴보겠습니다. 지금 모델에 이러한 관계가 없더라도 나중에 애플리케이션에서 이와 관련된 문제가 발생했을 때 이 주제를 다시 살펴보고 싶을 것입니다.

7.8 다형적 연관관계

다형성은 자바와 같은 객체지향 언어를 정의하는 특징 중 하나입니다. 다형적 연관관계나 다형적 쿼리를 지원하는 것은 하이버네이트 같은 ORM 솔루션의 기본 기능입니다. 놀랍게도 다형성에 대해 많은 이야기를 하지 않고도 여기까지 올 수 있었습니다. 다형성이라는 주제에 대해 할 말이 많지 않은 이유는 다형성을 설명하는 데 많은 노력을 기울일 필요가 없을 정도로 하이버네이트에서 다형성을 사용하기가 쉽기 때문입니다.

개요를 설명하기 위해 먼저 하위 클래스가 있을 수 있는 클래스에 대한 **다대일** 연관관계를 살펴본 후 **일대다** 관계를 살펴보겠습니다. 두 예제 모두 도메인 모델의 클래스는 동일합니다(그림 7.6 참조).

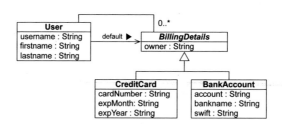

그림 7.6 사용자가 기본 청구 상세 내역으로 신용카드나 은행계좌를 사용합니다.

7.8.1 다형적 다대일 연관관계

먼저 User의 defaultBilling 프로퍼티를 살펴봅시다. 이 프로퍼티는 런타임에 해당 클래스의 구체 인스턴스가 될 수 있는 특정 BillingDetails 인스턴스 하나를 참조합니다. 다음 소스코드는 mapping-inheritance-manytoone 폴더에서 확인할 수 있습니다.

이 단방향 연관관계를 다음과 같이 추상 클래스인 BillingDetails에 매핑하겠습니다.

```
FILE Ch07/mapping-inheritance-manytoone/src/main/java/com/manning/javapersistence/ch07/model/User.
java

@Entity
@Table(name = "USERS")
public class User {
    @ManyToOne
    private BillingDetails defaultBilling;

    // ...
}
```

이제 USERS 테이블은 이 관계를 나타내는 조인/외래키 칼럼인 DEFAULTTBILLING_ID를 갖게 됩니다. 이 칼럼은 널 허용 칼럼인데, User에게 기본 청구 수단이 할당되지 않을 수 있기 때문입니다. BillingDetails는 추상 클래스이므로 런타임에는 연관관계가 해당 하위 클래스 중 하나인 CreditCard나 BankAccount의 인스턴스를 참조해야 합니다.

하이버네이트에서는 다형적 연관관계를 활성화하기 위해 특별한 작업을 수행할 필요가 없습니다. 연관관계의 대상 클래스가 @Entity와 @Inheritance로 매핑된 경우 연관관계가 자연스럽게 다형적으로 만들어집니다.

다음 스프링 데이터 JPA 코드는 CreditCard 하위 클래스의 인스턴스에 대한 연관관계가 만들어지는 것을 보여줍니다.

```
FILE Ch07/mapping-inheritance-manytoone/src/test/java/com/manning/javapersistence/ch07/MappingInhe
ritanceSpringDataJPATest.java

CreditCard creditCard = new CreditCard(
    "John Smith", "123456789", "10", "2030"
);
User john = new User("John Smith");
john.setDefaultBilling(creditCard);

creditCardRepository.save(creditCard);
userRepository.save(john);
```

이제 두 번째 작업 단위에서 연관관계를 탐색할 때 하이버네이트가 자동으로 CreditCard 인스턴스를 조회합니다.

```
List<User> users = userRepository.findAll();
users.get(0).getDefaultBilling().pay(123);
```

여기서 두 번째 줄은 BillingDetails의 구체 하위 클래스가 가진 pay 메서드를 호출할 것입니다.

일대일 연관관계도 같은 방식으로 처리할 수 있습니다. 각 User에 대한 billingDetails 컬렉션과 같은 다수의 연관관계는 어떻게 처리할 수 있을까요? 이어서 살펴보겠습니다.

7.8.2 다형적 컬렉션

User는 단 하나의 기본값(여러 BillingDetails 중 하나가 기본값이지만 지금은 무시하기로 하자)뿐만 아니라 여러 BillingDetails에 대한 참조를 가질 수 있습니다. 이를 양방향 **일대다** 연관관계로 매핑할 수 있습니다. 다음 소스코드는 mapping-inheritance-onetomany 폴더에서 확인할 수 있습니다.

FILE Ch07/mapping-inheritance-onetomany/src/main/java/com/manning/javapersistence/ch07/model/User.java

```
@Entity
@Table(name = "USERS")
public class User {
    @OneToMany(mappedBy = "user")
    private Set<BillingDetails> billingDetails = new HashSet<>();
    // ...
}
```

다음은 관계를 소유하는 측입니다(앞의 매핑에서 mappedBy로 선언한). 여기서 **소유 측(owning side)**이란 데이터베이스에서 외래키를 소유하는 쪽을 의미하며, 이 예제에서는 BillingDetails가 여기에 해당합니다.

FILE Ch07/mapping-inheritance-onetomany/src/main/java/com/manning/javapersistence/ch07/model/BillingDetails.java

```
@Entity
@Inheritance(strategy = InheritanceType.TABLE_PER_CLASS)
```

```
public abstract class BillingDetails {
    @ManyToOne
    private User user;
    // ...
}
```

지금까지 이 연관관계 매핑에는 특별한 것이 없습니다. BillingDetails 클래스 계층 구조는 TABLE_PER_ CLASS나 SINGLE_TABLE, JOINED 상속 타입으로 매핑할 수 있습니다. 하이버네이트는 컬렉션 요소들을 로드할 때 JOIN이나 UNION 연산자를 이용해 올바른 SQL 쿼리를 사용할 수 있을 만큼 똑똑합니다.

그러나 한 가지 제약이 있습니다. 7.1절에서 설명한 대로 BillingDetails 클래스는 @MappedSuperclass가 될 수 없습니다. 대신 @Entity와 @Inheritance로 매핑해야 합니다.

정리

- 암시적 다형성을 활용한 구체 클래스별 테이블은 엔티티의 상속 계층 구조를 매핑하는 가장 간단한 전략이며, 다형적 연관관계를 충분히 지원하지 않습니다.

- 서로 다른 테이블의 서로 다른 칼럼들이 정확히 동일한 시맨틱을 공유할 경우 스키마 진화가 더욱 복잡해집니다.

- 구체 클래스별 테이블 접근 방식은 일반적으로 다형성이 필요하지 않고 향후 상위 클래스를 수정할 가능성이 낮은 클래스 계층 구조의 최상위 레벨에만 사용할 것을 권장합니다.

- 유니온을 활용한 구체 클래스별 테이블 전략은 선택 사항이며, JPA 구현체가 이를 지원하지 않을 수 있지만, 다형적 연관관계를 처리할 수 있습니다.

- 클래스 계층 구조별 테이블 전략은 성능과 단순성 측면에서 모두 효과적입니다. 복잡한 조인이나 유니온 없이도 임시 리포팅이 가능하며 스키마 진화도 간단합니다.

- 단일 테이블 전략의 한 가지 주된 문제점은 데이터 무결성인데, 일부 칼럼을 널 허용으로 선언해야 하기 때문입니다. 또 다른 문제는 정규화입니다. 이 전략은 키가 아닌 칼럼 간에 기능적 의존성을 만들어서 제3 정규형을 위반합니다.

- 조인을 활용한 하위 클래스별 테이블 전략은 SQL 스키마를 정규화해서 스키마 진화 및 무결성 제약조건 정의를 간단하게 만든다는 주요 이점이 있습니다. 단점은 수작업으로 구현하기가 더 어렵고 복잡한 클래스 계층 구조에서는 성능이 좋지 않을 수 있다는 것입니다.

08

컬렉션과
엔티티 연관관계 매핑

이번 장에서 다루는 내용

- 영속성 컬렉션 매핑
- 기본 타입 및 임베드 가능한 타입의 컬렉션
- 간단한 다대일 및 일대다 엔티티 연관관계

많은 개발자가 하이버네이트 또는 스프링 데이터 JPA를 사용할 때 가장 먼저 하는 작업은 **부모/자식 관계**를 매핑하는 것입니다. 보통 이때 컬렉션을 처음 접하게 됩니다. 또한 이때 처음으로 엔티티와 값 타입 간의 차이점에 대해 생각하거나 ORM의 복잡성 때문에 헤매기도 합니다.

클래스 간의 연관관계와 테이블 간의 관계를 관리하는 것은 ORM의 핵심입니다. ORM 솔루션을 구현할 때 발생하는 대부분의 어려운 문제는 컬렉션과 엔티티의 연관관계 관리와 관련돼 있습니다. 이번 장에서는 몇 가지 기본적인 컬렉션 매핑 개념과 간단한 예제로 시작하겠습니다. 그러고 나면 엔티티 연관관계의 컬렉션을 다룰 수 있게 되고, 다음 장에서 더 복잡한 엔티티 연관관계 매핑에 대해 살펴볼 것입니다. 전체 그림을 파악하려면 이번 장과 다음 장을 모두 읽어보는 것을 권장합니다.

JPA 2의 주요 새 기능

기본 타입과 임베드 가능한 타입의 컬렉션과 맵에 대한 지원 기능이 추가됐습니다.

각 요소의 인덱스가 별도의 데이터베이스 칼럼에 저장되는 영속성 리스트에 대한 지원 기능이 추가됐습니다.

이제 일대다 연관관계에 고아 객체 제거(orphan removal) 옵션이 추가됐습니다.

8.1 세트, 백, 리스트, 값 타입의 맵

자바에는 도메인 모델 설계에 최적화된 인터페이스와 구현체를 선택할 수 있는 풍부한 컬렉션 API가 있습니다. 이번 장에서는 구현에 자바 컬렉션 프레임워크를 사용하며, 가장 일반적인 컬렉션 매핑을 살펴보고 다시 한번 Image와 Item 예제를 약간 변형해서 살펴보겠습니다.

먼저 데이터베이스 스키마를 살펴보고 컬렉션 프로퍼티를 생성하고 매핑하는 것부터 시작하겠습니다. 일반적으로 데이터베이스를 먼저 설계하고 프로그램이 이 데이터베이스와 함께 작동해야 하므로 데이터베이스를 먼저 살펴봅니다. 그런 다음, 구체적인 컬렉션 인터페이스를 선택하고 세트(set), 식별자 백 (identifier bag), 리스트(list), 맵(map), 그리고 마지막으로 정렬 컬렉션(sorted collection)과 순차 컬렉션(ordered collection) 등과 같은 다양한 컬렉션 타입을 매핑해 보겠습니다.

8.1.1 데이터베이스 스키마

경매 품목에 이미지를 첨부할 수 있도록 CaveatEmptor를 확장할 예정입니다. 이미지가 첨부된 품목은 잠재 구매자의 흥미를 유발할 것입니다. 지금은 자바 코드는 무시하고 데이터베이스 스키마만 고려하겠습니다. 다음 소스코드는 mapping-collections 폴더에서 확인할 수 있습니다.

> 참고   소스코드의 예제를 실행하려면 먼저 Ch08.sql 스크립트를 실행해야 합니다.

경매 품목 및 이미지 예제의 경우 이미지가 파일시스템의 어딘가에 저장돼 있고, 데이터베이스에는 파일명만 저장한다고 가정합니다. 데이터베이스에서 이미지가 삭제되면 별도의 프로세스를 통해 디스크에서 파일을 삭제해야 합니다.

데이터베이스에 이미지 또는 이미지의 파일명만 저장할 수 있는 IMAGE 테이블이 필요합니다. 이 테이블에는 ITEM 테이블을 참조하는 외래키 칼럼(ITEM_ID)도 있습니다. 그림 8.1의 스키마를 봅시다.

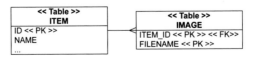

그림 8.1 IMAGE 테이블에는 이미지 파일명이 저장되며, 각각은 ITEM_ID를 참조합니다.

스키마에는 이것만 있으면 됩니다. 즉, 컬렉션이나 합성관계가 없습니다.

8.1.2 컬렉션 프로퍼티 생성과 매핑

이 IMAGE 테이블을 지금까지 알고 있는 것과 어떻게 매핑할까요? 아마도 Image라는 이름의 @Entity 클래스로 매핑할 것입니다. 이번 장의 뒷부분에서는 외래키 칼럼을 @ManyToOne 프로퍼티와 매핑해서 엔티티 간 연관관계를 만들겠습니다. 또한 10.2.2절에서 보여드릴 테지만 엔티티 클래스에 대한 복합 기본키 매핑이 필요할 것입니다. 지금 당장은 복합 기본키가 테이블에서 로우를 고유하게 식별하기 위해 둘 이상의 칼럼을 조합한 것이라는 점만 알면 됩니다. 개별 칼럼은 고유하지 않을 수 있지만 해당 칼럼들의 조합은 고유해야 합니다.

매핑된 이미지 컬렉션은 없는데 이것들은 필요하지 않기 때문입니다. 품목의 이미지가 필요하다면 JPA 쿼리 언어로 다음과 같은 쿼리를 작성하고 실행하면 됩니다.

```
select img from Image img where img.item = :itemParameter
```

영속성 컬렉션은 **항상** 선택 사항입니다.

특정 품목에 대한 모든 이미지를 참조하는 Item#images라는 컬렉션을 만들 수도 있습니다. 이 컬렉션 프로퍼티를 생성하고 매핑해서 다음과 같은 작업을 수행할 수 있습니다.

- someItem.getImages()를 호출할 때 자동으로 SELECT * from IMAGE where ITEM_ID = ? 쿼리를 실행합니다. 도메인 모델 인스턴스가 **관리되는** 상태(나중에 자세히 설명)에 있으면 클래스 간의 연관관계를 탐색하는 동안 필요에 따라 데이터베이스에서 읽을 수 있습니다. 데이터를 로드하기 위해 수동으로 쿼리를 작성하고 실행할 필요가 없습니다. 반면에 컬렉션 순회를 시작할 때 컬렉션 쿼리는 항상 "해당 품목에 대한 모든 이미지"이며, "XYZ 조건과 일치하는 이미지만"이 아닙니다.

- 각 Image를 entityManager.persist()나 imageRepository.save()로 저장하지 않아도 됩니다. 매핑된 컬렉션이 있는 경우 someItem.getImages().add()로 컬렉션에 Image를 추가하면 Item이 저장될 때 자동으로 영속화됩니다. 이러한 영속성 연쇄 적용은 리포지터리나 EntityManager를 호출하지 않고도 인스턴스를 저장할 수 있기 때문에 편리합니다.

- Image의 수명주기를 종속적으로 만들 수 있습니다. Item이 삭제되면 하이버네이트는 추가적인 SQL DELETE를 통해 첨부된 모든 Image를 삭제합니다. 따라서 이미지의 수명주기와 고아 객체 정리에 대해 걱정하지 않아도 됩니다(데이터베이스 외래키 제약조건이 ON DELETE CASCADE가 아니라고 가정). JPA 공급자가 합성관계의 수명주기를 처리합니다.

이러한 이점은 훌륭해 보이지만, 그 대가로 매핑의 복잡성은 증가합니다. 많은 JPA 초보자가 컬렉션 매핑에 어려움을 겪고 있으며, "왜 이 작업을 하나요?"라는 질문에 "이 컬렉션이 필요한 줄 알았어요."라고 대답하는 경우가 많습니다.

경매 품목의 이미지와 관련된 문제를 해결하는 방법을 분석해 보면 컬렉션 매핑의 이점을 발견할 수 있습니다. 이미지에는 종속적인 수명주기가 있으므로 품목이 삭제되면 첨부된 모든 이미지가 삭제돼야 합니다. 품목이 저장되면 첨부된 모든 이미지도 저장돼야 합니다. 그리고 품목이 표시될 때 모든 이미지도 함께 표시되는 경우가 많기 때문에 UI 코드에서 someItem.getImages()를 사용하는 것이 편리합니다(이것은 정보의 즉시 로드에 해당합니다). 이미지를 가져오기 위해 영속성 서비스를 다시 호출할 필요가 없는데, 이미지를 곧바로 사용할 수 있기 때문입니다.

이제 도메인 모델 설계에 가장 적합한 컬렉션 인터페이스와 구현을 선택하는 단계로 넘어가겠습니다. 가장 일반적인 컬렉션 매핑을 살펴보면서 다시 한번 Image와 Item 예제를 약간 변형해서 살펴보겠습니다.

8.1.3 컬렉션 인터페이스 선택

다음은 자바 도메인 모델에서 컬렉션 프로퍼티를 사용할 때 자주 사용하는 코드입니다.

```
<<인터페이스>> images = new <<구현>>();
// 게터 및 세터 메서드
// ...
```

구현이 아닌 인터페이스를 사용해 프로퍼티의 타입을 선언합니다. 적절한 구현을 선택하고 컬렉션을 즉시 초기화하면 컬렉션이 초기화되지 않는 것을 방지할 수 있습니다. 생성자나 설정자 메서드에서 컬렉션을 늦게 초기화하는 것은 권장하지 않습니다.

제네릭을 사용할 경우 일반적인 Set는 다음과 같습니다.

```
Set<Image> images = new HashSet<Image>();
```

제네릭을 사용하지 않는 원시 컬렉션

컬렉션 요소의 타입을 제네릭을 이용해 지정하지 않거나 맵의 키/값 타입을 지정하지 않은 경우 하이버네이트에 타입을 알려줘야 합니다. 예를 들어, Set<String> 대신 @ElementCollection(targetClass=String. class)를 사용해 원시 Set를 매핑할 수 있습니다. 이는 Map의 타입 매개변수에도 적용됩니다. 맵의 키 타입은 @MapKeyClass로 지정합니다.

이 책의 모든 예제에서는 제네렉 컬렉션과 맵을 사용하며, 여러분도 그렇게 해야 합니다.

기본적으로 하이버네이트는 가장 중요한 JDK 컬렉션 인터페이스를 지원하며, JDK 컬렉션, 맵, 배열의 시맨틱을 영속화 가능한 방식으로 보존합니다. 각 JDK 인터페이스마다 하이버네이트에서 지원하는 구현이 있으며, 올바른 조합을 사용하는 것이 중요합니다. 하이버네이트는 필드 선언에서 이미 초기화된 컬렉션을 래핑하거나 올바른 컬렉션이 아닌 경우 이를 대체하기도 합니다. 이를 통해 컬렉션 요소의 지연 로딩과 변경 감지를 활성화합니다.

하이버네이트를 확장하지 않고도 다음과 같은 컬렉션 중에서 선택할 수 있습니다.

- java.util.HashSet으로 초기화되는 java.util.Set 프로퍼티. 요소의 순서가 유지되지 않으며 중복 요소를 허용하지 않습니다. 모든 JPA 공급자가 이 타입을 지원합니다.

- java.util.TreeSet으로 초기화되는 java.util.SortedSet 프로퍼티. 이 컬렉션은 안정적인 요소 순서를 지원합니다. 즉, 하이버네이트가 데이터를 로드한 후 메모리상에서 정렬이 이뤄집니다. 이것은 하이버네이트 전용 확장이며, 다른 JPA 공급자는 집합의 "정렬된" 측면을 무시할 수 있습니다.

- java.util.ArrayList로 초기화되는 java.util.List 프로퍼티. 하이버네이트는 데이터베이스 테이블에 별도의 인덱스 칼럼을 사용해 각 요소의 위치를 보존합니다. 모든 JPA 공급자가 이 타입을 지원합니다.

- java.util.ArrayList로 초기화되는 java.util.Collection 프로퍼티. 이 컬렉션에는 백(bag) 시맨틱이 있습니다. 즉, 중복 가능하지만 요소의 순서는 유지되지 않습니다. 모든 JPA 공급자가 이 타입을 지원합니다.

- java.util.HashMap으로 초기화되는 java.util.Map 프로퍼티. 맵의 키와 값 쌍이 데이터베이스에 보존될 수 있습니다. 모든 JPA 공급자가 이 타입을 지원합니다.

- java.util.TreeMap으로 초기화되는 java.util.SortedMap 프로퍼티. 이 프로퍼티는 안정적인 요소 순서를 지원합니다. 즉, 하이버네이트가 데이터를 로드한 후 메모리상에서 정렬이 이뤄집니다. 이것은 하이버네이트 전용 확장이며, 다른 JPA 공급자는 맵의 "정렬된" 측면을 무시할 수 있습니다.

- 하이버네이트는 영속성 배열을 지원하지만 JPA는 지원하지 않습니다. 영속성 배열은 거의 사용되지 않으므로 이 책에서는 다루지 않겠습니다. 하이버네이트는 배열 프로퍼티를 래핑할 수 없으므로 필요 시 지연 로딩과 같은 컬렉션의 여러 이점을 누릴 수 없습니다. 지연 로딩이 필요하지 않다고 확신하는 경우에만 도메인 모델에서 영속성 배열을 사용하세요. (필요에 따라 배열을 로드할 수 있지만 12.1.3절에 설명된 바와 같이 바이트코드 향상(bytecode enhancement)을 통한 인터셉션이 필요합니다.)

하이버네이트에서 직접 지원하지 않는 컬렉션 인터페이스와 구현을 매핑하려면 하이버네이트에 사용자 정의 컬렉션의 시맨틱에 관해 알려줘야 합니다. 하이버네이트의 확장 지점은 org.hibernate.collection.spi 패키지의 PersistentCollection 인터페이스이며, 일반적으로 기존 PersistentSet, PersistentBag, PersistentList 클래스 중 하나를 확장합니다. 사용자 정의 영속성 컬렉션은 작성하기가 쉽지 않으므로 숙련된 하이버네이트 사용자가 아니라면 권장하지 않습니다.

트랜잭션 방식의 파일시스템

이미지 파일명만 SQL 데이터베이스에 보관한다면 각 사진의 바이너리 데이터(파일)를 어딘가에 저장해야 합니다. 이미지 데이터를 SQL 데이터베이스의 BLOB 칼럼에 저장할 수도 있습니다(6.3.1절의 "이진 및 큰 값 타입" 참조).

이미지를 데이터베이스에 저장하지 않고 일반 파일로 저장하기로 했다면 표준 자바 파일시스템 API인 java.io.File과 java.nio.file.Files는 트랜잭션 처리가 가능하지 않다는 점에 유의합니다. 파일시스템 작업은 JTA(Java Transaction API) 시스템 트랜잭션에 포함되지 않으므로 하이버네이트에서 파일명을 SQL 데이터베이스에 쓰는 트랜잭션은 성공적으로 완료될 수 있지만 파일시스템에서 파일을 저장하거나 삭제하는 작업은 실패할 수 있습니다. 이러한 작업은 하나의 원자 단위로 롤백할 수 없으며, 작업이 적절하게 격리되지도 않습니다.

Bitronix 같은 별도의 시스템 트랜잭션 관리자를 사용할 수도 있습니다. 그러면 파일 작업이 동일한 트랜잭션 내에서 하이버네이트의 SQL 작업과 함께 등록, 커밋, 롤백됩니다.

Item에 대한 이미지 파일명 컬렉션을 매핑해 봅시다.

8.1.4 세트 매핑

세트 매핑의 가장 간단한 구현은 String 타입의 이미지 파일명으로 구성된 Set입니다. 다음 예제에 표시된 것처럼 Item 클래스에 컬렉션 프로퍼티를 추가합니다.

예제 8.1 간단한 문자열 세트로 매핑된 이미지

FILE Ch08/mapping-collections/src/main/java/com/manning/javapersistence/ch08/setofstrings/Item.java

```
@Entity
public class Item {
    // ...

    @ElementCollection                                    ❶
    @CollectionTable(
        name = "IMAGE",                                   ❷
        joinColumns = @JoinColumn(name = "ITEM_ID"))      ❸
    @Column(name = "FILENAME")                            ❹
    private Set<String> images = new HashSet<>();         ❺
```

❶ images 필드를 @ElementCollection으로 선언합니다. 여기서는 시스템의 이미지 경로를 참조하지만 예제를 간결하게 유지하기 위해 image나 images 같은 필드와 칼럼의 이름을 사용하겠습니다.

❷ 컬렉션 테이블의 이름은 IMAGE가 됩니다. 그렇지 않으면 기본값으로 ITEM_IMAGES가 됩니다.

❸ ITEM 테이블과 IMAGE 테이블 간의 조인 칼럼은 ITEM_ID(기본 이름)가 됩니다.

❹ images 컬렉션의 문자열 정보가 담길 칼럼의 이름은 FILENAME이 됩니다. 그렇지 않으면 기본값인 IMAGES가 됩니다.

❺ images 컬렉션을 HashSet으로 초기화합니다.

예제 8.1에 나온 @ElementCollection JPA 애너테이션은 값 타입 요소의 컬렉션에 필요합니다. @Collection Table과 @Column 애너테이션이 없으면 하이버네이트는 기본 스키마 이름을 사용합니다. 그림 8.2의 스키마를 보면 기본키 칼럼에 밑줄이 그어져 있습니다.

ITEM	
ID	NAME
1	Foo

IMAGE	
ITEM_ID	FILENAME
1	landscape.jpg
1	foreground.jpg
1	background.jpg
1	portrait.jpg

그림 8.2 문자열 세트에 대한 테이블 구조와 예제 데이터

IMAGE 테이블에는 ITEM_ID 칼럼에 MUL 키가 있습니다[1]. 즉, ITEM_ID에 고유하지 않은 인덱스가 있으며, 해당 칼럼 내에서 특정 값이 여러 번 중복될 수 있습니다. 또한 이미지의 순서는 저장되지 않습니다. 이것은 도메인 모델과 Set 컬렉션에 적합합니다. 이미지는 파일시스템의 어딘가에 저장되며, 데이터베이스에는 파일명만 보관됩니다.

Item 엔티티와 상호작용하기 위해 다음과 같은 스프링 데이터 JPA 리포지터리를 생성하겠습니다.

예제 8.2 ItemRepository 인터페이스

FILE Ch08/mapping-collections/src/main/java/com/manning/javapersistence/ch08/repositories/setofstrings/ItemRepository.java

```java
public interface ItemRepository extends JpaRepository<Item, Long> {

    @Query("select i from Item i inner join fetch i.images where i.id = :id")
    Item findItemWithImages(@Param("id") Long id);                              ❶

}
```

---

1 (옮긴이) MUL 키는 MySQL 데이터베이스에서 사용되는 칼럼의 속성 중 하나로, 해당 칼럼이 인덱스로 사용되고 있지만 고유한 값만을 가질 필요는 없다는 것을 나타냅니다. 다시 말해, MUL이 표시된 칼럼은 중복된 값들을 가질 수 있지만 데이터를 빠르게 검색하기 위해 인덱스로 사용됩니다.

```
    @Query(value = "SELECT FILENAME FROM IMAGE WHERE ITEM_ID = ?1",
            nativeQuery = true)                                          ❷
    Set<String> findImagesNative(Long id);
}
```

❶ images 컬렉션을 포함해서 id로 Item을 가져오는 findItemWithImages 메서드를 선언합니다. 이 컬렉션을 즉시 가져오기 위
해 JPQL(Jakarta Persistence Query Language)의 inner joint fetch 기능을 사용합니다.

❷ findImagesNative 메서드를 선언합니다. 이 메서드에는 애너테이션에 네이티브 쿼리가 지정돼 있고 특정 id의 images를 나
타내는 문자열 세트를 가져옵니다.

또한 다음과 같은 테스트를 생성하겠습니다.

예제 8.3 MappingCollectionsSpringDataJPATest 클래스

FILE Ch08/mapping-collections/src/test/java/com/manning/javapersistence/ch08//setofstrings/Mapping
CollectionsSpringDataJPATest.java

```
@ExtendWith(SpringExtension.class)
@ContextConfiguration(classes = {SpringDataConfiguration.class})
public class MappingCollectionsSpringDataJPATest {

    @Autowired
    private ItemRepository itemRepository;

    @Test
    void storeLoadEntities() {
        Item item = new Item("Foo");              ❶

        item.addImage("background.jpg");
        item.addImage("foreground.jpg");          ❷
        item.addImage("landscape.jpg");
        item.addImage("portrait.jpg");

        itemRepository.save(item);                ❸

        Item item2 = itemRepository.findItemWithImages(item.getId());        ❹

        List<Item> items2 = itemRepository.findAll();          ❺
        Set<String> images = itemRepository.findImagesNative(item.getId());     ❻
```

```
        assertAll(
            () -> assertEquals(4, item2.getImages().size()),
            () -> assertEquals(1, items2.size()),                    ❼
            () -> assertEquals(4, images.size())
        );
    }
}
```

❶ Item을 생성합니다.

❷ 4개의 이미지 경로를 추가합니다.

❸ 데이터베이스에 저장합니다.

❹ 리포지터리에 접근해서 images 컬렉션과 함께 품목을 가져옵니다. findItemWithImages 메서드에 지정한 JPQL 쿼리 내용 대로 데이터베이스에서 컬렉션도 가져옵니다.

❺ 데이터베이스에서 모든 Item을 가져옵니다.

❻ findImagesNative 메서드를 사용해 이미지를 나타내는 문자열 세트를 가져옵니다.

❼ 앞에서 가져온 다양한 컬렉션의 크기를 검사합니다.

사용자가 같은 품목에 동일한 이미지를 두 번 이상 첨부하게끔 하지는 않을 테지만 만약 그렇게 한다고 가정해 보겠습니다. 이 경우에는 어떤 종류의 매핑이 적절할까요?

8.1.5 식별자 백 매핑

백은 java.util.Collection 인터페이스와 같이 중복 요소를 허용하는 정렬되지 않은 컬렉션입니다. 신기하게도 자바 컬렉션 프레임워크에는 백 구현이 포함돼 있지 않습니다. 이 경우 프로퍼티를 ArrayList로 초기화할 수 있고, 요소를 저장하고 로드할 때 하이버네이트가 요소의 인덱스를 무시합니다.

예제 8.4 중복 요소를 허용하는 문자열 백

FILE Ch08/mapping-collections/src/main/java/com/manning/javapersistence/ch08/bagofstrings/Item.java

```
@Entity
public class Item {
    // ...

    @ElementCollection
    @CollectionTable(name = "IMAGE")
```

```
    @Column(name = "FILENAME")
    @GenericGenerator(name = "sequence_gen", strategy = "sequence")      ❶
    @org.hibernate.annotations.CollectionId(            ❷
        columns = @Column(name = "IMAGE_ID"),           ❸
        type = @org.hibernate.annotations.Type(type = "long"),          ❹
        generator = "sequence_gen")                 ❺
    private Collection<String> images = new ArrayList<>();          ❻
```

❶ "sequence_gen"이라는 이름과 "sequence" 전략으로 @GenericGenerator를 선언해서 IMAGE 테이블의 대리키를 처리합니다.

❷ 각 ITEM_ID에 대해 중복된 FILENAME 값을 허용하려면 IMAGE 컬렉션 테이블에는 다른 기본키가 필요합니다.

❸ IMAGE_ID라는 대리 기본키 칼럼을 도입합니다. 모든 이미지를 동시에 조회하거나 동시에 모두 저장할 수 있지만 데이터베이스 테이블에는 여전히 기본키가 필요합니다.

❹ 하이버네이트 전용 애너테이션을 사용합니다.

❺ 기본키 생성 방법을 구성합니다.

❻ JDK에는 백 구현이 없습니다. 컬렉션을 ArrayList로 초기화합니다.

일반적으로 엔티티 인스턴스를 저장할 때 시스템에서 기본키 값을 생성하기를 바랄 것입니다. 키 생성기에 대해 잘 기억나지 않는다면 5.2.4절을 참조합니다. 수정된 스키마는 그림 8.3과 같습니다. 스프링 데이터 JPA 리포지터리와 테스트는 이전 예제와 동일합니다.

ITEM

ID	NAME
1	Foo

IMAGE

IMAGE_ID	ITEM_ID	FILENAME
1	1	landscape.jpg
2	1	foreground.jpg
3	1	background.jpg
4	1	portrait.jpg

그림 8.3 문자열 백에 대한 대리 기본키 칼럼

여기서 흥미로운 질문이 하나 있습니다. 이 스키마만 보고 이 테이블이 자바에서 어떻게 매핑될지 알 수 있을까요? ITEM 테이블과 IMAGE 테이블은 동일해 보이는데, 각각 대리 기본키 칼럼과 다른 정규화된 칼럼으로 구성됩니다. 각 테이블은 @Entity 클래스로 매핑할 수 있습니다. 그러나 합성관계의 수명주기가 있는 경우에도 JPA 기능을 사용해 컬렉션을 IMAGE에 매핑할 수도 있습니다. 이것은 사실상 이 테이블에 대해 좀 더 일반적인 @Entity 매핑 대신 일부 미리 정의된 쿼리와 조작 규칙만 필요하다는 설계 결정을 의미합니다. 이러한 결정을 내릴 때는 그 이유와 결과를 반드시 알아야 합니다.

다음 매핑 기법은 리스트 내의 이미지 순서를 유지합니다.

8.1.6 리스트 매핑

이전에 ORM 소프트웨어를 사용해 본 적이 없다면 영속성 리스트가 매우 강력한 개념으로 보일 것입니다. 일반 JDBC와 SQL로 `java.util.List<String>`을 저장하고 로드하려면 얼마나 많은 작업이 필요할지 상 상해 보세요. 리스트의 중간에 요소를 추가하면 리스트는 구현에 따라 모든 이후 요소들을 오른쪽으로 옮 기거나 포인터를 재정렬합니다. 리스트 중간에서 요소를 제거하면 다른 일이 발생하는 등 갖가지 작업이 발생합니다. ORM 소프트웨어가 데이터베이스 레코드에 대해 이 모든 작업을 자동으로 수행할 수 있다면 영속성 리스트가 실제보다 더 매력적으로 보일 것입니다.

3.2.4절에서 언급했듯이, 나중에 같은 순서로 데이터 요소를 표시해야 하는 경우가 많기 때문에 사용자 가 입력할 때 요소의 순서를 보존하는 것이 중요합니다. 그러나 입력 타임스탬프와 같이 데이터를 정렬하 는 데 다른 기준을 사용할 수 있는 경우에는 표시 순서를 저장하는 대신 쿼리할 때 데이터를 정렬해야 합 니다. 사용해야 하는 표시 순서가 변경되면 어떻게 될까요? 데이터가 표시되는 순서는 일반적으로 데이터 자체와는 독립적인 문제이므로 영속성 `List`를 매핑하기 전에 다시 한 번 생각해야 합니다. 다음 예제에서 볼 수 있듯이 하이버네이트는 생각만큼 똑똑하지 않습니다.

`Item` 엔티티와 해당 컬렉션 프로퍼티를 변경해 보겠습니다.

예제 8.5 요소의 순서를 데이터베이스에 보존하는 영속성 리스트

> FILE Ch08/mapping-collections/src/main/java/com/manning/javapersistence/ch08/listofstrings/Item.ja
> va

```
@Entity
public class Item {
    // ...

    @ElementCollection
    @CollectionTable(name = "IMAGE")
    @OrderColumn // 영속 순서를 활성화. 기본값은 IMAGES_ORDER
    @Column(name = "FILENAME")
    private List<String> images = new ArrayList<>();
```

이 예제에는 `@OrderColumn`이라는 새로운 애너테이션이 있습니다. 이 칼럼은 0부터 시작하는 영속성 리스 트의 인덱스를 저장합니다. 기본 칼럼명은 `IMAGES_ORDER`입니다. 참고로 하이버네이트는 데이터베이스에 서 인덱스가 연속되도록 저장하며, 그렇게 될 것으로 예상합니다. 중간에 항목이 빈 경우에는 하이버네이 트가 `List`를 로드하고 생성할 때 `null` 요소를 추가합니다. 그림 8.4의 스키마를 봅시다.

ITEM	
ID	NAME
1	Foo
2	Bar

IMAGE		
ITEM_ID	IMAGES_ORDER	FILENAME
1	0	landscape.jpg
1	1	foreground.jpg
1	2	background.jpg
1	3	background.jpg
2	0	portrait.jpg
2	1	foreground.jpg

그림 8.4 컬렉션 테이블은 각 리스트 요소의 위치를 보존합니다.

IMAGE 테이블의 기본키는 ITEM_ID와 IMAGES_ORDER로 구성된 복합키입니다. 이렇게 하면 FILENAME 값이 중복 가능하며, 이것은 List의 시맨틱과도 부합합니다. 이미지는 파일시스템의 어딘가에 저장되며 데이터베이스에는 파일명만 보관된다는 점을 기억하세요. 스프링 데이터 JPA 리포지터리와 테스트는 이전 예제와 동일합니다.

앞에서 하이버네이트가 생각만큼 똑똑하지 않다고 이야기했습니다. 리스트에 A, B, C의 순서대로 세 개의 이미지가 있다고 가정해 보겠습니다. 리스트에서 A를 제거하면 어떻게 될까요? 하이버네이트는 해당 로우에 대해 SQL DELETE를 한 번 실행합니다. 그런 다음 B와 C에 대해 두 번의 UPDATE를 실행해 위치를 왼쪽으로 옮겨 인덱스의 간격을 좁힙니다. 삭제된 요소의 오른쪽에 있는 각 요소에 대해 하이버네이트가 UPDATE를 실행합니다. 이 작업을 위해 직접 SQL을 작성했다면 UPDATE 한 번으로 처리할 수 있었을 것입니다. 리스트의 중간에 삽입할 때도 마찬가지입니다. 하이버네이트는 기존의 모든 요소를 하나씩 오른쪽으로 옮깁니다. 적어도 하이버네이트는 리스트를 clear()할 때 DELETE를 한 번만 실행할 수 있을 만큼은 똑똑합니다.

이제 품목의 이미지에 파일명 외에 사용자가 제공한 이름이 있다고 가정해 보겠습니다. 자바에서 이를 모델링하는 한 가지 방법은 키/값 쌍을 사용하는 맵을 사용하는 것입니다.

8.1.7 맵 매핑

이미지 파일에 사용자가 제공한 이름을 사용하기 위해 Map 프로퍼티를 사용하도록 자바 클래스를 변경하겠습니다.

예제 8.6 키와 값 쌍을 저장하는 영속성 맵

FILE Ch08/mapping-collections/src/main/java/com/manning/javapersistence/ch08/mapofstrings/Item.java

```
@Entity
public class Item {
    // ...

    @ElementCollection
    @CollectionTable(name = "IMAGE")
    @MapKeyColumn(name = "FILENAME")        ❶
    @Column(name = "IMAGENAME")     ❷
    private Map<String, String> images = new HashMap<>();
```

❶ 각 맵 항목은 키/값 쌍입니다. 여기서 키는 @MapKeyColumn을 통해 FILENAME에 매핑됩니다.

❷ 값은 IMAGENAME 칼럼입니다. 이것은 사용자가 파일을 한 번만 사용할 수 있다는 의미인데, Map은 키 중복을 허용하지 않기 때문입니다.

그림 8.5의 스키마에서 볼 수 있듯이 컬렉션 테이블의 기본키는 ITEM_ID와 FILENAME으로 구성된 복합키입니다. 이 예제에서는 맵의 키로 String을 사용하지만 하이버네이트에서는 BigDecimal이나 Integer 같은 모든 기본 타입을 지원합니다. 키가 자바 enum인 경우 @MapKeyEnumerated를 사용해야 합니다. java.util.Date 같은 시간 타입인 경우 @MapKeyTemporal을 사용합니다.

ITEM

ID	NAME
1	Foo
2	Bar

IMAGE

ITEM_ID	FILENAME	IMAGENAME
1	landscape.jpg	Landscape
1	foreground.jpg	Foreground
1	background.jpg	Background
1	portrait.jpg	Portrait
2	landscape.jpg	Landscape
2	foreground.jpg	Foreground

그림 8.5 문자열을 인덱스와 요소로 사용하는 맵의 테이블

이전 예제의 맵은 정렬되지 않았습니다. 파일 리스트가 긴데 한눈에 빠르게 무언가를 찾고 싶은 경우 어떻게 해야 항상 파일명을 기준으로 맵 항목을 정렬할 수 있을까요?

8.1.8 정렬 컬렉션과 순차 컬렉션

자바 비교기(comparator)를 사용해 메모리상에서 컬렉션을 **정렬(sort)**할 수 있습니다. 데이터베이스에서 컬렉션을 로드할 때 ORDER BY 절이 포함된 SQL 쿼리를 사용해 컬렉션의 **순서(order)**를 지정할 수 있습니다.

이미지 맵을 정렬된 맵으로 만들어 봅시다. 그러자면 자바 프로퍼티와 매핑을 변경해야 합니다.

예제 8.7 비교기를 사용해 메모리상에서 맵 항목 정렬하기

FILE Ch08/mapping-collections/src/main/java/com/manning/javapersistence/ch08/sortedmapofstrings/Item.java

```
@Entity
public class Item {
    // ...

    @ElementCollection
    @CollectionTable(name = "IMAGE")
    @MapKeyColumn(name = "FILENAME")
    @Column(name = "IMAGENAME")
    @org.hibernate.annotations.SortComparator(ReverseStringComparator.class)
    private SortedMap<String, String> images = new TreeMap<>();
```

정렬된 컬렉션은 하이버네이트 기능이며, 따라서 예제에 나온 `java.util.Comparator<String>`의 구현이 지정된 `org.hibernate.annotations.SortComparator` 애너테이션은 문자열을 역순으로 정렬합니다. 데이터베이스 스키마는 변경되지 않으며, 이어지는 모든 예제에서도 마찬가지입니다. 잘 기억나지 않는다면 이전 절의 그림 8.1 ~ 8.5를 참고합니다.

테스트에 다음 두 줄을 추가해서 키가 이제 역순으로 정렬되는지 확인합니다.

```
() -> assertEquals("Portrait", item2.getImages().firstKey()),
() -> assertEquals("Background", item2.getImages().lastKey())
```

다음 예제처럼 `java.util.SortedSet`을 매핑하겠습니다. 이 예제는 `mapping-collections` 폴더의 `sortedsetofstrings` 예제에서 확인할 수 있습니다.

예제 8.8 String#compareTo()를 사용해 메모리상의 세트 요소 정렬하기

FILE Ch08/mapping-collections/src/main/java/com/manning/javapersistence/ch08/sortedsetofstrings/Item.java

```
@Entity
public class Item {
    // ...
```

```
@ElementCollection
@CollectionTable(name = "IMAGE")
@Column(name = "FILENAME")
@org.hibernate.annotations.SortNatural
private SortedSet<String> images = new TreeSet<>();
```

여기서는 자연 정렬을 사용하며, 결과적으로 `String#compareTo()` 메서드를 사용합니다.

아쉽게도 `TreeBag`은 없기 때문에 백은 정렬할 수 없습니다. 리스트 요소의 인덱스는 요소의 순서를 미리 정의합니다. 또는 `Sorted*` 인터페이스로 전환하는 대신, 메모리상에서 정렬하지 않고 데이터베이스에서 컬렉션의 요소를 올바른 순서로 조회하고 싶을 수도 있습니다. 다음 예제에서는 `java.util.SortedSet` 대신 `java.util.LinkedHashSet`을 사용하겠습니다.

예제 8.9 LinkedHashSet은 순회를 위한 삽입 순서를 제공합니다.

FILE Ch08/mapping-collections/src/main/java/com/manning/javapersistence/ch08/setofstringsorderby/Item.java

```java
@Entity
public class Item {
    // ...

    @ElementCollection
    @CollectionTable(name = "IMAGE")
    @Column(name = "FILENAME")
    // @javax.persistence.OrderBy // 가능한 순서: "FILENAME asc"
    @org.hibernate.annotations.OrderBy(clause = "FILENAME desc")
    private Set<String> images = new LinkedHashSet<>();
```

LinkedHashSet 클래스는 요소에 대한 안정적인 순회 순서를 가지며, 컬렉션을 로드할 때 하이버네이트가 올바른 순서로 컬렉션을 채웁니다. 이를 위해 하이버네이트는 컬렉션을 로드하는 SQL 문에 ORDER BY 절을 적용합니다. 이 SQL 절을 하이버네이트 전용 `@org.hibernate.annotations.OrderBy` 애너테이션으로 선언해야 합니다. 파일명의 첫 세 글자를 기준으로 정렬하는 `@OrderBy("substring(FILENAME, 0, 3) desc")` 같은 SQL 함수를 호출할 수도 있지만 DBMS가 호출하려는 SQL 함수를 지원하는지 반드시 확인해야 합니다. 또한 SQL:2003 구문인 ORDER BY . . NULLS FIRST|LAST 구문을 사용하면 하이버네이트가 자동으로 해당 구문을 DBMS에서 지원하는 방언으로 변환합니다.

표현식에 칼럼명과 함께 ASC 또는 DESC만 있는 경우 `@javax.persistence.OrderBy` 애너테이션도 유용합니다. 이전 단락의 `substring()` 예제와 같이 좀 더 정교한 절이 필요한 경우에는 `@org.hibernate.annotations.OrderBy` 애너테이션이 필요합니다.

하이버네이트의 `@OrderBy` vs. JPA의 `@OrderBy`

모든 컬렉션에 `@org.hibernate.annotations.OrderBy` 애너테이션을 적용할 수 있습니다. 이 애너테이션의 매개변수는 컬렉션을 로드하는 SQL 문에 하이버네이트가 첨부하는 일반 SQL 구문입니다.

JPA에도 유사한 애너테이션인 `@javax.persistence.OrderBy`가 있습니다. 이 애너테이션의 유일한 매개변수는 SQL이 아니라 someProperty DESC¦ASC입니다. String 또는 Integer 요소 값에는 프로퍼티가 없으므로 예제 8.9의 Set<String>과 같이 기본 타입의 컬렉션에 JPA의 `@OrderBy` 애너테이션을 지정하면 JPA 명세에 따라 "순서가 기본 객체의 값을 기준으로 적용됩니다." 즉, 순서 값(asc나 desc 같은 방향)을 변경할 수 없습니다. 요소 값 클래스에 영속성 프로퍼티가 있고 기본/스칼라 타입이 아닌 경우에는 8.2.2절의 JPA 애너테이션을 사용하겠습니다.

---

bagofstringsorderby에 있는 다음 예제에서는 백 매핑을 사용해 로드 시 동일한 순서를 보여줍니다. 이 예제는 mapping-collections 폴더에서 확인할 수 있습니다.

예제 8.10 ArrayList는 안정적인 순회 순서를 제공합니다.

> **FILE** Ch08/mapping-collections/src/main/java/com/manning/javapersistence/ch08/bagofstringsorderby/Item.java

```java
@Entity
public class Item {
    // ...

    @ElementCollection
    @CollectionTable(name = "IMAGE")
    @Column(name = "FILENAME")
    @GenericGenerator(name = "sequence_gen", strategy = "sequence")
    @org.hibernate.annotations.CollectionId(
        columns = @Column(name = "IMAGE_ID"),
        type = @org.hibernate.annotations.Type(type = "long"),
        generator = "sequence_gen")
```

```
@org.hibernate.annotations.OrderBy(clause = "FILENAME desc")
private Collection<String> images = new ArrayList<>();
```

마지막으로, LinkedHashMap으로 순차적인 키/값 쌍을 로드할 수 있습니다.

예제 8.11 LinkedHashMap은 키/값 쌍을 순서대로 유지합니다.

FILE Ch08/mapping-collections/src/main/java/com/manning/javapersistence/ch08/mapofstringsorderby/Item.java

```
@Entity
public class Item {
    // ...

    @ElementCollection
    @CollectionTable(name = "IMAGE")
    @MapKeyColumn(name = "FILENAME")
    @Column(name = "IMAGENAME")
    @org.hibernate.annotations.OrderBy(clause = "FILENAME desc")
    private Map<String, String> images = new LinkedHashMap<>();
```

정렬된 컬렉션의 요소들은 로드될 때만 원하는 순서로 정렬된다는 점에 유의합니다. 요소를 추가하거나 제거하면 컬렉션의 순회 순서가 "파일명 기준"과 다를 수 있습니다. 즉, 일반적인 링크드 세트(linked set)나 맵, 리스트처럼 동작합니다. 여기서는 기술적인 접근 방식을 보여드렸지만 결점에 대해서도 알고 있어야 하며, 이러한 결점으로 인해 다소 신뢰성이 떨어지는 해법이라는 결론을 내릴 수 있습니다.

실제 시스템에서는 이미지명이나 파일명보다 더 복잡한 정보를 저장해야 할 가능성이 높습니다. 아마도 제목, 너비, 높이 같은 추가 정보를 담기 위해 Image 클래스를 만들어야 할 것입니다. 이 같은 경우에는 컴포넌트 컬렉션을 사용하는 것이 적절합니다.

8.2 컴포넌트 컬렉션

이 책 초반부에 임베드 가능한 컴포넌트를 매핑한 적이 있습니다. 바로 User의 address입니다. 이번 장에서 다루는 예제는 그림 8.6에 표시된 것처럼 Item이 Image에 대한 참조를 여러 개 가지고 있기 때문에 다릅니다. UML 다이어그램에서 이 연관관계는 합성관계(검은색 다이아몬드)이며, 따라서 참조된 Image들은 그것을 소유하는 Item의 수명주기에 종속됩니다.

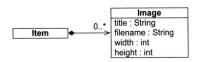

그림 8.6 Item의 Image 컴포넌트 컬렉션

다음 예제는 이미지의 모든 프로퍼티들을 담고 있는 임베드 가능한 새 클래스인 Image를 보여줍니다.

예제 8.12 이미지의 모든 프로퍼티를 캡슐화

`FILE` Ch08/mapping-collections/src/main/java/com/manning/javapersistence/ch08/setofembeddables/Image.java

```java
@Embeddable
public class Image {
    @Column(nullable = false)
    private String filename;
    private int width;
    private int height;
    // ...
}
```

먼저, 모든 프로퍼티는 선택 사항이 아님을 의미하는 NOT NULL이라는 점에 유의합니다. 크기 프로퍼티의 값은 원시 타입이기 때문에 널을 허용하지 않습니다. 둘째, 데이터베이스와 자바 계층이 두 이미지를 비교하는 방식과 동등성을 고려해야 합니다.

8.2.1 컴포넌트 인스턴스의 동등성

HashSet에 여러 개의 Image 인스턴스를 보관하고 싶다고 가정해 봅시다. 세트가 중복 요소를 허용하지 않는다는 것을 알고 있지만 어떻게 중복을 감지할까요? HashSet은 Set에 넣은 각 Image의 equals() 메서드를 호출합니다. (물론 해시를 구하기 위해 hashCode() 메서드도 호출합니다.)

다음 컬렉션에는 몇 개의 이미지가 있을까요?

```
someItem.addImage(new Image("background.jpg", 640, 480));
someItem.addImage(new Image("foreground.jpg", 800, 600));
someItem.addImage(new Image("landscape.jpg", 1024, 768));
someItem.addImage(new Image("landscape.jpg", 1024, 768));
assertEquals(3, someItem.getImages().size());
```

이미지가 3개가 아니라 4개라고 예상하셨나요? 맞습니다. 일반적인 자바 동등성 검사는 식별자에 의존합니다. java.lang.Object#equals() 메서드는 a==b로 인스턴스를 비교합니다. 이 방법에 따르면 컬렉션에는 4개의 Image 인스턴스가 들어 있게 됩니다. 하지만 확실히 이번 경우에는 3개가 "정답"입니다.

Image 클래스의 경우에는 자바 식별자에 의존하지 않고 equals()와 hashCode() 메서드를 재정의합니다.

예제 8.13 equals()와 hashCode()를 사용해 직접 동등성 구현하기

FILE Ch08/mapping-collections/src/main/java/com/manning/javapersistence/ch08/setofembeddables/Image.java

```
@Embeddable
public class Image {
    // ...
    @Override
    public boolean equals(Object o) {          ❶
        if (this == o) return true;
        if (o == null || getClass() != o.getClass()) return false;
        Image image = (Image) o;
        return width == image.width &&
                height == image.height &&
                filename.equals(image.filename) &&
                item.equals(image.item);
    }

    @Override
    public int hashCode() {                    ❷
        return Objects.hash(filename, width, height, item);
    }

    // ...
}
```

❶ equals()에서 이뤄지는 동등성 검사는 한 Image의 모든 값을 다른 Image의 값과 비교합니다. 모든 값이 같다면 두 이미지는 동일해야 합니다.

❷ hashCode() 메서드는 두 인스턴스가 같다면 두 인스턴스의 해시 코드도 동일해야 한다는 계약을 이행해야 합니다.

6.2절에서 User의 Address를 매핑할 때는 왜 동등성을 재정의하지 않았을까요? 사실 그렇게 했어야 했습니다. 굳이 변명하자면 임베드 가능한 컴포넌트를 Set에 넣거나 저장이나 비교를 위해 equals()나 hashCode()를 사용하는 Map의 키로 사용하지 않는 한 일반적인 동일성 동등성 문제는 발생하지 않는다는 것입니다(여기서 Map은 항목을 서로 비교해서 정렬하고 위치를 지정하는 TreeMap이 아니라고 가정합니다). 또한 동일성이 아닌 값을 기반으로 동등성을 재정의해야 합니다. 모든 @Embeddable 클래스에서 이러한 메서드를 재정의하는 것이 가장 좋으며, 모든 값 타입은 "값별로" 비교해야 합니다.

이제 데이터베이스 기본키에 대해 생각해 봅시다. 하이버네이트가 생성하는 스키마에서는 IMAGE 컬렉션 테이블의 칼럼 중 널을 허용하지 않는 모든 칼럼들이 복합 기본키에 포함될 것입니다. 각 칼럼들은 우리가 모르는 것을 식별할 수는 없기 때문에 널을 허용하지 않아야 합니다. 이것은 자바 클래스의 동등성 구현을 반영합니다. 다음 절에서 기본키에 대한 자세한 내용과 함께 이러한 스키마를 살펴보겠습니다.

> 참고 하이버네이트의 스키마 생성기에는 사소한 문제가 하나 있습니다. 임베드 가능한 클래스의 프로퍼티에
> @Column(nullable=false) 대신 @NotNull 애너테이션을 지정하면 하이버네이트가 컬렉션 테이블의
> 칼럼에 대해 NOT NULL 제약조건을 생성하지 않는다는 것입니다. 따라서 인스턴스에 대한 빈 유효성 검사
> 는 예상대로 작동하지만 데이터베이스 스키마에 무결성 규칙이 누락됩니다. 임베드 가능한 클래스가 컬렉
> 션에 매핑돼 있고 프로퍼티가 기본키의 일부여야 하는 경우 @Column(nullable=false)을 사용해야 합
> 니다.

이제 컴포넌트 클래스가 준비됐으며 이를 컬렉션 매핑에서 사용할 수 있습니다.

8.2.2 컴포넌트의 세트

다음과 같이 컴포넌트의 Set을 매핑할 수 있습니다. Set은 고유한 항목만 허용하는 컬렉션 타입이라는 점에 유의합니다.

예제 8.14 속성을 재정의하는 임베드 가능한 컴포넌트의 Set

`FILE` Ch08/mapping-collections/src/main/java/com/manning/javapersistence/ch08/setofembeddables/Item.java

```
@Entity
public class Item {
    // ...

    @ElementCollection                          ❶
    @CollectionTable(name = "IMAGE")            ❷
    @AttributeOverride(
        name = "filename",
        column = @Column(name = "FNAME", nullable = false)
    )
    private Set<Image> images = new HashSet<>();
```

❶ 이전과 마찬가지로 @ElementCollection 애너테이션이 필요합니다. 하이버네이트는 제네릭 컬렉션 선언으로부터 컬렉션의 대
상이 @Embeddable 타입이라는 것을 자동으로 인식합니다.

❷ @CollectionTable 애너테이션으로 컬렉션 테이블의 기본 이름인 ITEM_IMAGES를 재정의합니다.

Image 매핑은 컬렉션 테이블의 칼럼들을 정의합니다. 단일 임베드된 값과 마찬가지로 @Attribute
Override를 사용해 대상 임베드 가능한 클래스를 수정하지 않고도 매핑을 커스터마이징할 수 있습니다.

그림 8.7의 데이터베이스 스키마를 봅시다. 여기서는 세트를 매핑하고 있으므로 컬렉션 테이블의 기본키
는 외래키 칼럼인 ITEM_ID와 널을 허용하지 않는 모든 "임베드된" 칼럼인 FNAME, WIDTH, HEIGHT의 복합키
입니다.

ITEM

ID	NAME
1	Foo
2	Bar

IMAGE

ITEM_ID	FNAME	WIDTH	HEIGHT
1	landscape.jpg	640	480
1	foreground.jpg	800	600
1	background.jpg	1024	768
1	portrait.jpg	480	640
2	landscape.jpg	640	480
2	foreground.jpg	800	600

그림 8.7 컴포넌트 컬렉션에 대한 데이터 테이블 예시

이전 절에서 설명한 것처럼 ITEM_ID 값은 Image의 재정의된 equals()나 hashCode() 메서드에 포함되지
않았습니다. 따라서 서로 다른 품목의 이미지를 하나의 세트에 넣으면 자바 계층에서 동등성 문제가 발생
합니다. 데이터베이스 테이블에서는 품목의 식별자가 기본키 동등성 검사에 포함되므로 서로 다른 품목의
이미지를 분명히 구분할 수 있습니다.

데이터베이스 기본키와 대칭하도록 Image의 동등성 루틴에 Item을 포함하려면 Image#item 프로퍼티가 필요합니다. 이것은 Image 인스턴스가 로드될 때 하이버네이트에서 제공하는 간단한 역포인터에 해당합니다.

FILE Ch08/mapping-collections/src/main/java/com/manning/javapersistence/ch08/setofembeddables/Image.java

```java
@Embeddable
public class Image {
    // ...

    @org.hibernate.annotations.Parent
    private Item item;

    // ...
}
```

이제 부모 Item 값을 equals()와 hashCode() 구현에 포함할 수 있습니다.

다음 코드에서는 @AttributeOverride 애너테이션을 사용해 FILENAME 필드를 FNAME 칼럼에 매칭시키겠습니다.

FILE Ch08/mapping-collections/src/main/java/com/manning/javapersistence/ch08/setofembeddables/Item.java

```java
@AttributeOverride(
    name = "filename",
    column = @Column(name = "FNAME", nullable = false)
)
```

마찬가지로 ItemRepository 인터페이스의 네이티브 쿼리도 변경해야 합니다.

FILE Ch08/mapping-collections/src/main/java/com/manning/javapersistence/ch08/repositories/setofembeddables/ItemRepository.java

```java
@Query(value = "SELECT FNAME FROM IMAGE WHERE ITEM_ID = ?1",
       nativeQuery = true)
Set<String> findImagesNative(Long id);
```

요소를 로드하는 시점의 요소 순서 및 LinkedHashSet을 통한 안정적인 순회 순서가 필요할 경우에는 JPA
의 @OrderBy 애너테이션을 사용할 수 있습니다.

```
FILE Ch08/mapping-collections/src/main/java/com/manning/javapersistence/ch08/setofembeddablesorder
by/Item.java

@Entity
public class Item {
    // ...

    @ElementCollection
    @CollectionTable(name = "IMAGE")
    @OrderBy("filename DESC, width DESC")
    private Set<Image> images = new LinkedHashSet<>();
```

@OrderBy 애너테이션의 인수는 Image 클래스의 프로퍼티이며, 그 뒤에 오름차순을 나타내는 ASC나 내림
차순을 나타내는 DESC가 따라옵니다. 기본값은 오름차순입니다. 이 예제에서는 이미지 파일명을 기준으로
내림차순으로 정렬한 다음, 각 이미지의 너비를 기준으로 내림차순으로 정렬합니다. 참고로 8.1.8절에서
설명한 대로 이것은 일반 SQL 절을 사용하는 하이버네이트 전용 @org.hibernate.annotations.OrderBy
애너테이션과는 다릅니다.

Image의 모든 프로퍼티를 @NotNull로 선언하고 싶지 않을 수도 있습니다. 특정 프로퍼티가 선택 사항인
경우 컬렉션 테이블에 다른 기본키가 필요합니다.

8.2.3 컴포넌트의 백

컬렉션 테이블에 대리키 칼럼을 추가하기 전까지는 @org.hibernate.annotations.CollectionId 애너
테이션을 사용했습니다. 그러나 컬렉션 타입은 Set이 아니라 일반 Collection인 백(bag)이었습니다. 이
는 업데이트된 스키마와 일치합니다. 즉, 대리 기본키 칼럼이 있는 경우 요소 값의 중복을 허용합니다.
bagofembeddables 예제를 통해 이를 살펴보겠습니다.

먼저, 대리키를 추가할 것이므로 Image 클래스는 널 허용 프로퍼티를 포함할 수 있습니다.

```
FILE Ch08/mapping-collections/src/main/java/com/manning/javapersistence/ch08/bagofembeddables/Ima
ge.java
```

```
@Embeddable
public class Image {
    @Column(nullable = true)
    private String title;

    @Column(nullable = false)
    private String filename;
    private int width;
    private int height;

    // ...
}
```

값으로 인스턴스를 비교할 때 재정의된 equals()와 hashCode() 메서드에서 Image의 선택 항목인 title
도 고려해야 한다는 점을 잊어서는 안 됩니다. 예를 들어, 제목 필드의 비교는 다음과 같이 equals 메서드
에서 수행됩니다.

```
Objects.equals(title, image.title)
```

다음으로 Item에서 백 컬렉션의 매핑을 살펴보겠습니다. 8.1.5절에서 했던 것처럼 하이버네이트 전용
@org.hibernate.annotations.CollectionId 애너테이션을 사용해 추가 대리 기본키 칼럼인 IMAGE_ID를
선언합니다.

FILE Ch08/mapping-collections/src/main/java/com/manning/javapersistence/ch08/bagofembeddables/Item.java

```
@Entity
public class Item {
    // ...

    @ElementCollection
    @CollectionTable(name = "IMAGE")
    @GenericGenerator(name = "sequence_gen", strategy = "sequence")
    @org.hibernate.annotations.CollectionId(
        columns = @Column(name = "IMAGE_ID"),
        type = @org.hibernate.annotations.Type(type = "long"),
        generator = "sequence_gen")
```

```
    private Collection<Image> images = new ArrayList<>();

    // ...
}
```

그림 8.8은 데이터베이스 스키마를 보여줍니다. 식별자가 2인 Image의 title이 null입니다.

ITEM	
ID	NAME
1	Foo
2	Bar

IMAGE					
IMAGE_ID	ITEM_ID	TITLE	FILENAME	WIDTH	HEIGHT
1	1	Landscape	landscape.jpg	640	480
2	1		foreground.jpg	800	600
3	1	Background	background.jpg	1024	768
4	1	Portrait	portrait.jpg	480	640
5	2	Landscape	landscape.jpg	640	480
6	2	Foreground	foreground.jpg	800	600

그림 8.8 대리 기본키 칼럼이 포함된 컴포넌트 컬렉션 테이블

다음으로, 맵을 사용해 컬렉션 테이블의 기본키를 변경하는 다른 방법을 분석해 보겠습니다.

8.2.4 컴포넌트 값의 맵

맵은 정보를 키와 값의 쌍으로 보관합니다. Image가 Map에 저장된 경우 파일명이 맵의 키가 될 수 있습니다.

FILE Ch08/mapping-collections/src/main/java/com/manning/javapersistence/ch08/mapofstringsembeddabl
es/Item.java

```
@Entity
public class Item {
    // ...

    @ElementCollection
    @CollectionTable(name = "IMAGE")
    @MapKeyColumn(name = "TITLE")              ❶
    private Map<String, Image> images = new HashMap<>();

    // ...
}
```

❶ 맵의 키 칼럼을 TITLE로 설정합니다. 그렇지 않으면 기본값인 IMAGES_KEY로 설정됩니다.

테스트에서는 다음과 같은 명령을 실행해 TITLE 칼럼을 설정합니다.

```
item.putImage("Background", new Image("background.jpg", 640, 480));
```

그림 8.9와 같이 이제 컬렉션 테이블의 기본키는 외래키 칼럼인 ITEM_ID와 맵의 키 칼럼인 TITLE입니다.

ITEM	
ID	NAME
1	Foo
2	Bar

ITEM_ID	TITLE	FILENAME	WIDTH	HEIGHT
1	Landscape	landscape.jpg	640	480
1	Foreground	foreground.jpg	800	600
1	Background	background.jpg	1024	768
1	Portrait	portrait.jpg	480	640
2	Landscape	landscape.jpg	640	480
2	Foreground	foreground.jpg	800	600

IMAGE

그림 8.9 컴포넌트 맵에 대한 데이터베이스 테이블

임베드 가능한 Image 클래스에서는 다른 모든 칼럼을 매핑하며, 널을 허용할 수 있습니다.

FILE Ch08/mapping-collections/src/main/java/com/manning/javapersistence/ch08/mapofstringsembeddable
s/Image.java

```
@Embeddable
public class Image {
    @Column(nullable = true)      ❶
    private String filename;

    private int width;

    private int height;

    // ...
}
```

❶ 이제 filename 필드는 기본키에 포함되지 않으므로 널을 허용합니다.

여기서 맵의 값은 임베드 가능한 컴포넌트 클래스의 인스턴스이고 맵의 키는 문자열입니다. 다음으로 키와 값 모두에 임베드 가능한 타입을 사용하겠습니다.

8.2.5 맵 키로서의 컴포넌트

마지막 예제는 그림 8.10에서 볼 수 있듯이 키와 값이 모두 임베드 가능한 타입인 Map을 매핑하는 것입니다.

문자열 대신 사용자 정의 타입으로 파일명을 나타낼 수 있습니다.

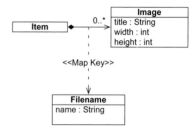

그림 8.10 Item에 Filename을 키로 사용하는 Map이 포함됩니다.

예제 8.15 사용자 정의 타입으로 파일명 표현하기

FILE Ch08/mapping-collections/src/main/java/com/manning/javapersistence/ch08/mapofembeddables/Filename.java

```java
@Embeddable
public class Filename {
    @Column(nullable = false)        ❶
    private String name;

    // ...
}
```

❶ name 필드는 기본키의 일부이므로 널을 허용해서는 안 됩니다. 맵의 키에 이 클래스를 사용하려면 매핑된 데이터베이스 칼럼들도 모두 복합 기본키의 일부이므로 널을 허용할 수 없습니다. 또한 맵의 키는 세트이고 각 Filename은 해당 키 세트 내에서 고유해야 하므로 equals()와 hashCode() 메서드를 재정의해야 합니다.

컬렉션을 매핑하는 데는 특별한 애너테이션이 필요하지 않습니다.

FILE Ch08/mapping-collections/src/main/java/com/manning/javapersistence/ch08/mapofembeddables/Item.java

```java
@Entity
public class Item {
    @ElementCollection
    @CollectionTable(name = "IMAGE")
    private Map<Filename, Image> images = new HashMap<>();
    // ...
}
```

그림 8.11에서 볼 수 있듯이 IMAGE 테이블의 복합 기본키에는 ITEM_ID와 NAME 칼럼이 포함됩니다. Image 같은 복합 임베드 가능한 클래스는 기본 타입의 단순한 프로퍼티로만 구성되는 것은 아닙니다. 이미 Address의 City처럼 다른 컴포넌트를 어떻게 중첩하는지 본 적이 있습니다. 이와 마찬가지로 Image의 width와 height 프로퍼티를 추출해서 새로운 Dimensions 클래스로 캡슐화할 수도 있습니다.

ITEM

ID	NAME
1	Foo
2	Bar

IMAGE

ITEM_ID	NAME	TITLE	WIDTH	HEIGHT
1	landscape.jpg	Landscape	640	480
1	foreground.jpg	Foreground	800	600
1	background.jpg	Background	1024	768
1	portrait.jpg	Portrait	480	640
2	landscape.jpg	Landscape	640	480
2	foreground.jpg	Foreground	800	600

그림 8.11 Filename이 키로 지정된 Image의 Map에 대한 데이터베이스 테이블

임베드 가능한 클래스도 자체적인 컬렉션을 가질 수 있습니다.

8.2.6 임베드 가능한 컴포넌트의 컬렉션

각 Address에 대해 연락처 목록을 저장하고 싶다고 가정해 봅시다. 이것은 임베드 가능한 클래스 내에서 간단한 Set<String>으로 표현할 수 있습니다.

```
FILE Ch08/mapping-collections/src/main/java/com/manning/javapersistence/ch08/embeddablesetofstring
s/Ad dress.java

@Embeddable
public class Address {
    @NotNull
    @Column(nullable = false)
    private String street;

    @NotNull
    @Column(nullable = false, length = 5)
    private String zipcode;

    @NotNull
    @Column(nullable = false)
    private String city;
```

```
@ElementCollection
@CollectionTable(
    name = "CONTACT",                             ❶
    joinColumns = @JoinColumn(name = "USER_ID"))  ❷
@Column(name = "NAME", nullable = false)          ❸
private Set<String> contacts = new HashSet<>();
// ...
}
```

❶ @ElementCollection은 유일한 필수 애너테이션이며, 테이블명과 칼럼명은 기본값을 가집니다. 테이블명의 기본값은 USER_
CONTACTS입니다.

❷ 조인 칼럼의 기본값은 USER_ID입니다.

❸ 칼럼명의 기본값은 CONTACTS입니다.

그림 8.12의 스키마를 보면 USER_ID 칼럼에는 소유 엔티티의 테이블인 USERS를 참조하는 외래키 제약조건이 있습니다. 컬렉션 테이블의 기본키는 USER_ID와 NAME 칼럼으로 구성된 복합 키이므로 중복 요소를 방지하는 Set이 적절합니다.

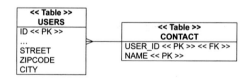

그림 8.12 USER_ID에는 USERS를 참조하는 외래키 제약조건이 있습니다.

Set 대신 리스트나 백, 기본 타입의 맵을 매핑할 수도 있습니다. 하이버네이트는 임베드 가능한 타입의 컬렉션도 지원하므로 단순한 연락처 문자열 대신 임베드 가능한 Contact 클래스를 작성하고 Address가 Contact 컬렉션을 갖게 할 수도 있습니다.

하이버네이트가 컴포넌트 매핑과 잘게 세분화된 모델을 통해 상당한 유연성을 제공하긴 하지만 코드는 작성되는 빈도보다 읽히는 빈도가 더 높다는 점에 유의합니다. 몇 년 후에 이 코드를 유지보수해야 하는 개발자를 고려해야 합니다.

초점을 바꿔서 엔티티 연관관계, 특히 단순한 **다대일** 연관관계와 **일대다** 연관관계를 살펴보겠습니다.

8.3 엔티티 연관관계 매핑

이번 장을 시작할 때 부모/자식 관계에 대해 이야기하겠다고 약속한 바 있습니다. 지금까지 Item이라는 엔티티의 매핑을 살펴봤는데, 이것이 부모이고 자식 컬렉션으로 Image 인스턴스의 컬렉션이 있다고 가정해 보겠습니다. **부모/자식(parent/child)**이라는 용어는 일종의 수명주기 의존성을 의미하므로 문자열이나 임베드 가능한 컴포넌트의 컬렉션이 적절합니다. 자식은 부모에 완전히 종속되며, 항상 부모와 함께 저장, 업데이트, 제거되며 절대로 단독으로 처리되지 않습니다.

이미 앞에서 부모/자식 관계를 매핑한 적이 있습니다! 부모는 엔티티였고 여러 자식들은 값 타입이었습니다. Item이 제거되면 해당 품목의 Image 인스턴스의 컬렉션도 제거될 것입니다. (실제 이미지는 트랜잭션 방식으로 제거될 수 있습니다. 즉, 디스크상의 파일과 함께 데이터베이스에서 로우를 삭제하거나 또는 아무것도 삭제되지 않을 수 있습니다. 하지만 이것은 별개의 문제이므로 여기서는 다루지 않겠습니다.)

이제 다른 종류의 관계, 즉 두 엔티티 클래스 간의 연관관계를 매핑하려고 합니다. 이러한 엔티티들의 인스턴스에는 종속적인 수명주기가 없으므로 한 인스턴스가 다른 인스턴스에 영향을 주지 않고 저장, 업데이트, 제거될 수 있습니다. 물론 엔티티 인스턴스 간에도 간혹 의존성이 있는 경우도 있지만 완전히 종속된(임베드된) 타입과는 다르게 두 클래스 간의 관계가 인스턴스 상태에 미치는 영향을 좀 더 세밀하게 제어해야 할 것입니다. 여기서 부모/자식 관계에 대해 마저 이야기하자면 **부모/자식**이라는 용어가 모호하고 사람마다 정의하는 바가 다르다는 것이 밝혀졌습니다. 그래서 앞으로는 이 용어를 사용하지 않고 대신 좀 더 정확하거나 적어도 잘 정의된 어휘를 사용하겠습니다.

이어지는 절에서도 마찬가지로 그림 8.13에 표시된 것처럼 Item과 Bid 엔티티 클래스 간의 관계를 살펴보겠습니다. Bid에서 Item으로의 연관관계는 **다대일** 연관관계입니다. 나중에 이 연관관계를 양방향으로 만들 것이므로 Item에서 Bid로의 역방향 연관관계는 **일대다** 연관관계가 될 것입니다.

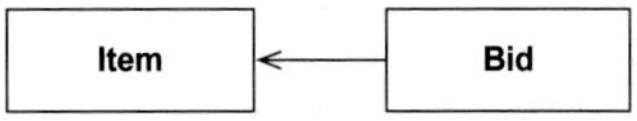

그림 8.13 Item과 Bid 간의 관계

다대일 연관관계가 가장 간단하므로 먼저 이 연관관계에 대해 설명하겠습니다. 다른 연관관계인 **다대다** 연관관계와 **일대일** 연관관계는 더 복잡하므로 다음 장에서 설명하겠습니다.

CaveatEmptor 애플리케이션에서 구현해야 하는 **다대일** 연관관계부터 시작해서 어떤 대안이 있는지 살펴봅시다. 관련 소스코드는 mapping-associations 폴더에서 확인할 수 있습니다.

8.3.1 가능한 가장 간단한 연관관계

Bid#item 프로퍼티의 매핑을 **단방향 다대일 연관관계**라고 합니다. 이 매핑을 분석하기에 앞서 그림 8.14의 데이터베이스 스키마와 예제 8.16의 코드를 봅시다.

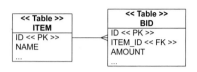

그림 8.14 SQL 스키마로 표현된 다대일 관계

예제 8.16 Bid는 Item에 대한 참조를 하나 가지고 있습니다.

`FILE` Ch08/mapping-associations/src/main/java/com/manning/javapersistence/ch08/onetomany/bidirectional/Bid.java

```java
@Entity
public class Bid {
    @ManyToOne(fetch = FetchType.LAZY)          ❶
    @JoinColumn(name = "ITEM_ID", nullable = false)
    private Item item;
    // ...
}
```

---

❶ @ManyToOne 애너테이션은 프로퍼티를 엔티티 연관관계로 표시하며 필수 항목입니다. 이 애너테이션의 fetch 매개변수의 기본값은 EAGER이며, 이는 Bid가 로드될 때마다 연관관계에 있는 Item이 로드된다는 것을 의미합니다. 일반적으로 지연 로딩을 기본 전략으로 선호하며, 이에 대해서는 나중에 12.1.1절에서 자세히 설명합니다.

다대일 엔티티 연관관계는 외래키 칼럼, 즉 BID 테이블의 ITEM_ID에 자연스럽게 매핑됩니다. JPA에서는 이를 **조인 칼럼**이라고 합니다. 이 경우 프로퍼티에 @ManyToOne 애너테이션을 지정하기만 하면 됩니다. 조인 칼럼의 기본 이름은 ITEM_ID이며, 하이버네이트에서는 자동으로 대상 엔티티 이름과 해당 식별자 프로퍼티를 밑줄로 구분해서 조합한 이름을 사용합니다.

외래키 칼럼을 @JoinColumn 애너테이션으로 재정의할 수 있지만 여기서는 다른 이유로 이 애너테이션을 사용했습니다. 즉, 하이버네이트가 SQL 스키마를 생성할 때 외래키 칼럼을 NOT NULL로 만들기 위해서입니다. 입찰에는 항상 품목에 대한 참조가 있어야 하며, 입찰만 단독으로 존재할 수는 없습니다. (이것이 일종의 수명주기 의존성을 나타낸다는 점을 염두에 둡니다.) 또는 @ManyToOne(optional = false)를 사용해 이 연관관계를 선택 사항이 아닌 것으로 표시하거나, 평소처럼 빈 유효성 검사의 @NotNull을 사용해서 표시할 수 있습니다.

지금까지 한 작업은 어렵지 않습니다. 다른 무언가를 사용하지 않고도 완전하고 복잡한 애플리케이션을 작성할 수 있다는 사실을 깨닫는 것이 매우 중요합니다.

이 관계의 다른 쪽을 매핑할 필요는 없는데, Item에서 Bid로의 **일대다** 연관관계는 무시해도 되기때문입니다. 데이터베이스 스키마에는 외래키 칼럼만 있고 이미 매핑을 완료했습니다. 외래키 칼럼이 보이고 두 개의 엔티티 클래스가 관련된 경우 @ManyToOne으로 매핑하고 다른 것은 매핑하지 않아도 됩니다.

이제 someBid.getItem()을 호출해서 각 Bid의 Item을 가져올 수 있습니다. JPA 공급자는 외래키를 역참조하고 Item을 로드하며, 외래키 값 관리도 처리합니다. 품목의 모든 입찰을 가져오려면 어떻게 해야 할까요? 하이버네이트가 지원하는 쿼리 언어로 쿼리를 작성하고 EntityManager나 JpaRepository를 사용해 쿼리를 실행하면 됩니다. 예를 들어, JPQL에서는 select b from Bid b where b.item = :itemParameter를 사용하면 됩니다. 물론 하이버네이트나 스프링 데이터 JPA를 사용하는 이유 중 하나는 대부분의 경우 해당 쿼리를 직접 작성하고 실행하고 싶지 않기 때문입니다.

8.3.2 양방향으로 만들기

이번 장의 초반부인 8.1.2절에서 Item#images 컬렉션을 매핑하는 것이 좋은 이유에 대해 설명했습니다. Item#bids 컬렉션에 대해서도 똑같이 해보겠습니다. 이 컬렉션은 Item과 Bid 엔티티 클래스 간의 **일대다** 연관관계를 구현합니다. 이 컬렉션 프로퍼티를 생성하고 매핑하면 다음과 같은 결과를 얻게 됩니다.

- someItem.getBids()를 호출할 때 하이버네이트가 자동으로 SELECT * from BID where ITEM_ID = ? 쿼리를 실행하고 컬렉션 요소를 순회하기 시작합니다.

- Item에서 컬렉션 내의 참조된 모든 Bid로 상태 변화를 **연쇄 적용**할 수 있습니다. 이때 어떤 수명주기 이벤트가 전이되어야 할지 선택할 수 있습니다. 예를 들어, Item이 저장될 때 참조된 모든 Bid 인스턴스가 저장되도록 선언할 수 있으므로 모든 입찰에 대해 EntityManager#persist()나 ItemRepository#save()를 반복적으로 호출하지 않아도 됩니다.

보다시피 알아야 할 내용이 그리 많지는 않습니다. 일대다 매핑의 주된 이점은 데이터에 대한 탐색적 접근입니다. 이것은 ORM의 핵심 기능 중 하나로, 자바 도메인 모델의 메서드만 호출해서 데이터에 접근할 수 있게 해줍니다. 개발자가 직접 설계한 고수준 인터페이스(someItem.getBids().iterator().next().getAmount() 등)를 사용하는 동안 필요한 데이터를 지능적인 방식으로 로드하는 일은 ORM 엔진이 처리합니다.

특정 상태 변화를 관련 인스턴스로 선택적으로 연쇄 적용할 수 있다는 점도 유용합니다. 하지만 어떤 의존성은 자바 수준에서 값 타입을 나타내며 엔티티를 나타내지 않는다는 점을 고려해야 합니다. 스키마 내의 어느 테이블에라도 `BID_ID` 외래키 칼럼을 둬야 할까요? 그렇지 않다면 이전과 동일한 테이블을 사용하되 전이적 상태 변화에 대한 정해진 규칙이 있는 다른 매핑을 사용해 Bid 클래스를 `@Entity`가 아닌 `@Embeddable`로 매핑합니다. 다른 어떤 테이블에 BID 로우에 대한 외래키 참조가 있는 경우 공유 Bid 엔티티가 필요할 것입니다. Bid를 Item에 임베드된 것으로 매핑할 수 없기 때문입니다.

그렇다면 아예 `Item#bids` 컬렉션을 매핑해야 할까요? 그럼 탐색적 데이터 접근은 가능해지겠지만 자바 코드를 더 많이 작성해야 하고 훨씬 더 복잡해지는 대가를 치르게 됩니다. 이것은 어려운 결정일 때가 많으며, 컬렉션 매핑을 선택하는 일은 가급적이면 자제해야 합니다. 애플리케이션에서 `someItem.getBids()`를 호출한 다음 미리 정의된 순서대로 접근하거나 표시할 일이 얼마나 자주 있을까요? 입찰의 일부만 표시하거나 매번 다른 순서로 조회해야 하는 경우에는 어찌됐건 수동으로 쿼리를 작성하고 실행해야 합니다. 일대다 매핑과 그것의 컬렉션은 유지보수 부담만 가중시킬 뿐입니다. 경험상 이것은 특히 ORM 초보자에게 자주 발생하는 문제와 버그의 원인이었습니다.

CaveatEmptor의 경우에는 질문의 답은 '예'이며, `someItem.getBids()`를 호출해서 입찰 목록을 경매에 참여하고자 하는 사용자에게 자주 보여줄 것입니다. 그림 8.15는 우리가 구현해야 하는 양방향 연관관계로 업데이트된 UML 다이어그램을 보여줍니다.

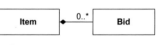

그림 8.15 Item과 Bid 간의 양방향 연관관계

컬렉션과 일대다 측의 매핑은 다음과 같습니다.

예제 8.17 Item은 Bid 참조의 컬렉션을 가집니다.

`FILE` Ch08/mapping-associations/src/main/java/com/manning/javapersistence/ch08/onetomany/bidirectional/Item.java

```java
@Entity
public class Item {
    // ...

    @OneToMany(mappedBy = "item",        ❶
               fetch = FetchType.LAZY)     ❷
    private Set<Bid> bids = new HashSet<>();
    // ...
}
```

❶ 연관관계를 양방향으로 만들려면 @OneToMany 애너테이션이 필요합니다. 이 경우 mappedBy 매개변수도 설정해야 합니다.

❷ 인수는 "다른 쪽"에 있는 프로퍼티의 이름입니다. 페치 방식은 기본적으로 LAZY입니다.

다시 한번 다른 쪽, 즉 예제 8.16의 다대일 매핑을 봅시다. Bid 클래스의 프로퍼티명은 item입니다. 입찰 측에서는 @ManyToOne으로 매핑한 외래키 칼럼인 ITEM_ID를 담당합니다. 여기서 mappedBy는 하이버네이트로 하여금 "여기에 지정한 프로퍼티(이 경우 Bid#item)로 이미 매핑된 외래키 칼럼을 사용해 이 컬렉션을 로드해"라고 지시합니다. mappedBy 매개변수는 일대다가 양방향이고 외래키 칼럼을 이미 매핑한 경우 항상 필요합니다. 이에 대해서는 다음 장에서 다시 설명하겠습니다.

컬렉션 매핑의 fetch 매개변수의 기본값은 항상 FetchType.LAZY이므로 앞으로는 이 옵션이 필요하지 않습니다. 이것은 적절한 기본 설정이며, 그 반대는 거의 사용할 일이 없는 EAGER입니다. Item을 로드할 때마다 모든 bids를 곧바로 로드하고 싶지는 않을 것입니다. 필요에 따라 접근할 때만 로드해야 합니다.

이제 다음과 같은 두 개의 스프링 데이터 JPA 리포지터리를 생성할 수 있습니다.

예제 8.18 ItemRepository 인터페이스

FILE Ch08/mapping-associations/src/test/java/com/manning/javapersistence/ch08/repositories/onetomany/bidirectional/ItemRepository.java

```java
public interface ItemRepository extends JpaRepository<Item, Long> {
}
```

예제 8.19 BidRepository 인터페이스

FILE Ch08/mapping-associations/src/test/java/com/manning/javapersistence/ch08/repositories/onetomany/bidirectional/BidRepository.java

```java
public interface BidRepository extends JpaRepository<Bid, Long> {
    Set<Bid> findByItem(Item item);
}
```

이것들은 일반적인 스프링 데이터 JPA 리포지터리이며, BidRepository에는 Item을 기준으로 입찰을 가져오는 메서드를 추가했습니다.

Item#bids 컬렉션을 매핑해야 하는 두 번째 이유는 상태 변화를 연쇄적인 방식으로 적용할 수 있기 때문입니다.

8.3.3 상태 연쇄 적용

엔티티 상태 변화가 다른 엔티티와의 연관관계에 걸쳐 연쇄 적용 방식으로 처리될 수 있다면 관계를 관리하는 데 필요한 코드의 양이 줄어듭니다. 하지만 이것은 성능에 심각한 결과를 초래할 수 있습니다.

다음 코드는 새로운 Item과 Bid를 각각 생성한 다음, 둘을 연결합니다.

```
Item someItem = new Item("Some Item");
Bid someBid = new Bid(new BigDecimal("123.00"), someItem);
someItem.addBid(someBid);
```

이 관계의 양쪽 측면을 모두 고려해야 합니다. Bid 생성자는 Bid#item을 채우는 데 사용되는 품목을 받습니다. 메모리상에서 인스턴스의 무결성을 유지하려면 Item#bids에 입찰을 추가해야 합니다. 이제 자바 코드의 관점에서 링크가 완성되고 모든 참조가 설정됐습니다. 이 코드가 왜 필요한지 잘 모르겠다면 3.2.4절을 참조하세요.

먼저 품목과 해당 입찰을 데이터베이스에 저장하는데, 먼저 전이적 영속성을 사용하지 않고 저장해보고, 이어서 전이적 영속성을 사용해 저장해 보겠습니다.

전이적 영속성 활성화

@ManyToOne과 @OneToMany 매핑이 적용된 현재 상태에서는 다음과 같은 코드로 새 Item과 여러 Bid 인스턴스를 저장해야 합니다.

> **예제 8.20 독립적인 엔티티 인스턴스들을 별도로 관리**
>
> FILE Ch08/mapping-associations/src/test/java/com/manning/javapersistence/ch08/onetomany/bidirection
> al/MappingAssociationsSpringDataJPATest.java
>
> ```
> Item item = new Item("Foo");
> Bid bid = new Bid(BigDecimal.valueOf(100), item);
> Bid bid2 = new Bid(BigDecimal.valueOf(200), item);
>
> itemRepository.save(item);
> item.addBid(bid);
> item.addBid(bid2);
> bidRepository.save(bid);
> bidRepository.save(bid2);
> ```

입찰을 여러 개 생성할 때 각각에 대해 EntityManager#persist()나 BidRepository#save()를 호출하는 것은 중복처럼 보입니다. 새 인스턴스는 비영속(transient) 상태이므로 영속화해야 합니다. Bid와 Item 간의 관계는 각각의 수명주기에 영향을 주지 않습니다. Bid가 값 타입이라면 Bid의 상태는 자동으로 그것을 소유하고 있는 Item과 동일할 것입니다. 하지만 이 경우 Bid는 완전히 독립적인 상태를 가집니다.

앞서 연관관계에 있는 엔티티 클래스 간의 의존성을 표현하기 위해 때때로 잘게 세분화된 제어가 필요할 때가 있다고 이야기했는데, 이 경우가 바로 그런 경우입니다. JPA에서 이를 위한 메커니즘은 cascade 옵션입니다. 예를 들어, 품목이 저장될 때 모든 입찰도 저장하려면 다음과 같이 컬렉션을 매핑합니다.

예제 8.21 Item에서 모든 bids로 영속성 상태를 연쇄 적용

`FILE` Ch08/mapping-associations/src/main/java/com/manning/javapersistence/ch08/onetomany/cascadepersist/Item.java

```java
@Entity
public class Item {
    // ...

    @OneToMany(mappedBy = "item", cascade = CascadeType.PERSIST)
    private Set<Bid> bids = new HashSet<>();
    // ...
}
```

여기서 연쇄 적용 옵션은 전이적이어야 하므로 ItemRepository#save() 또는 EntityManager#persist() 연산에 CascadeType.PERSIST를 사용합니다. 이제 품목과 입찰을 연결하고 저장하는 코드를 단순화할 수 있습니다.

예제 8.22 참조된 모든 bids가 자동으로 영속화됩니다.

`FILE` Ch08/mapping-associations/src/test/java/com/manning/javapersistence/ch08/onetomany/cascadepersist/ MappingAssociationsSpringDataJPATest.java

```java
Item item = new Item("Foo");

Bid bid = new Bid(BigDecimal.valueOf(100), item);
Bid bid2 = new Bid(BigDecimal.valueOf(200), item);
```

```
item.addBid(bid);
item.addBid(bid2);

itemRepository.save(item);          ❶
```

❶ 입찰을 자동으로 저장하지만 이는 나중에 처리됩니다. 커밋 시점에 하이버네이트를 사용하는 스프링 데이터 JPA가 관리되는/영속성 Item 인스턴스를 검사하고 입찰 컬렉션을 확인합니다. 그런 다음, 참조된 각 Bid 인스턴스에 대해 내부적으로 save()를 호출해서 해당 인스턴스들도 저장합니다. BID#ITEM_ID 칼럼에 저장된 값은 Bid#item 프로퍼티를 검사해서 각 Bid에서 가져옵니다. 외래키 칼럼은 해당 프로퍼티의 @ManyToOne에 mappedBy로 지정돼 있습니다.

@ManyToOne 애너테이션에도 cascade 옵션이 있습니다. 이 책에서는 이 옵션을 자주 사용하지 않을 것입니다. 예를 들어, "입찰이 저장될 때 품목도 저장한다"라고 말하기는 어렵습니다. 품목이 먼저 존재해야 하며, 그렇지 않으면 입찰은 데이터베이스에서 유효하지 않습니다. 또 다른 가능한 @ManyToOne 관계인 Item#seller 프로퍼티에 대해 생각해 봅시다. User가 Item을 판매하려면 먼저 User가 존재해야 합니다.

전이적 영속성은 간단한 개념으로, @OneToMany 또는 @ManyToMany 매핑에 유용할 때가 많습니다. 반면 전이적 삭제는 신중하게 적용해야 합니다.

삭제 연쇄 적용

품목 하나만 삭제하면 해당 품목에 대한 모든 입찰도 삭제되는 것이 합리적으로 보입니다. 품목 없이 입찰만 존재하는 것은 의미가 없기 때문입니다. 이것이 UML 다이어그램의 **합성관계**(검은색 다이아몬드)가 의미하는 바입니다. 현재 적용된 연쇄 적용 옵션으로는 품목을 삭제하려면 다음과 같은 코드를 작성해야 합니다.

FILE Ch08/mapping-associations/src/test/java/com/manning/javapersistence/ch08/onetomany/cascadepersist/MappingAssociationsSpringDataJPATest.java

```
Item retrievedItem = itemRepository.findById(item.getId()).get();

for (Bid someBid : bidRepository.findByItem(retrievedItem)) {
    bidRepository.delete(someBid);          ❶
}

itemRepository.delete(retrievedItem);          ❷
```

❶ 먼저 입찰을 제거합니다.

❷ 그런 다음, Item을 제거합니다.

JPA에서는 이를 지원하는 연쇄 적용 옵션을 제공합니다. 영속성 엔진은 연관관계에 있는 엔티티 인스턴스를 자동으로 제거할 수 있습니다.

예제 8.23 Item에서 모든 bids로 삭제 작업을 연쇄 적용

FILE Ch08/mapping-associations/src/main/java/com/manning/javapersistence/ch08/onetomany/cascaderemove/Item.java

```java
@Entity
public class Item {
    // ...

    @OneToMany(mappedBy = "item",
               cascade = {CascadeType.PERSIST, CascadeType.REMOVE})
    private Set<Bid> bids = new HashSet<>();
    // ...
}
```

PERSIST와 마찬가지로 이 연관관계에 대한 delete() 작업은 연쇄 적용됩니다. Item에 대해 ItemRepository#delete()나 EntityManager#remove()를 호출하면 하이버네이트가 bids 컬렉션 요소들을 로드하고 내부적으로 각 인스턴스에 대해 remove()를 호출합니다.

FILE Ch08/mapping-associations/src/test/java/com/manning/javapersistence/ch08/onetomany/cascaderemove/MappingAssociationsSpringDataJPATest.java

```java
itemRepository.delete(item);
```

그럼 위와 같은 한 줄의 코드만으로 입찰이 하나씩 삭제됩니다.

그러나 이 같은 삭제 과정은 비효율적입니다. 하이버네이트 또는 스프링 데이터 JPA가 항상 컬렉션을 로드하고 각 Bid를 개별적으로 삭제해야 합니다. SQL 문을 이용한다면 delete from BID where ITEM_ID = ?과 같은 단 한 줄로 데이터베이스에 동일한 효과를 가져올 수 있습니다.

데이터베이스의 어느 누구도 BID 테이블에 대한 외래키 참조를 가지고 있지 않습니다. 하지만 하이버네이트는 이 사실을 알지 못하므로 전체 데이터베이스에서 연결된 BID_ID(즉, 실제로는 Item 외래키인 BID_ID)를 가질 수도 있는 로우를 찾지 못합니다.

그 대신 Item#bids가 임베드 가능한 컴포넌트의 컬렉션이었다면 someItem.getBids().clear()가 한 줄의 SQL DELETE를 실행할 것입니다. 값 타입의 컬렉션인 경우 하이버네이트는 아무도 입찰에 대한 참조를 보유할 수 없다고 가정하며, 컬렉션에서 참조만 제거할 경우 제거 가능한 고아 데이터가 됩니다.

고아 객체 제거 활성화

JPA는 @OneToMany 엔티티 연관관계에 대해(그리고 @OneToMany에 대해서만) 동일한 동작을 활성화하는 플래그를 제공합니다.

예제 8.24 @OneToMany 컬렉션에 대해 고아 객체 제거 활성화하기

FILE Ch08/mapping-associations/src/main/java/com/manning/javapersistence/ch08/onetomany/orphanremoval/Item.java

```java
@Entity
public class Item {
    // ...

    @OneToMany(mappedBy = "item",
                cascade = CascadeType.PERSIST, orphanRemoval = true)
    private Set<Bid> bids = new HashSet<>();
    // ...
}
```

---

orphanRemoval=true 인수를 지정하면 컬렉션에서 Bid가 제거될 때 하이버네이트가 Bid를 영구적으로 제거합니다.

다음 예제와 같이 ItemRepository 인터페이스를 변경하겠습니다.

예제 8.25 수정된 ItemRepository 인터페이스

FILE Ch08/mapping-associations/src/test/java/com/manning/javapersistence/ch08/repositories/onetomany/orphanremoval/ItemRepository.java

```
public interface ItemRepository extends JpaRepository<Item, Long> {

    @Query("select i from Item i inner join fetch i.bids where i.id = :id")
    Item findItemWithBids(@Param("id") Long id);                              ❶

}
```

❶ 새로운 findItemWithBids 메서드는 입찰 컬렉션을 포함해서 id를 기준으로 Item을 가져옵니다. 이 컬렉션을 가져오기 위해
   JPQL의 내부 조인 페치 기능을 사용합니다.

다음은 Bid 하나를 삭제하는 예입니다.

FILE Ch08/mapping-associations/src/test/java/com/manning/javapersistence/ch08/onetomany/orphanremov
al/MappingAssociationsSpringDataJPATest.java

```
Item item1 = itemRepository.findItemWithBids(item.getId());
Bid firstBid = item1.getBids().iterator().next();
item1.removeBid(firstBid);

itemRepository.save(item1);
```

하이버네이트 또는 하이버네이트를 사용하는 스프링 데이터 JPA는 컬렉션을 모니터링하다가 트랜잭션 커
밋 시 우리가 컬렉션에서 요소를 제거했음을 알게 될 것입니다. 이제 하이버네이트는 Bid를 고아 객체로
간주합니다. 컬렉션에서 방금 제거한 참조가 유일한 참조이기 때문에 다른 누구도 이 참조를 가지고 있지
않다는 것이 보장됩니다. 따라서 하이버네이트 또는 하이버네이트를 사용하는 스프링 데이터 JPA는 자동
으로 SQL DELETE를 실행해 데이터베이스에서 Bid 인스턴스를 제거합니다.

그럼에도 여전히 컴포넌트 컬렉션에서처럼 clear()를 통해 DELETE 하나로 삭제하지는 못할 것입니다. 하
이버네이트는 일반적인 엔티티 상태 전이를 따르고, 입찰은 모두 개별적으로 로드 및 제거됩니다.

고아 객체 제거는 미심쩍은 부분이 많은 과정입니다. 이 예제에서는 데이터베이스에 BID에 대한 외래키
참조를 가진 다른 테이블이 없기 때문에 문제가 없습니다. BID 테이블에서 로우를 삭제해도 아무런 영
향이 없는데, 입찰에 대한 유일한 메모리 내 참조가 Item#bids에 있기 때문입니다.

이 모든 것이 사실이라면 고아 객체 제거를 활성화해도 아무런 문제가 없습니다. 고아 객체 제거는 프레젠테이션 계층에서 컬렉션으로부터 요소를 제거해서 무언가를 삭제할 수 있을 때 편리한 옵션입니다. 이를 위해 도메인 모델 인스턴스만 다루면 되고, 이 작업을 수행하기 위해 서비스를 호출할 필요가 없습니다.

하지만 그림 8.16과 같이 또 다른 @OneToMany인 User#bids 컬렉션 매핑을 만들면 어떻게 될지 생각해 봅시다. 바로 이 지점에서 여러분의 하이버네이트 지식을 테스트하기가 좋은데, 이렇게 변경한 후에는 테이블과 스키마가 어떤 모습이 될까요? (정답: BID 테이블이 USERS를 참조하는 BIDDER_ID 외래키 칼럼을 가집니다.)

그림 8.16 Item, Bid, User 간의 양방향 연관관계

다음 예제의 테스트는 통과하지 못할 것입니다.

예제 8.26 데이터베이스상에서 제거한 후 인메모리 참조를 정리하지 않음

FILE Ch08/mapping-associations/src/test/java/com/manning/javapersistence/ch08/onetomany/orphanremoval/MappingAssociationsSpringDataJPATest.java

```java
User user = userRepository.findUserWithBids(john.getId());

assertAll(
    () -> assertEquals(1, items.size()),
    () -> assertEquals(2, bids.size()),
    () -> assertEquals(2, user.getBids().size())
);

Item item1 = itemRepository.findItemWithBids(item.getId());
Bid firstBid = item1.getBids().iterator().next();
item1.removeBid(firstBid);

itemRepository.save(item1);

//실패
//assertEquals(1, user.getBids().size());
```

```
assertEquals(2, user.getBids().size());

List<Item> items2 = itemRepository.findAll();
List<Bid> bids2 = bidRepository.findAll();

assertAll(
    () -> assertEquals(1, items2.size()),
    () -> assertEquals(1, bids2.size()),
    () -> assertEquals(2, user.getBids().size())
    //실패
    //() -> assertEquals(1, user.getBids().size())
);
```

하이버네이트 또는 스프링 데이터 JPA는 제거된 Bid가 고아 객체이고 삭제 가능한 것으로 간주합니다. 따라서 해당 Bid는 데이터베이스에서 자동으로 삭제되지만, 다른 컬렉션인 User#bids에는 여전히 참조가 남아 있습니다. 이 트랜잭션이 커밋될 때 데이터베이스 상태에는 문제가 없고, 삭제된 BID 테이블의 로우에는 외래키인 ITEM_ID와 BIDDER_ID가 모두 포함돼 있습니다. 그러나 "컬렉션에서 참조가 제거될 때 엔티티 인스턴스를 제거하세요"라는 것은 공유 참조와 충돌하기 때문에 이제 메모리 내에서 불일치가 발생합니다.

고아 객체 제거나 CascadeType.REMOVE 대신 항상 더 단순한 매핑을 사용할 수 있을지 생각해봐야 합니다. 여기서는 @ElementCollection으로 매핑된 컴포넌트의 컬렉션으로서 Item#bids도 괜찮을 것입니다. Bid는 @Embeddable이 되고 @ManyToOne이 지정된 bidder 프로퍼티(User를 참조하는)를 갖게 됩니다. (임베드 가능한 컴포넌트는 엔티티에 대한 단방향 연관관계를 소유할 수 있습니다.)

이렇게 하면 우리가 원하는 수명주기, 즉 소유 엔티티에 대한 완전한 의존성을 구현할 수 있습니다. 이 경우 공유 참조는 피해야 할 것입니다. 그림 8.16의 UML 다이어그램에서는 Bid에서 User로의 연관관계가 단방향입니다. 이 @OneToMany는 필요하지 않으므로 User#bids 컬렉션을 삭제합니다. 사용자가 제출한 모든 입찰이 필요하다면 select b from Bid b where b.bidder = :userParameter 쿼리를 작성할 수 있습니다. (다음 장에서 임베드 가능한 컴포넌트에서 @ManyToOne을 사용해 이 매핑을 완성하겠습니다.)

외래키에 대한 ON DELETE CASCADE 활성화

지금까지 살펴본 모든 제거 연산은 비효율적입니다. 입찰을 메모리에 로드해야 하고, 다수의 SQL `DELETE`가 필요합니다. SQL 데이터베이스는 더 효율적인 외래키 기능인 `ON DELETE` 옵션을 지원합니다. DDL에서는 BID 테이블에 대해 `foreign key (ITEM_ID) references ITEM on delete cascade`와 같은 형태로 작성합니다.

이 옵션은 데이터베이스에 접근하는 모든 애플리케이션에 대해 컴포지트의 참조 무결성을 투명하게 유지하도록 데이터베이스에 지시합니다. `ITEM` 테이블의 로우를 삭제할 때마다 데이터베이스는 동일한 `ITEM_ID` 키 값을 가진 BID 테이블의 모든 로우를 자동으로 삭제합니다. 모든 종속 데이터를 재귀적으로 제거하려면 `DELETE` 문 하나만 필요하며, 애플리케이션(서버) 메모리에 아무것도 로드할 필요가 없습니다.

외래키에 이 옵션이 활성화돼 있는지 스키마를 확인해야 합니다. 하이버네이트가 생성하는 스키마에 이 옵션을 추가하려면 하이버네이트 `@OnDelete` 애너테이션을 사용하면 됩니다.

또한 이 옵션이 현재 사용 중인 DBMS에서 작동하는지 여부와 하이버네이트 또는 하이버네이트를 사용하는 스프링 데이터 JPA가 `ON DELETE CASCADE` 옵션을 가지고 외래키를 생성하는지도 확인해야 합니다. 이 옵션은 MySQL에서는 작동하지 않으므로[2] H2 데이터베이스에서 이 예제를 보여드리겠습니다. 이를 소스코드에서도 확인할 수 있습니다(pom.xml의 메이븐 의존성 및 스프링 데이터 JPA 구성).

예제 8.27 스키마에서 외래키에 대한 `ON DELETE CASCADE` 생성하기

FILE Ch08/mapping-associations/src/main/java/com/manning/javapersistence/ch08/onetomany/ondeletecascade/Item.java

```java
@Entity
public class Item {
    // ...

    @OneToMany(mappedBy = "item", cascade = CascadeType.PERSIST)
    @org.hibernate.annotations.OnDelete(
        action = org.hibernate.annotations.OnDeleteAction.CASCADE
    )
    private Set<Bid> bids = new HashSet<>();          ❶
    // ...
}
```

---

2 (옮긴이) 이 책의 출간 시점을 기준으로 현재는 작동합니다.

❶ 하이버네이트가 가진 특이점 중 하나는 @OnDelete 애너테이션이 하이버네이트에 의한 스키마 생성에만 영향을 준다는 점입니다. 스키마 생성에 영향을 미치는 설정은 일반적으로 외래키/조인 칼럼이 매핑되는 "다른" mappedBy 쪽에 있습니다. @OnDelete 애너테이션은 일반적으로 Bid에서 @ManyToOne 다음에 배치합니다. 그러나 연관관계가 양방향으로 매핑된 경우 하이버네이트에서는 @OneToMany 쪽에서만 연관관계를 인식합니다.

데이터베이스에서 외래키 삭제 연쇄 적용을 활성화하더라도 하이버네이트의 런타임 동작에는 영향을 미치지 않습니다. 예제 8.26에 나온 것과 동일한 문제가 여전히 발생할 수 있습니다. 즉, 메모리상의 데이터가 더 이상 데이터베이스의 상태를 정확하게 반영하지 못할 수 있습니다. ITEM 테이블의 로우가 삭제될 때 BID 테이블의 모든 관련 로우가 자동으로 제거된다면 애플리케이션 코드가 참조를 정리하고 데이터베이스 상태를 반영해야 할 책임이 있습니다. 주의를 기울이지 않으면 우리 또는 다른 사람이 이전에 삭제한 내용을 저장하게 될 수도 있습니다.

Bid 인스턴스는 일반적인 수명주기를 거치지 않으며, @PreRemove 같은 콜백은 아무런 영향을 미치지 않습니다. 또한 하이버네이트는 오래된 데이터를 갖고 있을지도 모르는 선택적인 2차 전역 캐시를 자동으로 비우지 않습니다. 기본적으로 데이터베이스 수준의 외래키 연쇄 적용과 관련해서 발생하는 문제는 우리 애플리케이션 외에 다른 애플리케이션이 동일한 데이터베이스에 접근하거나 다른 데이터베이스 트리거가 변경을 수행할 때 발생하는 문제와 동일합니다. 하이버네이트는 이러한 상황에서 매우 효과적인 도구가 될 수 있지만, 고려해야 할 다른 측면들도 있습니다.

새 스키마로 작업하는 경우 가장 쉬운 접근 방식은 데이터베이스 수준 연쇄 적용을 활성화하지 않고 도메인 모델에서 합성관계를 엔티티 연관관계가 아닌 임베드된/임베드 가능으로 매핑하는 것입니다. 그러면 하이버네이트 또는 하이버네이트를 사용하는 스프링 데이터 JPA가 효율적인 SQL DELETE 작업을 실행해 전체 컴포지트를 제거할 수 있습니다. 이전 절에서 공유 참조를 피할 수 있다면 Bid를 @ManyToOne이나 @OneToMany 연관관계를 사용하는 독립적인 엔티티가 아닌 Item의 @ElementCollection으로 매핑할 것을 권장했습니다. 또는 컬렉션을 전혀 매핑하지 않고 가장 단순한 매핑, 즉 @ManyToOne을 이용한 외래키 칼럼 및 @Entity 클래스 간의 단방향 연관관계로 만들 수 있습니다.

정리

- Set<String>과 같은 간단한 컬렉션 매핑을 사용하면 다양한 인터페이스와 구현을 활용할 수 있습니다.

- 정렬된 컬렉션과 하이버네이트의 옵션을 사용해 데이터베이스가 원하는 순서대로 컬렉션 요소를 반환하게 할 수 있습니다.

- 사용자 정의 임베드 가능한 타입의 복합적인 컬렉션과 세트, 백, 컴포넌트의 맵을 사용할 수 있습니다.

- 컴포넌트를 맵에서 키와 값으로 사용할 수 있습니다.

- 임베드 가능한 컴포넌트에서 컬렉션을 사용할 수 있습니다.

- 첫 번째 외래키 칼럼을 엔티티 다대일 연관관계에 매핑하면 일대다 양방향 연관관계가 됩니다. 연쇄 적용 옵션을 구현할 수 있습니다.

09

고급 엔티티 연관관계
매핑

이번 장에서 다루는 내용

- 일대일 엔티티 연관관계를 통한 매핑 적용

- 일대다 매핑 옵션

- 다대다 및 삼항 엔티티 관계 만들기

- 맵을 이용한 엔티티 연관관계 다루기

8장에서는 단방향 **다대일** 연관관계를 보여주고 양방향으로 만들었고, 마지막으로 연쇄 적용 옵션을 사용해 전이적 상태 변화를 활성화하는 방법을 보여드렸습니다. 별도의 장에서 고급 엔티티 매핑을 다루는 이유 중 하나는 이러한 매핑 중 상당수가 사용되는 경우가 많지 않거나 적어도 선택 사항이라고 생각하기 때문입니다. 컴포넌트 매핑과 다대일(때때로 **일대일**) 엔티티 연관관계만 사용하는 것도 가능합니다. 심지어 컬렉션을 매핑하지 않고도 정교한 애플리케이션을 작성할 수 있습니다! 이전 장에서 컬렉션 매핑을 통해 얻을 수 있는 특별한 이점에 대해 설명했으며, 컬렉션 매핑을 언제 사용하는 것이 적절한가에 대한 규칙은 이번 장의 모든 예제에도 적용됩니다. 복잡한 컬렉션 매핑을 사용하려고 하기 전에 항상 컬렉션이 실제로 필요한지 확인해야 합니다.

컬렉션과 관련이 없는 매핑, 즉 일대일 엔티티 연관관계부터 시작하겠습니다.

JPA 2의 주요 새 기능

이제 다대일 및 일대일 연관관계를 중간 조인/링크 테이블로 매핑할 수 있습니다.

임베드 가능한 컴포넌트 클래스는 엔티티, 심지어 컬렉션을 통해 여러 값을 가진 엔티티에 대한 단방향 연관관계를 가질 수 있습니다.

9.1 일대일 연관관계

6.2절에서 User와 Address 간의 관계(사용자는 billingAddress, homeAddress, shippingAddress를 가짐)는 @Embeddable 컴포넌트 매핑으로 가장 잘 표현된다고 주장한 바 있습니다. 이러한 경우에는 일반적으로 수명주기가 종속적이기 때문에 일대일 관계를 표현하는 가장 간단한 방법입니다. UML에서는 집합관계나 합성관계로 표현됩니다.

전용 ADDRESS 테이블을 사용하고 User와 Address를 모두 엔티티로 매핑하는 것은 어떨까요? 이 모델의 한 가지 장점은 공유 참조가 가능하다는 점입니다. 즉, 다른 엔티티 클래스(예: Shipment)도 특정 Address 인스턴스에 대한 참조를 가질 수 있습니다. User가 이 인스턴스에 대한 참조를 shippingAddress로 가지고 있다면 Address 인스턴스는 공유 참조를 지원해야 하며, 고유한 식별자가 필요합니다.

이 경우 User와 Address 클래스는 진정한 일대일 연관관계를 맺습니다. 그림 9.1의 수정된 클래스 다이어그램을 봅시다.

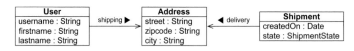

그림 9.1 공유 참조를 지원하는, 두 개의 연관관계를 가진 엔티티로서의 Address

이 책의 CaveatEmptor 애플리케이션에서는 그림 9.1의 엔티티를 매핑해야 합니다. 일대일 연관관계에 사용 가능한 몇 가지 매핑이 있습니다. 첫 번째로 고려할 전략은 공유 기본키 값입니다.

참고 소스코드의 예제를 실행하려면 먼저 Ch09.sql 스크립트를 실행해야 합니다.

9.1.1 기본키 공유

기본키 연관관계로 연결된 두 테이블의 로우는 동일한 기본키 값을 공유합니다. 각 사용자에게 정확히 하나의 배송 주소만 있는 경우 User가 (배송) Address와 동일한 기본키 값을 갖게 하는 접근 방식을 사용합니다. 이 접근 방식의 가장 큰 어려움은 인스턴스를 저장할 때 연관관계에 있는 인스턴스에 동일한 기본키 값이 할당되게 하는 것입니다.

이 문제를 살펴보기에 앞서 기본 매핑을 만들어 보겠습니다. 이제 Address 클래스는 더 이상 컴포넌트가 아니라 독립형 엔티티입니다. 다음 소스코드는 onetoone-sharedprimarykey 폴더에서 확인할 수 있습니다.

예제 9.1 독립형 엔티티로서의 Address 클래스

FILE Ch09/onetoone-sharedprimarykey/src/main/java/com/manning/javapersistence/ch09/onetoone/shared
primarykey/Address.java

```java
@Entity
public class Address {
    @Id
    @GeneratedValue(generator = Constants.ID_GENERATOR)
    private Long id;

    @NotNull
    private String street;

    @NotNull
    private String zipcode;

    @NotNull
    private String city;

    // ...
}
```

User 클래스는 shippingAddress 연관관계 프로퍼티를 가진 엔티티이기도 합니다. 여기서는 두 가지 새로운 애너테이션인 @OneToOne과 @PrimaryKeyJoinColumn을 소개하겠습니다.

@OneToOne은 예상대로 엔티티 값 프로퍼티를 일대일 연관관계로 표시하는 데 필요합니다. optional=false 절을 통해 User에 Address가 포함되도록 합니다. 또한 cascade = CascadeType.ALL 절을 사용해 User에서 Address로의 변경 사항을 연쇄적인 방식으로 적용합니다. @PrimaryKeyJoinColumn 애너테이션은 매핑하고자 하는 공유 기본키 전략을 선택합니다.

예제 9.2 User 엔티티와 shippingAddress의 연관관계

`FILE` Ch09/onetoone-sharedprimarykey/src/main/java/com/manning/javapersistence/ch09/onetoone/shared primarykey/User.java

```java
@Entity
@Table(name = "USERS")
public class User {
    @Id                             ❶
    private Long id;
    private String username;

    @OneToOne(                      ❷
        fetch = FetchType.LAZY,     ❸
        optional = false,           ❹
        cascade = CascadeType.ALL   ❺
    )
    @PrimaryKeyJoinColumn           ❻
    private Address shippingAddress;

    public User() {
    }

    public User(Long id, String username) {      ❼
        this.id = id;
        this.username = username;
    }
    // ...
}
```

❶ User에 대해서는 식별자 생성기를 선언하지 않습니다. 5.2.4절에서 언급했듯이 이것은 **애플리케이션 할당** 식별자 값을 사용하는 드문 경우 중 하나입니다.

❷ User와 Address 간의 관계는 일대일입니다.

❸ 평소처럼 지연 로딩 전략을 선호해야 하므로 기본 FetchType.EAGER를 LAZY로 재정의합니다.

❹ optional=false는 User에게 shippingAddress가 있어야 한다는 것을 나타냅니다.

❺ 하이버네이트에서 생성한 데이터베이스 스키마는 외래키 제약조건으로 이를 반영합니다. 여기서 발생한 변경 사항은 Address로 연쇄적인 방식으로 적용돼야 합니다. USERS 테이블의 기본키에도 ADDRESS 테이블의 기본키를 참조하는 외래키 제약조건이 있습니다. 그림 9.2의 테이블을 참고합니다.

❻ @PrimaryKeyJoinColumn을 사용하면 User에서 Address로의 단방향 공유 기본키 일대일 연관관계 매핑이 됩니다.

❼ 생성자 설계는 이를 약하게 적용합니다. 즉, 클래스의 공개 API는 인스턴스를 생성하기 위한 식별자 값을 필요로 합니다.

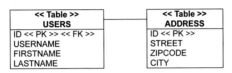

그림 9.2 USERS 테이블에는 기본키에 외래키 제약조건이 있습니다.

이번 장의 일부 예제에서는 실행 시 트랜잭션 처리가 이뤄져야 하므로 테스트에 대한 일반적인 구성을 몇 가지 변경해야 합니다. SpringDataConfiguration 클래스에는 다음과 같은 애너테이션이 더 필요합니다.

```
FILE Ch09/onetoone-sharedprimarykey/src/test/java/com/manning/javapersistence/ch09/configuration/o
netoone/sharedprimarykey/SpringDataConfiguration.java


@Configuration                          ❶
@EnableTransactionManagement            ❷
@ComponentScan(basePackages = "com.manning.javapersistence.ch09.*")     ❸
@EnableJpaRepositories("com.manning.javapersistence.ch09.repositories.onetoone.
sharedprimarykey")                                                            ❹
public class SpringDataConfiguration {
    // ...
}
```

❶ @Configuration은 이 클래스에서 스프링 컨테이너에서 사용할 빈 정의를 하나 이상 선언한다는 것을 나타냅니다.

❷ @EnableTransactionManagement는 애너테이션을 통해 스프링의 트랜잭션 관리 기능을 활성화합니다.

❸ 이번 장의 코드를 테스트하려면 트랜잭션 방식으로 몇 가지 연산을 실행해야 합니다. @ComponentScan은 스프링이 인수로 제공된 패키지와 그 하위 패키지를 스캔해서 컴포넌트를 찾게 합니다.

❹ @EnableJpaRepositories는 지정된 패키지를 스캔해서 스프링 데이터 리포지터리를 찾습니다.

데이터베이스에 대한 연산을 전용 TestService 클래스로 분리하겠습니다.

FILE Ch09/onetoone-sharedprimarykey/src/test/java/com/manning/javapersistence/ch09/onetoone/shared
primarykey/TestService.java

```
@Service              ❶
public class TestService {
    @Autowired
    private UserRepository userRepository;
                                                    ❷
    @Autowired
    private AddressRepository addressRepository;

    @Transactional
    public void storeLoadEntities() {       ❸

    // ...
```

❶ TestService 클래스에는 @Service 애너테이션을 지정해 스프링이 자동으로 빈을 생성하고 나중에 실제 테스트에 주입되게 합
   니다. SpringDataConfiguration 클래스에서 com.manning.javapersistence.ch09 패키지와 그 하위 패키지에서 컴포넌트
   를 스캔합니다.

❷ 두 개의 리포지터리 빈을 주입합니다.

❸ storeLoadEntities 메서드를 정의하고 @Transactional 애너테이션을 지정합니다. 데이터베이스를 대상으로 실행해야 하는
   연산은 트랜잭션 방식으로 처리돼야 하며, 스프링이 이를 제어하도록 하겠습니다.

TestService 클래스로 위임했기에 테스트 클래스는 이전에 보여준 테스트 클래스와 다를 것입니다. 이렇
게 하면 트랜잭션 성격의 연산들을 별도의 메서드로 만들어 격리된 상태로 유지하고 테스트에서 해당 메
서드를 호출할 수 있습니다.

FILE Ch09/onetoone-sharedprimarykey/src/test/java/com/manning/javapersistence/ch09/onetoone/shared
primarykey/AdvancedMappingSpringDataJPATest.java

```
@ExtendWith(SpringExtension.class)
@ContextConfiguration(classes = {SpringDataConfiguration.class})
public class AdvancedMappingSpringDataJPATest {
    @Autowired
    private TestService testService;

    @Test
    void testStoreLoadEntities() {
```

```
        testService.storeLoadEntities();
    }
}
```

JPA 명세에는 공유 기본키 생성 문제를 처리하기 위한 표준화된 방법이 포함돼 있지 않습니다. 즉, User 인스턴스의 식별자 값을, User 인스턴스와 연결된 Address 인스턴스의 식별자 값으로 저장하기 전에 올바르게 설정해야 할 책임이 개발자에게 있습니다.

FILE Ch09/onetoone-sharedprimarykey/src/test/java/com/manning/javapersistence/ch09/onetoone/shared primarykey/TestService.java

```
Address address = new Address("Flowers Street", "01246", "Boston");
addressRepository.save(address);    ❶

User john = new User(address.getId(),"John Smith");  ❷
john.setShippingAddress(address);

userRepository.save(john);          ❸
```

❶ Address를 영속화합니다.

❷ 생성된 식별자 값을 가져와 User에 설정합니다.

❸ 저장합니다.

매핑과 코드에는 다음과 같은 세 가지 문제가 있습니다.

- Address를 먼저 저장한 후에 식별자 값을 가져와야 한다는 점을 기억해야 합니다. 이는 5.2.5절에서 설명한 것처럼 INSERT 전에 save() 시 값을 생성하는 식별자 생성기가 Address 엔티티에 있는 경우에만 가능합니다. 그렇지 않다면 someAddress.getId()가 null을 반환하고, User의 식별자 값을 수동으로 설정할 수 없습니다.

- 프락시를 이용한 지연 로딩은 연관관계가 선택사항이 아닌 경우에만 작동합니다. JPA를 처음 접하는 개발자에게는 이것이 생소하게 느껴질 때가 많습니다. @OneToOne의·기본값은 FetchType.EAGER입니다. 즉, 하이버네이트 또는 하이버네이트를 사용하는 스프링 데이터 JPA가 User를 로드할 때는 shippingAddress를 곧바로 로드합니다. 개념적으로 프락시를 이용한 지연 로딩은 하이버네이트가 연결된 shippingAddress가 있다는 것을 알고 있는 경우에만 의미가 있습니다. 프로퍼티가 널을 허용하는 경우, 하이버네이트에서는 ADDRESS 테이블을 쿼리해서 프로퍼티 값이 NULL인지 여부를 데이터베이스에서 확인해야 할 것입니다. 데이터베이스를 확인해야 한다면 프락시를 사용하는 이점이 없으므로 값을 곧바로 로드하는 것이 좋습니다.

- 일대일 연관관계는 단방향입니다. 때로는 양방향 탐색이 필요할 때가 있습니다.

첫 번째 문제에는 다른 해결책이 없습니다. 앞의 예제에서 하는 작업이 바로 이겁니다. 즉, Address를 저장하고 기본키를 가져온 다음, 이를 수동으로 User의 식별자 값으로 설정했습니다. 이러한 이유로 항상 SQL INSERT 전에 값을 생성할 수 있는 식별자 생성기를 선호하는 것입니다.

@OneToOne(optional=true) 연관관계는 프락시를 이용한 지연 로딩을 지원하지 않습니다. 이것은 JPA 명세와 일치합니다. FetchType.LAZY는 영속성 공급자에 대한 힌트이지 요구사항이 아닙니다. 12.1.3절에서 다루겠지만 바이트코드 조작을 통해 널을 허용하는 @OneToOne의 지연 로딩을 적용할 수도 있습니다.

마지막 문제의 경우 연관관계를 양방향으로 만들면(Address가 User를 참조하고 User가 Address를 참조하는) 특별한 하이버네이트 전용 식별자 생성기를 사용해 키 값을 할당하는 데 도움을 받을 수도 있습니다.

9.1.2 외래 기본키 생성기

양방향 매핑에는 항상 mappedBy 측이 필요합니다. 이 책에서는 User 쪽을 택하겠습니다. 이것은 취향의 문제이며 다른 부차적인 요구사항일 수도 있습니다. (다음 소스코드는 onetoone-foreigngenerator 폴더에서 확인할 수 있습니다.)

FILE Ch09/onetoone-foreigngenerator/src/main/java/com/manning/javapersistence/ch09/onetoone/foreigngenerator/User.java

```java
@Entity
@Table(name = "USERS")
public class User {
    @Id
    @GeneratedValue(generator = Constants.ID_GENERATOR)
    private Long id;

    private String username;

    @OneToOne(
        mappedBy = "user",
        cascade = CascadeType.PERSIST
    )
    private Address shippingAddress;

    // ...
}
```

mappedBy 옵션을 추가해서 이제 저수준 세부사항이 user라는 "반대편에 있는 프로퍼티"에 의해 매핑된다는 것을 하이버네이트 또는 하이버네이트를 사용하는 스프링 데이터 JPA에 알려줍니다. 편의상 CascadeType.PERSIST를 활성화했는데, 전이적 영속성을 사용하면 인스턴스를 올바른 순서로 저장하기가 더 쉬워집니다. User를 영속화할 때 하이버네이트가 shippingAddress를 영속화하고 기본키의 식별자를 자동으로 생성합니다.

다음으로 "다른 쪽"인 Address에 대해 살펴봅시다. 식별자 프로퍼티의 @GenericGenerator를 사용해 하이버네이트 전용 foreign 전략으로 특별한 목적의 기본키 값 생성기를 정의하겠습니다. 5.2.5절에서 이 생성기를 언급하지 않은 이유는 이 생성기는 공유 기본키 일대일 연관관계에서만 쓰기 때문입니다. Address 인스턴스를 영속화할 때 이 특별한 생성기는 user 프로퍼티의 값을 가져와 참조된 엔티티 인스턴스인 User의 식별자 값을 가져옵니다.

예제 9.3 Address에는 특별한 외래키 생성기가 있습니다.

`FILE` Ch09/onetoone-foreigngenerator/src/main/java/com/manning/javapersistence/ch09/onetoone/foreigngenerator/Address.java

```
@Entity
public class Address {
    @Id
    @GeneratedValue(generator = "addressKeyGenerator")
    @org.hibernate.annotations.GenericGenerator(      ❶
        name = "addressKeyGenerator",
        strategy = "foreign",
        parameters =
            @org.hibernate.annotations.Parameter(
                name = "property", value = "user"
            )
    )
    private Long id;

    // ...

    @OneToOne(optional = false)      ❷
    @PrimaryKeyJoinColumn            ❸
    private User user;
```

```
    public Address() {
    }

    public Address(User user) {      ❹
        this.user = user;
    }

    public Address(User user, String street,
                   String zipcode, String city) {    ❹
        this.user = user;
        this.street = street;
        this.zipcode = zipcode;
        this.city = city;
    }
    // ...
}
```

❶ @GenericGenerator 애너테이션을 사용하면 Address 인스턴스를 영속화할 때 이 특별한 생성기가 user 프로퍼티의 값을 통해 참조된 엔티티 인스턴스인 User의 식별자 값을 가져옵니다.

❷ @OneToOne 매핑이 optional=false로 설정돼 있으므로 Address에는 User에 대한 참조가 반드시 있어야 합니다.

❸ user 프로퍼티는 @PrimaryKeyJoinColumn 애너테이션을 통해 공유 기본키 엔티티 연관관계로 표시됩니다.

❹ 이제 Address의 공개 생성자에는 User 인스턴스가 필요합니다. 그림 9.3의 스키마에서 볼 수 있듯이 이제 optional=false를 반영하는 외래키 제약조건이 ADDRESS 테이블의 기본키 칼럼에 있습니다.

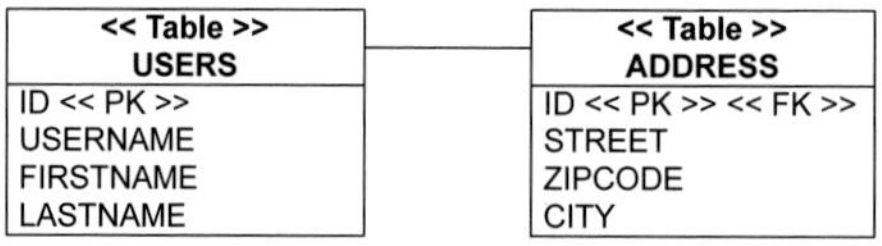

<< Table >> USERS	<< Table >> ADDRESS
ID << PK >>	ID << PK >> << FK >>
USERNAME	STREET
FIRSTNAME	ZIPCODE
LASTNAME	CITY

그림 9.3 ADDRESS 테이블의 기본키에 외래키 제약조건이 있습니다.

이 새로운 코드 덕분에 더 이상 작업 단위에서 address.getId() 또는 user.getId()를 호출하지 않아도 됩니다. 데이터 저장도 간단해집니다.

FILE Ch09/onetoone-foreigngenerator/src/test/java/com/manning/javapersistence/ch09/onetoone/forei gngenerator/AdvancedMappingJPATest.java

```
User john = new User("John Smith");
```

```
Address address =
    new Address(
        john,       ❶
        "Flowers Street", "01246", "Boston"
    );
john.setShippingAddress(address);  ❶
serRepository.save(john);          ❷
```

❶ 양방향 엔티티 연관관계의 양쪽을 모두 연결해야 합니다. 참고로 이 매핑으로는 User#shippingAddress(선택 사항/널 허용)를 지연 로딩하지 않지만 프락시(선택 사항 아님)를 사용해 필요에 따라 Address#user를 로드할 수 있습니다.

❷ 사용자를 영속화하면 shippingAddress의 전이적 영속성을 얻게 됩니다.

공유 기본키 일대일 연관관계는 비교적 많지 않습니다. 그 대신 외래키 칼럼 및 고유 제약조건으로 "대일 (to-one)" 연관관계를 매핑하는 경우가 많습니다.

9.1.3 외래키 조인 칼럼 활용

기본키를 공유하는 대신 두 로우가 간단한 추가 외래키 칼럼을 기반으로 관계를 맺을 수 있습니다. 한 테이블에는 연관관계에 있는 테이블의 기본키를 참조하는 외래키 칼럼이 있습니다. (이 외래키 제약조건의 소스와 타깃으로 동일한 테이블을 지정할 수도 있습니다. 이를 **자기 참조 관계**라고 합니다.) 다음 소스코드는 onetoone-foreignkey 폴더에서 확인할 수 있습니다.

User#shippingAddress에 대한 매핑을 변경해 봅시다. 이제 공유 기본키 대신 USERS 테이블에 SHIPPINGADDRESS_ID 칼럼을 추가합니다. 이 칼럼에는 UNIQUE 제약조건이 있으므로 두 사용자가 동일한 배송 주소를 참조할 수 없습니다. 그림 9.4의 스키마를 봅시다.

그림 9.4 USERS 테이블과 ADDRESS 테이블 간의 일대일 조인 칼럼 연관관계

Address는 이번 장의 첫 번째 예제인 예제 9.1에서 설명한 것과 같은 일반 엔티티 클래스입니다. User 엔티티 클래스에는 이러한 단방향 연관관계를 구현하는 shippingAddress 프로퍼티가 있습니다.

이 User-Address 연관관계에 대해서는 지연 로딩을 활성화해야 합니다. 공유 기본키와 달리 여기서는 지연 로딩에 문제가 없습니다. 즉, USERS 테이블의 로우가 로드될 때 SHIPPINGADDRESS_ID 칼럼의 값도 포함하고 있습니다. 따라서 하이버네이트 또는 하이버네이트를 사용하는 스프링 데이터는 ADDRESS 로우가 있는지 여부를 알고 있으며, 프락시를 사용해 필요에 따라 Address 인스턴스를 로드할 수 있습니다.

FILE Ch09/onetoone-foreignkey/src/main/java/com/manning/javapersistence/ch09/onetoone/foreignkey/User.java

```
@Entity
@Table(name = "USERS")
public class User {
    @Id
    @GeneratedValue(generator = Constants.ID_GENERATOR)
    private Long id;

    @OneToOne(
        fetch = FetchType.LAZY,
        optional = false,              ❶
        cascade = CascadeType.PERSIST
    )
    @JoinColumn(unique = true)         ❷
    private Address shippingAddress;
    // ...
}
```

❶ 특별한 식별자 생성이나 기본키 할당이 필요하지 않습니다. shippingAddress가 널이 되지 않게 할 것입니다.

❷ @PrimaryKeyJoinColumn 대신 일반 @JoinColumn을 적용하며, 기본값으로 SHIPPINGADDRESS_ID가 설정됩니다. JPA보다 SQL에 더 익숙하다면 매핑에서 @JoinColumn을 볼 때마다 "외래키 칼럼"이라고 생각하면 이해하는 데 도움이 됩니다.

매핑에서 optional=false를 설정했으므로 사용자에게는 반드시 배송 주소가 있어야 합니다. 이것은 로딩 동작에 영향을 미치지 않지만 @JoinColumn에 unique=true를 설정한 것의 논리적 결과입니다. 이 설정은 생성된 SQL 스키마에 고유 제약조건을 추가합니다. 모든 사용자에 대해 SHIPPINGADDRESS_ID 칼럼의 값이 고유해야 한다면 한 사용자만 "배송 주소 없음"이라는 상태를 가질 수 있습니다. 따라서 널을 허용하는 고유 칼럼은 일반적으로 의미가 없습니다.

인스턴스 생성, 연결, 저장은 간단합니다.

```
FILE Ch09/onetoone-foreignkey/src/test/java/com/manning/javapersistence/ch09/onetoone/foreignkey/A
dvancedMappingSpringDataJPATest.java

User john = new User("John Smith");
Address address = new Address("Flowers Street", "01246", "Boston");
john.setShippingAddress(address);   ❶
userRepository.save(john);          ❷
```

❶ 사용자와 주소 사이의 링크를 만듭니다.

❷ john을 저장할 때 address를 전이적으로 저장합니다.

이제 두 가지 기본 일대일 연관관계 매핑, 즉 공유 기본키를 사용하는 매핑과 외래키 참조와 고유 칼럼 제약조건을 사용하는 매핑을 완료했습니다. 마지막으로 살펴볼 매핑 방법은 좀 더 이색적인 것으로, 추가 테이블을 사용해 일대일 연관관계를 매핑하는 것입니다.

9.1.4 조인 테이블 활용

널 허용 칼럼이 문제가 될 수 있다는 점을 눈치채셨을 것입니다. 선택적 값에 대한 더 나은 해결책은 링크가 있는 경우 로우를 포함하고, 링크가 없는 경우 로우를 포함하지 않는 중간 테이블을 사용하는 것입니다.

CaveatEmptor의 Shipment 엔티티 및 그것의 용도를 살펴보겠습니다. 판매자와 구매자는 경매를 시작하고 입찰함으로써 CaveatEmptor 내에서 상호작용합니다. 상품을 배송하는 것은 애플리케이션의 범위를 벗어나는 것으로 보입니다. 경매가 종료된 후에 판매자와 구매자가 배송 및 결제 방법에 대해 합의하기 때문입니다.

반면 CaveatEmptor에서 안전거래(escrow) 서비스를 제공할 수도 있습니다. 판매자는 안전거래 서비스를 사용해 경매가 종료되면 추적 가능한 배송을 생성할 수 있습니다. 구매자는 수탁자(애플리케이션)에게 경매 물품 대금을 지불하고, 애플리케이션에서는 판매자에게 대금 수령이 가능하다는 사실을 알립니다. 배송이 완료되고, 구매자가 이를 수락하면 판매자에게 물품 대금을 송금합니다.

거래 규모가 큰 온라인 경매에 참여해 본 적이 있다면 안전거래 서비스를 이용해 보셨을 것입니다. 하지만 이 책의 예제 애플리케이션에서는 완료된 경매에 대한 안전거래 서비스를 제공할 뿐만 아니라, 사용자가 경매 외부에서 이뤄지는 모든 거래에 대해 추적 가능하고 신뢰할 수 있는 배송을 생성할 수 있도록 CaveatEmptor에 더 많은 기능을 추가하려고 합니다. 이 경우 Item에 선택적인 일대일 연관관계에 있는

Shipment 엔티티가 필요합니다. 이 도메인 모델의 클래스 다이어그램을 그림 9.5에서 확인할 수 있습니다.

그림 9.5 Shipment는 경매 Item과의 선택적 링크를 가집니다.

> **참고**　선택적 일대일 연관관계가 필요한 자연스러운 시나리오를 찾을 수 없었기 때문에 이번 절에서 CaveatEmptor 예제를 다루지 않는 방안도 고려했습니다. 이 안전거래 예제가 다소 인위적으로 보인다면 작업장에 직원을 배정하는 것과 동일한 문제를 생각해 봅시다. 이 역시 선택적 일대일 관계입니다.

데이터베이스 스키마에서 ITEM_SHIPMENT라는 중간 링크 테이블을 추가합니다. 이 테이블의 로우는 경매 컨텍스트에서 생성된 Shipment를 나타냅니다. 그림 9.6은 이 테이블을 보여줍니다.

그림 9.6 중간 테이블은 품목과 배송을 연결합니다.

스키마가 고유성과 일대일 관계를 어떻게 적용하는지 눈여겨봅시다. 즉, ITEM_SHIPMENT의 기본키는 SHIPMENT_ID 칼럼이고 ITEM_ID 칼럼은 고유합니다. 따라서 하나의 품목은 하나의 배송에만 포함될 수 있습니다. 물론 이것은 배송에 하나의 품목만 포함될 수 있다는 의미이기도 합니다.

이 모델을 Shipment 엔티티 클래스에서 @OneToOne 애너테이션으로 매핑하겠습니다.

다음 소스코드는 onetoone-jointable 폴더에서 확인할 수 있습니다.

```
FILE Ch09/onetoone-jointable/src/main/java/com/manning/javapersistence/ch09/onetoone/jointable/Shipment.java

@Entity
public class Shipment {
    // ...
    @OneToOne(fetch = FetchType.LAZY)          ❶
    @JoinTable(
        name = "ITEM_SHIPMENT",                ❷
```

```
        joinColumns = @JoinColumn(name = "SHIPMENT_ID"),     ❸
        inverseJoinColumns =
            @JoinColumn(name = "ITEM_ID",    ❹
                        nullable = false,
                        unique = true)       ❺
    )
    private Item auction;

    // ...
}
```

❶ 지연 로딩을 활성화합니다. 여기서는 하이버네이트 또는 하이버네이트를 사용하는 스프링 데이터 JPA가 배송을 로드할 때 SHIPMENT 및 ITEM_SHIPMENT 조인 테이블을 모두 쿼리합니다. 하이버네이트는 프락시를 사용하기 전에 Item에 대한 링크가 있는지 알아야 합니다. 이 작업은 하나의 외부 조인 SQL 쿼리에서 수행되므로 추가 SQL 문이 표시되지 않습니다. ITEM_SHIPMENT 에 로우가 있는 경우 하이버네이트에서는 Item 위치 표시자를 사용합니다.

❷ @JoinTable 애너테이션이 처음으로 등장했습니다. 이 애너테이션에는 항상 중간 테이블의 이름을 지정해야 합니다. 이 매핑에 서는 사실상 조인 테이블을 숨기므로 그에 해당하는 자바 클래스는 없습니다. 이 애너테이션은 ITEM_SHIPMENT 테이블의 칼럼명 을 정의합니다.

❸ 조인 칼럼은 SHIPMENT_ID입니다(기본값은 ID).

❹ 역조인 칼럼은 ITEM_ID입니다(기본값은 AUCTION_ID).

❺ 하이버네이트는 스키마의 ITEM_ID 칼럼에 UNIQUE 제약조건을 생성합니다. 하이버네이트는 조인 테이블의 칼럼에 적절한 외래 키 제약조건도 생성합니다.

다음은 Item이 없는 Shipment와 단일 Item에 연결된 Shipment를 저장하는 코드입니다.

FILE Ch09/onetoone-jointable/src/test/java/com/manning/javapersistence/ch09/onetoone/jointable/Adv ancedMappingSpringDataJPATest.java

```java
Shipment shipment = new Shipment();
shipmentRepository.save(shipment);

Item item = new Item("Foo");
itemRepository.save(item);

Shipment auctionShipment = new Shipment(item);
shipmentRepository.save(auctionShipment);
```

이렇게 해서 일대일 연관관계 매핑에 대한 설명이 끝났습니다. 요약하면, 두 엔티티 중 하나가 항상 다른 엔티티보다 먼저 저장되고 기본키 소스 역할을 할 수 있는 경우 공유 기본키 연관관계를 사용해야 합니다. 그 밖의 모든 경우에는 외래키 연관관계를 사용하고, 일대일 연관관계가 선택 사항인 경우에는 숨겨진 중간 조인 테이블을 사용합니다.

이제 일대다 관계에 대한 몇 가지 고급 옵션을 시작으로 **다중값**(many-valued) 엔티티 연관관계에 대해 살펴보겠습니다.

9.2 일대다 연관관계

복수 엔티티 연관관계(plural entity association)란 정의에 따르면 엔티티 참조의 컬렉션입니다. 8.3.2 절에서 이 가운데 하나인 일대다 연관관계를 매핑했습니다. 일대다 연관관계는 컬렉션과 관련된 가장 중요한 종류의 엔티티 연관관계입니다. 간단한 양방향 다대일 또는 일대다로 충분한 경우라면 더 복잡한 형태의 연관관계를 사용하지 않는 것이 좋습니다.

또한 필요하지 않다면 엔티티 컬렉션을 매핑할 필요는 없으며, 반복문 순회를 통한 직접 접근 대신 언제든지 명시적 쿼리를 작성할 수 있습니다. 엔티티 참조 컬렉션을 매핑하기로 했다면 몇 가지 방안이 있으며, 지금부터 좀 더 복잡한 상황을 분석해 보겠습니다.

9.2.1 일대다 백 활용

지금까지는 Set에서 @OneToMany만 봤지만 양방향 일대다 연관관계에 대해 백 매핑을 사용할 수 있습니다. 왜 이렇게 해야 할까요?

백(bag)은 양방향 일대다 엔티티 연관관계에 사용할 수 있는 모든 컬렉션 중 가장 효율적인 성능 특성을 띠고 있습니다. 기본적으로 하이버네이트의 컬렉션은 애플리케이션에서 처음 접근할 때 로드됩니다. 백은 리스트처럼 요소의 인덱스를 유지하거나 세트처럼 중복 요소를 확인할 필요가 없으므로 로드를 발생시키지 않고도 새 요소를 백에 추가할 수 있습니다. 이는 대규모의 엔티티 참조 컬렉션을 매핑하고자 할 때 중요한 특징입니다.

반면 두 개의 백 타입 컬렉션을 동시에 즉각 페치(eager-fetch)할 수는 없는데, 생성된 SELECT 쿼리가 서로 관련이 없고 별도로 유지해야 하기 때문입니다. 예를 들어, Item의 bids와 images가 일대다 백인 경우 이런 문제가 발생할 수 있습니다. 두 컬렉션을 동시에 가져오면 항상 데카르트 곱이 나오기 때문에 큰 손실은 아니지만 컬렉션이 백이든 세트든 리스트든 상관없이 이러한 종류의 작업은 피하고 싶을 것입니다. 페치 전략에 대해서는 12장에서 다시 살펴보겠습니다. 일반적으로 @OneToMany(mappedBy = "...")로 매핑된 경우 백이 일대다 연관관계에 가장 적합한 역컬렉션(inverse collection)이라고 할 수 있습니다.

양방향 일대다 연관관계를 백으로 매핑하려면 Item 엔티티의 bids 컬렉션 타입을 Collection과 ArrayList 구현으로 바꿔야 합니다. Item과 Bid 간의 연관관계에 대한 매핑은 본질적으로 바뀌지 않습니다. (다음 소스코드는 onetomany-bag 폴더에서 확인할 수 있습니다.)

FILE Ch09/onetomany-bag/src/main/java/com/manning/javapersistence/ch09/onetomany/bag/Item.java

```java
@Entity
public class Item {
    // ...
    @OneToMany(mappedBy = "item")
    private Collection<Bid> bids = new ArrayList<>();
    // ...
}
```

@ManyToOne이 지정된 Bid 쪽('매핑된' 쪽)과 테이블은 8.3.1절과 동일합니다.

또한 백은 세트에서는 허용되지 않는 중복 요소를 허용합니다.

FILE Ch09/onetomany-bag/src/test/java/com/manning/javapersistence/ch09/onetomany/bag/AdvancedMappingSpringDataJPATest.java

```java
Item item = new Item("Foo");
itemRepository.save(item);

Bid someBid = new Bid(new BigDecimal("123.00"), item);
item.addBid(someBid);
item.addBid(someBid);
bidRepository.save(someBid);

assertEquals(2, someItem.getBids().size());
```

중복(duplicate)은 동일한 Bid 인스턴스에 대한 특정 참조를 여러 번 추가했다는 것을 의미하므로 이 경우에는 별다른 의미가 없고, 애플리케이션 코드에서도 그렇게 하지 않을 것입니다. 심지어 이 컬렉션에 동일한 참조를 여러 번 추가하더라도 하이버네이트 또는 하이버네이트를 사용하는 스프링 데이터 JPA에서는 이를 무시하므로 영속성과 관련된 효과는 없습니다. 데이터베이스의 업데이트와 관련된 측면은 @ManyToOne이며, 관계는 이미 해당 측에 의해 "매핑돼(mapped by)" 있습니다. Item을 로드할 때 컬렉션에는 중복 항목이 포함되지 않습니다.

```
FILE Ch09/onetomany-bag/src/test/java/com/manning/javapersistence/ch09/onetomany/bag/AdvancedMappi
ngSpringDataJPATest.java

Item item2 = itemRepository.findItemWithBids(item.getId());
assertEquals(1, item2.getBids().size());
```

이전에 언급했듯이 백의 장점은 새 요소를 추가할 때 컬렉션을 초기화할 필요가 없다는 것입니다.

```
FILE Ch09/onetomany-bag/src/test/java/com/manning/javapersistence/ch09/onetomany/bag/AdvancedMappi
ngSpringDataJPATest.java

Bid bid = new Bid(new BigDecimal("456.00"), item);
item.addBid(bid);                    ❶
bidRepository.save(bid);
```

❶ 이 코드 예제에서는 Item을 로드하기 위해 SQL SELECT를 한 번 실행합니다. 하이버네이트는 여전히 item.addBid()를 호출하자마자 SELECT를 사용해 Item 프락시를 초기화하고 반환합니다. 그러나 Collection을 순회하지 않는 한 쿼리가 더는 필요하지 않으며, 모든 입찰을 로드하지 않고도 새 Bid에 대한 INSERT가 수행됩니다. 컬렉션이 Set이나 List인 경우에는 또 다른 요소를 추가할 때 하이버네이트가 모든 요소를 로드합니다.

이제 컬렉션을 영속성 List로 변경하겠습니다.

9.2.2 단방향 및 양방향 리스트 매핑

컬렉션 내 요소의 위치를 보관하기 위해 실제 리스트가 필요한 경우 해당 위치를 별도의 칼럼에 저장해야 합니다. 일대다 매핑이라면 이는 Item#bids 프로퍼티를 List로 변경하고 ArrayList로 변수를 초기화해야 한다는 의미이기도 합니다. 이 경우 단방향 매핑이 되며, 다른 "매핑된" 쪽은 없을 것입니다. 따라서 Bid에 @ManyToOne 프로퍼티가 없을 것입니다. 영속성 리스트 인덱스에 대해서는 @OrderColumn 애너테이션을 사용합니다. (다음 소스코드는 onetomany-list 폴더에서 확인할 수 있습니다.)

FILE Ch09/onetomany-list/src/main/java/com/manning/javapersistence/ch09/onetomany/list/Item.java

```java
@Entity
public class Item {
    @OneToMany
    @JoinColumn(
        name = "ITEM_ID",
        nullable = false
    )
    @OrderColumn(
        name = "BID_POSITION",      ❶
        nullable = false            ❷
    )
    private List<Bid> bids = new ArrayList<>();
    // ...
}
```

❶ 앞서 언급했듯이 이것은 단방향 매핑이므로 다른 "매핑된" 쪽이 없습니다. 따라서 Bid는 @ManyToOne 프로퍼티를 갖지 않습니다. @OrderColumn 애너테이션에서 인덱스 칼럼명을 BID_POSITION으로 설정합니다. 그렇지 않으면 기본값인 BIDS_ORDER로 설정됩니다.

❷ 평소와 같이 칼럼을 NOT NULL로 만들어야 합니다.

조인 및 요소 순서 칼럼이 포함된 BID 테이블을 그림 9.7에서 확인할 수 있습니다.

BID

ID	ITEM_ID	BID_POSITION	AMOUNT
1	1	0	99.00
2	1	1	100.00
3	1	2	101.00
4	2	0	4.99

그림 9.7 BID 테이블에는 ITEM_ID(조인 칼럼)와 BID_POSITION(요소 순서 칼럼)이 포함돼 있습니다.

각 컬렉션의 인덱스는 0에서 시작하며 연속적입니다(공백이 없음). 하이버네이트 또는 하이버네이트를 사용하는 스프링 데이터 JPA에서는 List의 요소를 추가, 제거, 이동할 때 잠재적으로 많은 SQL 문을 실행합니다. 이 성능 문제에 대해서는 8.1.6절에서 설명했습니다.

Bid 엔티티에 @ManyToOne 프로퍼티를 사용해 이 매핑을 양방향으로 만들어 봅시다.

```
FILE Ch09/onetomany-list/src/main/java/com/manning/javapersistence/ch09/onetomany/list/Bid.java

@Entity
public class Bid {
    // ...

    @ManyToOne
    @JoinColumn(
        name = "ITEM_ID",
        updatable = false, insertable = false      ❶
    )
    @NotNull
    private Item item;
    // ...
}
```

❶ 이제 하이버네이트가 각 요소의 인덱스를 저장해야 하므로 Item#bids 컬렉션은 더 이상 읽기 전용이 아닙니다. Bid#item 쪽이 관계의 소유자였다면 하이버네이트는 데이터를 저장할 때 컬렉션을 무시하고 요소 인덱스를 기록하지 않을 것입니다. @JoinColumn을 두 번 매핑한 다음, updatable=false와 insertable=false를 사용해 @ManyToOne 측에서 쓰기를 비활성화 해야 합니다. 이제 하이버네이트는 각 요소의 인덱스를 포함해서 데이터를 저장할 때 컬렉션 측면을 고려합니다. mappedBy 속성이 있는 경우와 마찬가지로 @ManyToOne은 사실상 읽기 전용입니다.

아마도 다른 코드를 예상했을 것입니다. 즉 @ManyToOne(mappedBy="bids")가 있고 추가 @JoinColumn 애너테이션은 없을 것이라고 예상했을 것입니다. 하지만 @ManyToOne에는 mappedBy 속성이 없습니다. 즉, 항상 관계를 "소유하는" 쪽입니다. 따라서 다른 쪽인 @OneToMany를 mappedBy로 만들어야 합니다.

마지막으로, 하이버네이트 스키마 생성기는 항상 @ManyToOne 쪽의 @JoinColumn에 의존합니다. 따라서 올바른 스키마를 생성하려면 이 쪽에다 @NotNull을 추가하거나 @JoinColumn(nullable=false)을 선언해야 합니다. 스키마 생성기는 @ManyToOne이 있는 경우 @OneToMany 쪽과 해당 조인 칼럼을 무시합니다.

실제 애플리케이션에서는 이 연관관계를 List로 매핑하지 않을 것입니다. 데이터베이스에서 요소의 순서를 유지하는 것은 일반적인 경우처럼 보이지만 실제로는 그다지 유용하지 않습니다. 가장 높은 입찰 또는 가장 최근 입찰 목록을 먼저 표시하거나 특정 사용자가 낸 입찰만 표시하거나 특정 시간 범위 내에서 제출된 입찰만 표시하고 싶을 때가 있습니다. 이러한 작업에는 영속성 리스트 인덱스가 필요하지 않습니다. 3.2.4절에서 언급했듯이 표시 순서는 자주 변경될 수 있으므로 데이터베이스에 표시 순서를 저장하지 않는 것이 가장 좋으며, 하드코딩된 매핑을 사용하는 대신 쿼리를 통해 유연성을 유지하는 편이 좋습니다.

또한 애플리케이션이 리스트에서 요소를 제거, 추가, 이동할 때 인덱스를 유지하려면 비용이 많이 들고, 다수의 SQL 문이 발생할 수 있습니다. 외래키 조인 칼럼을 @ManyToOne으로 매핑하고 컬렉션을 삭제하세요.

다음으로 일대다 관계, 즉 중간 조인 테이블에 매핑된 연관관계가 있는 시나리오를 하나 더 살펴보겠습니다.

9.2.3 조인 테이블을 활용한 선택적인 일대다 관계

Item 클래스에 buyer 프로퍼티를 추가하면 유용할 것입니다. 그럼 someItem.getBuyer()를 호출해서 낙찰된 User에 접근할 수 있습니다. 이 연관관계가 양방향으로 설정된 경우라면 특정 사용자가 낙찰받은 모든 경매를 표시하는 화면을 렌더링하는 데도 도움이 됩니다. 쿼리를 작성하는 대신 someUser.getBoughtItems()를 호출할 수 있기 때문입니다.

User 클래스의 관점에서 볼 때 이 연관관계는 일대다입니다. 그림 9.8은 클래스와 그 관계를 보여줍니다.

그림 9.8 User와 Item의 "구매(bought)" 관계

이 연관관계가 Item과 Bid 사이의 연관관계와 다른 이유는 무엇일까요? UML의 0..* 다중성은 참조가 선택 사항임을 나타냅니다. 이는 자바 도메인 모델에는 별다른 영향을 주지 않지만 기반 테이블에는 영향을 미칩니다. ITEM 테이블에 BUYER_ID 외래키 칼럼이 있을 것으로 예상하지만 사용자가 특정 Item을 구매하지 않았을 수 있으므로(경매가 아직 진행 중인 한) 이제 이 칼럼은 널을 허용해야 합니다.

외래키 칼럼이 NULL일 수 있다는 점을 받아들이고 "경매 종료 시간에 도달하지 않았거나 입찰이 이뤄지지 않은 경우에만 NULL을 허용"이라는 추가 제약조건을 적용할 수도 있습니다. 그러나 관계형 데이터베이스 스키마에서는 항상 널 허용 칼럼을 두지 않도록 노력해야 합니다. 알 수 없는 정보는 데이터의 품질을 떨어뜨립니다. 튜플은 참인 명제를 나타내며, 우리가 모르는 것은 단언할 수 없습니다. 게다가 실무에서는 많은 개발자와 DBA가 올바른 제약조건을 만들지 않고 데이터 무결성을 제공하기 위해 버그가 있는 애플리케이션 코드에 의존하기도 합니다.

선택적 엔티티 연관관계(일대일 또는 일대다)는 SQL 데이터베이스에서 조인 테이블로 가장 잘 표현됩니다. 그림 9.9는 스키마 예시를 보여줍니다.

그림 9.9 중간 테이블은 사용자와 품목을 연결합니다.

이번 장 앞부분에서 일대일 연관관계를 위해 조인 테이블을 추가했습니다. 일대일의 다중성을 보장하기 위해 조인 테이블의 외래키 칼럼에 고유 제약조건(unique = true)을 적용했습니다. 이번 예제에서는 일 대다 다중성이 있으므로 ITEM_ID 기본키 칼럼만 고유해야 합니다. 즉, 한 명의 User만이 특정 Item을 한 번만 구매할 수 있습니다. 한 명의 User가 여러 Item을 구매할 수 있기 때문에 BUYER_ID 칼럼은 고유하지 않습니다. (다음 소스코드는 onetomany-jointable 폴더에서 확인할 수 있습니다.)

User#boughtItems 컬렉션의 매핑은 간단합니다.

FILE Ch09/onetomany-jointable/src/main/java/com/manning/javapersistence/ch09/onetomany/jointable/User.java

```java
@Entity
@Table(name = "USERS")
public class User {
    // ...
    @OneToMany(mappedBy = "buyer")
    private Set<Item> boughtItems = new HashSet<>();
    // ...
}
```

이것은 양방향 연관관계의 일반적인 읽기 전용 측이며, 스키마에 대한 실제 매핑은 "매핑된" 측인 Item#buyer에 있습니다. 이것은 깔끔하고 선택적인 일대다/다대일 관계입니다.

FILE Ch09/onetomany-jointable/src/main/java/com/manning/javapersistence/ch09/onetomany/jointable/Item.java

```java
@Entity
public class Item {
    // ...
    @ManyToOne(fetch = FetchType.LAZY)
    @JoinTable(
        name = "ITEM_BUYER",
```

```
        joinColumns = @JoinColumn(name = "ITEM_ID"),          ❶
        inverseJoinColumns = @JoinColumn(nullable = false)     ❷
    )
    private User buyer;
    // ...
}
```

❶ Item이 구매되지 않았다면 ITEM_BUYER 조인 테이블에는 그에 해당하는 로우가 없습니다. 따라서 이 관계는 선택 사항입니다. 조인 칼럼의 이름은 ITEM_ID입니다(기본값은 ID).

❷ 역조인(inverse join) 칼럼은 기본적으로 BUYER_ID로 설정되며, 널을 허용하지 않습니다.

스키마에 문제가 될 만한 널 허용 칼럼은 없습니다. 그렇지만 ITEM_BUYER 테이블에 대해 절차적 제약조건 및 INSERT에서 실행되는 트리거, 즉 "특정 품목의 경매 종료 시간에 도달하고 사용자가 낙찰을 한 경우에만 구매자의 삽입을 허용합니다"를 작성해야 합니다.

다음 예제는 일대다 연관관계의 마지막 예제입니다. 지금까지 한 엔티티에서 다른 엔티티로의 일대다 연관관계를 살펴봤습니다. 임베드 가능한 컴포넌트 클래스도 엔티티에 대한 일대다 연관관계를 가질 수 있으며, 이것이 바로 이번에 다룰 내용입니다.

9.2.4 임베드 가능한 클래스의 일대다 연관관계

몇 장에 걸쳐 반복했던 임베드 가능한 컴포넌트 매핑인 User의 Address에 대해 다시 생각해 보겠습니다. 이제 이 예제를 확장해서 Address에서 Shipment로의 일대다 연관관계, 즉 deliveries라는 컬렉션을 추가하겠습니다. 그림 9.10은 이 모델의 UML 클래스 다이어그램입니다.

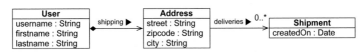

그림 9.10 Address에서 Shipment로의 일대다 관계

Address는 엔티티가 아닌 @Embeddable 클래스입니다. 이 클래스는 엔티티에 대한 단방향 연관관계를 소유할 수 있으며, 여기서는 Shipment에 대한 일대다 다중성입니다. 다음 절에서 엔티티와 다대일 연관관계를 갖는 임베드 가능한 클래스에 대해 살펴보겠습니다. (다음 소스코드는 onetomany-embeddable 폴더에서 확인할 수 있습니다.)

Address 클래스에는 이 연관관계를 나타내는 Set<Shipment>가 있습니다.

FILE Ch09/onetomany-embeddable/src/main/java/com/manning/javapersistence/ch09/onetomany/embeddable/Address.java

```java
@Embeddable
public class Address {
    @NotNull
    @Column(nullable = false)
    private String street;

    @NotNull
    @Column(nullable = false, length = 5)
    private String zipcode;

    @NotNull
    @Column(nullable = false)
    private String city;

    @OneToMany
    @JoinColumn(
        name = "DELIVERY_ADDRESS_USER_ID",  ❶
        nullable = false
    )
    private Set<Shipment> deliveries = new HashSet<>();
    // ...
}
```

❶ 이 연관관계에 대한 첫 번째 매핑 전략은 DELIVERY_ADDRESS_USER_ID라는 @JoinColumn을 사용하는 것입니다(기본값은 DELIVERIES_ID입니다).

이 외래키 제약 칼럼은 그림 9.11에서 볼 수 있듯이 SHIPMENT 테이블에 있습니다.

그림 9.11 USERS 테이블의 기본키는 USERS 테이블과 SHIPMENT 테이블을 연결합니다.

임베드 가능한 컴포넌트에는 자체적인 식별자가 없으므로 외래키 칼럼의 값은 Address를 임베드하는 User의 식별자 값입니다. 여기서는 조인 칼럼을 nullable = false로 선언하므로 Shipment에는 연관관계를 맺는 배송 주소가 있어야 합니다. 물론 양방향 탐색은 불가능한데, 임베드된 컴포넌트는 공유 참조를 가질 수 없으므로 Shipment는 Address에 대한 참조를 가질 수 없습니다.

연관관계가 선택 사항이고 널 허용 칼럼을 원하지 않는다면 그림 9.12와 같이 연관관계를 중간 조인/링크 테이블에 매핑할 수 있습니다.

그림 9.12 USERS와 SHIPMENT 사이의 중간 테이블을 사용해 선택적 연관관계를 표현

이제 Address의 컬렉션 매핑은 @JoinColumn 대신 @JoinTable을 사용합니다. (다음 소스코드는 onetomany-embeddablejointable 폴더에서 확인할 수 있습니다.)

FILE Ch09/onetomany-embeddable-jointable/src/main/java/com/manning/javapersistence/ch09/onetomany/embeddablejointable/Address.java

```java
@Embeddable
public class Address {
    @NotNull
    @Column(nullable = false)
    private String street;

    @NotNull
    @Column(nullable = false, length = 5)
    private String zipcode;

    @NotNull
    @Column(nullable = false)
    private String city;

    @OneToMany
    @JoinTable(
        name = "DELIVERIES",        ❶
```

```
        joinColumns = @JoinColumn(name = "USER_ID"),              ❷
        inverseJoinColumns = @JoinColumn(name = "SHIPMENT_ID")    ❸
    )
    private Set<Shipment> deliveries = new HashSet<>();
    // ...
}
```

❶ 조인 테이블의 이름은 DELIVERIES가 됩니다(그렇지 않으면 기본값인 USERS_SHIPMENT가 됩니다).

❷ 조인 칼럼의 이름은 USER_ID가 됩니다(그렇지 않으면 기본값인 USERS_ID가 됩니다).

❸ 역조인 칼럼의 이름은 SHIPMENT_ID가 됩니다(그렇지 않으면 기본값인 deliveries_id가 됩니다).

참고로 @JoinTable이나 @JoinColumn을 선언하지 않으면 임베드 가능한 클래스의 @OneToMany가 기본값인 조인 테이블 전략으로 설정됩니다.

6.2.3절에 설명한 대로 소유 엔티티 클래스 내에서 @AttributeOverride를 사용해 임베드된 클래스의 프로퍼티 매핑을 재정의할 수 있습니다. 임베드 가능한 클래스에서 엔티티 연관관계의 조인 테이블이나 칼럼 매핑을 재정의하고 싶다면 소유 엔티티 클래스에서 @AssociationOverride를 대신 사용하면 됩니다. 그러나 매핑 전략을 전환할 수는 없으며, 임베드 가능한 컴포넌트 클래스의 매핑이 조인 테이블 또는 조인 칼럼의 사용 여부를 결정합니다.

물론 조인 테이블 매핑은 진정한 **다대다** 매핑에도 적용할 수 있습니다.

9.3 다대다 및 삼항 연관관계

그림 9.13에서 볼 수 있듯이 Category와 Item 간의 연관관계는 **다대다** 연관관계입니다. 실제 시스템에서는 다대다 연관관계가 없을 수도 있습니다. 우리가 경험한 바에 따르면 연관관계를 맺고 있는 인스턴스 간의 각 링크에 거의 항상 다른 정보를 첨부해야 했습니다. 몇 가지 예를 들면 Category에 Item이 추가된 타임스탬프라든가 링크를 만드는 것을 책임지는 User 등이 있습니다. 이번 장의 뒷부분에서 이러한 경우를 다루기 위해 예제를 확장할 예정이지만, 여기서는 먼저 일반적이고 간단한 **다대다** 연관관계부터 시작하겠습니다.

그림 9.13 Category와 Item 간의 다대다 연관관계

9.3.1 단방향 및 양방향 다대다 연관관계

데이터베이스의 조인 테이블은 일반적인 **다대다** 연관관계를 나타내며, 어떤 개발자들은 이를 **링크 테이블**(link table) 또는 **연관관계 테이블** (association table)이라 부르기도 합니다. 그림 9.14는 링크 테이블과 의 다대다 관계를 보여줍니다.

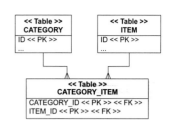

그림 9.14 CategorizedItem은 Category와 Item 간의 링크입니다.

CATEGORY_ITEM 링크 테이블에는 두 개의 칼럼이 있으며, 두 칼럼 모두 각각 CATEGORY 테이블과 ITEM 테이블을 참조하는 외래키 제약조건을 가집니다. 기본키는 두 칼럼의 복합키입니다. 특정 Category와 Item은 한 번만 연결할 수 있지만 동일한 품목을 여러 카테고리에 연결할 수 있습니다. 다음 소스코드는 manytomany-bidirectional 폴더에서 확인할 수 있습니다.

JPA에서는 컬렉션에 대해 @ManyToMany를 사용해 다대다 연관관계를 매핑합니다.

```
FILE Ch09/manytomany-bidirectional/src/main/java/com/manning/javapersistence/ch09/manytomany/bidir
ectional/Category.java

@Entity
public class Category {
    // ...
    @ManyToMany(cascade = CascadeType.PERSIST)
    @JoinTable(
        name = "CATEGORY_ITEM",
        joinColumns = @JoinColumn(name = "CATEGORY_ID"),
        inverseJoinColumns = @JoinColumn(name = "ITEM_ID")
    )
    private Set<Item> items = new HashSet<>();
    // ...
}
```

평소처럼 CascadeType.PERSIST를 활성화해서 데이터를 더 쉽게 저장할 수 있습니다. 컬렉션에서 새 Item 을 참조할 때(새 Item이 추가될 때) 하이버네이트 또는 하이버네이트를 사용하는 스프링 데이터 JPA는 이 를 영속화합니다. 이 연관관계를 양방향으로 만들어 보겠습니다(필요하지 않다면 그렇게 하지 않아도 됩 니다).

FILE Ch09/manytomany-bidirectional/src/main/java/com/manning/javapersistence/ch09/manytomany/bidirectional/Item.java

```java
@Entity
public class Item {
    // ...
    @ManyToMany(mappedBy = "items")
    private Set<Category> categories = new HashSet<>();
    // ...
}
```

다른 양방향 매핑과 마찬가지로 한쪽이 다른 쪽에 의해 "매핑됩니다". Item#categories 컬렉션은 사실상 읽기 전용이며, 데이터를 저장할 때 하이버네이트가 Category#items 쪽의 내용을 분석합니다.

다음으로 카테고리와 품목을 각각 두 개씩 만들고 이를 다대다 다중성으로 연결하겠습니다.

FILE Ch09/manytomany-bidirectional/src/test/java/com/manning/javapersistence/ch09/manytomany/bidirectional/TestService.java

```java
Category someCategory = new Category("Some Category");
Category otherCategory = new Category("Other Category");

Item someItem = new Item("Some Item");
Item otherItem = new Item("Other Item");

someCategory.addItem(someItem);
someItem.addCategory(someCategory);

someCategory.addItem(otherItem);
otherItem.addCategory(someCategory);

otherCategory.addItem(someItem);
someItem.addCategory(otherCategory);

categoryRepository.save(someCategory);
categoryRepository.save(otherCategory);
```

전이적 영속성을 활성화했기 때문에 카테고리를 저장하면 전체 인스턴스망이 영속화됩니다. 반면에 연쇄 적용 옵션인 ALL, REMOVE, 고아 객체 삭제(8.3.3절 참고)는 다대다 연관관계에 대해서는 의미가 없습니다. 이는 엔티티와 값 타입을 이해하고 있는지 점검하기에 좋은 지점입니다. 이러한 연쇄 적용 유형이 다대다 연관관계에 적합하지 않은 이유에 대한 합리적인 이유를 떠올려봅시다. 힌트를 드리자면 레코드를 삭제하면 관련 레코드가 자동으로 삭제되는 경우 어떤 일이 발생할 수 있는지 생각해 봅시다.

Set 대신 List나 백을 사용할 수 있을까요? Category와 Item 사이에 중복 링크가 있을 수 없기 때문에 Set이 데이터베이스 스키마와 완벽하게 맞아떨어집니다. 백은 중복 요소를 허용하므로 조인 테이블에 다른 기본키가 필요합니다. 8.1.5절에서 설명한 대로 하이버네이트 전용 @CollectionId 애너테이션이 이를 제공할 수 있습니다. 그러나 중복 링크를 지원해야 하는 경우 잠시 후에 설명할 다른 다대다 전략 중 하나를 사용하는 편이 더 낫습니다.

List처럼 인덱스를 사용하는 컬렉션을 일반 @ManyToMany로 매핑할 수 있지만 한쪽에만 매핑할 수 있습니다. 양방향 관계에서는 한쪽이 다른 쪽에 의해 "매핑돼야" 하므로 하이버네이트가 데이터베이스와 동기화될 때 해당 값이 무시된다는 점을 기억할 필요가 있습니다. 양쪽이 모두 리스트인 경우 한쪽의 인덱스만 영속화할 수 있습니다.

일반적인 @ManyToMany 매핑은 링크 테이블을 숨깁니다. 즉, 그에 해당하는 자바 클래스는 없고 일부 컬렉션 프로퍼티만 있을 뿐입니다. 따라서 누군가가 "제가 만든 링크 테이블에는 링크에 관한 정보가 담긴 칼럼이 더 많아요"라고 말할 때마다(경험상 늘 이런 말을 금방 듣게 됩니다) 이 정보를 자바 클래스에 매핑할 필요가 있습니다.

9.3.2 중간 엔티티를 활용한 다대다 관계

다대다 연관관계는 언제나 중간 클래스에 대한 두 개의 다대일 연관관계로 나타낼 수 있으며, 이번에는 이 경우에 대해 알아보겠습니다. 이번에는 링크 테이블을 숨기지 않고 자바 클래스로 표현하겠습니다. 이 모델은 일반적으로 더 쉽게 확장할 수 있으므로 애플리케이션에서는 일반적인 다대다 연관관계를 사용하지 않는 경향이 있습니다. 나중에 링크 테이블에 결국 더 많은 칼럼이 추가될 때 코드를 변경하려면 많은 작업이 필요하므로 이전 절에서 보여준 것처럼 @ManyToMany를 매핑하기 전에 그림 9.15에 표시된 대안을 고려해 보시기 바랍니다.

그림 9.15 CategorizedItem은 Category와 Item 간의 링크가 됩니다.

Category에 Item을 추가할 때마다 몇 가지 정보를 기록해야 한다고 가정해 봅시다. CategorizedItem 엔티티에는 타임스탬프와 링크를 생성한 사용자가 저장됩니다. 이 도메인 모델에는 그림 9.16에서 볼 수 있듯이 조인 테이블에 추가 칼럼이 필요합니다.

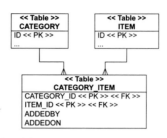

그림 9.16 다대다 관계에서 조인 테이블에 추가된 칼럼

예제 9.4에서 볼 수 있듯이 CategorizedItem 엔티티는 링크 테이블로 매핑됩니다. (소스코드는 manytomany-linkentity 폴더에서 확인할 수 있습니다.) 여기에는 몇 가지 새로운 애너테이션이 등장합니다. 첫째, CategorizedItem은 불변 엔티티 클래스(@org.hibernate.annotations.Immutable 애너테이션이 지정된)가 될 것이므로 생성 후에는 프로퍼티를 업데이트하지 않을 것입니다. 클래스를 불변으로 선언하면 하이버네이트에서 영속성 컨텍스트를 플러시하는 동안 변경 감지를 피하는 등의 최적화를 수행할 수 있습니다.

엔티티 클래스는 복합키를 가지며, 편의상 정적으로 중첩된 임베드 가능한 컴포넌트 클래스에 캡슐화하겠습니다. 식별자 프로퍼티와 해당 복합키 칼럼들은 @EmbeddedId 애너테이션을 통해 엔티티의 테이블에 매핑됩니다.

예제 9.4 CategorizedItem으로 다대다 관계 매핑하기

FILE Ch09/manytomany-linkentity/src/main/java/com/manning/javapersistence/ch09/manytomany/linkentity/CategorizedItem.java

```java
@Entity
@Table(name = "CATEGORY_ITEM")
@org.hibernate.annotations.Immutable          ❶
public class CategorizedItem {
    @Embeddable
    public static class Id implements Serializable {      ❷
        @Column(name = "CATEGORY_ID")
        private Long categoryId;
```

```
    @Column(name = "ITEM_ID")
    private Long itemId;

    public Id() {
    }

    public Id(Long categoryId, Long itemId) {
        this.categoryId = categoryId;
        this.itemId = itemId;
    }
    //implementing equals and hashCode
}

@EmbeddedId                    ❸
private Id id = new Id();

@Column(updatable = false)
@NotNull
private String addedBy;        ❹

@Column(updatable = false)
@NotNull
@CreationTimestamp
private LocalDateTime addedOn;            ❺

@ManyToOne
@JoinColumn(
    name = "CATEGORY_ID",
    insertable = false, updatable = false)
private Category category;     ❻

@ManyToOne
@JoinColumn(
    name = "ITEM_ID",
    insertable = false, updatable = false)
private Item item;                        ❼

public CategorizedItem(String addedByUsername,    ❽
```

```
                        Category category,
                        Item item) {
        this.addedBy = addedByUsername;       ❾
        this.category = category;
        this.item = item;

        this.id.categoryId = category.getId();       ❿
        this.id.itemId = item.getId();

        category.addCategorizedItem(this);    ❾
        item.addCategorizedItem(this);
    }
    // ...
}
```

❶ 클래스에 @org.hibernate.annotations.Immutable 애너테이션이 지정됐으므로 불변 클래스가 됩니다.

❷ 엔티티 클래스에는 식별자 프로퍼티가 필요합니다. 링크 테이블의 기본키는 CATEGORY_ID와 ITEM_ID로 구성된 복합키입니다. 물론 이 Id 클래스를 별도 파일로 외부화할 수 있습니다.

❸ 새로운 @EmbeddedId 애너테이션은 식별자 프로퍼티 및 해당 복합키 칼럼들을 엔티티의 테이블에 매핑합니다.

❹ addedBy 사용자명을 조인 테이블의 칼럼에 매핑하는 기본 프로퍼티

❺ addedOn 타임스탬프를 조인 테이블의 칼럼에 매핑하는 기본 프로퍼티. 이것이 바로 우리가 관심을 갖는 "링크에 대한 추가 정보"입니다.

❻ @ManyToOne 프로퍼티인 category는 이미 식별자에 매핑돼 있습니다.

❼ @ManyToOne 프로퍼티인 item은 이미 식별자에 매핑돼 있습니다. 여기서 눈여겨볼 부분은 updatable=false, insertable=false 설정을 사용해 읽기 전용으로 만든 것입니다. 즉, 하이버네이트 또는 하이버네이트를 사용하는 스프링 데이터 JPA는 CategorizedItem의 식별자 값을 사용해 이러한 칼럼의 값을 씁니다. 동시에, categorizedItem.getItem()이나 getCategory()를 통해 연관관계에 있는 인스턴스를 읽고 탐색할 수 있습니다. (하나의 매핑을 읽기 전용으로 만들지 않고 동일한 칼럼을 두 번 매핑하는 경우 하이버네이트 또는 하이버네이트를 사용하는 스프링 데이터 JPA는 시작 시 칼럼 매핑 중복에 대한 메시지를 출력합니다.)

❽ CategorizedItem을 만드는 데 식별자 값 설정이 필요하다는 것도 알 수 있습니다. 애플리케이션에서는 항상 복합키 값을 할당하며, 하이버네이트에서는 이를 생성하지 않습니다.

❾ 생성자에서 addedBy 필드 값을 설정하고 연관관계의 양쪽에서 컬렉션을 관리함으로써 참조 무결성을 보장합니다.

❿ 생성자에서 categoryId 필드 값을 설정합니다. 다음으로 이 컬렉션을 매핑해 양방향 탐색을 활성화할 것입니다. 이것은 단방향 매핑이며, Category와 Item 간의 다대다 관계를 지원하기에 충분합니다. 링크를 생성하기 위해서는 CategorizedItem을 인스턴스화하고 영속화하면 됩니다. 링크를 끊으려면 CategorizedItem을 제거합니다. CategorizedItem의 생성자에서는 이미 영속화된 Category와 Item 인스턴스를 필요로 합니다.

양방향 탐색이 필요한 경우 Category 및/또는 Item에서 @OneToMany 컬렉션을 매핑할 수 있습니다. 다음은 Category입니다.

FILE Ch09/manytomany-linkentity/src/main/java/com/manning/javapersistence/ch09/manytomany/linkentity/Category.java

```java
@Entity
public class Category {
    // ...
    @OneToMany(mappedBy = "category")
    private Set<CategorizedItem> categorizedItems = new HashSet<>();
    // ...
}
```

다음은 Item입니다.

FILE Ch09/manytomany-linkentity/src/main/java/com/manning/javapersistence/ch09/manytomany/linkentity/Item.java

```java
@Entity
public class Item {
    // ...
    @OneToMany(mappedBy = "item")
    private Set<CategorizedItem> categorizedItems = new HashSet<>();
    // ...
}
```

양쪽 모두 CategorizedItem의 애너테이션에 의해 매핑되므로 하이버네이트에서는 getCategorizedItems() 메서드에서 반환한 컬렉션을 순회할 때 수행해야 할 작업을 이미 알고 있습니다.

다음과 같이 링크를 생성하고 저장합니다.

FILE Ch09/manytomany-linkentity/src/test/java/com/manning/javapersistence/ch09/manytomany/linkentity/TestService.java

```java
Category someCategory = new Category("Some Category");
Category otherCategory = new Category("Other Category");
```

```
categoryRepository.save(someCategory);
categoryRepository.save(otherCategory);

Item someItem = new Item("Some Item");
Item otherItem = new Item("Other Item");

itemRepository.save(someItem);
itemRepository.save(otherItem);

CategorizedItem linkOne = new CategorizedItem(
    "John Smith", someCategory, someItem
);

CategorizedItem linkTwo = new CategorizedItem(
    "John Smith", someCategory, otherItem
);

CategorizedItem linkThree = new CategorizedItem(
    "John Smith", otherCategory, someItem
);

categorizedItemRepository.save(linkOne);
categorizedItemRepository.save(linkTwo);
categorizedItemRepository.save(linkThree);
```

이 전략의 주된 이점은 양방향 탐색이 가능하다는 점입니다. 즉, someCategory.getCategorizedItems() 를 호출해서 특정 카테고리의 모든 품목을 가져올 수 있고, someItem.getCategorizedItems()를 사용해 반대 방향에서 탐색할 수도 있습니다. 단점은 링크를 생성하고 제거하기 위해 CategorizedItem 엔티티 인스턴스를 관리하는 데 더 복잡한 코드가 필요하며, 저장과 삭제를 독립적으로 수행해야 한다는 것입니다. 또한 복합 식별자 같은 몇 가지 인프라가 CategorizedItem 클래스에 필요합니다. 이를 개선하는 방안 중 하나는 일부 연관관계에서 CascadeType.PERSIST를 활성화해서 save() 호출 횟수를 줄이는 것입니다.

예제에서는 Category와 Item 간의 링크를 생성한 사용자를 간단한 이름 문자열로 저장했습니다. 대신 조인 테이블에 USER_ID라는 외래키 칼럼이 있었다면 삼항 관계가 만들어졌을 것입니다. 그럼 CategorizedItem에는 Category, Item, User에 대한 @ManyToOne이 있을 것입니다.

다음 절에서는 또 다른 다대다 전략을 보여드리겠습니다. 이번에는 예제를 좀 더 흥미롭게 만들기 위해 삼항 연관관계로 만들어 보겠습니다.

9.3.3 컴포넌트를 활용한 삼항 연관관계

이전 절에서는 링크 테이블에 매핑된 엔티티 클래스로 다대다 관계를 표현했습니다. 더 간단한 대안은 임베드 가능한 컴포넌트 클래스에 매핑하는 것일 수 있습니다. 다음 소스코드는 manytomany-ternary 폴더에서 확인할 수 있습니다.

> FILE Ch09/manytomany-ternary/src/main/java/com/manning/javapersistence/ch09/manytomany/ternary/CategorizedItem.java

```java
@Embeddable
public class CategorizedItem {
    @ManyToOne
    @JoinColumn(
        name = "ITEM_ID",
        nullable = false, updatable = false
    )
    private Item item;

    @ManyToOne
    @JoinColumn(
        name = "USER_ID",
        updatable = false
    )
    @NotNull        ❶
    private User addedBy;

    @Column(updatable = false)
    @NotNull        ❶
    private LocalDateTime addedOn = LocalDateTime.now();

    public CategorizedItem() {
    }

    public CategorizedItem(User addedBy, Item item) {
```

```
        this.addedBy = addedBy;

        this.item = item;
    }
    // ...
}
```

❶ @NotNull 애너테이션은 SQL 제약조건을 생성하지 않으므로 애너테이션이 지정된 필드는 기본키에 포함되지 않습니다.

여기서 새로운 매핑은 @Embeddable의 @ManyToOne 연관관계와 외래키 조인 칼럼인 USER_ID이며, 이를 통해 삼항 관계가 만들어집니다. 그림 9.17의 데이터베이스 스키마를 봅시다.

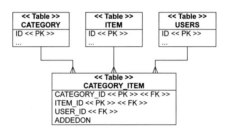

그림 9.17 3개의 외래키 칼럼으로 구성된 링크 테이블

임베드 가능한 컴포넌트 컬렉션의 소유자는 Category 엔티티입니다.

FILE Ch09/manytomany-ternary/src/main/java/com/manning/javapersistence/ch09/manytomany/ternary/Category.java

```
@Entity
public class Category {
    // ...
    @ElementCollection
    @CollectionTable(
        name = "CATEGORY_ITEM",
        joinColumns = @JoinColumn(name = "CATEGORY_ID")
    )
    private Set<CategorizedItem> categorizedItems = new HashSet<>();
    // ...
}
```

안타깝게도 이 매핑은 완벽하지 않습니다. 임베드 가능한 타입의 @ElementCollection을 매핑하면 대상 타입의 모든 프로퍼티 중 nullable=false인 프로퍼티가 (복합) 기본키의 일부가 되기 때문입니다. CATEGORY_ITEM의 모든 칼럼이 NOT NULL이기를 바랄 테지만 그럼에도 CATEGORY_ID와 ITEM_ID 칼럼만 기본키에 포함돼야 합니다. 한 가지 방법은 기본키의 일부가 되어서는 안 되는 프로퍼티에 빈 유효성 검사의 @NotNull 애너테이션을 사용하는 것입니다. 이 경우 (임베드 가능한 클래스이기 때문에) 하이버네이트는 기본키 구현 및 SQL 스키마 생성을 위해 빈 유효성 검사 애너테이션을 무시합니다. 단점은 생성된 스키마에 USER_ID 및 ADDEDON 칼럼에 적절한 NOT NULL 제약조건이 적용되지 않으므로 이를 직접 수정해야 한다는 것입니다.

이 전략의 장점은 링크 컴포넌트의 암시적 수명주기입니다. Category와 Item 간의 연관관계를 만들려면 컬렉션에 새 CategorizedItem 인스턴스를 추가하면 됩니다. 링크를 끊으려면 컬렉션에서 요소를 제거하면 됩니다. 별도의 연쇄 적용 설정이 필요하지 않으며 자바 코드 또한 간소화됩니다(코드 라인 수가 더 많아지긴 합니다만).

FILE Ch09/manytomany-ternary/src/test/java/com/manning/javapersistence/ch09/manytomany/ternary/TestService.java

```
Category someCategory = new Category("Some Category");
Category otherCategory = new Category("Other Category");

categoryRepository.save(someCategory);
categoryRepository.save(otherCategory);

Item someItem = new Item("Some Item");
Item otherItem = new Item("Other Item");

itemRepository.save(someItem);
itemRepository.save(otherItem);

User someUser = new User("John Smith");
userRepository.save(someUser);

CategorizedItem linkOne = new CategorizedItem(
    someUser, someItem
);
someCategory.addCategorizedItem(linkOne);
```

```
CategorizedItem linkTwo = new CategorizedItem(
    someUser, otherItem
);
someCategory.addCategorizedItem(linkTwo);

CategorizedItem linkThree = new CategorizedItem(
    someUser, someItem
);
otherCategory.addCategorizedItem(linkThree);
```

양방향 탐색을 활성화하는 방법은 없습니다. CategorizedItem 같은 임베드 가능한 컴포넌트는 정의상 공유 참조를 가질 수 없기 때문입니다. Item에서 CategorizedItem으로 탐색할 수 없는데, Item에는 이 링크의 매핑이 없습니다. 대신, 특정 Item의 카테고리를 조회하는 쿼리는 작성할 수 있습니다.

FILE Ch09/manytomany-ternary/src/test/java/com/manning/javapersistence/ch09/manytomany/ternary/TestService.java

```
List<Category> categoriesOfItem =
    categoryRepository.findCategoryWithCategorizedItems(item1);
assertEquals(2, categoriesOfItem.size());
```

findCategoryWithCategorizedItems 메서드에는 @Query 애너테이션이 지정돼 있습니다.

FILE Ch09/manytomany-ternary/src/main/java/com/manning/javapersistence/ch09/repositories/manytomany/ternary/CategoryRepository.java

```
@Query("select c from Category c join c.categorizedItems ci where ci.item = :itemParameter")
List<Category> findCategoryWithCategorizedItems(@Param("itemParameter") Item itemParameter);
```

이렇게 해서 첫 번째 삼항 연관관계 매핑을 완료했습니다.

이전의 여러 장에서는 맵이 포함된 ORM 예제를 살펴봤는데, 이러한 맵의 키와 값은 항상 기본 타입 또는 임베드 가능한 타입이었습니다. 다음 절에서는 좀 더 복잡한 키/값 쌍 타입과 그 매핑을 사용해 보겠습니다.

9.4 맵을 활용한 엔티티 연관관계

맵의 키와 값으로 다른 엔티티에 대한 참조를 설정할 수 있으며, 이를 통해 다대다 관계나 삼항 관계를 매 핑하기 위한 또 다른 전략을 이용할 수 있습니다. 먼저, 각 맵 항목의 값만 다른 엔티티에 대한 참조라고 가정해 봅시다.

9.4.1 프로퍼티 키를 활용한 일대다

각 맵 항목의 값이 다른 엔티티에 대한 참조인 경우 일대다 엔티티 관계에 해당합니다. 맵의 키는 Long 값과 같은 기본 타입입니다. (다음 소스코드는 maps-mapkey 폴더에서 확인할 수 있습니다.)

이러한 구조의 예로는 Bid 인스턴스의 맵이 포함된 Item 엔티티를 들 수 있는데, 이때 각 맵 항목은 Bid 식별자와 Bid 인스턴스에 대한 참조로 구성된 쌍입니다. someItem.getBids()를 순회할 경우 (1, <PK 1 을 가진 Bid에 대한 참조>), (2, <PK 2를 가진 Bid에 대한 참조>) 등과 같은 맵 항목들을 순회하게 됩니다.

FILE Ch09/maps-mapkey/src/test/java/com/manning/javapersistence/ch09/maps/mapkey/TestService.java

```
Item item = itemRepository.findById(someItem.getId()).get();

assertEquals(2, item.getBids().size());

for (Map.Entry<Long, Bid> entry : item.getBids().entrySet()) {
    assertEquals(entry.getKey(), entry.getValue().getId());
}
```

이 매핑의 기반 테이블은 특별한 것이 없습니다. ITEM 테이블과 BID 테이블이 있고, BID 테이블에 ITEM_ ID 외래키 칼럼이 있습니다. Map 대신 일반 컬렉션을 사용하는 일대다/다대일 매핑의 경우 그림 8.14에서 보여준 것과 동일한 스키마입니다. 여기서는 애플리케이션의 데이터를 약간 다르게 표현하고자 합니다.

Item 클래스에는 bids라는 이름의 Map 프로퍼티를 포함하겠습니다.

FILE Ch09/maps-mapkey/src/main/java/com/manning/javapersistence/ch09/maps/mapkey/Item.java

```
@Entity
public class Item {
```

```
    // ...
    @MapKey(name = "id")
    @OneToMany(mappedBy = "item")
    private Map<Long, Bid> bids = new HashMap<>();
    // ...
}
```

여기에는 @MapKey 애너테이션이 새로 추가됐습니다. 이 애너테이션은 대상 엔티티(이 경우 Bid 엔티티)의 프로퍼티를 맵의 키로 매핑합니다. name 속성을 생략할 경우 기본값은 대상 엔티티의 식별자 프로퍼티이므로 여기서 name 옵션은 중복됩니다. 맵의 키는 세트를 형성하므로 특정 맵에 대해 해당 값들이 유일할 것으로 예상합니다. 이것은 Bid 기본키에는 해당하지만 Bid의 다른 프로퍼티에는 해당되지 않을 가능성이 높습니다. 선택한 프로퍼티가 고유한 값을 갖게 하는 것은 사용자의 몫입니다. 하이버네이트 또는 하이버네이트를 사용하는 스프링 데이터 JPA는 이를 확인하지 않습니다.

이 매핑 기법이 주로 사용되는 경우는 데이터 렌더링의 편의성을 목적으로 항목 엔티티 값의 일부 프로퍼티를 항목의 키로 사용해 맵 항목들을 순회하는 경우입니다. 더 일반적인 상황은 삼항 연관관계의 중간에 맵이 있는 경우입니다.

9.4.2 키/값 삼항 관계

지금까지 진행한 모든 매핑 실험들이 조금 지루할 수도 있지만, Category와 Item 간의 연관관계를 매핑하는 또 다른 방법을 보여드리는 것은 이번이 마지막입니다. 이전의 9.3.3절에서는 임베드 가능한 CategorizedItem 컴포넌트를 사용해 링크를 표현했습니다. 여기서는 별도의 자바 클래스 대신 Map을 사용해 관계를 표현하겠습니다. 각 맵 항목의 키는 Item이고 해당 값은 그림 9.18에 표시된 것처럼 해당 Item을 Category에 추가한 User입니다.

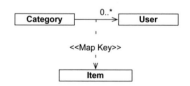

그림 9.18 엔티티 연관관계를 키/값 쌍으로 가진 Map

그림 9.19에서 볼 수 있듯이 스키마의 링크/조인 테이블에는 CATEGORY_ID, ITEM_ID, USER_ID라는 세 개의 칼럼이 있습니다. Map은 Category 엔티티가 소유합니다. 다음 소스코드는 maps-ternary 폴더에서 확인할 수 있습니다.

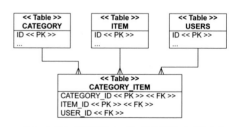

그림 9.19 링크 테이블은 Map의 키/값 쌍을 나타냅니다.

다음 코드는 맵을 사용해 Category와 Item 간의 관계를 모델링합니다.

```
FILE  Ch09/maps-ternary/src/main/java/com/manning/javapersistence/ch09/maps/ternary/Category.java

@Entity
public class Category {
    // ...
    @ManyToMany(cascade = CascadeType.PERSIST)
    @MapKeyJoinColumn(name = "ITEM_ID")       ❶
    @JoinTable(
        name = "CATEGORY_ITEM",
        joinColumns = @JoinColumn(name = "CATEGORY_ID"),
        inverseJoinColumns = @JoinColumn(name = "USER_ID")
    )
    private Map<Item, User> itemAddedBy = new HashMap<>();
    // ...
}
```

❶ @MapKeyJoinColumn은 선택 사항이며, 하이버네이트 또는 하이버네이트를 사용하는 스프링 데이터 JPA에서는 ITEM 테이블을 참조하는 조인/외래키 칼럼에 대한 기본 칼럼명으로 ITEMADDEDBY_KEY가 설정됩니다.

세 엔티티 간에 링크를 만들려면 모든 인스턴스가 이미 영속화 상태여야 하고, 그런 다음 맵에 넣어야 합니다.

```
FILE  Ch09/maps-ternary/src/test/java/com/manning/javapersistence/ch09/maps/ternary/TestService.java

someCategory.putItemAddedBy(someItem, someUser);
someCategory.putItemAddedBy(otherItem, someUser);
otherCategory.putItemAddedBy(someItem, someUser);
```

링크를 제거하려면 맵에서 항목을 제거하면 됩니다. 이렇게 하면 세 개의 칼럼으로 구성된 데이터베이스 링크 테이블을 숨겨 복잡한 관계를 처리할 수 있습니다. 그러나 실제로 링크 테이블은 추가 칼럼들로 규모가 커질 때가 많으며, Map API에 의존할 경우 나중에 모든 자바 애플리케이션 코드를 변경하는 데 비용이 많이 든다는 점을 기억해야 합니다. 이전에는 링크가 생성되는 시점을 나타내는 타임스탬프가 담긴 ADDEDON 칼럼이 있었지만 이 매핑을 위해 해당 칼럼을 삭제해야 했습니다.

정리

- 복잡한 엔티티 연관관계는 일대일 연관관계, 일대다 연관관계, 다대다 연관관계, 삼항 연관관계, 맵을 활용한 엔티티 연관관계를 사용해 매핑할 수 있습니다.

- 기본키를 공유하거나, 외래 기본키 생성기를 사용하거나, 외래키 조인 칼럼을 사용하거나, 조인 테이블을 사용해 일대일 연관관계를 만들 수 있습니다.

- 일대다 백의 사용을 고려하거나, 단방향/양방향 리스트 매핑을 사용하거나, 조인 테이블을 이용한 선택적 일대다 관계를 적용하거나, 임베드 가능한 클래스에서 일대다 연관관계를 생성하는 방법으로 일대다 연관관계를 만들 수 있습니다.

- 단방향 및 양방향 다대다 연관관계와 중간 엔티티를 활용한 다대다 연관관계를 만들 수 있습니다.

- 컴포넌트를 활용한 삼항 연관관계와 맵을 활용한 엔티티 연관관계를 만들 수 있습니다.

- 다대다 엔티티 연관관계를 중간 엔티티 클래스에 대한 두 개의 다대일 연관관계로 표현하거나 컴포넌트 컬렉션을 활용해 표현하는 것이 가장 적합할 때가 많습니다.

- 복잡한 컬렉션 매핑을 시도하기 전에 항상 컬렉션이 실제로 필요한지 확인해야 합니다. 컬렉션 요소를 자주 순회하는지 자문해 봅시다.

- 이번 장에서 사용하는 자바 구조는 때때로 데이터 접근을 더 쉽게 만들 수도 있지만 일반적으로 데이터 저장, 업데이트, 삭제가 복잡해집니다.

3부

트랜잭션 방식의
데이터 처리

3부에서는 하이버네이트와 자바 퍼시스턴스를 사용해 데이터를 로드하고 저장하겠습니다. 프로그래밍 인터페이스를 비롯해 트랜잭션 방식의 애플리케이션 작성, 하이버네이트가 데이터베이스에서 데이터를 가장 효율적으로 로드하는 방법을 소개합니다.

10장부터 JPA 애플리케이션에서 엔티티 인스턴스와 상호작용하기 위한 가장 중요한 전략을 배우겠습니다. 엔티티 인스턴스가 어떻게 영속화되고(persistent), 준영속화되고(detached), 제거되는지(removed) 등 엔티티 인스턴스의 수명주기를 살펴볼 수 있습니다. 10장에서는 JPA에서 가장 중요한 인터페이스인 **EntityManager**에 대해 알아봅니다. 이어서 11장에서는 데이터베이스 및 시스템 트랜잭션의 핵심 내용과 하이버네이트, JPA, 스프링으로 동시 접근을 제어하는 방법을 정의합니다. 또한 비트랜잭션 방식의 데이터 접근도 살펴봅니다. 12장에서는 지연 로딩과 즉시 로딩, 페치 계획, 페치 전략, 페치 프로파일링을 살펴보고 SQL 실행 최적화로 마무리합니다. 마지막으로 13장에서는 상태 전이 연쇄 적용(cascade), 이벤트 대기 및 인터셉트, 하이버네이트 엔버스를 활용한 감사 및 버전 관리, 동적 데이터 필터링을 다룹니다.

이 책의 3부를 읽고 나면 하이버네이트 및 자바 퍼시스턴스 프로그래밍 인터페이스를 다루는 방법과 객체를 효율적으로 로드, 수정, 저장하는 방법을 알게 될 것입니다. 트랜잭션이 작동하는 방식과 대화형 처리가 애플리케이션 설계에 새로운 접근 방식을 열어주는 이유를 이해할 수 있습니다. 모든 객체 변경 시나리오를 최적화하고 최선의 페치 및 캐싱 전략을 적용해 성능과 확장성을 높일 준비가 끝나게 됩니다.

10

데이터 관리

이번 장에서 다루는 내용

- 객체의 수명주기와 상태 확인

- EntityManager 인터페이스 다루기

- 준영속(detached) 상태 다루기

이제 ORM이 어떻게 객체/관계형 불일치의 정적인 측면들을 해결하는지 이해했을 것입니다. 지금까지 배운 내용을 바탕으로 자바 클래스와 SQL 스키마 간의 매핑을 만들어 구조적 불일치 문제를 해결할 수 있습니다. 기억하겠지만 패러다임 불일치 문제에는 세분성, 상속, 동일성, 연관관계, 데이터 탐색 문제가 있습니다. 이러한 문제를 더 자세히 살펴보려면 1.2절을 다시 한번 살펴보기 바랍니다.

하지만 효율적인 애플리케이션 솔루션이라면 그 밖의 런타임 데이터 관리를 위한 전략도 검토해야 합니다. 이러한 전략은 애플리케이션의 성능 및 애플리케이션이 올바르게 동작하는 데 매우 중요합니다.

이번 장에서는 엔티티 인스턴스의 수명주기(인스턴스가 어떻게 영속화되고, 어떻게 영속화 상태에서 벗어나는지)와 이러한 상태 전이를 일으키는 메서드 호출 및 관리 연산을 분석하겠습니다. JPA의 EntityManager는 데이터에 접근하기 위한 주요 인터페이스입니다.

JPA를 살펴보기에 앞서 엔티티 인스턴스, 수명주기, 상태 변경을 일으키는 이벤트부터 알아보겠습니다. 이 자료 중 일부는 형식적일 수 있지만 영속성 수명주기는 확실하게 이해해둘 필요가 있습니다.

JPA 2의 주요 신규 기능

EntityManager#unwrap()을 사용해 영속성 관리자 API의 공급자별 버전(예: org.hibernate.Session API)을 얻을 수 있습니다. org.hibernate.SessionFactory의 인스턴스를 가져오려면 앞에서 설명한 EntityManagerFactory#unwrap() 메서드를 사용하면 됩니다(2.5절 참조).

새로운 detach() 연산은 영속성 컨텍스트를 잘게 세분화해서 관리할 수 있게 해주며, 개별 엔티티 인스턴스를 영속성 상태에서 벗어나게 합니다.

기존 EntityManager에서는 getEntityManagerFactory()를 사용해 영속성 컨텍스트를 생성하는 데 사용되는 EntityManagerFactory를 얻을 수 있습니다.

새로운 정적 PersistenceUtil 및 PersistenceUnitUtil의 헬퍼 메서드는 엔티티 인스턴스(또는 그 프로퍼티 중 하나)가 완전히 로드됐는지 또는 초기화되지 않은 참조(하이버네이트 프락시 또는 로드되지 않은 컬렉션 래퍼)인지를 판단합니다.

10.1 영속성 수명주기

JPA는 클래스가 자기 자신의 영속성 기능을 인식하지 못하는 투명한 영속성 메커니즘입니다. 따라서 애플리케이션 로직에서 다루는 데이터가 현재 영속성 상태를 나타내는지 아니면 메모리에만 존재하는 임시 상태를 나타내는지 인식하지 못하게 하는 것이 가능합니다. 애플리케이션에서는 메서드를 호출할 때 인스턴스가 영속화된 상태인지 여부를 신경 쓰지 않아도 됩니다. 예를 들어, 단위 테스트 같은 곳에서 영속성을 전혀 고려하지 않고도 Item#calculateTotalPrice() 비즈니스 메서드를 호출할 수 있습니다. 이 메서드는 실행되는 동안 영속성 개념을 인식하지 못할 수 있습니다.

영속성 상태가 있는 모든 애플리케이션은 메모리상의 상태를 데이터베이스로 전파하거나 그 반대로 데이터베이스에서 전파받을 때마다 영속성 서비스와 상호작용해야 합니다. 즉, 데이터를 저장하고 로드하려면 자카르타 퍼시스턴스 인터페이스를 호출해야 합니다.

이 같은 방식으로 영속성 메커니즘과 상호작용할 때 애플리케이션은 영속성과 관련된 엔티티 인스턴스의 상태와 수명주기에 신경 써야 합니다. 이를 **영속성 수명주기**(persistence lifecycle), 즉 엔티티 인스턴스가 자신의 수명 동안 거치게 되는 상태라고 합니다. 또한 **작업 단위**(unit of work)라는 용어도 사용하는데, 이것은 상태를 변경하는 일련의 연산들을 하나의 (일반적으로 원자적인) 그룹으로 간주하는 것을 의미합니다. 퍼즐의 또 다른 조각은 영속성 서비스에서 제공하는 **영속성 컨텍스트**(persistence context) 입니다. 영속성 컨텍스트를 특정 작업 단위 내에서 발생한 데이터에 대한 모든 수정 및 상태 변경을 기억하는 서비스라고 생각하면 됩니다(다소 단순화한 표현이지만 우선은 이렇게 알아두셔도 됩니다).

이제 **엔티티 상태**(entity state), **영속성 컨텍스트**(persistence context), **관리 범위**(managed scope) 라는 용어에 대해 자세히 살펴보겠습니다. 데이터베이스에 뭔가를 넣고 빼기 위해 어떤 SQL 문을 사용해야 할지를 생각하는 편이 더 익숙할 수도 있겠지만 자바 퍼시스턴스의 성공 요인 중 하나는 **상태 관리** (state management)에 대한 분석이므로 이번 절의 내용을 계속 읽어보시기 바랍니다.

10.1.1 엔티티 인스턴스 상태

영속성 수명주기에 대해 ORM 솔루션마다 다른 용어를 사용하고 상태와 상태 전이를 서로 다르게 정의합니다. 게다가 내부적으로 사용되는 상태는 클라이언트 애플리케이션에 노출되는 상태와 다를 수 있습니다. JPA에서는 4가지 상태를 정의함으로써 클라이언트 코드로부터 하이버네이트 내부 구현의 복잡성을 숨깁니다. 그림 10.1은 이러한 상태와 각 상태의 전이를 보여줍니다.

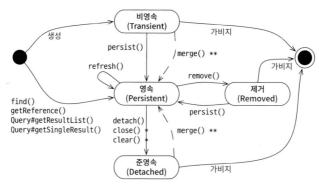

그림 10.1 엔티티 인스턴스 상태와 각 상태 전이

그림 10.1에는 상태 전이를 일으키는 EntityManager(및 Query) API에 대한 메서드 호출도 포함돼 있습니다. 이번 장에서는 이 그림에 대해 설명할 것이므로 필요할 때마다 참조하기 바랍니다.

이제 상태와 전이에 대해 좀 더 자세히 살펴보겠습니다.

비영속 상태

자바의 new 연산자로 생성된 인스턴스는 **비영속(transient)** 상태, 즉 영속성 컨텍스트와 관련이 없는 상태로서 객체가 생성됐지만 영속성 컨텍스트에 속하지 않는 상태이므로 더 이상 참조되지 않는 즉시 상태를 잃어버리고 가비지 컬렉션의 대상이 됩니다. 예를 들어, new Item()은 new Long() 및 new BigDecimal()이 해당 클래스의 비영속 인스턴스를 생성하는 것과 마찬가지로 Item 클래스의 비영속 인스턴스를 생성합니다. 하이버네이트에서는 비영속 인스턴스에 대한 롤백 기능을 제공하지 않으므로 비영속 상태에 있는 Item의 가격을 수정하면 해당 변경 사항을 자동으로 되돌릴 수 없습니다.

엔티티 인스턴스를 비영속 상태에서 영속 상태로 전이하려면 EntityManager#persist() 메서드를 호출하거나 이미 영속화된 인스턴스로부터 참조를 생성하고 그와 매핑된 연관관계에 대한 상태 연쇄 적용을 활성화해야 합니다.

영속 상태

영속 엔티티 인스턴스는 데이터베이스에 대한 표현을 갖고 있습니다. 이 표현은 데이터베이스에 저장돼 있거나 작업 단위가 완료되면 데이터베이스에 저장됩니다. 영속 엔티티 인스턴스는 5.2절에 정의한 대로 데이터베이스 동일성을 가진 인스턴스이며, 영속 엔티티 인스턴스의 데이터베이스 식별자는 데이터베이스 표현의 기본키 값으로 설정됩니다.

애플리케이션에서는 인스턴스를 생성한 다음 EntityManager#persist()를 호출해서 인스턴스를 영속화했을 수 있습니다. 또한 애플리케이션에서 JPA 공급자가 이미 관리 중인 다른 영속 인스턴스로부터 객체에 대한 참조를 생성했을 때 인스턴스가 영속화됐을 수도 있습니다. 영속 엔티티 인스턴스는 쿼리를 실행하거나 식별자 기반 조회, 또는 다른 영속 인스턴스에서 시작해서 객체 그래프를 탐색하는 방식으로 데이터베이스에서 조회된 인스턴스일 수 있습니다.

영속 인스턴스는 항상 영속성 컨텍스트와 연결됩니다. 이에 대해서는 잠시 후에 자세히 살펴보겠습니다.

제거 상태

데이터베이스에서 영속 엔티티 인스턴스를 삭제하는 방법에는 여러 가지가 있습니다. 예를 들어, EntityManager#remove()를 사용해 제거할 수 있습니다. 또한 **고아 객체 제거**가 활성화된 매핑된 컬렉션으로부터 해당 인스턴스에 대한 참조를 제거하면 삭제하는 것이 가능해질 수도 있습니다.

그러면 엔티티 인스턴스는 **제거(removed)** 상태가 되고, 공급자가 작업 단위가 끝날 때 인스턴스를 삭제할 것입니다. 예를 들어, 사용자에게 표시되는 제거 확인 화면을 렌더링한 후와 같이 작업을 마친 후에는 애플리케이션에서 해당 인스턴스에 대한 참조를 모두 폐기해야 합니다.

준영속 상태

준영속(detached) 엔티티 인스턴스를 이해하기 위해 인스턴스를 로드하는 것에 관해 생각해 봅시다. `EntityManager#find()`를 호출해서 (알려진) 식별자로 엔티티 인스턴스를 조회합니다. 그런 다음, 작업 단위를 종료하고 영속성 컨텍스트를 닫습니다. 애플리케이션에는 여전히 앞서 로드한 인스턴스에 대한 참조인 **핸들(handle)**이 있습니다. 이제 준영속 상태가 되어 데이터가 오래된 것이 됩니다. 그럼 참조를 폐기해서 가비지 컬렉터가 메모리를 회수하게끔 할 수 있습니다. 또는 준영속 상태에서 데이터 작업을 계속하고 나중에 `merge()` 메서드를 호출해서 수정 사항을 새 작업 단위에서 저장할 수도 있습니다. 분리(detachment)와 병합(merging)에 대해서는 10.3절에서 설명하겠습니다.

이제 엔티티 인스턴스 상태와 각 상태 전이의 기초를 이해했을 것입니다. 다음 주제는 자카르타 퍼시스턴스 공급자의 필수 서비스인 영속성 컨텍스트입니다.

10.1.2 영속성 컨텍스트

자바 퍼시스턴스 애플리케이션에서 `EntityManager`는 영속성 컨텍스트를 가집니다. 영속성 컨텍스트는 `EntityManagerFactory#createEntityManager()`를 호출할 때 생성됩니다. 컨텍스트는 `EntityManager#close()`를 호출하면 닫힙니다. JPA 용어로는 **애플리케이션이 관리하는 영속성 컨텍스트** (application-managed persistence context)이며, 애플리케이션에서 영속성 컨텍스트의 범위를 정의함으로써 작업 단위의 경계를 구분합니다.

영속성 컨텍스트는 영속 상태의 모든 엔티티를 모니터링하고 관리합니다. 영속성 컨텍스트는 JPA 공급자가 제공하는 여러 기능들의 핵심입니다.

영속성 컨텍스트를 이용하면 영속성 엔진으로 하여금 **자동 변경 감지(automatic dirty checking)**를 수행해 애플리케이션에서 수정한 엔티티 인스턴스를 감지하게 할 수도 있습니다. 그럼 공급자는 영속성 컨텍스트가 모니터링하는 인스턴스 상태를 데이터베이스와 자동으로 또는 요청에 따라 동기화합니다. 일반적으로 작업 단위가 완료되면 공급자는 데이터 조작 언어(Data Manipulation Language; DML)의 일부인 SQL `INSERT`, `UPDATE`, `DELETE` 문을 실행해 메모리상의 상태를 데이터베이스에 전파합니다. 이러한 **플**

러시(flush) 절차는 다른 시점에도 발생할 수 있습니다. 예를 들어, 하이버네이트는 쿼리를 실행하기 전에 데이터베이스와 동기화할 수도 있습니다. 이렇게 하면 쿼리가 작업 단위 내에서 이전에 발생한 변경 사항을 인식할 수 있습니다.

영속성 컨텍스트는 특정 작업 단위에서 처리된 모든 엔티티 인스턴스를 기억하는 **1차 캐시(first-level cache)** 역할도 합니다. 예를 들어, 하이버네이트로 하여금 기본키 값(식별자로 조회)을 사용해 엔티티 인스턴스를 로드할 경우 하이버네이트는 영속성 컨텍스트에서 현재 작업 단위를 먼저 확인할 수 있습니다. 하이버네이트가 영속성 컨텍스트에서 엔티티 인스턴스를 찾으면 데이터베이스 접근이 발생하지 않으며, 이는 애플리케이션에 대해 반복 가능한 읽기(repeatable read)가 됩니다. 동일한 영속성 컨텍스트에서 연속으로 `em.find(Item.class, ITEM_ID)`를 호출하더라도 동일한 결과가 반환됩니다.

이 캐시는 `javax.persistence.Query` API로 실행되는 쿼리와 같은 임의의 쿼리 결과에도 영향을 줍니다. 하이버네이트는 쿼리의 SQL 결과 집합을 읽고 이를 엔티티 인스턴스로 변환합니다. 그 과정에서 먼저 식별자 조회를 통해 영속성 컨텍스트의 모든 엔티티 인스턴스를 찾으려고 시도합니다. 현재 영속성 컨텍스트에서 동일한 식별자 값을 가진 인스턴스를 찾을 수 없는 경우에만 하이버네이트가 결과 집합 로우에서 나머지 데이터를 읽습니다. 엔티티 인스턴스가 이미 영속성 컨텍스트에 있는 경우 데이터베이스 수준에서 커밋된 읽기(read-committed) 트랜잭션 격리로 인해 하이버네이트는 결과 집합에서 잠재적으로 새로운 데이터들을 무시합니다.

영속성 컨텍스트 캐시는 항상 활성화되며 비활성화할 수 없습니다. 이는 다음과 같은 사항들을 보장합니다.

- 객체 그래프 내에 순환 참조가 발생한 경우에도 영속성 계층이 스택 오버플로에 취약해지지 않습니다.
- 작업 단위가 끝날 때 동일한 데이터베이스 로우에 표현이 서로 충돌하는 일이 발생할 수 없습니다. 공급자는 엔티티 인스턴스에 대한 모든 변경 사항을 데이터베이스에 안전하게 기록할 수 있습니다.
- 마찬가지로, 특정 영속성 컨텍스트에서 변경된 내용을 해당 작업 단위와 해당 영속성 컨텍스트 내에서 실행되는 다른 모든 코드에서 언제나 즉각적으로 볼 수 있습니다. JPA는 엔티티 인스턴스에 대한 반복 가능한 읽기를 보장합니다.

영속성 컨텍스트는 **보장된 객체 식별자 범위(guaranteed scope of object identity)**를 제공합니다. 즉, 단일 영속성 컨텍스트의 범위 내에서는 단 하나의 인스턴스만이 특정 데이터베이스 로우를 나타냅니다. `entityA == entityB`와 같은 참조 비교를 생각해 봅시다. 이것은 두 참조가 힙에 존재하는 동일한 자바 인스턴스를 가리키는 경우에만 `true`가 됩니다. 이번에는 `entityA.getId().equals(entityB.getId())` 비교를 생각해 봅시다. 둘 다 동일한 데이터베이스 식별자 값을 갖는다면 true입니다. 하나의 영속성 컨텍스트 내에서 하이버네이트는 두 비교 연산이 모두 동일한 결과를 내도록 보장합니다. 이는 1.2.3절에서 논의한 근본적인 객체/관계형 불일치 문제 중 하나를 해결합니다.

엔티티 인스턴스의 수명주기와 영속성 컨텍스트에서 제공하는 서비스는 처음에는 이해하기 어려울 수 있습니다. 변경 감지, 캐싱, 보장된 식별자 범위가 실제로 어떻게 작동하는지를 보여주는 몇 가지 코드 예제를 살펴봅시다. 이를 위해 영속성 관리자 API를 사용하겠습니다.

프로세스 범위 식별자가 더 좋을까요?

일반적인 웹 또는 엔터프라이즈 애플리케이션의 경우 영속성 컨텍스트 범위 식별자(persistence context-scoped identity)를 쓰는 편이 좋습니다. 전체 프로세스(JVM) 내에서 하나의 인메모리 인스턴스만이 특정 로우를 나타내는 프로세스 범위 식별자(process-scoped identity)는 캐시 활용 측면에서 몇 가지 이점을 제공합니다. 하지만 다중 스레드를 활용하는 애플리케이션에서는 전역 식별자 맵의 영속 인스턴스에 대한 공유 접근을 항상 동기화하는 데 드는 비용이 너무 커서 감당하기가 어렵습니다. 각 스레드가 각 영속성 컨텍스트에서 데이터의 고유한 복사본을 활용하는 편이 더 간단하고 확장성이 높습니다.

10.2 EntityManager 인터페이스

모든 투명한 영속성 도구에는 영속성 관리자 API가 포함돼 있습니다. 이 영속성 관리자는 일반적으로 기본 CRUD(생성, 읽기, 업데이트, 삭제) 연산, 쿼리 실행, 영속성 컨텍스트 제어를 위한 서비스를 제공합니다. 자카르타 퍼시스턴스 애플리케이션에서 개발자가 상호작용하는 주요 인터페이스는 작업 단위를 생성하는 EntityManager입니다.

> 참고   소스코드의 예제를 실행하려면 먼저 Ch10.sql 스크립트를 실행해야 합니다. 다음 소스코드는 managing-data 폴더와 managing-data2 폴더에서 확인할 수 있습니다.

이번 장에서는 스프링 데이터 JPA를 사용하지 않으며, 심지어 스프링 프레임워크도 사용하지 않습니다. 이어지는 예제에서는 JPA를 사용하고, 때때로 시연과 분석을 위해 더 잘게 세분화된 하이버네이트 API(스프링과 통합하지 않고)를 사용할 것입니다.

10.2.1 일반적인 작업 단위

자바 SE 및 일부 EE 아키텍처에서는(예: 일반 서블릿만 있는 경우) `EntityManagerFactory#createEntit` `yManager()`를 호출해서 `EntityManager`를 얻습니다. 애플리케이션 코드에서는 하나의 영속성 단위 또는 하나의 논리적 데이터베이스를 나타내는 `EntityManagerFactory`를 공유합니다. 대부분의 애플리케이션에는 단 하나의 공유 `EntityManagerFactory`만 있습니다.

일반적으로 단일 스레드의 단일 작업 단위에 `EntityManager`를 사용하며, 이를 생성하는 데 드는 비용은 저렴합니다. 다음 예제는 작업 단위의 일반적인 형태를 보여줍니다.

예제 10.1 일반적인 작업 단위

`FILE` Ch10/managing-data/src/test/java/com/manning/javapersistence/ch10/SimpleTransitionsTest.java

```java
EntityManagerFactory emf = Persistence.createEntityManagerFactory("ch10");

// ...
EntityManager em = emf.createEntityManager();

try {
    em.getTransaction().begin();

    // ...
    em.getTransaction().commit();
} catch (Exception ex) {
    // 트랜잭션 롤백, 예외 처리
    // ...
} finally {
    if (em != null && em.isOpen())
        em.close();
}
```

`em.getTransaction().begin()`과 `em.getTransaction().commit()` 사이의 모든 작업은 하나의 트랜잭션 내에서 발생합니다. 지금은 하이버네이트에 의해 실행되는 SQL 문과 같은 트랜잭션 범위의 모든 데이터베이스 연산들이 완전히 성공하거나 완전히 실패한다는 점을 염두에 둡니다. 지금은 트랜잭션 코드에 대해 너무 걱정하지 않아도 되는데, 다음 장에서 동시성 제어에 대해 자세히 살펴볼 것입니다. 다음 장에서는 트랜잭션과 예외 처리 코드에 중점을 두고 동일한 예제를 살펴보겠습니다. 그렇지만 트랜잭션을 롤백하고 예외를 처리해야 하므로 코드에 빈 `catch` 절을 작성해서는 안 됩니다.

EntityManager를 생성하면 해당 영속성 컨텍스트가 시작됩니다. 하이버네이트는 필요할 때까지 데이터 베이스에 접근하지 않으며, EntityManager는 SQL 문을 실행해야 할 때까지 풀에서 JDBC Connection 을 가져오지 않습니다. 심지어 데이터베이스를 조회하지 않고도 EntityManager를 생성하고 닫을 수 있 습니다. 하이버네이트는 데이터를 조회하거나 쿼리할 때, 그리고 영속성 컨텍스트에서 감지된 변경 사항 을 데이터베이스에 플러시할 때 SQL 문을 실행합니다. 하이버네이트는 EntityManager가 생성되면 진행 중인 시스템 트랜잭션에 합류해 트랜잭션이 커밋될 때까지 기다립니다. 하이버네이트가 커밋을 통지받으 면 영속성 컨텍스트에 대한 변경 감지를 수행하고 데이터베이스와 동기화합니다. 트랜잭션 도중 언제든지 EntityManager#flush()를 호출해서 수동으로 변경 감지 동기화를 강제할 수도 있습니다.

마지막으로 EntityManager를 닫을 시점을 선택해 영속성 컨텍스트의 범위를 결정합니다. 어느 시점에는 영속성 컨텍스트를 닫아야 하므로 항상 close()를 호출하는 코드를 finally 블록에 배치해야 합니다.

영속성 컨텍스트는 얼마나 오래 열려 있어야 할까요? 다음 예제에서는 서버를 만들고 각 클라이언트 요청 이 다중 스레드 환경에서 하나의 영속성 컨텍스트와 시스템 트랜잭션으로 처리된다고 가정해 보겠습니다. 서블릿에 익숙하다면 예제 10.1의 코드가 서블릿의 service() 메서드에 포함돼 있다고 상상해 봅시다. 이 작업 단위에서는 데이터를 로드하고 저장하기 위해 EntityManager에 접근합니다.

10.2.2 데이터 영속화

엔티티의 인스턴스를 하나 생성해서 비영속 상태에서 영 속 상태로 만들어 봅시다. 새로 생성된 객체의 정보를 데 이터베이스에 저장하고 싶을 때마다 이 작업을 수행하게 될 것입니다. 그림 10.2에서 동일한 작업 단위와 Item 인 스턴스가 상태를 변경하는 방법을 볼 수 있습니다.

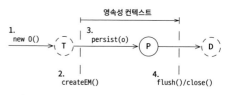

그림 10.2 작업 단위에서 인스턴스를 영속화

인스턴스를 영속화하려면 다음과 같은 코드를 사용하면 됩니다.

FILE Ch10/managing-data/src/test/java/com/manning/javapersistence/ch10/SimpleTransitionsTest.java
– makePersistent()

```
Item item = new Item();
item.setName("Some Item");
em.persist(item);
Long ITEM_ID = item.getId();
```

비영속 상태의 새 `Item`은 평소와 같이 인스턴스화됩니다. 물론 `EntityManager`를 생성하기 전에 인스턴스화할 수도 있습니다. `persist()`를 호출하면 `Item`의 비영속 인스턴스가 영속화됩니다. 그러고 나면 현재 영속성 컨텍스트에 의해 관리되고 연관관계를 맺게 됩니다.

`Item` 인스턴스를 데이터베이스에 저장하려면 하이버네이트가 SQL INSERT 문을 실행해야 합니다. 이 작업 단위의 트랜잭션이 커밋되면 하이버네이트가 영속성 컨텍스트를 플러시하고 그 시점에 INSERT가 발생합니다. 하이버네이트는 다른 SQL 문과 함께 JDBC 수준에서 INSERT를 일괄 처리(batch)할 수도 있습니다. `persist()`를 호출하면 `Item`의 식별자 값만 할당됩니다. 또는 식별자 생성기 전략이 삽입 전(pre-insert) 생성 전략이 아닌 경우 `persist()`가 호출될 때 INSERT 문이 즉시 실행됩니다. 식별자 생성기 전략에 대한 자세한 내용은 5.2.5절을 참고합니다.

식별자를 이용한 엔티티 상태 감지

엔티티 인스턴스의 상태가 영속인지, 비영속인지, 준영속인지 알아야 할 때가 있습니다.

- 영속(Persistent): `EntityManager#contains(e)`가 true를 반환하면 엔티티 인스턴스가 영속 상태입니다.
- 비영속(Transient): `PersistenceUnitUtil#getIdentifier(e)`가 null을 반환하면 엔티티 인스턴스가 비영속 상태입니다.
- 준영속(Detached): 영속 상태가 아니고 `PersistenceUnitUtil#getIdentifier(e)`가 엔티티의 식별자 프로퍼티 값을 반환할 경우 준영속 상태입니다.

참고로 `EntityManagerFactory`에서 `PersistenceUnitUtil`를 가져올 수 있습니다.

이때 주의해야 할 문제가 두 가지 있습니다. 첫째, 영속성 컨텍스트가 플러시될 때까지 식별자 값이 할당되지 않아 사용하지 못할 수 있습니다. 둘째, 식별자 프로퍼티가 원시 타입(`Long`이 아닌 `long`)인 경우 하이버네이트(다른 일부 JPA 공급자와 달리)는 `PersistenceUnitUtil#getIdentifier()`에서 null을 반환하지 않습니다.

영속성 컨텍스트로 관리하기 전에 `Item` 인스턴스를 완전히 초기화하는 것이 좋습니다(반드시 그래야 하는 것은 아닙니다). SQL INSERT 문에는 `persist()`가 호출된 시점에 인스턴스가 보유하고 있던 값이 포함됩니다. `Item`을 영속화하기 전에 `Item`의 `name`을 설정하지 않으면 NOT NULL 제약조건이 위반될 수 있습니다. `persist()` 호출 후 `Item`을 수정할 수 있으며, 해당 변경 사항은 별도의 SQL UPDATE 문을 통해 데이터베이스에 전파됩니다.

플러시 중에 INSERT 또는 UPDATE 문 중 하나가 실패하면 하이버네이트는 데이터베이스 수준에서 이 트랜잭션 내에서 발생한 영속 인스턴스에 대한 변경 사항을 롤백합니다. 그러나 하이버네이트는 영속 인스턴스에 대한 인메모리 변경 사항은 롤백하지 않습니다. `persist()` 이후에 `Item#name`을 변경하더라도 커밋 실패로 인해 이전 이름으로 롤백되지는 않습니다. 이렇게 하는 것이 합리적인 이유는 트랜잭션의 실패는 일반적으로 복구할 수 없고 실패한 영속성 컨텍스트와 `EntityManager`를 즉시 폐기해야 하기 때문입니다. 예외 처리에 대해서는 다음 장에서 설명하겠습니다.

다음으로 저장된 데이터를 로드하고 수정하겠습니다.

10.2.3 영속성 데이터 조회와 수정

`EntityManager`를 이용해 데이터베이스에서 영속 인스턴스를 조회할 수 있습니다. 실제 사용 사례를 들자면, 이전 절에서 저장한 `Item`의 식별자 값을 어딘가에 보관했을 테고, 이제 식별자를 기준으로 새로운 작업 단위에서 동일한 인스턴스를 조회하게 됩니다. 그림 10.3은 이러한 상태 전환을 보여줍니다.

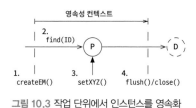

그림 10.3 작업 단위에서 인스턴스를 영속화

작업 단위에서 인스턴스를 영속화하려면 다음과 같은 코드를 사용하면 됩니다.

```
FILE  Ch10/managing-data/src/test/java/com/manning/javapersistence/ch10/SimpleTransitionsTest.java
– retrievePersistent()


Item item = em.find(Item.class, ITEM_ID);     ❶
if (item != null)
    item.setName("New Name");                  ❷
```

❶ item이 아직 영속성 컨텍스트에 있지 않은 경우 이 명령을 실행하면 데이터베이스에 접근합니다.

❷ 그런 다음 이름을 수정합니다.

`find()` 연산의 반환값은 형변환하지 않아도 됩니다. `find()` 메서드는 제네릭 메서드이므로 반환 타입이 첫 번째 매개변수로 설정됩니다. 조회된 엔티티 인스턴스는 영속 상태이므로 이제 작업 단위 내에서 수정할 수 있습니다.

지정한 식별자 값을 가진 영속 인스턴스를 찾을 수 없는 경우 `find()`는 `null`을 반환합니다. 영속성 컨텍스트 캐시에서 해당 엔티티 타입 및 식별자를 찾지 못한 경우 `find()` 연산은 항상 데이터베이스에 접근합니다. 엔티티 인스턴스는 로드 과정에서 항상 초기화됩니다. 나중에 영속성 컨텍스트를 닫고 나서 화면을 렌더링할 때와 같이 준영속 상태에서 모든 값을 사용할 수 있을 것입니다. (2차 캐시가 활성화된 경우 하이버네이트가 데이터베이스에 접근하지 않을 수도 있습니다.)

Item 인스턴스를 수정하면 영속성 컨텍스트가 이러한 변경 사항을 감지해서 데이터베이스에 자동으로 기록합니다. 커밋 과정에서 하이버네이트가 영속성 컨텍스트를 플러시하면 필요한 SQL DML 문을 실행해 변경 사항을 데이터베이스와 동기화합니다. 하이버네이트는 트랜잭션이 끝날 때 가능한 한 늦게 데이터베이스에 상태 변경 사항을 전파합니다. DML 문은 일반적으로 트랜잭션이 완료될 때까지 유지되는 잠금을 데이터베이스에 생성하므로 하이버네이트는 데이터베이스의 잠금 기간을 가능한 한 짧게 유지합니다.

하이버네이트는 SQL UPDATE를 사용해 새 Item#name을 데이터베이스에 기록합니다. 기본적으로 하이버네이트는 매핑된 ITEM 테이블의 모든 칼럼을 SQL UPDATE 문에 포함시키고 변경되지 않은 칼럼은 이전 값으로 업데이트합니다. 따라서 하이버네이트는 런타임이 아닌 시작 시 이러한 기본 SQL 문을 생성할 수 있습니다. SQL 문에 수정된(또는 INSERT의 경우 널을 허용하지 않는) 칼럼만 포함하려면 5.3.2절에서 설명한 대로 동적 SQL 생성을 활성화하면 됩니다.

하이버네이트는 데이터베이스에서 Item을 로드할 때 만든 스냅숏(snapshot) 사본과 비교해서 변경된 name을 감지합니다. Item이 스냅숏과 다른 경우 UPDATE가 필요합니다. 이러한 영속성 컨텍스트의 스냅숏은 메모리를 소비합니다. 또한 하이버네이트에서는 플러시 중에 영속성 컨텍스트의 모든 인스턴스를 스냅숏과 비교해야 하므로 스냅숏을 이용한 변경 감지는 시간이 많이 소요될 수 있습니다.

앞서 영속성 컨텍스트는 엔티티 인스턴스의 반복 가능한 읽기를 가능하게 하고 객체 식별자 범위를 보장한다고 언급한 바 있습니다.

```
FILE  Ch10/managing-data/src/test/java/com/manning/javapersistence/ch10/SimpleTransitionsTest.java
– retrievePersistent()

Item itemA = em.find(Item.class, ITEM_ID);  ❶
Item itemB = em.find(Item.class, ITEM_ID);  ❷

assertTrue(itemA == itemB);
assertTrue(itemA.equals(itemB));
assertTrue(itemA.getId().equals(itemB.getId()));
```

❶ 첫 번째 find() 연산은 데이터베이스에 접근해 SELECT 문으로 Item 인스턴스를 조회합니다.

❷ 두 번째 find()는 반복 가능한 읽기이며 영속성 컨텍스트에서 해결되며, 캐시돼 있던 동일한 Item 인스턴스가 반환됩니다.

때로는 엔티티 인스턴스가 필요한데 데이터베이스에 접근하고 싶지 않을 때가 있습니다.

10.2.4 참조 얻기

엔티티 인스턴스를 로드할 때 완전히 초기화된 인스턴스가 필요한지 확실하지 않아 데이터베이스에 접근하고 싶지 않다면 EntityManager로 하여금 프락시를 조회하게 할 수 있습니다.

영속성 컨텍스트에 지정된 식별자를 가진 Item이 이미 포함돼 있다면 해당 Item 인스턴스는 데이터베이스에 접근하지 않고도 getReference()에 의해 반환됩니다. 또한 해당 식별자를 가진 영속 인스턴스가 현재 관리되고 있지 않은 경우에도 하이버네이트가 빈 위치 표시자인 프락시를 생성합니다. 즉, getReference()는 데이터베이스에 접근하지 않으며, find()와 달리 null을 반환하지 않습니다. JPA에서는 PersistenceUnitUtil 헬퍼 메서드를 제공합니다. isLoaded() 헬퍼 메서드는 초기화되지 않은 프락시를 사용 중인지 여부를 감지하는 데 사용됩니다.

프락시를 대상으로 Item#getName()과 같은 메서드를 호출하면 그 즉시 SELECT가 실행되어 위치 표시자를 완전히 초기화합니다. 이 규칙의 예외는 getId()와 같이 매핑된 데이터베이스 식별자에 대한 게터 메서드입니다. 프락시는 실제 객체처럼 보일 수 있지만 프락시가 나타내는 엔티티 인스턴스의 식별자 값을 가진 위치 표시자일 뿐입니다. 프락시가 초기화될 때 데이터베이스 레코드가 더 이상 존재하지 않으면 EntityNotFoundException이 발생합니다. 참고로 이 예외는 Item#getName()이 호출될 때 발생할 수 있습니다. Hibernate 클래스에는 프락시 데이터를 로드하는 편리한 정적 initialize() 메서드가 있습니다.

영속성 컨텍스트가 닫히면 item은 준영속 상태가 됩니다. 영속성 컨텍스트가 아직 열려 있는 동안 프락시를 초기화하지 않으면 다음 코드에서 설명한 것처럼 프락시에 접근했을 때 LazyInitializationException이 발생합니다. 영속성 컨텍스트가 닫히면 요청 시 데이터를 로드할 수 없습니다. 이 문제의 해결책은 간단합니다. 영속성 컨텍스트를 닫기 전에 데이터를 로드하면 됩니다.

FILE Ch10/managing-data/src/test/java/com/manning/javapersistence/ch10/SimpleTransitionsTest.java – retrievePersistentReference()

```
Item item = em.getReference(Item.class, ITEM_ID);       ❶
PersistenceUnitUtil persistenceUtil =                   ❷
    emf.getPersistenceUnitUtil();
assertFalse(persistenceUtil.isLoaded(item));            ❸

// assertEquals("Some Item", item.getName());           ❹
// Hibernate.initialize(item);                          ❺
```

```
em.getTransaction().commit();
em.close();         ❻

assertThrows(LazyInitializationException.class, () -> item.getName());         ❼
```

❶ 영속성 컨텍스트

❷ 헬퍼 메서드

❸ 초기화되지 않은 프락시를 감지합니다.

❹ 규칙에 예외를 매핑합니다.

❺ 프락시 데이터를 로드합니다.

❻ item이 준영속 상태입니다.

❼ 영속성 컨텍스트를 닫은 후 데이터를 로드합니다.

프락시, 지연 로딩, 요청 시 페치에 대해서는 12장에서 더 자세히 설명하겠습니다.

다음으로 데이터베이스에서 엔티티 인스턴스의 상태를 제거하려면 이를 비영속 상태로 만들어야 합니다.

10.2.5 데이터 비영속화

엔티티 인스턴스를 비영속 상태로 만들고 엔티티 인스턴스의 데이터베이스 표현을 삭제하려면 EntityManager에서 remove() 메서드를 호출하면 됩니다. 그림 10.4는 이 과정을 보여줍니다.

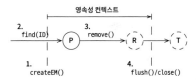

그림 10.4 작업 단위에서 인스턴스 제거

find()를 호출하면 하이버네이트는 SELECT를 실행해 Item을 로드합니다. getReference()를 호출하면 하이버네이트는 SELECT를 실행하지 않고 프락시를 반환합니다. remove()를 호출하면 작업 단위가 완료됐을 때 삭제할 엔티티 인스턴스가 대기열에 추가되며, 이제 **제거(removed)** 상태가 됩니다. 프락시에서 remove()를 호출하면 하이버네이트가 SELECT를 실행해 데이터를 로드합니다. 수명주기 전이 과정에서 엔티티 인스턴스는 완전히 초기화돼야 합니다. 이때 수명주기 콜백 메서드 또는 엔티티 리스너를 활성화해둘 수 있으며(13.2절 참조), 인스턴스는 이러한 인터셉터를 통과해서 전체 수명주기를 완료해야 합니다.

제거 상태의 엔티티는 더 이상 영속 상태가 아닙니다. contains() 연산으로 이를 확인할 수 있습니다. 제거된 인스턴스를 다시 영속 상태로 만들어 삭제를 취소할 수 있습니다.

트랜잭션이 커밋되면 하이버네이트가 상태 전이를 데이터베이스와 동기화하고 SQL DELETE를 실행합니다. JVM 가비지 컬렉터는 해당 item이 더는 참조되지 않는 것을 감지하고, 마침내 데이터의 마지막 흔적을 삭제합니다. 이제 EntityManager를 닫을 수 있습니다.

FILE Ch10/managing-data/src/test/java/com/manning/javapersistence/ch10/SimpleTransitionsTest.java
– makeTransient()

```
Item item = em.find(Item.class, ITEM_ID);      ❶
em.remove(item);                               ❷
assertFalse(em.contains(item));                ❸

// em.persist(item);      ❹
assertNull(item.getId());                      ❺

em.getTransaction().commit();                  ❻
em.close();                ❼
```

❶ find()를 호출합니다. 하이버네이트가 SELECT를 실행해 Item을 로드합니다.

❷ remove() 호출합니다. 작업 단위가 완료됐을 때 하이버네이트가 삭제할 엔티티 인스턴스를 대기열에 추가합니다.

❸ 제거 상태의 엔티티는 더는 영속성 컨텍스트에 포함되지 않습니다.

❹ 삭제를 취소하면 제거된 인스턴스가 다시 영속화됩니다.

❺ item은 이제 비영속 인스턴스처럼 보일 것입니다.

❻ 트랜잭션을 커밋합니다. 하이버네이트가 상태 전이를 데이터베이스와 동기화하고 SQL DELETE를 실행합니다.

❼ EntityManager를 닫습니다.

기본적으로 하이버네이트는 제거된 엔티티 인스턴스의 식별자 값을 변경하지 않습니다. 즉, item.getId() 메서드는 여전히 오래된 식별자 값을 반환합니다. 간혹 "삭제된" 데이터로 작업하는 편이 유용할 때가 있습니다. 예를 들면, 사용자가 작업을 취소하기로 결정한 경우 제거된 Item을 다시 저장하고 싶을 때가 있습니다. 예제에 나온 것처럼 영속성 컨텍스트가 플러시되기 전에 제거된 인스턴스에 대해 persist()를 호출해 삭제를 취소할 수 있습니다. 또는 persistence.xml에서 hibernate.use_identifier_rollback 프로퍼티를 true로 설정하면 하이버네이트가 엔티티 인스턴스를 제거한 후 식별자 값을 재설정합니다. 앞의 코드 예제에서 식별자 값은 기본값인 null(Long)로 재설정됩니다. 이제 Item은 비영속 상태와 동일하며, 새로운 영속성 컨텍스트에서 다시 저장할 수 있습니다.

데이터베이스에서 엔티티 인스턴스를 로드하고 데이터로 작업한다고 가정해 봅시다. 모종의 이유로 다른 애플리케이션 또는 현재 애플리케이션의 다른 스레드에서 데이터베이스의 로우를 업데이트했다는 사실을 알게 됐습니다. 이어서 메모리에 저장된 데이터를 새로 고침(refresh)하는 방법을 살펴보겠습니다.

10.2.6 데이터 새로 고침

엔티티 인스턴스를 로드한 후 다른 어떤 프로세스가 데이터베이스상에서 앞서 로드한 인스턴스에 해당하는 정보를 변경하는 것이 가능합니다. 다음 예제는 영속 엔티티 인스턴스를 새로 고침하는 것을 보여줍니다.

```
FILE Ch10/managing-data/src/test/java/com/manning/javapersistence/ch10/SimpleTransitionsTest.java
- refresh()

Item item = em.find(Item.class, ITEM_ID);
item.setName("Some Name");

// 누군가가 데이터베이스상의 이 로우를 "Concurrent UpdateName"로 업데이트

em.refresh(item);
em.close();
assertEquals("Concurrent UpdateName", item.getName());
```

엔티티 인스턴스를 로드한 후에 다른 누군가가 데이터베이스의 데이터를 변경했다는 사실을 알게 됐습니다(어떻게 변경했는지는 중요하지 않습니다). refresh()를 호출하면 하이버네이트가 SELECT를 실행해 전체 결과 집합을 읽고 마샬링(marshalling)[1]해서 애플리케이션 메모리에 있는 영속 인스턴스에 이미 적용된 변경 사항을 덮어씁니다. 결과적으로 item의 name이 다른 쪽에서 설정된 값으로 업데이트됩니다. 데이터베이스 로우가 더는 존재하지 않는 경우(누군가가 삭제했다면), refresh()를 실행했을 때 하이버네이트가 EntityNotFoundException을 던집니다.

대부분의 애플리케이션은 인메모리 상태를 수동으로 새로 고침할 필요가 없습니다. 일반적으로 트랜잭션을 커밋하는 시점에 동시 수정이 해결되기 때문입니다. 새로 고침의 가장 적절한 사용 사례는 여러 요청/응답 주기 또는 시스템 트랜잭션에 걸쳐 존재할 수 있는 확장된 영속성 컨텍스트를 사용하는 경우입니다. 열려 있는 영속성 컨텍스트로 사용자 입력을 기다리는 동안 데이터가 오래된 상태가 되며, 사용자와 시스

---

1 (옮긴이) 한 객체의 메모리에서 표현 방식을 저장 또는 전송에 적합한 다른 데이터 형식으로 변환하는 과정(출처: 위키백과)

템의 상호작용에 따라 선택적인 새로 고침이 필요할 수 있습니다. 새로 고침은 사용자가 시스템과의 상호 작용을 취소하는 경우 상호작용 중에 발생한 메모리 상의 변경 사항을 취소하는 데 유용할 수 있습니다.

자주 사용되지 않는 또 다른 연산으로 엔티티 인스턴스의 복제가 있습니다.

10.2.7 데이터 복제

복제(replication)는 한 데이터베이스에서 데이터를 조회해서 다른 데이터베이스에 저장해야 할 때와 같 은 경우에 유용합니다. 복제는 한 영속성 컨텍스트에서 로드된 준영속 인스턴스를 가져와 다른 영속성 컨 텍스트에서 영속화합니다. 일반적으로 두 개의 서로 다른 **EntityManagerFactory** 구성에서 이러한 컨텍 스트를 열어 두 개의 논리적 데이터베이스를 활성화합니다. 두 구성 모두에서 엔티티를 매핑해야 합니다.

replicate() 연산은 하이버네이트 Session API에서만 사용할 수 있습니다. 다음은 한 데이터베이스에서 **Item** 인스턴스를 로드해서 다른 데이터베이스로 복사하는 예제입니다.

> FILE Ch10/managing-data/src/test/java/com/manning/javapersistence/ch10/SimpleTransitionsTest.java
> – replicate()

```
EntityManager emA = getDatabaseA().createEntityManager();
emA.getTransaction().begin();
Item item = emA.find(Item.class, ITEM_ID);
emA.getTransaction().commit();

EntityManager emB = getDatabaseB().createEntityManager();
emB.getTransaction().begin();
emB.unwrap(Session.class)
    .replicate(item, org.hibernate.ReplicationMode.LATEST_VERSION);
Item item1 = emB.find(Item.class, ITEM_ID);
assertEquals("Some Item", item1.getName());
emB.getTransaction().commit();

emA.close();
emB.close();
```

ReplicationMode는 복제 절차의 세부 사항을 제어합니다.

- IGNORE: 데이터베이스에 동일한 식별자를 가진 기존 데이터베이스 로우가 있는 경우 인스턴스를 무시합니다.

- OVERWRITE: 데이터베이스에서 동일한 식별자를 가진 기존 데이터베이스 로우를 덮어씁니다.

- EXCEPTION: 대상 데이터베이스에 동일한 식별자를 가진 기존 데이터베이스 로우가 있는 경우 예외를 던집니다.

- LATEST_VERSION: 데이터베이스의 로우 버전이 지정된 엔티티 인스턴스 버전보다 오래된 경우 해당 로우를 덮어쓰고, 그렇지 않으면 인스턴스를 무시합니다. 이를 위해서는 엔티티 버전 관리와 함께 낙관적 동시성 제어를 활성화해야 합니다(11.2.2절에서 설명).

서로 다른 데이터베이스에 입력된 데이터를 정리할 때 복제가 필요할 수 있습니다. 한 가지 사용 사례는 제품 업그레이드입니다. 새 버전의 애플리케이션에 새 데이터베이스(스키마)가 필요한 경우 기존 데이터를 한 번 마이그레이션하고 복제해야 할 수 있습니다.

영속성 컨텍스트는 자동 변경 감지, 객체 식별자 범위 보장 등 많은 기능을 제공합니다. 영속성 관리의 세부 사항은 물론, 때로는 보이지 않는 곳에서 일어나는 일에 영향을 미치는 것도 마찬가지로 중요합니다.

10.2.8 영속성 컨텍스트에서의 캐싱

영속성 컨텍스트는 영속 인스턴스의 캐시입니다. 영속 상태의 모든 엔티티 인스턴스는 영속성 컨텍스트와 연관관계를 맺고 있습니다.

이 간단한 사실을 무시하는 많은 하이버네이트 사용자가 `OutOfMemoryError`를 경험합니다. 이는 일반적으로 작업 단위에서 수천 개의 엔티티 인스턴스를 로드하지만 수정할 의도는 전혀 없는 경우에 발생합니다. 그럼에도 하이버네이트는 영속성 컨텍스트 캐시에 각 인스턴스의 스냅숏을 생성해야 하므로 메모리가 고갈될 수 있습니다. (물론 수천 개의 로우를 수정하는 경우에는 벌크(bulk) 데이터 연산을 실행해야 합니다.)

영속성 컨텍스트 캐시는 자동으로 줄어들지 않으므로 영속성 컨텍스트의 크기를 필요한 최소한의 크기로 유지해야 합니다. 예를 들어, 몇 개의 품목만 필요한데 많은 품목을 쿼리하느라 컨텍스트에 의도치 않게 다수의 영속 인스턴스가 존재할 때가 많습니다. 규모가 굉장히 큰 그래프는 성능에 심각한 결과를 초래할 수 있으며, 상태 스냅숏을 유지하는 데 상당한 양의 메모리를 필요로 합니다. 쿼리가 필요한 데이터만 반환하는지 확인하고, 하이버네이트의 캐싱 동작을 제어하는 다음과 같은 방법을 고려할 필요가 있습니다.

`EntityManager#detach(i)`를 호출해서 영속 인스턴스를 영속성 컨텍스트에서 수동으로 제거할 수 있습니다. `EntityManager#clear()`를 호출해서 모든 영속 엔티티 인스턴스를 준영속 상태로 만들면 영속성 컨텍스트를 비울 수 있습니다.

네이티브 Session API에는 유용하게 사용할 수 있는 몇 가지 연산이 있습니다. 전체 영속성 컨텍스트를 읽기 전용 모드로 설정할 수 있습니다. 이렇게 하면 상태 스냅숏과 변경 감지가 비활성화되고 하이버네이트가 데이터베이스에 수정 사항을 기록하지 않습니다.

> **FILE** Ch10/managing-data2/src/test/java/com/manning/javapersistence/ch10/ReadOnly.java – selectiveReadOnly()

```
em.unwrap(Session.class).setDefaultReadOnly(true);    ❶
Item item = em.find(Item.class, ITEM_ID);
item.setName("New Name");
em.flush();                        ❷
```

❶ 영속성 컨텍스트를 읽기 전용으로 설정합니다.

❷ 따라서 flush()가 데이터베이스를 업데이트하지 않습니다.

한 엔티티 인스턴스에 대해서만 변경 감지를 비활성화할 수도 있습니다.

> **FILE** Ch10/managing-data2/src/test/java/com/manning/javapersistence/ch10/ReadOnly.java – selectiveReadOnly()

```
Item item = em.find(Item.class, ITEM_ID);
em.unwrap(Session.class).setReadOnly(item, true);    ❶
item.setName("New Name");
em.flush();                        ❷
```

❶ 영속성 컨텍스트의 item을 읽기 전용으로 설정합니다.

❷ 그 결과, flush()가 데이터베이스를 업데이트하지 않습니다.

org.hibernate.Query 인터페이스를 사용한 쿼리는 읽기 전용 결과를 반환할 수 있으며, 이 경우 하이버네이트는 수정 여부를 검사하지 않습니다.

> **FILE** Ch10/managing-data2/src/test/java/com/manning/javapersistence/ch10/ReadOnly.java – selectiveReadOnly()

```
org.hibernate.query.Query query = em.unwrap(Session.class)
    .createQuery("select i from Item i");
query.setReadOnly(true).list();    ❶
```

```
List<Item> result = query.list();
for (Item item : result)
    item.setName("New Name");

em.flush();                        ❷
```

❶ 쿼리를 읽기 전용으로 설정합니다.

❷ 그 결과, flush()가 데이터베이스를 업데이트하지 않습니다.

쿼리 힌트로도 JPA 표준인 `javax.persistence.Query` 인터페이스로 얻은 인스턴스에 대해 변경 감지를 비활성화하도록 설정할 수 있습니다.

```
Query query = em.createQuery(queryString)
    .setHint(
        org.hibernate.annotations.QueryHints.READ_ONLY,
        true
    );
```

그럼에도 읽기 전용 엔티티 인스턴스를 삭제할 수 있으며, 컬렉션을 수정하는 것은 까다롭다는 점에 주의해야 합니다! 하이버네이트 설명서에는 매핑된 컬렉션에 이러한 설정을 사용하는 경우 반드시 읽어둬야 할 특별한 사례들이 나열돼 있습니다.

지금까지는 트랜잭션이 커밋될 때 영속성 컨텍스트의 플러시와 동기화가 자동으로 일어났습니다. 하지만 어떤 경우에는 동기화 과정을 좀 더 세밀하게 제어할 필요가 있습니다.

10.2.9 영속성 컨텍스트 플러시

기본적으로 하이버네이트는 트랜잭션이 커밋될 때마다 `EntityManager`의 영속성 컨텍스트를 플러시하고 변경 사항을 데이터베이스와 동기화합니다. 앞서 몇 개의 절을 제외한 이전의 모든 코드 예제에서 이 전략을 사용했습니다. JPA를 사용하면 필요한 경우 다른 시점에 영속성 컨텍스트를 동기화할 수 있습니다.

JPA 구현으로서 하이버네이트는 다음과 같은 시점에 동기화됩니다.

- JTA(Java Transaction API) 시스템 트랜잭션이 커밋된 경우

- 쿼리가 실행되기 전(이 경우 find()를 이용한 조회가 아니라 javax.persistence.Query 또는 이와 유사한 하이버네이트 API를 사용한 쿼리를 의미)

- 애플리케이션에서 명시적으로 flush()를 호출하는 경우

이러한 동작 방식은 EntityManager의 FlushModeType 설정으로 제어할 수 있습니다.

```
FILE Ch10/managing-data/src/test/java/com/manning/javapersistence/ch10/SimpleTransitionsTest.java
– flushModeType()


em.getTransaction().begin();
Item item = em.find(Item.class, ITEM_ID);
item.setName("New Name");


em.setFlushMode(FlushModeType.COMMIT);


assertEquals(
        "Original Name",
        em.createQuery("select i.name from Item i where i.id = :id", String.class)
          .setParameter("id", ITEM_ID).getSingleResult()
);


em.getTransaction().commit(); //flush!
em.close();
```

여기서는 Item 인스턴스를 로드하고 이름을 변경합니다. 그런 다음 데이터베이스를 쿼리해서 품목의 이름을 조회합니다. 일반적으로 하이버네이트는 메모리상에서 데이터가 변경된 것을 인식하고 쿼리 전에 이러한 수정 사항을 데이터베이스와 동기화합니다. 이것은 FlushModeType.AUTO의 동작 방식이며, EntityManager에 트랜잭션을 적용했을 때의 기본값입니다. FlushModeType.COMMIT을 사용하면 쿼리 전플러시를 비활성화하므로 쿼리에서 반환되는 데이터가 메모리상에 있는 것과 다를 수 있습니다. 그러고나서 동기화는 트랜잭션이 커밋될 때만 발생합니다.

트랜잭션이 진행되는 동안 언제든지 EntityManager#flush()를 호출해서 변경 감지와 데이터베이스와의 동기화를 강제로 수행할 수 있습니다.

이로써 **비영속, 영속, 제거**와 같은 엔티티 상태와 EntityManager API의 기본 사용법에 대한 설명을 마칩니다. 모든 JPA 애플리케이션은 이러한 연산을 기반으로 구축되므로 이러한 상태 전이 및 API 메서드를 숙지하는 것은 필수입니다.

다음으로 **준영속** 엔티티 상태를 살펴보겠습니다. 비활성화된 지연 초기화(lazy initialization)와 같이 엔티티 인스턴스가 더 이상 영속성 컨텍스트와 연관관계를 맺지 않을 때 발생할 수 있는 몇 가지 문제에 대해 이미 앞에서 언급했습니다. 몇 가지 예제를 통해 준영속 상태를 살펴보고, 영속성 컨텍스트에서 벗어난 데이터를 이용할 때 예상되는 문제에 대해 알아봅시다.

10.3 준영속 상태 다루기

어떤 참조가 보장된 객체 식별자 범위(scope of guaranteed identity)에서 벗어나는 경우 이를 **준영속 엔티티 인스턴스**에 대한 **참조**라고 합니다. 영속성 컨텍스트가 닫히면 더 이상 식별자 매핑 서비스가 제공되지 않습니다. 준영속 엔티티 인스턴스를 이용할 경우 별칭(alias) 문제가 발생할 수 있으므로 준영속 인스턴스의 동일성을 처리하는 방법을 이해할 필요가 있습니다.

10.3.1 준영속 인스턴스의 식별자

동일한 영속성 컨텍스트에서 같은 데이터베이스 식별자 값을 사용해 데이터를 조회하는 경우 결과적으로 JVM 힙에 동일한 인메모리 인스턴스에 대한 두 개의 참조가 만들어집니다. 동일한 영속성 컨텍스트에서 서로 다른 참조를 가져오는 경우, 두 참조의 자바 동일성은 같습니다. 기본적으로 equals()는 자바 동일성 비교에 의존하기 때문에 참조가 같을 수 있습니다. 이것들은 당연히 데이터베이스 식별자도 같습니다. 또한 해당 작업 단위에 대한 영속성 컨텍스트에 의해 관리되는, 영속 상태의 동일한 인스턴스를 참조합니다.

첫 번째 영속성 컨텍스트가 닫히면 참조는 준영속 상태가 됩니다. 그럼 보장된 객체 식별자 범위 밖에 있는 인스턴스를 다루는 셈이 됩니다.

예제 10.2 자바 퍼시스턴스에서의 보장된 객체 식별자 범위

`FILE` Ch10/managing-data/src/test/java/com/manning/javapersistence/ch10/SimpleTransitionsTest.java
– scopeOfIdentity()

```
em = emf.createEntityManager();         ❶
em.getTransaction().begin();            ❷


Item a = em.find(Item.class, ITEM_ID);
Item b = em.find(Item.class, ITEM_ID);         ❸
```

```
assertTrue(a == b);                          ❹
assertTrue(a.equals(b));                      ❺
assertEquals(a.getId(), b.getId());              ❻

em.getTransaction().commit();        ❼
em.close();                          ❽

em = emf.createEntityManager();
em.getTransaction().begin();

Item c = em.find(Item.class, ITEM_ID);
assertTrue(a != c);                   ❾
assertFalse(a.equals(c));              ❿
assertEquals(a.getId(), c.getId());        ⓫

em.getTransaction().commit();
em.close();
```

❶ 영속성 컨텍스트를 만듭니다.

❷ 트랜잭션을 시작합니다.

❸ 일부 엔티티 인스턴스를 로드합니다.

❹ 참조 a와 b는 동일한 영속성 컨텍스트에서 가져옵니다. 따라서 자바 동일성이 같습니다.

❺ equals()는 자바 동일성 비교에 의존합니다.

❻ a와 b는 해당 작업 단위의 영속성 컨텍스트에 의해 관리되는, 영속 상태의 동일한 Item 인스턴스를 참조합니다.

❼ 트랜잭션을 커밋합니다.

❽ 영속성 컨텍스트를 닫습니다. 첫 번째 영속성 컨텍스트가 닫히면 참조 a와 b는 준영속 상태가 됩니다.

❾ 다른 영속성 컨텍스트에서 로드된 a와 c는 동일하지 않습니다.

❿ a.equals(c)도 false입니다. 왜냐하면 equals() 메서드가 재정의되지 않았고, 따라서 인스턴스 동등성(==)을 사용하기 때문입니다.

⓫ 데이터베이스 동일성 테스트는 여전히 true를 반환합니다.

준영속 상태에서 엔티티 인스턴스들을 동일한 것으로 취급하면 문제가 발생할 수 있습니다. 예를 들어, 두 번째 작업 단위가 종료된 후 다음과 같은 코드가 있다고 가정해 봅시다.

```
em.close();
Set<Item> allItems = new HashSet<>();
allItems.add(a);
allItems.add(b);
allItems.add(c);
assertEquals(2, allItems.size());
```

이 예제에서는 Set에 3개의 참조를 모두 추가하며, 3개 모두 준영속 인스턴스에 대한 참조입니다. 이제 컬렉션의 크기, 즉 요소의 개수를 확인하면 어떤 결과가 나올까요?

Set은 중복 요소를 허용하지 않습니다. 중복은 Set에 의해 감지되며, HashSet에 참조를 추가할 때마다 컬렉션에 이미 존재하는 다른 모든 요소에 대해 Item#equals() 메서드가 자동으로 호출됩니다. 컬렉션에 이미 존재하는 요소에 대해 equals()가 true를 반환하면 요소가 추가되지 않습니다.

기본적으로 모든 자바 클래스는 java.lang.Object의 equals() 메서드를 상속합니다. 이 구현은 이중 등호(==)로 비교해 두 참조가 자바 힙에서 동일한 인메모리 인스턴스를 가리키는지 여부를 확인합니다.

컬렉션의 요소 개수가 2개라고 짐작할지도 모릅니다. 결국, a와 b는 동일한 인메모리 인스턴스에 대한 참조이며, 동일한 영속성 컨텍스트에서 로드됐기 때문입니다. 다른 영속성 컨텍스트에서 참조 c를 얻었는데, 이는 힙상의 다른 인스턴스를 참조합니다. 두 인스턴스에 대한 참조가 3개 있지만, 데이터를 로드한 코드를 봤기 때문에 이 사실을 알 수 있습니다. 실제 애플리케이션에서는 a와 b가 c와 다른 컨텍스트에서 로드됐다는 사실을 모를 수도 있습니다. 또한 a, b, c가 동일한 데이터베이스 로우, 동일한 Item을 나타내기 때문에 컬렉션에 정확히 하나의 요소가 있을 것으로 예상할 수도 있습니다.

준영속 상태의 인스턴스를 이용하고 인스턴스의 동일성을 테스트할 때마다(일반적으로 해시 기반 컬렉션에서) 매핑된 엔티티 클래스의 equals()와 hashCode() 메서드를 직접 구현해야 합니다. 이것은 중요한 문제입니다. 준영속 상태의 엔티티 인스턴스를 사용하지 않는 경우에는 아무런 조치가 필요하지 않으며, java.lang.Object의 기본 equals() 구현을 사용해도 괜찮습니다. 이 경우 영속성 컨텍스트 내에서 하이버네이트의 보장된 객체 식별자 범위에 의존할 것입니다. 준영속 인스턴스를 이용하더라도 인스턴스가 동일한지 확인하지 않거나 Set에 넣거나 Map에서 키로 사용하지 않는다면 걱정할 필요가 없습니다. 준영속 상태의 Item을 화면에 렌더링하기만 한다면 아무 것도 비교하지 않기 때문입니다.

준영속 인스턴스를 사용하고 싶고 직접 구현한 메서드로 동등성을 테스트해야 한다고 가정해 봅시다.

10.3.2 동등성 메서드 구현

equals()와 hashCode() 메서드는 여러 가지 방법으로 구현할 수 있습니다. equals() 메서드를 재정의할 때 두 메서드가 일관성을 유지하도록 hashCode() 메서드도 재정의해야 한다는 점에 유의합니다. 두 인스턴스가 같다면 해시 값도 같아야 합니다.

한 가지 영리해 보이는 접근 방식은 equals()에서 데이터베이스 식별자 프로퍼티(대리 기본키 값일 때가 많습니다)만 비교하도록 구현하는 것입니다. 기본적으로 두 Item 인스턴스가 getId()에서 반환하는 식별자가 동일하다면 두 인스턴스는 분명 동일할 것입니다. getId()가 null을 반환하면 분명 저장되지 않은 비영속 상태의 Item일 것입니다.

안타깝게도 이 방법에는 한 가지 큰 문제가 있습니다. 인스턴스가 영속화되기 전까지는 식별자 값이 하이버네이트에 의해 할당되지 않는다는 것입니다. 비영속 상태의 인스턴스를 저장하기 전에 Set에 추가했다면 그것을 저장할 때 해당 인스턴스가 Set에 포함되는 동안 해시값이 변경됩니다. 이는 java.util.Set의 계약에 위배되어 컬렉션이 망가지게 됩니다. 특히 이 문제는 세트를 기반으로 매핑된 연관관계에 대해 영속 상태 연쇄 적용을 쓸모 없게 만듭니다. 따라서 데이터베이스 식별자 동일성은 절대로 권장하지 않습니다.

이 책에서 권장하는 해법을 구하려면 **비즈니스 키**(business key)의 개념을 이해해야 합니다. 비즈니스 키란 동일한 데이터베이스 식별자를 가진 각 인스턴스마다 고유한 프로퍼티 또는 프로퍼티의 조합입니다. 기본적으로 비즈니스 키는 대리 기본키를 사용하지 않는 경우 사용할 수 있는 자연키입니다. 자연 기본키와 달리 비즈니스 키는 절대 변경되지 않아야 하는 것이 절대적인 요건은 아니며, 거의 변경되지 않는 정도라면 충분합니다.

이 책에서는 기본적으로 모든 엔티티 클래스에는 비즈니스 키가 있어야 한다고 주장합니다. 심지어 비즈니스 키에 해당 클래스의 모든 프로퍼티가 포함되더라도 말입니다(일부 불변 클래스에 대해서는 이렇게 하는 것이 적절할 것입니다). 사용자가 화면에서 품목의 목록을 보고 있을 때 품목 A, B, C를 어떻게 구분할 수 있을까요? 동일한 프로퍼티 또는 프로퍼티의 조합이 바로 비즈니스 키입니다. 비즈니스 키는 사용자가 특정 레코드를 고유하게 식별하는 것으로 여기지만, 대리키는 애플리케이션과 데이터베이스 시스템이 의존하는 것입니다. 비즈니스 키 프로퍼티(들)는 데이터베이스 스키마에서 UNIQUE 제약조건을 가질 가능성이 높습니다.

User 엔티티 클래스에 대한 사용자 정의 동등성 메서드를 작성해 보겠습니다. 이는 Item 인스턴스를 비교하는 것보다 쉽습니다. User 클래스의 경우 username은 훌륭한 비즈니스 키 후보입니다. 사용자명은 항상 필요하며, 데이터베이스 제약조건에 따라 고유하며, 변경되는 경우가 거의 없기 때문입니다.

예제 10.3 User 동동성의 사용자 정의 구현

```java
@Entity
@Table(name = "USERS",
       uniqueConstraints = @UniqueConstraint(columnNames = "USERNAME"))
public class User {
    @Override
    public boolean equals(Object other) {
        if (this == other) return true;
        if (other == null) return false;
        if (!(other instanceof User)) return false;
        User that = (User) other;
        return this.getUsername().equals(that.getUsername());
    }

    @Override
    public int hashCode() {
        return getUsername().hashCode();
    }
    // ...
}
```

equals() 메서드의 코드에서 항상 게터 메서드를 통해 "다른" 참조의 프로퍼티에 접근하는 것을 볼 수 있습니다. other로 전달된 참조가 영속 상태를 지닌 실제 인스턴스가 아니라 하이버네이트 프락시일 수 있기 때문에 이것은 매우 중요합니다. User 프락시의 username 필드에는 직접 접근할 수 없습니다. 프로퍼티 값을 가져오기 위해 프락시를 초기화하려면 게터 메서드를 사용해 접근해야 합니다. 하이버네이트가 **완전히** 투명하지는 않지만 어쨌든 인스턴스 변수에 직접 접근하는 대신 게터 메서드를 사용하는 편이 좋습니다.

getClass() 값을 비교하는 대신 instanceof를 사용해 other 참조의 타입을 확인합니다. 다시 말하지만, other 참조는 런타임에 생성된 User의 하위 클래스인 프락시일 수 있으므로 this 타입과 other 타입은 정확히 같은 타입이 아니라 유효한 상위 타입이나 하위 타입일 수 있습니다. 프락시에 대한 자세한 내용은 12.1.1절에서 배우겠습니다.

이제 영속 상태의 User 참조를 안전하게 비교할 수 있습니다.

```
em = emf.createEntityManager();
em.getTransaction().begin();

User a = em.find(User.class, USER_ID);
User b = em.find(User.class, USER_ID);

assertTrue(a == b);
assertTrue(a.equals(b));
assertEquals(a.getId(), b.getId());

em.getTransaction().commit();
em.close();
```

물론 영속 상태와 준영속 상태의 인스턴스에 대한 참조를 비교하면 올바르게 동작하는 것을 확인할 수 있습니다.

```
em = emf.createEntityManager();
em.getTransaction().begin();

User c = em.find(User.class, USER_ID);
assertFalse(a == c);                ❶
assertTrue(a.equals(c));            ❷
assertEquals(a.getId(), c.getId());

em.getTransaction().commit();
em.close();

Set<User> allUsers = new HashSet();
allUsers.add(a);
allUsers.add(b);
allUsers.add(c);
assertEquals(1, allUsers.size());  ❸
```

❶ 물론 두 참조를 비교하는 것은 여전히 잘못된 것입니다.

❷ 이제 두 객체는 동등합니다.

❸ 세트의 크기가 마침내 정확해졌습니다.

일부 다른 엔티티의 경우 비즈니스 키가 여러 프로퍼티의 조합으로 구성되어 더 복잡할 수 있습니다. 다음은 도메인 모델 클래스에서 비즈니스 키를 식별하는 데 도움이 되는 힌트입니다.

- 애플리케이션 사용자가 현실에서 사물을 구분해야 할 때 어떤 속성을 참고하는지 생각해 봅니다. 사용자가 화면에 표시되는 요소들을 어떻게 구분할 수 있을까요? 아마 이것이 바로 찾고자 하는 비즈니스 키일 것입니다.

- 모든 불변 속성은 비즈니스 키로 삼기에 좋은 후보일 수 있습니다. 변경 가능한 속성도 업데이트 빈도가 낮거나 업데이트 시점에 인스턴스가 Set에 들어가지 않게 하는 등 업데이트 시점을 제어할 수 있는 경우 좋은 후보가 될 수 있습니다.

- UNIQUE 데이터베이스 제약조건이 있는 모든 속성은 비즈니스 키의 좋은 후보입니다. 이때 비즈니스 키의 정밀도는 중복을 피할 수 있을 만큼 충분히 정확해야 합니다.

- 레코드 생성 타임스탬프 같은 날짜 또는 시간 기반 속성은 일반적으로 비즈니스 키의 좋은 구성 요소이지만 System. currentTimeMillis()의 정확도는 가상 머신 및 운영체제에 따라 달라집니다. 이 책에서 권장하는 안전 버퍼(safety buffer)는 50밀리초이며, 비즈니스 키가 시간 기반 속성만으로 구성된 경우 정확도가 충분하지 않을 수 있습니다.

- 데이터베이스 식별자를 비즈니스 키의 일부로 사용할 수 있습니다. 이것은 앞서 설명한 내용과 모순되는 것처럼 보이지만 엔티티의 데이터베이스 식별자 값에 대해 이야기하는 것이 아닙니다. 연관관계를 맺고 있는 엔티티 인스턴스의 데이터베이스 식별자를 사용하는 것도 가능합니다. 예를 들어, Bid 클래스의 후보 비즈니스 키로 입찰액과 함께 입찰한 Item의 식별자를 들 수 있습니다. 심지어 데이터베이스 스키마에 이러한 복합 비즈니스 키를 나타내는 고유한 제약조건이 있을 수도 있습니다. Bid의 수명주기 동안 Item의 식별자 값은 변경되지 않으므로 연관관계를 맺고 있는 Item의 식별자 값을 사용할 수 있으며, 이때 Bid 생성자에서는 이미 영속화된 상태의 Item을 필요로 할 수 있습니다.

이 같은 조언을 따르면 모든 비즈니스 클래스에 적합한 비즈니스 키를 찾는 데 크게 어려움이 없을 것입니다. 어려운 문제가 발생하면 하이버네이트를 고려하지 말고 해결하려고 해봅시다. 결국 그것은 순전히 객체지향적인 문제이기 때문입니다. 하위 클래스에서 equals()를 재정의하고 비교에 다른 프로퍼티를 포함하는 것이 올바른 방법인 경우는 많지 않습니다. 이 경우 동등성이 대칭적이고 전이적이어야 한다는 Object 동일성 및 동등성 요구사항을 충족하는 것이 약간 까다롭고, 더 중요한 것은 비즈니스 키가 데이터베이스에서 잘 정의된 후보 자연키와 일치하지 않을 수 있다는 것입니다(하위 클래스의 프로퍼티가 다른 테이블에 매핑될 수도 있습니다). 동등성 비교를 재정의하는 것에 대한 자세한 내용은 모든 자바 프로그래머가 반드시 읽어야 할 필수 도서인 《이펙티브 자바 3판》(인사이트, 2018)을 참고합니다.

이제 User 클래스는 준영속 상태에 대한 대비를 마쳤으므로 다른 영속성 컨텍스트에서 로드된 인스턴스를 Set에 안전하게 넣을 수 있습니다. 이어서 준영속 상태와 관련된 몇 가지 예제를 살펴보면서 이 개념의 몇 가지 이점을 살펴보겠습니다.

10.3.3 엔티티 인스턴스의 준영속화

때때로 영속성 컨텍스트에서 엔티티 인스턴스를 수동으로 준영속 상태로 만들고 싶을 수 있습니다. 이 경우 영속성 컨텍스트가 닫힐 때까지 기다릴 필요가 없습니다. 다음과 같이 엔티티 인스턴스를 수동으로 영속성 컨텍스트에서 내보낼 수 있습니다.

```
FILE Ch10/managing-data/src/test/java/com/manning/javapersistence/ch10/SimpleTransitionsTest.java
– detach()

User user = em.find(User.class, USER_ID);
em.detach(user);
assertFalse(em.contains(user));
```

이 예제에서는 영속성 컨텍스트에서 특정 인스턴스가 관리되는 영속 상태에 있는 경우 **true**를 반환하는 **EntityManager#contains()** 연산도 보여 줍니다.

이제 준영속 상태에서 **user** 참조를 이용할 수 있습니다. 많은 애플리케이션에서 영속성 컨텍스트가 닫힌 후에야 데이터를 읽고 렌더링하기도 합니다.

영속성 컨텍스트가 닫힌 후에는 로드된 **user**를 수정해도 데이터베이스의 영속적 표현에는 영향을 미치지 않습니다. 하지만 JPA를 이용하면 새로운 영속성 컨텍스트에서 변경 사항을 다시 데이터베이스에 병합할 수 있습니다.

10.3.4 엔티티 인스턴스 병합

앞의 영속성 컨텍스트에서 User 인스턴스를 조회한 후 이제 이를 수정하고 수정 사항을 저장하고 싶다고 가정해 봅시다.

```
FILE Ch10/managing-data/src/test/java/com/manning/javapersistence/ch10/SimpleTransitionsTest.java
– mergeDetached()

detachedUser.setUsername("johndoe");

em = emf.createEntityManager();
em.getTransaction().begin();
```

```
User mergedUser = em.merge(detachedUser);
mergedUser.setUsername("doejohn");


em.getTransaction().commit();
em.close();
```

그림 10.5는 이 과정을 그림으로 나타낸 것입니다. 목표는 준영속 상태의 User에 포함된 새 username을 기록하는 것입니다. 보다시피 어렵지 않습니다.

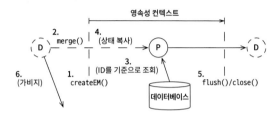

그림 10.5 작업 단위에서 인스턴스를 영속화

먼저, merge()를 호출하면 하이버네이트는 영속성 컨텍스트의 영속 인스턴스가 병합하려는 준영속 인스턴스와 동일한 데이터베이스 식별자를 가지고 있는지 확인합니다. 이 예제에서는 영속성 컨텍스트가 비어 있고, 데이터베이스에서 로드된 것이 없습니다. 따라서 하이버네이트는 데이터베이스로부터 이 식별자를 가진 인스턴스를 로드합니다. 그런 다음 merge()가 준영속 상태의 엔티티 인스턴스를 로드된 영속 인스턴스에 복사합니다. 즉, 준영속 상태의 User에 설정한 새 username이 병합된 영속 상태의 User에도 설정되며, merge()가 이를 반환합니다.

이제 오래되고 쓸모없어진 준영속 상태에 대한 이전 참조를 폐기합니다. detachedUser가 더는 현재 상태를 나타내지 않기 때문입니다. 반환된 mergedUser로 수정 작업을 이어갈 수 있으며, 하이버네이트가 커밋 과정에서 영속성 컨텍스트를 플러시할 때 UPDATE를 한 번 실행할 것입니다.

영속성 컨텍스트에 동일한 식별자를 가진 영속 인스턴스가 없고 데이터베이스에서 식별자를 기준으로 조회한 결과가 없을 경우 하이버네이트는 새로운 User를 인스턴스화합니다. 그리고 나서 준영속 인스턴스를 새로 생성된 인스턴스에 복사하고, 영속성 컨텍스트를 데이터베이스와 동기화할 때 데이터베이스에 삽입합니다.

merge()에 전달하는 인스턴스가 준영속 상태가 아니고 비영속 상태인 경우(식별자 값이 없는) 하이버네이트는 새로운 User를 인스턴스화하고 비영속 상태의 User의 값을 복사한 다음, 이를 영속 상태로 만들어 반환합니다. 간단히 말해, merge() 연산은 준영속 엔티티 인스턴스와 비영속 엔티티 인스턴스를 처리할 수 있습니다. 하이버네이트는 항상 결과를 영속 인스턴스로 반환합니다.

분리(detachment)와 병합(merging)을 기반으로 하는 애플리케이션 아키텍처에서는 `persist()` 연산을 호출하지 않을 수 있습니다. 새로운 엔티티 인스턴스와 준영속 엔티티 인스턴스를 병합해서 데이터를 저장할 수 있습니다. 중요한 차이점은 반환되는 현재 상태와 애플리케이션 코드에서 이러한 참조 전환을 어떻게 처리하느냐입니다. `detachedUser`를 폐기하고 이제부터는 현재 `mergedUser`를 참조해야 합니다. 여전히 `detachedUser`를 참조하는 애플리케이션의 다른 모든 컴포넌트에서도 `mergedUser`로 전환해야 합니다.

준영속 인스턴스를 다시 영속화할 수 있나요?

하이버네이트의 Session API에는 재영속화를 위한 `saveOrUpdate()`라는 메서드가 있습니다. 이 메서드에는 비영속 인스턴스나 준영속 인스턴스를 전달할 수 있으며, 아무것도 반환하지 않습니다. 이 메서드에 전달한 인스턴스는 연산 후 영속 상태가 되므로 참조를 전환할 필요가 없습니다. 이 메서드에 전달한 인스턴스가 비영속 상태였다면 하이버네이트는 INSERT를 실행하고, 준영속 상태였다면 UPDATE를 실행합니다. 병합은 표준화돼 있으므로 다른 프레임워크와 통합하기가 더 쉽기 때문에 병합을 사용하는 편이 좋습니다. 또한 병합은 준영속 상태의 데이터가 수정되지 않은 경우에는 UPDATE 대신 SELECT만 수행할 수 있습니다. Session API의 `saveOrUpdateCopy()` 메서드가 어떤 역할을 하는지 궁금하다면 EntityManager의 `merge()`와 동일하다고 생각하면 됩니다.

준영속 인스턴스를 삭제하고 싶다면 먼저 해당 인스턴스를 병합해야 합니다. 그런 다음, `merge()`가 반환한 영속 인스턴스를 대상으로 `remove()`를 호출하면 됩니다.

정리

- 엔티티 인스턴스의 수명주기에는 비영속, 영속, 준영속, 제거 상태가 있습니다.
- JPA에서 가장 중요한 인터페이스는 `EntityManager`입니다.
- `EntityManager`를 사용해 데이터를 영속화하고, 영속 데이터를 조회 및 수정하고, 참조를 가져오고, 데이터를 비영속 상태로 만들고, 데이터를 새로 고침하고, 복제하고, 영속성 컨텍스트에 캐싱하고, 영속성 컨텍스트를 플러시할 수 있습니다.
- 준영속 인스턴스의 식별자를 사용하거나 동등성 메서드를 구현함으로써 준영속 상태를 다룰 수 있습니다.

11

트랜잭션과
동시성

이번 장에서 다루는 내용

- 데이터베이스 트랜잭션과 시스템 트랜잭션의 핵심 기초
- 하이버네이트와 JPA를 이용한 동시 접근 제어
- 비트랜잭션 방식의 데이터 접근
- 스프링 및 스프링 데이터를 이용한 트랜잭션 관리

이번 장에서는 마침내 애플리케이션에서 동시 작업 단위를 생성하고 제어하는 수단인 트랜잭션에 대해 설명합니다. **작업 단위**는 원자적인 작업 그룹이며, 트랜잭션을 이용하면 작업 단위의 경계를 설정하고, 한 작업 단위를 다른 작업 단위와 격리할 수 있습니다. 다중 사용자 애플리케이션에서는 이러한 작업 단위를 동시에 처리할 수도 있습니다.

동시성을 다루기 위해, 먼저 가장 낮은 수준의 작업 단위인 데이터베이스 트랜잭션과 시스템 트랜잭션에 초점을 맞춰 알아보겠습니다. 여기서는 트랜잭션 경계를 위한 API와 자바 코드에서 작업 단위를 정의하는 방법을 배우게 됩니다. 비관적 전략과 낙관적 전략으로 격리를 유지하고 동시 접근을 제어하는 방법을 살펴봅니다. 시스템의 전체 아키텍처는 트랜잭션의 범위에 영향을 미치며, 잘못된 아키텍처는 취약한 트랜잭션으로 이어질 수 있습니다.

그런 다음 명시적인 트랜잭션 없이 데이터베이스에 접근하는 것을 기반으로 몇 가지 특수한 사례와 JPA 기능을 분석해 보겠습니다. 마지막으로 스프링과 스프링 데이터로 트랜잭션을 활용하는 방법을 보여드리겠습니다.

몇 가지 배경 정보부터 살펴보겠습니다.

JPA 2의 주요 새 기능

새로운 잠금 모드(lock mode)와 비관적 잠금(pessimistic locking)에 대한 예외가 있습니다.

- Query에 대해 비관적 잠금 또는 낙관적 잠금 모드를 설정할 수 있습니다.
- EntityManager#find(), refresh(), lock()을 호출할 때 잠금 모드를 설정할 수 있습니다. 비관적 잠금 모드에 대한 잠금 시간 제한 힌트도 표준화됐습니다.

새로운 QueryTimeoutException 또는 LockTimeoutException이 발생할 경우 트랜잭션을 롤백할 필요가 없습니다.

이제 영속성 컨텍스트는 자동 플러시가 비활성화된 비동기화(unsynchronized) 모드에 있을 수 있습니다. 이를 통해 트랜잭션에 참여하기 전까지 수정 사항을 대기열에 추가하고 트랜잭션과 EntityManager 사용을 분리할 수 있습니다.

11.1 트랜잭션 핵심 기초

애플리케이션이 어떤 기능을 수행하려면 여러 가지 작업을 한 번에 수행해야 합니다. 예를 들어, 경매가 종료되면 CaveatEmptor 애플리케이션에서는 다음과 같은 세 가지 작업을 수행해야 합니다.

1. 경매 품목의 낙찰가(최고 금액)를 찾습니다.
2. 품목 판매자에게 경매 비용을 청구합니다.
3. 판매자와 낙찰자에게 알립니다.

외부 신용카드 시스템의 오류로 인해 경매 비용을 청구할 수 없는 경우에는 어떻게 될까요? 비즈니스 요구사항에 따라 나열된 모든 작업이 성공해야 하거나 아무 작업도 성공하지 못하도록 명시돼 있을 수 있습니다. 이 경우 이러한 단계를 총칭해서 **트랜잭션** 또는 **작업 단위**라고 합니다. 이 가운데 한 단계만 실패해도 전체 작업 단위가 실패해야 합니다.

11.1.1 ACID 속성

ACID는 원자성(atomicity), 일관성(consistency), 격리성(isolation), 지속성(durability)을 의미합니다. 원자성은 트랜잭션의 모든 작업이 원자 단위로 실행된다는 개념입니다. 또한 트랜잭션을 사용하면 여러 사용자가 데이터의 일관성을 손상시키지 않고(데이터베이스 무결성 규칙에 따라) 동일한 데이터로 동시에 작업할 수 있습니다. 특정 트랜잭션은 동시에 실행 중인 다른 트랜잭션에 표시돼서는 안 되며, 격리되어 실행돼야 합니다. 트랜잭션이 성공적으로 완료된 후 시스템에 장애가 발생하더라도 트랜잭션에서 변경된 내용은 영구적으로 지속돼야 합니다.

또한 트랜잭션에는 **정확성(correctness)**도 필요합니다. 예를 들어, 비즈니스 규칙에 따라 애플리케이션은 판매자에게 두 번이 아닌 한 번만 경매 비용을 청구해야 합니다. 이는 합리적인 가정이지만 데이터베이스 제약으로 인해 이를 표현하지 못할 수도 있습니다. 따라서 트랜잭션의 정확성은 애플리케이션의 책임이지만 일관성은 데이터베이스의 책임입니다. 이러한 트랜잭션 속성들이 **ACID** 기준을 정의합니다.

11.1.2 데이터베이스 트랜잭션과 시스템 트랜잭션

앞에서 **시스템** 트랜잭션과 **데이터베이스** 트랜잭션에 대해서도 언급했습니다. 마지막 예시를 다시 생각해 봅시다. 경매를 종료하는 작업 단위에서 데이터베이스 시스템에 낙찰을 표시할 수 있습니다. 그런 다음 동일한 작업 단위에서 외부 시스템과 통신해서 판매자의 신용카드로 청구합니다. 이것은 여러 시스템에 걸친 트랜잭션으로, 데이터베이스 연결 및 외부 청구 프로세서와 같은 여러 리소스와 관련된 하위 트랜잭션이 포함됩니다. 이번 장에서는 하나의 시스템과 하나의 데이터베이스에 걸쳐 있는 트랜잭션에 초점을 맞춰 설명합니다.

데이터베이스 트랜잭션은 데이터베이스 리소스를 소모하고 데이터에 대한 배타적 잠금으로 인해 동시 접근이 불가능할 수 있으므로 짧아야 합니다. 보통 각 데이터베이스 트랜잭션에는 데이터베이스 연산들의 일괄 처리가 하나만 포함됩니다.

시스템 트랜잭션 내에서 모든 데이터베이스 연산들을 실행하려면 해당 작업 단위의 경계를 설정해야 합니다. 트랜잭션을 시작한 후 어느 시점에서 변경 사항을 커밋해야 합니다. 데이터베이스 연산을 실행하는 과정이나 트랜잭션을 커밋할 때 오류가 발생하면 변경 사항을 롤백해서 데이터를 일관된 상태로 유지해야 합니다. 이 과정에서 **트랜잭션 경계**를 정의하며, 어떤 기법을 사용하느냐에 따라 코드에서 트랜잭션 경계를 수동으로 정의하는 것이 포함되기도 합니다. 일반적으로 트랜잭션을 시작하고 종료하는 트랜잭션 경계는 애플리케이션 코드에서 프로그래밍 방식으로 설정하거나 선언적으로 설정할 수 있습니다. 여기서는 스프링 및 스프링 데이터를 활용하면서 선언적 트랜잭션에 중점을 두고 두 가지 방법을 모두 시연해 보겠습니다.

> **참고** 이번 장의 모든 예제는 특별한 런타임 컨테이너 없이 모든 자바 SE 환경에서 작동합니다. 따라서 지금부터는 특정 스프링 애플리케이션 예제로 넘어가기 전까지 프로그래밍 방식으로 트랜잭션 경계를 정의하는 코드를 보게 될 것입니다.

다음으로 ACID 특성의 가장 복잡한 측면인 동시에 실행되는 작업 단위를 서로 격리하는 방법을 살펴보겠습니다.

11.2 동시 접근 제어

데이터베이스(및 다른 트랜잭션 시스템)에서는 트랜잭션 **격리**, 즉 동시 진행 중인 각 트랜잭션의 관점에서 다른 트랜잭션이 진행 중이 아닌 것처럼 보이게 하려고 합니다. 전통적으로 데이터베이스 시스템에서는 잠금을 통해 격리를 구현해 왔습니다. 트랜잭션은 데이터베이스의 특정 데이터 항목에 잠금을 설정해서 다른 트랜잭션이 해당 항목에 대해 읽기 및/또는 쓰기 접근을 하지 못하도록 일시적으로 차단할 수 있습니다. 일부 최신 데이터베이스 엔진은 일반적으로 확장성이 좀 더 뛰어나다고 여겨지는 다중 버전 동시성 제어(multi-version concurrency control; MVCC)를 통해 트랜잭션 격리를 구현하기도 합니다. 여기서는 잠금 모델을 가정하고 격리를 분석하지만, 여기서 다루는 대부분의 내용은 MVCC에도 적용할 수 있습니다.

데이터베이스가 동시성 제어를 구현하는 방식은 자바 퍼시스턴스 애플리케이션에서 가장 중요합니다. 애플리케이션은 데이터베이스 관리 시스템에서 제공하는 격리 보장을 그대로 물려받을 수도 있지만 프레임워크가 그 위에 추가되어 리소스에 신경 쓰지 않고도 트랜잭션을 시작, 커밋, 롤백할 수 있습니다. 데이터베이스 공급자가 동시성 제어를 구현하는 데 있어 다년간 쌓아온 경험을 고려하면 이 접근 방식의 이점을 알 수 있습니다. 또한 자바 퍼시스턴스의 일부 기능은 사용자가 명시적으로 사용하거나 설계를 통해 데이터베이스가 제공하는 것 이상으로 격리 보장을 향상시킬 수 있습니다.

여기서는 동시성 제어에 대해 여러 단계에 걸쳐 설명하겠습니다. 먼저 가장 낮은 계층인 데이터베이스에서 제공하는 트랜잭션 격리 보장에 대해 살펴보겠습니다. 그런 다음, 애플리케이션 수준에서 비관적 및 낙관적 동시성 제어를 위한 자바 퍼시스턴스 기능과 하이버네이트가 제공할 수 있는 다른 격리 보장에 대해 살펴봅니다.

11.2.1 데이터베이스 수준 동시성 이해하기

격리에 대해 이야기할 경우, 두 트랜잭션이 격리돼 있거나 그렇지 않다고 가정할 수 있습니다. 데이터베이스 트랜잭션에 대해 이야기할 경우, 완전한 격리에는 큰 비용이 뒤따른다고 할 수 있습니다. 다중 사용자 온라인 트랜잭션 처리(online transaction processing; OLTP) 시스템에서 데이터에 독점적으로 접근하기 위해 세상 전체를 멈출 수는 없습니다. 따라서 상황에 따라 여러 격리 수준을 사용할 수 있으며, 이는 당연히 완전한 격리는 약화시키지만 시스템의 성능과 확장성을 높입니다.

트랜잭션 격리 문제

먼저 완전한 트랜잭션 격리를 약화시킬 때 발생할 수 있는 몇 가지 문제를 살펴보겠습니다. ANSI SQL 표준은 이러한 현상 중 어떤 것이 허용되는가에 관한 표준 트랜잭션 격리 수준을 정의합니다.

갱신 손실(lost update)은 두 개의 동시 트랜잭션이 데이터베이스에서 같은 정보를 동시에 업데이트할 때 발생합니다. 첫 번째 트랜잭션이 값을 읽습니다. 두 번째 트랜잭션이 곧바로 시작되어 동일한 값을 읽습니다. 첫 번째 트랜잭션이 업데이트된 값을 변경한 후 기록하고, 두 번째 트랜잭션 또한 값을 업데이트하고 해당 값을 덮어씁니다. 따라서 첫 번째 트랜잭션의 업데이트는 사라지고 두 번째 트랜잭션이 덮어씁니다. **결국 마지막 커밋 내용만 남습니다.** 이것은 동시 트랜잭션이 격리되지 않는, 동시성 제어를 구현하지 않는 시스템에서 발생합니다. 그림 11.1에서 이를 확인할 수 있습니다. 두 트랜잭션에서 buyNowPrice 필드가 업데이트됐지만 한 번만 업데이트되고 다른 업데이트는 사라졌습니다.

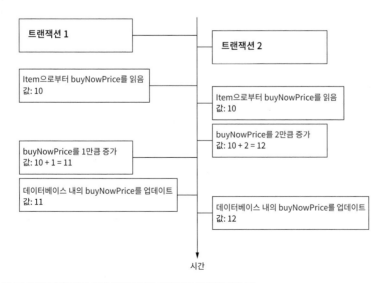

그림 11.1 갱신 손실: 두 개의 트랜잭션이 격리 없이 동일한 데이터를 업데이트합니다.

더티 읽기(dirty read)는 트랜잭션 2가 트랜잭션 1에서 변경한 내용을 읽는데, 변경된 내용이 아직 커밋되지 않은 경우 발생합니다. 이것이 위험한 이유는 트랜잭션 1에서 변경한 내용이 나중에 롤백될 수 있고, 트랜잭션 2에서 유효하지 않은 데이터를 읽을 수 있기 때문입니다. 그림 11.2에서 이를 확인할 수 있습니다.

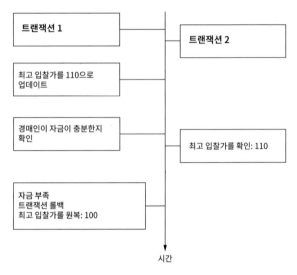

그림 11.2 더티 읽기: 트랜잭션 2가 트랜잭션 1에서 커밋하지 않은 데이터를 읽습니다.

반복 불가능한 읽기(unrepeatable read)는 트랜잭션이 데이터 항목을 두 번 읽는데, 매번 다른 상태를 읽는 경우에 발생합니다. 예를 들어, 그림 11.3에 표시된 것처럼 또 다른 트랜잭션이 해당 데이터 항목을 기록하고 두 읽기 사이에 커밋했을 수 있습니다.

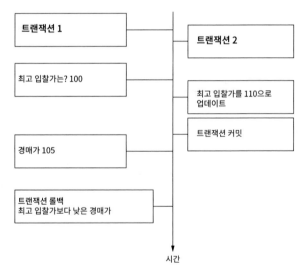

그림 11.3 반복 불가능한 읽기: 트랜잭션 1이 실행되는 동안 최고 입찰가가 변경됐습니다.

팬텀 읽기(phantom read)는 트랜잭션이 쿼리를 두 번 실행하고 두 번째 결과에 무언가가 추가되어 첫 번째 결과에는 표시되지 않았던 데이터가 포함되거나 무언가가 삭제되어 더 적은 데이터를 포함할 때 발생합니다. 이 경우 반드시 정확히 같은 쿼리가 아니어도 됩니다. 그림 11.4와 같이 두 쿼리를 실행하는 사이에 다른 트랜잭션이 데이터를 삽입하거나 삭제할 경우 이러한 상황이 발생할 수 있습니다.

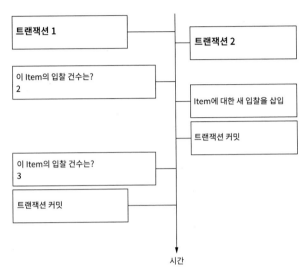

그림 11.4 팬텀 읽기: 트랜잭션 1은 두 번째 쿼리에서 새로운 데이터를 읽습니다.

이제 발생 가능한 모든 나쁜 상황을 이해했으므로 트랜잭션 격리 수준을 정의하고 각 격리 수준이 어떤 문제를 방지하는지 확인할 수 있습니다.

ANSI 격리 수준

표준 격리 수준은 ANSI SQL 표준에 의해 정의돼 있지만 SQL 데이터베이스에만 국한된 것은 아닙니다. 스프링 또한 정확히 동일한 격리 수준을 정의하며, 이러한 격리 수준을 사용해 트랜잭션 격리를 선언합니다. 격리 수준이 높아지면 비용이 증가하고 성능과 확장성이 심각하게 저하됩니다.

- **커밋되지 않은 읽기 격리(read uncommitted isolation)**: 갱신 손실이 허용되지 않는 시스템은 커밋되지 않은 읽기 격리 수준에서 작동합니다. 트랜잭션은 커밋되지 않은 다른 트랜잭션이 이미 로우에 값을 기록한 경우 해당 로우에 기록할 수 없습니다. 그러나 모든 트랜잭션은 모든 로우를 읽을 수 있습니다. DBMS는 배타적 쓰기 잠금으로 이러한 격리 수준을 구현할 수 있습니다.

- **커밋된 읽기 격리(read committed isolation)**: 반복 불가능한 읽기와 팬텀 읽기는 허용하지만 갱신 손실이나 더티 읽기는 허용하지 않는 시스템에서 커밋된 읽기 격리를 구현합니다. DBMS는 공유 읽기 잠금과 배타적인 쓰기 잠금을 사용해 이를 구현할 수 있습니다. 읽기 트랜잭션은 다른 트랜잭션이 로우에 접근하는 것을 차단하지 않지만 커밋되지 않은 쓰기 트랜잭션은 다른 모든 트랜잭션이 로우에 접근하는 것을 차단합니다.

- **반복 가능한 읽기 격리(repeatable read isolation)**: 반복 가능한 읽기 격리 모드에서 작동하는 시스템은 갱신 손실이나 더티 읽기, 반복 불가능한 읽기를 허용하지 않습니다. 팬텀 읽기는 발생할 수 있습니다. 읽기 트랜잭션은 쓰기 트랜잭션을 차단하지만 다른 읽기 트랜잭션은 차단하지 않으며, 쓰기 트랜잭션은 다른 모든 트랜잭션을 차단합니다.

- **직렬화 가능 격리(serializable isolation)**: 가장 엄격한 격리 수준인 직렬화 가능 격리는 트랜잭션이 동시에 실행되지 않고 차례로 실행되는 것처럼 트랜잭션이 직렬로 실행되게 합니다. 어떤 DBMS는 로우 수준 잠금만 사용해 직렬화 가능 격리를 구현하지 못할 수 있습니다. 대신 DBMS는 새로 삽입된 로우가 해당 로우를 반환하는 쿼리를 이미 실행한 트랜잭션에 표시되지 않게 하는 다른 메커니즘을 제공해야 합니다. 초보적인 메커니즘은 쓰기 후 전체 데이터베이스 테이블을 배타적으로 잠가서 팬텀 읽기가 발생하지 않게 하는 것입니다.

표 11.1에 ANSI 격리 수준과 해당 수준에서 해결해야 하는 문제가 정리돼 있습니다.

표 11.1 ANSI 격리 수준 및 해당 수준에서 해결해야 할 문제

격리 수준	팬텀 읽기	반복 불가능한읽기	더티 읽기	갱신 손실
READ_UNCOMMITTED	−	−	−	+
READ_COMMITTED	−	−	+	+
REPEATABLE_READ	−	+	+	+
SERIALIZABLE	+	+	+	+

DBMS가 잠금 시스템을 구현하는 정확한 방법은 매우 다양하며, 공급자마다 전략이 다릅니다. 잠금 시스템, 잠금을 승격하는 방법(예를 들면, 로우 수준에서 페이지, 전체 테이블로), 각 격리 수준이 시스템의 성능과 확장성에 미치는 영향에 대해 자세히 알아보려면 사용 중인 DBMS의 설명서를 살펴봐야 합니다.

이러한 모든 기술 용어들이 어떻게 정의되는지 아는 것은 좋지만 애플리케이션의 격리 수준을 선택하는데는 어떻게 도움이 될까요?

격리 수준 선택하기

개발자들은 프로덕션 애플리케이션에서 어떤 트랜잭션 격리 수준을 사용해야 할지 잘 모르는 경우가 많습니다. 격리 수준이 너무 높으면 동시성 처리가 많은 애플리케이션의 확장성이 저하됩니다. 격리 수준이 충분하지 않으면 시스템이 과부하 상태에서 작동하기 전까지는 발견하기 어려운, 미묘하고 재현하기 힘든 버그를 일으킬 수 있습니다.

다음 설명에서는 이번 장의 뒷부분에서 분석하는 개념인 **낙관적 잠금**(버전 관리와 함께)을 다룰 것입니다. 애플리케이션의 격리 수준을 선택할 때가 되면 이번 절의 내용을 다시 살펴보는 것이 좋습니다. 올바른 격리 수준을 선택하는 것은 결국 상황에 따라 크게 달라집니다. 아래에 논의하는 내용은 권장 사항으로 참고하고, 어떤 상황에서도 일률적으로 따라야 할 지침이 아닙니다.

하이버네이트는 데이터베이스의 트랜잭션 시맨틱과 관련해서 최대한 투명하게 동작하려고 노력합니다. 그럼에도 영속성 컨텍스트 캐싱 및 버전 관리가 이러한 시맨틱에 영향을 미칩니다. JPA 애플리케이션에서 선택할 수 있는 합리적인 데이터베이스 격리 수준은 무엇일까요?

첫째, 거의 모든 상황에서 **커밋되지 않은 읽기** 격리 수준을 제거하세요. 한 트랜잭션의 커밋되지 않은 변경 사항을 다른 트랜잭션에서 사용하도록 허용하는 것은 매우 위험합니다. 한 트랜잭션의 롤백 또는 실패는 다른 동시 트랜잭션에 영향을 미칩니다. 첫 번째 트랜잭션의 롤백으로 인해 다른 트랜잭션이 함께 다운되거나 심지어 데이터베이스가 잘못된 상태로 남을 수도 있습니다(예를 들어, 경매 품목의 판매자에게 잘못된 경매 비용이 두 번 청구될 수 있습니다. 이것은 데이터베이스 무결성 규칙에는 부합하지만 잘못된 동작입니다). 롤백되는 트랜잭션의 변경 내용이 읽혀서 다른 성공적인 트랜잭션에 의해 전파될 수 있기 때문에 결국에는 커밋될 수 있습니다! **커밋되지 않은 읽기** 격리 수준을 디버깅 목적으로 사용할 수는 있는데, 가령 긴 삽입 쿼리의 실행을 추적하고 집계 함수(예: SUM(*) 또는 COUNT(*))의 대략적인 추정치를 도출하는 데 활용할 수 있습니다.

둘째, 대부분의 애플리케이션에는 **직렬화 가능** 격리가 필요하지 않습니다. 팬텀 읽기는 일반적으로 문제가 되지 않으며, 이러한 격리 수준은 확장성이 떨어지는 경향이 있습니다. 프로덕션 환경에서 직렬화 가능 격리를 사용하는 애플리케이션은 거의 없으며, 특정 상황에서는 실질적으로 직렬화된 연산을 강제하는 비관적 잠금을 선택적으로 적용하는 기법을 활용합니다.

다음으로 **반복 가능한 읽기**에 대해 생각해 봅시다. 이 수준은 데이터베이스 트랜잭션이 지속되는 동안 쿼리 결과 집합에 대한 재현성을 제공합니다. 즉, 데이터베이스를 여러 번 쿼리하는 경우 데이터베이스로부터 커밋된 업데이트를 읽지 않지만 팬텀 읽기는 여전히 가능해서 새로운 로우가 나타날 수도 있고, 커밋된 다른 트랜잭션이 동시에 변경 사항을 커밋하게 되면 존재한다고 생각했던 로우가 사라질 수도 있습니다. 때때로 반복 가능한 읽기가 필요할 수도 있지만 일반적으로 모든 트랜잭션에서 반복 가능한 읽기가 필요한 것은 아닙니다.

JPA 사양에서는 **커밋된 읽기**를 기본 격리 수준으로 가정합니다. 즉, 반복 불가능한 읽기와 팬텀 읽기는 개발자가 처리해야 한다는 뜻입니다.

도메인 모델 엔티티의 버전 관리를 활성화한다고 가정해 봅시다. 이 작업은 하이버네이트에서 자동으로 수행할 수 있습니다. 영속성 컨텍스트 캐시(필수)와 버전 관리의 조합은 이미 반복 가능한 읽기 격리의 멋진 기능들을 대부분 제공합니다. 영속성 컨텍스트 캐시는 한 트랜잭션에 의해 로드된 엔티티 인스턴스의 상태가 다른 트랜잭션에 의한 변경 사항으로부터 격리되게 합니다. 작업 단위에서 동일한 엔티티 인스턴스를 두 번 조회하는 경우, 두 번째 조회는 영속성 컨텍스트 캐시 내에서 해결되며 데이터베이스에 영향을 미치지 않습니다. 따라서 읽기가 반복 가능하며, 커밋된 데이터가 충돌하는 것을 볼 수 없습니다. (하지만 팬텀 읽기는 여전히 발생할 수 있지만 일반적으로 처리하기가 훨씬 쉽습니다.) 또한 버전 관리를 통해 **첫 번째 커밋의 결과가 최종적으로 남도록** 바뀝니다. 따라서 거의 모든 다중 사용자 JPA 애플리케이션에서 엔티티 버전 관리가 활성화된 상태라면 모든 데이터베이스 트랜잭션에 대해 **커밋된 읽기** 격리가 적절한 격리 수준일 수 있습니다.

하이버네이트는 데이터베이스 연결의 격리 수준을 유지하며, 격리 수준을 변경하지 않습니다. 대부분의 제품은 기본적으로 커밋된 읽기 격리를 사용하지만 MySQL은 기본적으로 반복 가능한 읽기를 사용합니다. 기본 트랜잭션 격리 수준 또는 현재 트랜잭션 설정을 변경할 수 있는 몇 가지 방법이 있습니다.

먼저, 각 DBMS의 설정에 전역 트랜잭션 격리 수준 설정이 있는지 확인할 수 있습니다. DBMS가 표준 SQL 문인 SET SESSION CHARACTERISTICS를 지원하는 경우 이를 실행해 이 특정 데이터베이스 **세션**(하이버네이트 Session이 아닌 데이터베이스 연결을 의미)에서 시작된 모든 트랜잭션의 트랜잭션 설정을 적용할 수 있습니다. 또한 SQL에는 현재 트랜잭션의 격리 수준을 설정하는 SET TRANSACTION 구문이 표준화돼 있습니다. 마지막으로, JDBC Connection API에서는 (문서에 따르면) "이 연결에 대한 트랜잭션 격리 수준을 변경하려고 시도하는" setTransactionIsolation() 메서드를 제공합니다. 하이버네이트/JPA 애플리케이션에서는 네이티브 Session API에서 JDBC Connection을 가져올 수 있습니다.

데이터베이스 연결은 기본적으로 커밋된 읽기 격리 수준인 경우가 많습니다. 때때로 애플리케이션의 특정 작업 단위에는 다른 일반적으로 더 엄격한 격리 수준이 필요할 수 있습니다. 이 경우 전체 트랜잭션의 격리 수준을 변경하는 대신 자카르타 퍼시스턴스 API를 사용해 관련 데이터에 대한 별도의 잠금을 얻어야 합니다. 이처럼 잘게 세분화된 잠금은 동시 접속자가 많은 애플리케이션에서 확장성이 더 뛰어납니다. JPA는 낙관적 버전 검사와 데이터베이스 수준의 비관적 잠금을 제공합니다.

11.2.2 낙관적 동시성 제어

동시 수정이 거의 일어나지 않고 작업 단위에서 충돌을 늦게 감지해도 되는 경우 낙관적 방식으로 동시성을 처리하는 것이 적절합니다. JPA는 낙관적 충돌 감지 절차로서 자동 버전 검사를 제공합니다.

이전 절의 내용은 다소 심심했으니 이제 코드를 작성할 차례입니다. 먼저 버전 관리가 기본적으로 비활성화돼 있으므로 버전 관리를 활성화하겠습니다. 대부분의 다중 사용자 애플리케이션, 특히 웹 애플리케이션은 동시에 수정되는 @Entity 인스턴스에 대해 버전 관리를 사용해야 좀 더 사용자 친화적으로 **첫 번째 커밋 내용이 남게** 할 수 있습니다.

자동 버전 검사를 활성화한 후에 수동 버전 검사가 어떻게 동작하고, 이를 언제 사용해야 하는지 살펴보겠습니다.

> **참고** 소스코드의 예제를 실행하려면 먼저 Ch11.sql 스크립트를 실행해야 합니다.

버전 관리 활성화

다음과 같이 엔티티 클래스에 별도로 추가된 특별한 프로퍼티에 @Version 애너테이션을 사용해 버전 관리를 활성화할 수 있습니다.

예제 11.1 매핑된 엔티티에서 버전 관리를 활성화

FILE Ch11/transactions/src/main/java/com/manning/javapersistence/ch11/concurrency/Item.java

```
@Entity
public class Item {
    @Version
    private long version;
    // ...
}
```

이 예제에서 각 엔티티 인스턴스는 숫자 형식의 버전을 가집니다. 이것은 ITEM 데이터베이스 테이블의 추가 칼럼에 매핑되며, 평소와 같이 칼럼명은 기본적으로 프로퍼티명(여기서는 VERSION)으로 지정됩니다. 프로퍼티와 칼럼의 실제 이름은 중요하지 않습니다. VERSION이라는 이름이 DBMS에서 예약된 키워드인 경우 이름을 바꿀 수 있습니다.

클래스에 getVersion() 메서드를 추가해도 되지만 세터 메서드는 없어야 하며 애플리케이션에서 해당 값을 수정해서는 안 됩니다. 하이버네이트가 자동으로 버전 값을 변경하는데, 영속성 컨텍스트를 플러시하는 동안 Item 인스턴스가 변경된 것으로 간주될 때마다 버전 번호가 증가합니다. 버전은 동시성 제어 외에는 특별한 의미가 없는 단순한 카운터에 불과합니다. long 대신 int, Integer, short, Short, Long을 사용할 수 있으며, 버전 번호가 데이터 타입의 한계치에 도달하면 하이버네이트가 0부터 다시 시작합니다.

플러시 중에 변경 감지된 Item의 버전 번호를 증가시키고 나서 하이버네이트는 UPDATE 및 DELETE SQL 문을 실행할 때 버전을 비교합니다. 예를 들어, 작업 단위에서 다음과 같이 Item을 로드하고 이름을 변경한다고 가정해 봅시다.

예제 11.2 하이버네이트가 자동으로 버전을 증가시키고 확인

```
FILE /Ch11/transactions/src/test/java/com/manning/javapersistence/ch11/concurrency/Versioning.java
- firstCommitWins()

EntityManager em1 = emf.createEntityManager();
em1.getTransaction().begin();

Item item = em1.find(Item.class, ITEM_ID);      ❶
// select * from ITEM where ID = ?
assertEquals(0, item.getVersion());             ❷

item.setName("New Name");

// ... 또 다른 트랜잭션에서 레코드를 변경
assertThrows(OptimisticLockException.class, () -> em1.flush());   ❸
// update ITEM set NAME = ?, VERSION = 1 where ID = ? and VERSION = 0
```

❶ 식별자 기준으로 엔티티 인스턴스를 조회할 경우 SELECT를 사용해 데이터베이스에서 현재 버전을 로드합니다.

❷ Item 인스턴스의 현재 버전은 0입니다.

❸ 영속성 컨텍스트가 플러시되면 하이버네이트가 변경 감지된 Item 인스턴스의 버전을 1로 증가시킵니다. 이제 데이터베이스 버전이 0인 경우에만 SQL UPDATE가 버전 검사를 수행해 데이터베이스에 새 버전을 저장합니다.

SQL 문, 특히 UPDATE와 해당 WHERE 절에 주의합니다. 이 업데이트는 데이터베이스에 VERSION = 0인 로우가 있는 경우에만 성공합니다. JDBC는 업데이트된 로우의 개수를 하이버네이트로 반환하며, 그 결과가 0이면 ITEM 로우가 사라졌거나 버전이 0인 로우가 없다는 것을 의미합니다. 하이버네이트는 플러시 중에 이러한 충돌을 감지하고, javax.persistence.OptimisticLockException을 던집니다.

이제 앞서 그림 11.1에 표시된 것처럼 두 명의 사용자가 동시에 이 작업 단위를 실행한다고 가정해 봅시다. 커밋을 수행하는 첫 번째 사용자는 Item의 이름을 업데이트하고 증가된 버전 1을 데이터베이스에 플러시합니다. 두 번째 사용자의 플러시(및 커밋)는 UPDATE 문이 데이터베이스에서 버전이 0인 로우를 찾을 수 없기 때문에 실패합니다. 결국 데이터베이스 버전은 1이 됩니다. 따라서 첫 번째 커밋이 남고,

OptimisticLockException을 잡아 이를 구체적으로 처리할 수 있습니다. 예를 들어, 두 번째 사용자에게 "작업 중인 데이터가 다른 사용자에 의해 수정되었습니다. 새로운 데이터로 작업 단위를 다시 시작하세요. 계속 진행하려면 재시작 버튼을 클릭하세요."와 같은 메시지를 표시할 수 있습니다.

어떤 수정 작업이 엔티티의 버전 증가를 일으킬까요? 하이버네이트는 엔티티 인스턴스가 수정될 때마다 버전을 증가시킵니다. 여기에는 단일 값(예: String 또는 int 속성)이나 임베드된 컴포넌트(예: Address), 컬렉션 등 엔티티의 모든 수정된 값 타입 프로퍼티가 포함됩니다. 예외는 mappedBy를 통해 읽기 전용으로 설정된 @OneToMany 및 @ManyToMany 연관관계 컬렉션입니다. 이러한 컬렉션에서는 요소를 추가하거나 제거해도 소유 엔티티 인스턴스의 버전 번호가 증가하지 않습니다. 이 가운데 어느 것도 JPA에 표준화돼 있지 않다는 것을 알아둘 필요가 있습니다. 즉, 공유 데이터베이스에 접근할 때는 두 개의 JPA 공급자에 의존해서 동일한 규칙을 구현해서는 안 됩니다.

특정 프로퍼티의 값이 변경됐을 때 엔티티 인스턴스의 버전을 증가시키지 않으려면 프로퍼티에 @org.hibernate.annotations.OptimisticLock(excluded = true) 애너테이션을 지정하면 됩니다.

데이터베이스 스키마에 VERSION 칼럼이 추가되는 것이 마음에 들지 않을 수 있습니다. 또는 엔티티 클래스에 해당하는 데이터베이스 칼럼에 이미 "마지막 업데이트(last updated)" 같은 타임스탬프 프로퍼티가 있을 수도 있습니다. 하이버네이트에서는 별도의 카운터 필드를 사용하는 대신 타임스탬프를 사용해 버전을 확인할 수 있습니다.

공유 데이터베이스를 이용한 버전 관리

여러 애플리케이션이 데이터베이스에 접근하는 데 모두 하이버네이트의 버전 관리 알고리즘을 사용하지 않는다면 동시성 문제가 발생할 것입니다. 이 문제의 손쉬운 해결책은 데이터베이스 수준의 트리거와 저장 프로시저를 사용하는 것입니다. INSTEAD OF 트리거는 UPDATE가 수행될 때 업데이트 대신 저장 프로시저를 실행할 수 있습니다. 이 프로시저에서는 애플리케이션이 로우의 버전을 증가시켰는지 확인할 수 있습니다. 즉, 버전이 업데이트되지 않거나 버전 칼럼이 업데이트에 포함되지 않은 경우 해당 SQL 문이 하이버네이트 애플리케이션에서 전송되지 않았다는 것을 알 수 있습니다. 그러고 나면 UPDATE를 적용하기 전에 프로시저에서 버전을 증가시킬 수 있습니다.

타임스탬프를 이용한 버전 관리

데이터베이스 스키마에 이미 `LASTUPDATED`나 `MODIFIED_ON`과 같은 타임스탬프 칼럼이 포함돼 있는 경우 숫자 카운터를 사용하는 대신 자동 버전 확인을 위해 해당 칼럼을 매핑할 수 있습니다.

예제 11.3 타임스탬프를 이용한 버전 관리 활성화

`FILE` Ch11/transactions2/src/main/java/com/manning/javapersistence/ch11/timestamp/Item.java

```java
@Entity
public class Item {
    @Version
    // Optional:: @org.hibernate.annotations.Type(type = "dbtimestamp")
    private LocalDateTime lastUpdated;
    // ...
}
```

이 예제에서는 `LASTUPDATED` 칼럼을 `java.time.LocalDateTime` 프로퍼티에 매핑합니다. `Date` 또는 `Calendar` 타입도 하이버네이트에서 동작할 것입니다. JPA 표준은 버전 프로퍼티에 대해 이러한 타입을 정의하지 않으며, `java.sql.Timestamp`만 이식성 있는 것으로 간주합니다. 이 같은 점은 다소 아쉬운데, 도메인 모델에서 해당 JDBC 클래스를 가져와야 하기 때문입니다. 가능한 한 많은 환경에서 테스트, 인스턴스화, 직렬화/역직렬화할 수 있도록 JDBC 같은 구현 세부 사항은 도메인 모델 클래스에서 제외하는 것이 좋습니다.

이론상으로는 타임스탬프를 이용한 버전 관리가 약간 더 안전하지 못한데, 두 개의 동시 트랜잭션이 같은 밀리초 내에 동일한 `Item`을 로드하고 업데이트할 수 있기 때문입니다. 이것은 JVM이 일반적으로 밀리초 단위의 정확도를 가지고 있지 않다는 사실로 인해 더욱 악화됩니다(보장된 정확도에 대해서는 JVM 및 운영체제 관련 문서를 확인해야 합니다). 또한 노드의 시스템 시간이 동기화되지 않거나 트랜잭션 부하를 처리하는 데 필요한 만큼 시간 동기화가 정확하지 않을 수 있는 클러스터 환경에서는 JVM에서 현재 시간을 조회하는 것이 무조건 안전한 것은 아닐 수 있습니다[1].

버전 프로퍼티에 `@org.hibernate.annotations.Type(type="dbtimestamp")` 애너테이션을 지정해 데이터베이스 시스템에서 현재 시간을 조회하게끔 바꿀 수 있습니다. 그러면 이제 하이버네이트가 업데이트하기 전에 데이터베이스에 현재 시간을 요청하며, 이를 통해 동기화를 위한 단 하나의 시간 소스가 만들어집

---

1   (옮긴이) 이 주제와 관련된 더 자세한 내용이 궁금하다면 《데이터 중심 애플리케이션 설계》(위키북스, 2018)의 8장 '분산 시스템의 골칫거리'를 참고하기 바랍니다.

니다. 모든 하이버네이트 SQL 방언이 이 기능을 지원하는 것은 아니므로 구성된 방언의 소스를 확인할 필요가 있습니다. 또한 매번 버전이 증가할 때마다 데이터베이스를 호출하는 오버헤드가 항상 발생합니다.

새 프로젝트에서는 타임스탬프가 아닌 숫자 카운터를 이용한 버전 관리를 사용하는 것이 좋습니다. 레거시 데이터베이스 스키마나 기존 자바 클래스로 작업하는 경우 버전이나 타임스탬프 프로퍼티와 칼럼을 도입하는 것이 불가능할 수 있습니다. 이 경우 하이버네이트가 대체 전략을 제공합니다.

버전 번호나 타임스탬프 없이 버전 관리하기

버전 또는 타임스탬프 칼럼이 없는 경우에도 하이버네이트에서 자동 버전 관리를 수행할 수 있습니다. 이 버전 관리의 대체 구현은 하이버네이트가 엔티티 인스턴스를 조회한 시점(또는 마지막으로 영속성 컨텍스트가 플러시된 시점)의 수정되지 않은 영속성 프로퍼티 값과 비교해 현재 데이터베이스의 상태를 확인합니다.

하이버네이트 전용 애너테이션인 `@org.hibernate.annotations.OptimisticLocking`을 이용해 이 기능을 활성화할 수 있습니다.

```
FILE Ch11/transactions3/src/main/java/com/manning/javapersistence/ch11/versionall/Item.java

@Entity
@org.hibernate.annotations.OptimisticLocking(
    type = org.hibernate.annotations.OptimisticLockType.ALL)
@org.hibernate.annotations.DynamicUpdate
public class Item {
    // ...
}
```

이 전략을 사용하려면 5.3.2절에 설명한 대로 `@org.hibernate.annotations.DynamicUpdate`를 사용해 UPDATE 문의 동적 SQL 생성을 활성화해야 합니다.

이제 하이버네이트가 다음과 같은 SQL을 실행해 Item 인스턴스의 수정 사항을 플러시합니다.

```
update ITEM set NAME = 'New Name'
    where ID = 123
        and NAME = 'Old Name'
        and PRICE = '9.99'
```

```
        and DESCRIPTION = 'Some item for auction'
        and ...
        and SELLER_ID = 45
```

하이버네이트가 모든 칼럼과 각 칼럼의 최종 값을 WHERE 절에 나열합니다. 동시 트랜잭션이 이러한 값 중 하나라도 수정하거나 로우를 삭제한 경우 이 SQL 문은 업데이트된 로우가 0인 상태로 반환됩니다. 그런 다음 하이버네이트는 플러시 시점에 예외를 던집니다.

또는 OptimisticLockType.DIRTY로 전환할 경우 하이버네이트가 수정된 프로퍼티(예제의 경우 NAME만)만 제한 쿼리에 포함합니다. 즉, 두 개의 작업 단위가 동일한 Item을 동시에 수정할 수 있으며, 하이버네이트는 둘 다 동일한 값 타입 프로퍼티(또는 외래키 값)를 수정하는 경우에만 충돌을 감지합니다. 위 SQL 문의 WHERE 절은 where ID = 123 and NAME = 'Old Name'으로 줄어들 것입니다. 다른 누군가가 동시에 가격을 수정할 수도 있지만 하이버네이트는 충돌을 감지하지 못합니다. 애플리케이션이 동시에 이름을 수정한 경우에만 javax.persistence.OptimisticLockException이 발생합니다.

대부분의 경우 변경된 프로퍼티만 검사하는 것은 비즈니스 엔티티에 좋은 전략이 아닙니다. 품목에 대한 설명이 바뀌었다고 해서 품목의 가격을 변경하는 것은 적절하지 않을 것입니다! 이 전략은 준영속 엔티티와 병합에도 동작하지 않습니다. 즉, 준영속 엔티티를 새로운 영속성 컨텍스트에 병합하면 "이전" 값을 알 수 없습니다. 준영속 엔티티 인스턴스에는 낙관적 동시성 제어를 위한 버전 번호나 타임스탬프가 있어야 할 것입니다.

자바 퍼시스턴스의 자동 버전 관리 기능은 두 개의 동시 트랜잭션이 동일한 데이터에 대한 수정사항을 커밋하려고 할 때 갱신 손실을 방지합니다. 또한 버전 관리를 통해 필요할 때 수동으로 격리 보장을 얻을 수도 있습니다.

수동 버전 확인

다음은 데이터베이스에 대한 반복 가능한 읽기가 필요한 시나리오입니다. 경매 시스템에 몇 가지 카테고리가 있고 각 Item이 한 Category에 속한다고 가정해 봅시다. 이것은 Item#category 엔티티 연관관계의 일반적인 @ManyToOne 매핑입니다.

여러 카테고리의 모든 품목 가격을 합산하고 싶다고 가정해 봅시다. 그러려면 각 카테고리의 모든 품목에 대한 쿼리를 수행해 가격을 합산해야 합니다. 문제는 모든 카테고리와 품목을 쿼리하고 순회하는 동안 누군가가 한 카테고리에서 다른 카테고리로 품목을 옮기면 어떻게 될까요? 커밋된 읽기 격리를 사용할 경우 해당 프로시저가 실행되는 동안 동일한 Item이 두 번 표시될 수 있습니다!

"각 카테고리의 품목 가져오기"에 대한 반복 가능한 읽기를 위해 JPA의 Query 인터페이스에는 setLockMode() 메서드가 있습니다. 다음 예제를 봅시다.

예제 11.4 반복 가능한 읽기를 보장하기 위한 플러시 시점의 버전 확인 요청

FILE /Ch11/transactions/src/test/java/com/manning/javapersistence/ch11/concurrency/Versioning.java – manualVersionChecking()

```
EntityManager em = emf.createEntityManager();
em.getTransaction().begin();

BigDecimal totalPrice = BigDecimal.ZERO;
for (Long categoryId : CATEGORIES) {
    List<Item> items =                  ❶
        em.createQuery("select i from Item i where i.category.id = :catId", Item.class)
            .setLockMode(LockModeType.OPTIMISTIC)
            .setParameter("catId", categoryId)
            .getResultList();
    for (Item item : items)
        totalPrice = totalPrice.add(item.getBuyNowPrice());
}

em.getTransaction().commit();        ❷
em.close();

assertEquals("108.00", totalPrice.toString());
```

❶ 각 Category에 대해 OPTIMISTIC 잠금 모드로 모든 Item 인스턴스를 쿼리합니다. 이제 하이버네이트는 플러시 시점에 각 Item 을 확인해야 한다는 사실을 알게 됩니다.

❷ 잠금 쿼리를 사용해 이전에 로드된 각 Item에 대해 하이버네이트가 플러시 중에 SELECT를 실행합니다. 각 ITEM 로우의 데 이터베이스 버전이 로드된 시점과 동일한지 확인합니다. ITEM 로우의 버전이 다르거나 로우가 더는 존재하지 않는 경우 OptimisticLockException이 발생합니다.

잠금이라는 용어를 혼동해서는 안 됩니다. JPA 사양은 각 LockModeType이 구현되는 정확한 방법을 정해 두고 있지 않습니다. OPTIMISTIC의 경우 하이버네이트가 버전 검사를 수행하며, 실제 잠금은 수행하지 않

습니다. 앞서 설명한 대로 **Item** 엔티티 클래스에서 버전 관리를 활성화해야 하며, 그렇지 않으면 하이버네 이트에서 낙관적 **LockModeType**들을 사용할 수 없습니다.

하이버네이트에서는 수동 버전 확인을 위해 **SELECT** 문을 일괄 처리하거나 최적화하지 않습니다. 100개의 품목을 합산하면 플러시 시점에 100개의 추가 쿼리가 만들어집니다. 이번 장의 뒷부분에서 설명하겠지만 비관적 접근 방식이 이 같은 특정 사례에 더 나은 해결책이 될 수 있습니다.

영속성 컨텍스트 캐시가 동시 수정 문제를 방지할 수 없는 이유는 무엇인가요?

"특정 카테고리의 모든 품목 가져오기" 쿼리는 ResultSet에 품목 데이터를 넣어서 반환합니다. 그럼 하이버네 이트는 이 데이터 안의 기본키 값을 살펴보고 먼저 영속성 컨텍스트 캐시에서 각 품목의 나머지 세부 정보를 확 인해 해당 식별자를 가진 품목 인스턴스가 이미 로드됐는지 여부를 확인합니다.

그러나 이 캐시는 앞 예제와 같은 경우에는 도움이 되지 않습니다. 동시 트랜잭션이 품목을 다른 카테고리로 이 동한 경우 해당 품목이 다른 여러 ResultSet에서 여러 번 반환될 수 있습니다. 하이버네이트는 영속성 컨텍스 트 조회를 수행하고 나서 "아, 이미 해당 Item 인스턴스를 로드했으니 메모리에 이미 있는 것을 사용하자"라고 말할 것입니다. 하이버네이트는 품목에 할당된 카테고리가 변경됐거나 품목이 다른 결과에서 다시 나타났다는 사실조차 인식하지 못합니다.

따라서 이것은 영속성 컨텍스트의 반복 가능한 읽기 기능이 동시에 커밋된 데이터를 숨기는 경우입니다. 변경 되지 않을 것으로 예상했던 데이터가 변경됐는지 확인하려면 수동으로 버전을 확인해야 합니다.

앞의 예에서 볼 수 있듯이 **Query** 인터페이스는 **LockModeType**을 받습니다. 명시적 잠금 모드는 동일한 **setLockMode()** 메서드를 통해 **TypedQuery**와 **NamedQuery** 인터페이스에서도 지원됩니다.

JPA에서는 엔티티의 버전을 강제로 증가시키는 별도의 낙관적 잠금 모드도 사용할 수 있습니다.

강제적인 버전 증가

두 명의 사용자가 동시에 동일한 경매 품목에 입찰하면 어떻게 될까요? 사용자가 새로 입찰할 때 애플리 케이션은 두 가지 작업을 수행해야 합니다:

1. 데이터베이스에서 **Item**에 대한 현재 가장 높은 **Bid**를 조회합니다.

2. 새 **Bid**와 가장 높은 **Bid**를 비교해서 새 **Bid**가 더 높으면 데이터베이스에 저장해야 합니다.

이 두 단계 사이에 경쟁 조건(race condition)이 발생할 가능성이 있습니다. 가장 높은 **Bid**를 읽고 새 **Bid**를 저장하는 사이에 다른 **Bid**가 발생하면 해당 입찰은 표시되지 않습니다. 이러한 충돌은 보이지 않으며, **Item**의 버전 관리를 활성화해도 도움이 되지 않습니다. 이 절차가 진행되는 중에는 **Item**이 수정되지 않습니다. 그러나 **Item**의 버전 증가를 강제로 적용하면 충돌을 감지할 수 있습니다.

예제 11.5 엔티티 인스턴스의 버전을 강제로 증가시킴

`FILE` /Ch11/transactions/src/test/java/com/manning/javapersistence/ch11/concurrency/Versioning.java – forceIncrement()

```java
EntityManager em = emf.createEntityManager();
em.getTransaction().begin();

Item item = em.find(              ❶
    Item.class,
    ITEM_ID,
    LockModeType.OPTIMISTIC_FORCE_INCREMENT
);

Bid highestBid = queryHighestBid(em, item);

// ... 또 다른 트랜잭션에서 레코드를 변경
Bid newBid = new Bid(
    new BigDecimal("45.45"),
    item,
    highestBid);
em.persist(newBid);              ❷

assertThrows(RollbackException.class,
        () -> em.getTransaction().commit());    ❸

em.close();
```

❶ find()는 LockModeType을 받습니다. OPTIMISTIC_FORCE_INCREMENT 모드의 경우 작업 단위에서 Item이 변경되지 않았더라도 조회된 Item의 버전이 로드 후 증가해야 한다고 하이버네이트에 알립니다.

❷ 이 코드는 새 Bid 인스턴스를 영속화하며, Item 인스턴스의 값에는 영향을 미치지 않습니다. BID 테이블에 새 로우가 삽입됩니다. Item의 강제 버전 증가 없이는 하이버네이트가 동시에 이뤄진 입찰을 감지하지 못할 것입니다.

❸ 영속성 컨텍스트를 플러시할 때 하이버네이트는 새 Bid에 대한 INSERT를 실행하고 버전 확인을 통해 Item의 UPDATE를 강제로 수행합니다. 누군가 이 절차와 동시에 Item을 수정하거나 Bid를 만들어내면 하이버네이트가 예외를 발생시킵니다.

경매 시스템에서 동시에 입찰을 진행하는 것은 빈번하게 발생하는 작업입니다. 수동으로 버전을 올리는 것은 데이터를 삽입하거나 수정할 때와 함께 애그리거트(aggregate)의 일부 루트 인스턴스의 버전을 올리는 많은 상황에서 유용합니다.

@ManyToOne을 이용한 Bid#item 엔티티 연관관계 대신 Item#bids의 @ElementCollection이 있는 경우에는 컬렉션에 Bid를 추가하면 Item 버전이 증가한다는 점에 유의합니다. 이 경우 강제 증가는 필요하지 않습니다. 8.3절에서 다룬 부모/자식 모호성을 비롯해 집합관계와 합성관계가 ORM에서 동작하는 방법에 대해 다시 한번 살펴볼 필요가 있습니다.

지금까지 낙관적 동시성 제어에 중점을 뒀습니다. 즉, 동시 수정이 많지 않을 것으로 예상해서 동시 접근을 막지 않고 충돌을 늦게 감지했습니다. 그러나 충돌이 자주 발생할 것으로 예상되는 경우 일부 데이터에 배타적 잠금을 설정하고 싶을 때가 있습니다. 이럴 때는 비관적 접근 방식이 필요합니다.

11.2.3 명시적인 비관적 잠금

앞의 "수동 버전 확인" 절에서 설명한 절차를 반복하되, 이번에는 낙관적 버전 확인 대신 비관적 잠금을 사용해 보겠습니다. 여러 카테고리에 속한 모든 품목들의 총 가격을 다시 요약해 보겠습니다. 이는 앞의 예제 11.5의 코드와 동일하지만 LockModeType이 다릅니다.

예제 11.6 비관적 데이터 잠금

FILE /Ch11/transactions/src/test/java/com/manning/javapersistence/ch11/concurrency/Locking.java
– pessimisticReadWrite()

```
EntityManager em = emf.createEntityManager();
em.getTransaction().begin();

BigDecimal totalPrice = BigDecimal.ZERO;
for (Long categoryId : CATEGORIES) {
    List<Item> items =                     ❶
        em.createQuery("select i from Item i where i.category.id = :catId", Item.class)
            .setLockMode(LockModeType.PESSIMISTIC_READ)
            .setHint("javax.persistence.lock.timeout", 5000)
            .setParameter("catId", categoryId)
            .getResultList();
    for (Item item : items)                ❷
        totalPrice = totalPrice.add(item.getBuyNowPrice());
    // ... 또 다른 트랜잭션에서 잠금을 얻으려 시도하고 실패함
```

```
}
em.getTransaction().commit();        ❸
em.close();


assertEquals(0, totalPrice.compareTo(new BigDecimal("108")));
```

❶ 각 Category에 대해 모든 Item 인스턴스를 PESSIMISTIC_READ 잠금 모드에서 쿼리합니다. 하이버네이트는 SQL 쿼리로 데이터베이스의 로우를 잠급니다. 다른 트랜잭션이 충돌하는 잠금을 보유하고 있는 경우, 가능하다면 5초 정도 기다립니다. 잠금을 얻을 수 없다면 쿼리는 예외를 던집니다.

❷ 쿼리가 성공적으로 반환되면 데이터에 대한 배타적 잠금을 보유하고, 이 트랜잭션이 커밋되기 전까지는 다른 트랜잭션이 배타적 잠금을 사용해 데이터에 접근하거나 데이터를 수정할 수 없습니다.

❸ 커밋 후 트랜잭션이 완료되면 잠금이 해제됩니다.

JPA 명세에서는 반복 가능한 읽기를 보장하는 PESSIMISTIC_READ 잠금 모드를 정의합니다. 또한 JPA에는 PESSIMISTIC_WRITE 모드도 표준화돼 있는데, 이 모드에서는 반복 가능 읽기에 더해 JPA 공급자가 데이터 접근을 직렬화해야 하며, 팬텀 읽기가 발생할 수 없습니다.

이러한 요구사항을 구현하는 것은 JPA 공급자의 몫입니다. 두 모드 모두에서 하이버네이트는 데이터를 로드할 때 SQL 쿼리에 FOR UPDATE 절을 추가합니다. 이렇게 하면 데이터베이스 수준에서 로우에 잠금이 설정됩니다. 하이버네이트에서 사용하는 잠금의 종류는 LockModeType 및 하이버네이트 데이터베이스 방언에 따라 다릅니다.

- H2에서 쿼리는 SELECT * FROM ITEM ... FOR UPDATE입니다. H2는 한 가지 유형의 배타적 잠금만 지원하므로 하이버네이트는 모든 비관적 모드에 대해 동일한 SQL을 생성합니다.

- 반면 PostgreSQL은 공유 읽기 잠금을 지원합니다. 즉, PESSIMISTIC_READ 모드는 SQL 쿼리에 FOR SHARE를 추가합니다. PESSIMISTIC_WRITE는 FOR UPDATE와 함께 배타적 쓰기 잠금을 사용합니다.

- MySQL에서 PESSIMISTIC_READ는 LOCK IN SHARE MODE로, PESSIMISTIC_WRITE는 FOR UPDATE로 변환됩니다.

구체적인 내용은 데이터베이스 방언을 확인합니다. 잠금은 getReadLockString()과 getWriteLockString() 메서드로 구성합니다.

JPA에서 비관적 잠금의 지속 범위는 단일 데이터베이스 트랜잭션입니다. 즉, 단일 데이터베이스 트랜잭션보다 긴 시간 동안 동시 접근을 차단하기 위해 배타적 잠금을 사용할 수 없습니다. 데이터베이스 잠금을 얻을 수 없는 경우 예외가 발생합니다.

이를 하이버네이트가 쿼리 시점이 아닌 커밋 시점에 예외를 던지는 낙관적 접근 방식과 비교해 봅시다. 비관적 전략에서는 잠금 쿼리가 성공하는 즉시 데이터를 안전하게 읽고 쓸 수 있다는 것을 알 수 있습니다. 낙관적 접근 방식에서는 최선을 다하지만 나중에 커밋할 때 깜짝 놀랄 수도 있습니다.

오프라인 잠금

비관적 데이터베이스 잠금은 단일 트랜잭션에 대해서만 유지됩니다. 다른 잠금 구현도 가능한데, 예를 들어, 메모리에 잠금을 유지하거나 데이터베이스에 잠금 테이블이라고 하는 잠금을 둘 수 있습니다. 이러한 종류의 잠금을 가리키는 일반적인 이름은 **오프라인 잠금**(offline lock)입니다.

단일 데이터베이스 트랜잭션보다 더 오래 비관적 방식으로 잠그면 대개 성능 병목 현상이 발생합니다. 모든 데이터 접근은 전역적으로 동기화된 잠금 관리자에 대한 별도의 잠금 확인을 수반하기 때문입니다. 그러나 다음 장에서 살펴보겠지만 낙관적 잠금은 장기적으로 실행되는 대화형 처리 방식(conversation)을 위한 완벽한 동시성 제어 전략이며, 성능도 우수합니다. 충돌이 감지된 후 어떤 일이 발생하는지 결정하는 충돌 해결 전략에 따라 애플리케이션 사용자는 동시 접근을 차단하는 것과 마찬가지로 낙관적 잠금에 만족할 수도 있습니다. 또한 다른 사용자가 동일한 데이터를 보는 동안 특정 화면을 잠그지 않는 애플리케이션에 만족할 수도 있습니다.

`javax.persistence.lock.timeout` 힌트를 이용해 데이터베이스가 잠금을 얻기 위해 대기하고 쿼리를 차단할 시간을 밀리초 단위로 구성할 수 있습니다. 힌트와 마찬가지로 데이터베이스 제품에 따라 하이버네이트가 이를 무시할 수도 있습니다. 예를 들어, H2는 특정 쿼리에 대한 잠금 시간 제한을 지원하지 않고 연결에 대한 전역 잠금 시간 제한만 지원합니다(기본값은 1초). PostgreSQL이나 Oracle 같은 일부 데이터베이스에서는 잠금 시간 제한이 0이면 SQL 문자열에 `NOWAIT` 절이 추가됩니다.

다음은 `Query`에 적용된 잠금 시간 제한 힌트를 보여줍니다. `find()` 연산에 대한 시간 제한 힌트도 설정할 수 있습니다.

```
FILE /Ch11/transactions/src/test/java/com/manning/javapersistence/ch11/concurrency/Locking.java –
findLock()

EntityManager em = emf.createEntityManager();
em.getTransaction().begin();

Map<String, Object> hints = new HashMap<>();
hints.put("javax.persistence.lock.timeout", 5000);
```

```
Category category =          ❶
    em.find(
            Category.class,
            CATEGORY_ID,
            LockModeType.PESSIMISTIC_WRITE,
            hints
    );

category.setName("New Name");

em.getTransaction().commit();
em.close();
```

❶ 방언에서 지원되는 경우 SELECT ... FOR UPDATE WAIT 5000을 실행합니다.

잠금을 얻을 수 없는 경우 하이버네이트는 javax.persistence.LockTimeoutException 또는 javax. persistence.PessimisticLockException을 던집니다. 하이버네이트가 PessimisticLockException을 던지면 트랜잭션을 롤백하고 작업 단위를 종료해야 합니다. 반면 제한 시간 초과 예외는 트랜잭션에 치명적이지 않습니다. 하이버네이트가 어느 예외를 다시 던질지는 SQL 방언에 따라 다릅니다. 예를 들어, H2는 SQL 문별로 잠금 시간 제한을 지원하지 않기 때문에 항상 PessimisticLockException이 발생합니다.

엔티티 버전 관리를 활성화하지 않은 경우에도 PESSIMISTIC_READ 및 PESSIMISTIC_WRITE 잠금 모드를 모두 사용할 수 있습니다. 두 잠금 모드는 데이터베이스 수준 잠금을 가진 SQL 문으로 변환됩니다.

특별한 PESSIMISTIC_FORCE_INCREMENT 모드에서는 버전 관리 엔티티를 필요로 합니다. 하이버네이트에서는 이 모드가 FOR UPDATE NOWAIT 잠금(또는 해당 방언이 지원하는 잠금에 대해서는 getForUpdateNowaitString() 구현을 확인)을 실행합니다. 그러고 나면 쿼리가 반환된 직후 하이버네이트가 버전을 증가시키고 반환된 각 엔티티 인스턴스에 대해 UPDATE를 수행합니다. 이렇게 하면 지금까지 데이터를 수정하지 않았더라도 동시 트랜잭션에 이러한 로우를 업데이트했음을 알립니다. 이 모드는 이번 장 앞부분의 "강제적인 버전 증가" 절에서 설명한 애그리거트 잠금을 제외하고는 그다지 유용하지 않습니다.

READ 및 WRITE 잠금 모드는 어떤가요?

이 두 가지는 JPA 1.0의 잠금 모드이므로 더 이상 사용해서는 안 됩니다. LockModeType.READ는 OPTIMISTIC과 동일하며, LockModeType.WRITE는 OPTIMISTIC_FORCE_INCREMENT와 동일합니다.

비관적 잠금을 활성화하면 하이버네이트가 엔티티 인스턴스 상태에 해당하는 로우만 잠급니다. 즉, Item 인스턴스를 잠그면 하이버네이트가 ITEM 테이블의 해당 로우를 잠급니다. 조인된 상속 매핑 전략이 있는 경우 하이버네이트가 이를 인식하고 상위 테이블 및 하위 테이블에서 적절한 로우를 잠급니다. 이는 엔티티의 모든 보조 테이블 매핑에도 적용됩니다. 하이버네이트는 전체 로우를 잠그기 때문에 해당 로우에 외래키가 있는 모든 관계도 사실상 잠깁니다. 예를 들어, SELLER_ID 외래키 칼럼이 ITEM 테이블에 있을 경우 Item#seller 연관관계는 잠기지만 실제 Seller 인스턴스는 잠기지 않습니다! 외래키가 다른 테이블에 있는 Item의 컬렉션이나 다른 연관관계도 마찬가지입니다.

잠금 범위 확장하기

JPA 2.0에는 PessimisticLockScope.EXTENDED 옵션이 정의돼 있습니다. 이 옵션은 javax.persistence.lock.scope를 통해 쿼리 힌트로 설정할 수 있습니다. 이 옵션을 활성화하면 영속성 엔진이 잠긴 데이터의 범위를 확장해서 잠긴 엔티티의 컬렉션 및 연관관계 조인 테이블에 있는 모든 데이터를 포함하게 됩니다.

DBMS에서 배타적 잠금을 사용하면 교착 상태(deadlock)가 발생해서 트랜잭션이 실패할 수 있습니다. 이를 방지하는 방법을 살펴보겠습니다.

11.2.4 교착 상태 방지

DBMS가 트랜잭션 격리를 구현하기 위해 배타적 잠금에 의존하는 경우 교착 상태가 발생할 수 있습니다. 다음과 같이 특정 순서로 두 개의 Item 엔티티 인스턴스를 업데이트하는 작업 단위를 봅시다.

```
EntityManager em = emf.createEntityManager();
em.getTransaction().begin();

Item itemOne = em.find(Item.class, ITEM_ONE_ID);
itemOne.setName("First new name");

Item itemTwo = em.find(Item.class, ITEM_TWO_ID);
itemTwo.setName("Second new name");

em.getTransaction().commit();
em.close();
```

하이버네이트는 영속성 컨텍스트가 플러시될 때 두 개의 SQL UPDATE 문을 실행합니다. 첫 번째 UPDATE는 ID가 1인 Item을 나타내는 로우를 잠그고, 두 번째 UPDATE는 ID가 2인 Item을 나타내는 로우를 잠급니다.

```
update ITEM set ... where ID = 1; ❶
update ITEM set ... where ID = 2; ❷
```

❶ 로우 1을 잠금

❷ 로우 2를 잠그려고 시도

Item 업데이트 순서가 반대인 비슷한 절차가 동시 트랜잭션에서 실행되면 교착 상태가 발생할 수 있습니다(또는 발생하지 않을 수도 있습니다!).

```
update ITEM set ... where ID = 2; ❶
update ITEM set ... where ID = 1; ❷
```

❶ 로우 2를 잠금

❷ 로우 1을 잠그려고 시도

교착 상태가 발생하면 두 트랜잭션이 모두 차단되어 진행할 수 없으며, 각각 잠금이 해제될 때까지 대기하게 됩니다. 일반적으로 교착 상태가 발생할 가능성은 낮지만 동시 접속이 많은 애플리케이션에서는 두 개의 하이버네이트 애플리케이션이 이처럼 동시에 업데이트를 실행할 수 있습니다. 테스트 중에는 교착 상태가 보이지 않을 수도 있습니다(올바른 종류의 테스트를 작성하지 않을 경우). 교착 상태는 애플리케이션이 프로덕션 환경에서 높은 트랜잭션 부하를 처리해야 할 때 갑자기 나타날 수 있습니다. 일반적으로 DBMS는 교착 상태인 트랜잭션 중 하나를 시간 제한이 지난 후에 종료시켜 해당 트랜잭션이 실패하고 나면 다른 트랜잭션이 계속 진행될 수 있습니다. 또는 DBMS가 교착 상태를 자동으로 감지해서 트랜잭션 중 하나를 즉시 중단시킬 수도 있습니다.

트랜잭션 실패는 애플리케이션 코드에서 복구하기 어렵기 때문에 피해야 합니다. 한 가지 해결책은 단일 로우를 업데이트했을 때 전체 테이블이 잠기는 경우 데이터베이스 연결을 **직렬화 가능** 모드로 실행하는 것입니다. 동시 트랜잭션은 첫 번째 트랜잭션이 작업을 완료할 때까지 기다려야 합니다. 또는 이전 절에서 설명한 것처럼 첫 번째 트랜잭션이 데이터를 SELECT할 때 모든 데이터에 대한 배타적 잠금을 얻을 수 있습니다. 그러면 모든 동시 트랜잭션도 이 잠금이 해제될 때까지 기다려야 합니다.

교착 상태의 가능성을 크게 줄이는 다른 실용적인 최적화는 기본키 값을 기준으로 UPDATE 문을 정렬하는 것입니다. 즉, 하이버네이트가 애플리케이션에서 데이터를 로드하고 수정한 순서와 관계없이 항상 기본키가 2인 로우를 업데이트하기 전에 기본키가 1인 로우를 업데이트해야 합니다. `hibernate.order_updates` 구성 프로퍼티를 사용해 전체 영속성 단위에 대해 이 같은 최적화를 활성화할 수 있습니다. 그러면 하이버네이트가 플러시 중에 감지된 수정된 엔티티 인스턴스와 컬렉션 요소의 기본키 값에 따라 모든 UPDATE 문의 순서를 오름차순으로 정렬합니다. (앞에서 언급했듯이 사용 중인 DBMS 제품의 트랜잭션 및 잠금의 동작 방식을 완전히 이해해야 합니다. 예를 들어, MVCC(multi-version concurrency control; 다중 버전 동시성 제어) 데이터베이스 제품은 읽기 잠금을 피할 수 있지만 쓰기 격리를 위해 배타적 잠금에 의존할 수 있으며, 교착 상태가 발생할 수 있습니다.)

`EntityManager#lock()` 메서드에 대해서는 언급할 기회가 없었습니다. 이 메서드는 이미 로드된 영속 엔티티 인스턴스와 잠금 모드를 받습니다. 이 메서드는 인스턴스를 로드하지 않는다는 점을 제외하면 `find()`와 `Query`에서 본 것과 동일한 잠금을 수행합니다. 또한 버전 관리가 적용된 엔티티가 비관적으로 잠기는 경우 `lock()` 메서드는 데이터베이스에서 즉각적인 버전 확인을 수행하고 잠재적으로 `OptimisticLockException`을 던집니다. 데이터베이스에 지정된 엔티티 인스턴스에 해당하는 로우가 더는 존재하지 않으면 하이버네이트는 `EntityNotFoundException`을 던집니다. 마지막으로, `EntityManager#refresh()` 메서드는 잠금 모드도 전달받으며, 동일한 시맨틱을 가집니다.

지금까지 가장 낮은 수준인 데이터베이스에서의 동시성 제어와 JPA의 낙관적 및 비관적 잠금 기능을 살펴봤습니다. 아직 한 가지 더 살펴봐야 할 동시성 측면이 있는데, 바로 트랜잭션 외부의 데이터에 접근하는 것입니다.

11.3 비트랜잭션 방식의 데이터 접근

JDBC Connection은 기본적으로 **자동 커밋(auto-commit)** 모드입니다. 이 모드는 임시(ad hoc) SQL을 실행할 때 유용합니다.

SQL 콘솔로 데이터베이스에 연결해서 몇 가지 쿼리를 실행하고 로우를 업데이트하거나 삭제한다고 상상해 봅시다. 이러한 방식의 데이터 접근은 즉흥적으로 이뤄지며, 대부분의 경우 작업 단위로 간주될 만한 계획이나 연속으로 실행되는 SQL 문이 없습니다. 데이터베이스 연결의 기본 자동 커밋 모드는 이러한 종류의 데이터 접근에 적합하며, SQL 문을 작성하고 실행할 때마다 `begin transaction`과 `end transaction`을 입력하고 싶지는 않을 것입니다.

자동 커밋 모드에서는 데이터베이스에 보내는 각 SQL 문에 대해 (짧은) 데이터베이스 트랜잭션이 시작되고 종료됩니다. SQL 콘솔에 사용되는 세션에 대해서는 원자성이나 격리 보장이 없으므로 사실상 비트랜잭션 모드에서 작업하는 것과 같습니다. (각 SQL 문이 원자적이라는 것만이 유일하게 보장됩니다.)

기본적으로 애플리케이션은 항상 계획된 SQL 문들을 실행합니다. 따라서 항상 트랜잭션 경계를 생성해서 각 SQL 문을 원자적이고 서로 격리된 단위로 그룹화할 수 있는 것이 합리적입니다. 그러나 JPA에서는 자동 커밋 모드와 관련된 특별한 동작이 있으며, 장기적으로 실행되는 대화형 처리를 구현하는 데 필요할 수 있습니다. 자동 커밋 모드에서 데이터베이스에 접근하고 데이터를 읽을 수 있습니다.

11.3.1 자동 커밋 모드에서 데이터 읽기

이번에는 Item 인스턴스를 로드하고 name을 변경한 다음, 새로 고침을 통해 해당 변경 사항을 롤백하는 예제를 살펴보겠습니다.

EntityManager를 생성할 때는 트랜잭션이 활성화돼 있지 않습니다. 영속성 컨텍스트는 특별한 비동기화 모드에 있을 것이며, 하이버네이트는 자동으로 플러시하지 않을 것입니다. 데이터를 읽기 위해 데이터베이스에 접근할 수 있으며, 이러한 작업은 SELECT를 실행하게 되며, 자동 커밋 모드로 데이터베이스에 전송됩니다.

일반적으로 하이버네이트는 Query를 실행할 때 영속성 컨텍스트를 플러시합니다(10.2.9절 참고). 컨텍스트가 동기화되지 않은 경우 플러시가 발생하지 않으며, 쿼리는 이전의 원본 데이터베이스 값을 반환합니다. 스칼라 결과를 반환하는 쿼리에서는 반복 불가능한 읽기가 발생할 수 있습니다. 즉, 데이터베이스에 있는 값과 ResultSet으로 하이버네이트에 전달된 값을 보게 됩니다. 동기화 모드에 있는 경우에도 반복 불가능한 읽기가 발생할 수 있습니다.

관리되는 엔티티 인스턴스를 조회할 경우 현재 영속성 컨텍스트에서 JDBC 결과 집합을 마샬링하는 중에 조회가 이뤄집니다. 이미 로드된 인스턴스는 이름이 변경된 상태로 영속성 컨텍스트로부터 반환됩니다. 즉, 데이터베이스의 값은 무시됩니다(예제 11.7 참고). 이는 시스템 트랜잭션 없이도 엔티티 인스턴스의 반복 가능한 읽기에 해당합니다.

새 Item#name을 저장하기 위해 수동으로 영속성 컨텍스트를 플러시하려고 하면 하이버네이트가 javax.persistence.TransactionRequiredException을 던집니다. 비동기화 모드에서는 UPDATE를 실행할 수 없는데, 변경 사항을 롤백할 수 없을 것이기 때문입니다.

refresh() 메서드를 사용하면 변경 사항을 롤백할 수 있습니다. 이 메서드는 데이터베이스에서 현재 Item 상태를 로드하고 메모리상에서 변경한 내용을 덮어씁니다.

예제 11.7 자동 커밋 모드에서 데이터 읽기

FILE Ch11/transactions4/src/test/java/com/manning/javapersistence/ch11/concurrency/NonTransactional.java

```java
EntityManager em = emf.createEntityManager();          ❶

Item item = em.find(Item.class, ITEM_ID);          ❷
item.setName("New Name");

assertEquals(          ❸
    "Original Name",
    em.createQuery("select i.name from Item i where i.id = :id",
    String.class)
        .setParameter("id", ITEM_ID).getSingleResult()
);

assertEquals(          ❹
    "New Name",
    em.createQuery("select i from Item i where i.id = :id". Item.class)
        .setParameter("id", ITEM_ID).getSingleResult().getName()
);
// em.flush();   ❺

em.refresh(item);          ❻
assertEquals("Original Name", item.getName());

em.close();
```

❶ EntityManager를 생성할 때 트랜잭션이 활성화돼 있지 않습니다.

❷ 데이터를 읽기 위해 데이터베이스에 접근합니다.

❸ 컨텍스트가 동기화되지 않으므로 플러시가 발생하지 않으며, 쿼리는 이전의 원래 데이터베이스 값을 반환합니다.

❹ 이미 로드된 Item 인스턴스가 이름이 변경된 상태로 영속성 컨텍스트로부터 반환되며, 데이터베이스의 값은 무시됩니다.

❺ 비동기화 모드에서는 변경 사항을 롤백할 수 없을 것이므로 UPDATE를 실행할 수 없습니다.

❻ refresh() 메서드로 변경 사항을 롤백합니다.

동기화되지 않은 영속성 컨텍스트에서는 find(), getReference(), refresh() 또는 쿼리를 사용해 자동 커밋 모드에서 데이터를 읽습니다. 필요에 따라 데이터를 로드할 수도 있는데, 프락시에 접근하면 프락시가 초기화되고 컬렉션을 순회하기 시작하면 컬렉션이 로드됩니다. 그러나 영속성 컨텍스트를 플러시하거나 LockModeType.NONE이 아닌 다른 것으로 데이터를 잠그려고 하면 TransactionRequiredException이 발생합니다.

지금까지는 자동 커밋 모드가 그다지 유용해 보이지 않습니다. 실제로 많은 개발자가 잘못된 이유로 자동 커밋을 사용하는 경우가 많습니다.

- SQL 문별로 생성되는 다수의 소규모 데이터베이스 트랜잭션(자동 커밋이 의미하는 바와 같이)은 애플리케이션의 성능을 향상시키지 못합니다.

- 애플리케이션의 확장성이 향상되지 않습니다. 모든 SQL 문에 대해 다수의 소규모 트랜잭션을 생성하는 것에 비해 오래 실행되는 데이터베이스 트랜잭션이 데이터베이스 잠금을 더 오래 보유하고 있을 거라 생각할 수도 있지만 이것은 사소한 문제에 불과합니다. 왜냐하면 하이버네이트는 트랜잭션 내에서 가능한 한 늦게 데이터베이스에 쓰기 때문에(커밋 시 플러시) 데이터베이스는 이미 짧은 시간 동안 쓰기 잠금을 보유하고 있습니다.

- 애플리케이션이 동시에 데이터를 수정하는 경우 자동 커밋은 더 약한 격리 보장을 제공합니다. 자동 커밋 모드에서는 읽기 잠금을 기반으로 한 반복 가능한 읽기가 불가능합니다. (이 경우 영속성 컨텍스트 캐시가 도움이 됩니다.)

- DBMS에 MVCC가 있는 경우(예: Oracle 또는 PostgreSQL) 반복 불가능한 읽기 및 팬텀 읽기를 방지하기 위해 DBMS의 **스냅숏 격리** 기능을 사용하고 싶을 것입니다. 각 트랜잭션은 데이터의 자체 스냅숏을 가져오며, 트랜잭션이 시작되기 전의 (데이터베이스 내부) 버전의 데이터만 볼 수 있습니다. 자동 커밋 모드에서는 트랜잭션 범위가 없기 때문에 스냅숏 격리가 의미가 없습니다.

- 자동 커밋을 사용하면 코드를 이해하기가 더 어려워집니다. 코드를 읽는 모든 이들이 영속성 컨텍스트가 트랜잭션과 결합돼 있는지 또는 비동기화 모드에 있는지 여부에 특별히 주의를 기울여야 합니다. 항상 시스템 트랜잭션으로 작업을 그룹화하면 데이터만 읽더라도 누구나 이처럼 간단한 규칙을 따를 수 있으며, 발견하기 힘든 동시성 문제가 발생할 가능성이 줄어듭니다.

그렇다면 동기화되지 않은 영속성 컨텍스트의 장점은 무엇일까요? 플러시가 자동으로 수행되지 않는 경우 트랜잭션 외부에서 수정 사항을 준비하고 **대기열**에 넣을 수 있습니다.

11.3.2 수정사항을 대기열에 넣기

다음 예제에서는 동기화되지 않은 EntityManager를 사용해 새 Item 인스턴스를 저장합니다.

persist()를 호출해서 동기화되지 않은 영속성 컨텍스트로 비영속 엔티티 인스턴스를 저장할 수 있습니다. 일반적으로 하이버네이트는 데이터베이스 시퀀스를 호출해서 새 식별자 값만 가져와 인스턴스에 할당합니다. 인스턴스는 컨텍스트에서 영속 상태가 되지만 SQL INSERT는 수행되지 않습니다. 이것은 **삽입 전 (pre-insert)** 식별자 생성기에서만 가능합니다(5.2.5절 참조).

변경 사항을 저장할 준비가 되면 영속성 컨텍스트를 트랜잭션에 연동해야 합니다. 트랜잭션이 커밋되면 평소처럼 동기화와 플러시가 발생합니다. 그럼 하이버네이트는 대기열에 있던 연산들을 데이터베이스에 씁니다.

```
FILE  Ch11/transactions4/src/test/java/com/manning/javapersistence/ch11/concurrency/NonTransactiona
l.java

EntityManager em = emf.createEntityManager();

Item newItem = new Item("New Item");
em.persist(newItem);                ❶
assertNotNull(newItem.getId());

em.getTransaction().begin();        ❷
if (!em.isJoinedToTransaction()) {
    em.joinTransaction();
}
em.getTransaction().commit();       ❸
em.close();
```

❶ persist()를 호출해서 동기화되지 않은 영속성 컨텍스트를 통해 비영속 엔티티 인스턴스를 저장합니다.

❷ 영속성 컨텍스트를 트랜잭션과 연동합니다.

❸ 트랜잭션이 커밋될 때 동기화와 플러시가 발생합니다.

준영속 엔티티 인스턴스의 병합된 변경 사항들도 대기열에 추가될 수 있습니다.

```
FILE  Ch11/transactions4/src/test/java/com/manning/javapersistence/ch11/concurrency/NonTransactiona
l.java

detachedItem.setName("New Name");
EntityManager em = emf.createEntityManager();

Item mergedItem = em.merge(detachedItem);   ❶
em.getTransaction().begin();
```

```
em.joinTransaction();
em.getTransaction().commit();                    ❷
em.close();
```

❶ merge()를 실행하면 하이버네이트가 자동 커밋 모드에서 SELECT를 실행합니다.

❷ 연동된 트랜잭션이 커밋되기 전까지 하이버네이트가 UPDATE를 보류합니다.

대기열에 추가하는 것은 엔티티 인스턴스를 제거하거나 DELETE 연산에서도 작동합니다.

FILE Ch11/transactions4/src/test/java/com/manning/javapersistence/ch11/concurrency/NonTransactional.java

```
EntityManager em = emf.createEntityManager();

Item item = em.find(Item.class, ITEM_ID);
em.remove(item);

em.getTransaction().begin();
em.joinTransaction();
em.getTransaction().commit();
em.close();
```

따라서 동기화되지 않은 영속성 컨텍스트를 사용하면 트랜잭션으로부터 영속성 연산을 분리할 수 있습니다. 트랜잭션(및 클라이언트/서버 요청)과 무관하게 데이터에 대한 변경 사항을 대기열에 추가하는 것은 영속성 컨텍스트의 주요 기능 중 하나입니다.

하이버네이트의 MANUAL 플러시 모드

하이버네이트는 별도의 FlushMode.MANUAL과 함께 Session#setFlushMode() 메서드를 제공합니다. 이것은 연동된 트랜잭션이 커밋되는 경우에도 영속성 컨텍스트의 자동 플러시를 비활성화하는 훨씬 더 편리한 수단입니다. 이 모드에서는 데이터베이스와 동기화하려면 명시적으로 flush()를 호출해야 합니다. JPA에서는 이것이 "트랜잭션 커밋은 항상 미반영된 변경 사항을 기록해야 한다"라는 개념이었기 때문에 비동기화 모드를 통해 읽기와 쓰기가 분리됐습니다. 여기에 동의하지 않거나 자동 커밋 문을 원하지 않는 경우 Session API를 사용해 수동 플러시를 활성화하면 됩니다. 그러면 모든 작업 단위에서 반복 가능한 읽기와 MVCC 데이터베이스의 스냅숏 격리가 가능한 일반적인 트랜잭션 경계를 설정할 수 있지만 그럼에도 여전히 영속성 컨텍스트에 나중에 실행할 변경 사항을 대기열에 추가하고 트랜잭션이 커밋되기 전에 수동으로 flush()를 실행할 수 있습니다.

11.4 스프링 및 스프링 데이터를 이용한 트랜잭션 관리

이제 스프링과 스프링 데이터를 이용해 트랜잭션을 구현하는 방법을 살펴보겠습니다. 스프링에서 사용하는 트랜잭션 모델은 하이버네이트, JPA, 스프링 데이터 JPA 같은 다양한 API에 적용 가능합니다. 트랜잭션 관리는 이미 앞에서 설명한 것처럼 프로그래밍 방식으로 할 수도 있고, 이번 절에서 주로 사용할 애너테이션을 사용해 선언적으로 할 수도 있습니다.

핵심적인 스프링 트랜잭션 추상화는 `org.springframework.transaction.PlatformTransactionManager` 인터페이스에 의해 정의됩니다.

```
public interface PlatformTransactionManager extends TransactionManager {
    TransactionStatus getTransaction(@Nullable TransactionDefinition definition)
            throws TransactionException;
    void commit(TransactionStatus status) throws TransactionException;
    void rollback(TransactionStatus status) throws TransactionException;
}
```

일반적으로 이 인터페이스는 직접적으로 사용되는 일이 없습니다. 애너테이션을 통해 선언적으로 트랜잭션을 표시하거나 프로그래밍 방식으로 트랜잭션을 정의하기 위해 `TransactionTemplate`을 사용할 수 있습니다.

스프링에서는 앞서 설명한 ANSI 격리 수준을 사용합니다. 복습 차원에서 11.2.1절, 특히 격리 수준과 격리 수준에서 해결되는 문제를 요약한 표 11.1을 다시 살펴보기 바랍니다.

11.4.1 트랜잭션 전파

스프링은 트랜잭션 전파 문제를 처리합니다. 간단히 말해, methodA에 트랜잭션이 적용된 상태에서 methodB를 호출하는 경우 트랜잭션 관점에서 후자는 어떻게 동작할까요? 그림 11.5를 봅시다.

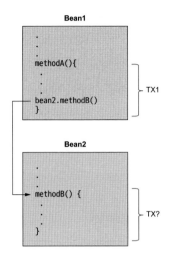

그림 11.5 트랜잭션 전파의 개념

1. Bean1에는 트랜잭션 TX1에서 실행되어 트랜잭션이 적용된 methodA가 포함돼 있습니다.

2. methodA에서는 bean2.methodB()를 호출하고, 여기에도 트랜잭션이 적용돼 있습니다.

methodB는 어떤 어떤 트랜잭션에서 실행될까요?

스프링에서는 org.springframework.transaction.annotation.Propagation 열거형을 통해 사용 가능한 전파 방식을 정의합니다.

- REQUIRED: 트랜잭션이 진행 중인 경우 해당 트랜잭션 내에서 실행을 계속합니다. 그렇지 않으면 새 트랜잭션이 생성됩니다. REQUIRED는 스프링의 기본 트랜잭션 전파 방식입니다.

- SUPPORTS: 트랜잭션이 진행 중이면 해당 트랜잭션 내에서 실행을 계속합니다. 그렇지 않으면 트랜잭션이 생성되지 않습니다.

- MANDATORY: 트랜잭션이 진행 중이면 해당 트랜잭션 내에서 실행을 계속합니다. 그렇지 않으면 Transaction RequiredException 예외가 발생합니다.

- REQUIRES_NEW: 트랜잭션이 진행 중인 경우 해당 트랜잭션이 일시 중단되고 새 트랜잭션이 시작됩니다. 그렇지 않은 경우에도 새 트랜잭션이 생성됩니다.

- NOT_SUPPORTED: 트랜잭션이 진행 중인 경우 트랜잭션이 일시 중단되고 비트랜잭션 방식으로 실행이 계속됩니다. 그렇지 않은 경우 실행을 계속합니다.

- **NEVER**: 트랜잭션이 진행 중이면 `IllegalTransactionStateException`이 발생합니다. 그렇지 않은 경우 실행을 계속합니다.

- **NESTED**: 트랜잭션이 진행 중이면 해당 트랜잭션의 하위 트랜잭션이 생성되고 동시에 저장점이 만들어집니다. 하위 트랜잭션이 실패하면 해당 저장점으로 실행이 롤백됩니다. 원래 진행 중이던 트랜잭션이 없는 경우 새 트랜잭션이 생성됩니다.

표 11.2에 스프링에서 가능한 트랜잭션 전파 방식을 정리했습니다(T1과 T2는 트랜잭션 1과 2입니다).

표 11.2 스프링에서의 트랜잭션 전파

트랜잭션 전파	호출자 메서드의 트랜잭션	호출된 메서드의 트랜잭션
REQUIRED	없음	T1
	T1	T1
SUPPORTS	없음	없음
	T1	T1
MANDATORY	없음	예외
	T1	T1
REQUIRES_NEW	없음	T1
	T1	T2
NOT_SUPPORTED	없음	없음
	T1	없음
NEVER	없음	없음
	T1	예외
NESTED	없음	T1
	T1	T2(저장점 생성)

11.4.2 트랜잭션 롤백

스프링 트랜잭션에는 기본 롤백 규칙이 정의돼 있는데, 바로 `RuntimeException`에 대해 트랜잭션이 롤백된다는 것입니다. 이러한 동작 방식은 재정의할 수 있으며, 어떤 예외가 트랜잭션을 자동으로 롤백하고 어떤 예외가 롤백하지 않을지 지정할 수 있습니다. 이때 `@Transactional` 애너테이션 프로퍼티인 `rollbackFor`, `rollbackForClassName`, `noRollbackFor`, `noRollbackForClassName`을 활용할 수 있습니다. 이러한 프로퍼티에 의해 결정되는 동작 방식이 표 11.3에 정리돼 있습니다.

표 11.3 트랜잭션 롤백 규칙

프로퍼티	타입	동작 방식
rollbackFor	Throwable을 확장하는 Class 객체의 배열	롤백을 유발해야 하는 예외 클래스를 정의합니다.
rollbackForClassName	Throwable을 확장하는 클래스명의 배열	롤백을 유발해야 하는 예외 클래스명을 정의합니다.
noRollbackFor	Throwable을 확장하는 Class 객체의 배열	롤백을 일으키지 않아야 하는 예외 클래스를 정의합니다.
noRollbackForClassName	Throwable을 확장하는 클래스명의 배열	롤백을 일으키지 않아야 하는 예외 클래스명을 정의합니다.

11.4.3 트랜잭션 프로퍼티

@Transactional 애너테이션은 표 11.4의 프로퍼티를 정의합니다. 여기서는 이미 앞에서 살펴본 격리와 전파, 기타 프로퍼티를 다루겠습니다. 모든 메타 정보는 트랜잭션 방식의 연산이 실행되는 방식에 따라 변경됩니다.

표 11.4 @Transactional 애너테이션 속성

프로퍼티	타입	동작 방식
isolation	Isolation 열거형	ANSI 표준에 따라 격리 수준을 선언합니다.
propagation	Propagation 열거형	표 11.2의 값을 따르는 전파 설정
timeout	int(초)	제한 시간이 지나면 트랜잭션이 자동으로 롤백됩니다.
readOnly	boolean	트랜잭션이 읽기 전용인지 읽기/쓰기인지 선언합니다. 읽기 전용 트랜잭션은 더 빠르게 만들 수 있는 최적화가 가능합니다.

@Transactional 애너테이션은 인터페이스나 인터페이스의 메서드, 클래스, 클래스의 메서드에 적용할 수 있습니다. 인터페이스나 클래스에 적용하면 해당 클래스나 인터페이스의 모든 메서드에 애너테이션이 적용됩니다. 특정 메서드에 다른 방식으로 애너테이션을 지정해 동작 방식을 변경할 수 있습니다. 또한 인터페이스 또는 인터페이스의 메서드에 애너테이션을 적용하면 해당 인터페이스를 구현하는 클래스 또는 해당 인터페이스를 구현하는 클래스의 해당 메서드가 애너테이션을 이어받습니다. 동작 방식은 재정의할 수 있습니다. 따라서 잘게 세분화된 동작에 대해서는 클래스의 메서드에 @Transactional 애너테이션을 적용하는 것이 좋습니다.

11.4.4 프로그래밍 방식의 트랜잭션 정의

선언적 트랜잭션 관리는 일반적으로 애플리케이션에서 스프링을 사용할 때 사용하는 방식입니다. 작성해야 할 코드가 적고, 애너테이션에서 제공하는 메타 정보를 통해 동작 방식이 결정됩니다. 그러나 TransactionTemplate 클래스를 이용한 프로그래밍 방식의 트랜잭션 관리도 가능합니다.

TransactionTemplate 객체가 생성되면 다음과 같이 트랜잭션의 동작을 프로그래밍 방식으로 정의할 수 있습니다.

```
TransactionTemplate transactionTemplate;
// ...
transactionTemplate.setIsolationLevel(
    TransactionDefinition.ISOLATION_REPEATABLE_READ);
transactionTemplate.setPropagationBehavior(
    TransactionDefinition.PROPAGATION_REQUIRES_NEW);
transactionTemplate.setTimeout(5);
transactionTemplate.setReadOnly(false);
```

트랜잭션의 동작을 정의하고 나면 TransactionTemplate 객체가 다음 코드와 같이 TransactionCallback 을 인수로 받는 execute 메서드를 통해 콜백 접근 방식을 지원합니다. 트랜잭션에서 실행할 작업은 doInTransaction 메서드에 정의합니다.

```
transactionTemplate.execute(new TransactionCallback() {
    public Object doInTransaction(TransactionStatus status) {
        // 트랜잭션에서 실행할 연산
    }
});
```

TransactionCallback은 함수형 인터페이스이므로(@FunctionalInterface 애너테이션도 있습니다) 앞의 코드를 다음과 같이 줄일 수 있습니다.

```
transactionTemplate.execute(status -> {
    // 트랜잭션에서 실행할 연산
});
```

11.4.5 스프링 및 스프링 데이터를 활용한 트랜잭션 방식의 개발

지금까지 CaveatEmptor 애플리케이션을 개발해 왔는데, 이제 품목을 처리할 때 작업의 결과를 기록하는 기능을 구현해 보겠습니다. 스프링 데이터 JPA를 이용해 구현을 시작하면서 먼저 예제 11.8에 나온 것처럼 ItemRepositoryCustom 인터페이스와 이 인터페이스의 메서드를 생성하겠습니다. 이러한 인터페이스를 **프래그먼트 인터페이스(fragment interface)**라고 하며, 이것의 목적은 나중에 구현에서 제공될 사용자 정의 기능으로 리포지터리를 확장하는 것입니다.

예제 11.8 ItemRepositoryCustom 인터페이스

FILE Ch11/transactions5-springdata/src/main/java/com/manning/javapersistence/ch11/repositories/ItemRepositoryCustom.java

```java
public interface ItemRepositoryCustom {
    void addItem(String name, LocalDate creationDate);
    void checkNameDuplicate(String name);
    void addLogs();
    void showLogs();
    void addItemNoRollback(String name, LocalDate creationDate);
}
```

다음으로 JpaRepository와 앞에서 선언한 ItemRepositoryCustom 인터페이스를 모두 확장하는 ItemRepository 인터페이스를 생성합니다. 또한 스프링 데이터 JPA의 명명 규칙에 따라 findByName 메서드를 선언하겠습니다.

예제 11.9 ItemRepository 인터페이스

FILE Ch11/transactions5-springdata/src/main/java/com/manning/javapersistence/ch11/repositories/ItemRepository.java

```java
public interface ItemRepository extends JpaRepository<Item, Long>,
                ItemRepositoryCustom {
    Optional<Item> findByName(String name);
}
```

그런 다음, 예제 11.10에 나온 것처럼 LogRepositoryCustom 인터페이스와 이 인터페이스의 메서드를 생성합니다. 이것도 프래그먼트 인터페이스이며, 다시 말하지만 프래그먼트 인터페이스의 목적은 나중에 구현에서 제공될 사용자 정의 기능으로 리포지터리를 확장하는 것입니다.

예제 11.10 LogRepositoryCustom 인터페이스

FILE Ch11/transactions5-springdata/src/main/java/com/manning/javapersistence/ch11/repositories/Log
RepositoryCustom.java

```java
public interface LogRepositoryCustom {
    void log(String message);
    void showLogs();
    void addSeparateLogsNotSupported();
    void addSeparateLogsSupports();
}
```

이제 JpaRepository와 이전에 선언한 LogRepositoryCustom 인터페이스를 모두 확장하는 LogRepository
인터페이스를 생성하겠습니다.

예제 11.11 LogRepository 인터페이스

FILE Ch11/transactions5-springdata/src/main/java/com/manning/javapersistence/ch11/repositories/Log
Repository.java

```java
public interface LogRepository extends JpaRepository<Log, Integer>,
                LogRepositoryCustom {
}
```

다음으로 ItemRepository의 구현 클래스를 작성하겠습니다. 이 클래스명의 핵심부는 Impl로 끝나
는 부분입니다. 이 클래스는 스프링 데이터에 연결되지 않으며 ItemRepositoryCustom만 구현합니
다. ItemRepository 빈을 주입할 때 스프링 데이터는 프락시 클래스를 생성해야 할 것입니다. 즉, 스프
링 데이터는 ItemRepository가 ItemRepositoryCustom을 구현한다는 것을 감지하고 사용자 정의 리
포지터리 구현으로 동작할 ItemRepositoryImpl이라는 클래스를 찾을 것입니다. 결과적으로, 주입된
ItemRepository 빈의 메서드는 ItemRepositoryImpl 클래스의 메서드와 동일한 동작을 하게 됩니다.

예제 11.12 ItemRepositoryImpl 클래스

FILE Ch11/transactions5-springdata/src/main/java/com/manning/javapersistence/ch11/repositories/Ite
mRepositoryImpl.java

```java
public class ItemRepositoryImpl implements ItemRepositoryCustom {
```

```java
@Autowired
private ItemRepository itemRepository;
                                              ❶
@Autowired
private LogRepository logRepository;

@Override
@Transactional(propagation = Propagation.MANDATORY)      ❷
public void checkNameDuplicate(String name) {
    if (itemRepository.findAll().stream().map(item ->
        item.getName()).filter(n -> n.equals(name)).count() > 0) {      ❸
        throw new DuplicateItemNameException("Item with name " + name +
                                        " already exists");
    }
}


@Override
@Transactional          ❹
public void addItem(String name, LocalDate creationDate) {
    logRepository.log("adding item with name " + name);
    checkNameDuplicate(name);
    itemRepository.save(new Item(name, creationDate));
}


@Override
@Transactional(noRollbackFor = DuplicateItemNameException.class)      ❺
public void addItemNoRollback(String name, LocalDate creationDate) {
    logRepository.save(new Log("adding log in method with no rollback for item " + name));
    checkNameDuplicate(name);
    itemRepository.save(new Item(name, creationDate));
}


@Override
@Transactional          ❹
public void addLogs() {
    logRepository.addSeparateLogsNotSupported();
}


@Override
@Transactional          ❹
```

```
    public void showLogs() {
        logRepository.showLogs();
    }
}
```

❶ ItemRepository와 LogRepository 빈을 의존성 자동 주입합니다.

❷ MANDATORY 전파 방식. 스프링 데이터가 트랜잭션이 이미 진행 중인지 확인하고 계속 진행합니다. 그렇지 않으면 예외가 발생합니다.

❸ 지정된 이름의 Item이 이미 존재하면 DuplicateItemNameException을 던집니다.

❹ 기본 전파 방식은 REQUIRED입니다.

❺ DuplicateItemNameException이 발생한 경우 트랜잭션이 롤백되지 않습니다.

다음으로 LogRepository에 대한 구현 클래스를 제공하겠습니다. ItemRepositoryImpl의 경우와 마찬가지로 이 클래스 이름의 핵심부는 Impl로 끝나는 부분입니다. 이 클래스는 LogRepositoryCustom만 구현합니다. LogRepository 빈을 주입하면 스프링 데이터는 LogRepository가 LogRepositoryCustom을 구현한다는 것을 감지하고 사용자 정의 리포지터리 구현으로 동작할 LogRepositoryImpl이라는 클래스를 찾습니다. 결과적으로, 주입된 LogRepository 빈의 메서드는 LogRepositoryImpl 클래스의 메서드와 동일한 동작을 하게 됩니다.

예제 11.13 LogRepositoryImpl 클래스

`FILE` Ch11/transactions5-springdata/src/main/java/com/manning/javapersistence/ch11/repositories/LogRepositoryImpl.java

```java
public class LogRepositoryImpl implements LogRepositoryCustom {
    @Autowired
    private LogRepository logRepository;              ❶

    @Override
    @Transactional(propagation = Propagation.REQUIRES_NEW)    ❷
    public void log(String message) {
        logRepository.save(new Log(message));         ❸
    }

    @Override
    @Transactional(propagation = Propagation.NOT_SUPPORTED)   ❹
    public void addSeparateLogsNotSupported() {
```

```
        logRepository.save(new Log("check from not supported 1"));
        if (true) throw new RuntimeException();
        logRepository.save(new Log("check from not supported 2"));
    }

    @Override
    @Transactional(propagation = Propagation.SUPPORTS)        ❺
    public void addSeparateLogsSupports() {
        logRepository.save(new Log("check from supports 1"));
        if (true) throw new RuntimeException();
        logRepository.save(new Log("check from supports 2"));
    }

    @Override
    @Transactional(propagation = Propagation.NEVER)  ❻
    public void showLogs() {
        System.out.println("Current log:");
        logRepository.findAll().forEach(System.out::println);
    }
}
```

❶ LogRepository 빈을 의존성 자동 주입합니다.

❷ REQUIRES_NEW 전파 방식. 스프링 데이터는 log를 호출한 메서드의 트랜잭션과는 독립적으로 별도의 트랜잭션에서 로깅을 실행 합니다.

❸ log 메서드는 메시지를 리포지터리에 저장합니다.

❹ NOT_SUPPORTED 전파 방식. 트랜잭션이 진행 중인 경우 트랜잭션이 일시 중단되고 비트랜잭션 방식으로 실행이 계속됩니다. 그 렇지 않을 경우 실행을 계속합니다.

❺ SUPPORTS 전파 방식. 트랜잭션이 진행 중이면 해당 트랜잭션 내에서 실행이 계속됩니다. 그렇지 않으면 트랜잭션이 생성되지 않 습니다.

❻ NEVER 전파 방식. 트랜잭션이 진행 중이면 IllegalTransactionStateException이 발생합니다. 그렇지 않으면 실행이 계속 됩니다.

이제 방금 작성한 트랜잭션 메서드의 동작을 확인하기 위한 테스트를 작성하겠습니다.

예제 11.14 TransactionPropagationTest 클래스

FILE Ch11/transactions5-springdata/src/test/java/com/manning/javapersistence/ch11/concurrency/Tran sactionPropagationTest.java

```
@ExtendWith(SpringExtension.class)
@ContextConfiguration(classes = {SpringDataConfiguration.class})
public class TransactionPropagationTest {

    @Autowired
    private ItemRepository itemRepository;                          ❶

    @Autowired
    private LogRepository logRepository;

    @BeforeEach
    public void clean() {
        itemRepository.deleteAll();                                 ❷
        logRepository.deleteAll();
    }

    @Test
    public void notSupported() {
        assertAll(
            () -> assertThrows(RuntimeException.class, () ->
                        itemRepository.addLogs()),                  ❸
            () -> assertEquals(1, logRepository.findAll().size()),
            () -> assertEquals("check from not supported 1",        ❹
                    logRepository.findAll().get(0).getMessage())
        );
        logRepository.showLogs();  ❺
    }

    @Test
    public void supports() {
        assertAll(
            () -> assertThrows(RuntimeException.class, () ->
                    logRepository.addSeparateLogsSupports()),       ❻
            () -> assertEquals(1, logRepository.findAll().size()),
            () -> assertEquals("check from supports 1",             ❼
                    logRepository.findAll().get(0).getMessage())
        );
        logRepository.showLogs();  ❽
```

```
    }

    @Test
    public void mandatory() {
        IllegalTransactionStateException ex =
            assertThrows(IllegalTransactionStateException.class,
                () -> itemRepository.checkNameDuplicate("Item1"));      ❾
        assertEquals("No existing transaction found for transaction marked with
propagation 'mandatory'", ex.getMessage());
    }

    @Test
    public void never() {
        itemRepository.addItem("Item1", LocalDate.of(2022, 5, 1));      ❿
        logRepository.showLogs();

        IllegalTransactionStateException ex =
            assertThrows(IllegalTransactionStateException.class,
                        () -> itemRepository.showLogs());                ⓫
        assertEquals(
            "Existing transaction found for transaction marked with propagation
'never'", ex.getMessage());
    }

    @Test
    public void requiresNew() {
        itemRepository.addItem("Item1", LocalDate.of(2022, 5, 1));
        itemRepository.addItem("Item2", LocalDate.of(2022, 3, 1));
        itemRepository.addItem("Item3", LocalDate.of(2022, 1, 1));

        DuplicateItemNameException ex =
            assertThrows(DuplicateItemNameException.class, () ->         ⓬
                itemRepository.addItem("Item2", LocalDate.of(2016, 3, 1)));
        assertAll(
            () -> assertEquals("Item with name Item2 already exists",
                        ex.getMessage()),                               ⓭
            () -> assertEquals(4, logRepository.findAll().size()),
            () -> assertEquals(3, itemRepository.findAll().size())      ⓮
        );
```

```
        System.out.println("Logs: ");
        logRepository.findAll().forEach(System.out::println);

        System.out.println("List of added items: ");
        itemRepository.findAll().forEach(System.out::println);
    }

    @Test
    public void noRollback() {
        itemRepository.addItemNoRollback("Item1", LocalDate.of(2022, 5, 1));
        itemRepository.addItemNoRollback("Item2", LocalDate.of(2022, 3, 1));
        itemRepository.addItemNoRollback("Item3", LocalDate.of(2022, 1, 1));

        DuplicateItemNameException ex =
            assertThrows(DuplicateItemNameException.class,
                () -> itemRepository.addItem("Item2",              ⑮
                    LocalDate.of(2016, 3, 1)));
        assertAll(
            () -> assertEquals("Item with name Item2 already exists",
                                ex.getMessage()),                  ⑯
            () -> assertEquals(4, logRepository.findAll().size()),
            () -> assertEquals(3, itemRepository.findAll().size()) ⑰
        );

        System.out.println("Logs: ");
        logRepository.findAll().forEach(System.out::println);

        System.out.println("List of added items: ");
        itemRepository.findAll().forEach(System.out::println);
    }
}
```

❶ ItemRepository와 LogRepository 빈을 의존성 자동 주입합니다.

❷ 각 테스트를 실행하기 전에 모든 Item 엔티티와 모든 Log 엔티티가 리포지터리에서 제거됩니다.

❸ addLogs 메서드는 트랜잭션을 시작하지만 addSeparateLogsNotSupported 메서드를 호출합니다. 이 메서드는 명시적으로 예외를 던지기 전에 앞에서 시작된 트랜잭션을 일시 중단합니다.

❹ 예외가 발생하기 전에 logRepository는 하나의 메시지를 저장할 수 있었습니다.

❺ showLog 메서드는 비트랜잭션 방식으로 하나의 메시지를 표시합니다.

❻ addSeparateLogsSupports 메서드는 명시적으로 예외를 던집니다.

❼ 예외가 발생하기 전에 logRepository는 하나의 메시지를 저장할 수 있었습니다.

❽ showLog 메서드는 비트랜잭션 방식으로 하나의 메시지를 표시합니다.

❾ checkNameDuplicate 메서드는 트랜잭션에서만 실행할 수 있으므로 트랜잭션 없이 이 메서드를 호출하면 Illegal TransactionStateException이 발생합니다. 여기서는 예외의 메시지도 확인합니다.

❿ 리포지터리에 Item을 추가하고 나면 트랜잭션 없이 LogRepository에서 showLogs 메서드를 호출해도 안전합니다.

⓫ 그러나 ItemRepository에서 호출하는 showLogs 메서드는 트랜잭션 방식으로 처리되므로 트랜잭션 내에서 LogRepository 에서 showLogs 메서드를 호출할 수 없습니다.

⓬ 리포지터리에 중복된 Item을 삽입하려고 하면 DuplicateItemNameException이 발생합니다.

⓭ 그러나 로그 메시지는 별도의 트랜잭션에 추가됐기 때문에 예외가 발생한 후에도 로그에 저장됩니다.

⓮ 리포지터리에는 4개의 로그 메시지(Item 삽입 시도가 성공 또는 실패할 때마다 하나씩)가 저장되지만 Item은 3개만 저장됩니다 (중복 Item은 거부됨).

⓯ 리포지터리에 중복된 Item을 삽입하려고 하면 DuplicateItemNameException이 발생합니다.

⓰ 그러나 트랜잭션이 롤백되지 않았기 때문에 예외가 발생한 후에도 로그 메시지가 로그에 저장됩니다. ItemRepository의 addItemNoRollback 메서드는 DuplicateItemNameException에 대해 롤백하지 않습니다.

⓱ 리포지터리에는 4개의 Log 메시지(Item 삽입 시도가 성공 또는 실패할 때마다 하나씩)가 저장되지만 Item은 3개만 저장됩니다 (중복 Item은 거부됨).

정리

- 하이버네이트는 데이터베이스의 동시성 제어 메커니즘에 의존하지만 자동 버전 관리와 영속성 컨텍스트 캐시 덕분에 트랜잭션에서 더 나은 격리를 보장합니다.

- 트랜잭션 경계를 프로그래밍 방식으로 설정할 수 있고 예외를 처리할 수 있습니다.

- 낙관적 동시성 제어와 명시적 비관적 잠금을 사용할 수 있습니다.

- 트랜잭션 외부에서 자동 커밋 모드와 동기화되지 않은 영속성 컨텍스트를 활용할 수 있습니다.

- 다양한 프로퍼티를 사용해서 트랜잭션을 정의하고 구성하면서 스프링 및 스프링 데이터로 트랜잭션을 이용해 작업을 수행할 수 있습니다.

12

페치 계획과 페치 전략,
페치 프로파일

이번 장에서 다루는 내용

- 지연 로딩과 즉시 로딩

- 페치 계획, 페치 전략, 페치 프로파일

- SQL 실행 최적화

이번 장에서는 1.2.5절에서 소개한 것처럼 탐색의 근본적인 ORM 문제, 즉 자바 코드와 관계형 데이터베이스 내에서 데이터에 접근하는 방법의 차이에 대한 하이버네이트의 해결책을 살펴보겠습니다. 또한 데이터베이스에서 데이터를 조회하는 방법과 이러한 로딩을 최적화하는 방법을 보여드리겠습니다.

하이버네이트는 데이터베이스에서 메모리로 데이터를 가져오는 다음과 같은 방법을 제공합니다.

- 식별자로 엔티티 인스턴스를 조회할 수 있습니다. 이 방법은 엔티티 인스턴스의 고유 식별자 값을 알고 있는 경우 가장 편리한 방법입니다(예: entityManager.find(Item.class, 123)).

- 이미 로드된 엔티티 인스턴스에서 시작해서 someItem.getSeller().getAddress().getCity() 등과 같은 프로퍼티 접근자 메서드를 통해 연결된 인스턴스에 접근해 엔티티 그래프를 탐색할 수 있습니다. 매핑된 컬렉션의 요소들도 컬렉션을 순회하기 시작할 때 필요에 따라 로드됩니다. 하이버네이트는 영속성 컨텍스트가 아직 열려 있는 경우 그래프의 노드를 자동으로 로드합니다. 접근자 메서드를 호출하고 컬렉션을 순회할 때 어떤 데이터가 로드되고 데이터가 어떻게 로드되느냐가 이번 장의 초점입니다.

- select i from Item i where i.id = ?와 같이 문자열을 기반으로 하는 완전한 객체지향 쿼리 언어인 JPQL(Jakarta Persistence Query Language)을 사용할 수 있습니다.

- CriteriaQuery 인터페이스는 문자열을 조작하지 않고도 쿼리를 수행할 수 있는 타입 안전하고 객체지향적인 방법을 제공합니다.

- 네이티브 SQL 쿼리를 작성하고, 저장 프로시저를 호출하며, 하이버네이트가 JDBC 결과 집합을 도메인 모델 클래스의 인스턴스에 매핑하는 작업을 처리하도록 할 수 있습니다.

JPA 애플리케이션에서는 이러한 기법들을 조합해서 사용할 것입니다. 지금쯤이면 식별자로 조회하기 위한 기초적인 자카르타 퍼시스턴스 API에 익숙해졌을 것입니다. 이번 장에서는 JPQL과 CriteriaQuery 예제는 가능한 한 간단하게 다루고, SQL 쿼리 매핑 기능은 필요하지 않을 것입니다.

JPA 2의 주요 새 기능

새로운 PersistenceUtil 정적 헬퍼 클래스를 사용해 엔티티 또는 엔티티 프로퍼티의 초기화 상태를 수동으로 검사할 수 있습니다. 또한 새로운 EntityGraph API로 표준화된 선언적 페치 계획을 생성할 수 있습니다.

이번 장에서는 도메인 모델의 그래프를 탐색하고 하이버네이트가 필요에 따라 데이터를 조회할 때 내부적으로 어떤 일이 발생하는지 분석합니다. 모든 예제에서는 SQL을 실행시킨 작업 직후에 예제 코드의 주석으로 하이버네이트가 실행한 SQL을 해석하겠습니다.

하이버네이트에서 로드하는 것들은 **페치 계획**(fetch plan)에 따라 달라집니다. 즉, 페치 계획에서는 로드해야 하는 객체 네트워크의 하위 그래프를 정의합니다. 그런 다음, 데이터를 로드하는 방법을 정의하는 적절한 **페치 전략**(fetch strategy)을 선택합니다. 앞서 선택한 페치 계획과 전략을 **페치 프로파일**(fetch profile)로 저장해서 재사용할 수 있습니다.

하이버네이트에서 페치 계획과 어떤 데이터를 로드해야 할지를 정의하는 것은 두 가지 기본적인 기법, 즉 객체 네트워크의 노드에 대한 **지연** 로딩(lazy loading)과 **즉시** 로딩(eager loading)에 의존합니다.

12.1 지연 로딩과 즉시 로딩

어느 시점에는 어떤 데이터를 데이터베이스에서 메모리로 로드할지 결정해야 합니다. entityManager.find(Item.class, 123)를 실행했을 때 메모리에서 무엇을 사용할 수 있고 영속성 컨텍스트로 로드되는 것은 무엇일까요? 반면 EntityManager#getReference()를 사용하면 어떻게 될까요?

도메인 모델 매핑에서는 연관관계 및 컬렉션에 `FetchType.LAZY`나 `FetchType.EAGER` 옵션을 사용해 전역 범위로 적용되는 **기본 페치 계획**을 정의합니다. 이 계획은 영속성 도메인 모델 클래스와 관련된 모든 연산에 적용되는 기본 설정입니다. 이 설정은 식별자로 엔티티 인스턴스를 로드할 때, 그리고 연관관계를 기반으로 하거나 영속성 컬렉션을 순회해서 엔티티 그래프를 탐색할 때 항상 활성화됩니다.

이 책에서 권장하는 전략은 모든 엔티티 및 컬렉션에 대해 **지연된** 기본 페치 계획을 적용하는 것입니다. 모든 연관관계 및 컬렉션을 `FetchType.LAZY`로 매핑하면 하이버네이트는 접근하고 있는 데이터만 로드합니다. 도메인 모델 인스턴스의 그래프를 탐색할 때 하이버네이트는 필요에 따라 데이터를 조금씩 로드합니다. 그런 다음, 필요할 때 각 상황별로 이 같은 동작 방식을 재정의할 수 있습니다.

지연 로딩을 구현하기 위해 하이버네이트는 **프락시**라고 하는 런타임에 생성되는 엔티티 위치 표시자와 컬렉션용 **스마트 래퍼**(smart wrapper)를 사용합니다.

12.1.1 엔티티 프락시 이해

`EntityManager` API의 `getReference()` 메서드를 살펴봅시다. 10.2.4절에서 이 연산과 이 연산이 프락시를 어떻게 반환하는지 살펴본 바 있습니다. 여기서는 이 같은 중요한 기능들을 좀 더 자세히 살펴보고 프락시가 어떻게 작동하는지 알아봅시다.

> **참고**   소스코드의 예제를 실행하려면 먼저 `Ch12.sql` 스크립트를 실행해야 합니다.

다음 코드는 데이터베이스에 대해 어떠한 SQL도 실행하지 않습니다. 하이버네이트가 하는 일은 `Item` 프락시를 생성하는 것뿐입니다. 이 프락시는 진짜처럼 보이지만 위치 표시자일 뿐입니다.

FILE Ch12/proxy/src/test/java/com/manning/javapersistence/ch12/proxy/LazyProxyCollections.java

```
Item item = em.getReference(Item.class, ITEM_ID);    ❶
assertEquals(ITEM_ID, item.getId());                 ❷
```

❶ 데이터베이스에 접근하지 않으므로 SELECT도 실행되지 않습니다.

❷ 식별자 게터를 호출해도(필드에 접근하지 않음!) 초기화가 발생하지 않습니다.

메모리상의 영속성 컨텍스트에서는 이제 그림 12.1과 같이 이 프락시를 영속성 상태로 사용할 수 있습니다.

프락시는 런타임에 생성된 Item의 하위 클래스의 인스턴스이며, 프락시가 나타내는 엔티티 인스턴스의 식별자 값을 가지고 있습니다. 이러한 이유로 (JPA의 방침에 따라) 하이버네이트는 엔티티 클래스가 최소한 public 또는 protected의 인수가 없는 생성자를 갖도록 요구하는 것입니다(클래

그림 12.1 하이버네이트가 관리하는 영속성 컨텍스트에 Item 프락시가 들어 있습니다.

스에는 다른 생성자도 둘 수 있습니다). 엔티티 클래스와 해당 엔티티 클래스의 메서드는 final이어서는 안 됩니다. 그렇지 않으면 하이버네이트가 프락시를 생성할 수 없기 때문입니다. 참고로 JPA 명세에는 프락시에 대한 언급이 없으며, 지연 로딩을 어떻게 구현하느냐는 JPA 공급자의 몫입니다.

프락시에서 식별자를 조회하는 것과 관련이 없는 메서드를 호출하면 프락시 초기화가 발생하고 데이터베이스를 호출합니다. 예를 들어, item.getName()을 호출하면 Item을 로드하는 SQL SELECT가 실행됩니다. 이전 예제에서는 초기화를 발생시키지 않고 item.getId()를 호출했는데, 그 이유는 getId()가 매핑에서 식별자 게터 메서드이고, getId() 메서드에 @Id 애너테이션이 지정돼 있기 때문입니다. @Id가 필드에 있는 경우에는 다른 메서드를 호출하는 것과 마찬가지로 getId()를 호출하면 프락시가 초기화됩니다. (일반적으로 필드에 대한 매핑과 접근을 선호하는데, 이 경우 접근자 메서드를 설계할 때 자유도가 좀 더 높기 때문입니다(자세한 내용은 3.2.3절 참고). 프락시를 초기화하지 않고 getId()를 호출하는 것이 더 중요한지는 각자의 선택에 달려 있습니다.)

프락시를 사용할 경우 클래스를 비교하는 방법에 주의할 필요가 있습니다. 하이버네이트가 프락시 클래스를 생성할 때 Item.class와 **다른** 특이한 이름으로 만들어지기 때문입니다.

FILE Ch12/proxy/src/test/java/com/manning/javapersistence/ch12/proxy/LazyProxyCollections.java

```
assertNotEquals(Item.class, item.getClass());        ❶
assertEquals(
    Item.class,
    HibernateProxyHelper.getClassWithoutInitializingProxy(item)
);
```

❶ 클래스는 런타임에 생성되며 Item$HibernateProxy$BLsrPly8과 같은 이름으로 만들어집니다.

프락시로 표현되는 실제 타입을 꼭 가져와야 하는 경우에는 `HibernateProxyHelper`[1]를 사용하면 됩니다.

JPA는 엔티티의 초기화 상태 또는 해당 엔티티의 속성을 확인하는 데 사용할 수 있는 `PersistenceUtil`을 제공합니다.

FILE Ch12/proxy/src/test/java/com/manning/javapersistence/ch12/proxy/LazyProxyCollections.java

```
PersistenceUtil persistenceUtil = Persistence.getPersistenceUtil();
assertFalse(persistenceUtil.isLoaded(item));
assertFalse(persistenceUtil.isLoaded(item, "seller"));
assertFalse(Hibernate.isInitialized(item));
// assertFalse(Hibernate.isInitialized(item.getSeller()));    ❶
```

❶ 이 코드를 실행하면 사실상 품목의 초기화가 발생합니다.

또한 `isLoaded()` 메서드는 지정된 엔티티(프락시) 인스턴스의 프로퍼티명을 받아 초기화 상태를 확인합니다. 하이버네이트에서는 `Hibernate.isInitialized()`를 통해 대체 API를 제공합니다. 하지만 `item.getSeller()`를 호출하면 `item` 프락시가 먼저 초기화됩니다.

하이버네이트에서는 프락시를 빠르고 간단하게 초기화할 수 있는 유틸리티 메서드도 제공합니다.

FILE Ch12/proxy/src/test/java/com/manning/javapersistence/ch12/proxy/LazyProxyCollections.java

```
Hibernate.initialize(item);                              ❶
// select * from ITEM where ID = ?
assertFalse(Hibernate.isInitialized(item.getSeller()));    ❷
Hibernate.initialize(item.getSeller());      ❸
// select * from USERS where ID = ?
```

❶ 처음 호출할 경우 데이터베이스에 접근하고 Item 데이터를 로드해서 품목명, 가격 등으로 프락시를 채웁니다.

❷ @ManyToOne의 기본값인 EAGER가 LAZY로 재정의됐는지 확인합니다. item의 seller가 아직 초기화되지 않은 것은 바로 이것 때문입니다.

❸ item의 seller를 초기화하면 데이터베이스에 접근해 User 데이터를 로드합니다.

---

1 (옮긴이) 이 클래스는 하이버네이트 6에서 지원되지 않습니다.

Item의 seller는 FetchType.LAZY로 매핑된 @ManyToOne 연관관계이므로 하이버네이트에서는 Item이 로드될 때 User 프락시를 생성합니다. Item과 마찬가지로 seller 프락시 상태를 확인하고 수동으로 로드할 수 있습니다. @ManyToOne의 JPA 기본값은 FetchType.EAGER라는 것을 기억하세요! 8.3.1절과 여기에서 다시 설명한 것처럼 일반적으로 이를 재정의해서 지연된 기본 페치 계획을 사용합니다.

```
FILE Ch12/proxy/src/main/java/com/manning/javapersistence/ch12/proxy/Item.java

@Entity
public class Item {
    @ManyToOne(fetch = FetchType.LAZY)
    public User getSeller() {
        return seller;
    }
    // ...
}
```

이러한 지연 페치 계획을 사용할 경우 LazyInitializationException이 발생할 수도 있습니다. 다음 코드를 봅시다.

```
FILE Ch12/proxy/src/test/java/com/manning/javapersistence/ch12/proxy/LazyProxyCollections.java

Item item = em.find(Item.class, ITEM_ID);      ❶
// select * from ITEM where ID = ?

em.detach(item);                               ❷
em.detach(item.getSeller());
// em.close();

PersistenceUtil persistenceUtil = Persistence.getPersistenceUtil();   ❸
assertTrue(persistenceUtil.isLoaded(item));
assertFalse(persistenceUtil.isLoaded(item, "seller"));

assertEquals(USER_ID, item.getSeller().getId());       ❹
//assertNotNull(item.getSeller().getUsername());        ❺
```

❶ Item 엔티티 인스턴스가 영속성 컨텍스트에 로드됩니다. seller는 초기화되지 않은 User 프락시입니다.

❷ 영속성 컨텍스트의 데이터를 수동으로 준영속 상태로 만들거나 영속성 컨텍스트를 닫고 모든 것을 준영속 상태로 만들 수 있습니다.

❸ 영속성 컨텍스트가 없어도 PersistenceUtil 헬퍼는 동작합니다. 접근하려는 데이터가 로드됐는지 여부를 언제든지 확인할 수 있습니다.

❹ 준영속 상태에서는 User 프락시의 식별자 게터 메서드를 호출할 수 있습니다.

❺ 프락시에서 getUsername()과 같은 다른 메서드를 호출하면 LazyInitializationException이 발생합니다. 데이터는 준영속 상태가 아니라 영속성 컨텍스트가 프락시를 관리하는 동안에만 로드할 수 있습니다.

일대일 연관관계의 지연 로딩은 어떻게 작동하나요?

일대일 엔티티 연관관계에 대한 지연 로딩은 때때로 초보 하이버네이트 사용자를 혼동시키기도 합니다. 공유 기본키(9.1.1절 참조)를 기반으로 하는 일대일 연관관계에서는 optional=false인 경우에만 연관관계에 대한 프락시를 생성할 수 있습니다. 예를 들어, Address에는 항상 User에 대한 참조가 있습니다. 이 연관관계가 널을 허용하고 선택사항인 경우 하이버네이트에서는 먼저 데이터베이스에 접근해서 프락시를 적용할지 아니면 널을 적용할지 확인해야 하며, 지연 로딩의 목적은 데이터베이스에 전혀 접근하지 않는 것입니다.

하이버네이트 프락시는 단순한 지연 로딩 외에도 유용합니다. 예를 들어, 데이터를 메모리에 로드하지 않고도 새 Bid를 저장할 수 있습니다.

```
FILE Ch12/proxy/src/test/java/com/manning/javapersistence/ch12/proxy/LazyProxyCollections.java

Item item = em.getReference(Item.class, ITEM_ID);
User user = em.getReference(User.class, USER_ID);


Bid newBid = new Bid(new BigDecimal("99.00"));
newBid.setItem(item);
newBid.setBidder(user);


em.persist(newBid);          ❶
// insert into BID values (?, ? ,? , ... )
```

❶ 이 프로시저에는 SQL SELECT가 없고 INSERT 하나만 있습니다.

처음 두 번의 호출을 통해 각각 Item과 User의 프락시가 만들어집니다. 그런 다음, 비영속 Bid의 item 및 bidder 연관관계 프로퍼티가 프락시로 설정됩니다. persist() 호출은 영속성 컨텍스트가 플러시될 때 SQL INSERT 하나를 대기열에 등록하고, BID 테이블에 새로운 로우를 생성하는 데는 SELECT가 필요하지 않습니다. 모든 키 값은 Item 및 User 프락시의 식별자 값으로 사용 가능합니다.

하이버네이트가 제공하는 런타임 프락시 생성은 투명한 지연 로딩을 위한 탁월한 선택입니다. 도메인 모델 클래스는 일부 구형 ORM 솔루션에서 요구하는 것처럼 특별한 타입이나 상위 타입을 구현할 필요가 없습니다. 코드 생성이나 바이트코드 후처리도 필요하지 않으므로 빌드 절차가 간소화됩니다. 하지만 다음과 같은 부정적인 측면이 있을 수 있습니다.

- instanceof로 검사하는 다형적 연관관계와 같이 일부 런타임 프락시는 완전히 투명하지 않습니다. 이 문제는 7.8.1절에서 설명한 바 있습니다.

- 엔티티 프락시를 사용할 경우 10.3.2절에서 설명한 대로 equals()와 hashCode() 메서드를 재정의할 때 필드에 직접 접근하지 않도록 주의해야 합니다.

- 프락시는 엔티티 연관관계를 지연 로딩하는 데만 사용할 수 있습니다. 개별적인 기본 프로퍼티나 임베드된 컴포넌트 (예: Item#description이나 User#homeAddress)를 지연 로딩하는 데는 사용할 수 없습니다. 이러한 프로퍼티에 @Basic(fetch = FetchType.LAZY) 힌트를 설정하면 하이버네이트는 이를 무시하고 소유 엔티티 인스턴스가 로드될 때 해당 값을 즉시 로딩합니다. SQL 내 개별 칼럼 수준에서 최적화하는 것은 선택적 또는 널 허용 칼럼이 많거나 시스템의 물리적 제약으로 인해 필요에 따라 조회해야 하는 큰 값이 포함된 칼럼을 다루지 않는 이상 불필요합니다. 큰 값은 큰 객체(LOB; large object)로 표현하는 것이 가장 좋은데, 큰 객체는 정의상 지연 로딩을 제공합니다(6.3.1절의 "이진 및 큰 값 타입" 참조).

프락시는 엔티티 인스턴스의 지연 로딩을 활성화합니다. 영속성 컬렉션의 경우 하이버네이트는 약간 다른 접근 방식을 취합니다.

12.1.2 지연된 영속성 컬렉션

기본 타입 또는 임베드 가능한 타입의 요소로 구성된 컬렉션의 경우 @ElementCollection을, 다중값 엔티티 연관관계의 경우 @OneToMany와 @ManyToMany를 사용해 영속성 컬렉션을 매핑합니다. 이러한 컬렉션은 @ManyToOne과 달리 기본적으로 지연 로딩됩니다. 따라서 매핑에서 FetchType.LAZY 옵션을 지정할 필요가 없습니다.

지연된 bids 일대다 컬렉션은 접근할 때만 로드됩니다.

```
FILE Ch12/proxy/src/test/java/com/manning/javapersistence/ch12/proxy/LazyProxyCollections.java

Item item = em.find(Item.class, ITEM_ID);   ❶
// select * from ITEM where ID = ?
```

```
Set<Bid> bids = item.getBids();                          ❷
PersistenceUtil persistenceUtil = Persistence.getPersistenceUtil();
assertFalse(persistenceUtil.isLoaded(item, "bids"));

assertTrue(Set.class.isAssignableFrom(bids.getClass()));          ❸

assertNotEquals(HashSet.class, bids.getClass());                  ❹
assertEquals(org.hibernate.collection.internal.PersistentSet.class², bids.getClass());  ❺
```

❶ 그림 12.2에서 볼 수 있듯이 find() 연산은 Item 엔티티 인스턴스를 영속성 컨텍스트로 로드합니다.

❷ Item 인스턴스에는 초기화되지 않은 bids의 Set에 대한 참조가 있습니다. 또한 초기화되지 않은 User 프락시인 seller에 대한
참조도 있습니다.

❸ bids 필드는 Set입니다.

❹ 그러나 bids 필드는 HashSet이 아닙니다.

❺ bids 필드는 하이버네이트 프락시 클래스입니다.

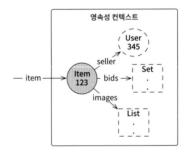

그림 12.2 프락시와 컬렉션 래퍼는 하이버네이트 관리하에 로드된 그래프의 경계입니다.

하이버네이트는 **컬렉션 래퍼**(collection wrapper)라는 자체적인 특수 구현을 통해 컬렉션의 지연 로
딩(및 변경 감지)을 구현합니다. bids는 분명 Set처럼 보이지만 우리가 모르는 사이에 하이버네이트가
그 구현을 org.hibernate.collection.internal.PersistentSet으로 대체해뒀습니다. HashSet은 아니
지만 동작 방식은 동일합니다. 그렇기 때문에 도메인 모델에서 인터페이스를 사용해서 프로그래밍하고
HashSet이 아닌 Set에만 의존하는 것이 매우 중요합니다. 리스트와 맵도 마찬가지입니다.

이러한 특수 컬렉션은 우리가 언제 접근하는지 감지할 수 있으며, 그 시점에 데이터를 로드합니다. bids를
순회하기 시작하자마자 컬렉션과 해당 품목에 대한 모든 입찰이 로드됩니다.

---

2 (옮긴이) 하이버네이트 6에서는 이 클래스가 org.hibernate.collection.spi 패키지로 옮겨졌습니다.

```
FILE Ch12/proxy/src/test/java/com/manning/javapersistence/ch12/proxy/LazyProxyCollections.java

Bid firstBid = bids.iterator().next();
// select * from BID where ITEM_ID = ?
// 다른 방법: Hibernate.initialize(bids);
```

또는 엔티티 프락시와 마찬가지로 정적 Hibernate.initialize() 유틸리티 메서드를 호출해서 컬렉션을
로드할 수 있습니다. 이때 컬렉션을 완전히 로드하는데, 가령 "처음 두 개의 입찰만 로드"하도록 할 수는
없습니다. 그렇게 하려면 쿼리를 작성해야 합니다.

편의를 위해 여러 사소한 쿼리를 작성할 필요가 없도록 하이버네이트에서는 컬렉션 매핑에 하이버네이트
전용 LazyCollectionOption.EXTRA 설정을 제공합니다.

```
FILE Ch12/proxy/src/main/java/com/manning/javapersistence/ch12/proxy/Item.java

@Entity
public class Item {
    @OneToMany(mappedBy = "item")
    @org.hibernate.annotations.LazyCollection(
        org.hibernate.annotations.LazyCollectionOption.EXTRA
    )
    public Set<Bid> getBids() {
        return bids;
    }
    // ...
}
```

LazyCollectionOption.EXTRA를 이용하면 컬렉션이 초기화를 발생시키지 않는 연산을 지원합니다. 예를
들어, 다음과 같이 컬렉션의 크기를 확인할 수 있습니다.

```
FILE Ch12/proxy/src/test/java/com/manning/javapersistence/ch12/proxy/LazyProxyCollections.java

Item item = em.find(Item.class, ITEM_ID);
// select * from ITEM where ID = ?

assertEquals(3, item.getBids().size());
// select count(b) from BID b where b.ITEM_ID = ?
```

size() 연산은 SELECT COUNT() SQL 쿼리를 발생시키지만 bids를 메모리에 로드하지는 않습니다. 모든 추가 지연(extra-lazy) 컬렉션에서는 isEmpty()와 contains() 연산에 대해 비슷한 쿼리가 실행됩니다. 추가 지연이 있는 Set은 add()를 호출했을 때 간단한 쿼리로 요소의 중복 여부를 확인합니다. 추가 지연이 있는 List에 대해 get(index)를 호출하면 하나의 요소만 로드합니다. Map의 경우 추가 지연 연산은 containsKey()와 containsValue()입니다.

12.1.3 연관관계와 컬렉션의 즉시 로딩

이 책에서는 모든 연관관계와 컬렉션 매핑에 FetchType.LAZY를 사용하는 지연 페치 계획을 권장해왔습니다. 자주 있는 일은 아니지만 그 반대의 경우, 즉 특정 엔티티 연관관계나 컬렉션을 항상 로드하고 싶을 때가 있습니다. 추후에 데이터베이스에 접근하지 않고 데이터를 메모리상에서 사용할 수 있도록 보장하고 싶은 경우입니다.

더 중요한 점은, 예를 들어 Item 인스턴스가 준영속 상태일 때도 Item의 seller에 접근할 수 있다는 보장이 필요하다는 것입니다. 영속성 컨텍스트가 닫히면 지연 로딩을 더 이상 사용할 수 없습니다. seller가 초기화되지 않은 프락시였다면 준영속 상태에서 접근할 경우 LazyInitializationException이 발생합니다. 준영속 상태에서 데이터를 사용할 수 있으려면 영속성 컨텍스트가 열려 있는 동안 수동으로 데이터를 로드하거나, 또는 항상 로드하고 싶다면 페치 계획을 지연 페치가 아닌 즉시 페치로 변경해야 합니다.

항상 Item의 seller와 bids를 로드해야 한다고 가정해 봅시다.

```
FILE  Ch12/eagerjoin/src/main/java/com/manning/javapersistence/ch12/eagerjoin/Item.java

@Entity
public class Item {
    @ManyToOne(fetch = FetchType.EAGER)       ❶
    private User seller;

    @OneToMany(mappedBy = "item", fetch = FetchType.EAGER)       ❷
    private Set<Bid> bids = new HashSet<>();
    // ...
}
```

❶ FetchType.EAGER가 엔티티 인스턴스의 기본값입니다.

❷ 일반적으로 컬렉션에 대해서는 FetchType.EAGER를 권장하지 않습니다. JPA 공급자가 무시할 수 있는 힌트인 FetchType. LAZY와 달리 FetchType.EAGER는 수용하기가 쉽지 않은 요구사항입니다. 공급자는 데이터가 로드되고 준영속 상태에서도 사용 가능하다는 것을 보장해야 하는데, 이 설정을 무시할 수 없기 때문입니다.

컬렉션 매핑을 생각해 봅시다. "품목이 메모리에 로드될 때마다 해당 품목의 입찰가도 바로 로드합니다"라는 것이 정말 좋은 생각일까요? 품목의 이름만 표시하거나 경매가 언제 종료되는지 확인하려는 경우에도 모든 입찰가가 메모리에 로드될 것입니다. 매핑의 기본 페치 계획으로 FetchType.EAGER를 사용해 항상 컬렉션을 즉시 로드하게 하는 것은 일반적으로 좋은 전략이 아닙니다. (이번 장의 뒷부분에서 여러 컬렉션을 즉시 로드할 때 나타나는 **데카르트 곱 문제(Cartesian product problem)**를 분석하겠습니다). 따라서 컬렉션은 기본값인 FetchType.LAZY로 설정된 상태로 두는 것이 가장 좋습니다.

이제 Item에 대해 find()를 수행하면(또는 Item 프락시를 강제로 초기화하면) seller와 모든 bids가 모두 영속성 컨텍스트에 영속 인스턴스로서 로드됩니다.

```
FILE Ch12/eagerjoin/src/test/java/com/manning/javapersistence/ch12/eagerjoin/EagerJoin.java

Item item = em.find(Item.class, ITEM_ID);
// select i.*, u.*, b.*
//    from ITEM i
//      left outer join USERS u on u.ID = i.SELLER_ID
//      left outer join BID b on b.ITEM_ID = i.ID
//    where i.ID = ?

em.detach(item);                                          ❶

assertEquals(3, item.getBids().size());                  ❷
assertNotNull(item.getBids().iterator().next().getAmount());

assertEquals("johndoe", item.getSeller().getUsername()); ❸
```

❶ detach()를 호출하면 페치가 완료됩니다. 더 이상 지연 로딩이 발생하지 않습니다.

❷ 준영속 상태에서도 bids 컬렉션을 사용할 수 있으므로 크기를 확인할 수 있습니다.

❸ 준영속 상태에서도 seller를 사용할 수 있으므로 판매자 이름을 확인할 수 있습니다.

find()의 경우 하이버네이트에서는 SQL SELECT를 하나 실행하고 세 개의 테이블을 JOIN해서 데이터를 조회합니다. 그림 12.3에서 영속성 컨텍스트의 내용을 볼 수 있습니다. 로드된 그래프의 경계가 어떻게 표현되는지 주목하세요. 각 Bid에는 초기화되지 않은 User 프락시인 bidder에 대한 참조가 있습니다. 이제 Item을 준영속 상태로 만들어도 LazyInitializationException을 일으키지 않고 로드된 seller와 bidder에 접근할 수 있습니다. bidder 프락시 중 하나에 접근하려고 하면 예외가 발생할 것입니다.

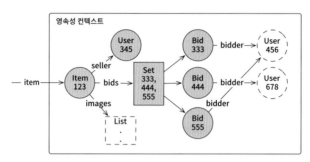

그림 12.3 하이버네이트 영속성 컨텍스트에 Item의 판매자와 입찰가가 로드됩니다.

다음으로, 매핑된 연관관계 및 컬렉션의 포인터를 사용해 식별자를 기준으로 엔티티 인스턴스를 찾을 때와 네트워크를 탐색할 때 데이터가 **어떻게** 로드되는지 조사해 보겠습니다. 여기서는 이때 어떤 SQL이 실행되는지, 이상적인 **페치 전략**은 무엇인지에 초점을 맞추겠습니다.

다음 예제에서는 도메인 모델에 기본값인 지연 페치 계획이 있다고 가정합니다. 하이버네이트는 명시적으로 요청한 데이터와 우리가 접근하는 연관관계와 컬렉션만 로드합니다.

12.2 페치 전략 선택

하이버네이트는 SQL SELECT 문을 실행해 데이터를 메모리로 로드합니다. 엔티티 인스턴스를 로드하면 관련 테이블 수와 적용된 **페치 전략**에 따라 하나 이상의 SELECT가 실행됩니다. 우리의 목표는 SQL 문 개수를 최소화하고 SQL 문을 단순화해서 쿼리를 최대한 효율적으로 수행하게 하는 것입니다.

이번 장의 앞부분에서 권장한 페치 계획을 생각해 봅시다. 모든 연관관계와 컬렉션은 필요에 따라 지연 로딩돼야 합니다. 이러한 기본 페치 계획은 너무 많은 SQL 문을 생성해서 각 SQL 문이 소규모 데이터만 로드할 가능성이 높습니다. 이는 **n+1 문제**(n+1 selects problem)로 이어질 수 있으므로 먼저 이 문제를 살펴보겠습니다. 다른 페치 계획인 즉시 로딩을 사용하면 각 SQL 쿼리마다 더 큰 데이터 덩어리가 메모리에 로드되므로 더 적은 수의 SQL 문이 생성됩니다. 그러면 SQL 결과 집합이 너무 커지기 때문에 데카르트 곱 문제가 발생할 수 있습니다.

이러한 두 극단 사이의 중간 지점을 찾을 필요가 있습니다. 바로 애플리케이션의 각 프로시저와 유스케이스에 적합한 페치 전략 말입니다. 페치 계획과 마찬가지로 매핑에서 전역 페치 전략(항상 활성화되는 기본 설정인)을 설정할 수 있습니다. 그러고 나서 특정 프로시저에 대해 사용자 정의 JPQL CriteriaQuery 또는 SQL 쿼리로 기본 페치 전략을 재정의할 수 있습니다.

먼저 n+1 문제부터 시작해서 근본적인 문제를 조사해 보겠습니다.

12.2.1 n+1 문제

이 문제는 몇 가지 예제 코드를 통해 쉽게 이해할 수 있습니다. 지연 페치 계획을 매핑해서 모든 것이 필요 시 로드된다고 가정해 봅시다. 다음 코드는 각 Item의 seller가 username을 가지고 있는지 확인합니다.

```
FILE Ch12/nplusoneselects/src/test/java/com/manning/javapersistence/ch12/nplusoneselects/NPlusOneS
elects.java

List<Item> items = em.createQuery("select i from Item i").getResultList();
// select * from ITEM

for (Item item : items) {
    assertNotNull(item.getSeller().getUsername());    ❶
    // select * from USERS where ID = ?
}
```

❶ 판매자에 접근할 때마다 각 판매자는 별도의 SELECT를 이용해 로드해야 합니다.

Item 엔티티 인스턴스를 로드하는 SQL SELECT를 하나 볼 수 있습니다. 그런 다음, 모든 items를 순회하면서 각 User를 조회하려면 별도의 SELECT가 필요합니다. 이는 Item에 대한 쿼리 하나에 품목 수와 특정 사용자가 둘 이상의 Item을 판매하는지 여부에 따라 n개의 쿼리를 더하는 것과 같습니다. 물론 각 Item의 seller에 접근할 것이라는 사실을 알고 있다면 이것은 매우 비효율적인 전략입니다.

지연 로딩된 컬렉션에서도 동일한 문제를 볼 수 있습니다. 다음 예제에서는 각 Item에 bids가 있는지 확인합니다.

```
FILE Ch12/nplusoneselects/src/test/java/com/manning/javapersistence/ch12/nplusoneselects/NPlusOneS
elects.java
```

```
List<Item> items = em.createQuery("select i from Item i").getResultList();
// select * from ITEM

for (Item item : items) {
    assertTrue(item.getBids().size() > 0); ❶
    // select * from BID where ITEM_ID = ?
}
```

❶ 각 bids 컬렉션은 별도의 SELECT로 로드해야 합니다.

다시 말하지만, 각 bids 컬렉션에 접근할 것이라는 사실을 알고 있다면 한 번에 하나씩만 로드하는 것은 비효율적입니다. 만약 입찰이 100개라면 101개의 SQL 쿼리를 실행하게 될 것입니다!

지금까지 파악한 내용을 바탕으로 매핑의 기본 페치 계획을 변경해서 seller 또는 bids 연관관계에 FetchType.EAGER를 설정하고 싶을 수 있습니다. 하지만 그렇게 하면 다음 주제인 데카르트 곱 문제로 이어질 수 있습니다.

12.2.2 데카르트 곱 문제

도메인과 데이터 모델을 살펴보고 "Item이 필요할 때마다 해당 Item의 seller도 필요합니다"라고 말한다면 지연 페치 계획 대신 FetchType.EAGER로 연관관계를 매핑하면 됩니다. 즉, Item이 로드될 때마다 seller가 곧바로 로드되게 하고, Item이 준영속 상태가 되고 영속성 컨텍스트가 닫힐 때도 해당 데이터를 사용할 수 있게 보장하고자 합니다.

FILE Ch12/cartesianproduct/src/main/java/com/manning/javapersistence/ch12/cartesianproduct/Item.java

```
@Entity
public class Item {
    @ManyToOne(fetch = FetchType.EAGER)
    private User seller;
    // ...
}
```

하이버네이트는 즉시 페치 계획을 구현하기 위해 SQL JOIN 연산을 사용해 하나의 SELECT로 Item과 User 인스턴스를 로드합니다.

```
item = em.find(Item.class, ITEM_ID);
// select i.*, u.*
//   from ITEM i
//     left outer join USERS u on u.ID = i.SELLER_ID
//   where i.ID = ?
```

결과 집합에는 그림 12.4와 같이 ITEM 테이블의 데이터와 USERS 테이블의 데이터가 결합된 하나의 로우가 들어갑니다.

i.ID	i.NAME	i.SELLER_ID	...	u.ID	u.USERNAME	...
1	One	2	...	2	johndoe	...

그림 12.4 하이버네이트는 두 테이블을 조인해서 연관관계에 있는 로우를 즉시 페치합니다.

기본 JOIN 전략으로 즉시 페치하는 것은 @ManyToOne과 @OneToOne 연관관계에는 문제가 되지 않습니다. 하나의 SQL 쿼리와 JOIN을 사용해 Item, seller, User의 Address, City 등을 즉시 로드할 수 있습니다. 이러한 모든 연관관계를 FetchType.EAGER로 매핑하더라도 결과 집합에는 하나의 로우만 들어가게 됩니다.

하이버네이트는 특정 시점에 FetchType.EAGER 계획을 따르는 것을 중단해야 합니다. 조인되는 테이블의 수는 전역 hibernate.max_fetch_depth 구성 프로퍼티에 따라 다르며, 기본적으로 값이 제한돼 있지 않습니다. 일반적으로 1~5개의 작은 값이 적당합니다. 이 프로퍼티를 0으로 설정해 @ManyToOne 및 @OneToOne 연관관계의 JOIN 페치를 비활성화할 수도 있습니다. 하이버네이트가 제한값에 도달하더라도 여전히 페치 계획에 따라 데이터를 즉시 로드하지만 추가 SELECT 문이 사용됩니다. (일부 데이터베이스 방언에서는 이 프로퍼티를 미리 설정해둘 수 있습니다. 예를 들어, MySQLDialect에서는 2로 설정돼 있음).

반면 JOIN을 사용해 컬렉션을 즉시 로드하면 심각한 성능 문제가 발생할 수 있습니다. bids와 images 컬렉션에 대해서도 FetchType.EAGER로 바꾸면 데카르트 곱 문제가 발생할 수 있습니다.

이 문제는 하나의 SQL 쿼리와 JOIN 연산으로 두 컬렉션을 즉시 로드할 때 나타납니다. 먼저 이러한 페치 계획을 만든 다음 문제를 살펴봅시다.

FILE Ch12/cartesianproduct/src/main/java/com/manning/javapersistence/ch12/cartesianproduct/Item.java

```
@Entity
public class Item {
```

```
    @OneToMany(mappedBy = "item", fetch = FetchType.EAGER)
    private Set<Bid> bids = new HashSet<>();

    @ElementCollection(fetch = FetchType.EAGER)
    @CollectionTable(name = "IMAGE")
    @Column(name = "FILENAME")
    private Set<String> images = new HashSet<>();
    // ...
}
```

두 컬렉션이 모두 @OneToMany인지, @ManyToMany인지, @ElementCollection인지는 중요하지 않습니다. 컬렉션의 내용물이 무엇이든 간에 SQL JOIN 연산자를 사용해 한 번에 두 개 이상의 컬렉션을 페치하는 것이 근본적인 문제입니다. Item을 로드하면 하이버네이트가 문제가 있는 SQL 문을 실행합니다.

FILE Ch12/cartesianproduct/src/test/java/com/manning/javapersistence/ch12/cartesianproduct/Cartesi
anProduct.java

```
Item item = em.find(Item.class, ITEM_ID);
// select i.*, b.*, img.*
//    from ITEM i
//      left outer join BID b on b.ITEM_ID = i.ID
//      left outer join IMAGE img on img.ITEM_ID = i.ID
//    where i.ID = ?

em.detach(item);

assertEquals(3, item.getImages().size());
assertEquals(3, item.getBids().size());
```

보다시피 하이버네이트는 즉시 페치 계획을 따랐고, 준영속 상태에서 bids와 images 컬렉션에 접근할 수 있습니다. 문제는 컬렉션을 **어떻게** 로드하느냐인데, 결과적으로 SQL JOIN을 통해 데카르트 곱이 만들어집니다. 그림 12.5의 결과 집합을 봅시다.

i.ID	i.NAME	...	b.ID	b.AMOUNT	img.FILENAME
1	One	...	1	99.00	foo.jpg
1	One	...	1	99.00	bar.jpg
1	One	...	1	99.00	baz.jpg
1	One	...	2	100.00	foo.jpg
1	One	...	2	100.00	bar.jpg
1	One	...	2	100.00	baz.jp
1	One	...	3	101.00	foo.jpg
1	One	...	3	101.00	bar.jpg
1	One	...	3	101.00	baz.jpg

그림 12.5 여러 개의 로우로 구성된 두 조인의 결과로 데카르트 곱이 만들어집니다.

이 결과 집합에는 중복된 데이터 항목이 많이 포함돼 있는데, 음영 처리된 셀만 하이버네이트에게 의미가 있습니다. Item에는 3개의 입찰과 3개의 이미지가 있습니다. 곱의 크기는 조회 대상 컬렉션의 크기에 따라 달라지며, 여기서는 3×3으로 총 9개의 로우가 됩니다. 이제 50개의 bids와 5개의 images를 가진 Item이 있다고 가정하면 250개의 로우가 포함된 결과 집합이 만들어질 것입니다! JPQL이나 CriteriaQuery를 사용해 직접 쿼리를 작성하면 훨씬 더 큰 SQL 곱을 만들 수 있습니다. 500개의 품목을 로드하고 JOIN을 사용해 수십 개의 입찰과 이미지를 가져온다면 어떤 일이 일어날지 상상해 봅시다.

이러한 결과 집합을 만들려면 데이터베이스 서버에서 상당한 처리 시간과 메모리가 필요하며, 그 결과를 네트워크를 통해 전송해야 합니다. JDBC 드라이버가 어떻게 해서든 유선상의 데이터를 압축해 주기를 바란다면 데이터베이스 공급자에게 너무 많은 것을 기대하는 것일 수 있습니다. 하이버네이트는 결과 집합을 영속 인스턴스 및 컬렉션으로 마샬링할 때 모든 중복을 즉시 제거합니다. 따라서 그림 12.5에서 음영 처리되지 않은 셀의 정보는 무시됩니다. 물론 SQL 수준에서는 이러한 중복을 제거할 수 없으며, SQL DISTINCT 연산자는 여기서는 도움이 되지 않습니다.

매우 큰 결과를 가져오는 하나의 SQL 쿼리를 사용하는 대신, 엔티티 인스턴스와 두 개의 컬렉션을 동시에 조회하려면 세 개의 개별 쿼리를 사용하는 편이 더 빠를 수 있습니다. 다음에는 이러한 종류의 최적화에 중점을 두고 최상의 페치 전략을 찾아 구현하는 방법을 살펴보겠습니다. 기본 지연 페치 계획으로 다시 시작해서 먼저 n+1 문제를 해결해 보겠습니다.

12.2.3 일괄 데이터 프리페치

하이버네이트가 필요할 때만 모든 엔티티 연관관계 및 컬렉션을 가져오는 경우 특정 절차를 완료하기 위해 별도의 SQL SELECT 문이 여럿 필요할 수 있습니다. 이전과 마찬가지로 각 Item의 seller에게

username이 있는지 확인하는 루틴을 생각해 봅시다. 지연 로딩을 사용하면 모든 Item 인스턴스를 가져오기 위해 하나의 SELECT가 필요하고, 각 Item의 seller 프락시를 초기화하기 위해 n개의 SELECT가 더 필요합니다.

하이버네이트는 데이터를 프리페치(prefetch; 미리 가져오는)할 수 있는 알고리즘을 제공합니다. 첫 번째로 살펴볼 알고리즘은 **일괄 페치(batch fetching)**이며, 하이버네이트가 하나의 User 프락시를 초기화해야 하는 경우 동일한 SELECT를 사용해 여러 개의 프락시를 초기화할 수 있습니다. 즉, 영속성 컨텍스트에여러 Item 인스턴스가 있고 모두 seller 연관관계에 프락시가 적용돼 있다는 사실을 이미 알고 있다면 데이터베이스에 접근할 때 프락시를 하나만 초기화하는 대신 여러 개를 초기화할 수 있습니다.

이것이 어떻게 동작하는지 살펴봅시다. 먼저, 하이버네이트 전용 애너테이션을 사용해 User 인스턴스의 일괄 페치를 활성화합니다.

FILE Ch12/batch/src/main/java/com/manning/javapersistence/ch12/batch/User.java

```java
@Entity
@org.hibernate.annotations.BatchSize(size = 10)
@Table(name = "USERS")
public class User {
    // ...
}
```

이 설정은 User 프락시를 로드해야 하는 경우 하이버네이트가 최대 10개의 User 프락시를 로드할 수 있으며, 모두 동일한 SELECT로 로드할 수 있음을 알려줍니다. 특정 영속성 컨텍스트에서 초기화되지 않은 User 프락시가 얼마나 많은지 알 수 없기 때문에 일괄 페치를 **어림짐작 최적화(blind-guess optimization)**라고도 합니다. 10이 이상적인 값이라고 확신할 수는 없고, 단지 추측에 불과합니다. 하지만 이제 n+1개의 SQL 쿼리 대신 쿼리 수가 크게 줄어든다는 사실은 알 수 있습니다.

특히 데이터가 필요할지 확실하지 않은 경우 메모리에 너무 많은 데이터를 로드하고 싶지 않을 것이기 때문에 적절한 값은 대개 크지 않습니다.

다음은 각 seller의 username을 확인하는 최적화된 절차입니다.

```
FILE  Ch12/batch/src/test/java/com/manning/javapersistence/ch12/batch/Batch.java

List<Item> items = em.createQuery("select i from Item i", Item.class).getResultList();
// select * from ITEM

for (Item item : items) {
    assertNotNull(item.getSeller().getUsername());
    // select * from USERS where ID in (?, ?, ?, ?, ?, ?, ?, ?, ?, ?)
}
```

items를 순회하는 동안 하이버네이트가 실행하는 SQL 쿼리를 눈여겨봅시다. item.getSeller(). getUserName()을 처음 호출할 때 하이버네이트는 첫 번째 User 프락시를 초기화해야 합니다. 하이버네이트에서는 USERS 테이블에서 단일 로우만 로드하는 대신 여러 로우를 조회하고 최대 10개의 User 인스턴스가 로드됩니다. 11번째 seller에 접근하면 또 다른 10개가 한 번에 로드되는 식으로 영속성 컨텍스트에 초기화되지 않은 User 프락시가 포함되지 않을 때까지 계속됩니다.

실제 일괄 페치 알고리즘이란 무엇인가요?

12.2.3절의 일괄 로딩에 대한 설명은 다소 단순화한 것이며, 실제로는 약간 다른 알고리즘이 적용될 수 있습니다. 예를 들어, 배치(batch) 크기가 32라고 가정해 봅시다. 시작 시 하이버네이트가 내부적으로 여러 배치 로더 (batch loader)를 생성합니다. 각 로더는 초기화할 수 있는 프락시의 수를 알고 있습니다. 목표는 로더 생성을 위한 메모리 소비를 최소화하고 가능한 모든 일괄 페치를 생성할 수 있을 만큼 충분한 로더를 만드는 것입니다. 또 다른 목표는 당연히 SQL 쿼리 수를 최소화하는 것입니다. 31개의 프락시를 초기화하기 위해 하이버네이트는 3개의 배치를 실행합니다(32 〉 31이므로 아마 1개를 예상했을 것입니다). 적용되는 배치 로더는 16개, 10개, 5개이며, 하이버네이트에서 자동으로 선택합니다.

이 일괄 페치 알고리즘은 영속성 단위 구성에서 hibernate.batch_fetch_style 프로퍼티를 사용해 커스터마이즈할 수 있습니다. 기본값은 LEGACY이며, 시작 시 여러 배치 로더를 생성하고 선택합니다. 다른 옵션으로는 PADDED와 DYNAMIC이 있습니다. PADDED를 사용하면 하이버네이트가 시작될 때 IN 절에 32개의 인수를 넣을 위치 표시자가 포함된 배치 로더 SQL 쿼리 하나만 생성한 다음, 32개 미만의 프락시를 로드해야 하는 경우 식별자 바인딩을 반복합니다. DYNAMIC을 사용하면 하이버네이트가 초기화할 프락시 수를 알고 있을 때 런타임에 배치 SQL 문을 동적으로 생성합니다.

컬렉션에도 일괄 페치를 사용할 수 있습니다.

FILE Ch12/batch/src/main/java/com/manning/javapersistence/ch12/batch/Item.java

```java
@Entity
public class Item {
    @OneToMany(mappedBy = "item")
    @org.hibernate.annotations.BatchSize(size = 5)
    private Set<Bid> bids = new HashSet<>();
    // ...
}
```

이제 bids 컬렉션 하나를 강제로 초기화하면 현재 영속성 컨텍스트에서 초기화되지 않은 경우 최대 5개의 Item#bids 컬렉션이 곧바로 로드됩니다.

FILE Ch12/batch/src/test/java/com/manning/javapersistence/ch12/batch/Batch.java

```java
List<Item> items = em.createQuery("select i from Item i", Item.class).getResultList();
// select * from ITEM

for (Item item : items) {
    assertTrue(item.getBids().size() > 0);
    // select * from BID where ITEM_ID in (?, ?, ?, ?, ?)
}
```

컬렉션을 순회하는 동안 item.getBids().size()를 처음으로 호출할 경우 다른 Item 인스턴스에 대한 Bid 컬렉션의 전체 배치가 미리 로드됩니다.

일괄 페치는 모든 프락시와 컬렉션을 초기화하는 데 필요한 SQL 문의 개수를 크게 줄일 수 있는 간단하고 지능적인 최적화 방법입니다. 필요하지 않은 데이터를 미리 가져와서 더 많은 메모리를 사용할 수 있지만 데이터베이스 접근 횟수를 줄이면 성능상 큰 차이를 만들 수 있습니다. 메모리는 저렴하지만 데이터베이스 서버를 확장하는 것은 그렇지 않습니다.

어림짐작으로 하는 것이 아닌 또 다른 프리페치 알고리즘은 서브쿼리를 사용해 하나의 SQL 문으로 여러 컬렉션을 초기화하는 것입니다.

12.2.4 서브쿼리를 이용한 컬렉션 프리페치

여러 Item 인스턴스의 모든 bids를 로드하기 위한 더 나은 전략으로 서브쿼리를 이용한 프리페치를 활용할 수도 있습니다. 이 최적화 기법을 사용하려면 컬렉션 매핑에 하이버네이트 전용 Fetch 애너테이션을 추가하고 SUBSELECT 매개변수를 지정합니다.

FILE Ch12/subselect/src/main/java/com/manning/javapersistence/ch12/subselect/Item.java

```java
@Entity
public class Item {
    @OneToMany(mappedBy = "item")
    @org.hibernate.annotations.Fetch(
        org.hibernate.annotations.FetchMode.SUBSELECT
    )
    private Set<Bid> bids = new HashSet<>();
    // ...
}
```

이제 하나의 bids 컬렉션을 강제로 초기화하는 즉시 하이버네이트가 로드된 모든 Item 인스턴스에 대한 모든 bids 컬렉션을 초기화합니다.

FILE Ch12/subselect/src/test/java/com/manning/javapersistence/ch12/subselect/Subselect.java

```java
List<Item> items = em.createQuery("select i from Item i", Item.class).getResultList();
// select * from ITEM

for (Item item : items) {
    assertTrue(item.getBids().size() > 0);
    // select * from BID where ITEM_ID in (
    //    select ID from ITEM
    // )
}
```

하이버네이트는 items를 로드하는 데 사용했던 원래 쿼리를 기억합니다. 그런 다음, 이 초기 쿼리(약간 수정된)를 서브쿼리에 포함시켜 각 Item에 대한 bids 컬렉션을 조회합니다.

참고로 하이버네이트는 서브쿼리로 다시 실행되는 원래 쿼리를 특정 영속성 컨텍스트에 대해서만 기억합니다. 따라서 bids 컬렉션을 초기화하지 않고 Item 인스턴스를 준영속 상태로 만든 다음, 새로운 영속성 컨텍스트와 병합하고 컬렉션을 순회하기 시작하면 다른 컬렉션의 프리페치는 발생하지 않습니다.

매핑에서 전역 지연 페치 계획을 유지하는 경우 일괄 프리페치 및 서브쿼리 프리페치를 사용하면 특정 절차에 필요한 쿼리 수가 줄어들어 n+1 문제를 완화하는 데 도움이 됩니다. 그 대신, 전역 페치 계획에서 연관관계나 컬렉션을 즉시 로드한 경우 데카르트 곱 문제가 발생하는 것을 방지해야 할 것입니다(예를 들어, JOIN 쿼리를 여러 SELECT로 나누는 식으로).

12.2.5 여러 개의 SELECT를 이용한 즉시 페치

하나의 SQL 쿼리와 JOIN을 사용해 여러 개의 컬렉션을 페치하려고 할 때 앞에서 설명한 대로 데카르트 곱 문제가 발생합니다. JOIN 연산 대신 하이버네이트가 추가 SELECT 쿼리를 사용해 데이터를 즉시 로드하게 함으로써 결과 집합이 커지고 중복된 SQL 곱이 만들어지는 것을 방지할 수 있습니다.

FILE Ch12/eagerselect/src/main/java/com/manning/javapersistence/ch12/eagerselect/Item.java

```java
@Entity
public class Item {
    @ManyToOne(fetch = FetchType.EAGER)
    @org.hibernate.annotations.Fetch(
        org.hibernate.annotations.FetchMode.SELECT        ❶
    )
    private User seller;

    @OneToMany(mappedBy = "item", fetch = FetchType.EAGER)
    @org.hibernate.annotations.Fetch(
        org.hibernate.annotations.FetchMode.SELECT        ❶
    )
    private Set<Bid> bids = new HashSet<>();
    // ...
}
```

❶ FetchMode.SELECT는 프로퍼티를 지연 로딩해야 한다는 것을 의미합니다. 기본값은 FetchMode.JOIN으로, JOIN을 통해 프로퍼티를 즉시 조회한다는 의미입니다.

이제 Item이 로드되면 seller와 bids도 로드돼야 합니다.

FILE Ch12/eagerselect/src/test/java/com/manning/javapersistence/ch12/eagerselect/EagerSelect.java

```
Item item = em.find(Item.class, ITEM_ID);   ❶
// select * from ITEM where ID = ?
// select * from USERS where ID = ?
// select * from BID where ITEM_ID = ?


em.detach(item);


assertEquals(3, item.getBids().size());
assertNotNull(item.getBids().iterator().next().getAmount());   ❷
assertEquals("johndoe", item.getSeller().getUsername());
```

❶ 하이버네이트는 하나의 SELECT를 사용해 ITEM 테이블에서 로우를 로드합니다. 그런 다음, 즉시 두 개의 SELECT를 추가로 실행합니다. 하나는 USERS 테이블(seller)에서 로우를 로드하고, 다른 하나는 BID 테이블(bids)에서 여러 개의 로우를 로드합니다. 추가로 실행되는 SELECT 쿼리는 지연 실행되지 않고 find() 메서드가 여러 개의 SQL 쿼리를 생성합니다.

❷ 하이버네이트가 즉시 페치 계획을 따랐습니다. 따라서 준영속 상태에서 모든 데이터를 이용할 수 있습니다.

하지만 이러한 설정은 모두 전역 설정입니다. 즉, 항상 활성화됩니다. 문제는 애플리케이션에서 문제가 있는 한 가지 사례에 대해 설정을 하나만 조정해도 다른 절차에 부정적인 영향을 미칠 수 있다는 것입니다. 그러한 부분 사이에서 균형을 유지하는 것은 어려울 수 있으므로 앞서 언급한 대로 모든 엔티티 연관관계와 컬렉션을 FetchType.LAZY로 매핑하는 것이 좋습니다.

더 나은 접근 방식은 특정 절차에 필요한 경우에만 **동적으로** 즉시 페치와 JOIN 연산을 사용하는 것입니다.

12.2.6 동적 즉시 페치

이전 절에서와 마찬가지로 각 Item#seller의 username을 확인해야 한다고 가정해 봅시다. 지연된 전역 페치 계획을 사용하면 이 절차에 필요한 데이터를 로드하고 쿼리에서 동적 즉시 페치 전략을 적용할 수 있습니다.

FILE Ch12/eagerselect/src/test/java/com/manning/javapersistence/ch12/eagerselect/EagerQueryUsers.java

```
List<Item> items =
    em.createQuery("select i from Item i join fetch i.seller", Item.class)
        .getResultList();             ❶
```

```
// select i.*, u.*
//   from ITEM i
//     inner join USERS u on u.ID = i.SELLER_ID
//   where i.ID = ?

em.close();        ❷

for (Item item : items) {
    assertNotNull(item.getSeller().getUsername());    ❸
}
```

❶ 쿼리에 동적 즉시 페치 전략을 적용합니다.

❷ 모두 준영속 상태로 만듭니다.

❸ 하이버네이트가 즉시 페치 계획을 따릅니다. 따라서 준영속 상태에서 모든 데이터를 이용할 수 있습니다.

이 JPQL 쿼리에서 중요한 키워드는 join fetch인데, 하이버네이트가 동일한 쿼리에서 각 Item의 seller를 조회하기 위해 SQL JOIN(실제로는 INNER JOIN)을 사용하게 합니다. 동일한 쿼리를 JPQL 문자열 대신 CriteriaQuery API로 표현할 수 있습니다.

FILE Ch12/eagerselect/src/test/java/com/manning/javapersistence/ch12/eagerselect/EagerQueryUsers.java

```
CriteriaBuilder cb = em.getCriteriaBuilder();
CriteriaQuery<Item> criteria = cb.createQuery(Item.class);

Root<Item> i = criteria.from(Item.class);
i.fetch("seller");
criteria.select(i);

List<Item> items = em.createQuery(criteria).getResultList();    ❶

em.close();        ❷

for (Item item : items) {
    assertNotNull(item.getSeller().getUsername());    ❸
}
```

❶ CriteriaQuery API로 동적으로 생성된 쿼리에 즉시 페치 전략을 적용합니다.

❷ 모두 준영속 상태로 만듭니다.

❸ 하이버네이트가 즉시 페치 계획을 따릅니다. 따라서 준영속 상태에서 모든 데이터를 이용할 수 있습니다.

동적 즉시 조인 페치는 컬렉션에 대해서도 동작합니다. 여기서는 각 Item의 모든 bids를 로드합니다.

FILE Ch12/eagerselect/src/test/java/com/manning/javapersistence/ch12/eagerselect/EagerQueryBids.java

```
List<Item> items =
    em.createQuery("select i from Item i left join fetch i.bids", Item.class)
        .getResultList();               ❶
// select i.*, b.*
//    from ITEM i
//      left outer join BID b on b.ITEM_ID = i.ID
//    where i.ID = ?

em.close();                              ❷

for (Item item : items) {
    assertTrue(item.getBids().size() > 0);  ❸
}
```

❶ 쿼리에 동적 즉시 페치 전략을 적용합니다.

❷ 모두 준영속 상태로 만듭니다.

❸ 하이버네이트가 즉시 페치 계획을 따릅니다. 따라서 준영속 상태에서 모든 데이터를 이용할 수 있습니다.

이제 CriteriaQuery API로 동일한 작업을 수행해 보겠습니다.

FILE Ch12/eagerselect/src/test/java/com/manning/javapersistence/ch12/eagerselect/EagerQueryBids.java

```
CriteriaBuilder cb = em.getCriteriaBuilder();
CriteriaQuery<Item> criteria = cb.createQuery(Item.class);

Root<Item> i = criteria.from(Item.class);
i.fetch("bids", JoinType.LEFT);
criteria.select(i);
```

```
List<Item> items = em.createQuery(criteria).getResultList();  ❶

em.close();     ❷

for (Item item : items) {
    assertTrue(item.getBids().size() > 0);  ❸
}
```

❶ CriteriaQuery API로 동적으로 생성된 쿼리에 즉시 페치 전략을 적용합니다.

❷ 모두 준영속 상태로 만듭니다.

❸ 하이버네이트가 즉시 페치 계획을 따릅니다. 따라서 준영속 상태에서 모든 데이터를 이용할 수 있습니다.

참고로 컬렉션 페치에서는 bids가 없는 경우 ITEM 테이블의 로우도 필요하므로 LEFT OUTER JOIN이 필요합니다.

도메인 모델의 전역 페치 계획을 동적으로 재정의하려는 경우 쿼리를 직접 작성하는 것만이 유일한 방법은 아닙니다. **페치 프로파일(fetch profile)**을 선언적으로 작성할 수도 있습니다.

12.3 페치 프로파일 활용

페치 프로파일은 쿼리 언어나 API의 페치 방법을 보완합니다. 페치 프로파일을 이용하면 XML이나 애너테이션 메타데이터에 프로파일 정의를 둘 수 있습니다. 초기 하이버네이트 버전에서는 특별한 페치 프로파일이 지원되지 않았지만 현재 버전의 하이버네이트에서는 다음과 같은 사항을 지원합니다.

- **페치 프로파일**: @org.hibernate.annotations.FetchProfile로 프로파일을 선언하고 Session#enableFetchProfile()로 실행하는 것을 기반으로 하는 하이버네이트 전용 API입니다. 이 간단한 메커니즘은 현재 지연 매핑된 엔티티 연관관계나 컬렉션을 선택적으로 재정의해서 특정 작업 단위에 대한 JOIN 즉시 페치 전략을 사용할 수 있도록 지원합니다.

- **엔티티 그래프**: JPA 2.1에 명시된 @EntityGraph 애너테이션을 이용해 엔티티 속성 및 연관관계 그래프를 선언할 수 있습니다. 이 페치 계획 또는 페치 계획의 조합은 EntityManager#find()나 쿼리(JPQL, criteria)를 실행할 때 힌트로 활성화할 수 있습니다. 그래프를 통해 **무엇을** 로드해야 할지는 제어할 수는 있지만 안타깝게도 **어떻게** 로드할지는 제어할 수 없습니다.

여기에도 개선의 여지는 있지만 향후 하이버네이트나 JPA 버전에서는 더욱 강력한 통합 API가 제공될 것으로 기대합니다.

JPQL과 SQL 문을 외부화해서 메타데이터로 옮길 수 있습니다. JPQL 쿼리는 선언적(명명된) 페치 프로파일입니다. 한 가지 놓치지 말아야 할 것은 동일한 기반 쿼리에 다른 계획을 손쉽게 겹칠 수 있다는 것입니다. 문자열 조작을 사용하는 기발한 방법들은 사용하지 않는 것이 가장 좋습니다. 반면 기준 쿼리를 사용하면 쿼리 생성 코드를 구성하는 데 자바의 모든 기능을 최대한 활용할 수 있습니다. 엔티티 그래프의 가치는 어떤 종류의 쿼리에 대해서도 페치 계획을 재사용할 수 있다는 것입니다.

먼저 하이버네이트 페치 프로파일과 특정 작업 단위에 대한 전역 지연 페치 계획을 재정의하는 방법을 알아보겠습니다.

12.3.1 하이버네이트 페치 프로파일 선언

하이버네이트 페치 프로파일은 전역 메타데이터로서 전체 영속성 단위에 대해 선언됩니다. 클래스에 @FetchProfile 애너테이션을 지정할 수도 있지만 package-info.java 파일에서 패키지 수준 메타데이터로 사용하는 것을 권장합니다.

FILE Ch12/profile/src/main/java/com/manning/javapersistence/ch12/profile/package-info.java

```
@org.hibernate.annotations.FetchProfiles({
    @FetchProfile(name = Item.PROFILE_JOIN_SELLER,          ❶
        fetchOverrides = @FetchProfile.FetchOverride(       ❷
            entity = Item.class,
            association = "seller",
            mode = FetchMode.JOIN          ❸
        )),
    @FetchProfile(name = Item.PROFILE_JOIN_BIDS,
        fetchOverrides = @FetchProfile.FetchOverride(
            entity = Item.class,
            association = "bids",
            mode = FetchMode.JOIN
        ))
})
```

❶ 각 프로파일에는 이름이 있습니다. 이것은 상수로 분리된 간단한 문자열입니다.

❷ 프로파일을 재정의할 경우 각각에 대해 하나의 엔티티 연관관계 또는 컬렉션의 이름을 지정합니다.

❸ FetchMode.JOIN은 JOIN을 통해 프로퍼티를 즉시 조회한다는 의미입니다.

이제 작업 단위에서 프로파일을 활성화할 수 있습니다. 프로파일을 활성화하려면 하이버네이트 API가 필요합니다. 그러면 해당 작업 단위의 모든 연산에 활성화됩니다. 해당 EntityManager로 Item을 로드할 때마다 동일한 SQL 문에서 조인을 사용해 Item#seller를 페치할 수 있습니다.

동일한 작업 단위에서 다른 프로파일을 겹쳐서 사용할 수 있습니다. 다음 예제에서는 Item이 로드될 때마다 동일한 SQL 문에서 조인을 사용해 Item#seller와 Item#bids 컬렉션이 페치될 수 있습니다.

```
FILE  Ch12/profile/src/test/java/com/manning/javapersistence/ch12/profile/Profile.java

Item item = em.find(Item.class, ITEM_ID);   ❶

em.clear();
em.unwrap(Session.class).enableFetchProfile(Item.PROFILE_JOIN_SELLER);   ❷
item = em.find(Item.class, ITEM_ID);

em.clear();
em.unwrap(Session.class).enableFetchProfile(Item.PROFILE_JOIN_BIDS);   ❸
item = em.find(Item.class, ITEM_ID);
```

❶ Item#seller는 지연 매핑이 적용돼 있으므로 기본 페치 계획은 Item 인스턴스만 조회합니다.

❷ 이 EntityManager를 사용해 Item이 로드될 때마다 동일한 SQL 문에서 조인을 사용해 Item#seller를 페치합니다.

❸ Item이 로드될 때마다 동일한 SQL 문에서 조인을 사용해 Item#seller와 Item#bids를 페치합니다.

기본 하이버네이트 페치 프로파일은 규모가 더 작거나 단순한 애플리케이션에서 최적화를 위한 간편한 솔루션으로 활용할 수 있습니다. JPA 2.1부터 **엔티티 그래프**가 도입되어 표준화된 방식으로 유사한 기능을 사용할 수 있습니다.

12.3.2 엔티티 그래프 활용

엔티티 그래프는 엔티티 노드와 속성을 선언한 것으로, EntityManager#find()를 실행하거나 쿼리 연산에 힌트를 넣을 때 기본 페치 계획을 재정의하거나 보강합니다. 다음은 엔티티 그래프를 이용한 조회 연산의 예입니다.

FILE Ch12/fetchloadgraph/src/test/java/com/manning/javapersistence/ch12/fetchloadgraph/FetchLoadGraph.java

```
Map<String, Object> properties = new HashMap<>();
properties.put(
    "javax.persistence.loadgraph",
    em.getEntityGraph(Item.class.getSimpleName())    ❶
);

Item item = em.find(Item.class, ITEM_ID, properties);
// select * from ITEM where ID = ?
```

❶ 사용 중인 엔티티 그래프의 이름은 Item이며, find() 연산에 대한 힌트는 **로드 그래프(load graph)**여야 한다는 것을 나타냅니다. 즉, 엔티티 그래프의 속성 노드에 지정된 속성들은 FetchType.EAGER로 처리되고, 지정되지 않은 속성들은 매핑에서 지정됐거나 기본 FetchType에 따라 처리된다는 것을 의미합니다.

다음 코드는 이 그래프의 선언과 엔티티 클래스의 기본 페치 계획을 보여줍니다.

FILE Ch12/fetchloadgraph/src/main/java/com/manning/javapersistence/ch12/fetchloadgraph/Item.java

```
@NamedEntityGraphs({
    @NamedEntityGraph       ❶
})
@Entity
public class Item {
    @NotNull
    @ManyToOne(fetch = FetchType.LAZY)
    private User seller;

    @OneToMany(mappedBy = "item")
    private Set<Bid> bids = new HashSet<>();

    @ElementCollection
    private Set<String> images = new HashSet<>();
    // ...
}
```

❶ 메타데이터의 엔티티 그래프에는 이름이 있으며 엔티티 클래스와 연관돼 있습니다. 엔티티 그래프는 일반적으로 엔티티 클래스 상단의 애너테이션에 선언됩니다. 필요하다면 이 엔티티 그래프를 XML에 넣을 수도 있습니다. 엔티티 그래프에 이름을 지정하지 않으면 소유 엔티티 클래스의 이름(여기서는 Item)을 가져옵니다.

위 예제의 빈 엔티티 그래프처럼 그래프에 속성 노드를 지정하지 않으면 엔티티 클래스의 기본값이 사용됩니다. Item에서는 모든 연관관계와 컬렉션이 지연 매핑되며, 이것이 기본 페치 계획입니다. 따라서 지금까지 수행한 작업은 거의 차이가 없으며, 힌트 없이 find() 연산을 수행해도 동일한 결과가 만들어집니다. 즉, Item 인스턴스는 로드되지만 seller, bids, images는 로드되지 않습니다.

또는 API를 사용해 엔티티 그래프를 만들 수도 있습니다.

FILE Ch12/fetchloadgraph/src/test/java/com/manning/javapersistence/ch12/fetchloadgraph/FetchLoadGr
aph.java

```java
EntityGraph<Item> itemGraph = em.createEntityGraph(Item.class);
Map<String, Object> properties = new HashMap<>();

properties.put("javax.persistence.loadgraph", itemGraph);
Item item = em.find(Item.class, ITEM_ID, properties);
```

이것 역시 속성 노드가 없는 빈 엔티티 그래프로, 조회 연산에 곧바로 전달됩니다.

활성화했을 때 Item#seller의 지연 기본값을 즉시 페치로 변경하는 엔티티 그래프를 작성하고 싶다고 가정해 봅시다.

FILE Ch12/fetchloadgraph/src/main/java/com/manning/javapersistence/ch12/fetchloadgraph/Item.java

```java
@NamedEntityGraphs({
    @NamedEntityGraph(
        name = "ItemSeller",
        attributeNodes = {
            @NamedAttributeNode("seller")
        }
    )
})
@Entity
public class Item {
    // ...
}
```

이제 Item과 seller를 즉시 로드하고 싶을 때 이름을 통해 이 그래프를 활성화할 수 있습니다.

```
FILE Ch12/fetchloadgraph/src/test/java/com/manning/javapersistence/ch12/fetchloadgraph/FetchLoadGr
aph.java

Map<String, Object> properties = new HashMap<>();
properties.put(
    "javax.persistence.loadgraph",
    em.getEntityGraph("ItemSeller")
);

Item item = em.find(Item.class, ITEM_ID, properties);
// select i.*, u.*
//    from ITEM i
//      inner join USERS u on u.ID = i.SELLER_ID
//    where i.ID = ?
```

애너테이션에 그래프를 하드코딩하고 싶지 않다면 API를 사용해 그래프를 작성할 수 있습니다.

```
FILE Ch12/fetchloadgraph/src/test/java/com/manning/javapersistence/ch12/fetchloadgraph/FetchLoadGr
aph.java

EntityGraph<Item> itemGraph = em.createEntityGraph(Item.class);
itemGraph.addAttributeNodes(Item_.seller);  ❶

Map<String, Object> properties = new HashMap<>();
properties.put("javax.persistence.loadgraph", itemGraph);

Item item = em.find(Item.class, ITEM_ID, properties);
// select i.*, u.*
//    from ITEM i
//      inner join USERS u on u.ID = i.SELLER_ID
//    where i.ID = ?
```

❶ Item_ 클래스는 정적 메타모델에 속합니다. 이 클래스는 프로젝트에 하이버네이트 JPA2 메타모델 생성기(Metamodel
Generator) 의존성을 포함하면 자동으로 생성됩니다. 자세한 내용은 3.3.4절을 다시 참고합니다.

지금까지는 find() 연산에 대한 속성만 살펴봤습니다. 엔티티 그래프 또한 쿼리에 힌트로 사용할 수 있습
니다.

FILE Ch12/fetchloadgraph/src/test/java/com/manning/javapersistence/ch12/fetchloadgraph/FetchLoadGr
aph.java

```java
List<Item> items =
    em.createQuery("select i from Item i", Item.class)
        .setHint("javax.persistence.loadgraph", itemGraph)
        .getResultList();
// select i.*, u.*
//   from ITEM i
//     left outer join USERS u on u.ID = i.SELLER_ID
```

엔티티 그래프는 복잡할 수 있습니다. 다음은 재사용 가능한 하위 그래프를 선언하는 방법을 보여줍니다.

FILE Ch12/fetchloadgraph/src/main/java/com/manning/javapersistence/ch12/fetchloadgraph/Bid.java

```java
@NamedEntityGraphs({
    @NamedEntityGraph(
        name = "BidBidderItemSellerBids",
        attributeNodes = {
            @NamedAttributeNode(value = "bidder"),
            @NamedAttributeNode(
                value = "item",
                subgraph = "ItemSellerBids"
            )
        },
        subgraphs = {
            @NamedSubgraph(
                name = "ItemSellerBids",
                attributeNodes = {
                    @NamedAttributeNode("seller"),
                    @NamedAttributeNode("bids")
                })
        }
    )
})
@Entity
public class Bid {
    // ...
}
```

이 엔티티 그래프를 Bid 인스턴스를 조회할 때 로드 그래프로 활성화하면 Bid#bidder, Bid#item, 더 나아가 Item#seller와 모든 Item#bids를 즉시 페치하도록 트리거할 수 있습니다. 엔티티 그래프의 이름은 원하는 대로 자유롭게 지정해도 되지만 팀원 모두가 따를 수 있는 규칙을 정하고 문자열을 공유 상수로 옮기는 것이 좋습니다.

엔티티 그래프 API를 이용할 경우 앞의 페치 계획은 다음과 같습니다.

FILE Ch12/fetchloadgraph/src/test/java/com/manning/javapersistence/ch12/fetchloadgraph/FetchLoadGraph.java

```java
EntityGraph<Bid> bidGraph = em.createEntityGraph(Bid.class);
bidGraph.addAttributeNodes(Bid_.bidder, Bid_.item);
Subgraph<Item> itemGraph = bidGraph.addSubgraph(Bid_.item);
itemGraph.addAttributeNodes(Item_.seller, Item_.bids);

Map<String, Object> properties = new HashMap<>();
properties.put("javax.persistence.loadgraph", bidGraph);

Bid bid = em.find(Bid.class, BID_ID, properties);
```

지금까지 엔티티 그래프를 **로드 그래프**(javax.persistence.loadgraph)로만 살펴봤는데, 또 다른 방법도 있습니다. 즉, javax.persistence.fetchgraph 힌트를 사용해 엔티티 그래프를 **페치 그래프**(fetch graph)로 활성화할 수 있습니다. 페치 그래프를 사용해 find()나 쿼리 연산을 실행하면 계획에 없는 모든 속성과 컬렉션은 FetchType.LAZY가 되고, 계획에 있는 모든 노드는 FetchType.EAGER가 됩니다. 이렇게 하면 엔티티 속성과 컬렉션 매핑의 모든 FetchType 설정이 사실상 무시됩니다.

JPA 엔티티 그래프 연산의 두 가지 약점도 알아둘 필요가 있습니다. 첫째, 하이버네이트 페치 전략(일괄(batch)/서브쿼리(subselect)/조인(join)/조회(select))이 아닌 페치 계획만 수정할 수 있습니다. 둘째, 애너테이션이나 XML로 엔티티 그래프를 선언하는 것은 완전한 타입 안전을 보장하지는 않습니다. 속성명이 문자열이기 때문입니다. EntityGraph API는 최소한의 타입 안전만 보장됩니다.

정리

- 페치 프로파일은 페치 계획(어떤 데이터를 로드해야 하는지)과 페치 전략(데이터를 어떻게 로드해야 하는지)을 결합해 재사용 가능한 메타데이터 또는 코드로 캡슐화합니다.

- 전역 페치 계획을 만들어서 항상 어떤 연관관계나 컬렉션을 메모리에 로드해야 하는지 정의할 수 있습니다.

- 유스케이스를 비롯해 애플리케이션에서 연관관계에 있는 엔티티에 어떻게 접근하고 컬렉션을 순회하는지, 준영속 상태에서 어떤 데이터를 사용할 수 있는지를 토대로 페치 계획을 정의할 수 있습니다.

- 페치 계획에 적합한 페치 전략을 선택할 수 있습니다. 목표는 실행해야 하는 SQL 문의 수와 각 SQL 문의 복잡성을 최소화하는 것입니다.

- 특히 n+1 문제 및 데카르트 곱 문제를 방지하기 위한 페치 전략을 사용할 수 있습니다.

13

데이터 필터링

이번 장에서 다루는 내용

- 상태 전이 연쇄 적용
- 이벤트 수신과 인터셉트
- 하이버네이트 엔버스를 활용한 감사 및 버전 관리
- 동적 데이터 필터링

이번 장에서는 데이터가 하이버네이트 엔진을 통과할 때 데이터를 **필터링**하는 다양한 전략을 분석해 보겠습니다. 하이버네이트가 데이터베이스에서 데이터를 로드할 때 필터를 사용해 애플리케이션에서 볼 수 있는 데이터를 투명하게 제한할 수 있습니다. 하이버네이트가 데이터베이스에 데이터를 저장할 때 이벤트를 수신하고, 감사 로그를 기록하거나 레코드에 테넌트[1] 식별자를 할당하는 등의 보조 루틴을 실행할 수 있습니다.

이번 장의 네 가지 주요 단원에서는 다음과 같은 데이터 필터링 기능과 API를 살펴봅니다.

- 먼저 엔티티 인스턴스의 상태 변경에 반응하고 연관관계에 있는 엔티티에 **상태 변화를 연쇄 적용하는** 방법을 배웁니다. 예를 들어, User가 저장되면 하이버네이트는 관련된 모든 BillingDetails를 전이적이고 자동적으로 저장할 수 있습니다. Item이 삭제되면 하이버네이트는 해당 Item과 연관관계에 있는 모든 Bid 인스턴스를 삭제할 수 있습니다. 엔티티 연관관계나 컬렉션 매핑에서 특별한 속성을 사용해 이러한 표준 JPA 기능을 활성화할 수 있습니다.

---

1 (옮긴이) 소프트웨어 시스템으로의 공통 접근을 공유하는 사용자들의 그룹(출처: 위키백과)

- 자카르타 퍼시스턴스 표준에는 수명주기 **콜백**과 **이벤트 리스너**가 포함돼 있습니다. 이벤트 리스너는 특별한 메서드를 사용해서 작성하는 클래스로, 하이버네이트가 엔티티 인스턴스를 로드하거나 데이터베이스에서 삭제하려고 할 때와 같이 엔티티 인스턴스가 상태를 변경할 때 호출됩니다. 이러한 콜백 메서드는 엔티티 클래스에 있을 수도 있고 특별한 애너테이션으로 표시할 수도 있습니다. 이를 통해 상태 전이가 발생할 때 별도의 부수 효과를 실행할 수 있습니다. 또한 하이버네이트에는 엔진 내 저수준에서 수명주기 이벤트를 가로챌 수 있는 몇 가지 하이버네이트 전용 확장점이 있습니다.

- 공통적인 부수 효과로 **감사 로그**(audit log)를 기록하는 것이 있습니다. 이러한 감사 로그에는 일반적으로 변경된 데이터, 데이터가 변경된 시기, 데이터를 수정한 사람에 대한 정보가 포함됩니다. 좀 더 정교한 감사 시스템이라면 여러 버전의 데이터와 **임시 뷰**(temporal view)를 저장해야 할 수도 있습니다. 예를 들어, 하이버네이트에 "지난주 데이터"를 로드하도록 요청할 수 있습니다. 이것은 복잡한 문제이므로 JPA 애플리케이션의 버전 관리 및 감사를 전담하는 하위 프로젝트인 하이버네이트 엔버스(Hibernate Envers)를 소개하겠습니다.

- 끝으로, 하이버네이트 전용 API로도 사용할 수 있는 **데이터 필터**(data filter)에 대해 살펴보겠습니다. 이러한 필터는 하이버네이트에서 실행되는 SQL SELECT 문에 사용자 정의 제한을 적용합니다. 따라서 사실상 애플리케이션 계층에서 데이터에 대한 제한된 뷰를 정의할 수 있습니다. 예를 들어, 로드된 데이터를 영업 지역 또는 기타 권한 부여 기준에 따라 제한하는 필터를 적용할 수 있습니다.

전이적 상태 변화를 위한 연쇄 적용 옵션부터 시작하겠습니다.

> 참고 소스코드의 예제를 실행하려면 먼저 Ch13.sql 스크립트를 실행해야 합니다.

13.1 상태 전이 연쇄 적용

엔티티 인스턴스가 **비영속** 상태에서 **영속** 상태로 전환되는 등 상태가 변경되는 경우 연관관계에 있는 엔티티 인스턴스도 이러한 상태 전이에 포함될 수 있습니다. 이러한 상태 전이 **연쇄 적용**은 기본적으로 활성화되지 않으므로 각 엔티티 인스턴스의 수명주기는 독립적입니다. 그러나 엔티티 간의 일부 연관관계에 대해서는 잘게 세분화된 수명주기 의존성을 구현하고 싶을 수 있습니다.

예를 들어, 8.3절에서는 Item과 Bid 엔티티 클래스 간에 연관관계를 맺었습니다. 이 경우 Item에 대해 입찰할 때 Item의 입찰이 자동으로 영속화되게 했을뿐더러 입찰을 소유하는 Item이 삭제될 때 입찰도 자동으로 삭제되게 했습니다. 사실상 Bid를 다른 엔티티인 Item에 종속된 엔티티 클래스로 만든 셈입니다.

해당 연관관계 매핑에서 활성화한 연쇄 적용 설정은 CascadeType.PERSIST와 CascadeType.REMOVE였습니다. 또한 특별한 orphanRemoval을 비롯해 데이터베이스 수준에서의 삭제 연쇄 적용(외래키에 대한 ON DELETE 옵션을 통해)가 애플리케이션에 어떤 영향을 미치는지 살펴봤습니다.

이처럼 8장에서는 상태 **연쇄 적용**을 이용하는 방법을 간략하게 설명했습니다. 이번 절에서는 거의 사용되지 않는 다른 연쇄 적용 옵션에 대해 분석해 보겠습니다.

13.1.1 사용 가능한 연쇄 적용 옵션

표 13.1에는 하이버네이트에서 사용할 수 있는 가장 중요한 연쇄 적용 옵션이 요약돼 있습니다. 각 옵션이 EntityManager 또는 Session 연산과 어떻게 연결되는지 주목합니다.

표 13.1 엔티티 연관관계 매핑의 연쇄 적용 옵션

옵션	설명
CascadeType.PERSIST	엔티티 인스턴스가 EntityManager#persist()를 통해 저장되면 플러시 시점에 연관관계에 있는 모든 엔티티 인스턴스도 영속화됩니다.
CascadeType.REMOVE	엔티티 인스턴스가 EntityManager#remove()를 통해 삭제되면 플러시 시점에 연관관계에 있는 모든 엔티티 인스턴스도 제거됩니다.
CascadeType.DETACH	엔티티 인스턴스가 EntityManager#detach()를 통해 영속성 컨텍스트에서 벗어나게 되면 연관관계에 있는 모든 엔티티 인스턴스도 준영속 상태가 됩니다.
CascadeType.MERGE	비영속 또는 분리된 엔티티 인스턴스가 EntityManager#merge()를 통해 영속성 컨텍스트에 병합되면 연관관계에 있는 모든 비영속 또는 준영속 엔티티 인스턴스도 병합됩니다.
CascadeType.REFRESH	영속 엔티티 인스턴스가 EntityManager#refresh()로 새로 고침되면 연관관계에 있는 모든 영속 엔티티 인스턴스도 새로 고침됩니다.
CascadeType.REPLICATE	준영속 엔티티 인스턴스가 Session#replicate()를 통해 데이터베이스로 복사되면 연관관계에 있는 모든 준영속 엔티티 인스턴스도 복사됩니다.
CascadeType.ALL	매핑된 연관관계에 대한 모든 연쇄 적용 옵션을 사용하도록 설정하는 축약 옵션입니다.

org.hibernate.annotations.CascadeType 열거형에는 더 많은 연쇄 적용 옵션이 정의돼 있습니다. 하지만 현재 유일하게 흥미로운 옵션은 REPLICATE와 Session#replicate() 연산입니다. 다른 모든 Session 연산은 표준화된 연산과 차이가 없거나 EntityManager API에 대체 연산이 있으므로 이러한 설정은 건너뛰어도 됩니다.

이미 앞에서 PERSIST 및 REMOVE 옵션에 대해 살펴봤으므로 이번에는 전이적 준영속화, 병합, 새로 고침, 복제를 분석해 보겠습니다.

13.1.2 전이적 준영속화와 병합

데이터베이스에서 Item과 해당 bids를 조회하고 이 데이터를 준영속 상태로 다루고 싶다고 해봅시다. Bid 클래스에서는 이 연관관계를 @ManyToOne으로 매핑합니다. Item에서 이 @OneToMany 컬렉션 매핑은 양방향입니다.

FILE Ch13/cascade/src/main/java/com/manning/javapersistence/ch13/filtering/cascade/Item.java

```
@Entity
public class Item {
    @OneToMany(
        mappedBy = "item",
        cascade = {CascadeType.DETACH, CascadeType.MERGE}
    )
    private Set<Bid> bids = new HashSet<>();
    // ...
}
```

전이적 준영속화와 병합은 DETACH와 MERGE 연쇄 적용 타입으로 활성화됩니다. 이제 Item을 로드하고 bids 컬렉션을 초기화할 수 있습니다.

FILE Ch13/cascade/src/test/java/com/manning/javapersistence/ch13/filtering/Cascade.java

```
Item item = em.find(Item.class, ITEM_ID);
assertEquals(2, item.getBids().size());      ❶
em.detach(item);                             ❷
```

❶ item.getBids()에 접근하면 입찰가 컬렉션이 초기화됩니다(지연 초기화됨).

❷ EntityManager#detach() 연산이 연쇄 적용됩니다. 즉, 영속성 컨텍스트에서 Item 인스턴스뿐 아니라 컬렉션의 모든 bids를 영속성 컨텍스트에서 내보냅니다. bids가 로드되지 않았다면 준영속화되지 않습니다. (물론 영속성 컨텍스트를 닫아 로드된 모든 엔티티 인스턴스를 사실상 준영속화할 수도 있습니다.)

준영속 상태에서 Item#name을 변경하고 새 Bid를 생성한 다음, Item과 연결할 수 있습니다.

FILE Ch13/cascade/src/test/java/com/manning/javapersistence/ch13/filtering/Cascade.java

```
item.setName("New Name");
Bid bid = new Bid(new BigDecimal("101.00"), item);
item.addBid(bid);
```

준영속 엔티티 상태와 컬렉션을 다루고 있기 때문에 동일성과 동등성에 더욱 주의를 기울여야 합니다.
10.3절에서 설명한 대로 Bid 엔티티 클래스의 equals()와 hashCode() 메서드를 재정의해야 합니다.

FILE Ch13/cascade/src/main/java/com/manning/javapersistence/ch13/filtering/cascade/Bid.java

```
@Entity
public class Bid {
    @Override
    public boolean equals(Object o) {
        if (this == o) return true;
        if (o instanceof Bid bid) {
            return Objects.equals(id, bid.id) &&
                    Objects.equals(amount, bid.amount) &&
                    Objects.equals(item, bid.item);
        }
        return false;
    }

    @Override
    public int hashCode() {
        return Objects.hash(id, amount, item);
    }
}
```

두 Bid 인스턴스가 동일한 id, 동일한 amount를 가지며, 동일한 Item에 연결된 경우 **동일합니다.**

준영속 상태에서 수정 작업을 완료하면 다음 단계는 변경 사항을 저장하는 것입니다. 새로운 영속성 컨텍스트를 사용해 준영속 Item을 병합하고 하이버네이트가 변경 사항을 감지하게 할 수 있습니다.

merge 메서드를 사용하면 하이버네이트가 준영속 인스턴스를 병합합니다. 먼저 영속성 컨텍스트에 지정된 식별자 값을 가진 엔티티가 이미 포함돼 있는지 확인합니다. 영속성 컨텍스트에 없다면 데이터베이스에서 엔티티를 로드합니다. 하이버네이트는 병합 과정에서 참조된 엔티티도 필요하다는 것을 알 수 있을 만큼 지능적이기 때문에 동일한 SQL 쿼리에서 바로 엔티티를 페치합니다.

영속성 컨텍스트를 플러시할 때 하이버네이트는 병합 과정에서 엔티티의 일부 프로퍼티가 변경됐는지 여부를 감지합니다. 참조된 엔티티도 저장될 수 있습니다.

> FILE Ch13/cascade/src/test/java/com/manning/javapersistence/ch13/filtering/Cascade.java

```java
Item mergedItem = em.merge(item);   ❶
// select i.*, b.*
//    from ITEM i
//      left outer join BID b on i.ID = b.ITEM_ID
//    where i.ID = ?

for (Bid b : mergedItem.getBids()) {        ❷
    assertNotNull(b.getId());
}

em.flush();             ❸
// update ITEM set NAME = ? where ID = ?
// insert into BID values (?, ?, ?, ... )
```

❶ 하이버네이트가 준영속 item을 병합합니다. 지정된 식별자 값을 가진 Item이 없으므로 데이터베이스에서 Item을 로드합니다. 병합하는 동안 하이버네이트가 동일한 SQL 쿼리에서 bids를 가져옵니다. 그런 다음 하이버네이트는 준영속 item 값을 로드된 인스턴스에 복사해서 영속 상태로 반환합니다. 모든 Bid에 동일한 절차가 적용되며, 하이버네이트는 bids 중 하나가 새로운 것임을 감지합니다.

❷ 병합하는 동안 하이버네이트가 새 Bid를 영속 상태로 만듭니다. 이제 식별자 값이 할당됩니다.

❸ 영속성 컨텍스트를 플러시하면 병합하는 동안 하이버네이트가 Item의 name이 변경된 것을 감지합니다. 새 Bid도 저장될 것입니다.

컬렉션과의 병합 연쇄 적용은 강력한 기능으로, 하이버네이트 없이 이 기능을 구현하려면 얼마나 많은 코드를 작성해야 할지 생각해 봅시다.

병합 시 연관관계의 즉시 페치

13.1.2절의 마지막 코드 예제에서는 준영속 Item을 병합할 때 하이버네이트가 Item#bids 컬렉션을 로드할 만큼 지능적이라고 했습니다. 연관관계에 대해 CascadeType.MERGE가 활성화된 경우 병합할 때 하이버네이트는 항상 JOIN을 사용해 엔티티 연관관계를 즉시 로드합니다. 이는 앞서 언급한 예에서 Item#bids가 초기화, 준영속화, 수정된 경우에 유용합니다. JOIN을 통해 병합할 경우 컬렉션을 로드하는 것이 하이버네이트에 필요하고 또 최적이지만, 초기화되지 않은 bids 컬렉션 또는 초기화되지 않은 seller 프락시와 Item 인스턴스를 병합하는 경우에는 하이버네이트가 컬렉션 및 프락시를 JOIN으로 페치할 것입니다. 병합은 관리되는 Item에 대한 이러한 연관관계를 초기화한 상태로 반환합니다. CascadeType.MERGE를 사용하면 하이버네이트가 모든 FetchType.LAZY 매핑을 무시하고 사실상 재정의합니다(JPA 명세에서 허용하는 바에 따라).

다음 예제는 덜 정교한 것으로, 관련 엔티티의 새로 고침 연쇄 적용을 활성화합니다.

13.1.3 새로 고침 연쇄 적용

User 엔티티 클래스는 BillingDetails와 일대다 관계를 맺습니다. 즉, 애플리케이션의 각 사용자는 신용카드나 은행 계좌 등을 여러 개 보유할 수 있습니다. BillingDetails 클래스를 다시 살펴보고 싶다면 7장의 매핑을 참고하세요.

User와 BillingDetails 간의 관계를 단방향 일대다 엔티티 연관관계로 매핑할 수 있습니다.

```
FILE  Ch13/cascade/src/main/java/com/manning/javapersistence/ch13/filtering/cascade/User.java

@Entity
@Table(name = "USERS")
public class User {
    @OneToMany(cascade = {CascadeType.PERSIST, CascadeType.REFRESH})
    @JoinColumn(name = "USER_ID", nullable = false)
    private Set<BillingDetails> billingDetails = new HashSet<>();
    // ...
}
```

이 연관관계에 사용할 수 있는 연쇄 적용 옵션은 PERSIST와 REFRESH입니다. PERSIST 옵션은 청구 상세 내역의 저장을 간소화합니다. 즉, 이미 영속화된 User 컬렉션에 BillingDetails 인스턴스를 추가하면 청구 상세 내역이 영속화됩니다.

REFRESH 연쇄 적용 옵션을 사용하면 User 인스턴스의 상태를 다시 로드할 때 하이버네이트가 User에 연결된 각 BillingDetails 인스턴스의 상태도 새로 고침하게 할 수 있습니다. 예를 들어, 관리되는 User 인스턴스에 대해 refresh()를 호출하면 하이버네이트는 관리되는 BillingDetails로 연산을 연쇄 적용하고 SQL SELECT를 사용해 각각을 새로 고침합니다. 데이터베이스에 이러한 인스턴스가 하나도 남아 있지 않으면 하이버네이트는 EntityNotFoundException을 던집니다. 그런 다음, 하이버네이트가 User 인스턴스를 새로 고침하고 전체 billingDetails 컬렉션을 즉시 로드해서 새로운 BillingDetails가 있는지 확인합니다.

```
FILE Ch13/cascade/src/test/java/com/manning/javapersistence/ch13/filtering/Cascade.java

User user = em.find(User.class, USER_ID);               ❶

assertEquals(2, user.getBillingDetails().size());       ❷
for (BillingDetails bd : user.getBillingDetails()) {
    assertEquals("John Doe", bd.getOwner());
}

// 누군가가 데이터베이스 내의 청구 상세 내역을 수정한다!

em.refresh(user);              ❸
// select * from CREDITCARD join BILLINGDETAILS where ID = ?
// select * from BANKACCOUNT join BILLINGDETAILS where ID = ?
// select * from USERS
//    left outer join BILLINGDETAILS
//    left outer join CREDITCARD
//    left outer JOIN BANKACCOUNT
// where ID = ?

for (BillingDetails bd : user.getBillingDetails()) {
    assertEquals("Doe John", bd.getOwner());
}
```

❶ User 인스턴스가 데이터베이스에서 로드됩니다.

❷ 컬렉션 요소를 순회하거나 size()를 호출할 경우 지연된 billingDetails 컬렉션이 초기화됩니다.

❸ 관리되는 User 인스턴스에 대해 refresh()를 호출하면 하이버네이트가 관리되는 BillingDetails로 연산을 연쇄 적용하고 SQL SELECT를 사용해 각각을 새로 고침합니다.

이것은 하이버네이트가 그리 똑똑하게 처리하지 못하는 경우입니다. 먼저, 영속성 컨텍스트에 있고 컬렉션에서 참조하는 각 `BillingDetails` 인스턴스에 대해 SQL `SELECT`를 실행합니다. 그런 다음, 전체 컬렉션을 다시 로드해서 추가된 `BillingDetails`를 찾습니다. 하이버네이트는 분명 하나의 `SELECT`로 이 작업을 수행할 수 있었을 것입니다.

다른 트랜잭션에 의해 수정된 레코드를 새로 고침하고 싶기 때문에 MySQL의 기본 트랜잭션 격리 수준이 `REPEATABLE_READ`이고, 다른 대부분의 데이터베이스는 `READ_COMMITTED`라는 점을 명심할 필요가 있습니다. 하나의 트랜잭션을 시작한 다음 두 번째 트랜잭션을 시작했는데, 첫 번째 트랜잭션이 새로 고침 연산을 수행하기 전에 변경 사항을 커밋했습니다. 첫 번째 트랜잭션이 두 번째 트랜잭션의 변경 사항을 볼 수 있게 하려면 JDBC 드라이버에서 격리 수준을 변경해야 합니다. 이것이 바로 다음과 같은 구성 URL을 제공한 이유입니다.

FILE Ch13/cascade/src/main/resources/META-INF/persistence.xml

```
<property name="javax.persistence.jdbc.url"
        value="jdbc:mysql://localhost:3306/CH13_CASCADE?sessionVariables=transaction_isolation=
'READ-COMMITTED'&amp;serverTimezone=UTC"/>
```

보다시피 구성 수준에서만 변경하면 되므로 `persistence.xml` 파일에 올바른 구성이 포함돼 있기만 하다면 다른 데이터베이스를 사용해도 코드가 계속 올바르게 작동할 것입니다.

마지막 연쇄 적용 옵션은 하이버네이트 전용 `replicate()` 연산을 위한 것입니다.

13.1.4 복제 연쇄 적용

10.2.7절에서 복제를 처음으로 살펴봤습니다. 이 비표준 연산은 하이버네이트 Session API에서 사용할 수 있습니다. 복제의 주된 사용 사례는 한 데이터베이스에서 다른 데이터베이스로 데이터를 복사하는 것입니다.

다음과 같은 `Item`과 `User` 간의 다대일 엔티티 연관관계 매핑을 생각해 봅시다.

FILE Ch13/cascade/src/main/java/com/manning/javapersistence/ch13/filtering/cascade/Item.java

```
@Entity
public class Item {
```

```
    @ManyToOne(fetch = FetchType.LAZY)
    @JoinColumn(name = "SELLER_ID", nullable = false)
    @org.hibernate.annotations.Cascade(
        org.hibernate.annotations.CascadeType.REPLICATE
    )
    private User seller;
    // ...
}
```

여기서는 하이버네이트 애너테이션을 사용해 REPLICATE 연쇄 적용 옵션을 활성화합니다. 다음으로 소스 데이터베이스에서 Item과 해당 Item의 seller를 로드합니다.

FILE Ch13/cascade/src/test/java/com/manning/javapersistence/ch13/filtering/Cascade.java

```
em = emf.createEntityManager();
em.getTransaction().begin();

Item item = em.find(Item.class, ITEM_ID);

assertNotNull(item.getSeller().getUsername());          ❶

em.getTransaction().commit();
em.close();
```

❶ Item#seller를 지연 초기화합니다.

영속성 컨텍스트를 닫고 나면 Item과 User 엔티티 인스턴스가 준영속 상태가 됩니다. 다음으로 데이터베이스에 연결해서 준영속 상태의 데이터를 기록합니다.

FILE Ch13/cascade/src/test/java/com/manning/javapersistence/ch13/filtering/Cascade.java

```
EntityManager otherDatabase = // ... EntityManager 획득
otherDatabase.getTransaction().begin();

otherDatabase.unwrap(Session.class)
    .replicate(item, ReplicationMode.OVERWRITE);
// select ID from ITEM where ID = ?
// select ID from USERS where ID = ?
```

```
otherDatabase.getTransaction().commit();
// update ITEM set NAME = ?, SELLER_ID = ?, ... where ID = ?
// update USERS set USERNAME = ?, ... where ID = ?
otherDatabase.close();
```

준영속 상태의 `Item`에서 `replicate()`를 호출하면 하이버네이트는 SQL SELECT 문을 실행해 `Item`과 해당 `seller`가 데이터베이스에 이미 있는지 확인합니다. 그런 다음 커밋 시 영속성 컨텍스트가 플러시되면 하이버네이트는 `Item`과 `seller`의 값을 대상 데이터베이스에 기록합니다. 이전 예제에서는 이러한 로우가 이미 존재했기 때문에 데이터베이스의 값을 덮어쓰는 각 로우의 UPDATE가 표시됩니다. 대상 데이터베이스에 `Item` 또는 `User`가 들어있지 않은 경우 두 개의 INSERT가 수행됩니다.

13.2 이벤트 수신과 인터셉트

이번 절에서는 JPA와 하이버네이트에서 사용할 수 있는 사용자 정의 이벤트 리스너와 영속성 수명주기 인터셉터에 대한 세 가지 API를 분석해 보겠습니다. 이것들을 이용하면 다음과 같은 여러 가지 작업을 수행할 수 있습니다.

- 표준 JPA 수명주기 콜백 메서드와 이벤트 리스너 사용
- 독점적인 `org.hibernate.Interceptor`를 작성해서 `Session`에서 활성화
- `org.hibernate.event` SPI(서비스 공급자 인터페이스)를 이용한 하이버네이트 핵심 엔진(core engine)의 확장점 활용

먼저 표준 JPA 콜백부터 시작하겠습니다. 표준 JPA 콜백을 이용하면 영속화, 로드, 제거 수명주기 이벤트에 손쉽게 접근할 수 있습니다.

13.2.1 JPA 이벤트 리스너와 콜백

새 엔티티 인스턴스가 저장될 때마다 메시지를 기록하고 싶다고 해봅시다. 엔티티 리스너 클래스에는 인자를 받지 않는 암시적 또는 명시적 공개 생성자가 반드시 있어야 합니다. 특별한 인터페이스를 구현할 필요는 없습니다. 엔티티 리스너는 상태를 유지하지 않으며(stateless), JPA 엔진이 자동으로 생성 및 소멸시킵니다. 즉, 필요할 때 더 많은 컨텍스트 정보를 얻는 어려울 수 있지만 몇 가지 가능한 시나리오를 보여드리겠습니다.

먼저 다음 예제와 같이 콜백 메서드가 포함된 수명주기 이벤트 리스너를 작성하고 @PostPersist 애너테이션을 지정하겠습니다. 엔티티 리스너 클래스의 어떤 메서드에도 애너테이션을 지정해 영속성 수명주기 이벤트에 대한 콜백 메서드로 지정할 수 있습니다.

예제 13.1 엔티티 인스턴스가 저장됐을 때 관리자에게 알리기

FILE Ch13/callback/src/main/java/com/manning/javapersistence/ch13/filtering/callback/PersistEntityListener.java

```java
public class PersistEntityListener {
    @PostPersist            ❶
    public void logMessage(Object entityInstance) {
        User currentUser = CurrentUser.INSTANCE.get();        ❷
        Log log = Log.INSTANCE;
        log.save(
            "Entity instance persisted by "
                + currentUser.getUsername()
                + ": "
                + entityInstance
        );
    }
}
```

❶ @PostPersist 애너테이션이 지정된 logMessage() 메서드는 새 엔티티 인스턴스가 데이터베이스에 저장된 후에 호출됩니다.

❷ 현재 로그인한 사용자의 컨텍스트 정보와 로그 정보에 접근할 필요가 있습니다. 원시적인 해결책은 스레드 로컬(thread-local) 변수와 싱글턴을 사용하는 것입니다. CurrentUser와 Log의 소스를 예제 코드에서 확인할 수 있습니다.

엔티티 리스너 클래스의 콜백 메서드는 상태 변경과 관련된 엔티티 인스턴스인 Object 매개변수를 하나 받습니다. 특정 엔티티 타입에 대해서만 콜백을 활성화하는 경우 인수를 해당 특정 타입으로 선언할 수 있습니다. 콜백 메서드의 접근 제한자로는 어떤 것이든 지정할 수 있고 반드시 public이어야 할 필요는 없습니다. static이나 final이어서는 안 되며 아무것도 반환하지 않아야 합니다. 콜백 메서드가 언체크 RuntimeException을 던지면 하이버네이트가 연산을 중단하고 롤백을 위해 현재 트랜잭션을 표시해 둡니다. 콜백 메서드가 체크 Exception을 선언하고 던지는 경우 하이버네이트는 이를 래핑해서 RuntimeException으로 처리합니다.

엔티티 리스너 클래스에서 각 콜백 애너테이션은 한 번만 사용할 수 있습니다. 즉, 한 메서드에만
@PostPersist 애너테이션을 지정할 수 있습니다. 표 13.2에 사용 가능한 모든 콜백 애너테이션이 정리돼
있습니다.

표 13.2 수명주기 콜백 애너테이션

애너테이션	설명
@PostLoad	식별자 조회나 탐색 및 프락시/컬렉션 초기화, 또는 쿼리를 통해 엔티티 인스턴스가 영속성 컨텍스트에 로드된 후에 트리거됩니다. 이미 영속화된 인스턴스를 새로 고침한 후에도 호출됩니다.
@PrePersist	엔티티 인스턴스에 대해 persist()가 호출될 때 즉시 호출됩니다. 엔티티가 비영속 상태인 경우 merge()에 대해서도 호출되는데, 비영속 상태가 영속 인스턴스로 복사된 후에 호출됩니다. CascadeType.PERSIST를 활성화한 경우 연관관계에 있는 엔티티에 대해서도 호출됩니다.
@PostPersist	엔티티 인스턴스를 영속화하기 위한 데이터베이스 연산이 실행되고 식별자 값이 할당된 후에 호출됩니다. 이는 persist() 또는 merge()가 호출될 때 또는 식별자 생성기가 삽입 전(pre-insert) 생성 전략인 경우 나중에 영속성 컨텍스트가 플러시될 때일 수 있습니다(5.2.5절 참조). CascadeType.PERSIST를 활성화한 경우 연관관계에 있는 엔티티에 대해서도 호출됩니다.
@PreUpdate, @PostUpdate	영속성 컨텍스트가 데이터베이스와 동기화되기 전과 후, 즉 플러시 전후에 실행됩니다. 엔티티의 상태를 동기화해야 하는 경우(예: 더티 상태로 간주되어)에만 트리거됩니다.
@PreRemove, @PostRemove	remove()가 호출되거나 엔티티 인스턴스가 연쇄 적용 방식으로 제거될 때, 그리고 영속성 컨텍스트가 플러시될 때 데이터베이스에서 레코드가 삭제된 후에 트리거됩니다.

다음 Item처럼 인터셉트하려는 엔티티에 대해 엔티티 리스너 클래스를 활성화해야 합니다.

FILE Ch13/callback/src/main/java/com/manning/javapersistence/ch13/filtering/callback/Item.java

```
@Entity
@EntityListeners(
    PersistEntityListener.class
)
```

```
public class Item {
    // ...
}
```

인터셉터가 여러 개 있는 경우 **@EntityListeners** 애너테이션에 리스너 클래스 배열을 지정할 수 있습니다. 여러 리스너가 동일한 이벤트에 대한 콜백 메서드를 정의하는 경우 하이버네이트는 선언된 순서대로 리스너를 호출합니다.

수명주기 이벤트를 가로채기 위해 별도의 엔티티 리스너 클래스를 작성할 필요는 없습니다. 예를 들어, User 엔티티 클래스에서 logMessage() 메서드를 구현하면 됩니다.

FILE Ch13/callback/src/main/java/com/manning/javapersistence/ch13/filtering/callback/User.java

```
@Entity
@Table(name = "USERS")
public class User {
    @PostPersist
    public void logMessage(){
        User currentUser = CurrentUser.INSTANCE.get();
        Log log = Log.INSTANCE;
        log.save(
            "Entity instance persisted by "
                + currentUser.getUsername()
                + ": "
                + this
        );
    }
    // ...
}
```

엔티티 클래스의 콜백 메서드에 인수가 없다는 점에 유의합니다. 상태 변경과 관련된 "현재" 엔티티가 바로 this입니다. 동일한 이벤트에 대한 콜백을 한 클래스 내에 중복으로 두는 것은 허용되지 않지만 여러 리스너 클래스 또는 리스너와 엔티티 클래스에서 콜백 메서드를 사용해 동일한 이벤트를 가로채는 것은 가능합니다.

전체 계층 구조의 엔티티 상위 클래스에 콜백 메서드를 추가할 수도 있습니다. 특정 엔티티 하위 클래스에 대해 상위 클래스의 콜백을 비활성화하려면 하위 클래스에 **@ExcludeSuperclassListeners**

를 애너테이션으로 추가하면 됩니다. 특정 엔티티에 대한 기본 엔티티 리스너를 비활성화하려면 `@ExcludeDefaultListeners` 애너테이션으로 표시하면 됩니다.

> **FILE** Ch13/callback/src/main/java/com/manning/javapersistence/ch13/filtering/callback/User.java

```
@Entity
@Table(name = "USERS")
@ExcludeDefaultListeners
public class User {
    // ...
}
```

JPA 이벤트 리스너와 콜백은 자체적인 절차를 통해 수명주기 이벤트에 대응하기 위한 기초적인 틀을 제공합니다. 하이버네이트에도 좀 더 잘게 세분화되고 강력한 대체 API인 `org.hibernate.Interceptor`가 있습니다.

13.2.2 하이버네이트 인터셉터 구현

별도의 데이터베이스 테이블에 데이터 수정에 대한 감사 로그를 작성하고 싶다고 가정해 봅시다. 예를 들어, 각 `Item`의 생성과 업데이트 이벤트에 대한 정보를 기록하고 싶을 수 있습니다. 감사 로그에는 사용자, 이벤트 날짜/시간, 발생한 이벤트 유형, 변경된 `Item`의 식별자 등이 포함됩니다.

감사 로그는 데이터베이스 트리거를 통해 처리되는 경우가 많습니다. 반면, 특히 서로 다른 데이터베이스 간의 이식성이 필요한 경우 애플리케이션에서 이를 책임지는 편이 더 나은 경우도 있습니다.

감사 로깅을 구현하려면 몇 가지 요소가 필요합니다. 먼저 감사 로깅을 활성화할 엔티티 클래스를 표시해야 합니다. 다음으로 사용자, 날짜, 시간, 수정 유형 등 어떤 정보를 기록할지 정의합니다. 마지막으로, 감사 추적을 자동으로 생성하는 `org.hibernate.Interceptor`로 이 모든 것을 하나로 묶습니다.

먼저 마커 인터페이스인 `Auditable`을 만들겠습니다.

> **FILE** Ch13/interceptor/src/main/java/com/manning/javapersistence/ch13/filtering/interceptor/Auditable.java

```
public interface Auditable {
    Long getId();
}
```

이 인터페이스를 사용하려면 영속 엔티티 클래스가 게터 메서드와 함께 식별자를 노출해야 합니다. 감사 추적을 기록하려면 이 프로퍼티가 필요하기 때문입니다. 그럼 특정 영속성 클래스에 대한 감사 로깅을 활성화하는 것은 간단합니다. Item과 같이 클래스 선언에 Auditable 인터페이스를 추가하기만 하면 됩니다.

`FILE` /model/src/main/java/org/jpwh/model/filtering/interceptor/Item.java

```
@Entity
public class Item implements Auditable {
    // ...
}
```

이제 감사 데이터베이스 테이블에 기록하려는 정보와 함께 새 영속 엔티티 클래스인 AuditLogRecord를 만들 수 있습니다.

`FILE` Ch13/interceptor/src/main/java/com/manning/javapersistence/ch13/filtering/interceptor/AuditLogRecord.java

```
@Entity
public class AuditLogRecord {
    @Id
    @GeneratedValue(generator = Constants.ID_GENERATOR)
    private Long id;

    @NotNull
    private String message;

    @NotNull
    private Long entityId;

    @NotNull
    private Class<? extends Auditable> entityClass;

    @NotNull
    private Long userId;

    @NotNull
    private LocalDateTime createdOn = LocalDateTime.now();
```

```
    // ...
}
```

하이버네이트가 데이터베이스에 `Item`을 삽입하거나 업데이트할 때마다 `AuditLogRecord`의 인스턴스를 저장하고 싶다면 하이버네이트 인터셉터가 이를 자동으로 처리할 수 있습니다. 예제 13.2에 나온 것처럼 `org.hibernate.Interceptor`의 모든 메서드를 구현하는 대신 `EmptyInterceptor`를 확장하고 필요한 메서드만 재정의하면 됩니다. 감사 로그를 작성하기 위해 데이터베이스에 접근해야 하므로 인터셉터에서는 하이버네이트 `Session`이 필요합니다.

또한 각 감사 로그 레코드에 현재 로그인한 사용자의 식별자를 저장하고 싶을 것입니다. 클래스에 선언할 `inserts` 및 `updates` 인스턴스 변수는 이 인터셉터가 내부 상태를 보관할 컬렉션이 될 것입니다.

예제 13.2 수정 이벤트를 로깅하는 하이버네이트 인터셉터

FILE Ch13/interceptor/src/test/java/com/manning/javapersistence/ch13/filtering/AuditLogIntercepto r.java

```java
public class AuditLogInterceptor extends EmptyInterceptor {
    private Session currentSession;
    private Long currentUserId;
    private Set<Auditable> inserts = new HashSet<>();
    private Set<Auditable> updates = new HashSet<>();

    public void setCurrentSession(Session session) {
        this.currentSession = session;
    }

    public void setCurrentUserId(Long currentUserId) {
        this.currentUserId = currentUserId;
    }

    public boolean onSave(Object entity, Serializable id,        ❶
                          Object[] state, String[] propertyNames,
                          Type[] types)
        throws CallbackException {
        if (entity instanceof Auditable aud) {
            inserts.add(aud);
        }
```

```
            return false;       ❷
    }


    public boolean onFlushDirty(Object entity, Serializable id,       ❸
                                Object[] currentState,
                                Object[] previousState,
                                String[] propertyNames, Type[] types)
        throws CallbackException {
        if (entity instanceof Auditable aud) {
            updates.add(aud);
        }
        return false;       ❹
    }
    // ...
}
```

❶ 이 메서드는 엔티티 인스턴스가 영속화될 때 호출됩니다.

❷ state가 수정되지 않았습니다.

❸ 이 메서드는 영속성 컨텍스트를 플러시하는 동안 엔티티 인스턴스가 변경됐음을 감지할 때 호출됩니다.

❹ currentState가 수정되지 않았습니다.

인터셉터는 수정된 Auditable 인스턴스를 inserts와 updates에 모아둡니다. onSave()에서는 지정된 엔티티 인스턴스에 식별자 값이 할당되지 않을 수 있다는 점에 유의합니다. 하이버네이트는 플러시 과정에서 엔티티 식별자를 설정하도록 보장하므로 실제 감사 로그 추적은 예제 13.2에 나오지 않은 postFlush() 콜백에서 기록됩니다. 이 메서드는 영속성 컨텍스트의 플러시가 완료된 후에 호출됩니다.

이제 앞서 수집한 모든 삽입 및 업데이트에 대한 감사 로그 레코드를 기록하겠습니다.

FILE Ch13/interceptor/src/test/java/com/manning/javapersistence/ch13/filtering/AuditLogInterceptor.java

```
public class AuditLogInterceptor extends EmptyInterceptor {
    // ...
    public void postFlush(@SuppressWarnings("rawtypes") Iterator iterator)
        throws CallbackException {
        Session tempSession =                    ❶
            currentSession.sessionWithOptions()
```

```
            .connection()
            .openSession();
    try {
        for (Auditable entity : inserts) {        ❷
            tempSession.persist(
                new AuditLogRecord("insert", entity, currentUserId)
            );
        }
        for (Auditable entity : updates) {
            tempSession.persist(
                new AuditLogRecord("update", entity, currentUserId)
            );
        }
        tempSession.flush();                      ❸
    } finally {
        tempSession.close();
        inserts.clear();
        updates.clear();
    }
  }
}
```

❶ 원래의 영속성 컨텍스트, 즉 현재 이 인터셉터를 실행 중인 Session에는 접근할 수 없습니다. 해당 Session은 인터셉터 호출 과정에서 불안정한 상태에 있습니다. 하이버네이트는 sessionWithOptions() 메서드를 통해 원래 Session의 일부 정보를 상속하는 새 Session을 만들 수 있게 해줍니다. 새 임시 Session은 원래 Session과 동일한 트랜잭션 및 데이터베이스 연결로 동작합니다.

❷ 임시 Session을 사용해 각 삽입 및 업데이트에 대해 새 AuditLogRecord를 저장합니다.

❸ 임시 Session을 원래 Session과 독립적으로 플러시하고 닫습니다.

이제 이 인터셉터를 활성화할 준비가 끝났습니다.

FILE Ch13/interceptor/src/test/java/com/manning/javapersistence/ch13/filtering/AuditLogging.java

```
EntityManager em = emf.createEntityManager();
SessionFactory sessionFactory = emf.unwrap(SessionFactory.class);
Session session = sessionFactory.withOptions().
        interceptor(new AuditLogInterceptor()).openSession();
```

기본 인터셉터 활성화

모든 `EntityManager`에 대해 기본적으로 인터셉터를 사용하도록 설정하려면 `persistence.xml`에서 `hibernate.ejb.interceptor` 프로퍼티를 `org.hibernate.Interceptor`를 구현하는 클래스로 설정하면 됩니다. 세션 범위 인터셉터와 달리 하이버네이트는 이 기본 인터셉터를 공유하므로 스레드에 안전해야 합니다! `AuditLogInterceptor` 예제는 스레드 안전하지 않습니다.

이제 이 `Session`에는 활성화된 `AuditLogInterceptor`가 있지만 인터셉터에다 현재 `Session` 및 로그인한 사용자 식별자도 설정해야 합니다. 이 경우 하이버네이트 API에 접근하기 위한 형변환이 필요합니다.

FILE Ch13/interceptor/src/test/java/com/manning/javapersistence/ch13/filtering/AuditLogging.java

```
AuditLogInterceptor interceptor =
    (AuditLogInterceptor) ((SessionImplementor) session).getInterceptor();
interceptor.setCurrentSession(session);
interceptor.setCurrentUserId(CURRENT_USER_ID);
```

이제 `Session`을 사용할 준비가 끝났고, 이 `Session`으로 `Item` 인스턴스를 저장하거나 수정할 때마다 감사 추적이 기록됩니다.

하이버네이트 인터셉터는 유연하며, JPA 이벤트 리스너나 콜백 메서드와 달리 이벤트가 발생할 때 훨씬 더 많은 컨텍스트 정보에 접근할 수 있습니다. 그렇긴 하지만 하이버네이트의 기반이 되는 확장 가능한 이벤트 시스템을 통해 그 핵심에 더 깊게 접근할 수 있습니다.

13.2.3 핵심 이벤트 시스템

하이버네이트 핵심 엔진은 이벤트 및 리스너 모델을 기반으로 합니다. 예를 들어, 하이버네이트가 엔티티 인스턴스를 저장해야 하는 경우 이벤트를 트리거합니다. 이러한 종류의 이벤트를 수신하는 누구나 이를 포착해서 데이터 저장을 처리할 수 있습니다. 따라서 하이버네이트는 모든 핵심 기능을 모든 하이버네이트 이벤트를 처리할 수 있는 기본 리스너 집합의 형태로 구현합니다.

하이버네이트는 설계상 열려 있으므로 하이버네이트 이벤트에 대한 리스너를 직접 작성하고 활성화할 수 있습니다. 기존의 기본 리스너를 대체하거나 확장해서 부수효과나 별도의 처리 절차를 수행할 수 있습니다. 이벤트 리스너를 교체하는 경우는 거의 없습니다. 그렇게 한다는 것은 우리가 자체적으로 만든 리스너 구현이 하이버네이트의 핵심 기능을 처리할 수 있다는 의미를 내포합니다.

기본적으로 Session 인터페이스의 모든 메서드(그리고 더 가까운 사촌격인 EntityManager)는 이벤트와 연관돼 있습니다. find()와 load() 메서드는 LoadEvent를 트리거하며, 기본적으로 이 이벤트는 DefaultLoadEventListener를 통해 처리됩니다.

사용자 정의 리스너는 처리하려는 이벤트에 적합한 인터페이스를 구현하거나 하이버네이트에서 제공하는 편의성 기본 클래스 중 하나 또는 기본 이벤트 리스너를 확장해야 합니다. 다음은 사용자 정의 로드 이벤트 리스너의 예입니다.

예제 13.3 사용자 정의 로드 이벤트 리스너

`FILE` Ch13/interceptor/src/test/java/com/manning/javapersistence/ch13/filtering/SecurityLoadListener.java

```java
public class SecurityLoadListener extends DefaultLoadEventListener {
    public void onLoad(LoadEvent event, LoadType loadType)
        throws HibernateException {
        boolean authorized =
            MySecurity.isAuthorized(
                event.getEntityClassName(), event.getEntityId()
            );
        if (!authorized) {
            throw new MySecurityException("Unauthorized access");
        }
        super.onLoad(event, loadType);
    }
}
```

이 리스너는 직접 정의한 권한 부여 코드를 수행합니다. 리스너는 사실상 싱글턴으로 간주돼야 하는데, 이는 해당 리스너가 영속성 컨텍스트 간에 공유되므로 트랜잭션 관련 상태를 인스턴스 변수로 저장해서는 안 된다는 의미입니다. 네이티브 하이버네이트의 모든 이벤트 및 리스너 인터페이스 목록은 org.hibernate.event 패키지의 API 문서를 참고합니다.

persistence.xml에서 각 핵심 이벤트에 대해 리스너를 활성화합니다.

`FILE` Ch13/interceptor/src/main/resources/META-INF/persistence.xml

```xml
<properties>
```

```
// ...
<property name="hibernate.ejb.event.load"
          value="com.manning.javapersistence.ch13.filtering.SecurityLoadListener"/>
</properties>
```

구성 설정의 프로퍼티명은 항상 `hibernate.ejb.event`로 시작하고 그 뒤에 수신하려는 이벤트 유형이 이어집니다. 모든 이벤트 유형은 `org.hibernate.event.spi.EventType`에서 확인할 수 있습니다. 프로퍼티 값으로 리스너 클래스 이름을 쉼표로 구분해서 지정할 수 있으며, 하이버네이트에서는 지정된 순서대로 각 리스너를 호출합니다.

직접 구현한 기능으로 하이버네이트의 핵심 이벤트 시스템을 확장할 필요는 거의 없습니다. 대부분의 경우 `org.hibernate.Interceptor`는 충분히 유연합니다. 하지만 더 많은 옵션이 있고 모듈 방식으로 하이버네이트 핵심 엔진의 모든 부분을 대체할 수 있다면 도움이 될 것입니다.

이전 절에서 설명한 감사 로깅 구현은 매우 간단했습니다. 엔티티의 실제 변경된 프로퍼티 값과 같이 감사를 위해 더 많은 정보를 기록해야 하는 경우 하이버네이트 엔버스를 고려할 수 있습니다.

13.3 하이버네이트 엔버스를 활용한 감사 및 버전 관리

엔버스(Envers)는 감사 로깅과 데이터베이스에 여러 버전의 데이터를 보관하는 데 특화된 하이버네이트 산하 프로젝트입니다. 엔버스는 서브버전(Subversion)이나 깃(Git)과 같은 버전 관리 시스템과 유사합니다.

엔버스를 활성화하면 애플리케이션의 기본 테이블에 데이터를 추가, 수정, 삭제할 때 데이터 사본이 별도의 데이터베이스 테이블에 자동으로 저장됩니다. 엔버스는 내부적으로 이전 절에서 살펴본 하이버네이트 이벤트 SPI를 사용합니다. 엔버스는 하이버네이트 이벤트를 수신하고, 하이버네이트가 데이터베이스에 변경 사항을 저장하면 데이터의 복사본을 생성하고 자체 테이블에 수정 사항을 기록합니다.

엔버스는 작업 단위, 즉 트랜잭션의 모든 데이터 수정 사항을 수정본(revision) 번호가 포함된 변경 집합으로 그룹화합니다. 수정본 번호나 타임스탬프를 전달하면 엔버스 API로 쿼리를 작성해서 "지난 금요일에 있었던 모든 `Item` 인스턴스 찾기"와 같이 과거 데이터를 조회할 수 있습니다.

애플리케이션에서 엔버스를 활성화하고 나면 엔버스가 애너테이션을 기반으로 하기 때문에 손쉽게 활용할 수 있습니다. 이를 통해 데이터베이스에 여러 버전의 데이터를 손쉽게 보관할 수 있게 됩니다. 단점은 추가 테이블이 많이 생성된다는 것입니다(하지만 감사할 테이블을 제어할 수 있습니다).

13.3.1 감사 로깅 활성화

엔버스는 클래스패스에 JAR 파일을 넣는 즉시 추가 구성 없이 사용할 수 있습니다(이 책에서는 메이븐 의존성으로 포함할 것입니다). 감사 로깅을 엔티티 클래스에 대해 선택적으로 활성화하려면 `@org.hibernate.envers.Audited` 애너테이션을 사용하면 됩니다.

예제 13.4 Item 엔티티에 대한 감사 로깅 활성화

FILE Ch13/envers/src/main/java/com/manning/javapersistence/ch13/filtering/envers/Item.java

```java
@Entity
@org.hibernate.envers.Audited
public class Item {
    @NotNull
    private String name;

    @OneToMany(mappedBy = "item")
    @org.hibernate.envers.NotAudited
    private Set<Bid> bids = new HashSet<>();

    @ManyToOne(fetch = FetchType.LAZY)
    @JoinColumn(name = "SELLER_ID", nullable = false)
    private User seller;
    // ...
}
```

이렇게 해서 Item 인스턴스와 엔티티의 모든 프로퍼티에 대해 감사 로깅을 사용하도록 설정했습니다. 특정 프로퍼티에 대한 감사 로깅을 비활성화하려면 해당 속성에 `@NotAudited` 애너테이션을 지정하면 됩니다. 이 경우 엔버스는 bids는 무시하지만 seller는 감사 대상으로 처리합니다. 또한 User 클래스에도 `@Audited`를 지정해 감사를 활성화해야 합니다.

하이버네이트는 이제 각 Item과 User에 대한 이력 데이터를 저장하기 위해 별도의 데이터베이스 테이블을 생성합니다. 그림 13.1은 이러한 테이블의 스키마를 보여줍니다.

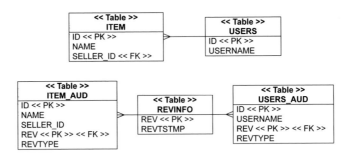

그림 13.1 Item과 User 엔티티에 대한 감사 로깅 테이블

ITEM_AUD와 USERS_AUD 테이블은 각각 Item과 User 인스턴스의 수정 내역이 저장되는 곳입니다. 데이터를 수정하고 트랜잭션을 커밋하면 하이버네이트가 타임스탬프와 함께 새 수정본 번호를 REVINFO 테이블에 삽입합니다. 그런 다음, 변경 집합에 포함된 수정 및 감사된 각 엔티티 인스턴스에 대해 해당 데이터의 사본이 감사 테이블에 저장됩니다. 수정본 번호 칼럼의 외래키는 변경 집합과 함께 연결됩니다. REVTYPE 칼럼에는 트랜잭션에서 엔티티 인스턴스가 삽입, 업데이트, 삭제됐는지 여부와 같은 변경 유형이 저장됩니다. 엔버스는 수정본 정보나 기록 데이터를 자동으로 제거하지 않으며, Item 인스턴스를 remove()한 후에도 이전 버전은 여전히 ITEM_AUD에 저장됩니다.

그럼 몇 가지 트랜잭션을 실행해 엔버스가 어떻게 작동하는지 살펴보겠습니다.

13.3.2 감사 추적 생성

다음 코드 예제에서는 Item과 그 seller인 User와 관련된 몇 가지 트랜잭션을 살펴보겠습니다. Item과 User를 생성하고 저장한 다음, 둘 다 수정하고, 마지막으로 Item을 삭제하겠습니다.

이 코드는 이미 익숙하실 것입니다. 엔버스는 EntityManager를 이용할 때 자동으로 감사 추적을 생성합니다.

FILE Ch13/envers/src/test/java/com/manning/javapersistence/ch13/filtering/Envers.java

```
EntityManager em = emf.createEntityManager();
em.getTransaction().begin();

User user = new User("johndoe");
em.persist(user);
```

```
Item item = new Item("Foo", user);
em.persist(item);

em.getTransaction().commit();
em.close();
```

FILE Ch13/envers/src/test/java/com/manning/javapersistence/ch13/filtering/Envers.java

```
EntityManager em = emf.createEntityManager();
em.getTransaction().begin();

Item item = em.find(Item.class, ITEM_ID);
item.setName("Bar");
item.getSeller().setUsername("doejohn");

em.getTransaction().commit();
em.close();
```

FILE Ch13/envers/src/test/java/com/manning/javapersistence/ch13/filtering/Envers.java

```
EntityManager em = emf.createEntityManager();
em.getTransaction().begin();

Item item = em.find(Item.class, ITEM_ID);
em.remove(item);

em.getTransaction().commit();
em.close();
```

엔버스는 세 개의 변경 집합을 기록해서 이 트랜잭션 시퀀스에 대한 감사 추적을 투명하게 기록합니다. 이 기록 데이터에 접근하려면 먼저 접근하고자 하는 변경 집합을 나타내는 수정본 번호를 구해야 합니다.

13.3.3 수정본 찾기

엔버스의 AuditReader API를 이용하면 각 변경 집합의 수정본 번호를 찾을 수 있습니다. 주요 엔버스 API는 AuditReader입니다. AuditReader에는 EntityManager로 접근할 수 있습니다. 타임스탬프를 지정하면 해당 타임스탬프 이전 또는 해당 타임스탬프에 만들어진 변경 집합의 수정본 번호를 찾을 수 있습니다. 타임스탬프가 없는 경우 특정 감사 대상 엔티티 인스턴스가 관련된 모든 수정본 번호를 구할 수 있습니다.

예제 13.5 변경 집합의 수정본 번호 가져오기

FILE Ch13/envers/src/test/java/com/manning/javapersistence/ch13/filtering/Envers.java

```
AuditReader auditReader = AuditReaderFactory.get(em);            ❶

Number revisionCreate = auditReader.getRevisionNumberForDate(TIMESTAMP_CREATE);   ❷
Number revisionUpdate = auditReader.getRevisionNumberForDate(TIMESTAMP_UPDATE);
Number revisionDelete = auditReader.getRevisionNumberForDate(TIMESTAMP_DELETE);

List<Number> itemRevisions = auditReader.getRevisions(Item.class, ITEM_ID);       ❸

assertEquals(3, itemRevisions.size());
for (Number itemRevision : itemRevisions) {
    Date itemRevisionTimestamp = auditReader.getRevisionDate(itemRevision);       ❹
    // ...
}

List<Number> userRevisions = auditReader.getRevisions(User.class, USER_ID);       ❺

assertEquals(2, userRevisions.size());
```

❶ 엔버스 API인 AuditReader에 접근합니다.

❷ 특정 타임스탬프 이전 또는 해당 타임스탬프에 발생한 변경 사항의 수정본 번호를 찾습니다.

❸ 타임스탬프가 없으면 이 연산은 특정 Item이 생성, 수정, 삭제된 모든 변경 집합을 찾습니다. 이 예제에서는 Item을 생성, 수정한 다음 삭제했습니다. 따라서 세 번의 수정 내역이 있습니다.

❹ 수정본 번호가 있으면 엔버스가 변경 집합을 로깅한 타임스탬프를 구할 수 있습니다.

❺ 사용자를 생성하고 수정했으므로 두 번의 수정 내역이 있습니다.

예제 13.5에서는 트랜잭션의 (대략적인) 타임스탬프를 알고 있거나 엔티티의 식별자 값을 알고 있어 수정본을 얻을 수 있다고 가정했습니다. 둘 다 없는 경우 쿼리를 통해 감사 로그를 탐색할 수 있습니다. 이는 애플리케이션의 사용자 인터페이스에 모든 변경 사항 목록을 표시해야 하는 경우에도 유용합니다.

다음 코드는 Item 엔티티 클래스의 모든 수정본을 검색하고 각 Item 버전과 해당 변경 집합에 대한 감사 로그 정보를 로드합니다.

FILE Ch13/envers/src/test/java/com/manning/javapersistence/ch13/filtering/Envers.java

```java
AuditQuery query = auditReader.createQuery()          ❶
    .forRevisionsOfEntity(Item.class, false, false);

@SuppressWarnings("unchecked")
List<Object[]> result = query.getResultList();        ❷
for (Object[] tuple : result) {
    Item item = (Item) tuple[0];   ❸
    DefaultRevisionEntity revision = (DefaultRevisionEntity)tuple[1];

    RevisionType revisionType = (RevisionType)tuple[2];

    if (revision.getId() == 1) {   ❹
        assertEquals(RevisionType.ADD, revisionType);
        assertEquals("Foo", item.getName());
    } else if (revision.getId() == 2) {
        assertEquals(RevisionType.MOD, revisionType);
        assertEquals("Bar", item.getName());
    } else if (revision.getId() == 3) {
        assertEquals(RevisionType.DEL, revisionType);
        assertNull(item);
    }
}
```

❶ 수정 타임스탬프나 수정본 번호를 모르는 경우 forRevisionsOfEntity()로 쿼리를 작성해 특정 엔티티의 모든 감사 추적의 세부 정보를 얻을 수 있습니다.

❷ 이 쿼리는 감사 추적의 세부 정보를 Object[]의 List로 반환합니다.

❸ 각 결과 튜플에는 특정 수정본에 대한 엔티티 인스턴스, 수정본 세부 정보(수정본 번호와 타임스탬프를 포함), 수정본 유형이 포함됩니다.

❹ 수정본 유형은 엔티티 인스턴스가 데이터베이스에 삽입, 수정, 삭제됐는지 여부와 같이 엔버스가 수정본을 생성한 이유를 나타냅니다.

수정본 번호는 순차적으로 증가하며, 수정본 번호가 높을수록 엔티티 인스턴스의 최신 버전을 나타냅니다. 이제 감사 추적에 세 가지 변경 집합에 대한 수정본 번호가 있으므로 과거 데이터에 접근할 수 있습니다.

13.3.4 이력 데이터 접근

수정본 번호를 사용하면 Item과 seller의 다양한 버전에 접근할 수 있습니다.

예제 13.6 엔티티 인스턴스의 이력 버전 로드

FILE Ch13/envers/src/test/java/com/manning/javapersistence/ch13/filtering/Envers.java

```
Item item = auditReader.find(Item.class, ITEM_ID, revisionCreate);      ❶
assertEquals("Foo", item.getName());
assertEquals("johndoe", item.getSeller().getUsername());


Item modifiedItem = auditReader.find(Item.class, ITEM_ID, revisionUpdate);      ❷
assertEquals("Bar", modifiedItem.getName());
assertEquals("doejohn", modifiedItem.getSeller().getUsername());


Item deletedItem = auditReader.find(Item.class, ITEM_ID, revisionDelete);      ❸
assertNull(deletedItem);


User user = auditReader.find(User.class, USER_ID, revisionDelete);      ❹
assertEquals("doejohn", user.getUsername());
```

❶ find() 메서드는 지정한 수정본에 대한 감사된 엔티티 인스턴스 버전을 반환합니다. 이 연산은 Item이 생성됐을 때의 상태로 로 드합니다.

❷ 이 변경 집합의 seller도 자동으로 조회됩니다.

❸ 이 수정본에서는 Item이 삭제됐으므로 find()는 null을 반환합니다.

❹ 이 예제에서는 이 수정본에서 User를 수정하지 않았으므로 엔버스는 가장 가까운 과거의 수정본을 반환합니다.

AuditReader#find() 연산은 EntityManager#find()와 같이 단일 엔티티 인스턴스만 조회합니다. 그러나 반환된 엔티티 인스턴스는 영속 상태가 **아닙니다**. 즉, 영속성 컨텍스트가 이를 관리하지 않습니다. 이전 버전의 Item을 수정하면 하이버네이트가 데이터베이스를 업데이트하지 않습니다. AuditReader API가 반환하는 엔티티 인스턴스는 준영속 또는 읽기 전용 상태로 간주해야 합니다.

AuditReader에는 네이티브 하이버네이트의 Criteria API와 유사한 임의 쿼리 실행을 위한 API도 있습니다.

예제 13.7 이력 엔티티 인스턴스 쿼리하기

FILE Ch13/envers/src/test/java/com/manning/javapersistence/ch13/filtering/Envers.java

```
AuditQuery query = auditReader.createQuery()                    ❶
    .forEntitiesAtRevision(Item.class, revisionUpdate);

query.add(AuditEntity.property("name").like("Ba", MatchMode.START));   ❷
query.add(AuditEntity.relatedId("seller").eq(USER_ID));           ❸
query.addOrder(AuditEntity.property("name").desc());             ❹

query.setFirstResult(0);                                    ❺
query.setMaxResults(10);

assertEquals(1, query.getResultList().size());
Item result = (Item)query.getResultList().get(0);
assertEquals("doejohn", result.getSeller().getUsername());
```

❶ 이 쿼리는 특정 수정본과 변경 집합으로 제한된 Item 인스턴스를 반환합니다.

❷ 쿼리에 제한 조건을 추가할 수 있으며, 여기서는 Item#name이 "Ba"로 시작해야 합니다.

❸ 특정 User가 판매한 Item의 수정 사항을 찾고 있는 경우와 같이 제한 조건으로 엔티티 연관관계를 포함할 수 있습니다.

❹ 쿼리 결과를 정렬할 수 있습니다.

❺ 규모가 큰 결과에 페이징을 적용할 수 있습니다.

엔버스는 프로젝션을 지원합니다. 다음 쿼리는 특정 버전의 Item#name만 조회합니다.

FILE Ch13/envers/src/test/java/com/manning/javapersistence/ch13/filtering/Envers.java

```
AuditQuery query = auditReader.createQuery()
    .forEntitiesAtRevision(Item.class, revisionUpdate);

query.addProjection(AuditEntity.property("name"));

assertEquals(1, query.getResultList().size());
String result = (String)query.getSingleResult();
assertEquals("Bar", result);
```

마지막으로 엔티티 인스턴스를 이전 버전으로 롤백하고 싶을 수 있습니다. 이 경우 Session#replicate() 연산과 기존 로우를 덮어쓰는 방법으로 수행할 수 있습니다. 다음 예제에서는 첫 번째 변경 집합에서 User 인스턴스를 로드한 다음, 데이터베이스의 현재 User를 이전 버전으로 덮어씁니다.

FILE Ch13/envers/src/test/java/com/manning/javapersistence/ch13/filtering/Envers.java

```java
User user = auditReader.find(User.class, USER_ID, revisionCreate);
em.unwrap(Session.class)
    .replicate(user, ReplicationMode.OVERWRITE);
em.flush();
em.clear();

user = em.find(User.class, USER_ID);
assertEquals("johndoe", user.getUsername());
```

또한 엔버스는 이 변경 사항을 감사 로그에다 업데이트로서 추가하고 관리합니다. 즉, User 인스턴스에 대한 또 하나의 새로운 수정 사항일 뿐입니다.

시간 데이터는 복잡한 주제이므로 자세한 내용은 엔버스 참조 문서를 읽어보시기 바랍니다. 변경을 수행한 사용자 등 감사 로그에 세부 정보를 추가하는 것은 어렵지 않습니다. 이 문서에는 다양한 감사 추적 전략을 구성하고 엔버스에서 사용하는 데이터베이스 스키마를 커스터마이징하는 방법도 나와 있습니다.

다음으로, 데이터베이스의 모든 데이터를 보고 싶지 않다고 가정해 보겠습니다. 예를 들어, 현재 로그인한 애플리케이션 사용자에게 모든 데이터를 볼 수 있는 권한이 없을 수 있습니다. 일반적으로 쿼리에 조건을 추가하고 결과를 동적으로 제한합니다. 하지만 보안과 같은 문제를 처리해야 하는 경우 애플리케이션의 쿼리 대부분을 커스터마이징해야 하므로 이 방법을 사용하기가 어렵습니다. 하이버네이트의 동적 데이터 필터를 이용하면 이러한 제한 조건을 한 군데로 모으고 격리할 수 있습니다.

13.4 동적 데이터 필터

동적 데이터 필터링의 첫 번째 사용 사례는 데이터 보안과 관련이 있습니다. CaveatEmptor의 User에 단순한 정수 타입인 ranking 프로퍼티가 있다고 해봅시다.

```
FILE /model/src/main/java/org/jpwh/model/filtering/dynamic/User.java

@Entity
@Table(name = "USERS")
public class User {
    @NotNull
    private int ranking = 0;
    // ...
}
```

이제 사용자가 등급(rank)이 같거나 더 낮은 사용자가 경매에 부친 **Item**에만 입찰할 수 있다고 가정해 봅시다. 비즈니스 측면에서 보면 임의의 등급(숫자)으로 정의된 여러 사용자 그룹이 있을 수 있으며, 사용자는 등급이 같거나 낮은 사용자하고만 거래할 수 있습니다.

이 요구사항을 구현하려면 데이터베이스에서 **Item** 인스턴스를 로드하는 모든 쿼리를 커스터마이징해야 합니다. 로드하려는 **Item#seller**의 등급이 현재 로그인한 사용자와 같거나 낮은지 확인해야 합니다. 동적 필터를 이용하면 하이버네이트가 이 작업을 대신 수행하게 할 수 있습니다.

13.4.1 동적 필터 정의

먼저 필터의 이름과 해당 필터가 허용하는 동적 런타임 매개변수를 정의하겠습니다. 이 정의에 사용할 하이버네이트 애너테이션을 도메인 모델의 엔티티 클래스나 **package-info.java** 메타데이터 파일에 둘 수 있습니다.

```
FILE Ch13/dynamic/src/main/java/com/manning/javapersistence/ch13/filtering/dynamic/package-info.java

@org.hibernate.annotations.FilterDef(
    name = "limitByUserRanking",
    parameters = {
        @org.hibernate.annotations.ParamDef(
            name = "currentUserRanking", type = "int"
        )
    }
)
```

이 예제에서는 이 필터의 이름을 limitByUserRanking으로 지정합니다. 필터 이름은 영속성 단위에서 고유해야 한다는 점에 유의합니다. 이 필터는 int 타입의 런타임 인수를 하나만 받습니다. 필터 정의가 여러 개인 경우 @org.hibernate.annotations.FilterDefs 안에 선언합니다.

Item 인스턴스에 필터를 적용해야 한다는 사실을 나타내는 것이 없기 때문에 필터는 현재 비활성 상태입니다. 따라서 필터링하려는 클래스 또는 컬렉션에 필터를 적용하고 구현해야 합니다.

13.4.2 동적 필터 적용

로그인한 사용자에게 필요한 등급이 없는 경우 품목이 표시되지 않도록 Item 클래스에 정의된 필터를 적용하겠습니다.

FILE Ch13/dynamic/src/main/java/com/manning/javapersistence/ch13/filtering/dynamic/Item.java

```
@Entity
@org.hibernate.annotations.Filter(
    name = "limitByUserRanking",
    condition = """
        :currentUserRanking >= (
                select u.RANKING from USERS u
                where u.ID = SELLER_ID
        )"""
)
public class Item {
    // ...
}
```

이 코드의 condition은 데이터베이스 시스템으로 직접 전달되는 SQL 표현식이므로 어떠한 SQL 연산자나 함수도 사용할 수 있습니다. 레코드가 필터를 통과해야 한다면 true로 평가돼야 합니다. 이 예제에서는 서브쿼리를 사용해 품목의 판매자 ranking을 가져옵니다. SELLER_ID처럼 전체 경로가 명시되지 않은 칼럼은 엔티티 클래스에 매핑된 테이블을 참조합니다. 현재 로그인한 사용자의 등급이 서브쿼리에서 반환된 등급보다 크거나 같지 않은 경우 Item 인스턴스가 필터링됩니다. 필터가 여러 개라면 @org.hibernate.annotations.Filters에 그룹화해서 적용할 수 있습니다.

특정 작업 단위에 대해 정의 및 적용된 필터를 활성화하면 조건을 통과하지 못하는 모든 Item 인스턴스는 필터링됩니다. 그럼 필터를 활성화해 봅시다.

13.4.3 동적 필터 활성화

지금까지 데이터 필터를 정의하고 이를 영속 엔티티 클래스에 적용했습니다. 이 필터는 여전히 아무것도 필터링하지 않습니다. Session API를 사용해 특정 작업 단위에 대해 애플리케이션에서 활성화하고 매개변수로 설정해야 합니다.

FILE Ch13/dynamic/src/test/java/com/manning/javapersistence/ch13/filtering/DynamicFilter.java

```
org.hibernate.Filter filter = em.unwrap(Session.class)
    .enableFilter("limitByUserRanking");
filter.setParameter("currentUserRanking", 0);
```

필터를 활성화할 때는 이름을 기반으로 활성화하며, 필터를 활성화하는 메서드는 런타임 인수를 동적으로 설정하는 Filter를 반환합니다. 이때 앞에서 정의한 매개변수를 설정해야 하는데, 여기서는 등급이 0으로 설정돼 있습니다. 그러면 이 예제에서는 이 Session에서 등급이 더 높은 User가 판매한 Item을 필터링합니다.

Filter의 다른 유용한 메서드로는 매개변수 이름과 타입을 순회할 수 있는 getFilterDefinition()과 매개변수를 설정하는 것을 잊어버렸을 때 HibernateException을 던지는 validate()가 있습니다. 또한 setParameterList()를 이용해 인수의 리스트를 설정할 수도 있는데, 이는 SQL 제한 조건에 수량화 연산자(예: IN 연산자)가 포함된 경우에 유용할 때가 많습니다.

이제 필터링된 영속성 컨텍스트에서 실행하는 모든 JPQL 또는 Criteria 쿼리는 반환되는 Item 인스턴스를 제한합니다.

FILE Ch13/dynamic/src/test/java/com/manning/javapersistence/ch13/filtering/DynamicFilter.java

```
List<Item> items = em.createQuery("select i from Item i",
    Item.class).getResultList();
// select * from ITEM where 0 >=
//    (select u.RANKING from USERS u where u.ID = SELLER_ID)
```

FILE Ch13/dynamic/src/test/java/com/manning/javapersistence/ch13/filtering/DynamicFilter.java

```
CriteriaBuilder cb = em.getCriteriaBuilder();
CriteriaQuery<Item> criteria = cb.createQuery(Item.class);
criteria.select(criteria.from(Item.class));
```

```
List<Item> items = em.createQuery(criteria).getResultList();
// select * from ITEM where 0 >=
//    (select u.RANKING from USERS u where u.ID = SELLER_ID)
```

하이버네이트가 생성된 SQL 문에 SQL 제한 조건을 동적으로 어떻게 추가하는지 눈여겨봅시다.

동적 필터를 처음 실험할 때 식별자 기반 조회에서 문제가 발생할 가능성이 높습니다. 즉, em.find(Item.class, ITEM_ID)도 필터링될 것으로 예상할 수 있습니다. 하지만 하이버네이트에서는 식별자 연산을 통한 검색에는 필터를 적용하지 않습니다. 그 이유 중 하나는 데이터 필터 조건이 SQL 조각이며, 식별자 기반 조회가 1차 영속성 컨텍스트 캐시의 메모리에서 완전히 처리될 수 있기 때문입니다. 다대일 또는 일대일 연관관계의 필터링에도 비슷한 논리가 적용됩니다. 다대일 연관관계가 필터링되면(예를 들어, anItem.getSeller()를 호출하면 null을 반환하는 식으로) 연관관계의 다중성이 변경될 것입니다! 그럼 품목에 판매자가 있는지 또는 해당 판매자를 볼 수 없는지 알 수 없게 될 것입니다.

하지만 컬렉션 접근을 동적으로 필터링할 수 있습니다.

13.4.4 컬렉션 접근 필터링

지금까지는 someCategory.getItems()를 호출했을 때 해당 Category에서 참조하는 모든 Item 인스턴스가 반환됐습니다. 컬렉션에 필터를 적용하면 이를 제한할 수 있습니다.

FILE Ch13/dynamic/src/main/java/com/manning/javapersistence/ch13/filtering/dynamic/Category.java

```java
@Entity
public class Category {
    @OneToMany(mappedBy = "category")
    @org.hibernate.annotations.Filter(
        name = "limitByUserRanking",
        condition = """
            :currentUserRanking >= (
                    select u.RANKING from USERS u
                    where u.ID = SELLER_ID
                    )"""
    )
    private Set<Item> items = new HashSet<>();
    // ...
}
```

이제 Session에서 필터를 활성화하면 Category#items 컬렉션을 통한 모든 순회가 필터링됩니다.

FILE Ch13/dynamic/src/test/java/com/manning/javapersistence/ch13/filtering/DynamicFilter.java

```
filter.setParameter("currentUserRanking", 0);
Category category = em.find(Category.class, CATEGORY_ID);
assertEquals(1, category.getItems().size());
```

현재 사용자의 등급이 0인 경우 컬렉션에 접근할 때 하나의 Item만 로드됩니다. 등급이 100이면 더 많은 데이터를 볼 수 있습니다.

FILE Ch13/dynamic/src/test/java/com/manning/javapersistence/ch13/filtering/DynamicFilter.java

```
filter.setParameter("currentUserRanking", 100);
category = em.find(Category.class, CATEGORY_ID);
assertEquals(2, category.getItems().size());
```

두 필터 적용을 위한 SQL 조건이 동일하다는 것을 눈치채셨을 것입니다. 모든 필터 적용에 대해 SQL 제한 조건이 동일한 경우 필터를 정의할 때 이를 기본 조건으로 설정할 수 있으므로 반복되는 부분을 제거할 수 있습니다.

FILE Ch13/dynamic/src/main/java/com/manning/javapersistence/ch13/filtering/dynamic/package-info.java

```
@org.hibernate.annotations.FilterDef(
    name = "limitByUserRankingDefault",
    defaultCondition= """
        :currentUserRanking >= (
                select u.RANKING from USERS u
                where u.ID = SELLER_ID
            )""",
    parameters = {
        @org.hibernate.annotations.ParamDef(
            name = "currentUserRanking", type = "int"
        )
    }
)
```

그 외에도 동적 데이터 필터를 적절히 활용하는 사용 사례는 많습니다. 보안 관련 조건에 따라 데이터 접근이 제한되는 경우를 본 적도 있습니다. 사용자 등급, 사용자가 속해야 하는 특정 그룹 또는 사용자에게 할당된 역할 등이 그 조건이 될 수 있습니다. 데이터가 지역 코드와 함께 저장될 수 있고(예: 영업팀의 모든 업무용 연락처), 또는 각 영업 사원이 담당 지역에 해당하는 데이터만 이용하게 할 수도 있습니다.

정리

- 상태 전이 연쇄 적용은 영속성 엔진에서 수명주기 이벤트에 대한 사전 정의된 처리 방식입니다.

- 연쇄 적용의 경우 전이적 준영속화 및 병합, 새로 고침 및 복제 연쇄 적용과 같은 옵션을 제공합니다.

- 이벤트 리스너와 인터셉터를 구현해서 하이버네이트가 데이터를 로드하고 저장할 때 사용자 정의 로직을 추가할 수 있습니다.

- 감사 로깅 및 데이터베이스에 여러 버전의 데이터를 영속화하는 데(버전 관리 시스템처럼) 하이버네이트 엔버스를 활용할 수 있습니다.

- 엔버스를 쿼리해서 과거 데이터를 검색할 수 있습니다.

- 동적 데이터 필터를 이용해 하이버네이트가 생성하는 쿼리에 임의의 SQL 제한을 자동으로 추가할 수 있습니다.

- 동적 필터를 정의하고, 필터를 적용 및 활성화하고, 컬렉션 접근을 필터링할 수 있습니다.

4부

스프링을 이용한 자바 영속성 애플리케이션 구축

4부에서는 자바 퍼시스턴스를 오늘날 가장 널리 사용되는 자바 프레임워크인 스프링과 연결합니다.

14장에서는 JPA 또는 하이버네이트 애플리케이션을 만들고 이를 스프링과 통합하는 가장 중요한 전략을 배웁니다. 이러한 통합을 위한 다양한 대안을 살펴보고, DAO(Data Access Object) 패턴을 좀 더 심도 있게 다루며, 범용 영속성 애플리케이션을 구축합니다.

다음으로 15장에서는 대규모 스프링 데이터 프레임워크 중 하나인 스프링 데이터 JDBC를 이용해 영속성 애플리케이션을 개발하는 방법을 소개하고 분석합니다. 16장에서는 스프링 데이터 REST를 사용해 REST(Representational State Transfer) 아키텍처 스타일로 애플리케이션을 구축하는 방법을 살펴봅니다.

이 책의 4부를 읽고 나면 JPA, 하이버네이트, 스프링을 효율적으로 다루는 방법과 영속성 애플리케이션을 스프링과 통합하기 위한 여러 대안들을 평가하는 방법을 알게 될 것입니다.

14

JPA와 하이버네이트를 스프링과 통합

이번 장에서 다루는 내용

- 스프링 프레임워크와 의존성 주입 소개
- 데이터 접근 객체(DAO) 디자인 패턴 살펴보기
- DAO 디자인 패턴을 이용한 스프링 JPA 애플리케이션 생성과 제네릭화
- DAO 디자인 패턴을 이용한 스프링 하이버네이트 애플리케이션 생성과 제네릭화

이번 장에서는 스프링과 하이버네이트를 통합하는 몇 가지 방법들을 분석해 보겠습니다. 스프링은 가볍지만 유연하고 범용적인 자바 프레임워크입니다. 오픈소스이며 자바 애플리케이션의 모든 계층 수준에서 사용할 수 있습니다. 이번 장에서는 스프링 프레임워크의 기본 원리(**의존성 주입**(dependency injection), **제어의 역전**(inversion of control)이라고도 함)를 살펴보고, 스프링을 JPA 또는 하이버네이트와 함께 사용해 자바 영속성 애플리케이션을 구축해 보겠습니다.

> 참고 소스코드의 예제를 실행하려면 먼저 `Ch14.sql` 스크립트를 실행해야 합니다.

14.1 스프링 프레임워크와 의존성 주입

스프링 프레임워크는 자바 애플리케이션 개발을 위한 포괄적인 인프라를 제공합니다. 애플리케이션에 집중할 수 있도록 인프라를 처리하며, 일반 자바 객체(POJO; plain old Java object)를 이용해 애플리케이션을 구축할 수 있습니다.

로드 존슨(Rod Johnson)은 2002년에 저서인 《Expert One-on-One J2EE Design and Development》(Johnson, 2002)를 시작으로 스프링을 만들었습니다. 스프링의 기본 아이디어는 엔터프라이즈 애플리케이션 설계에 대한 기존의 접근 방식을 단순화한다는 것입니다. 스프링 프레임워크의 기능에 대한 간략한 소개는 로렌티우 스필카(Laurenţiu Spilcă)가 쓴 《Spring Start Here》(Spilcă, 2021)를 참고하세요.

일반적으로 자바 애플리케이션은 문제를 해결하기 위해 협업하는 객체로 구성됩니다. 프로그램의 객체들은 서로 의존합니다. 디자인 패턴(팩터리, 빌더, 프락시, 데코레이터 등)을 사용해 클래스와 객체를 구성할 수 있지만 이러한 부담은 개발자의 몫입니다.

스프링은 다양한 디자인 패턴을 구현합니다. 스프링 프레임워크의 **의존성 주입 패턴**(**제어의 역전 (Inversion Of Control; IoC)**이라고도 함)은 다양한 구성 요소와 객체로 구성된 애플리케이션을 생성할 수 있도록 지원합니다.

프레임워크의 핵심 특징은 바로 이러한 의존성 주입 또는 IoC입니다. JDK나 라이브러리에서 메서드를 호출하면 사용자가 제어권을 갖게 됩니다. 반대로 프레임워크를 사용하면 제어권이 뒤집혀 프레임워크가 사용자가 작성한 코드를 호출합니다(그림 14.1). 사용자는 프레임워크에서 제공하는 패러다임에 따라 코드를 작성해야 합니다. 프레임워크는 골격을 정의하고 사용자는 그 골격을 채우기 위해 기능을 삽입합니다. 사용자가 작성한 코드는 프레임워크의 제어를 받으며 프레임워크가 이를 호출합니다. 이렇게 하면 설계보다는 비즈니스 로직을 구현하는 데 집중할 수 있습니다.

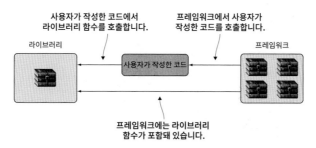

그림 14.1 사용자가 작성한 코드에서 라이브러리를 호출합니다. 프레임워크에서 사용자가 작성한 코드를 호출합니다.

스프링 프레임워크의 제어를 받는 객체의 생성, 의존성 주입, 일반적인 수명주기는 컨테이너(container)에 의해 관리됩니다. 컨테이너는 애플리케이션 클래스와 구성 정보(메타데이터)를 결합해서 바로 실행할 수 있는 애플리케이션을 만듭니다(그림 14.2). 따라서 컨테이너는 IoC 원칙의 핵심입니다.

IoC 컨테이너가 관리하는 객체를 **빈(bean)**이라고 합니다. 빈은 스프링 애플리케이션의 중추입니다.

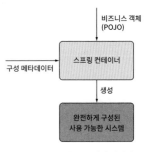

그림 14.2 스프링 IoC 컨테이너의 기능

14.2 스프링과 DAO 패턴을 이용한 JPA 애플리케이션 구축

이번 절에서는 스프링과 DAO 디자인 패턴을 사용해 JPA 애플리케이션을 구축하는 방법을 살펴봅니다. DAO 디자인 패턴은 데이터베이스에 대한 추상 인터페이스를 만들어서 데이터베이스의 내부를 노출하지 않고도 데이터 접근 연산을 지원합니다.

앞에서 만들고 사용해온 스프링 데이터 JPA 리포지터리에서 이미 이러한 작업을 수행하고 있다고 이야기할 수도 있는데, 맞는 말입니다. 이번 장에서는 DAO 클래스를 만드는 방법을 보여드리고, 언제 스프링 데이터 JPA를 사용하는 대신 이 접근 방식을 사용해야 하는지 살펴겠습니다.

CaveatEmptor 애플리케이션에는 `Item` 클래스와 `Bid` 클래스가 있습니다(예제 14.1과 14.2). 이제 이 엔티티들은 스프링 프레임워크를 통해 관리될 것입니다. `BID` 테이블과 `ITEM` 테이블 간의 관계는 `BID` 테이블 쪽의 외래키 필드를 통해 유지됩니다. `javax.persistence.Transient` 애너테이션이 표시된 필드는 영속화에서 제외됩니다.

예제 14.1 `Item` 클래스

FILE Ch14/spring-jpa-dao/src/main/java/com/manning/javapersistence/ch14/Item.java

```
@Entity
public class Item {

    @Id
    @GeneratedValue(generator = "ID_GENERATOR")    ❶
    private Long id;
```

```
    @NotNull
    @Size(
        min = 2,
        max = 255,                                            ❷
        message = "Name is required, maximum 255 characters."
    )
    private String name;


    @Transient
    private Set<Bid> bids = new HashSet<>();                   ❸
    // ...
}
```

❶ id 필드는 생성된 식별자입니다.

❷ name 필드는 널이 아니며 2~255자여야 합니다.

❸ 각 Item에는 해당 Item의 Bid 집합에 대한 참조가 있습니다. 이 필드는 @Transient로 표시돼 있으므로 영속화에서 제외됩니다.

이제 Bid 클래스를 살펴보겠습니다. 이 역시 엔티티이며 Item과 Bid의 관계는 일대다입니다.

예제 14.2 Bid 클래스

FILE Ch14/spring-jpa-dao/src/main/java/com/manning/javapersistence/ch14/Bid.java

```
@Entity
public class Bid {

    @Id
    @GeneratedValue(generator = "ID_GENERATOR")      ❶
    private Long id;


    @NotNull
    private BigDecimal amount;                        ❷


    @ManyToOne(optional = false, fetch = FetchType.LAZY)
    @JoinColumn(name = "ITEM_ID")                     ❸
    private Item item;
    // ...
}
```

❶ Bid 엔티티 클래스에는 생성된 식별자로 id 필드가 포함됩니다.

❷ amount 필드는 널이 아니어야 합니다.

❸ 각 Bid에는 해당 입찰의 Item에 대한 비선택적 참조가 있습니다. 페치는 지연되며, 조인 칼럼의 이름은 ITEM_ID입니다.

DAO 디자인 패턴을 구현하기 위해 먼저 **ItemDao**와 **BidDao**라는 두 개의 인터페이스를 만들고 구현할 데이터 접근 연산을 선언하겠습니다.

FILE Ch14/spring-jpa-dao/src/main/java/com/manning/javapersistence/ch14/dao/ItemDao.java

```java
public interface ItemDao {
    Item getById(long id);

    List<Item> getAll();

    void insert(Item item);

    void update(long id, String name);

    void delete(Item item);

    Item findByName(String name);
}
```

BidDao 인터페이스는 다음과 같이 선언합니다.

FILE Ch14/spring-jpa-dao/src/main/java/com/manning/javapersistence/ch14/dao/BidDao.java

```java
public interface BidDao {
    Bid getById(long id);

    List<Bid> getAll();

    void insert(Bid bid);

    void update(long id, String amount);

    void delete(Bid bid);
```

```
    List<Bid> findByAmount(String amount);
}
```

@Repository는 컴포넌트가 DAO를 나타낸다는 것을 나타내는 마커 애너테이션입니다. 애너테이션이 지
정된 클래스를 스프링 컴포넌트로 표시하는 것 외에도 @Repository는 영속성 관련 예외를 포착하고 이를
스프링의 언체크 예외로 변환합니다. @Transactional은 11.4.3절에서 설명한 대로 클래스 내부의 모든
메서드가 트랜잭션 방식으로 실행되게 합니다.

EntityManager는 그 자체로는 스레드 안전하지 않습니다. 여기서는 컨테이너가 스레드에 안전한 프락시
객체를 주입하도록 @PersistenceContext를 사용하겠습니다. 컨테이너가 관리하는 엔티티 매니저에 대한
의존성을 주입하는 것 외에도 @PersistenceContext 애너테이션에는 매개변수가 있습니다. 영속성 유형
을 EXTENDED로 설정하면 빈의 전체 수명주기 동안 영속성 컨텍스트가 유지됩니다.

ItemDao 인터페이스의 구현인 ItemDaoImpl을 다음 예제에서 볼 수 있습니다.

예제 14.3 ItemDaoImpl 클래스

FILE Ch14/spring-jpa-dao/src/main/java/com/manning/javapersistence/ch14/dao/ItemDaoImpl.java

```
@Repository
@Transactional                                                 ❶
public class ItemDaoImpl implements ItemDao {
    @PersistenceContext(type = PersistenceContextType.EXTENDED)
    private EntityManager em;                                  ❷

    @Override
    public Item getById(long id) {
        return em.find(Item.class, id);                        ❸
    }

    @Override
    public List<Item> getAll() {
        return (List<Item>) em.createQuery("from Item", Item.class)
                            .getResultList();                  ❹
    }
```

```
@Override
public void insert(Item item) {
    em.persist(item);
    for (Bid bid : item.getBids()) {           ❺
        em.persist(bid);
    }
}

@Override
public void update(long id, String name) {
    Item item = em.find(Item.class, id);        ❻
    item.setName(name);
    em.persist(item);
}

@Override
public void delete(Item item) {
    for (Bid bid : item.getBids()) {
        em.remove(bid);                         ❼
    }
    em.remove(item);
}

@Override
public Item findByName(String name) {
    return em.createQuery("from Item where name=:name", Item.class)   ❽
            .setParameter("name", name).getSingleResult();
}
}
```

❶ ItemDaoImpl 클래스에는 @Repository와 @Transactional 애너테이션이 지정돼 있습니다.

❷ EntityManager em 필드에는 @PersistenceContext 애너테이션이 지정돼 있어 애플리케이션에서 주입됩니다. EXTENDED 영
속성 유형은 영속성 컨텍스트가 빈의 전체 수명주기 동안 유지된다는 것을 의미합니다.

❸ id로 Item을 조회합니다.

❹ 모든 Item 엔티티를 조회합니다.

❺ Item과 모든 Bid를 영속화합니다.

❻ Item의 name 필드를 업데이트합니다.

❼ Item에 속한 모든 입찰과 Item 자체를 제거합니다.

❽ name으로 Item을 조회합니다.

BidDao 인터페이스의 구현인 BidDaoImpl을 다음 예제에서 확인할 수 있습니다.

예제 14.4 BidDaoImpl 클래스

FILE Ch14/spring-jpa-dao/src/main/java/com/manning/javapersistence/ch14/dao/BidDaoImpl.java

```java
@Repository
@Transactional                                                    ❶
public class BidDaoImpl implements BidDao {
    @PersistenceContext(type = PersistenceContextType.EXTENDED)
    private EntityManager em;                                      ❷

    @Override
    public Bid getById(long id) {                                 ❸
        return em.find(Bid.class, id);
    }

    @Override
    public List<Bid> getAll() {
        return em.createQuery("from Bid", Bid.class).getResultList();  ❹
    }

    @Override
    public void insert(Bid bid) {                                ❺
        em.persist(bid);
    }

    @Override
    public void update(long id, String amount) {
        Bid bid = em.find(Bid.class, id);                        ❻
        bid.setAmount(new BigDecimal(amount));
        em.persist(bid);
    }

    @Override
    public void delete(Bid bid) {                                ❼
        em.remove(bid);
```

```
    }

    @Override
    public List<Bid> findByAmount(String amount) {
        return em.createQuery("from Bid where amount=:amount", Bid.class)
                .setParameter("amount", new BigDecimal(amount)).getResultList();
    }
}
```
⑧

❶ BidDaoImpl 클래스에는 @Repository 애너테이션과 @Transactional 애너테이션이 지정돼 있습니다.

❷ EntityManager em 필드에는 @PersistenceContext 애너테이션이 지정돼 있어 애플리케이션에서 주입됩니다. 영속성 유형을 EXTENDED로 설정하면 영속성 컨텍스트가 빈의 전체 수명주기 동안 유지됩니다.

❸ id로 Bid를 조회합니다.

❹ 모든 Bid 엔티티를 조회합니다.

❺ Bid를 영속화합니다.

❻ Bid의 amount 필드를 업데이트합니다.

❼ Bid를 제거합니다.

❽ amount로 Bid를 조회합니다.

데이터베이스 작업을 위해 데이터베이스 채우기 및 데이터베이스에서 정보 제거를 담당하는 특수 클래스인 DatabaseService를 제공하겠습니다.

예제 14.5 DatabaseService 클래스

FILE Ch14/spring-jpa-dao/src/test/java/com/manning/javapersistence/ch14/DatabaseService.java

```
public class DatabaseService {
    @PersistenceContext(type = PersistenceContextType.EXTENDED)     ❶
    private EntityManager em;

    @Autowired
    private ItemDao itemDao;                                        ❷

    @Transactional
    public void init() {
        for (int i = 0; i < 10; i++) {                              ❸
            String itemName = "Item " + (i + 1);
```

```
            Item item = new Item();
            item.setName(itemName);
            Bid bid1 = new Bid(new BigDecimal(1000.0), item);      ❸
            Bid bid2 = new Bid(new BigDecimal(1100.0), item);

            itemDao.insert(item);
        }
    }

    @Transactional
    public void clear() {                                          ❹
        em.createQuery("delete from Bid b").executeUpdate();
        em.createQuery("delete from Item i").executeUpdate();
    }
}
```

❶ EntityManager em 필드에는 @PersistenceContext 애너테이션이 지정돼 있어 애플리케이션에서 주입됩니다. 영속성 유형을 EXTENDED로 설정하면 영속성 컨텍스트가 빈의 전체 수명주기 동안 유지됩니다.

❷ ItemDao itemDao 필드는 @Autowired 애너테이션이 지정돼 있으므로 애플리케이션에서 주입됩니다. ItemDaoImpl 클래스에는 @Repository 애너테이션이 지정돼 있으므로 스프링이 이 클래스에 속한 필요한 빈을 생성해서 여기에 주입합니다.

❸ Bid가 각각 2개인 10개의 Item 객체를 생성해서 데이터베이스에 삽입합니다.

❹ 앞에서 삽입한 Bid 객체와 Item 객체를 모두 삭제합니다.

스프링의 표준 구성 파일은 필요한 빈을 생성하고 설정하는 자바 클래스입니다. @EnableTransaction Management 애너테이션은 스프링의 애너테이션 기반 트랜잭션 관리 기능을 활성화합니다. XML 구성을 사용할 경우 이 애너테이션은 tx:annotation-driven 요소에 해당합니다. 데이터베이스와의 모든 상호작용은 트랜잭션 경계 내에서 발생할 것이며, 스프링은 트랜잭션 매니저 빈을 필요로 합니다.

애플리케이션에 대해 다음과 같은 구성 파일을 생성하겠습니다.

예제 14.6 SpringConfiguration 클래스

`FILE` Ch14/spring-jpa-dao/src/test/java/com/manning/javapersistence/ch14/configuration/SpringConfiguration.java

```
@EnableTransactionManagement          ❶
public class SpringConfiguration {
```

```java
@Bean
public DataSource dataSource() {                                          ❷
    DriverManagerDataSource dataSource = new DriverManagerDataSource();
    dataSource.setDriverClassName("com.mysql.cj.jdbc.Driver");        ❸
    dataSource.setUrl(
        "jdbc:mysql://localhost:3306/CH14_SPRING_HIBERNATE?serverTimezone=UTC");  ❹
    dataSource.setUsername("root");      ❺
    dataSource.setPassword("");          ❻
    return dataSource;                   ❷
}


@Bean
public DatabaseService databaseService() {      ❼
    return new DatabaseService();
}


@Bean
public JpaTransactionManager
transactionManager(EntityManagerFactory emf){     ❽
    return new JpaTransactionManager(emf);
}


@Bean
public LocalContainerEntityManagerFactoryBean entityManagerFactory() {
    LocalContainerEntityManagerFactoryBean                                 ❾
    localContainerEntityManagerFactoryBean =
            new LocalContainerEntityManagerFactoryBean();
    localContainerEntityManagerFactoryBean
            .setPersistenceUnitName("ch14");       ❿
    localContainerEntityManagerFactoryBean.setDataSource(dataSource());    ⓫
    localContainerEntityManagerFactoryBean.setPackagesToScan(
            "com.manning.javapersistence.ch14");   ⓬
    return localContainerEntityManagerFactoryBean;      ❾
}


@Bean
public ItemDao itemDao() {       ⓭
    return new ItemDaoImpl();
}
```

```
    @Bean
    public BidDao bidDao() {          ⑭
        return new BidDaoImpl();
    }
}
```

❶ @EnableTransactionManagement 애너테이션은 스프링의 애너테이션 기반 트랜잭션 관리 기능을 활성화합니다.

❷ 데이터 소스 빈을 생성합니다.

❸ JDBC 프로퍼티(드라이버)를 나타냅니다.

❹ 데이터베이스의 URL

❺ 사용자명

❻ 이 구성에는 비밀번호가 없습니다. 사용 중인 컴퓨터의 자격 증명과 일치하도록 수정하고 실무에서는 비밀번호를 사용하세요.

❼ 스프링이 데이터베이스를 채우고 지우는 데 사용할 DatabaseService 빈

❽ 엔티티 매니저 팩터리를 기반으로 트랜잭션 매니저 빈을 생성합니다.

❾ LocalContainerEntityManagerFactoryBean은 JPA 표준 컨테이너 부트스트랩 계약에 따라 EntityManagerFactory를 생성하는 팩터리 빈입니다.

❿ persistence.xml에 정의된 영속성 단위의 이름을 설정합니다.

⑪ 데이터 소스를 설정합니다.

⑫ 엔티티 클래스를 스캔할 패키지를 설정합니다. 빈은 com.manning.javapersistence.ch14에 있으므로 이 패키지를 스캔하도록 설정합니다.

⑬ ItemDao 빈을 생성합니다.

⑭ BidDao 빈을 생성합니다.

이 구성 정보는 스프링에서 애플리케이션의 중추가 되는 빈을 생성하고 주입하는 데 사용됩니다. 애너테이션 대신 XML 구성을 사용할 수도 있으며, application-context.xml 파일이 SpringConfiguration.java에서 수행한 작업을 담당하게 됩니다. 앞서 언급한 한 가지를 다시 한번 강조하자면 XML에서는 트랜잭션 매니저 빈을 참조하는 tx:annotation-driven 요소를 통해 스프링의 애너테이션 기반 트랜잭션 관리 기능을 활성화합니다.

FILE Ch14/spring-jpa-dao/src/test/resources/application-context.xml

```
<tx:annotation-driven transaction-manager="txManager"/>
```

SpringExtension 확장은 여러 JUnit Jupiter 확장 모델 콜백 메서드를 구현해서 스프링 테스트 컨텍스트를 JUnit 5 Jupiter 테스트와 통합하는 데 사용됩니다.

주입된 모든 EntityManager 빈에 대해 PersistenceContextType.EXTENDED 유형을 사용하는 것이 중요합니다. 기본 PersistenceContextType.TRANSACTION 유형을 사용하면 트랜잭션 실행이 끝날 때 반환된 객체가 비영속 상태가 됩니다. 이를 delete 메서드에 전달하면 "IllegalArgumentException: Removing a detached instance" 예외가 발생합니다.

이제 Item 및 Bid 엔티티를 영속화하기 위해 개발한 기능을 테스트할 차례입니다.

예제 14.7 SpringJpaTest 클래스

FILE Ch14/spring-jpa-dao/src/test/java/com/manning/javapersistence/ch14/SpringJpaTest.java

```java
@ExtendWith(SpringExtension.class)                        ❶
@ContextConfiguration(classes = {SpringConfiguration.class})  ❷
//@ContextConfiguration("classpath:application-context.xml")  ❸
public class SpringJpaTest {

    @Autowired
    private DatabaseService databaseService;

    @Autowired
    private ItemDao itemDao;                               ❹

    @Autowired
    private BidDao bidDao;

    @BeforeEach
    public void setUp() {                                  ❺
        databaseService.init();
    }

    @Test
    public void testInsertItems() {
        List<Item> itemsList = itemDao.getAll();           ❻
        List<Bid> bidsList = bidDao.getAll();
        assertAll(
```

```
        () -> assertNotNull(itemsList),
        () -> assertEquals(10, itemsList.size()),
        () -> assertNotNull(itemDao.findByName("Item 1")),
        () -> assertNotNull(bidsList),                              ❻
        () -> assertEquals(20, bidsList.size()),
        () -> assertEquals(10, bidDao.findByAmount("1000.00").size())
    );
}


@Test
public void testDeleteItem() {                          ❼
    itemDao.delete(itemDao.findByName("Item 2"));
    assertThrows(NoResultException.class,
            () -> itemDao.findByName("Item 2"));         ❽
}


// ...


@AfterEach
public void dropDown() {                  ❾
    databaseService.clear();
}
}
```

❶ SpringExtension을 사용해 테스트를 확장합니다. 앞에서 언급했듯이, 이것은 몇 가지 JUnit Jupiter 확장 모델 콜백 메서드를 구현해서 스프링의 TestContext 프레임워크를 JUnit 5에 통합합니다.

❷ 스프링 테스트 컨텍스트는 앞서 제시한 SpringConfiguration 클래스에 정의된 빈을 사용해서 구성됩니다.

❸ 또는 XML을 사용해 테스트 컨텍스트를 구성할 수도 있습니다. 코드에서 ❷ 또는 ❸ 중 하나만 활성화해야 합니다.

❹ 하나의 DatabaseService 빈, 하나의 ItemDao 빈, 하나의 BidDao 빈을 의존성 자동 주입합니다.

❺ 각 테스트를 실행하기 전에 데이터베이스의 내용은 주입된 DatabaseService의 init 메서드에 의해 초기화됩니다.

❻ 모든 Item과 모든 Bid를 조회하고 검사합니다.

❼ name 필드로 Item을 찾아 데이터베이스에서 삭제합니다. 여기서는 주입된 모든 EntityManager 빈에 대해 Persistence ContextType.EXTENDED를 사용하겠습니다. 그렇지 않고 delete 메서드에 전달하면 "IllegalArgumentException: Removing a detached instance" 예외가 발생합니다.

❽ 데이터베이스에서 Item을 성공적으로 삭제한 후 다시 조회하려고 하면 NoResultException이 발생합니다. 나머지 테스트는 소스코드에서 확인할 수 있습니다.

❾ 각 테스트가 실행된 후 데이터베이스의 내용은 주입된 DatabaseService의 clear 메서드를 통해 지워집니다.

스프링 프레임워크와 DAO 디자인 패턴을 사용하는 이러한 방법은 언제 적용해야 할까요? 다음과 같은 몇 가지 상황에서 권장됩니다.

- 엔티티 매니저와 트랜잭션을 제어하는 작업을 스프링 프레임워크에 넘기고 싶을 때(이것은 **제어의 역전**을 통해 수행된다는 점을 기억하세요). 단점은 트랜잭션을 디버깅할 수 없게 된다는 것입니다. 이 점만 유의하세요.

- 영속성을 관리하기 위한 자체 API를 만들고 싶지만 스프링 데이터를 사용할 수 없거나 사용하고 싶지 않은 경우. 이는 제어해야 하는 매우 특정한 연산이 있거나 스프링 데이터가 주는 오버헤드(2.7절에서 설명한 대로 팀이 스프링 데이터를 채택하는 데 걸리는 시간, 기존 프로젝트에 새로운 의존성 도입, 스프링 데이터의 실행 지연 등)에서 벗어나고 싶은 경우입니다.

- 특정 상황에서는 엔티티 매니저와 트랜잭션을 스프링 프레임워크에서 처리하게 하면서 직접 DAO 클래스를 구현하고 싶지 않을 수도 있습니다.

여러분은 스프링 영속성 애플리케이션의 설계를 개선하고 싶을 것입니다. 다음 절에서는 이 애플리케이션을 좀 더 범용적으로 만들고 JPA 대신 하이버네이트 API를 사용하는 방법을 설명합니다. 지금까지 설명한 첫 번째 솔루션과 새로운 버전 간의 차이점에 초점을 맞추고 변화를 도입하는 방법을 살펴보겠습니다.

14.3   스프링과 DAO를 이용한 JPA 애플리케이션의 제네릭화

앞에서 만든 `ItemDao` 및 `BidDao` 인터페이스와 `ItemDaoImpl` 및 `BidDaoImpl` 클래스를 자세히 살펴보면 몇 가지 단점을 발견할 수 있습니다.

- `getById`, `getAll`, `insert`, `delete` 같은 유사한 연산이 있지만 주로 인수의 타입이나 반환되는 결과에 차이가 있습니다.

- `update` 메서드는 두 번째 인수로 특정 프로퍼티의 값을 받습니다. 엔티티의 여러 프로퍼티를 업데이트해야 하는 경우 메서드를 여러 개 작성해야 할 수 있습니다.

- `findByName`이나 `findByAmount` 같은 메서드는 특정 프로퍼티에 종속됩니다. 다른 프로퍼티를 사용해 엔티티를 찾으려면 또 다른 메서드를 작성해야 할 수도 있습니다.

따라서 `GenericDao` 인터페이스를 도입하겠습니다.

예제 14.8 GenericDao 인터페이스

FILE Ch14/spring-jpa-dao-gen/src/main/java/com/manning/javapersistence/ch14/dao/GenericDao.java

```
public interface GenericDao<T> {
    T getById(long id);
                                                            ❶
    List<T> getAll();


    void insert(T entity);
                                                            ❷
    void delete(T entity);


    void update(long id, String propertyName, Object propertyValue);
                                                                              ❸
    List<T> findByProperty(String propertyName, Object propertyValue);
}
```

❶ getById 메서드와 getAll 메서드에는 제네릭 반환 타입을 가집니다.

❷ insert 메서드와 update 메서드에는 제네릭 입력인 T entity가 있습니다.

❸ update 메서드와 findByProperty 메서드는 propertyName과 새 propertyValue를 인수로 받습니다.

예제 14.9에 나온 것처럼 AbstractGenericDao라는 GenericDao 인터페이스의 추상 구현을 만들겠습니다. 여기서는 모든 DAO 클래스의 공통 기능을 작성하고 구체적인 클래스가 세부적인 기능을 구현하도록 하겠습니다.

@PersistenceContext 애너테이션을 지정해 애플리케이션에서 EntityManager em 필드를 주입하겠습니다. 영속성 유형을 EXTENDED로 설정하면 빈의 전체 수명주기 동안 영속성 컨텍스트가 유지됩니다.

예제 14.9 AbstractGenericDao 클래스

FILE Ch14/spring-jpa-dao-gen/src/main/java/com/manning/javapersistence/ch14/dao/AbstractGenericDao
.java

```
@Repository
@Transactional              ❶
public abstract class AbstractGenericDao<T> implements GenericDao<T> {


    @PersistenceContext(type = PersistenceContextType.EXTENDED)
                                                                      ❷
    protected EntityManager em;
```

```
    private Class<T> clazz;

    public void setClazz(Class<T> clazz) {          ❸
        this.clazz = clazz;
    }


    @Override
    public T getById(long id) {
        return em.createQuery(                      ❹
            "SELECT e FROM " + clazz.getName() + " e WHERE e.id = :id",
            clazz).setParameter("id", id).getSingleResult();
    }


    @Override
    public List<T> getAll() {                       ❺
        return em.createQuery("from " + clazz.getName(), clazz).getResultList();
    }


    @Override
    public void insert(T entity) {        ❻
        em.persist(entity);
    }


    @Override
    public void delete(T entity) {        ❼
        em.remove(entity);
    }


    @Override
    public void update(long id, String propertyName, Object propertyValue) {
        em.createQuery("UPDATE " + clazz.getName() + " e SET e." +
            propertyName + " = :propertyValue WHERE e.id = :id")    ❽
            .setParameter("propertyValue", propertyValue)
            .setParameter("id", id).executeUpdate();
    }


    @Override
```

```
    public List<T> findByProperty(String propertyName,
                                  Object propertyValue) {
        return em.createQuery(
            "SELECT e FROM " + clazz.getName() + " e WHERE e." +      ❾
            propertyName + " = :propertyValue", clazz)
            .setParameter("propertyValue", propertyValue)
            .getResultList();
    }
}
```

❶ AbstractGenericDao 클래스에는 @Repository 애너테이션과 @Transactional 애너테이션이 지정돼 있습니다.

❷ EntityManager의 EXTENDED 영속성 유형은 빈의 전체 수명주기 동안 영속성 컨텍스트를 유지합니다. 필드의 접근 제한자가 protected여서 결국 하위 클래스에 상속되어 사용될 수 있습니다.

❸ clazz는 DAO가 작동할 Class 필드입니다.

❹ clazz 엔티티를 사용하고 id를 매개변수로 설정해 SELECT 쿼리를 실행합니다.

❺ clazz 엔티티를 사용해 SELECT 쿼리를 실행하고 결과 목록을 가져옵니다.

❻ entity를 영속화합니다.

❼ entity를 제거합니다.

❽ propertyName, propertyValue, id를 사용해 UPDATE를 실행합니다.

❾ propertyName과 propertyValue를 사용해 SELECT를 실행합니다.

AbstractGenericDao 클래스는 대부분의 일반적인 DAO 기능을 제공합니다. 이 클래스는 특정 DAO 클래스에 대해서만 약간만 조정하면 됩니다. ItemDaoImpl 클래스는 AbstractGenericDao 클래스를 확장하고 그중 일부 메서드를 재정의합니다.

예제 14.10 AbstractGenericDao를 확장하는 ItemDaoImpl 클래스

`FILE` Ch14/spring-jpa-dao-gen/src/main/java/com/manning/javapersistence/ch14/dao/ItemDaoImpl.java

```
public class ItemDaoImpl extends AbstractGenericDao<Item> {   ❶

    public ItemDaoImpl() {
        setClazz(Item.class);                    ❷
    }
}
```

```
    @Override
    public void insert(Item item) {
        em.persist(item);
        for (Bid bid : item.getBids()) {      ❸
            em.persist(bid);
        }
    }

    @Override
    public void delete(Item item) {
        for (Bid bid: item.getBids()) {
            em.remove(bid);                    ❹
        }
        em.remove(item);
    }
}
```

❶ ItemDaoImpl은 AbstractGenericDao를 확장하며 Item으로 제네릭화됩니다.

❷ 생성자에서는 Item.class를 관리할 엔티티 클래스로 설정합니다.

❸ Item 엔티티와 해당 Bid 엔티티를 모두 영속화합니다. EntityManager em 필드는 AbstractGenericDao 클래스에서 상속됩니다.

❹ Item에 속한 모든 입찰과 Item 자체를 제거합니다.

BidDaoImpl 클래스는 AbstractGenericDao 클래스를 확장하고 관리할 엔티티 클래스를 설정하기만 하면 됩니다.

예제 14.11 AbstractGenericDao를 확장하는 BidDaoImpl 클래스

FILE Ch14/spring-jpa-dao-gen/src/main/java/com/manning/javapersistence/ch14/dao/BidDaoImpl.java

```
public class BidDaoImpl extends AbstractGenericDao<Bid> {      ❶

    public BidDaoImpl() {
        setClazz(Bid.class);                  ❷
    }

}
```

❶ BidDaoImpl은 AbstractGenericDao를 확장하며 Bid로 제네릭화됩니다.

❷ 생성자에서는 관리할 엔티티 클래스로 Bid.class를 설정합니다. 다른 모든 메서드는 AbstractGenericDao에서 상속되며, 이 같은 방식으로 완전히 재사용할 수 있습니다.

구성 및 테스트 클래스에 몇 가지 사소한 변경이 필요합니다. SpringConfiguration 클래스에서는 이제 두 개의 DAO 빈을 GenericDao로 선언합니다.

> FILE Ch14/spring-jpa-dao-gen/src/test/java/com/manning/javapersistence/ch14/configuration/SpringConfiguration.java

```java
@Bean
public GenericDao<Item> itemDao() {
    return new ItemDaoImpl();
}

@Bean
public GenericDao<Bid> bidDao() {
    return new BidDaoImpl();
}
```

DatabaseService 클래스에서 itemDao 필드를 GenericDao로 주입할 것입니다.

> FILE Ch14/spring-jpa-dao-gen/src/test/java/com/manning/javapersistence/ch14/DatabaseService.java

```java
@Autowired
private GenericDao<Item> itemDao;
```

SpringJpaTest 클래스에서 itemDao 필드와 bidDao 필드를 GenericDao로 주입할 것입니다.

> FILE Ch14/spring-jpa-dao-gen/src/test/java/com/manning/javapersistence/ch14/SpringJpaTest.java

```java
@Autowired
private GenericDao<Item> itemDao;

@Autowired
private GenericDao<Bid> bidDao;
```

이렇게 해서 JPA API를 사용해 손쉽게 확장 가능한 DAO 클래스 계층 구조를 개발했습니다. 이미 작성된 일반화된 기능을 재사용하거나 특정 엔티티에 대한 일부 메서드를 빠르게 재정의할 수 있습니다 (ItemDaoImpl의 경우처럼).

이제 스프링과 DAO 패턴을 사용해 하이버네이트 애플리케이션을 구현하는 대안으로 넘어가 보겠습니다.

14.4 스프링과 DAO 패턴을 이용한 하이버네이트 애플리케이션 구축

이제 하이버네이트 API로 스프링과 DAO 패턴을 사용하는 방법을 보여드리겠습니다. 앞서 언급했듯이 이 접근 방식과 이전 애플리케이션 간의 차이점만 설명하겠습니다.

sessionFactory.getCurrentSession()을 호출하면 새 Session이 생성됩니다(Session이 존재하지 않는 경우). 그렇지 않고 기존 세션이 있으면 하이버네이트 컨텍스트의 기존 세션을 사용합니다. 트랜잭션이 종료되면 세션이 자동으로 플러시되고 닫힙니다. 단일 세션을 사용하면 성능이 향상되므로 단일 스레드 애플리케이션에서는 sessionFactory.getCurrentSession()을 사용하는 것이 좋습니다. 다중 스레드 애플리케이션에서는 세션이 스레드 안전하지 않으므로 sessionFactory.openSession()을 사용하고 열린 세션을 명시적으로 닫아야 합니다. 또는 Session이 AutoCloseable을 구현하므로 try-with-resources 블록에서 사용할 수 있습니다.

Item 및 Bid 클래스와 ItemDao 및 BidDao 인터페이스는 변경되지 않았으므로 ItemDaoImpl 및 BidDaoImpl으로 가서 현재 어떤 모습인지 살펴보겠습니다.

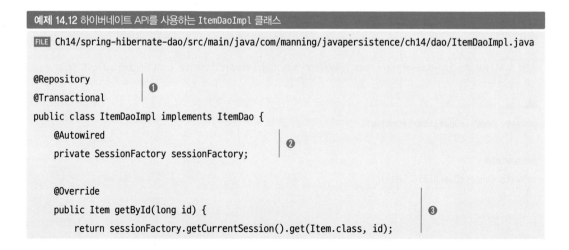

예제 14.12 하이버네이트 API를 사용하는 ItemDaoImpl 클래스

```
FILE Ch14/spring-hibernate-dao/src/main/java/com/manning/javapersistence/ch14/dao/ItemDaoImpl.java

@Repository
@Transactional                                    ❶
public class ItemDaoImpl implements ItemDao {
    @Autowired
    private SessionFactory sessionFactory;                        ❷

    @Override
    public Item getById(long id) {                                        ❸
        return sessionFactory.getCurrentSession().get(Item.class, id);
```

```
    }

    @Override
    public List<Item> getAll() {
        return sessionFactory.getCurrentSession()                    ❹
                .createQuery("from Item", Item.class).list();
    }

    @Override
    public void insert(Item item) {
        sessionFactory.getCurrentSession().persist(item);
        for (Bid bid : item.getBids()) {                             ❺
            sessionFactory.getCurrentSession().persist(bid);
        }
    }

    @Override
    public void update(long id, String name) {
        Item item = sessionFactory.getCurrentSession().get(Item.class, id);   ❻
        item.setName(name);
        sessionFactory.getCurrentSession().update(item);
    }

    @Override
    public void delete(Item item) {
        sessionFactory.getCurrentSession()
            .createQuery("delete from Bid b where b.item.id = :id")
            .setParameter("id", item.getId()).executeUpdate();      ❼
        sessionFactory.getCurrentSession()
            .createQuery("delete from Item i where i.id = :id")
            .setParameter("id", item.getId()).executeUpdate();
    }

    @Override
    public Item findByName(String name) {                            ❽
        return sessionFactory.getCurrentSession()
                .createQuery("from Item where name=:name", Item.class)   ❽
                .setParameter("name", name).uniqueResult();
    }
}
```

❶ ItemDaoImpl 클래스에는 @Repository 애너테이션과 @Transactional 애너테이션이 지정돼 있습니다.

❷ SessionFactory sessionFactory 필드에는 @Autowired 애너테이션이 지정돼 있어 애플리케이션에서 주입됩니다.

❸ id로 Item을 조회합니다. 세션이 없는 경우 sessionFactory.getCurrentSession()을 호출하면 새 Session이 생성됩니다.

❹ 모든 Item 엔티티를 조회합니다.

❺ Item과 모든 Bid을 영속화합니다.

❻ Item의 name 필드를 업데이트합니다.

❼ Item에 속한 모든 입찰과 Item 자체를 제거합니다.

❽ name으로 Item을 조회합니다.

BidDaoImpl 클래스는 이전에 JPA와 EntityManager를 사용해서 구현됐던 기능들을 동일하게 구현하지만 하이버네이트 API와 SessionFactory를 사용할 것입니다.

SpringConfiguration 클래스에도 중요한 변경 사항이 있습니다. JPA에서 하이버네이트로 전환하면 주입할 EntityManagerFactory 빈이 SessionFactory로 대체됩니다. 마찬가지로, 주입될 JpaTransactionManager 빈도 HibernateTransactionManager로 대체됩니다.

예제 14.13 하이버네이트 API를 사용하는 SpringConfiguration 클래스

FILE Ch14/spring-hibernate-dao/src/test/java/com/manning/javapersistence/ch14/configuration/SpringConfiguration.java

```java
@EnableTransactionManagement          ❶
public class SpringConfiguration {

    @Bean
    public LocalSessionFactoryBean sessionFactory() {
        LocalSessionFactoryBean sessionFactory =          ❷
            new LocalSessionFactoryBean();
        sessionFactory.setDataSource(dataSource());
        sessionFactory.setPackagesToScan(                 ❸
            new String[]{"com.manning.javapersistence.ch14"});
        sessionFactory.setHibernateProperties(hibernateProperties());  ❹

        return sessionFactory;          ❷
    }
```

```
private Properties hibernateProperties() {
    Properties hibernateProperties = new Properties();
    hibernateProperties.setProperty(AvailableSettings.HBM2DDL_AUTO, "create");
    hibernateProperties.setProperty(AvailableSettings.SHOW_SQL, "true");          ❺
    hibernateProperties.setProperty(AvailableSettings.DIALECT,
                        "org.hibernate.dialect.MySQL8Dialect");
    return hibernateProperties;
}


@Bean
public DataSource dataSource() {                                                 ❻
    DriverManagerDataSource dataSource = new DriverManagerDataSource();
    dataSource.setDriverClassName("com.mysql.cj.jdbc.Driver");      ❼
    dataSource.setUrl(
        "jdbc:mysql://localhost:3306/CH14_SPRING_HIBERNATE?serverTimezone=UTC");  ❽
    dataSource.setUsername("root");      ❾
    dataSource.setPassword("");          ❿
    return dataSource;                   ❻
}


@Bean
public DatabaseService databaseService() {       ⓫
    return new DatabaseService();
}


@Bean
public HibernateTransactionManager transactionManager(
                            SessionFactory sessionFactory) {
    HibernateTransactionManager transactionManager                              ⓬
        = new HibernateTransactionManager();
    transactionManager.setSessionFactory(sessionFactory);
    return transactionManager;
}


@Bean
public ItemDao itemDao() {       ⓭
    return new ItemDaoImpl();
}
```

```
    @Bean
    public BidDao bidDao() {              ⑭
        return new BidDaoImpl();
    }
}
```

❶ @EnableTransactionManagement 애너테이션은 스프링의 애너테이션 기반 트랜잭션 관리 기능을 활성화합니다.

❷ LocalSessionFactoryBean은 주입할 sessionFactory 객체입니다.

❸ 스캔할 데이터 소스와 패키지를 설정합니다.

❹ 별도의 메서드에서 제공될 하이버네이트 프로퍼티를 설정합니다.

❺ 별도의 메서드에서 하이버네이트 프로퍼티를 생성합니다.

❻ 데이터 소스 빈을 생성합니다.

❼ JDBC 프로퍼티(드라이버)

❽ 데이터베이스의 URL

❾ 사용자명

❿ 이 구성에는 비밀번호가 없습니다. 사용 중인 컴퓨터의 자격 증명과 일치하도록 수정하고 실무에서는 비밀번호를 사용하세요.

⓫ 스프링은 DatabaseService 빈을 사용해 데이터베이스를 채우고 지웁니다.

⓬ 세션 팩터리를 기반으로 트랜잭션 매니저 빈을 생성합니다. 데이터베이스와의 모든 상호작용은 트랜잭션 경계 내에서 발생해야
   하므로 스프링은 트랜잭션 매니저 빈을 필요로 합니다.

⓭ ItemDao 빈을 생성합니다.

⓮ BidDao 빈을 생성합니다.

XML 구성을 대안으로 사용할 수 있으며, application-context.xml 파일은 SpringConfiguration.
java에서 수행한 작업을 동일하게 처리합니다. 이 경우 스프링의 애너테이션 기반 트랜잭션 관리 기
능을 활성화하려면 @EnableTransactionManagement 애너테이션 대신 트랜잭션 매니저 빈을 참조하는
tx:annotation-driven 요소를 이용합니다.

이제 JPA 대신 하이버네이트 API를 사용하는 이 애플리케이션을 제네릭화하는 방법을 보여드리겠습니다.
평소와 마찬가지로 초기 솔루션과의 차이점과 변경 사항을 적용하는 방법에 중점을 두겠습니다.

14.5 스프링과 DAO를 이용한 하이버네이트 애플리케이션 제네릭화

이전에 DAO를 사용하는 JPA 솔루션에서 확인했던 단점은 다음과 같았습니다.

- getById, getAll, insert, delete 같은 유사한 연산이 있지만 주로 인수의 타입이나 반환되는 결과에 차이가 있습니다.

- update 메서드는 두 번째 인수로 특정 프로퍼티의 값을 받습니다. 엔티티의 여러 프로퍼티를 업데이트해야 하는 경우 메서드를 여러 개 작성해야 할 수 있습니다.

- findByName이나 findByAmount 같은 메서드는 특정 프로퍼티에 종속됩니다. 다른 프로퍼티를 사용해 엔티티를 찾으려면 또 다른 메서드를 작성해야 할 수도 있습니다.

이러한 단점을 해결하기 위해 예제 14.8의 GenericDao 인터페이스를 도입했습니다. 이 인터페이스는 AbstractGenericDao 클래스(예제 14.9)로 구현됐고, 이제 하이버네이트 API를 이용해 재작성해야 합니다.

예제 14.14 하이버네이트 API를 사용하는 AbstractGenericDao 클래스

FILE Ch14/spring-hibernate-dao-gen/src/main/java/com/manning/javapersistence/ch14/dao/AbstractGenericDao.java

```java
@Repository
@Transactional                                                        ❶
public abstract class AbstractGenericDao<T> implements GenericDao<T> {

    @Autowired
    protected SessionFactory sessionFactory;                          ❷
    private Class<T> clazz;

    public void setClazz(Class<T> clazz) {                            ❸
        this.clazz = clazz;
    }

    @Override
    public T getById(long id) {
        return sessionFactory.getCurrentSession()
            .createQuery("SELECT e FROM " + clazz.getName() +         ❹
                    " e WHERE e.id = :id", clazz)
            .setParameter("id", id).getSingleResult();
```

```
    }

    @Override
    public List<T> getAll() {
        return sessionFactory.getCurrentSession()
            .createQuery("from " + clazz.getName(), clazz).getResultList();
    }

    @Override
    public void insert(T entity) {
        sessionFactory.getCurrentSession().persist(entity);
    }

    @Override
    public void delete(T entity) {
        sessionFactory.getCurrentSession().delete(entity);
    }

    @Override
    public void update(long id, String propertyName, Object propertyValue) {
        sessionFactory.getCurrentSession()
            .createQuery("UPDATE " + clazz.getName() + " e SET e." +
                propertyName + " = :propertyValue WHERE e.id = :id")
            .setParameter("propertyValue", propertyValue)
            .setParameter("id", id).executeUpdate();
    }

    @Override
    public List<T> findByProperty(String propertyName, Object propertyValue) {
        return sessionFactory.getCurrentSession()
            .createQuery("SELECT e FROM " + clazz.getName() + " e WHERE e." +
                propertyName + " = :propertyValue", clazz)
            .setParameter("propertyValue", propertyValue).getResultList();
    }
}
```

❶ AbstractGenericDao 클래스에는 @Repository 애너테이션과 @Transactional 애너테이션이 지정돼 있습니다.

❷ SessionFactory sessionFactory 필드에는 @Autowired 애너테이션이 지정돼 있으므로 애플리케이션에서 주입됩니다. 이 필드는 하위 클래스에서 상속 및 사용할 수 있도록 protected로 지정돼 있습니다.

❸ clazz는 DAO가 동작할 Class 필드입니다.

❹ clazz 엔티티를 사용하고 id를 매개변수로 설정해 SELECT 쿼리를 실행합니다.

❺ clazz 엔티티를 사용해 SELECT 쿼리를 실행하고 결과 리스트를 가져옵니다.

❻ entity를 영속화합니다.

❼ entity를 제거합니다.

❽ propertyName, propertyValue, id를 사용해 UPDATE를 실행합니다.

❾ propertyName과 propertyValue를 사용해 SELECT를 실행합니다.

이번에는 하이버네이트 API를 사용해 AbstractGenericDao 클래스를 ItemDaoImpl과 BidDaoImpl로 확장하고 커스터마이즈하겠습니다.

ItemDaoImpl 클래스는 AbstractGenericDao 클래스를 확장하고 그중 일부 메서드를 재정의합니다.

예제 14.15 하이버네이트 API를 사용하는 `ItemDaoImpl` 클래스

FILE Ch14/spring-jpa-hibernate-gen/src/main/java/com/manning/javapersistence/ch14/dao/ItemDaoImpl.java

```java
public class ItemDaoImpl extends AbstractGenericDao<Item> {    ❶

    public ItemDaoImpl() {
        setClazz(Item.class);                                   ❷
    }

    @Override
    public void insert(Item item) {
        sessionFactory.getCurrentSession().persist(item);
        for (Bid bid : item.getBids()) {                        ❸
            sessionFactory.getCurrentSession().persist(bid);
        }
    }

    @Override
    public void delete(Item item) {
        sessionFactory.getCurrentSession()
            .createQuery("delete from Bid b where b.item.id = :id")   ❹
            .setParameter("id", item.getId()).executeUpdate();
```

```
        sessionFactory.getCurrentSession()
            .createQuery("delete from Item i where i.id = :id")        ❹
            .setParameter("id", item.getId()).executeUpdate();
    }
}
```

❶ ItemDaoImpl은 AbstractGenericDao를 확장하며 Item으로 제네릭화됩니다.

❷ 생성자에서는 Item.class를 관리할 엔티티 클래스로 설정합니다.

❸ Item 엔티티와 해당 Bid 엔티티를 모두 영속화합니다. sessionFactory 필드는 AbstractGenericDao 클래스에서 상속됩니다.

❹ Item에 속한 모든 입찰과 Item 자체를 제거합니다.

BidDaoImpl 클래스는 AbstractGenericDao 클래스를 확장하고 관리할 엔티티 클래스를 설정하기만 하면 됩니다.

예제 14.16 하이버네이트 API를 사용하는 BidDaoImpl 클래스

FILE Ch14/spring-hibernate-dao-gen/src/main/java/com/manning/javapersistence/ch14/dao/BidDaoImpl.java

```
public class BidDaoImpl extends AbstractGenericDao<Bid> {        ❶

    public BidDaoImpl() {
        setClazz(Bid.class);                ❷
    }

}
```

❶ BidDaoImpl은 AbstractGenericDao를 확장하며 Bid로 제네릭화됩니다.

❷ 생성자에서는 관리할 엔티티 클래스로 Bid.class를 설정합니다. 다른 모든 메서드는 AbstractGenericDao에서 상속되며 이러한 방식으로 완전히 재사용할 수 있습니다.

이렇게 해서 하이버네이트 API를 사용해 쉽게 확장할 수 있는 DAO 클래스 계층 구조를 개발했습니다. 따라서 이미 작성된 일반 기능을 재사용하거나 특정 엔티티에 대한 일부 메서드를 빠르게 재정의할 수 있습니다(ItemDaoImpl에서 했던 것처럼).

정리

- 의존성 주입 디자인 패턴은 스프링 프레임워크의 기반으로, 다양한 컴포넌트와 객체로 구성된 애플리케이션을 생성할 수 있도록 도와줍니다.

- 스프링 프레임워크와 DAO 패턴을 사용해 JPA 애플리케이션을 개발할 수 있습니다. 스프링은 EntityManager와 트랜잭션 매니저, 그리고 애플리케이션에서 사용하는 다른 빈들을 제어하는 역할을 합니다.

- JPA 애플리케이션을 제네릭화해서 일반화되고 쉽게 확장 가능한 DAO 기반 클래스를 제공할 수 있습니다. DAO 기반 클래스에는 파생된 모든 DAO가 상속할 수 있는 공통 행위가 포함돼 있고, 파생 클래스에서 특정 행위만 구현하게끔 할 수 있습니다.

- 스프링 프레임워크와 DAO 패턴을 사용해 하이버네이트 애플리케이션을 개발할 수 있습니다. 스프링은 SessionFactory, 트랜잭션 매니저, 그리고 애플리케이션에서 사용하는 다른 빈들을 제어하는 역할을 합니다.

- 하이버네이트 애플리케이션을 제네릭화해서 일반화되고 쉽게 확장 가능한 DAO 기반 클래스를 제공할 수 있습니다. DAO 기반 클래스에는 파생된 모든 DAO가 상속할 수 있는 공통 행위가 포함돼 있고, 파생 클래스에서 특정 행위만 구현하게끔 할 수 있습니다.

15

스프링 데이터 JDBC
활용

이번 장에서 다루는 내용

- 스프링 데이터 JDBC 프로젝트 생성
- 스프링 데이터 JDBC에서 쿼리와 쿼리 메서드 활용
- 스프링 데이터 JDBC를 이용한 관계 구축
- 스프링 데이터 JDBC를 이용한 임베드된 엔티티 모델링

2장에서 소개한 스프링 데이터는 스프링 프레임워크 원칙에 따라 관계형 데이터베이스와 NoSQL 데이터베이스에 대한 접근을 간소화하는 것을 목적으로 하는 포괄적인 프로젝트입니다. 4장에서는 스프링 데이터 JPA 프로젝트의 원칙과 기능을 자세히 살펴봤습니다. 스프링 데이터 JDBC(Spring Data JDBC)의 목적은 JDBC 기반 리포지터리를 효율적으로 다루는 것입니다. 이 프로젝트는 스프링 데이터를 구성하는 여러 프로젝트 가운데 비교적 오래 되지 않은 프로젝트이며, 캐싱이나 지연 로딩과 같은 모든 JPA 기능을 제공하지는 않아 더 단순하고 제한된 ORM을 제공합니다. 하지만 버전이 나올 때마다 새로운 기능을 도입하며 성장하고 있습니다.

이미 JPA, 하이버네이트, 스프링 데이터 JPA 같은 대안이 있는데 왜 스프링 데이터 JDBC가 필요할까요? 사실 객체/관계형 매핑(ORM)은 프로젝트를 복잡하게 만들며, 앞의 여러 장에서 이를 분명히 목격했을 것입니다. 이러한 복잡성을 없애고 오늘날 가장 널리 사용되는 자바 프레임워크인 스프링을 활용함으로써 얻을 수 있는 이점을 누리고 싶을 때가 있습니다. 그럼 어떤 방법이 있을까요?

구식 JDBC를 되돌아보면 데이터베이스 연결을 직접 열고 닫거나 예외를 수동으로 처리해야 하는 등 전반적으로 많은 서비스 코드를 처리해야 한다는 단점이 있습니다.

스프링 데이터 JDBC를 이용하면 데이터베이스를 대상으로 실행할 쿼리를 직접 생성할 수 있을뿐더러 자체적인 ORM을 통해 JPA, 하이버네이트, 스프링 데이터 JPA에서 이미 사용되고 있는 엔티티, 리포지터리, @Query 애너테이션과 같은 개념들을 활용할 수 있습니다. 스프링 데이터 JDBC는 JPQL을 사용하지 않으며, 이식성이 없습니다. 쿼리는 일반 SQL로 작성해야 하며 데이터베이스 공급자에 맞게 작성해야 합니다. 엔티티 로딩은 SQL 쿼리를 통해 수행해야 하며, 엔티티는 완전한 상태이거나 존재하지 않습니다. 캐싱이나 지연 로딩은 사용할 수 없습니다. 세션과 변경 감지는 지원하지 않으므로 엔티티를 명시적으로 저장해야 합니다.

또한 이번 장의 내용을 쓰는 시점을 기준으로 스프링 데이터 JDBC는 스키마 생성을 지원하지 않습니다. 하이버네이트 또는 스프링 데이터 JPA에서와 마찬가지로 엔티티를 선언할 수 있지만 DDL 명령을 작성하고 실행해야 합니다.

그럼 스프링 데이터 JDBC를 사용하는 프로젝트를 생성하고 새로운 기능을 도입할 때 이를 지원하는 기능을 분석해 보겠습니다.

15.1 스프링 데이터 JDBC 프로젝트 생성

이번 장에서는 4장에서 스프링 데이터 JPA를 사용한 것과 마찬가지로 영속성 프레임워크로 스프링 데이터 JDBC를 사용해 CaveatEmptor 사용자를 관리하고 영속화하는 애플리케이션을 만들겠습니다. 먼저 스프링 데이터 JDBC를 사용하기 위한 스프링 부트 애플리케이션을 만들겠습니다.

먼저 스프링 이니셜라이저(Spring Initializr) 웹사이트(https://start.spring.io/)를 통해 다음과 같은 특성을 가진 새 스프링 부트 프로젝트를 생성하겠습니다(그림 15.1).

- 그룹: com.manning.javapersistence
- 아티팩트: spring-data-jdbc
- 설명: 스프링 데이터 JDBC 프로젝트

또한 다음과 같은 의존성을 추가합니다.

- Spring Data JDBC(이렇게 하면 메이븐 pom.xml 파일에 spring-boot-starter-data-jdbc가 추가됩니다.)

- MySQL Driver(이렇게 하면 메이븐 pom.xml 파일에 mysql-connector-java가 추가됩니다.)

> **참고** 소스코드의 예제를 실행하려면 먼저 Ch15.sql 스크립트를 실행해야 합니다.

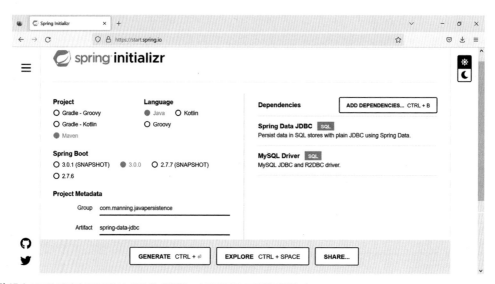

그림 15.1 스프링 데이터 JDBC와 MySQL을 사용하는 스프링 부트 프로젝트 만들기

프로젝트의 골격에는 다음과 같은 4개의 파일이 포함돼 있습니다.

- main 메서드가 포함된 SpringDataJdbcApplication

- 테스트 메서드가 포함된 SpringDataJdbcApplicationTests

- application.properties(처음에는 비어 있음)

- 메이븐에 필요한 관리 정보가 포함된 pom.xml

다음 예제의 pom.xml 파일에는 스프링 데이터 JDBC 프로젝트를 시작하기 위해 추가한 의존성이 포함돼 있습니다. 여기서는 MySQL 데이터베이스에 접근하기 위해 스프링 데이터 JDBC 프레임워크를 사용할 예정이며, 이를 위해서는 드라이버가 필요합니다.

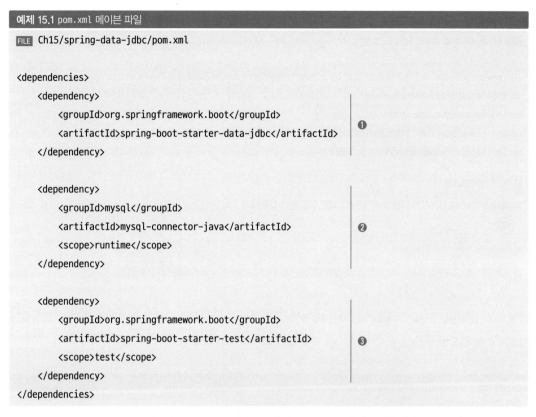

예제 15.1 pom.xml 메이븐 파일

FILE Ch15/spring-data-jdbc/pom.xml

```xml
<dependencies>
    <dependency>
        <groupId>org.springframework.boot</groupId>
        <artifactId>spring-boot-starter-data-jdbc</artifactId>    ❶
    </dependency>

    <dependency>
        <groupId>mysql</groupId>
        <artifactId>mysql-connector-java</artifactId>    ❷
        <scope>runtime</scope>
    </dependency>

    <dependency>
        <groupId>org.springframework.boot</groupId>
        <artifactId>spring-boot-starter-test</artifactId>    ❸
        <scope>test</scope>
    </dependency>
</dependencies>
```

❶ spring-boot-starter-data-jdbc는 스프링 부트에서 스프링 데이터 JDBC를 통해 관계형 데이터베이스에 연결하기 위해 사용하는 스타터 의존성(starter dependency)입니다.

❷ mysql-connector-java는 MySQL용 JDBC 드라이버입니다. 런타임 의존성이므로 런타임에만 클래스 경로에 존재하면 됩니다.

❸ spring-boot-starter-test는 테스트를 위한 스프링 부트 스타터 의존성입니다. 테스트 컴파일 및 실행 단계에만 필요합니다.

application.properties 파일에는 애플리케이션에서 사용할 다양한 프로퍼티를 넣을 수 있습니다. 스프링 부트는 클래스 경로에서 application.properties 파일을 자동으로 찾아서 로드하고, 메이븐은 src/main/resources 폴더를 클래스 경로에 추가합니다. 초기화 스크립트는 기본적으로 임베드된 데이터베이스에 대해서만 실행되는데, 이 책에서는 MySQL을 사용하고 있으므로 초기화 모드인 spring.sql.init.mode를 always로 설정해서 스크립트가 강제로 실행되게 해야 합니다. 구성 파일은 다음 예제에 나와 있습니다.

예제 15.2 application.properties 파일

FILE Ch15/spring-data-jdbc/src/main/resources/application.properties

```
spring.datasource.url=jdbc:mysql://localhost:3306/CH15_SPRINGDATAJDBC?serverTimezone=Asia/Seoul ❶
spring.datasource.username=root
spring.datasource.password=                                                                      ❷
spring.jpa.properties.hibernate.dialect=org.hibernate.dialect.MySQL8Dialect      ❸
spring.sql.init.mode=always          ❹
```

❶ 데이터베이스 URL [1]

❷ 데이터베이스에 접근하기 위한 자격 증명입니다. 사용 중인 컴퓨터의 자격 증명으로 바꾸고 실제 환경에서는 비밀번호를 사용하세요.

❸ 데이터베이스의 방언인 MySQL

❹ SQL 초기화 모드는 always이므로 SQL 파일이 항상 실행되어 데이터베이스 스키마를 다시 생성합니다.

자동으로 실행되는 SQL 스크립트는 다음 예제에 있는 것과 같이 USERS 테이블을 삭제하고 다시 생성합니다. 시작 시 스프링 부트는 항상 클래스 경로에 있는 schema.sql과 data.sql 파일을 실행합니다.

예제 15.3 schema.sql 파일

FILE Ch15/spring-data-jdbc/src/main/resources/schema.sql

```
DROP TABLE IF EXISTS USERS;

CREATE TABLE USERS (
    ID INTEGER AUTO_INCREMENT PRIMARY KEY,
    USERNAME VARCHAR(30),
    REGISTRATION_DATE DATE
);
```

이제 예제 15.4와 같이 USERS 테이블에 해당하는 엔티티 클래스를 정의하겠습니다. 몇 가지 스프링에 특화된 애너테이션을 사용해 클래스가 데이터베이스의 테이블에 어떻게 매핑되는지 구성하겠습니다.

---

1 (옮긴이) 원서에서는 URL의 serverTimezone 항목이 UTC로 설정돼 있는데, UTC로 설정할 경우 국내 환경에서는 실습할 때 시간대 차이로 인해 이후의 테스트에서 오류가 발생하므로 번역서에서는 Asia/Seoul로 수정했습니다.

- org.springframework.data.relational.core.mapping.Table

  이전에 사용된, JPA에 특화된 javax.persistence.Table과는 다릅니다.

- org.springframework.data.annotation.Id

  이전에 사용된, JPA에 특화된 javax.persistence.Id와 다릅니다. 데이터베이스에서 해당 칼럼을 ID INTEGER AUTO_INCREMENT PRIMARY KEY로 정의했기 때문에 데이터베이스에서 자동 증가 값을 생성합니다.

- org.springframework.data.relational.core.mapping.Column

  이전에 사용된, JPA에 특화된 javax.persistence.Column과 다릅니다. 칼럼명의 경우 스프링 데이터 JDBC는 클래스 필드의 정의에 사용되는 카멜 표기법(camel case) [2]을 테이블 칼럼의 정의에 사용되는 스네이크 표기법(snake case) [3]으로 변환합니다.

예제 15.4 User 클래스

`FILE` Ch15/spring-data-jdbc/src/main/java/com/manning/javapersistence/ch15/model/User.java

```java
@Table("USERS")                            ❶
public class User {

    @Id             ❷
    @Column("ID")            ❸
    private Long id;

    @Column("USERNAME")   ❹
    private String username;

    @Column("REGISTRATION_DATE")   ❺
    private LocalDate registrationDate;

    // 생성자, 게터 및 세터
}
```

❶ User 클래스에 @Table 애너테이션을 지정해서 이 클래스에 대응되는 테이블이 USERS임을 명시적으로 나타냅니다.

❷ id 필드에 @Id 애너테이션을 지정합니다.

❸ id 필드에 @Column("ID") 애너테이션을 지정해 해당 필드에 대응하는 데이터베이스의 칼럼을 나타냅니다. 이것은 기본값입니다.

---

2 (옮긴이) 이름의 형태가 쌍봉낙타의 등과 같다는 뜻에서 이름 붙은 표기법으로, 파일, 변수, 함수 등 대상의 이름을 띄어쓰기 없이 맨 첫 글자를 제외한 각 합성어의 첫 글자만 대문자로 표기하는 명명 관례입니다. 예: camelCase (출처: 위키백과)

3 (옮긴이) 이름의 형태가 뱀과 같다는 뜻에서 이름 붙은 표기법으로, 파일, 변수, 함수 등 대상의 이름의 띄어쓰기를 언더바(_)로 표기하는 명명 관례입니다. 예: snake_case (출처: 위키백과)

④ username 필드에 @Column("USERNAME") 애너테이션을 지정해 해당 필드에 대응하는 데이터베이스의 칼럼을 나타냅니다. 이것은 기본값입니다.

⑤ registrationDate 필드에 @Column("REGISTRATION_DATE") 애너테이션을 지정해 해당 필드에 대응하는 데이터베이스의 칼럼을 나타냅니다. 이것은 기본값입니다.

또한 CrudRepository를 확장해서 데이터베이스에 대한 접근을 제공하는 UserRepository 인터페이스도 만들겠습니다.

예제 15.5 UserRepository 인터페이스

`FILE` Ch15/spring-data-jdbc/src/main/java/com/manning/javapersistence/ch15/repositories/UserRepository.java

```
@Repository
public interface UserRepository extends CrudRepository<User, Long> {
    List<User> findAll();
}
```

UserRepository 인터페이스는 CrudRepository<User, Long>을 확장합니다. 즉, 식별자가 Long 타입인 User 엔티티의 리포지터리를 의미합니다. User 클래스에 Long 타입의 @Id로 애너테이션이 지정된 id 필드가 있다는 것을 떠올려봅시다. CrudRepository에서 상속된 save, findAll, findById 같은 메서드를 직접 호출할 수 있으며, 다른 추가 정보 없이도 이를 이용해 데이터베이스에 대한 일반적인 연산을 실행할 수 있습니다. 스프링 데이터 JDBC는 UserRepository 인터페이스를 구현하는 프락시 클래스를 생성하고 그 메서드를 구현합니다.

> **참고**   4.3절에서 언급한 내용을 다시 한 번 상기할 필요가 있습니다: CrudRepository는 지금까지 살펴본 것처럼 JPA/관계형 데이터베이스뿐만 아니라 다른 기술에도 사용할 수 있는 일반화된 영속성 인터페이스입니다.

여기서는 findAll 메서드만 재정의해서 Iterable<User> 대신 List<User>를 반환합니다. 이렇게 하면 테스트가 단순화됩니다. 향후 모든 테스트의 기반 클래스로 SpringDataJdbcApplicationTests 추상 클래스를 작성하겠습니다.

스프링 부트를 통해 추가된 @SpringBootTest 애너테이션은 스프링 부트가 메인 구성 클래스(예: @SpringBootApplication 애너테이션이 지정된 클래스)를 검색하고 테스트에 사용할 ApplicationContext를

생성하게 합니다. 기억하겠지만 스프링 부트가 main 메서드가 포함된 클래스에 추가한 @SpringBoot Application 애너테이션은 스프링 부트 자동 구성 메커니즘을 활성화하고 애플리케이션이 위치한 패키지에 대해 스캔을 활성화하며 컨텍스트에 추가 빈을 등록할 수 있게 해줍니다.

다음으로 @TestInstance(TestInstance.Lifecycle.PER_CLASS) 애너테이션을 사용해 JUnit 5가 테스트 클래스의 단일 인스턴스를 생성하고 모든 테스트 메서드에 재사용하도록 하겠습니다. 이렇게 하면 @BeforeAll과 @AfterAll 애너테이션이 지정된 메서드를 비정적(non-static) 메서드로 만들고 그 안에서 의존성 자동 주입된 UserRepository 인스턴스 필드를 직접 사용할 수 있습니다. @BeforeAll 애너테이션이 지정된 비정적 메서드는 SpringDataJdbcApplicationTests를 확장하는 모든 클래스의 모든 테스트가 실행되기 전에 한 번 실행되며, generateUsers 메서드 내부에서 생성된 사용자 리스트를 데이터베이스에 저장합니다. @AfterAll 애너테이션이 지정된 비정적 메서드는 SpringDataJdbcApplicationTests를 확장하는 모든 클래스의 모든 테스트가 실행된 후에 한 번 실행되며, 데이터베이스에서 모든 사용자를 삭제합니다.

예제 15.6 SpringDataJdbcApplicationTests 추상 클래스

FILE Ch15/spring-data-jdbc/src/test/java/com/manning/javapersistence/ch15/SpringDataJdbcApplicationTests.java

```
@SpringBootTest
@TestInstance(TestInstance.Lifecycle.PER_CLASS)
abstract class SpringDataJdbcApplicationTests {
    @Autowired
    UserRepository userRepository;                 ❶

    @BeforeAll
    void beforeAll() {
        userRepository.saveAll(generateUsers());
    }

    private static List<User> generateUsers() {
        List<User> users = new ArrayList<>();

        User john = new User("john", LocalDate.of(2020, Month.APRIL, 13));

        // 총 10명의 사용자 생성 및 설정
```

```
        users.add(john);
        // 리스트에 총 10명의 사용자를 추가


        return users;
    }


    @AfterAll
    void afterAll() {
        userRepository.deleteAll();
    }
}
```

❶ UserRepository 인스턴스를 의존성 자동 주입합니다. 이것이 가능한 이유는 애플리케이션이 위치한 패키지에서 스캔을 활성화하고 컨텍스트에 빈을 등록하는 @SpringBootApplication 애너테이션 덕분입니다.

다음 테스트에서는 이 클래스를 확장하고 이미 채워진 데이터베이스를 사용하겠습니다. 이제 UserRepository에 속하는 메서드를 테스트하기 위해 FindUsersUsingQueriesTest 클래스를 만들고 동일한 테스트 작성 방법에 따라 리포지터리 메서드를 호출하고 그 결과를 확인합니다.

예제 15.7 FindUsersUsingQueriesTest 클래스

FILE Ch15/spring-data-jdbc/src/test/java/com/manning/javapersistence/ch15/FindUsersUsingQueriesTest.java

```
public class FindUsersUsingQueriesTest extends SpringDataJdbcApplicationTests {

    @Test
    void testFindAll() {
        List<User> users = userRepository.findAll();
        assertEquals(10, users.size());
    }

}
```

15.2 스프링 데이터 JDBC에서 쿼리 다루기

이제 스프링 데이터 JDBC에서 쿼리를 다루는 방법을 살펴보겠습니다. 쿼리 빌더 메커니즘으로 쿼리를 정의하는 것부터 시작해 쿼리 결과 제한, 정렬과 페이징, 결과 스트리밍, 수정 쿼리 활용, 사용자 정의 쿼리 생성에 대해 살펴보겠습니다.

15.2.1 스프링 데이터 JDBC를 이용한 쿼리 메서드 정의

email, level, active 필드를 추가해서 사용자 클래스를 확장하겠습니다. 사용자는 레벨에 따라 일정 금액 이상 입찰과 같은 특정 활동을 수행할 수 있습니다. 사용자는 활성 상태이거나 휴면 상태(더 이상 CaveatEmptor 경매 시스템에서 활동하지 않음)일 수 있습니다.

목표는 특정 레벨의 사용자, 활성/휴면 상태의 사용자, 특정 사용자명이나 이메일을 가진 사용자, 특정 기간에 등록한 사용자를 찾는 사용 사례를 처리할 수 있는 프로그램을 작성하는 것입니다.

예제 15.8 수정된 User 클래스

FILE Ch15/spring-data-jdbc2/src/main/java/com/manning/javapersistence/ch15/model/User.java

```
@Table(name = "USERS")
public class User {

    @Id
    private Long id;

    private String username;

    private LocalDate registrationDate;

    private String email;

    private int level;

    private boolean active;

    // 생성자, 게터, 세터
}
```

이제 DDL 명령을 직접 실행해야 하기 때문에 클래스 경로에 있는 **schema.sql** 파일의 내용을 수정할 수 있습니다.

예제 15.9 수정된 schema.sql 파일

`FILE` Ch15/spring-data-jdbc2/src/main/resources/schema.sql

```
DROP TABLE IF EXISTS USERS;

CREATE TABLE USERS (
    ID INTEGER AUTO_INCREMENT PRIMARY KEY,
    ACTIVE BOOLEAN,
    USERNAME VARCHAR(30),
    EMAIL VARCHAR(30),
    LEVEL INTEGER,
    REGISTRATION_DATE DATE
);
```

이제 데이터베이스를 쿼리하는 새로운 메서드를 UserRepository 인터페이스에 추가하고 새로 생성된 테스트에서 사용하겠습니다.

예제 15.10 새로운 메서드가 포함된 UserRepository 인터페이스

`FILE` Ch15/spring-data-jdbc2/src/main/java/com/manning/javapersistence/ch15/repositories/UserRepository.java

```java
public interface UserRepository extends CrudRepository<User, Long> {
    List<User> findAll();
    Optional<User> findByUsername(String username);
    List<User> findAllByOrderByUsernameAsc();
    List<User> findByRegistrationDateBetween(LocalDate start, LocalDate end);
    List<User> findByUsernameAndEmail(String username, String email);
    List<User> findByUsernameOrEmail(String username, String email);
    List<User> findByUsernameIgnoreCase(String username);
    List<User> findByLevelOrderByUsernameDesc(int level);
    List<User> findByLevelGreaterThanEqual(int level);
    List<User> findByUsernameContaining(String text);
    List<User> findByUsernameLike(String text);
    List<User> findByUsernameStartingWith(String start);
```

```
    List<User> findByUsernameEndingWith(String end);
    List<User> findByActive(boolean active);
    List<User> findByRegistrationDateIn(Collection<LocalDate> dates);
    List<User> findByRegistrationDateNotIn(Collection<LocalDate> dates);
    // ...
}
```

쿼리 메서드의 목적은 데이터베이스로부터 정보를 조회하는 것입니다. 스프링 데이터 JDBC는 2.0 버전 부터 스프링 데이터 JPA의 쿼리 빌더 메커니즘과 유사한 쿼리 빌더 메커니즘을 제공합니다. 즉, 이름에 따라 리포지터리 메서드의 동작을 만들어냅니다. 쿼리 메커니즘은 메서드명에서 find...By, get...By, query...By, read...By, count...By와 같은 접두사 및 접미사를 제거한 다음 나머지 부분을 구문 분석한 다는 점을 떠올려봅시다.

스프링 데이터 JPA와 마찬가지로 스프링 데이터 JDBC는 메서드의 반환 타입을 살펴봅니다. User를 찾아 서 Optional 컨테이너에 담아 반환하려는 경우 메서드 반환 타입은 Optional<User>가 됩니다.

메서드명은 결과 쿼리를 결정하기 위한 규칙을 따라야 합니다. 정의된 쿼리 메서드는 현재 조인 없이 WHERE 절에 포함될 수 있는 프로퍼티만 사용할 수 있습니다. 메서드 명명이 잘못된 경우(예: 쿼리 메서드 에서 엔티티 프로퍼티가 일치하지 않는 경우) 애플리케이션 컨텍스트가 로드될 때 오류가 발생합니다. 표 15.1에는 스프링 데이터 JDBC의 쿼리 메서드를 생성할 때 필수 키워드의 사용법과 그 결과로 만들어지는 조건이 정리돼 있습니다. 좀 더 포괄적인 목록은 부록 C를 참고하세요.

표 15.1 스프링 데이터 JDBC의 키워드 사용법과 조건

키워드	예	조건
Is, Equals	findByUsername(String name) findByUsernameIs(String name) findByUsernameEquals(String name)	username = name
And	findByUsernameAndRegistrationDate(String name, LocalDate date)	username = name and registration_date = date
Or	findByUsernameOrRegistrationDate(String name, LocalDate date)	username = name or registration_date = date
LessThan	findByRegistrationDateLessThan(LocalDate date)	registration_date < date

키워드	예	조건
LessThanEqual	findByRegistrationDateLessThanEqual(LocalDate date)	registration_date <= date
GreaterThan	findByRegistrationDateGreaterThan(LocalDate date)	registration_date > date
GreaterThanEqual	findByRegistrationDateGreaterThanEqual(LocalDate date)	registration_date >= date
Between	findByRegistrationDateBetween(LocalDate from, LocalDate to)	registration_date between from and to
OrderBy	findByRegistrationDateOrderByUsernameDesc(LocalDate date)	registration_date = date order by username desc
Like	findByUsernameLike(String name)	username like name
NotLike	findByUsernameNotLike(String name)	username not like name
Before	findByRegistrationDateBefore(LocalDate date)	registration_date < date
After	findByRegistrationDateAfter(LocalDate date)	registration_date > date
Null, IsNull	findByRegistrationDate(Is)Null()	registration_date is null
NotNull, IsNotNull	findByRegistrationDate(Is)NotNull()	registration_date is not null
Not	findByUsernameNot(String name)	username <> name

각 사용자에 대해 새로 도입된 email, level, active 필드를 구성해서 테스트의 기반 클래스인 SpringDataJdbcApplicationTests 추상 클래스를 확장하겠습니다.

예제 15.11 업데이트된 SpringDataJdbcApplicationTests 추상 클래스

FILE Ch15/spring-data-jdbc2/src/test/java/com/manning/javapersistence/ch15/SpringDataJdbcApplicationTests.java

```
@SpringBootTest
@TestInstance(TestInstance.Lifecycle.PER_CLASS)
abstract class SpringDataJdbcApplicationTests {
```

```
    // ...
    private static List<User> generateUsers() {
        List<User> users = new ArrayList<>();

        User john = new User("john", LocalDate.of(2020, Month.APRIL, 13));
        john.setEmail("john@somedomain.com");
        john.setLevel(1);
        john.setActive(true);

        // 총 10명의 사용자 생성 및 설정

        users.add(john);
        // 리스트에 총 10명의 사용자를 추가

        return users;
    }


    // ...
}
```

다음 테스트에서는 이 클래스를 확장해서 이미 채워진 데이터베이스를 사용합니다. 우리가 해결하고자 하는 사용 사례는 특정 조건(예: 특정 간격 내의 등록일자)을 충족하거나 사용자 이름별로 정렬된 사용자 또는 사용자 리스트를 가져오는 것입니다. 이제 UserRepository에 속하는 메서드를 테스트하기 위해 FindUsersUsingQueriesTest 클래스를 만들고 동일한 테스트 작성 방법에 따라 리포지터리 메서드를 호출하고 그 결과를 확인하겠습니다.

예제 15.12 FindUsersUsingQueriesTest 클래스

FILE Ch15/spring-data-jdbc2/src/test/java/com/manning/javapersistence/ch15/FindUsersUsingQueriesTest.java

```
public class FindUsersUsingQueriesTest extends SpringDataJdbcApplicationTests {

    @Test
    void testFindAll() {
        List<User> users = userRepository.findAll();
        assertEquals(10, users.size());
    }
```

```
@Test
void testFindUser() {
    User beth = userRepository.findByUsername("beth").get();
    assertEquals("beth", beth.getUsername());
}

@Test
void testFindAllByOrderByUsernameAsc() {
    List<User> users = userRepository.findAllByOrderByUsernameAsc();
    assertAll(() -> assertEquals(10, users.size()),
        () -> assertEquals("beth", users.get(0).getUsername()),
        () -> assertEquals("stephanie", users.get(users.size() - 1).getUsername()));
}

@Test
void testFindByRegistrationDateBetween() {
    List<User> users = userRepository.findByRegistrationDateBetween(
        LocalDate.of(2020, Month.JULY, 1),
        LocalDate.of(2020, Month.DECEMBER, 31));
    assertEquals(4, users.size());
}

// 기타 테스트
}
```

15.2.2 쿼리 결과 제한, 정렬, 페이징

스프링 데이터 JPA에서와 마찬가지로 first 키워드와 top 키워드(동일하게 사용됨)로 쿼리 메서드의 결과를 제한할 수 있습니다. top과 first 키워드 뒤에는 반환할 최대 결과 크기를 나타내는 숫자 값(선택사항)이 올 수 있습니다. 이 숫자 값이 누락되면 결과 크기는 1이 됩니다.

Pageable은 페이징 정보를 위한 인터페이스입니다. 실무에서는 이 인터페이스를 구현하는 PageRequest 클래스를 사용합니다. 이 클래스로 페이지 번호, 페이지 크기, 정렬 기준을 지정할 수 있습니다.

여기서 해결하고자 하는 사용 사례는 제한된 수의 사용자(예: 사용자명 또는 등록일자를 기준으로 한 첫 번째 사용자), 또는 특정 레벨이나 등록일자별로 정렬한 후의 첫 번째 사용자, 여러 페이지에 걸친 다수의 사용자를 가져와 쉽게 조작할 수 있게 하는 것입니다.

UserRepository 인터페이스에 다음과 같은 메서드를 추가하겠습니다.

예제 15.13 UserRepository에서의 쿼리 결과 제한, 정렬, 페이징

`FILE` Ch15/spring-data-jdbc2/src/main/java/com/manning/javapersistence/ch15/repositories/UserReposit
ory.java

```java
Optional<User> findFirstByOrderByUsernameAsc();
Optional<User> findTopByOrderByRegistrationDateDesc();
Page<User> findAll(Pageable pageable);
List<User> findFirst2ByLevel(int level, Sort sort);
List<User> findByLevel(int level, Sort sort);
List<User> findByActive(boolean active, Pageable pageable);
```

이러한 메서드는 쿼리 빌더 메커니즘에서 요구하는 패턴(표 15.1 참고)을 따르지만 이번에는 쿼리 결과를 제한하고 정렬 및 페이징을 수행하기 위한 목적으로 사용됩니다. 예를 들어, Optional<User> findFirstByOrderByUsernameAsc() 메서드는 사용자명을 기준으로 오름차순 정렬한 후 첫 번째 사용자를 가져옵니다(결과가 Optional이므로 사용자가 존재하지 않을 수도 있음). Page<User> findAll(Pageable pageable) 메서드는 모든 사용자를 가져오되 페이징을 적용합니다. 새로 추가된 메서드가 어떻게 작동하는지 확인하기 위해 다음과 같은 테스트를 작성해 보겠습니다.

예제 15.14 쿼리 결과 제한, 정렬, 페이징 테스트

`FILE` Ch15/spring-data-jdbc2/src/test/java/com/manning/javapersistence/ch15/FindUsersSortingAndPagi
ngTest.java

```java
public class FindUsersSortingAndPagingTest extends
            SpringDataJdbcApplicationTests {

    @Test
    void testOrder() {
        User user1 = userRepository.findFirstByOrderByUsernameAsc().get();      ❶
        User user2 = userRepository.findTopByOrderByRegistrationDateDesc().get();   ❶
        Page<User> userPage = userRepository.findAll(PageRequest.of(1, 3));     ❷
        List<User> users = userRepository.findFirst2ByLevel(2, Sort.by("registrationDate"));   ❸

        assertAll(
            () -> assertEquals("beth", user1.getUsername()),
```

```
            () -> assertEquals("julius", user2.getUsername()),
            () -> assertEquals(2, users.size()),
            () -> assertEquals(3, userPage.getSize()),
            () -> assertEquals("beth", users.get(0).getUsername()),
            () -> assertEquals("marion", users.get(1).getUsername())
        );
    }


    @Test
    void testFindByLevel() {
        Sort.TypedSort<User> user = Sort.sort(User.class);        ❹

        List<User> users = userRepository.findByLevel(3,
                user.by(User::getRegistrationDate).descending());  ❺
        assertAll(
            () -> assertEquals(2, users.size()),
            () -> assertEquals("james", users.get(0).getUsername())
        );
    }


    @Test
    void testFindByActive() {
        List<User> users = userRepository.findByActive(true,
                PageRequest.of(1, 4, Sort.by("registrationDate")));  ❻
        assertAll(
            () -> assertEquals(4, users.size()),
            () -> assertEquals("burk", users.get(0).getUsername())
        );
    }
}
```

❶ 첫 번째 테스트에서는 사용자명을 기준으로 오름차순으로 정렬한 후의 첫 번째 사용자와 등록일자를 기준으로 내림차순으로 정렬한 후의 첫 번째 사용자를 찾습니다.

❷ 모든 사용자를 찾아서 페이지로 분할한 다음, 크기 3의 페이지 번호 1을 반환합니다(페이지 번호는 0부터 시작).

❸ 등록일자 순으로 레벨이 2인 첫 사용자 2명을 찾습니다.

❹ 두 번째 테스트에서는 User 클래스에 대해 정렬 기준을 정의합니다. Sort.TypedSort는 Sort를 확장하며 메서드 핸들을 사용해 정렬할 프로퍼티를 정의할 수 있습니다.

❺ 레벨이 3인 사용자를 찾아 등록일자 기준으로 내림차순으로 정렬합니다.

❻ 세 번째 테스트에서는 등록일자 기준으로 정렬된 활성 사용자를 찾아서 페이지로 분할한 다음, 크기 4의 페이지 번호 1을 반환합니다(페이지 번호는 0부터 시작).

15.2.3 결과 스트리밍

결과를 2개 이상 반환하는 쿼리 메서드에서는 Iterable, List, Set과 같은 표준 자바 인터페이스를 사용할 수 있습니다. 스프링 데이터 JPA와 마찬가지로, 스프링 데이터 JDBC도 Iterable 또는 모든 컬렉션 타입의 대안으로 사용할 수 있는 Streamable을 지원합니다. 이를 통해 여러 Streamable을 연결하고 요소를 직접 필터링하고 매핑할 수 있습니다.

여기서 해결하고자 하는 사용 사례는 전체 사용자 컬렉션이나 사용자 페이지를 기다리지 않고 결과를 스트림으로 가져오는 것입니다. 이렇게 하면 첫 번째 결과가 들어오는 대로 빠르게 처리를 시작할 수 있습니다. 컬렉션과 달리 스트림은 한 번만 사용할 수 있으며, 변경할 수 없습니다.

UserRepository 인터페이스에 다음과 같은 메서드를 추가하겠습니다.

> **예제 15.15** UserRepository에서 Streamable을 반환하는 메서드를 추가
>
> `FILE` Ch15/spring-data-jdbc2/src/main/java/com/manning/javapersistence/ch15/repositories/UserRepository.java

```
Streamable<User> findByEmailContaining(String text);
Streamable<User> findByLevel(int level);
```

새로 추가된 메서드들이 어떻게 데이터베이스와 상호작용하고 결과를 스트림으로 제공하는지 확인하기 위해 다음과 같은 테스트를 작성하겠습니다. 스트림은 try 블록의 리소스로 제공되므로 자동으로 닫힙니다. 다른 방법은 명시적으로 close() 메서드를 호출하는 것입니다. 그렇게 하지 않으면 스트림이 데이터베이스에 대한 연결을 유지하게 됩니다.

> **예제 15.16** Streamable을 반환하는 테스트 메서드
>
> `FILE` Ch15/spring-data-jdbc2/src/test/java/com/manning/javapersistence/ch15/QueryResultsTest.java

```
@Test
void testStreamable() {
    try(Stream<User> result =
        userRepository.findByEmailContaining("someother")
```
 ❶

```
        .and(userRepository.findByLevel(2))      ❷
        .stream().distinct()) {                   ❸
    assertEquals(6, result.count());              ❹
  }
}
```

❶ 이 테스트는 someother라는 단어가 포함된 이메일을 검색하기 위해 findByEmailContaining 메서드를 호출합니다.

❷ 이 테스트는 결과 Streamable을 레벨이 2인 사용자를 제공하는 Streamable과 연결합니다.

❸ 스트림으로 변환하고 고유한 사용자만 남깁니다.

❹ 결과 스트림에 6명의 사용자가 포함돼 있는지 확인합니다.

15.2.4 @Query 애너테이션

@Query 애너테이션을 이용하면 사용자 정의 쿼리를 지정할 수 있는 메서드를 만들 수 있습니다. @Query 애너테이션을 이용할 경우 메서드명이 명명 규칙을 따르지 않아도 됩니다. 사용자 정의 쿼리는 매개변수로 지정할 수 있지만 스프링 데이터 JPA와 달리 매개변수는 이름으로만 식별할 수 있으며, @Param 애너테이션으로 쿼리에 바인딩해야 합니다. 스프링 데이터 JPA와 달리 이 경우 JPQL이 아니라 SQL을 사용합니다. 따라서 데이터베이스 공급자를 변경할 경우 쿼리를 다시 작성해야 하는 등 이식성을 보장받지 못합니다.

UserRepository 인터페이스에 두 개의 새로운 메서드를 추가하겠습니다. 이러한 메서드에는 @Query 애너테이션이 지정되며, 생성된 행위는 이러한 쿼리의 정의에 따라 달라집니다.

예제 15.17 UserRepository 인터페이스 내의 @Query 애너테이션이 지정된 메서드

`FILE` Ch15/spring-data-jdbc2/src/main/java/com/manning/javapersistence/ch15/repositories/UserRepository.java

```
@Query("SELECT COUNT(*) FROM USERS WHERE ACTIVE = :ACTIVE")
int findNumberOfUsersByActivity(@Param("ACTIVE") boolean active);          ❶

@Query("SELECT * FROM USERS WHERE LEVEL = :LEVEL AND ACTIVE = :ACTIVE")
List<User> findByLevelAndActive(@Param("LEVEL") int level, @Param("ACTIVE") boolean active);    ❷
```

❶ findNumberOfUsersByActivity 메서드는 활성 사용자 수를 반환합니다.

❷ findByLevelAndActive 메서드는 명명된 매개변수로 지정된 level 및 active 상태를 가진 사용자를 반환합니다. @Param 애너테이션은 쿼리의 :LEVEL 매개변수를 메서드의 level 인수와 바인딩하고 쿼리의 :ACTIVE 매개변수를 메서드의 active 인수와 바인딩합니다.

이러한 쿼리 메서드에 대한 테스트 작성은 매우 간단하며 이전 예제와 비슷합니다. 해당 테스트는 이 책의
소스코드에서 확인할 수 있습니다.

15.2.5 수정 쿼리

수정 메서드는 @Modifying 애너테이션으로 정의할 수 있습니다. 예를 들어, INSERT, UPDATE, DELETE 쿼
리와 DDL 문은 데이터베이스의 내용을 수정합니다. @Query 애너테이션은 수정 쿼리를 인수로 받을 수 있
으며, 매개변수 바인딩이 필요할 수 있습니다. 이 책을 쓰는 시점을 기준으로 스프링 데이터 JDBC는 스프
링 데이터 JPA와 달리 삭제 메서드에 대한 쿼리 도출을 지원하지 않습니다.[4]

@Query 애너테이션이 지정된 새 메서드를 UserRepository 인터페이스에 추가할 텐데, 이번에는 쿼리가
USERS 테이블의 레코드를 업데이트하거나 삭제할 것입니다.

예제 15.18 UserRepository 인터페이스에 수정 메서드를 추가

FILE Ch15/spring-data-jdbc2/src/main/java/com/manning/javapersistence/ch15/repositories/UserRepository.java

```
@Modifying
@Query("UPDATE USERS SET LEVEL = :NEW_LEVEL WHERE LEVEL = :OLD_LEVEL")
int updateLevel(@Param("OLD_LEVEL") int oldLevel, @Param("NEW_LEVEL")int newLevel);   ❶

@Modifying
@Query("DELETE FROM USERS WHERE LEVEL = :LEVEL")
int deleteByLevel(@Param("LEVEL") int level);            ❷
```

---

❶ updateLevel 메서드는 oldLevel을 가진 사용자의 level을 변경해서 newLevel로 설정합니다. 이 메서드에는 @Modifying 애
너테이션도 지정돼 있습니다.

❷ deleteByLevel 메서드는 @Query 애너테이션의 인수에서 알 수 있듯이 매개변수로 지정된 level을 가진 모든 사용자를 제거
합니다. 이 메서드에는 @Modifying 애너테이션도 지정돼 있습니다.

이러한 쿼리 메서드에 대한 테스트를 작성하는 것은 매우 간단하며 이전 예제와 비슷합니다. 테스트는 이
책의 소스코드에서 확인할 수 있습니다.

---

4 (옮긴이) 2023년 10월 기준으로도 아직 구현되지 않았습니다.

15.3 스프링 데이터 JDBC를 이용한 관계 모델링

클래스 간의 연관관계와 테이블 간의 관계를 관리하는 것은 ORM 문제의 핵심입니다. 8장에서 JPA와 스프링 데이터 JPA를 이용해 이러한 문제의 해결책을 살펴봤으며, 이제 스프링 데이터 JDBC에서 제공하는 접근 방식을 살펴보겠습니다.

15.3.1 스프링 데이터 JDBC를 이용한 일대일 관계 모델링

스프링 데이터 JPA에서는 JPA 애너테이션인 @OneToOne, @OneToMany, @ManyToMany를 사용해 엔티티 간의 관계를 모델링할 수 있습니다. 스프링 데이터 JDBC는 JPA와는 다른 메커니즘을 사용합니다. 먼저 User 엔티티와 Address 엔티티를 사용해 스프링 데이터 JDBC에서 엔티티 간의 일대일 관계를 모델링해 보겠습니다. 각 User는 하나의 Address만 가지며, 각 Address는 하나의 User에게 속하게 됩니다.

앞서 설명한 것처럼 스프링 부트는 시작 시 항상 클래스 경로에 있는 schema.sql 파일을 실행합니다. 다음 예제에서 볼 수 있듯이, 이 파일은 ADDRESSES 테이블과 USERS 테이블을 삭제하고 다시 생성합니다.

예제 15.19 일대일 관계를 생성하기 위한 schema.sql 파일

`FILE` Ch15/spring-data-jdbc3/src/main/resources/schema.sql

```
DROP TABLE IF EXISTS ADDRESSES;
DROP TABLE IF EXISTS USERS;

CREATE TABLE USERS (
    ID INTEGER AUTO_INCREMENT PRIMARY KEY,
    ACTIVE BOOLEAN,
    USERNAME VARCHAR(30),
    EMAIL VARCHAR(30),
    LEVEL INTEGER,
    REGISTRATION_DATE DATE
);

CREATE TABLE ADDRESSES (
    USER_ID INTEGER AUTO_INCREMENT PRIMARY KEY,
    STREET VARCHAR(30) NOT NULL,
    CITY VARCHAR(20) NOT NULL
);
```

스프링 데이터 JDBC 1.1에 도입된 @MappedCollection 애너테이션은 일대일 관계에 대한 참조 유형에 사용할 수 있습니다. User 내에 단 하나의 Address 참조만 두면 일대일 관계가 됩니다. User 클래스에서 Address 필드에 대한 참조는 다음과 같이 표현됩니다.

FILE Ch15/spring-data-jdbc3/src/main/java/com/manning/javapersistence/ch15/model/User.java

```java
@Table("USERS")
public class User {

    @Id
    private Long id;

    // ...

    @MappedCollection(idColumn = "USER_ID")
    private Address address;
```

Address 클래스에도 @Table 애너테이션을 지정하는데, 데이터베이스 내의 테이블명과 클래스명이 다르기 때문입니다.

FILE Ch15/spring-data-jdbc3/src/main/java/com/manning/javapersistence/ch15/model/Address.java

```java
@Table("ADDRESSES")
public class Address {
// ...
```

이어서 두 개의 리포지터리를 만들겠습니다. 첫 번째는 User 엔티티에 대한 리포지터리입니다.

FILE Ch15/spring-data-jdbc3/src/main/java/com/manning/javapersistence/ch15/repositories/UserOneToOneRepository.java

```java
public interface UserOneToOneRepository extends CrudRepository<User, Long> {
}
```

두 번째는 Address 엔티티에 대한 리포지터리입니다.

> `FILE` Ch15/spring-data-jdbc3/src/main/java/com/manning/javapersistence/ch15/repositories/AddressOneT oOneRepository.java

```java
public interface AddressOneToOneRepository extends CrudRepository<Address, Long> {
}
```

이 두 리포지터리를 사용해 데이터베이스를 채우고 테스트를 실행합니다.

> `FILE` Ch15/spring-data-jdbc3/src/test/java/com/manning/javapersistence/ch15/UserAddressOneToOneTest. java

```java
@SpringBootTest
@TestInstance(TestInstance.Lifecycle.PER_CLASS)
public class UserAddressOneToOneTest {

    @Autowired
    private UserOneToOneRepository userOneToOneRepository;

    @Autowired
    private AddressOneToOneRepository addressOneToOneRepository;

    // ...

    @Test
    void oneToOneTest() {
        assertAll(
            () -> assertEquals(10, userOneToOneRepository.count()),
            () -> assertEquals(10, addressOneToOneRepository.count())
        );
    }
    // ...
}
```

15.3.2 스프링 데이터 JDBC를 이용한 임베드된 엔티티 모델링

이제 스프링 데이터 JDBC에서 임베드된 엔티티를 모델링하는 주제로 넘어가겠습니다. 이번에는 User 엔티티와 Address 클래스를 User에 임베드하려고 합니다.

자동으로 실행되는 SQL 스크립트는 다음 예제에 나와 있습니다. USERS 테이블은 하나뿐이며, 이 테이블에 주소에 관한 정보가 들어갑니다.

예제 15.20 임베드된 엔티티에 대한 schema.sql 파일

FILE Ch15/spring-data-jdbc4/src/main/resources/schema.sql

```sql
DROP TABLE IF EXISTS USERS;

CREATE TABLE USERS (
    ID INTEGER AUTO_INCREMENT PRIMARY KEY,
    ACTIVE BOOLEAN,
    USERNAME VARCHAR(30),
    EMAIL VARCHAR(30),
    LEVEL INTEGER,
    REGISTRATION_DATE DATE,
    STREET VARCHAR(30) NOT NULL,
    CITY VARCHAR(20) NOT NULL
);
```

주소는 USERS 테이블에 임베드됩니다. 임베드된 STREET 칼럼과 CITY 칼럼이 비어 있으면 address 필드는 null이 됩니다. User 클래스에서 Address 필드에 대한 참조는 다음과 같이 표현됩니다.

FILE Ch15/spring-data-jdbc4/src/main/java/com/manning/javapersistence/ch15/model/User.java

```java
@Table("USERS")
public class User {

    @Id
    private Long id;

    // ...

    @Embedded(onEmpty = Embedded.OnEmpty.USE_NULL)
    private Address address;
```

Address 클래스는 더 이상 데이터베이스의 다른 테이블에 대응되지 않으므로 @Table 애너테이션을 지정하지 않으며, 모든 정보는 USERS 테이블에 포함됩니다.

> FILE Ch15/spring-data-jdbc4/src/main/java/com/manning/javapersistence/ch15/model/Address.java

```java
public class Address {
    // ...
```

User 엔티티에 대한 리포지터리만 하나 만들겠습니다.

> FILE Ch15/spring-data-jdbc4/src/main/java/com/manning/javapersistence/ch15/repositories/UserAddres sEmbeddedRepository.java

```java
public interface UserAddressEmbeddedRepository extends CrudRepository<User, Long> {
}
```

그런 다음 이 리포지터리를 사용해 데이터베이스를 채우고 테스트를 실행합니다.

> FILE Ch15/spring-data-jdbc4/src/test/java/com/manning/javapersistence/ch15/UserAddressEmbeddedTest .java

```java
@SpringBootTest
@TestInstance(TestInstance.Lifecycle.PER_CLASS)
public class UserAddressEmbeddedTest {

    @Autowired
    private UserAddressEmbeddedRepository userAddressEmbeddedRepository;

    // ...

    @Test
    void embeddedTest() {
        assertEquals(10, userAddressEmbeddedRepository.count());
    }
    // ...
}
```

15.3.3 스프링 데이터 JDBC를 이용한 일대다 관계 모델링

이제 스프링 데이터 JDBC로 일대다 관계를 모델링해 보겠습니다. User 엔티티와 Address 엔티티가 있습니다. 각 사용자는 주소를 여러 개 가질 수 있습니다.

자동으로 실행되는 SQL 스크립트를 다음 예제에서 볼 수 있습니다. USERS와 ADDRESSES라는 두 개의 테이블이 있습니다.

예제 15.21 일대다 관계에 대한 schema.sql 파일

`FILE` Ch15/spring-data-jdbc5/src/main/resources/schema.sql

```
DROP TABLE IF EXISTS ADDRESSES;
DROP TABLE IF EXISTS USERS;

CREATE TABLE USERS (
    ID INTEGER AUTO_INCREMENT PRIMARY KEY,
    ACTIVE BOOLEAN,
    USERNAME VARCHAR(30),
    EMAIL VARCHAR(30),
    LEVEL INTEGER,
    REGISTRATION_DATE DATE
);

CREATE TABLE ADDRESSES (
    ID INTEGER AUTO_INCREMENT PRIMARY KEY,
    USER_ID INTEGER,
    STREET VARCHAR(30) NOT NULL,
    CITY VARCHAR(20) NOT NULL,
    FOREIGN KEY (USER_ID)
        REFERENCES USERS(ID)
            ON DELETE CASCADE
);
```

USERS 테이블의 ID 필드는 ADDRESSES 테이블의 외래키가 되며, ADDRESSES 테이블의 해당 필드는 USER_ID 가 됩니다. User 내에 주소 참조의 집합이 있다는 것은 User에게 Address가 여러 개 있음을 나타냅니다. User 클래스에서 Address에 대한 참조는 다음과 같이 표현됩니다.

`FILE` Ch15/spring-data-jdbc5/src/main/java/com/manning/javapersistence/ch15/model/User.java

```
@Table("USERS")
public class User {
```

```
@Id
private Long id;

// ...

@MappedCollection(idColumn = "USER_ID")
private Set<Address> addresses = new HashSet<>();
```

Address 클래스에도 @Table 애너테이션을 지정하는데, 데이터베이스 내의 테이블명과 클래스명이 다르기 때문입니다.

FILE Ch15/spring-data-jdbc5/src/main/java/com/manning/javapersistence/ch15/model/Address.java

```
@Table("ADDRESSES")
public class Address {
// ...
```

이제 User 엔티티용과 Address 엔티티용으로 리포지터리를 두 개 만들겠습니다. 두 번째 리포지터리에는 별도의 메서드가 추가됩니다. countByUserId 메서드의 이름이 스프링 데이터 JDBC 및 스프링 데이터 JPA에 대해 설명한 패턴을 따르더라도 userId는 Address 클래스에 존재하지 않으므로 메서드에 @Query 애너테이션을 지정해야 합니다.

FILE Ch15/spring-data-jdbc5/src/main/java/com/manning/javapersistence/ch15/repositories/AddressOneToManyRepository.java

```
public interface AddressOneToManyRepository
                extends CrudRepository<Address, Long> {

    @Query("SELECT COUNT(*) FROM ADDRESSES WHERE USER_ID = :USER_ID")
    int countByUserId(@Param("USER_ID") Long userId);
}
```

두 리포지터리를 사용해 데이터베이스를 채우고 테스트를 실행합니다.

FILE Ch15/spring-data-jdbc5/src/test/java/com/manning/javapersistence/ch15/UserAddressOneToManyTest.java

```
@SpringBootTest
@TestInstance(TestInstance.Lifecycle.PER_CLASS)
public class UserAddressOneToManyTest {

    @Autowired
    private UserOneToManyRepository userOneToManyRepository;

    @Autowired
    private AddressOneToManyRepository addressOneToManyRepository;

    // ...

    @Test
    void oneToManyTest() {
        assertAll(
            () -> assertEquals(10, userOneToManyRepository.count()),
            () -> assertEquals(20, addressOneToManyRepository.count()),
            () -> assertEquals(2, addressOneToManyRepository.countByUserId(users.get(0).getId()))
        );
    }

    // ...
}
```

15.3.4 스프링 데이터 JDBC를 이용한 다대다 관계 모델링

이제 스프링 데이터 JDBC로 다대다 관계를 모델링해 보겠습니다. User와 Address 엔티티가 있습니다. 각 User는 Address를 여러 개 가질 수 있고, 각 Address는 여러 User를 가질 수 있습니다. 또한 다대다 관계를 모델링할 USERS_ADDRESSES 중간 테이블에 해당하는 클래스를 직접 도입해야 합니다.

자동으로 실행되는 SQL 스크립트는 다음 예제와 같습니다. 스크립트에는 USERS, ADDRESSES, USERS_ADDRESSES라는 세 개의 테이블이 등장합니다.

예제 15.22 다대다 관계에 대한 schema.sql 파일

FILE Ch15/spring-data-jdbc6/src/main/resources/schema.sql

```
DROP TABLE IF EXISTS USERS_ADDRESSES;
```

```
DROP TABLE IF EXISTS USERS;
DROP TABLE IF EXISTS ADDRESSES;

CREATE TABLE USERS (
    ID INTEGER AUTO_INCREMENT PRIMARY KEY,
    ACTIVE BOOLEAN,
    USERNAME VARCHAR(30),
    EMAIL VARCHAR(30),
    LEVEL INTEGER,
    REGISTRATION_DATE DATE
);

CREATE TABLE ADDRESSES (
    ID INTEGER AUTO_INCREMENT PRIMARY KEY,
    STREET VARCHAR(30) NOT NULL,
    CITY VARCHAR(20) NOT NULL
);

CREATE TABLE USERS_ADDRESSES (
    USER_ID INTEGER,
    ADDRESS_ID INTEGER,
    FOREIGN KEY (USER_ID)
        REFERENCES USERS(ID)
            ON DELETE CASCADE,
    FOREIGN KEY (ADDRESS_ID)
        REFERENCES ADDRESSES(ID)
            ON DELETE CASCADE
);
```

다대다 관계를 모델링하기 위해 User 클래스는 중간 클래스인 UserAddress에 연결됩니다. User 내부에 UserAddress 참조 집합이 있다는 것은 사용자가 UserAddress를 여러 개 가지고 있음을 나타냅니다. USERS 테이블의 ID 필드는 USERS_ADDRESSES 테이블의 외래키가 되며, USERS_ ADDRESSES 테이블의 해당 필드는 USER_ID가 됩니다. User 클래스에서 Address에 대한 참조는 다음과 같이 표현됩니다.

FILE Ch15/spring-data-jdbc6/src/main/java/com/manning/javapersistence/ch15/model/User.java

```java
@Table("USERS")
public class User {
```

```
    @Id
    private Long id;

    // ...

    @MappedCollection(idColumn = "USER_ID")
    private Set<UserAddress> addresses = new HashSet<>();
```

Address 클래스에도 @Table 애너테이션을 지정하는데, 데이터베이스 내의 테이블명과 클래스명이 다르기 때문입니다.

`FILE` Ch15/spring-data-jdbc6/src/main/java/com/manning/javapersistence/ch15/model/Address.java

```
@Table("ADDRESSES")
public class Address {
// ...
```

또한 UserAddress 클래스도 생성하는데, 이 클래스도 데이터베이스 내의 테이블명과 다르기 때문에 @Table 애너테이션을 지정합니다. User 클래스는 UserAddress 타입의 참조 집합을 유지하므로 Address의 ID만 보유합니다.

`FILE` Ch15/spring-data-jdbc6/src/main/java/com/manning/javapersistence/ch15/model/UserAddress.java

```
@Table("USERS_ADDRESSES")
public class UserAddress {
    private Long addressId;

    public UserAddress(Long addressId) {
        this.addressId = addressId;
    }

    public Long getAddressId() {
        return addressId;
    }
}
```

User 엔티티용, Address 엔티티용, UserAddress 엔티티용 리포지터리 3개를 각각 만들겠습니다. 세 번째 리포지터리에는 countByUserId라는 별도의 메서드가 추가될 것입니다. countByUserId 메서드의 이름은 스프링 데이터 JDBC와 스프링 데이터 JPA에 대해 설명한 패턴을 따르지만 UserAddress 클래스에 userId가 존재하지 않기 때문에 메서드에 @Query 애너테이션을 지정해야 합니다.

FILE Ch15/spring-data-jdbc6/src/main/java/com/manning/javapersistence/ch15/repositories/UserAddres sManyToManyRepository.java

```java
public interface UserAddressManyToManyRepository extends
            CrudRepository<UserAddress, Long> {

    @Query("SELECT COUNT(*) FROM USERS_ADDRESSES WHERE USER_ID = :USER_ID")
    int countByUserId(@Param("USER_ID") Long userId);

}
```

리포지터리를 사용해 데이터베이스를 채우고 테스트를 실행합니다.

FILE Ch15/spring-data-jdbc6/src/test/java/com/manning/javapersistence/ch15/UserAddressManyToManyTe st.java

```java
@SpringBootTest
@TestInstance(TestInstance.Lifecycle.PER_CLASS)
public class UserAddressManyToManyTest {

    @Autowired
    private UserAddressManyToManyRepository userAddressManyToManyRepository;

    @Autowired
    private AddressManyToManyRepository addressManyToManyRepository;

    @Autowired
    private UserManyToManyRepository userManyToManyRepository;

    // ...

    @Test
```

```
void manyToManyTest() {
    assertAll(
        () -> assertEquals(10, userManyToManyRepository.count()),
        () -> assertEquals(3, addressManyToManyRepository.count()),
        () -> assertEquals(20, userAddressManyToManyRepository.count()),
        () -> assertEquals(2,
userAddressManyToManyRepository.countByUserId(users.get(0).getId()))
    );
}


// ...
}
```

마지막으로 표 15.2를 통해 스프링 데이터 JPA와 스프링 데이터 JDBC의 현재 기능을 비교 및 대조하면서
마무리하겠습니다. 표에는 이식성, 프로젝트에 도입하고 학습하는 데 따르는 복잡성, 쿼리 도출, 네이티브
SQL 사용, 애너테이션 사용, 관계 모델링, 캐싱 및 지연 로딩, 세션, 변경 감지 같은 가장 중요한 기능이
정리돼 있습니다.

표 15.2 스프링 데이터 JPA의 기능과 스프링 데이터 JDBC의 기능 비교

스프링 데이터 JPA	스프링 데이터 JDBC
데이터베이스에 구애받지 않는 이식성	일반적으로 데이터베이스별로 특화됨
객체/관계형 매핑(ORM)을 통해 복잡성이 추가됨	덜 복잡하지만 여전히 스프링 프레임워크 원칙을 준수
엔티티를 기반으로 한 스키마 자동 생성	프로그래머 측에서 DDL 명령을 통한 스키마 생성
첫 번째 버전부터 쿼리 도출 지원	버전 2.0 이후부터 쿼리 도출 지원
JPQL 코드 및 네이티브 SQL이 포함된 애너테이션을 지정한 쿼리	네이티브 SQL을 사용하는 쿼리만
JPA 애너테이션이 있는 클래스를 재사용 가능	org.springframework.data 패키지의 애너테이션을 사용
@OneToMany, @Embedded 등과 같은 애너테이션을 통해 엔티티 간의 관계를 모델링	클래스 설계를 통해 주로 프로그래머 측에서 관계를 모델링
캐싱 및 지연 로딩 지원	캐싱 없음, 지연 로딩을 지원하지 않음
세션 및 변경 감지 지원	세션 없음, 변경 감지를 지원하지 않음

> **참고** 스프링 데이터 JDBC는 아직 개발 중인 프로젝트입니다. 조만간 상당한 새로운 기능이 추가될 것으로 예상됩니다.

정리

- 스프링 부트를 이용해 스프링 데이터 JDBC 프로젝트를 생성 및 구성하고, 그 과정에서 데이터베이스를 쿼리하고 다양한 유형의 관계를 모델링하는 메서드를 단계별로 추가할 수 있습니다.

- 스프링 데이터 JDBC 2.0부터 도입된 쿼리 빌더 메커니즘에 따라 일련의 쿼리 메서드를 정의하고 사용해 리포지터리에 접근할 수 있습니다.

- 스프링 데이터 JDBC의 기능으로 쿼리 결과 제한, 정렬, 페이징, 결과 스트리밍, @Query 애너테이션이 있습니다.

- 수정 쿼리를 생성하고 사용해 엔티티를 업데이트하거나 삭제할 수 있습니다.

- 스프링 데이터 JDBC를 이용해 임베드된 엔티티뿐만 아니라 엔티티 간의 일대일, 일대다, 다대다 관계를 모델링할 수 있습니다.

16

스프링 데이터 REST
활용

이번 장에서 다루는 내용

- REST 애플리케이션 소개
- 스프링 데이터 REST 애플리케이션 만들기
- 조건부 요청에 ETag 사용
- 리포지터리, 메서드, 필드에 대한 접근 제한
- REST 이벤트
- 프로젝션과 컬렉션 뷰 활용

REST(Representational State Transfer)는 웹 서비스를 만들기 위한 소프트웨어 아키텍처 스타일로, 일련의 제약 조건도 제공합니다. HTTP 명세의 저자 중 한 명인 미국의 컴퓨터 과학자 로이 필딩(Roy Fielding)은 자신의 박사 학위 논문(Fielding, 2000)에서 REST 원칙을 제시하면서 REST를 처음 정의했습니다. 이 REST 아키텍처 스타일을 따르는 웹 서비스를 **RESTful 웹 서비스**라고 하며, 인터넷과 컴퓨터 시스템 간의 상호운용성을 허용합니다. 요청 시스템은 잘 알려진 상태 비저장(stateless) 연산(GET, POST, PUT, PATCH, DELETE)을 사용해 텍스트로 표현된 웹 리소스에 접근하고 조작할 수 있습니다. 상태 비저장 연산은 이전의 다른 연산에 의존하지 않으며, 서버가 이해하는 데 필요한 모든 정보를 포함해야 합니다.

16.1 REST 애플리케이션 소개

먼저 **클라이언트**(client)와 **리소스**(resource)라는 용어를 정의하면서 API를 RESTful로 만드는 요소를 설명하겠습니다. 클라이언트는 RESTful API를 사용하는 사람 또는 소프트웨어입니다. 예를 들어, RESTful API를 사용해 링크드인(LinkedIn) 웹사이트에 대한 작업을 실행하는 프로그래머는 클라이언트이지만 클라이언트는 웹 브라우저일 수도 있습니다. 링크드인 웹사이트로 이동했을 때 브라우저는 웹사이트 API를 호출하고 획득한 정보를 화면에 표시하는 클라이언트입니다. **리소스**는 API가 정보를 얻을 수 있는 모든 객체가 될 수 있습니다. 링크드인 API에서 리소스는 메시지나 사진 또는 사용자일 수 있습니다. 각 리소스에는 고유 식별자가 있습니다.

REST 아키텍처 스타일은 다음과 같은 6가지 제약 조건을 정의합니다(https://restfulapi.net/rest-architectural-constraints/).

- **클라이언트-서버**: 클라이언트는 서버와 분리돼 있으며, 저마다 고유한 관심사가 있습니다. 대부분의 경우 클라이언트는 사용자의 표현과 관련이 있고, 서버는 데이터 저장 및 도메인 모델 로직(데이터와 동작을 포함한 도메인의 개념적 모델)과 관련이 있습니다.

- **상태 비저장**: 서버는 요청 사이에 클라이언트에 대한 어떠한 정보도 보관하지 않습니다. 클라이언트의 각 요청에는 해당 요청에 응답하는 데 필요한 모든 정보가 포함됩니다. 클라이언트는 상태를 자체적으로 유지합니다.

- **통일된 인터페이스**: 클라이언트와 서버는 서로 독립적으로 발전할 수 있습니다. 둘 사이의 균일한 인터페이스로 인해 느슨하게 결합됩니다.

- **계층화된 시스템**: 클라이언트는 서버와 직접 상호작용하는지 또는 중개자와 상호작용하는지 확인할 방법이 없습니다. 레이어는 동적으로 추가 및 제거할 수 있으며, 보안이나 로드 밸런싱, 공유 캐싱을 제공할 수 있습니다.

- **캐싱 가능**: 클라이언트는 응답을 캐싱할 수 있습니다. 응답은 캐시 가능 여부를 스스로 정의합니다.

- **주문형 코드(선택 사항)**: 서버는 클라이언트의 기능을 일시적으로 커스터마이징하거나 확장할 수 있습니다. 서버는 자바스크립트 클라이언트 측 스크립트와 같이 클라이언트가 실행할 수 있는 일부 로직을 클라이언트로 전송할 수 있습니다.

RESTful 웹 애플리케이션은 URL을 통해 식별되는 리소스에 대한 정보를 제공합니다. 클라이언트는 이러한 리소스에 대한 작업을 실행할 수 있으며, 리소스를 생성, 읽기, 업데이트, 삭제할 수 있습니다.

REST 아키텍처 스타일은 프로토콜별로 다르지 않지만 가장 널리 사용되는 프로토콜은 HTTP를 통한 REST입니다. HTTP는 요청과 응답을 기반으로 하는 동기식 애플리케이션 네트워크 프로토콜입니다.

API를 RESTful로 만들려면 개발하는 동안 일련의 규칙을 따라야 합니다. RESTful API는 클라이언트에 정보를 전송하고, 해당 정보는 클라이언트가 접근한 리소스의 표현으로서 사용됩니다. 예를 들어, 특정 사용자에 접근하기 위해 링크드인 API를 호출하면 API는 해당 사용자의 상태(이름, 약력, 전문 경력, 게시물)를 반환합니다. REST 규칙을 사용하면 새로운 프로그래머가 팀에 합류할 때 API를 더 쉽게 이해하고 더 간단하게 사용할 수 있습니다.

상태 표현은 JSON, XML, HTML 형식일 수 있습니다. 클라이언트는 API를 사용해 다음 정보를 서버로 전송합니다.

- 접근하려는 리소스의 식별자(URL)
- 서버가 해당 리소스에 대해 수행하기를 원하는 연산. 이것은 HTTP 메서드이며, 가장 일반적인 메서드로 GET, POST, PUT, PATCH, DELETE가 있습니다.

예를 들어, 링크드인 RESTful API를 사용해 특정 링크드인 사용자를 가져오려면 사용자를 식별할 수 있는 URL이 있어야 하며, HTTP 메서드 GET을 사용해야 합니다.

16.2 스프링 데이터 REST 애플리케이션 생성

이번 단원의 첫 번째 목표는 데이터베이스와 상호작용하고 CaveatEmptor 사용자를 관리하고 유지하기 위한 브라우저 인터페이스를 제공하는 스프링 데이터 REST 애플리케이션을 만드는 것입니다. 이를 위해 스프링 이니셜라이저 웹사이트(https://start.spring.io/)에서 다음과 같은 특성을 가진 새 스프링 부트 프로젝트를 생성합니다(그림 16.1).

- 그룹: com.manning.javapersistence
- 아티팩트: spring-data-rest
- 이름: spring-data-rest
- 설명: 스프링 데이터 REST

그림 16.1 스프링 데이터 REST와 MySQL을 사용해 새 스프링 부트 프로젝트 만들기

또한 다음과 같은 의존성을 추가합니다.

- Spring Web(이렇게 하면 메이븐 pom.xml 파일에 `spring-boot-starter-web`이 추가됩니다)

- Spring Data JPA(이렇게 하면 메이븐 pom.xml 파일에 `spring-boot-starter-data-jpa`가 추가됩니다)

- REST Repositories(이렇게 하면 메이븐 pom.xml 파일에 `spring-boot-starter-data-rest`가 추가됩니다)

- MySQL Driver(이렇게 하면 메이븐 pom.xml 파일에 `mysql-connector-java`가 추가됩니다)

> **참고** 소스코드의 예제를 실행하려면 먼저 `Ch16.sql` 스크립트를 실행해야 합니다.

다음 예제의 `pom.xml` 파일에는 스프링 데이터 REST 프로젝트를 시작하기 위해 추가한 의존성이 포함돼 있습니다. 이 스프링 데이터 REST 애플리케이션은 MySQL 데이터베이스에 접근하므로 드라이버가 필요합니다.

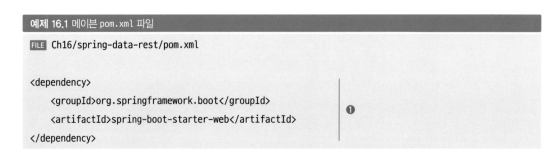

예제 16.1 메이븐 `pom.xml` 파일

`FILE` Ch16/spring-data-rest/pom.xml

```
<dependency>
    <groupId>org.springframework.boot</groupId>
    <artifactId>spring-boot-starter-web</artifactId>        ❶
</dependency>
```

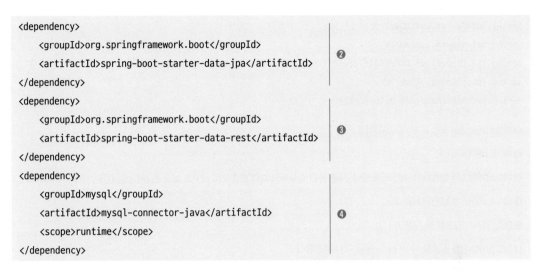

```
<dependency>
    <groupId>org.springframework.boot</groupId>
    <artifactId>spring-boot-starter-data-jpa</artifactId>          ❷
</dependency>
<dependency>
    <groupId>org.springframework.boot</groupId>
    <artifactId>spring-boot-starter-data-rest</artifactId>         ❸
</dependency>
<dependency>
    <groupId>mysql</groupId>
    <artifactId>mysql-connector-java</artifactId>                  ❹
    <scope>runtime</scope>
</dependency>
```

❶ spring-boot-starter-web은 스프링 부트에서 웹 애플리케이션을 구축하는 데 사용하는 스타터 의존성입니다.

❷ spring-boot-starter-data-jpa는 스프링 부트에서 스프링 데이터 JPA를 통해 관계형 데이터베이스에 연결하기 위해 사용하는 스타터 의존성입니다.

❸ spring-boot-starter-data-rest는 스프링 부트에서 스프링 데이터 REST 애플리케이션을 만들기 위해 사용하는 스타터 의존성입니다.

❹ mysql-connector-java는 MySQL용 JDBC 드라이버입니다. 런타임 의존성이므로 런타임에만 클래스 경로에 있으면 됩니다.

다음 단계는 애플리케이션에서 사용할 다양한 프로퍼티를 포함할 수 있는 스프링 부트 application.properties 파일을 채우는 것입니다. 스프링 부트는 클래스 경로에서 application.properties 파일을 자동으로 찾아서 로드합니다(메이븐이 src/main/resources 폴더를 클래스 경로에 추가합니다).

스프링 부트 애플리케이션에서 매개변수를 제공하는 방법에는 여러 가지가 있으며, .properties 파일은 그중 하나에 불과합니다. 매개변수는 소스코드 또는 명령줄 인수로 제공할 수도 있습니다(자세한 내용은 스프링 부트 문서를 참조).

예제 애플리케이션의 application.properties 구성 파일은 다음과 같습니다.

예제 16.2 application.properties 파일

`FILE` Ch16/spring-data-rest/src/main/resources/application.properties

```
server.port=8081                 ❶
spring.datasource.url=jdbc:mysql://localhost:3306/CH16_SPRINGDATAREST?serverTimezone=UTC   ❷
```

```
spring.datasource.username=root
spring.datasource.password=                        ❸
spring.jpa.properties.hibernate.dialect=org.hibernate.dialect.MySQL8Dialect     ❹
spring.jpa.show-sql=true ❺
spring.jpa.hibernate.ddl-auto=create          ❻
```

❶ 애플리케이션이 포트 8081에서 시작됩니다.

❷ 데이터베이스의 URL

❸ 데이터베이스에 접속하기 위한 자격 증명. 사용 중인 컴퓨터의 자격 증명으로 바꾸고 실제 환경에서는 비밀번호를 사용하세요.

❹ 데이터베이스의 방언인 MySQL

❺ SQL 쿼리가 실행될 때 이를 표시합니다.

❻ 애플리케이션을 실행할 때마다 테이블을 다시 생성합니다.

이제 User 클래스는 @Version 애너테이션이 지정된 필드를 포함합니다. 11.2.2절에서 설명한 것처럼 수정된 User 인스턴스가 영속화될 때마다 해당 필드의 값이 증가합니다. 16.3절에서는 이 필드를 ETag를 사용하는 조건부 REST 요청에 어떻게 사용할 수 있는지 설명합니다.

예제 16.3 수정된 User 클래스

`FILE` Ch16/spring-data-rest/src/main/java/com/manning/javapersistence/ch16/model/User.java

```java
@Entity
public class User {

    @Id
    @GeneratedValue
    private Long id;

    @Version
    private Long version;

    private String name;

    private boolean isRegistered;

    private boolean isCitizen;

    // 생성자, 게터 및 세터
}
```

사용자는 Auction 클래스로 표현되는 경매에 참여하게 됩니다. 경매는 auctionNumber, seats(좌석 수), users(사용자 세트)로 표현됩니다.

예제 16.4 Auction 클래스

FILE Ch16/ spring-data-rest/src/main/java/com/manning/javapersistence/ch16/model/Auction.java

```java
public class Auction {

    private String auctionNumber;
    private int seats;
    private Set<User> users = new HashSet<>();


    // 생성자, 게터 및 기타 메서드
}
```

경매에 참여하는 사용자는 CSV 파일에서 읽어오는데, 이 파일은 CsvDataLoader 클래스에서 읽습니다. 스프링에서 관리하고 애플리케이션에 주입할 빈을 생성하기 위해서는 @Bean 애너테이션을 사용하겠습니다.

예제 16.5 CsvDataLoader 클래스

FILE Ch16/spring-data-rest/src/main/java/com/manning/javapersistence/ch16/beans/CsvDataLoader.java

```java
public class CsvDataLoader {

    @Bean           ❶
    public Auction buildAuctionFromCsv() throws IOException {
        Auction auction = new Auction("1234", 20);   ❷
        try (BufferedReader reader = new BufferedReader(
            new FileReader("src/main/resources/users_information.csv"))) {   ❸
            String line = null;
            do {
                line = reader.readLine();   ❹
                if (line != null) {
                    User user = new User(line);
                    user.setIsRegistered(false);   ❺
                    auction.addUser(user);
                }
            } while (line != null);
```

```
        }
        return auction;                    ⑥
    }
}
```

❶ 메서드의 결과는 스프링이 관리하는 빈이 됩니다.

❷ Auction 객체를 생성합니다.

❸ CSV 파일의 정보를 사용합니다.

❹ 한 줄씩 읽습니다.

❺ 읽은 정보에서 사용자를 생성하고, 구성한 다음, 경매에 추가합니다.

❻ Auction 빈을 반환합니다.

UserRepository 인터페이스는 JpaRepository<User, Long>을 확장해서 JPA 관련 메서드를 상속하고 Long 타입의 ID를 가진 사용자 엔티티를 관리합니다.

예제 16.6 UserRepository 인터페이스

`FILE` Ch16/spring-data-rest/src/main/java/com/manning/javapersistence/ch16/repositories/UserRepository.java

```java
public interface UserRepository extends JpaRepository<User, Long> {

}
```

스프링 부트 애플리케이션은 CsvDataLoader 클래스에서 생성된 빈을 가져와 의존성 자동 주입을 수행합니다. 또한 ApplicationRunner 타입의 빈을 생성합니다. 이것은 애플리케이션 인수에 대한 접근을 제공하는 스프링 부트 함수형 인터페이스(단 하나의 추상 메서드만 있는 인터페이스)입니다. 이 ApplicationRunner 인터페이스가 생성되고 해당 인터페이스의 메서드가 SpringApplication의 run() 메서드가 실행을 완료하기 바로 전에 실행됩니다.

예제 16.7 Application 클래스

`FILE` Ch16/spring-data-rest/src/main/java/com/manning/javapersistence/ch16/Application.java

```java
@SpringBootApplication
@Import(CsvDataLoader.class)           ❶
public class Application {
```

```
    @Autowired
    private Auction auction;                    ❷

    public static void main(String[] args) {
        SpringApplication.run(Application.class, args);
    }

    @Bean
    ApplicationRunner configureRepository(UserRepository userRepository) {
        return args -> {                                                ❸
            for (User user : auction.getUsers()) {
                userRepository.save(user);
            }
        };
    }
}
```

❶ CsvDataLoader 클래스와 이 클래스가 생성하는 Auction 빈을 임포트합니다.

❷ 임포트한 Auction 빈을 의존성 자동 주입합니다.

❸ 경매에서 모든 사용자를 가져와 리포지터리에 저장합니다.

그림 16.2에 표시된 대로 브라우저(http://localhost:8081/users)에서 스프링 데이터 REST 애플리케이션에 접근할 수 있습니다. 사용자에 대한 정보와 레코드를 쉽게 탐색할 수 있는 방법을 확인할 수 있습니다. 스프링 데이터 REST는 접근하려는 API에 대한 정보를 각 레코드에 대한 링크를 통해 제공합니다.

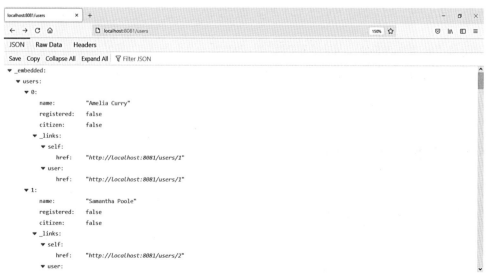

그림 16.2 브라우저에서 스프링 데이터 REST 애플리케이션에 접근

REST 클라이언트를 사용해 이 REST API 엔드포인트를 테스트할 수 있습니다. IntelliJ IDEA Ultimate 에디션은 이러한 REST 클라이언트를 제공하지만 다른 클라이언트(예: cURL이나 Postman)를 사용해도 됩니다. 이때 다음과 같은 명령을 실행할 수 있습니다(그림 16.3).

```
GET http://localhost:8081/users/1
```

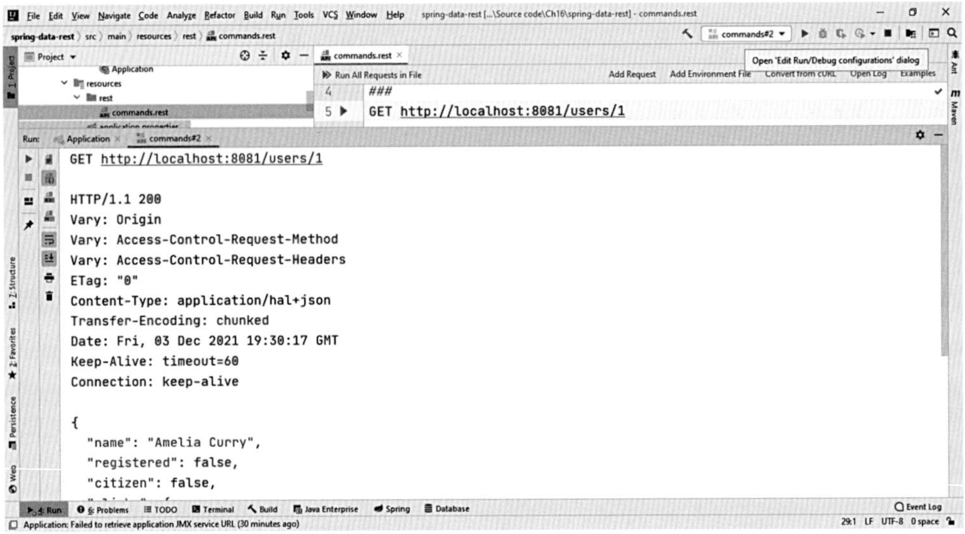

그림 16.3 IntelliJ IDEA Ultimate 에디션의 REST 클라이언트에서 GET http://localhost:8081/users/1 명령을 실행한 결과

16.3 조건부 요청을 위한 ETag 활용

네트워크를 통한 정보 교환에는 시간이 필요합니다. 정보가 작을수록 프로그램이 더 빨리 작동합니다. 그렇다면 서버에서 조회해서 네트워크를 통해 전송하는 정보의 양을 언제, 어떻게 줄일 수 있을까요?

다음과 같은 명령을 여러 번 실행해야 한다고 가정해 봅시다.

```
GET http://localhost:8081/users/1
```

매번 서버에 접근하면 동일한 정보가 네트워크를 통해 전송됩니다. 이는 비효율적이므로 클라이언트와 서버 간에 교환되는 데이터의 양을 제한하고자 합니다.

ETag를 이용해 조건부 요청을 하고 변경되지 않은 정보를 보내지 않게 할 수 있습니다. ETag는 웹 서버가 반환하는 HTTP 응답 헤더입니다. 특정 URL의 콘텐츠가 수정됐는지 여부를 판단하는 데 도움이 되며, 결과적으로 조건부 요청을 가능하게 합니다.

User 클래스에는 @Version 애너테이션이 지정된 필드가 있습니다.

```
@Version
private Long version;
```

이 필드는 ETag로도 사용됩니다. 서버에 다음과 같은 요청을 수행할 때

```
GET http://localhost:8081/users/1
```

응답의 헤더에는 레코드의 버전(0)이 ETag로 포함됩니다(그림 16.4).

```
HTTP/1.1 200
Vary: Origin
Vary: Access-Control-Request-Method
Vary: Access-Control-Request-Headers
ETag: "0"
```

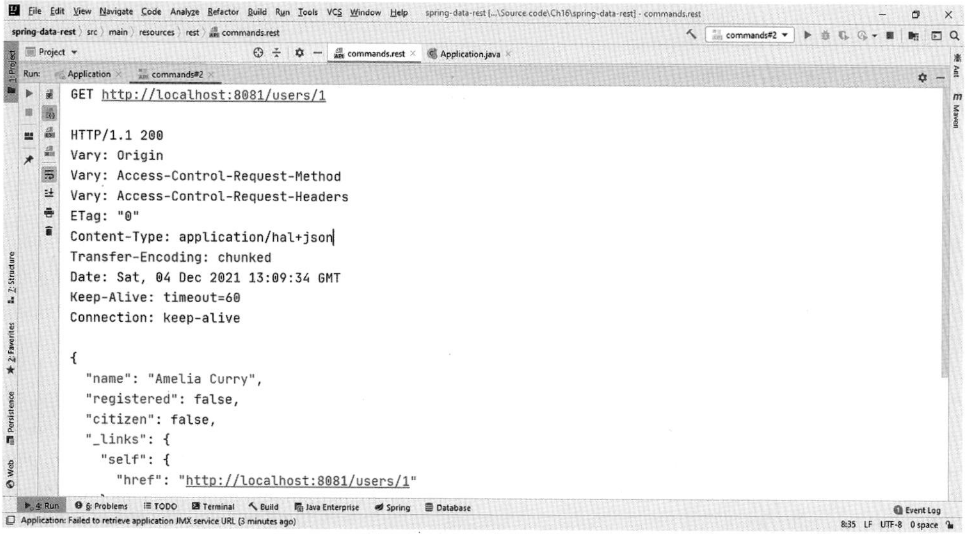

그림 16.4 엔티티 버전을 나타내는 ETag를 헤더에 포함한 서버의 응답

이제 이 정보를 사용해 조건부 요청을 수행하고 ETag가 0과 다른 경우에만 ID가 1인 사용자에 대한 정보를 가져올 수 있습니다.

```
GET http://localhost:8081/users/1
If-None-Match: "0"
```

서버의 응답은 빈 본문과 함께 304(Not Modified; 수정되지 않음) 응답 코드가 됩니다(그림 16.5).

```
HTTP/1.1 304
Vary: Origin
Vary: Access-Control-Request-Method
Vary: Access-Control-Request-Headers
ETag: "0"
Date: Sat, 04 Dec 2021 13:19:11 GMT
Keep-Alive: timeout=60
Connection: keep-alive

<Response body is empty>
```

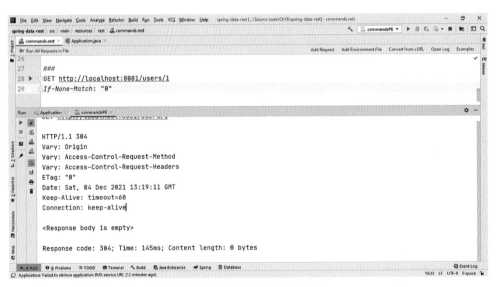

그림 16.5 기존 ETag와 일치하는 레코드에 대한 서버의 응답에는 본문이 비어 있습니다.

이제 PATCH 명령을 실행해 ID가 1인 사용자의 콘텐츠를 수정할 수 있습니다. PUT은 요청에 포함된 필드만 업데이트하는 반면, PATCH는 전체 엔티티를 새 엔티티로 바꾸기 때문에 PUT 대신 PATCH를 사용합니다.

```
PATCH http://localhost:8081/users/1
Content-Type: application/json
{
    "name": "Amelia Jones",
    "isRegistered": "true"
}
```

서버의 응답은 204(No Content; 콘텐츠 없음) 성공 응답 코드이며, ETag는 레코드(1)의 증가된 버전이 됩니다(그림 16.6).

```
HTTP/1.1 204
Vary: Origin
Vary: Access-Control-Request-Method
Vary: Access-Control-Request-Headers
ETag: "1"
Date: Sat, 04 Dec 2021 13:25:57 GMT
Keep-Alive: timeout=60
Connection: keep-alive

<Response body is empty>
```

이제 ETag가 0과 다른 경우에만 ID가 1인 사용자에 대한 정보를 가져오기 위해 조건부 요청을 다시 실행 할 수 있습니다.

```
GET http://localhost:8081/users/1
If-None-Match: "0"
```

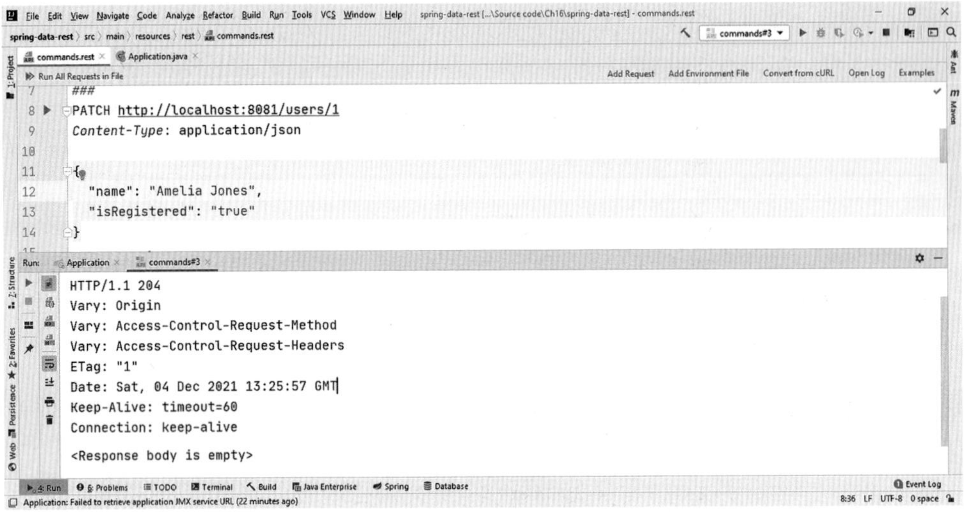

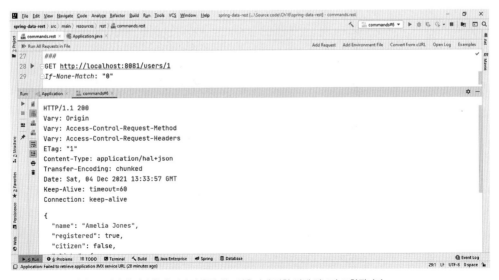

그림 16.6 사용자에 대해 PATCH를 실행한 후 서버의 응답은 ETag를 1로 증가시킵니다.

레코드 버전이 0에서 1로 변경됐으므로 조건부 요청의 결과로 200(Success; 성공) 응답 코드와 함께 사용자에 대한 전체 정보가 포함된 응답을 받게 됩니다(그림 16.7).

```
HTTP/1.1 200
Vary: Origin
Vary: Access-Control-Request-Method
Vary: Access-Control-Request-Headers
ETag: "1"
```

그림 16.7 ETag가 0에서 1로 변경된 것과 함께 서버의 응답에는 사용자에 관한 전체 정보가 포함됩니다.

16.4 리포지터리, 메서드, 필드에 대한 접근 제한

스프링 데이터 REST는 기본적으로 모든 공개된 최상위 리포지터리 인터페이스를 익스포트합니다. 그러나 실무에서는 특정 메서드나 필드, 전체 리포지터리에 대한 접근을 제한해야 할 때가 많습니다. @RepositoryRestResource 애너테이션을 이용해 **인터페이스**가 노출되지 않도록 차단하거나 엔드포인트에 대한 접근을 커스터마이즈할 수 있습니다.

예를 들어, 관리되는 엔티티가 User인 경우 스프링 데이터 REST는 해당 엔티티를 /users 경로로 익스포트합니다. 리포지터리 전체가 익스포트되는 것을 차단하려면 @RepositoryRestResource 애너테이션의 exported = false 옵션을 사용하면 됩니다. 즉, 리포지터리를 다음과 같이 작성합니다.

```
@RepositoryRestResource(path = "users", exported = false)
public interface UserRepository extends JpaRepository<User, Long> {

}
```

이 리포지터리에 대해 실행되는 모든 명령은 오류를 발생시킵니다. 예를 들어, 다음 명령은

```
GET http://localhost:8081/users/1
```

서버에서 404(Not Found; 찾을 수 없음) 응답 코드를 만들어냅니다(그림 16.8).

```
HTTP/1.1 404
Vary: Origin
Vary: Access-Control-Request-Method
Vary: Access-Control-Request-Headers
Content-Type: application/json
```

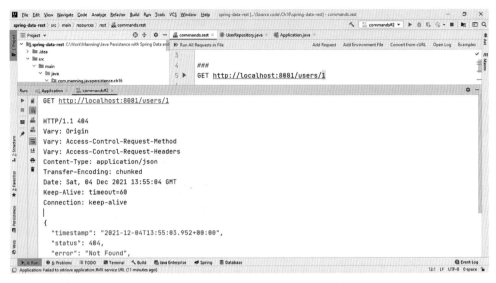

그림 16.8 리포지터리 익스포트를 차단하면 REST 인터페이스와의 모든 상호작용이 차단됩니다.

이 책에서는 편의상 UserRepository 인터페이스에 대한 기본 옵션과 함께 @RepositoryRestResource 애너테이션을 사용하겠습니다.

기본적으로 스프링 데이터 REST는 리포지터리 인터페이스의 모든 메서드도 익스포트하지만 @RestResource(exported = false) 애너테이션으로 이러한 **메서드**에 대한 접근을 차단할 수 있습니다. UserRepository 인터페이스의 경우 삭제 메서드는 익스포트하지 않습니다.

예제 16.8 UserRepository 인터페이스

FILE Ch16/spring-data-rest/src/main/java/com/manning/javapersistence/ch16/repositories/UserRepository.java

```
@RepositoryRestResource(path = "users")        ❶
public interface UserRepository extends JpaRepository<User, Long> {

    @Override
    @RestResource(exported = false)            ❷
    void deleteById(Long id);

    @Override
    @RestResource(exported = false)            ❷
    void delete(User entity);
}
```

❶ @RepositoryRestResource 애너테이션을 사용해 리포지터리를 /users 경로로 익스포트합니다. 이것은 기본 옵션입니다.

❷ @RestResource(exported = false) 애너테이션을 사용해 리포지터리의 삭제 메서드를 익스포트하지 않게 합니다.

이제 다음과 같은 삭제 명령을 실행하면

```
DELETE http://localhost:8081/users/1
```

삭제 메서드가 익스포트되지 않았기 때문에 서버는 405(Method Not Allowed; 메서드를 허용하지 않음) 응답 코드로 응답합니다(그림 16.9). 허용되는 메서드는 GET, HEAD, PUT, PATCH, OPTIONS입니다.

```
HTTP/1.1 405
Vary: Origin
Vary: Access-Control-Request-Method
Vary: Access-Control-Request-Headers
Allow: GET,HEAD,PUT,PATCH,OPTIONS
```

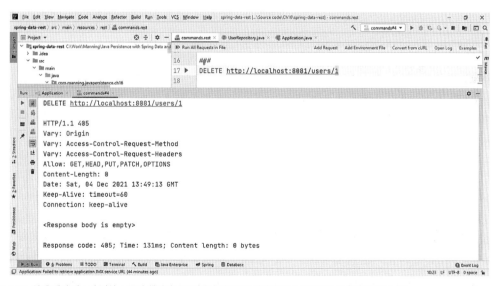

그림 16.9 삭제 메서드는 더 이상 스프링 데이터 REST에서 익스포트되지 않으며 서버에서 허용하지 않습니다.

@JsonIgnore 애너테이션을 이용하면 특정 필드에 대한 접근을 제한하고 REST 인터페이스에서 해당 필드를 익스포트하지 않게 할 수 있습니다. 예를 들어, 이 애너테이션을 User 클래스 내부의 isRegistered 메서드에서 사용할 수 있습니다.

```
@JsonIgnore
public boolean isRegistered() {
    return isRegistered;
}
```

브라우저를 통해 리포지터리에 접근하면 더 이상 **isRegistered** 필드에 관한 정보가 제공되지 않습니다. 그림 16.10에서 이를 확인할 수 있으며, 이를 그림 16.2와 비교해 봅시다.

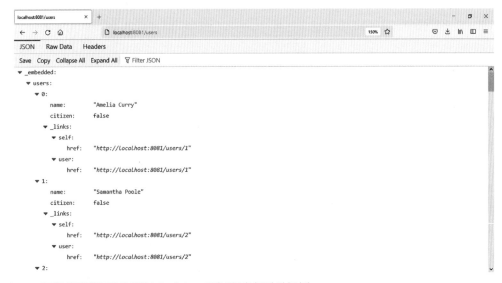

그림 16.10 REST 클라이언트가 더 이상 isRegistered 정보를 가져오지 않습니다.

16.5 REST 이벤트 다루기

어떤 상황에서는 특정 이벤트가 발생할 때 애플리케이션의 동작에 별도의 부수효과를 추가해야 할 수도 있습니다. REST 애플리케이션은 엔티티를 다룰 때 10가지 유형의 이벤트를 노출할 수 있습니다. 이러한 이벤트는 모두 org.springframework.data.rest.core.event.RepositoryEvent 클래스를 확장하며, 같은 org.springframework.data.rest.core.event 패키지에 속합니다.

- BeforeCreateEvent
- AfterCreateEvent

- BeforeSaveEvent

- AfterSaveEvent

- BeforeLinkSaveEvent

- AfterLinkSaveEvent

- BeforeDeleteEvent

- AfterDeleteEvent

- BeforeLinkDelete

- AfterLinkDelete

이러한 이벤트는 두 가지 방법으로 처리할 수 있습니다.

- 애너테이션 핸들러 작성
- ApplicationListener 작성

이어서 이 두 가지 방법을 살펴보겠습니다.

16.5.1 AnnotatedHandler 작성

AnnotatedHandler를 작성해서 부수효과를 추가하려면 @RepositoryEventHandler 애너테이션이 지정된 POJO 클래스를 만들면 됩니다. 이 애너테이션은 스프링에서 관리하는 BeanPostProcessor로 하여금 이 클래스의 핸들러 메서드를 검사해야 한다고 알려줍니다. BeanPostProcessor는 이 애너테이션이 지정된 클래스의 메서드를 살펴보고 다른 이벤트에 해당하는 애너테이션이 있는지 확인합니다.

이벤트 핸들러 빈은 반드시 컨테이너의 제어하에 있어야 합니다. 클래스에 @Service(@Component 스테레오타입인) 애너테이션을 지정해 @ComponentScan이나 @SpringBootApplication에서 해당 클래스를 처리하게끔 만들 수 있습니다.

이벤트를 처리하고자 하는 엔티티를 애너테이션을 지정한 메서드의 첫 번째 매개변수 타입으로 지정합니다. 따라서 다음 예제에서는 핸들러의 메서드에 User 엔티티가 매개변수로 사용됩니다.

애너테이션을 지정한 메서드와 이벤트 간의 연관성은 표 16.1에 정리돼 있습니다.

표 16.1 AnnotatedHandler 애너테이션과 해당 이벤트

애너테이션	이벤트
@HandleBeforeCreate @HandleAfterCreate	POST 이벤트
@HandleBeforeSave @HandleAfterSave	PUT 및 PATCH 이벤트
@HandleBeforeDelete @HandleAfterDelete	DELETE 이벤트
@HandleBeforeLinkSave @HandleAfterLinkSave	연결된 객체가 리포지터리에 저장됩니다.
@HandleBeforeLinkDelete @HandleAfterLinkDelete	연결된 객체가 리포지터리에서 삭제됩니다.

UserRepositoryEventHandler 클래스, 즉 @RepositoryEventHandler 애너테이션이 지정된 POJO 클래스를 다음 예제에서 확인할 수 있습니다.

예제 16.9 UserRepositoryEventHandler 클래스

FILE Ch16/spring-data-rest-events/src/main/java/com/manning/javapersistence/ch16/events/UserRepositoryEventHandler.java

```
@RepositoryEventHandler    ❶
@Service                   ❷
public class UserRepositoryEventHandler {
    @HandleBeforeCreate    ❸
    public void handleUserBeforeCreate(User user) {  ❹
        // 이벤트를 관리
    }

    // 기타 메서드
}
```

❶ 클래스에 @RepositoryEventHandler 애너테이션을 지정해 스프링의 BeanPostProcessor가 핸들러 메서드를 검사하게 합니다.

❷ 클래스에 @Service 애너테이션을 지정해 컨테이너의 제어를 받게 합니다.

❸ 메서드에 @HandleBeforeCreate를 지정해 POST 이벤트와 연결합니다.

❹ 이 메서드는 첫 번째 매개변수로 User 엔티티를 받는데, 이는 이벤트를 처리할 대상 타입을 나타냅니다.

16.5.2 ApplicationListener 작성

이번에는 ApplicationListener를 작성해서 부수적인 효과를 추가하기 위해 AbstractRepository
EventListener 추상 클래스를 확장하겠습니다. 이 클래스는 이벤트가 발생하는 엔티티 타입에 따라
제네릭화됩니다. 이 클래스는 이벤트를 수신하고 그에 해당하는 메서드를 호출합니다. 여기서는 사용
자 정의 리스너에 @Service(@Component 스테레오타입인)를 지정해 @ComponentScan이나 @SpringBoot
Application에서 처리하게 할 것입니다.

AbstractRepositoryEventListener 추상 클래스에는 이미 이벤트를 처리하기 위한 일련의 비어 있는
protected 메서드가 포함돼 있습니다. 개발자는 이 가운데 관심 있는 메서드만 재정의하고 공개하면 됩
니다.

메서드와 이벤트 간의 연관성은 표 16.2에 정리돼 있습니다.

표 16.2 ApplicationListener 메서드와 해당 이벤트

메서드	이벤트
onBeforeCreate onAfterCreate	POST 이벤트
onBeforeSave onAfterSave	PUT 이벤트와 PATCH 이벤트
onBeforeDelete onAfterDelete	DELETE 이벤트
onBeforeLinkSave onAfterLinkSave	연결된 객체가 리포지터리에 저장됩니다.
onBeforeLinkDelete onAfterLinkDelete	연결된 객체가 리포지터리에서 삭제됩니다.

AbstractRepositoryEventListener 추상 클래스를 확장하는 RepositoryEventListener 클래스에는 이
벤트에 반응하는 메서드가 포함돼 있습니다. 다음 예제를 봅시다.

예제 16.10 RepositoryEventListener 클래스

`FILE` Ch16/spring-data-rest-events/src/main/java/com/manning/javapersistence/ch16/events/Repository
EventListener.java

```
@Service          ❶
public class RepositoryEventListener extends
        AbstractRepositoryEventListener<User> {        ❷
    @Override
    public void onBeforeCreate(User user) {        ❸
        // 이벤트를 관리
    }

    // 기타 메서드
}
```

❶ 클래스에 @Service 애너테이션을 지정해 컨테이너의 제어하에 둡니다.

❶ AbstractRepositoryEventListener를 확장하고 User 엔티티(이벤트가 발생하는 엔티티)로 제네릭화합니다.

❸ 이 메서드는 첫 번째 매개변수로 User 엔티티를 받는데, 이는 이벤트를 처리하는 대상 타입을 나타냅니다.

이제 애플리케이션을 실행하고 다음과 같이 REST 명령을 실행할 수 있습니다.

```
POST http://localhost:8081/users
Content-Type: application/json
{
    "name": "John Smith"
}
```

핸들러와 리스너는 그림 16.11과 같이 이벤트에 반응하고 부수효과로서 별도의 동작을 수행합니다.

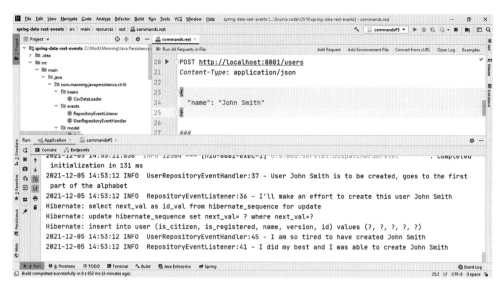

그림 16.11 REST 이벤트에 반응하는 핸들러와 리스너의 추가 동작(부수효과)

이벤트를 처리하는 두 가지 접근 방식(핸들러와 리스너)은 비슷한 동작 방식을 제공하며, 동일한 유형의
이벤트를 처리합니다. 다른 모든 것이 동일하다는 점에서 핸들러는 선언적 수준(클래스 및 메서드에 대한
애너테이션)에서만 다룰 수 있다는 장점이 있는 반면, 리스너는 기존 추상 클래스를 확장해야 하므로 기존
계층 구조에 구애받고 계층 구조 설계의 자유도가 떨어집니다.

16.6 프로젝션과 컬렉션 뷰 활용

스프링 데이터 REST는 작업 중인 도메인 모델의 기본 뷰를 제공하지만 실무에서는 특정 요구사항에 맞게
변경하거나 조정해야 할 수도 있습니다. 이를 위해 프로젝션과 컬렉션 뷰(excerpt)를 이용해 익스포트하
는 정보에 대한 특정 뷰를 제공할 수 있습니다.

프로젝트에 새 Address 클래스를 추가하겠습니다. 이 클래스에는 몇 개의 필드가 포함될 것이며, 그 안에
있는 정보를 toString 메서드를 사용해 표시하고자 합니다.

예제 16.11 Address 클래스

FILE Ch16/spring-data-rest-projections/src/main/java/com/manning/javapersistence/ch16/model/Addre
s s.java

```
@Entity
public class Address {

    @GeneratedValue
    @Id
    private Long id;
    private String street, zipCode, city, state;

    // 생성자와 메서드

    public String toString() {
        return String.format("%s, %s %s, %s", street, zipCode, city, state);
    }
}
```

User 엔티티에 새 필드를 도입했기 때문에 User와 Address는 일대일 관계를 맺습니다.

```
@OneToOne(cascade = CascadeType.ALL, orphanRemoval = true)
private Address address;
```

CascadeType.ALL 옵션을 사용하면 관련 엔티티로 영속성 연산이 연쇄 적용됩니다. orphanRemoval=true 인수는 User가 더 이상 참조하지 않는 Address를 영구적으로 제거합니다(이러한 옵션에 대한 자세한 내용은 8장을 참고).

http://localhost:8081/users/1 URL에 접근하면 그림 16.12와 같이 ID가 1인 사용자의 기본 뷰가 표시되며, 모든 사용자와 주소의 필드가 표시됩니다.

그림 16.12 주소가 있는 사용자의 기본 뷰

이제 프로젝트에 새로운 `UserProjection` 인터페이스를 추가하겠습니다(예제 16.12). `@Projection` 애너테이션을 통해 `User` 엔티티에 대한 summary 프로젝션을 생성할 수 있으며, 이는 사용자 이름과 함께 `toString` 메서드에 의해 표시되는 방식에 따라 주소를 익스포트할 것입니다. 여기서는 스프링 표현 언어(SpEL)를 사용해 이 작업을 수행합니다.

예제 16.12 UserProjection 인터페이스

`FILE` Ch16/spring-data-rest-projections/src/main/java/com/manning/javapersistence/ch16/model/UserProjection.java

```java
@Projection(name = "summary", types = User.class)    ❶
public interface UserProjection {

    String getName();    ❷

    @Value("#{target.address.toString()}")
    String getAddress();                          ❸
}
```

❶ 프로젝션의 이름은 summary이며, User 엔티티에 적용됩니다.

❷ 필드의 이름이 name이므로 이 필드를 익스포트하려면 게터 명명 규칙에 따라 getName 메서드를 작성해야 합니다.

❸ toString 메서드에서 표시하는 방식에 따라 address를 익스포트합니다. 여기서는 SpEL 표현식이 포함된 @Value 애너테이션을 사용합니다. 또한 게터 명명 규칙을 따라야 하므로 메서드 이름을 getAddress로 지정합니다.

프로젝션 이름이 매개변수로 포함된 `http://localhost:8081/users/1?projection=summary` URL에 접근하면 ID가 1인 사용자에 대한 뷰가 표시되고 name 필드와 `toString` 메서드에서 제공한 주소가 표시됩니다(그림 16.13).

그림 16.13 summary 프로젝션으로 제공된 주소를 가진 사용자의 뷰

전체 컬렉션 수준에서 프로젝션의 기본 뷰를 적용하고 싶을 수 있습니다. 이 경우 예제 16.13과 같이 이미 정의된 리포지터리로 가서 `@RepositoryRestResource` 애너테이션의 `excerptProjection = UserProjection.class` 옵션을 사용해야 합니다.

예제 16.13 수정된 `UserRepository` 인터페이스

`FILE` Ch16/spring-data-rest-projections/src/main/java/com/manning/javapersistence/ch16/repositories/UserRepository.java

```
@RepositoryRestResource(path = "users",
                        excerptProjection = UserProjection.class)
public interface UserRepository extends JpaRepository<User, Long> {
}
```

그리고 나서 http://localhost:8081/users/ URL에 접근하면 그림 16.14와 같이 프로젝션 정의에 따라 표시되는 모든 사용자 뷰를 확인할 수 있습니다.

그림 16.14 summary 프로젝션에 따라 표시된 전체 users 컬렉션의 뷰

정리

- 스프링 부트를 이용해 데이터베이스와 상호작용하고 정보를 관리 및 영속화하기 위한 인터페이스를 제공하는 스프링 데이터 REST 프로젝트를 만들고 구성할 수 있습니다.

- ETag를 사용하면 클라이언트가 이미 가지고 있는 정보를 전송하지 않으면서 서버에서 데이터를 가져오는 효율적인 요청을 할 수 있습니다.

- 리포지터리, 메서드, 필드에 대한 접근을 제한하고, 허용하려는 정보나 동작만 익스포트할 수 있습니다.

- 핸들러와 리스너를 통해 REST 이벤트를 활용하고 관리할 수 있습니다. 메타 정보를 통해 활용하거나 기존 클래스를 확장해서 처리할 수 있습니다.

- 프로젝션과 컬렉션 뷰를 이용해 다양한 사용자의 필요에 따라 리포지터리에서 익스포트한 정보의 맞춤형 뷰를 제공할 수 있습니다.

**자바 퍼시스턴스
프로그래밍**

완벽 가이드

스프링 데이터, JPA, 하이버네이트를 활용한
자바 영속성 프로그래밍

5부

MongoDB와 Neo4j를 활용한 자바 영속성 애플리케이션 구축

5부에서는 자주 사용되는 NoSQL 데이터베이스인 MongoDB와 Neo4j를 자바 애플리케이션과 연동하겠습니다.

17장에서는 스프링 데이터 MongoDB 프레임워크의 가장 중요한 기능에 대해 알아보고, 앞에서 사용해본 스프링 데이터 JPA 및 스프링 데이터 JDBC와 비교해봅니다. 이때 `MongoRepository`와 `MongoTemplate`이라는 두 가지 대안을 사용해 MongoDB 데이터베이스에 연결합니다. 이 두 가지 대안의 장점과 단점, 그리고 최적의 사용 사례를 살펴보겠습니다.

다음으로 18장에서는 하이버네이트 OGM 프레임워크를 소개하고 JPA 코드를 사용해 서로 다른 스토리지 패러다임(도큐먼트 지향 및 그래프 지향)을 가진 NoSQL 데이터베이스(MongoDB, Neo4j)에 연결하는 방법을 설명합니다. 자바 코드를 건드리지 않고 구성만 변경해서 두 데이터베이스 간에 마이그레이션할 것입니다.

5부를 읽고 나면 자바 프로그램에서 NoSQL 데이터베이스를 다루는 방법을 알게 되고, 사용 가능한 대체 프레임워크 중에서 어떤 것을 선택할지 알 수 있게 될 것입니다.

17

스프링 데이터 MongoDB
활용

이번 장에서 다루는 내용

- MongoDB 소개

- 스프링 데이터 MongoDB 소개

- MongoRepository를 이용한 데이터베이스 접근

- MongoTemplate을 이용한 데이터베이스 접근

도큐먼트 지향 데이터베이스(document-oriented database)는 정보가 키/값 저장소로 보관되는 NoSQL 데이터베이스의 일종으로서 MongoDB는 이러한 데이터베이스 프로그램의 하나입니다. 스프링 데이터 산하 프로젝트의 일부인 스프링 데이터 MongoDB는 자바 프로그램과 MongoDB 도큐먼트 데이터베이스의 상호작용을 용이하게 합니다.

17.1 MongoDB 소개

MongoDB는 도큐먼트 지향 오픈소스 NoSQL 데이터베이스입니다. MongoDB는 정보를 저장하기 위해 JSON과 유사한 도큐먼트를 사용하며, 데이터베이스, 컬렉션, 도큐먼트의 개념을 사용합니다.

- **데이터베이스**: 데이터베이스는 컬렉션을 담을 컨테이너를 나타냅니다. MongoDB를 설치하면 일반적으로 몇 개의 데이터베이스가 기본적으로 포함돼 있습니다.

- **컬렉션**: 컬렉션은 관계형 데이터베이스 관리 시스템(RDBMS)의 테이블과 유사합니다. 컬렉션에는 도큐먼트 집합이 포함될 수 있습니다.

- **도큐먼트**: 도큐먼트는 RDBMS의 로우에 해당하는 키/값 쌍의 집합을 나타냅니다. 동일한 컬렉션에 속한 도큐먼트는 서로 다른 필드 집합을 가질 수 있습니다. 컬렉션의 여러 도큐먼트에서 공통적으로 사용되는 필드에는 서로 다른 유형의 데이터가 포함될 수 있으며, 이러한 상황을 가리켜 동적 스키마(dynamic schema)라고 합니다.

표 17.1은 관계형 데이터베이스와 NoSQL 데이터베이스인 MongoDB 간의 용어를 비교한 것입니다.

표 17.1 용어 비교: RDBMS와 MongoDB

관계형 데이터베이스	MongoDB
데이터베이스	데이터베이스
테이블	컬렉션
로우	도큐먼트
칼럼	필드

MongoDB 커뮤니티 에디션 설치 프로그램은 https://www.mongodb.com/try/download/community에서 다운로드할 수 있습니다. 운영체제에 따른 설치 안내는 https://docs.mongodb.com/manual/administration/install-community/에서 확인할 수 있습니다.[1]

MongoDB를 설치한 후, 그림 17.1과 같이 MongoDB Compass 프로그램을 열 수 있습니다. MongoDB Compass는 MongoDB 데이터베이스와 상호작용하고 쿼리하기 위한 GUI입니다.

---

1 (옮긴이) 로컬에 설치해서 사용하는 배포판 말고도 클라우드상의 클러스터 형태로 이용할 수 있는 MongoDB도 있습니다. 공식 홈페이지의 https://www.mongodb.com/ko-kr/pricing에서 'Shared'로 표시된 요금제를 선택하면 무료 클러스터를 이용해 실습을 진행할 수 있으며, 성능은 비교적 낮지만 무료로 사용할 수 있습니다.

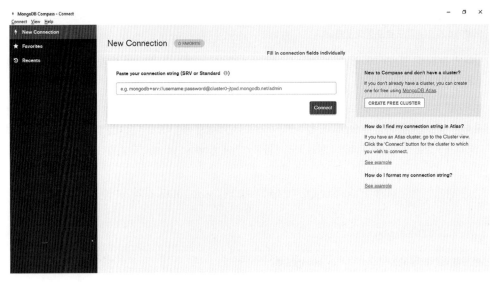

그림 17.1 MongoDB Compass 프로그램 열기

Connect 버튼을 클릭하면 그림 17.2에 표시된 것처럼 로컬 서버에 연결됩니다.

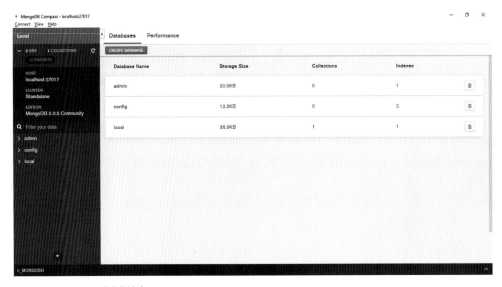

그림 17.2 로컬 MongoDB 서버에 연결

MongoDB 컬렉션의 데이터는 JSON 형식으로 표현됩니다. CaveatEmptor 애플리케이션의 사용자를 기술하는 일반적인 MongoDB 도큐먼트는 다음과 같은 형식입니다.

```
{
"_id":{
    "$oid":"61c9e17e382deb3ba55d65ac"
},
"username":"john",
"firstName":"John",
"lastName":"Smith",
"registrationDate":{
    "$date":"2020-04-12T21:00:00.000Z"
},
"email":"john@somedomain.com",
"level":1,
"active":true,
"_class":"com.manning.javapersistence.springdatamongodb.model.User"
}
```

특정 조건을 충족하는 도큐먼트를 선택하려면 MongoDB Compass 프로그램의 **Filter** 편집란을 사용해 쿼리 필터 매개변수를 삽입할 수 있습니다. 예를 들어, 사용자 이름이 "john"인 도큐먼트를 선택하려면 그림 17.3에 표시된 것처럼 쿼리 필터로 {"username":"john"}을 입력하고 **Find** 버튼을 클릭합니다.

실행 가능한 MongoDB CRUD 연산에 대한 자세한 내용은 공식 도큐먼트(https://docs.mongodb.com/manual/crud/)를 참조하세요.

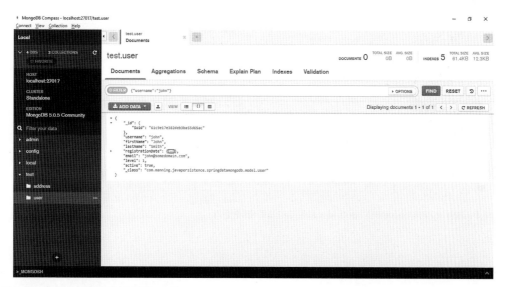

그림 17.3 MongoDB 컬렉션에서 도큐먼트 조회

17.2 스프링 데이터 MongoDB 소개

스프링 데이터 MongoDB(Spring Data MongoDB)는 스프링 데이터 프로젝트의 일부이며, 리포지터리 및 사용자 정의 객체 매핑 추상화, 애너테이션, 리포지터리 메서드명에 기반한 동적 쿼리 생성, 다른 스프링 프로젝트 및 스프링 부트와의 통합 등 스프링 데이터의 접근 방식에 따라 자바 프로그램에서 MongoDB를 사용할 수 있게 합니다.

이번 장에서는 스프링 데이터 MongoDB를 시연하기 위해 CaveatEmptor 사용자를 관리하고 영속화하는 애플리케이션을 만들어 보겠습니다. 먼저 스프링 데이터 MongoDB를 사용하는 스프링 부트 애플리케이션을 생성하겠습니다. 이를 위해 스프링 이니셜라이저 웹사이트(https://start.spring.io/)로 이동한 후 다음과 같은 특징을 가진 새 스프링 부트 프로젝트를 생성합니다(그림 17.4).

- 그룹: com.manning.javapersistence
- 아티팩트: springdatamongodb
- 설명: 스프링 데이터 MongoDB

그림 17.4 스프링 데이터 MongoDB를 사용해 새 스프링 부트 프로젝트 만들기

또한 다음과 같은 의존성을 추가합니다.

- Spring Data MongoDB(이렇게 하면 메이븐 pom.xml 파일에 spring-boot-starter-data-mongodb가 추가됩니다.)
- Lombok(이렇게 하면 메이븐 pom.xml 파일에 lombok(org.projectlombok)이 추가됩니다.)

pom.xml 파일(예제 17.1)에는 프로젝트를 시작하기 위해 앞에서 추가한 의존성, 즉 스프링 데이터 MongoDB 프레임워크와 롬복(Lombok)에 대한 의존성이 포함됩니다. 롬복은 애너테이션을 통해 생성자, 게터, 세터를 자동으로 생성해서 상용구 코드를 줄이는 데 사용할 수 있는 자바 라이브러리입니다.

롬복을 사용할 경우 IDE가 롬복 관련 애너테이션을 이해하고 생성자, 게터, 세터 누락에 대해 불평하지 않기 위해서는 IDE용 플러그인이 필요하다는 점과 생성된 메서드 내부에서 중단점을 설정하고 디버깅할 수 없다는 점(하지만 이러한 메서드 내부에서 디버깅하는 경우는 매우 드뭅니다)과 같은 단점도 있습니다.

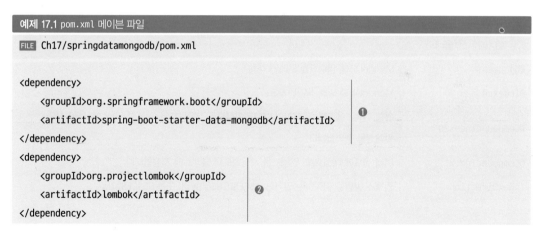

예제 17.1 pom.xml 메이븐 파일

FILE Ch17/springdatamongodb/pom.xml

```xml
<dependency>
    <groupId>org.springframework.boot</groupId>
    <artifactId>spring-boot-starter-data-mongodb</artifactId>
</dependency>
<dependency>
    <groupId>org.projectlombok</groupId>
    <artifactId>lombok</artifactId>
</dependency>
```

❶

❷

❶ spring-boot-starter-data-mongodb는 스프링 부트에서 스프링 데이터를 통해 MongoDB 데이터베이스에 연결하기 위해 사용하는 스타터 의존성입니다.

❷ 롬복을 이용하면 상용구 코드를 줄이고 자동으로 생성된 생성자, 게터, 세터를 사용할 수 있습니다.

다음 단계는 애플리케이션에서 사용할 다양한 프로퍼티를 담을 수 있는 스프링 부트의 application. properties 파일을 채우는 것입니다. 스프링 부트는 클래스 경로에서 application.properties를 자동으로 찾아서 로드하고, 메이븐은 src/main/resources 폴더를 클래스 경로에 추가합니다. application. properties 구성 파일은 예제 17.2에 나와 있습니다.

예제 17.2 application.properties 파일

`FILE` Ch17/springdatamongodb/src/main/resources/application.properties

```
logging.level.org.springframework.data.mongodb.core.MongoTemplate=DEBUG    ❶
spring.data.mongodb.auto-index-creation=true    ❷
```

❶ 쿼리는 스프링 데이터 MongoDB 애플리케이션에 의해 DEBUG 수준으로 기록됩니다. 따라서 쿼리 로깅을 활성화하려면 로그 수준을 DEBUG로 설정해야 합니다.

❷ 스프링 데이터 MongoDB에서는 기본적으로 인덱스 생성이 비활성화돼 있습니다. `spring.data.mongodb.auto-index-creation` 속성을 true로 설정해 인덱스 생성을 활성화합니다.

이제 **User** 클래스에는 스프링 데이터 MongoDB에 특화된 애너테이션이 포함됩니다. 표 17.2에서 몇 가지 애너테이션과 클래스를 살펴본 다음 **User** 클래스를 다루면서 실제로 그러한 애너테이션을 살펴보겠습니다.

표 17.2 스프링 데이터 MongoDB 애너테이션과 클래스

스프링 데이터 MongoDB 애너테이션/클래스	의미
@Document	MongoDB에 영속화될 도메인 객체
@Indexed	MongoDB에 의해 색인된 필드
@CompoundIndexes	복합 인덱스에 대한 컨테이너 애너테이션으로, 여러 @CompoundIndex 애너테이션의 컬렉션을 정의합니다.
@CompoundIndex	여러 필드에 대해 복합 인덱스를 사용하도록 클래스에 지정합니다.
IndexDirection	인덱스 방향을 결정하는 열거형: ASCENDING(기본값) 또는 DESCENDING

`org.springframework.data.mongodb.core.mapping` 패키지에는 **@Document** 애너테이션이 포함돼 있으며, 인덱스와 관련된 애너테이션 및 열거형은 `org.springframework.data.mongodb.core.index` 패키지에 속해 있습니다.

MongoDB 애플리케이션의 경우, 표 17.3에 표시된 것처럼 `org.springframework.data.annotation` 패키지에 속하는 스프링 데이터 애너테이션도 사용할 것입니다.

표 17.3 스프링 데이터의 핵심 애너테이션

스프링 데이터 애너테이션	의미
@Id	필드를 식별자로 표시
@Transient	영속성 프레임워크에서 영속화하거나 검사하지 않는 비영속 필드
@PersistenceConstructor	데이터베이스로부터 정보를 조회할 때 생성자를 영속성 프레임워크에서 사용하는 기본 생성자로 표시

이번 장에서는 롬복 라이브러리를 사용해 애너테이션을 통해 생성자, 게터, 세터를 자동으로 생성함으로써 상용구 코드를 줄입니다. lombok 패키지에 속한 가장 중요한 롬복 애너테이션은 표 17.4에 정리돼 있습니다.

표 17.4 롬복 애너테이션

롬복 애너테이션	의미
@NoArgsConstructor	애너테이션을 지정한 클래스에 대해 인수가 없는 공개 생성자를 자동으로 생성
@Getter	애너테이션이 지정된 필드에 대한 공개 게터를 자동으로 생성
@Setter	애너테이션이 지정된 필드에 대한 공개 세터를 자동으로 생성

스프링 데이터 MongoDB 애플리케이션에서 사용하는 User 클래스는 예제 17.3에 나와 있습니다. @Transient 애너테이션이 지정된 password 필드는 MongoDB 데이터베이스에 저장되지 않을 텐데, 비밀번호와 같은 민감한 정보는 영속화하지 않고 싶을 때가 많기 때문입니다. @PersistenceConstructor 애너테이션이 지정된 생성자는 데이터베이스에서 정보를 조회할 때 스프링 데이터 MongoDB에서 사용됩니다. 생성자의 ip 매개변수에는 @Value("#root.ip ?: '192.168.1.100'") 애너테이션이 지정돼 있으므로 데이터베이스에서 도큐먼트를 검색할 때 ip 값이 없는 경우 자동으로 이 기본값을 사용합니다.

예제 17.3 User 클래스

FILE Ch17/springdatamongodb/src/main/java/com/manning/javapersistence/springdatamongodb/model/User.java

```
@NoArgsConstructor
@Document
```

```
@CompoundIndexes({
        @CompoundIndex(name = "username_email",
                        def = "{'username' : 1, 'email': 1}"),
        @CompoundIndex(name = "lastName_firstName",
                        def = "{'lastName' : 1, 'firstName': 1}")
})
public class User {
    @Id
    @Getter
    private String id;

    @Getter
    @Setter
    @Indexed(direction = IndexDirection.ASCENDING)
    private String username;

    // @Getter 및 @Setter 애너테이션이 지정된 필드
    @Getter
    @Setter
    @Transient
    private String password;

    // 기타 생성자

    @PersistenceConstructor
    public User(String username, String firstName, String lastName,
                @Value("#root.ip ?: '192.168.1.100'") String ip) {
        this.username = username;
        this.firstName = firstName;
        this.lastName = lastName;
        this.ip = ip;
    }
}
```

17.3 MongoRepository를 이용한 데이터베이스 접근

UserRepository 인터페이스는 MongoDB 관련 메서드를 상속하고 String 타입의 ID를 가진 User 도큐먼트를 관리하는 MongoRepository<User, String>을 확장합니다.

예제 17.4 UserRepository 인터페이스

`FILE` Ch17/springdatamongodb/src/main/java/com/manning/javapersistence/springdatamongodb/repositories/UserRepository.java

```java
public interface UserRepository extends MongoRepository<User, String> {
}
```

17.3.1 스프링 데이터 MongoDB를 이용한 쿼리 메서드 정의

특정 도큐먼트에 대해 데이터베이스를 쿼리하고 테스트에 사용할 수 있도록 UserRepository 인터페이스에 새로운 메서드를 추가하겠습니다.

쿼리 메서드의 목적은 데이터베이스에서 정보를 조회하는 것입니다. 스프링 데이터 MongoDB는 스프링 데이터 JPA에서 제공하는 것과 유사한 쿼리 빌더 메커니즘을 제공하며, 그 이름에 따라 리포지터리 메서드의 동작을 생성합니다. 쿼리 메커니즘이 메서드명에서 find...By, get...By, query...By, read...By, count...By 같은 접두사와 접미사를 제거한 다음 나머지를 구문 분석한다는 것을 떠올려봅시다.

스프링 데이터 JPA와 마찬가지로, 스프링 데이터 MongoDB 역시 메서드의 반환 타입을 살펴봅니다. User를 찾아서 Optional 컨테이너에 담아서 반환하려는 경우 메서드의 반환 타입은 Optional<User>가 됩니다.

예제 17.5 새로운 메서드가 포함된 UserRepository 인터페이스

`FILE` Ch17/springdatamongodb/src/main/java/com/manning/javapersistence/springdatamongodb/repositories/UserRepository.java

```java
public interface UserRepository extends MongoRepository<User, String> {
    Optional<User> findByUsername(String username);
    List<User> findByLastName(String lastName);
    List<User> findAllByOrderByUsernameAsc();
    List<User> findByRegistrationDateBetween(LocalDate start, LocalDate end);
```

```
    List<User> findByUsernameAndEmail(String username, String email);
    List<User> findByUsernameOrEmail(String username, String email);
    List<User> findByUsernameIgnoreCase(String username);
    List<User> findByLevelOrderByUsernameDesc(int level);
    List<User> findByLevelGreaterThanEqual(int level);
    List<User> findByUsernameContaining(String text);
    List<User> findByUsernameLike(String text);
    List<User> findByUsernameStartingWith(String start);
    List<User> findByUsernameEndingWith(String end);
    List<User> findByActive(boolean active);
    List<User> findByRegistrationDateIn(Collection<LocalDate> dates);
    List<User> findByRegistrationDateNotIn(Collection<LocalDate> dates);
}
```

메서드명은 결과 쿼리를 결정하기 위해 규칙을 따라야 합니다. 메서드명이 잘못되면(예: 쿼리 메서드에서 엔티티 프로퍼티가 일치하지 않는 경우) 애플리케이션 컨텍스트가 로드될 때 오류가 발생합니다. 표 17.5 에는 스프링 데이터 MongoDB 쿼리 메서드를 작성할 때 필수 키워드의 사용법과 그 결과로 만들어지는 조건이 정리돼 있습니다. 좀 더 포괄적인 목록은 부록 D를 참고하세요.

표 17.5 스프링 데이터 MongoDB의 키워드 사용법과 조건

키워드	예제	조건

Is, Equals	findByUsername(String name)
	findByUsernameIs(String name)
	findByUsernameEquals(String name)
		{
		  "username": "name"
		}

And	findByUsernameAndEmail(String username, String email)	{
		  "username": "username",
		  "email": "email"
		}

키워드	예제	조건

Or	findByUsernameOrEmail(String username, String email)	```json
		{
		  "$or": [
		    {
		      "username": "username"
		    },
		    {
		      "email": "email"
		    }
		  ]
		}
		``

LessThan	findByRegistrationDateLessThan(LocalDate date)	```json
		{
		  "registrationDate": {
		    "$lt": {
		      "$date": "date"
		    }
		  }
		}
		``

LessThanEqual	findByRegistrationDateLessThanEqual(LocalDate date)	```json
		{
		  "registrationDate": {
		    "$lte": {
		      "$date": "date"
		    }
		  }
		}
		``

GreaterThan	findByRegistrationDateGreaterThan(LocalDate date)	```json
		{
		  "registrationDate": {
		    "$gt": {
		      "$date": "date"
		    }
		  }
		}
		``

키워드	예제	조건

GreaterThanEqual	findByRegistrationDateGreaterThanEqual(LocalDate date)	```json
		{
		  "registrationDate": {
		    "$gte": {
		      "$date": "date"
		    }
		  }
		}```

Between	findByRegistrationDateBetween(LocalDate from, LocalDate to)	```json
		{
		  "registrationDate": {
		    "$gte": {
		      "$date": "from"
		    },
		    "$lte": {
		      "$date": "to"
		    }
		  }
		}```

OrderBy	findByRegistrationDateOrderByUsernameDesc(LocalDate date)	```json
		{
		  "registrationDate": {
		    "$date": "date"
		  }
		}```

Like	findByUsernameLike(String name)	```json
		{
		  "username": {
		    "$regularExpression": {
		      "pattern": "name",
		      "options": ""
		    }
		  }
		}```

키워드	예제	조건

NotLike	findByUsernameNotLike(String name)	```{
		  "username": {
		    "$not": {
		      "$regularExpression": {
		        "pattern": "name",
		        "options": ""
		      }
		    }
		  }
		}```

Before	findByRegistrationDateBefore(Local Date date)	```{
		  "registrationDate": {
		    "$lt": {
		      "$date": "date"
		    }
		  }
		}```

After	findByRegistrationDateAfter(LocalD ate date)	```{
		  "registrationDate": {
		    "$gt": {
		      "$date": "date"
		    }
		  }
		}```

Null, IsNull	findByRegistrationDate(Is)Null()	```{ "registrationDate": null }```

NotNull, IsNotNull	findByRegistrationDate(Is)NotNu ll()	```{
		  "registrationDate": {
		    "$ne": null
		  }
		}```

키워드	예제	조건
Not	findByUsernameNot(String name)	```{ "username": { "$ne": "name" } }```

향후 모든 테스트를 위한 기반 클래스로 SpringDataJdbcApplicationTests 추상 클래스(예제 17.6)를 작성하겠습니다.

스프링 부트가 처음 생성한 클래스에 @SpringBootTest 애너테이션을 추가하면 스프링 부트가 기본 구성 클래스(예: @SpringBootApplication 애너테이션 클래스)를 찾아서 테스트에 사용할 ApplicationContext를 생성하도록 지시합니다. 기억하겠지만 스프링 부트가 메인 메서드가 포함된 클래스에 추가한 @SpringBootApplication 애너테이션은 스프링 부트 자동 구성 메커니즘을 활성화하고 애플리케이션이 위치한 패키지에서 스캔을 활성화하며 컨텍스트에 추가 빈을 등록할 수 있게 해줍니다.

@TestInstance(TestInstance.Lifecycle.PER_CLASS) 애너테이션을 사용해 JUnit 5가 테스트 클래스의 단일 인스턴스를 생성하고 모든 테스트 메서드에서 재사용하도록 하겠습니다. 이렇게 하면 @BeforeAll 및 @AfterAll 애너테이션이 지정된 메서드를 비정적 메서드로 만들고 그 안에서 의존성 자동 주입이 적용된 UserRepository 인스턴스 필드를 직접 사용할 수 있습니다. @BeforeAll 애너테이션이 지정된 비정적 메서드는 SpringDataJdbcApplicationTests를 확장하는 모든 클래스의 모든 테스트 전에 한 번 실행되며, generateUsers 메서드 내부에서 생성된 사용자 목록을 데이터베이스에 저장합니다. @AfterAll 애너테이션이 지정된 비정적 메서드는 SpringDataJdbcApplicationTests를 확장하는 모든 클래스의 모든 테스트 후에 한 번 실행되며, 데이터베이스에서 모든 사용자를 삭제합니다.

예제 17.6 SpringDataJdbcApplicationTests 추상 클래스

FILE Ch17/springdatamongodb/src/test/java/com/manning/javapersistence/springdatamongodb/SpringData MongoDBApplicationTests.java

```
@SpringBootTest
@TestInstance(TestInstance.Lifecycle.PER_CLASS)
abstract class SpringDataJdbcApplicationTests {
    @Autowired
    UserRepository userRepository;                    ❶
```

```
    @BeforeAll
    void beforeAll() {
        userRepository.saveAll(generateUsers());
    }

    private static List<User> generateUsers() {
        List<User> users = new ArrayList<>();

        User john = new User("john", "John", "Smith");
        john.setRegistrationDate(LocalDate.of(2020, Month.APRIL, 13));
        john.setEmail("john@somedomain.com");
        john.setLevel(1);
        john.setActive(true);
        john.setPassword("password1");

        // 총 10명의 사용자 생성 및 설정

        users.add(john);

        // 리스트에 총 10명의 사용자를 추가

        return users;
    }

    @AfterAll
    void afterAll() {
        userRepository.deleteAll();
    }
}
```

❶ UserRepository 인스턴스를 의존성 자동 주입합니다. 이것이 가능한 이유는 애플리케이션이 위치한 패키지에 대해 스캔을 활성화하고 컨텍스트에 빈을 등록하는 @SpringBootApplication 애너테이션 덕분입니다.

다음 테스트에서는 이 클래스를 확장하고 이미 채워진 데이터베이스를 사용하겠습니다. 이제 UserRepository에 속하는 메서드를 테스트하기 위해 FindUsersTest 클래스를 생성하고 동일한 테스트 작성 방법을 따라 리포지터리 메서드를 호출하고 결과를 검증합니다. JUnit 5에서는 테스트 클래스와 메서드를 패키지 비공개로 설정하면 충분하며, 공개할 필요는 없다는 점을 기억해 둡니다.

예제 17.7 FindUsersTest 클래스

`FILE` Ch17/springdatamongodb/src/test/java/com/manning/javapersistence/springdatamongodb/FindUsersT
est.java

```java
class FindUsersTest extends SpringDataJdbcApplicationTests{

    @Test
    void testFindAll() {
        List<User> users = userRepository.findAll();
        assertEquals(10, users.size());
    }

    @Test
    void testFindUser() {
        User beth = userRepository.findByUsername("beth").get();
        assertAll(
            () -> assertNotNull(beth.getId()),
            () -> assertEquals("beth", beth.getUsername())
        );
    }

    @Test
    void testFindAllByOrderByUsernameAsc() {
        List<User> users = userRepository.findAllByOrderByUsernameAsc();
        assertAll(() -> assertEquals(10, users.size()),
                () -> assertEquals("beth", users.get(0).getUsername()),
                () -> assertEquals("stephanie", users.get(users.size() -
                                    1).getUsername()));
    }

    @Test
    void testFindByRegistrationDateBetween() {
        List<User> users = userRepository.findByRegistrationDateBetween(
            LocalDate.of(2020, Month.JULY, 1),
            LocalDate.of(2020, Month.DECEMBER, 31));
        assertEquals(4, users.size());
    }

    // 그 밖의 테스트
}
```

17.3.2 쿼리 결과 제한, 정렬, 페이징

스프링 데이터 JPA 및 스프링 데이터 JDBC에서와 마찬가지로, first와 top 키워드(동일하게 사용됨)로 쿼리 메서드의 결과를 제한할 수 있습니다. top과 first 키워드 뒤에는 반환할 최대 결과 크기를 나타내는 선택적 숫자 값이 올 수 있습니다. 이 숫자 값이 누락되면 결과 크기는 1이 됩니다.

Pageable은 페이징 정보를 위한 인터페이스이며, 실무에서는 이를 구현하는 PageRequest 클래스를 사용합니다. 이 클래스로 페이지 번호, 페이지 크기, 정렬 기준을 지정할 수 있습니다.

여기서 해결하고자 하는 사용 사례는 제한된 수의 사용자(예: 사용자명 또는 등록일자를 기준으로 한 첫 번째 사용자), 또는 특정 레벨이나 등록일자별로 정렬한 후의 첫 번째 사용자, 여러 페이지에 걸친 다수의 사용자를 가져와 쉽게 조작할 수 있게 하는 것입니다.

쿼리 결과를 제한하고 정렬과 페이징을 수행하기 위해 UserRepository 인터페이스에 다음 메서드를 추가합니다.

예제 17.8 UserRepository에서의 쿼리 결과 제한, 정렬, 페이징

FILE Ch17/springdatamongodb/src/main/java/com/manning/javapersistence/springdatamongodb/repositories/UserRepository.java

```
Optional<User> findFirstByOrderByUsernameAsc();
Optional<User> findTopByOrderByRegistrationDateDesc();
Page<User> findAll(Pageable pageable);
List<User> findFirst2ByLevel(int level, Sort sort);
List<User> findByLevel(int level, Sort sort);
List<User> findByActive(boolean active, Pageable pageable);
```

이러한 메서드는 표 17.5에 제시된 쿼리 빌더 메커니즘을 사용하지만 이번에는 쿼리 결과를 제한하고 정렬 및 페이징을 수행하기 위한 목적으로 사용됩니다. 예를 들어, Optional<User> findFirstByOrderByUsernameAsc() 메서드는 사용자 이름으로 오름차순 정렬한 후 첫 번째 사용자를 가져옵니다(결과가 Optional이므로 사용자가 존재하지 않을 수도 있음). Page<User> findAll(Pageable pageable) 메서드는 모든 사용자를 가져오되 페이징을 적용합니다. 새로 추가된 메서드가 어떻게 작동하는지 확인하기 위해 다음과 같은 테스트를 작성해 보겠습니다.

예제 17.9 쿼리 결과 제한, 정렬, 페이징 테스트

FILE Ch17/springdatamongodb/src/test/java/com/manning/javapersistence/springdatamongodb/FindUsersSortingAndPagingTest.java

```java
class FindUsersSortingAndPagingTest extends SpringDataJdbcApplicationTests {
    @Test
    void testOrder() {
        User user1 = userRepository.findFirstByOrderByUsernameAsc().get();
        User user2 = userRepository.findTopByOrderByRegistrationDateDesc().get();      ❶
        Page<User> userPage = userRepository.findAll(PageRequest.of(1, 3));      ❷
        List<User> users = userRepository.findFirst2ByLevel(2,
                                        Sort.by("registrationDate"));      ❸

        assertAll(
            () -> assertEquals("beth", user1.getUsername()),
            () -> assertEquals("julius", user2.getUsername()),
            () -> assertEquals(2, users.size()),
            () -> assertEquals(3, userPage.getSize()),
            () -> assertEquals("beth", users.get(0).getUsername()),
            () -> assertEquals("marion", users.get(1).getUsername())
        );
    }

    @Test
    void testFindByLevel() {
        Sort.TypedSort<User> user = Sort.sort(User.class);      ❹

        List<User> users = userRepository.findByLevel(3,
                user.by(User::getRegistrationDate).descending());      ❺
        assertAll(
            () -> assertEquals(2, users.size()),
            () -> assertEquals("james", users.get(0).getUsername())
        );
    }

    @Test
    void testFindByActive() {
        List<User> users = userRepository.findByActive(true,
                PageRequest.of(1, 4, Sort.by("registrationDate")));      ❻
```

```
        assertAll(
            () -> assertEquals(4, users.size()),
            () -> assertEquals("burk", users.get(0).getUsername())
        );
    }
}
```

❶ 첫 번째 테스트에서는 사용자명을 기준으로 오름차순으로 정렬한 후의 첫 번째 사용자와 등록일자를 기준으로 내림차순으로 정렬한 후 첫 번째 사용자를 찾습니다.

❷ 모든 사용자를 찾아서 페이지로 분할한 다음, 크기 3의 페이지 번호 1을 반환합니다(페이지 번호는 0부터 시작).

❸ 등록일자 순으로 레벨 2를 가진 첫 사용자 2명을 찾습니다.

❹ 두 번째 테스트에서는 User 클래스에 대해 정렬 기준을 정의합니다. Sort.TypedSort는 Sort를 확장하며 메서드 핸들을 사용해 정렬할 프로퍼티를 정의할 수 있습니다.

❺ 레벨이 3인 사용자를 찾아 등록일자 기준으로 내림차순으로 정렬합니다.

❻ 세 번째 테스트에서는 등록일자 기준으로 정렬된 활성 사용자를 찾아서 페이지로 분할한 다음, 크기 4의 페이지 번호 1을 반환합니다(페이지 번호는 0부터 시작).

17.3.3 결과 스트리밍

결과를 2개 이상 반환하는 쿼리 메서드에서는 Iterable, List, Set과 같은 표준 자바 인터페이스를 사용할 수 있습니다. 스프링 데이터 JPA 및 스프링 데이터 JDBC와 마찬가지로, 스프링 데이터 MongoDB도 Iterable 또는 모든 컬렉션 타입의 대안으로 사용할 수 있는 Streamable을 지원합니다. 이를 통해 여러 Streamable을 연결하고 요소를 직접 필터링하고 매핑할 수 있습니다.

여기서 해결하고자 하는 사용 사례는 전체 사용자 컬렉션이나 사용자 페이지를 기다리지 않고 결과를 스트림으로 가져오는 것입니다. 이렇게 하면 첫 번째 결과가 들어오는 대로 빠르게 처리를 시작할 수 있습니다. 컬렉션과 달리 스트림은 한 번만 사용할 수 있으며, 변경할 수 없습니다.

UserRepository 인터페이스에 다음과 같은 메서드를 추가하겠습니다.

> **예제 17.10** UserRepository 인터페이스에 Streamable을 반환하는 메서드를 추가

`FILE` Ch17/springdatamongodb/src/main/java/com/manning/javapersistence/springdatamongodb/repositories/UserRepository.java

```
Streamable<User> findByEmailContaining(String text);
Streamable<User> findByLevel(int level);
```

새로 추가된 메서드들이 어떻게 데이터베이스와 상호작용하고 결과를 스트림으로 제공하는지 확인하기 위해 다음과 같은 테스트를 작성하겠습니다. 스트림은 try 블록의 리소스로 제공되므로 자동으로 닫힙니다. 다른 방법은 명시적으로 close() 메서드를 호출하는 것입니다. 그렇게 하지 않으면 스트림이 데이터베이스에 대한 연결을 유지하게 됩니다.

예제 17.11 Streamable을 반환하는 테스트 메서드

FILE Ch17/springdatamongodb/src/test/java/com/manning/javapersistence/springdatamongodb/QueryResultsTest.java

```java
@Test
void testStreamable() {
    try(Stream<User> result =                              ❶
            userRepository.findByEmailContaining("someother")
            .and(userRepository.findByLevel(2))            ❷
            .stream().distinct()) {                        ❸
        assertEquals(7, result.count());                   ❹
    }
}
```

---

❶ 이 테스트는 someother라는 단어가 포함된 이메일을 검색하기 위해 findByEmailContaining 메서드를 호출합니다.

❷ 이 테스트는 결과 Streamable을 레벨이 2인 사용자를 제공하는 Streamable과 연결합니다.

❸ 스트림으로 변환하고 고유한 사용자들만 남깁니다.

❹ 결과 스트림에 6명의 사용자가 포함돼 있는지 확인합니다.

17.3.4 @Query 애너테이션

@org.springframework.data.mongodb.repository.Query 애너테이션을 이용해 사용자 정의 쿼리를 지정할 수 있는 메서드를 생성할 수 있습니다. 이 @Query 애너테이션을 이용할 경우 메서드명이 명명 규칙을 따를 필요가 없습니다. 사용자 정의 쿼리에는 MongoDB 쿼리 필터가 인수로 포함되며, 이 쿼리 필터는 매개변수화할 수 있습니다.

UserRepository 인터페이스에 새로운 메서드를 추가하겠습니다. 이 메서드들은 @Query 애너테이션이 지정되며, 메서드에 생성되는 동작은 이러한 쿼리의 정의에 따라 달라집니다. value 매개변수는 실행할 쿼리 필터를 나타냅니다. fields 매개변수는 결과에 포함하거나 제외할 필드를 나타냅니다. 표 17.6에 가장

일반적인 상황에 대한 쿼리 연산과 그에 해당하는 @Query 매개변수가 정리돼 있습니다. 전체 목록은 스프링 데이터 MongoDB 설명서를 참고합니다.

표 17.6 쿼리 연산 및 그에 해당하는 @Query 매개변수

연산	@Query 매개변수
지정한 필드에 대한 데이터 가져오기	value = {'field': ?0}
지정한 정규식에 대한 데이터 가져오기	value = {'lastName': {$regex: ?0}}
매개변수보다 큰 필드를 가진 데이터 가져오기	value = {'field': {$gt: ?0}}
매개변수보다 크거나 같은 필드를 가진 데이터 가져오기	value = {'field': {$gte: ?0}}
매개변수보다 작은 필드를 가진 데이터 가져오기	value = {'field': {$lt: ?0}}
매개변수보다 작거나 같은 필드를 가진 데이터 가져오기	value = {'field': {$lte: ?0}}
쿼리에 하나의 필드만 포함	fields = "{field: 1}"
쿼리에서 필드를 제외	fields = "{field: 0}"

쿼리 필터는 @Query 애너테이션의 인수로, 다음 예제에 표시된 것처럼 ?0 위치 표시자는 메서드의 첫 번째 매개변수를, ?1 위치 표시자는 메서드의 두 번째 매개변수를 참조하는 등의 방식으로 참조합니다.

예제 17.12 UserRepository에서의 쿼리 결과 제한, 정렬, 페이징

FILE Ch17/springdatamongodb/src/main/java/com/manning/javapersistence/springdatamongodb/repositories/UserRepository.java

```
@Query("{ 'active' : ?0 }")                                    ❶
List<User> findUsersByActive(boolean active);

@Query("{ 'lastName' : ?0 }")                                  ❷
List<User> findUsersByLastName(String lastName);

@Query("{ 'lastName' : { $regex: ?0 } }")                      ❸
List<User> findUsersByRegexpLastName(String regexp);

@Query("{ 'level' : { $gte: ?0, $lte: ?1 } }")                 ❹
List<User> findUsersByLevelBetween(int minLevel, int maxLevel);
```

```
@Query(value = "{}", fields = "{username : 1}")
List<User> findUsernameAndId();                          ❺

@Query(value = "{}", fields = "{_id : 0}")
List<User> findUsersExcludeId();                          ❻

@Query(value = "{'lastName' : { $regex: ?0 }}", fields = "{_id : 0}")
List<User> findUsersByRegexpLastNameExcludeId(String regexp);   ❼
```

❶ findUsersByActive 메서드는 지정된 active 상태의 사용자를 반환합니다.

❷ findUsersByLastName 메서드는 지정된 lastName을 가진 사용자를 반환합니다.

❸ findUsersByRegexpLastName 메서드는 ?0 위치 표시자와 일치하는 lastName을 가진 사용자를 반환하며, 이때 ?0 위치 표시자는 메서드의 첫 번째 매개변수인 정규식을 참조합니다.

❹ findUsersByLevelBetween 메서드는 ?0 위치 표시자(메서드의 첫 번째 매개변수를 참조)보다 크거나 같고, ?1 위치 표시자(메서드의 두 번째 매개변수를 참조)보다 작거나 같은 level을 가진 사용자를 반환합니다.

❺ findUsernameAndId 메서드는 모든 사용자를 선택하고(value 매개변수가 {}이므로) id와 username 필드만 반환합니다 (fields 매개변수가 {username : 1}이므로).

❻ findUsersExcludeId 메서드는 모든 사용자를 선택하고(value 매개변수가 {}이므로) 반환된 필드에서 id를 제외합니다 (fields 매개변수가 {_id : 0}이므로).

❼ findUsersByRegexpLastNameExcludeId 메서드는 지정한 정규식과 일치하는 lastName을 가진 사용자를 선택하고 반환된 필드에서 id를 제외합니다.

이러한 쿼리 메서드에 대한 테스트 작성은 매우 간단하며 앞의 예제와 유사합니다. 이 테스트는 이 책의 소스코드에서 확인할 수 있습니다.

17.4 예제 기반 쿼리

예제 기반 쿼리(Query by Example; QBE)는 4장에서 스프링 데이터 JPA를 살펴볼 때 살펴봤습니다. 이 것은 엔티티와 속성을 포함하기 위해 고전적인 쿼리를 작성할 필요가 없는 쿼리 기법입니다. 이를 통해 동적 쿼리 생성이 가능하며 프로브(probe), ExampleMatcher, Example의 세 부분으로 구성됩니다.

프로브는 이미 프로퍼티가 설정된 도메인 객체입니다. ExampleMatcher는 특정 프로퍼티를 매칭하는 규칙을 제공합니다. Example은 프로브와 ExampleMatcher를 결합해서 쿼리를 생성합니다. 여러 Example에서 하나의 ExampleMatcher를 재사용할 수 있습니다.

앞에서 설명한 바와 같이, 다음은 QBE에 가장 적합한 사용 사례입니다.

- 기반 데이터 저장소 API로부터 코드 작업을 분리하려는 경우
- 도메인 객체의 내부 구조를 기존 쿼리와 독립적으로 자주 변경하려는 경우
- 리포지터리에 쿼리하기 위해 정적 또는 동적 제약조건들을 만들 경우

QBE에는 다음과 같은 몇 가지 제약이 있습니다.

- String 프로퍼티에 대해서는 시작/끝/포함/정규식 매칭만 지원하고 다른 타입에 대해서는 완전 매칭(exact matching)만 지원합니다.

- 중첩되거나 그룹화된 프로퍼티 제약조건은 지원하지 않습니다(예: {"$or":[{{"username":"username"},{{"last Name":"lastName","email":"email"}}]}).

UserRepository 인터페이스에는 더 이상 메서드를 추가하지 않습니다. 대신 프로브, ExampleMatcher, Example을 만드는 테스트를 작성하겠습니다. 다음 예제는 간단한 프로브와 lastName이 설정된 사용자를 생성합니다.

예제 17.13 예제 기반 쿼리 테스트

`FILE` Ch17/springdatamongodb/src/test/java/com/manning/javapersistence/springdatamongodb/QueryByExampleTest.java

```
User probe = new User(null, null, "Smith");                ❶

List<User> result = userRepository.findAll(Example.of(probe));        ❷

assertThat(result).hasSize(2)
        .extracting("username").contains("john", "burk");        ❸
```

❶ User 인스턴스를 초기화하고 lastName을 설정합니다. 이것은 프로브를 나타냅니다.

❷ 쿼리를 실행해 프로브와 일치하는 모든 사용자를 찾습니다.

❸ 프로브와 일치하는 모든 사용자를 찾는 쿼리에서 2개의 도큐먼트가 반환됐고, 해당 도큐먼트에 username으로 john과 burk가 포함돼 있는지 확인합니다.

이제 빌더 패턴을 활용해 ExampleMatcher를 생성할 수 있습니다. 모든 null 참조 프로퍼티는 매처에서 무시됩니다. 그러나 프리미티브 타입의 프로퍼티는 명시적으로 무시해야 합니다. 무시하지 않으면 해당 타입의 기본값으로 매처에 포함되며, 그러면 생성된 쿼리가 변경될 것입니다.

예제 17.14 매처 테스트가 포함된 예제 기반 쿼리

FILE Ch17/springdatamongodb/src/test/java/com/manning/javapersistence/springdatamongodb/QueryByMatcherTest.java

```
ExampleMatcher matcher = ExampleMatcher.matching()
                                  .withIgnorePaths("level")           ❶
                                  .withIgnorePaths("active");

User probe = new User();                 ❷
probe.setLastName("Smith");

List<User> result = userRepository.findAll(Example.of(probe, matcher));      ❸

assertThat(result).hasSize(2)
        .extracting("username").contains("john", "burk");      ❹
```

❶ 빌더 패턴을 활용해 ExampleMatcher를 생성합니다. 여기서는 프리미티브 타입인 level과 active 프로퍼티를 명시적으로 무시합니다. 이를 무시하지 않으면 각 타입의 기본값(level의 경우 0, active의 경우 false)으로 매처에 포함되고 생성된 쿼리가 변경될 것입니다.

❷ User 프로브를 만들고 설정합니다.

❸ 쿼리를 실행해 프로브와 일치하는 모든 사용자를 찾습니다.

❹ 프로브와 일치하는 모든 사용자를 찾는 쿼리에서 2개의 도큐먼트가 반환됐고, 해당 도큐먼트에 username으로 john과 burk가 포함돼 있는지 확인합니다.

17.5 다른 MongoDB 도큐먼트 참조

스프링 데이터 MongoDB는 관계형 데이터베이스에서 살펴본 일대일, 일대다, 다대다 관계와 같은 의미의 관계를 지원하지 않습니다. 스프링 데이터 MongoDB에서는 다른 도큐먼트 안에 도큐먼트를 포함하는 것을 지원하지 않습니다. 그러나 DBRef를 사용해 다른 도큐먼트에서 도큐먼트를 참조할 수는 있습니다.

DBRef에는 컬렉션 이름과 다른 도큐먼트의 ID 필드 값이 포함되며, 선택적으로 다른 데이터베이스명도 포함될 수 있습니다.

DBRef를 사용하기 위해 @Document 애너테이션이 지정된 클래스와 MongoDB 리포지터리를 각각 하나씩 만들고, 새로 추가된 도큐먼트를 참조하는 클래스 안에서 @DBRef 애너테이션을 사용하겠습니다.

새로 추가할 Address 클래스는 다음 예제에 나와 있습니다. MongoDB 도큐먼트에 해당하는 다른 클래스와 마찬가지로 @Document로 애너테이션이 지정돼 있으며, 필드에는 게터의 자동 생성을 나타내는 롬복 @Getter 애너테이션이 지정돼 있습니다.

예제 17.15 수정된 Address 클래스

FILE Ch17/springdatamongodb2/src/main/java/com/manning/javapersistence/springdatamongodb/model/Address.java

```
@Document
public class Address {
    @Id
    @Getter
    private String id;

    @Getter
    private String street, zipCode, city, state;

    // ...
}
```

새로운 AddressRepository 인터페이스가 다음 예제에 나와 있습니다. 이 인터페이스는 MongoDB 관련 메서드를 상속하고, String 타입의 ID를 갖는 Address 도큐먼트를 관리하는 MongoRepository<Address, String>을 확장합니다.

예제 17.16 AddressRepository 인터페이스

FILE Ch17/springdatamongodb2/src/main/java/com/manning/javapersistence/springdatamongodb/repositories/AddressRepository.java

```
public interface AddressRepository extends MongoRepository<Address, String> {
}
```

Address 도큐먼트를 참조하는 address 필드를 포함하도록 User 클래스를 수정하겠습니다. @DBRef 애너테이션을 사용해 이 필드가 DBRef를 사용해 저장될 것임을 나타냅니다. 또한 도큐먼트 내부에 사용자 정의 이름을 제공할 수 있는 @Field 애너테이션을 지정합니다.

예제 17.17 수정된 User 클래스

`FILE` Ch17/springdatamongodb2/src/main/java/com/manning/javapersistence/springdatamongodb/model/User.java

```java
@NoArgsConstructor
@Document
@CompoundIndexes({
        @CompoundIndex(name = "username_email",
                        def = "{'username' : 1, 'email': 1}"),
        @CompoundIndex(name = "lastName_firstName",
                        def = "{'lastName' : 1, 'firstName': 1}")
})
public class User {

    // ...

    @DBRef
    @Field("address")
    @Getter
    @Setter
    private Address address;

    // ...

}
```

주소를 가진 사용자를 기술하는 MongoDB 도큐먼트는 다음과 같은 형태일 것입니다.

```json
{
    "_id": {
        "$oid": "61cb2fcfff98d570824fef66"
    },
    "username": "john",
```

```
    "firstName": "John",
    "lastName": "Smith",
    "registrationDate": {
        "$date": "2020-04-12T21:00:00.000Z"
    },
    "email": "john@somedomain.com",
    "level": 1,
    "active": true,
    "address": {
        "$ref": "address",
        "$id": {
            "$oid": "61cb2fcbff98d570824fef30"
        }
    },
    "_class": "com.manning.javapersistence.springdatamongodb.model.User"
}
```

주소를 기술하는 MongoDB 도큐먼트는 다음과 같은 형태일 것입니다.

```
{
    "_id": {
        "$oid": "61cb2fcbff98d570824fef30"
    },
    "street": "Flowers Street",
    "zipCode": "1234567",
    "city": "Boston",
    "state": "MA",
    "_class": "com.manning.javapersistence.springdatamongodb.model.Address"
}
```

저장이나 삭제 같은 연산은 도큐먼트 간에 연쇄 적용되지 않는다는 점에 유의합니다. 도큐먼트를 저장하거나 삭제할 경우 참조된 도큐먼트를 명시적으로 저장하거나 삭제해야 합니다.

다른 도큐먼트를 참조하는 MongoDB 도큐먼트를 다루는 테스트를 작성하는 것은 매우 간단하며 앞의 예제와 유사합니다. 이 책의 소스코드에서 확인할 수 있습니다.

17.6 MongoTemplate을 이용한 데이터베이스 접근

`MongoTemplate`은 MongoDB 데이터베이스에 대한 CRUD 연산을 지원하는 클래스입니다. `MongoTemplate`은 `MongoOperations` 인터페이스를 구현합니다. `MongoOperations`의 메서드는 API를 쉽게 이해하고 사용할 수 있도록 MongoDB 드라이버의 `Collection` 객체 메서드와 유사하게 이름이 지정돼 있습니다.

17.6.1 MongoTemplate을 통한 데이터베이스 접근 구성

스프링 부트 애플리케이션을 MongoDB에 연결하기 위해 `AbstractMongoClientConfiguration` 클래스를 확장합니다. 이 클래스는 스프링 데이터 MongoDB의 자바 구성을 지원합니다. `MongoDatabaseFactory` 인터페이스의 구현과 `MongoTemplate`을 통해 MongoDB에 연결할 수 있습니다.

`AbstractMongoClientConfiguration` 클래스는 스프링 부트 애플리케이션에서 사용할 수 있는 두 개의 빈을 제공합니다.

```
@Bean
public MongoTemplate mongoTemplate(MongoDatabaseFactory databaseFactory,
                                   MappingMongoConverter converter) {
    return new MongoTemplate(databaseFactory, converter);
}


@Bean
public MongoDatabaseFactory mongoDbFactory() {
    return new SimpleMongoClientDatabaseFactory(this.mongoClient(),
                                                this.getDatabaseName());
}
```

다음 예제에 표시된 것처럼 `AbstractMongoClientConfiguration`을 확장하는 `MongoDBConfig` 클래스를 생성하고, 스프링 부트 애플리케이션이 test 데이터베이스에 연결된다는 것을 나타내기 위해 `getDatabaseName()` 메서드만 재정의하겠습니다.

> **예제 17.18** MongoDBConfig 클래스
>
> `FILE` Ch17/springdatamongodb3/src/main/java/com/manning/javapersistence/springdatamongodb/configuration/MongoDBConfig.java

```
@Configuration
public class MongoDBConfig extends AbstractMongoClientConfiguration {
    @Override
    public String getDatabaseName() {
        return "test";
    }
}
```

17.6.2 MongoTemplate을 이용한 CRUD 연산 실행

데이터베이스에 도큐먼트를 삽입하려면 `MongoTemplate`의 `insert` 메서드를 사용하면 됩니다. 이 메서드는 중복 정의(overload)돼 있으며, 다음 예제에서는 객체를 인수로 받는 메서드 또는 객체 컬렉션과 해당 클래스를 받는 메서드를 사용합니다.

`FILE` Ch17/springdatamongodb3/src/test/java/com/manning/javapersistence/springdatamongodb/template/SpringDataMongoDBApplicationTests.java

```
mongoTemplate.insert(GenerateUsers.address);
mongoTemplate.insert(generateUsers(), User.class);
```

`save` 메서드의 동작 방식은 조금 다릅니다. `id`가 데이터베이스에 이미 있으면 업데이트를 실행하고, 그렇지 않으면 삽입을 실행합니다. 다음 예제에서는 객체와 컬렉션 이름을 인수로 받는 메서드를 사용합니다.

`FILE` Ch17/springdatamongodb3/src/test/java/com/manning/javapersistence/springdatamongodb/template/SaveUpdateTest.java

```
mongoTemplate.save(user, "user");
```

`org.springframework.data.mongodb.core.query.Query` 객체를 이용하면 MongoDB 도큐먼트 조회를 위한 기준, 프로젝션, 정렬을 정의할 수 있습니다. 기본 생성자를 사용해서 만들어진 이러한 `Query`는 컬렉션의 모든 도큐먼트에 대응됩니다. 예를 들어, 다음과 같은 코드를 사용해 컬렉션에서 모든 도큐먼트를 제거할 수 있습니다.

FILE Ch17/springdatamongodb3/src/test/java/com/manning/javapersistence/springdatamongodb/template/
SpringDataMongoDBApplicationTests.java

```
mongoTemplate.remove(new Query(), User.class);
mongoTemplate.remove(new Query(), Address.class);
```

다양한 기준을 사용해 Query 객체를 수정할 수 있습니다. 여기서는 level이 1인 사용자를 찾기 위한 쿼리를 작성하겠습니다.

FILE Ch17/springdatamongodb3/src/test/java/com/manning/javapersistence/springdatamongodb/template/
FindAndModifyTest.java

```
Query query = new Query();
query.addCriteria(Criteria.where("level").is(1));
```

다음과 같이 특정 username과(and) email을 가진 사용자를 찾기 위한 쿼리를 작성할 수 있습니다.

FILE Ch17/springdatamongodb3/src/test/java/com/manning/javapersistence/springdatamongodb/template/
FindUsersTest.java

```
Query query1 = new Query();
query1.addCriteria(Criteria.where("username").is("mike")
    .andOperator(Criteria.where("email").is("mike@somedomain.com")));
```

마찬가지로 특정 username이나(or) email을 가진 사용자를 찾기 위한 쿼리를 작성할 수 있습니다.

FILE Ch17/springdatamongodb3/src/test/java/com/manning/javapersistence/springdatamongodb/template/
FindUsersTest.java

```
Query query2 = new Query(new Criteria().
            orOperator(Criteria.where("username").is("mike"),
                Criteria.where("email").is("beth@somedomain.com")));
```

도큐먼트를 업데이트하려면 org.springframework.data.mongodb.core.query.Update 클래스에 속하는 객체를 사용하면 됩니다. 이러한 객체에는 이전 값을 대체할 새 값을 설정해야 합니다. updateFirst는 지정한 조건과 일치하는 첫 번째 도큐먼트를 업데이트합니다. 다음 코드는 User 클래스에서 레벨이 1인 첫 번째 도큐먼트를 찾아서 레벨 2로 업데이트합니다. 그런 다음 find 메서드를 사용해 레벨이 1인 나머지 모든 사용자를 가져올 수 있습니다.

FILE Ch17/springdatamongodb3/src/test/java/com/manning/javapersistence/springdatamongodb/template/ UpdateFirstTest.java

```
Query query = new Query();
query.addCriteria(Criteria.where("level").is(1));

Update update = new Update();
update.set("level", 2);
mongoTemplate.updateFirst(query, update, User.class);

List<User> users = mongoTemplate.find(query, User.class);
```

updateMulti는 지정한 조건과 일치하는 모든 도큐먼트를 업데이트합니다. 다음 코드는 User 클래스에서 레벨이 1인 모든 도큐먼트를 찾아 레벨 2로 업데이트합니다.

FILE Ch17/springdatamongodb3/src/test/java/com/manning/javapersistence/springdatamongodb/template/ UpdateMultiTest.java

```
Query query = new Query();
query.addCriteria(Criteria.where("level").is(1));

Update update = new Update();
update.set("level", 2);
mongoTemplate.updateMulti(query, update, User.class);
```

findAndModify 메서드는 updateMulti와 비슷하지만 수정되기 전의 객체를 반환합니다. 다음 코드에서는 findAndModify 메서드가 반환한 객체가 여전히 이전 level 값을 가지고 있는지 확인합니다.

FILE Ch17/springdatamongodb3/src/test/java/com/manning/javapersistence/springdatamongodb/template/ FindAndModifyTest.java

```
Query query = new Query();
query.addCriteria(Criteria.where("level").is(1));
```

```
Update update = new Update();
update.set("level", 2);
User user = mongoTemplate.findAndModify(query, update, User.class);

assertEquals(1, user.getLevel());
```

upsert 메서드는 지정한 조건과 일치하는 도큐먼트를 찾습니다. 일치하는 도큐먼트를 찾으면 업데이트하고, 그렇지 않으면 쿼리와 업데이트 객체를 결합한 새 도큐먼트를 생성합니다. 메서드의 이름은 update와 insert의 조합이며, MongoDB는 도큐먼트가 이미 존재하는지 여부에 따라 수행할 작업을 결정합니다. 다음 코드에서는 getMatchedCount() 메서드를 사용해 하나의 도큐먼트가 쿼리와 일치하는지 확인하고 getModifiedCount() 메서드를 사용해 하나의 도큐먼트가 업데이트에 의해 수정됐는지 확인합니다.

FILE Ch17/springdatamongodb3/src/test/java/com/manning/javapersistence/springdatamongodb/template/
UpsertTest.java

```
Query query = new Query();
query.addCriteria(Criteria.where("level").is(1));

Update update = new Update();
update.set("level", 2);
UpdateResult result = mongoTemplate.upsert(query, update, User.class);

assertAll(
        () -> assertEquals(1, result.getMatchedCount()),
        () -> assertEquals(1, result.getModifiedCount())
);
```

이 책의 소스코드에서 MongoTemplate을 통해 MongoDB에 접근하는 종합적인 테스트를 확인할 수 있습니다.

두 가지 접근 방식인 MongoRepository와 MongoTemplate의 비교는 표 17.7을 참고합니다.

표 17.7 MongoRepository와 MongoTemplate 비교

	강점	약점
MongoRepository	▪ 스프링 데이터 JPA 및 스프링 데이터 JDBC 리포지터리의 접근 방식을 따릅니다. ▪ 쿼리 빌더 메커니즘 패턴으로 메서드를 빠르게 생성해서 이름을 통해 동작을 정의할 수 있습니다.	▪ 도큐먼트의 모든 필드에 대해 기본적인 CRUD 작업을 수행하는 메서드를 제공합니다. ▪ 도큐먼트를 업데이트할 경우 반드시 단계별(찾기, 관련 필드 수정, 저장)로 실행하거나 @Query 애너테이션이 지정된 메서드를 사용해 실행해야 합니다.
MongoTemplate	▪ updateFirst, updateMulti, findAndModify, upsert 같은 원자적 연산을 제공합니다. ▪ 원자적 연산은 동시성 애플리케이션에서 발생하는 작업을 처리하는 데 유리합니다. ▪ Update 객체를 사용하면 업데이트할 필드만 선택할 수 있습니다.	▪ 좀 더 장황하고 작성할 코드가 많으며, 특히 간단한 연산인 경우에도 그렇습니다.

정리

▪ 스프링 부트를 이용해 스프링 데이터 MongoDB 프로젝트를 생성하고 구성할 수 있습니다.

▪ 도큐먼트 클래스를 생성하고 스프링 데이터 MongoDB 애너테이션을 사용해 단순하거나 복합적인 인덱스를 정의하고, 필드를 비영속 상태로 표시하고, 영속성 생성자를 정의할 수 있습니다.

▪ MongoRepository를 확장하는 사용자 정의 인터페이스를 만들고 쿼리 빌더 메커니즘에 따라 사용자 정의 메서드를 만들어 MongoDB 데이터베이스와 상호작용할 수 있습니다.

▪ 쿼리 결과 제한, 정렬, 페이징, 결과 스트리밍을 위해 스프링 데이터 MongoDB의 기능을 활용할 수 있습니다.

▪ @Query 애너테이션을 이용해 사용자 정의 쿼리를 정의할 수 있으며, 예제 기반 쿼리(QBE)를 통한 쿼리 기법을 활용할 수 있습니다.

▪ MongoTemplate을 이용해 MongoDB 데이터베이스에 대한 CRUD 연산을 실행하도록 애플리케이션을 구성할 수 있습니다.

18

하이버네이트 OGM
활용

이번 장에서 다루는 내용

- 하이버네이트 OGM 소개
- 간단한 MongoDB 하이버네이트 OGM 애플리케이션 구축
- Neo4j NoSQL 데이터베이스로의 전환

데이터베이스의 세계는 매우 다양하고 복잡합니다. 다양한 관계형 데이터베이스 시스템을 다루는 데 따르는 어려움 외에도 NoSQL 세계는 이러한 어려움을 가중시킬 수 있습니다. 영속성 프레임워크의 목표 중 하나는 코드의 이식성을 보장하는 것이므로 이제 하이버네이트 OGM이라는 대안과 이 대안이 NoSQL 데이터베이스를 활용하는 JPA 솔루션을 어떻게 지원하는지 살펴보겠습니다.

18.1 하이버네이트 OGM 소개

NoSQL 데이터베이스는 관계형 테이블과 다른 형식으로 데이터를 보관하는 데이터베이스입니다. 일반적으로 NoSQL 데이터베이스는 유연한 스키마라는 이점을 제공하므로 데이터베이스 설계자가 데이터를 영속화하기 전에 스키마를 결정하지 않아도 됩니다. 이 같은 특징은 요구사항이 빠르게 변화하는 애플리케이션에서는 개발 속도에 중요한 이점이 될 수 있습니다.

NoSQL 데이터베이스는 데이터를 보관하는 데 사용하는 형식에 따라 분류할 수 있습니다.

- 17장에서 소개한 MongoDB와 같은 도큐먼트 지향 데이터베이스는 JSON과 같은 도큐먼트를 사용해 정보를 보관합니다.

- 그래프 지향 데이터베이스는 그래프를 사용해 정보를 저장합니다. 그래프는 노드(node)와 에지(edge)로 구성되며, 노드의 역할은 데이터를 보관하는 것이고, 에지는 노드 간의 관계를 나타냅니다. Neo4j는 이러한 데이터베이스의 한 예입니다.

- 키/값 데이터베이스는 맵 구조를 사용해 데이터를 저장합니다. 키는 레코드를 식별하고, 값은 데이터를 나타냅니다. Redis가 이러한 데이터베이스의 예입니다.

- 와이드 칼럼 스토어(wide-column store)는 테이블, 로우, 칼럼을 사용해 데이터를 보관합니다. 이러한 데이터베이스와 기존 관계형 데이터베이스의 차이점은 칼럼의 이름과 형식이 같은 테이블에 속한 로우마다 다를 수 있다는 점입니다. 이 기능을 동적 칼럼이라고 합니다. 아파치 카산드라(Apache Cassandra)가 이러한 데이터베이스의 한 예입니다.

앞의 예제에서는 관계형 데이터베이스와 상호작용하기 위해 주로 JPA와 하이버네이트를 사용했습니다. 이를 통해 관계형 데이터베이스 공급업체와 독립적으로 이식 가능한 애플리케이션을 작성하고 프레임워크를 통해 공급업체 간의 차이점을 관리할 수 있었습니다.

하이버네이트 OGM은 이식성 개념을 관계형 데이터베이스에서 NoSQL 데이터베이스로 확장합니다. 이식성에는 실행 속도에 영향을 미치는 단점이 따를 수 있지만, 전반적으로 단점보다는 장점이 더 많습니다. OGM은 '객체 그리드 매퍼(Object-Grid Mapper)'의 약자입니다. OGM은 하이버네이트 코어 엔진, API, JPQL을 재사용해서 관계형 데이터베이스뿐만 아니라 NoSQL 데이터베이스와도 상호작용합니다.

하이버네이트 OGM은 일련의 NoSQL 데이터베이스를 지원하며, 이번 장에서는 MongoDB와 Neo4j를 사용하겠습니다.

18.2 간단한 MongoDB 하이버네이트 OGM 애플리케이션 구축

메이븐에서 관리하는 간단한 하이버네이트 OGM 애플리케이션을 만들어 보겠습니다. 애플리케이션 구축과 관련된 단계, 프로젝트에 추가해야 하는 의존성, 작성해야 하는 영속성 코드를 살펴보겠습니다.

먼저 도큐먼트 지향 NoSQL 데이터베이스인 MongoDB로 시작하겠습니다. 그런 다음, 그래프 지향 NoSQL 데이터베이스인 Neo4j를 사용하도록 애플리케이션을 수정하겠습니다. 필요한 일부 의존성과 구성만 변경하고, JPA와 JPQL을 사용하는 코드는 건드리지 않겠습니다.

18.2.1 하이버네이트 OGM 애플리케이션 구성

메이븐 pom.xml 파일에서 dependencyManagement 섹션에 org.hibernate.ogm:hibernate-ogm-bom을 추가합니다. BOM은 **자재 명세서(bill of materials)**의 약어입니다. dependencyManagement에 BOM을 추가한다고 해서 실제로 프로젝트에 의존성이 추가되는 것은 아니며, 단순히 의도를 선언하는 것입니다. 나중에 의존성 섹션에서 찾을 수 있는 전이 의존성은 이 초기 선언에 의해 버전이 관리됩니다.

다음으로 의존성 섹션에 두 가지를 더 추가하겠습니다. 바로 MongoDB를 활용하는 데 필요한 hibernate-ogmmongodb와 하이버네이트 OGM이 트랜잭션을 지원하는 데 필요한 JTA(Java 트랜잭션 API) 구현인 org.jboss.jbossts:jbossjta입니다.

또한 테스트를 위한 JUnit 5와 애너테이션을 통해 생성자, 게터, 세터를 자동으로 생성해서 상용구 코드를 줄이는 데 사용할 수 있는 자바 라이브러리인 롬복을 사용할 것입니다. 앞에서 언급했듯이(17.2절) 롬복을 사용할 경우 IDE가 롬복 관련 애너테이션을 이해하고 생성자, 게터, 세터 누락에 대해 불평하지 않기 위해서는 IDE용 플러그인이 필요하다는 점과 생성된 메서드 내부에서 중단점을 설정하고 디버깅할 수 없다는 점(하지만 이러한 메서드 내부에서 디버깅하는 경우는 매우 드뭅니다)과 같은 단점도 있습니다.

결과물인 메이븐 pom.xml 파일은 다음 예제에 나와 있습니다.[1]

예제 18.1 pom.xml 메이븐 파일

`FILE` Ch18/hibernate-ogm/pom.xml

```
<dependencyManagement>
    <dependencies>
        <dependency>
            <groupId>org.hibernate.ogm</groupId>
            <artifactId>hibernate-ogm-bom</artifactId>
            <type>pom</type>
            <version>4.2.0.Final</version>
            <scope>import</scope>
        </dependency>
    </dependencies>
</dependencyManagement>
```

---

1 (옮긴이) MongoDB의 최신 버전을 사용할 경우 실습 시 오류가 발생하므로 원활한 실습을 위해서는 MongoDB 5.0 버전을 설치하실 것을 권장합니다.

```
<dependencies>
    <dependency>
        <groupId>org.hibernate.ogm</groupId>
        <artifactId>hibernate-ogm-mongodb</artifactId>
    </dependency>
    <dependency>
        <groupId>org.jboss.jbossts</groupId>
        <artifactId>jbossjta</artifactId>
    </dependency>
    <dependency>
        <groupId>org.projectlombok</groupId>
        <artifactId>lombok</artifactId>
        <version>1.18.24</version>
    </dependency>
    <dependency>
        <groupId>org.junit.jupiter</groupId>
        <artifactId>junit-jupiter-engine</artifactId>
        <version>5.8.2</version>
        <scope>test</scope>
    </dependency>
</dependencies>
```

이제 영속성 단위의 표준 구성 파일인 src/main/resources/META-INF/persistence.xml로 이동하겠습니다.

예제 18.2 persistence.xml 구성 파일

FILE Ch18/hibernate-ogm/src/main/resources/META-INF/persistence.xml

```
<persistence-unit name="ch18.hibernate_ogm">                                    ❶
    <provider>org.hibernate.ogm.jpa.HibernateOgmPersistence</provider>          ❷
    <properties>
        <property name="hibernate.ogm.datastore.provider" value="mongodb"/>     ❸
        <property name="hibernate.ogm.datastore.database" value="hibernate_ogm"/>  ❹
        <property name="hibernate.ogm.datastore.create_database" value="true"/>  ❺
    </properties>
</persistence-unit>
```

❶ persistence.xml 파일에서 ch18.hibernate_ogm 영속성 단위를 구성합니다.

❷ API의 공급업체별 공급자 구현은 하이버네이트 OGM입니다.

❸ 데이터 저장소 공급자는 MongoDB입니다.

❹ 데이터베이스의 이름은 hibernate_ogm입니다.

❺ 데이터베이스가 존재하지 않으면 데이터베이스가 생성됩니다.

18.2.2 엔티티 생성

이제 애플리케이션의 엔티티를 나타내는 User, Bid, Item, Address 클래스를 생성하겠습니다. 이들 간의 관계는 일대다나 다대일, 임베드된 유형이 될 것입니다.

예제 18.3 User 클래스

FILE Ch18/hibernate-ogm/src/main/java/com/manning/javapersistence/hibernateogm/model/User.java

```java
@Entity
@NoArgsConstructor
public class User {

    @Id
    @GeneratedValue(generator = "ID_GENERATOR")          ❶
    @GenericGenerator(name = "ID_GENERATOR", strategy = "uuid2")
    @Getter
    private String id;

    @Embedded                   ❷
    @Getter
    @Setter
    private Address address;          ❷

    @OneToMany(mappedBy = "user", cascade = CascadeType.PERSIST)   ❸
    private Set<Bid> bids = new HashSet<>();

    // ...
}
```

---

❶ ID 필드는 ID_GENERATOR 생성기에 의해 생성되는 식별자입니다. 이 생성기는 고유한 128비트 UUID를 생성하는 uuid2 전략을 사용합니다. 생성기 전략에 대해서는 5.2.5절을 참고합니다.

❷ 주소에는 고유한 식별자가 없으며, 임베드할 수 있습니다.

❸ User와 Bid는 일대다 관계를 맺으며, 이는 Bid 측의 user 필드에 의해 매핑됩니다. CascadeType.PERSIST는 영속성 연산이 상위 User에서 하위 Bid로 전파된다는 것을 나타냅니다.

Address 클래스에는 자체적인 영속성 식별자가 없으며, 임베드할 수 있습니다.

예제 18.4 Address 클래스

FILE Ch18/hibernate-ogm/src/main/java/com/manning/javapersistence/hibernateogm/model/Address.java

```
@Embeddable
@NoArgsConstructor
public class Address {

    // 롬복 애너테이션이 지정된 필드, 생성자
}
```

Item 클래스에는 User와 유사한 생성 전략을 가진 id 필드가 포함됩니다. Item과 Bid 간의 관계는 일대다이며, 연쇄 적용 유형에 따라 부모에서 자식으로 영속성 연산이 전파됩니다.

예제 18.5 Item 클래스

FILE Ch18/hibernate-ogm/src/main/java/com/manning/javapersistence/hibernateogm/model/Item.java

```
@Entity
@NoArgsConstructor
public class Item {

    @Id
    @GeneratedValue(generator = "ID_GENERATOR")
    @GenericGenerator(name = "ID_GENERATOR", strategy = "uuid2")
    @Getter
    private String id;

    @OneToMany(mappedBy = "item", cascade = CascadeType.PERSIST)
    private Set<Bid> bids = new HashSet<>();

    // ...
}
```

18.2.3 MongoDB를 통한 애플리케이션 활용

애플리케이션의 엔티티를 MongoDB에 영속화하기 위해 일반 JPA 클래스와 JPQL을 사용하는 코드를 작성합니다. 즉, 애플리케이션이 관계형 데이터베이스 및 다양한 NoSQL 데이터베이스와 연동할 수 있다는 의미입니다. 이를 위해서는 몇 가지 구성만 변경하면 됩니다.

관계형 데이터베이스에서 했던 것처럼 JPA를 활용하려면 먼저 `EntityManagerFactory`를 초기화합니다. `ch18.hibernate_ogm` 영속성 단위는 `persistence.xml`에서 선언한 바 있습니다.

예제 18.6 EntityManagerFactory 초기화

FILE Ch18/hibernate-ogm/src/test/java/com/manning/javapersistence/hibernateogm/HibernateOGMTest.java

```java
public class HibernateOGMTest {

    private static EntityManagerFactory entityManagerFactory;

    @BeforeAll
    static void setUp() {
        entityManagerFactory =
        Persistence.createEntityManagerFactory("ch18.hibernate_ogm");
    }

    // ...
}
```

`HibernateOGMTest` 클래스에서 각 테스트를 실행한 후 `EntityManagerFactory`를 닫습니다.

예제 18.7 EntityManagerFactory 닫기

FILE Ch18/hibernate-ogm/src/test/java/com/manning/javapersistence/hibernateogm/HibernateOGMTest.java

```java
@AfterAll
static void tearDown() {
    entityManagerFactory.close();
}
```

HibernateOGMTest 클래스에서 각 테스트를 실행하기 전에 몇 개의 엔티티를 NoSQL인 MongoDB 데이
터베이스에 영속화합니다. 예제 코드에서는 관계형 데이터베이스와 상호작용하는지 비관계형 데이터베이
스와 상호작용하는지 인식하지 못하는 JPA를 사용해 이러한 작업을 수행합니다.

예제 18.8 테스트할 데이터를 영속화

FILE Ch18/hibernate-ogm/src/test/java/com/manning/javapersistence/hibernateogm/HibernateOGMTest.java

```
@BeforeEach
void beforeEach() {
    EntityManager entityManager = entityManagerFactory.createEntityManager();   ❶

    try {
        entityManager.getTransaction().begin();   ❷

        john = new User("John", "Smith");
        john.setAddress(new Address("Flowers Street", "12345", "Boston"));

        bid1 = new Bid(BigDecimal.valueOf(1000));
        bid2 = new Bid(BigDecimal.valueOf(2000));

        item = new Item("Item1");

        bid1.setItem(item);
        item.addBid(bid1);

        bid2.setItem(item);                                                      ❸
        item.addBid(bid2);

        bid1.setUser(john);
        john.addBid(bid1);

        bid2.setUser(john);
        john.addBid(bid2);

        entityManager.persist(item);                                             ❹
        entityManager.persist(john);
```

```
        entityManager.getTransaction().commit();        ❺
    } finally {
        entityManager.close();        ❻
    }
}
```

❶ 기존 EntityManagerFactory의 도움을 받아 EntityManager를 생성합니다.

❷ 트랜잭션을 시작합니다. 기억하겠지만 JPA를 활용한 연산은 트랜잭션 방식으로 처리돼야 합니다.

❸ 영속화될 엔티티를 생성하고 설정합니다.

❹ Item 엔티티와 User 엔티티를 영속화합니다. Item과 User의 Bid 엔티티가 CascadeType.PERSIST를 사용해 참조되므로 영속성 연산이 부모에서 자식으로 전파됩니다.

❺ 앞에서 시작한 트랜잭션을 커밋합니다.

❻ 앞에서 생성한 EntityManager를 닫습니다.

JPA를 사용해 데이터베이스를 쿼리하겠습니다. 관계형 데이터베이스와 상호작용할 때와 마찬가지로 entityManager.find 메서드를 사용합니다. 앞에서 설명한 것처럼 데이터베이스와의 모든 상호작용은 데이터를 읽기만 하는 경우에도 트랜잭션 경계 내에서 일어나야 하므로 트랜잭션을 시작하고 커밋하겠습니다.

예제 18.9 JPA를 이용한 MongoDB 데이터베이스 쿼리

FILE Ch18/hibernate-ogm/src/test/java/com/manning/javapersistence/hibernateogm/HibernateOGMTest.java

```
@Test
void testCRUDOperations() {
    EntityManager entityManager = entityManagerFactory.createEntityManager();        ❶

    try {
        entityManager.getTransaction().begin();        ❷

        User fetchedUser = entityManager.find(User.class, john.getId());
        Item fetchedItem = entityManager.find(Item.class, item.getId());
        Bid fetchedBid1 = entityManager.find(Bid.class, bid1.getId());        ❸
        Bid fetchedBid2 = entityManager.find(Bid.class, bid2.getId());
```

```
        assertAll(
            () -> assertNotNull(fetchedUser),
            () -> assertEquals("John", fetchedUser.getFirstName()),
            () -> assertEquals("Smith", fetchedUser.getLastName()),
            () -> assertNotNull(fetchedItem),
            () -> assertEquals("Item1", fetchedItem.getName()),        ❹
            () -> assertNotNull(fetchedBid1),
            () -> assertEquals(new BigDecimal(1000), fetchedBid1.getAmount()),
            () -> assertNotNull(fetchedBid2),
            () -> assertEquals(new BigDecimal(2000), fetchedBid2.getAmount())
        );

        entityManager.getTransaction().commit();    ❺
    } finally {
        entityManager.close();    ❻
    }
}
```

❶ 기존 EntityManagerFactory의 도움을 받아 EntityManager를 생성합니다.

❷ 트랜잭션을 시작합니다. 연산이 트랜잭션 방식으로 처리돼야 하기 때문입니다.

❸ 엔티티의 id를 기반으로 이전에 영속화된 User, Item, Bid를 가져옵니다.

❹ 가져온 정보에 이전에 영속화한 내용이 포함돼 있는지 확인합니다.

❺ 앞에서 시작한 트랜잭션을 커밋합니다.

❻ 앞에서 생성한 EntityManager를 닫습니다.

이 테스트를 실행한 후 MongoDB 데이터베이스의 내용을 살펴볼 수 있습니다. 그림 18.1과 같이 MongoDB Compass 프로그램을 엽니다. MongoDB Compass는 MongoDB 데이터베이스와 상호작용하고 쿼리하기 위한 GUI입니다. 테스트를 실행한 후 세 개의 컬렉션이 생성됐음을 보여줍니다. 이는 JPA를 사용해서 작성된 코드가 하이버네이트 OGM의 도움으로 NoSQL MongoDB 데이터베이스와 상호작용할 수 있음을 보여줍니다.

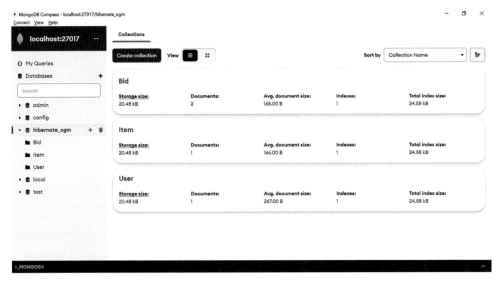

그림 18.1 JPA와 하이버네이트 OGM을 이용해서 작성된 테스트가 MongoDB 내에 3개의 컬렉션을 생성했습니다.

또한 생성된 컬렉션을 검사해서 테스트에서 영속화된 도큐먼트가 포함돼 있는지 확인할 수 있습니다(새로 추가된 도큐먼트를 제거하는 `afterEach()` 메서드가 실행되기 전에 확인해야 함). 예를 들어, 그림 18.2에 표시된 것처럼 Bid 컬렉션에는 두 개의 도큐먼트가 포함돼 있습니다.

또한 JPQL로도 데이터베이스를 쿼리해보겠습니다. JPQL(Jakarta Persistence Query Language; 이전의 Java Persistence Query Language)은 플랫폼과 독립적인 객체지향 쿼리 언어입니다.

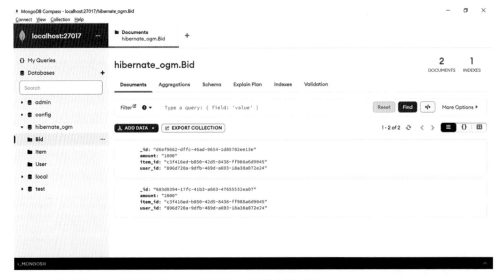

그림 18.2 Bid 컬렉션에는 테스트에서 영속화된 두 개의 도큐먼트가 포함돼 있습니다.

이전에는 SQL 언어에 관계없이 관계형 데이터베이스를 쿼리하는 데 JPQL을 사용했지만, 이제는 NoSQL 데이터베이스와 상호작용하는 데 JPQL을 사용하겠습니다.

예제 18.10 JPQL을 이용한 MongoDB 데이터베이스 쿼리

FILE Ch18/hibernate-ogm/src/test/java/com/manning/javapersistence/hibernateogm/HibernateOGMTest.java

```
@Test
void testJPQLQuery() {
    EntityManager entityManager = entityManagerFactory.createEntityManager();   ❶

    try {
        entityManager.getTransaction().begin();   ❷
        List<Bid> bids = entityManager.createQuery(
            "SELECT b FROM Bid b ORDER BY b.amount DESC", Bid.class)   ❸
            .getResultList();
        Item item = entityManager.createQuery(
            "SELECT i FROM Item i", Item.class)   ❹
            .getSingleResult();
        User user = entityManager.createQuery(
            "SELECT u FROM User u", User.class).getSingleResult();   ❺

        assertAll(() -> assertEquals(2, bids.size()),
            () -> assertEquals(new BigDecimal(2000), bids.get(0).getAmount()),
            () -> assertEquals(new BigDecimal(1000), bids.get(1).getAmount()),
            () -> assertEquals("Item1", item.getName()),   ❻
            () -> assertEquals("John", user.getFirstName()),
            () -> assertEquals("Smith", user.getLastName())
        );

        entityManager.getTransaction().commit();   ❼
    } finally {
        entityManager.close();   ❽
    }
}
```

❶ 기존 EntityManagerFactory의 도움을 받아 EntityManager를 생성합니다.

❷ 트랜잭션을 시작합니다. 연산이 트랜잭션 방식으로 처리돼야 하기 때문입니다.

❸ 데이터베이스에서 amount로 내림차순으로 정렬한 모든 Bid를 가져오는 JPQL 쿼리를 생성합니다.

❹ 데이터베이스에서 Item을 가져오는 JPQL 쿼리를 생성합니다.

❺ 데이터베이스에서 User를 가져오는 JPQL 쿼리를 만듭니다.

❻ JPQL을 통해 얻은 정보에 이전에 영속화했던 정보가 포함돼 있는지 확인합니다.

❼ 앞에서 시작한 트랜잭션을 커밋합니다.

❽ 앞에서 생성한 EntityManager를 닫습니다.

앞에서 설명한 것처럼 데이터베이스를 깨끗하게 유지하고 테스트를 독립적으로 유지하고자 하므로 각 테스트를 실행한 후 삽입된 데이터를 HibernateOGMTest 클래스에서 정리할 것입니다. 예제 코드에서는 관계형 데이터베이스와 상호작용하는지 비관계형 데이터베이스와 상호작용하는지 인식하지 못하는 JPA를 사용해 이러한 연산을 수행합니다.

예제 18.11 각 테스트를 실행한 후 데이터베이스를 정리

FILE Ch18/hibernate-ogm/src/test/java/com/manning/javapersistence/hibernateogm/HibernateOGMTest.java

```java
@AfterEach
void afterEach() {
    EntityManager entityManager = entityManagerFactory.createEntityManager();   ❶

    try {
        entityManager.getTransaction().begin();          ❷
        User fetchedUser = entityManager.find(User.class, john.getId());
        Item fetchedItem = entityManager.find(Item.class, item.getId());
        Bid fetchedBid1 = entityManager.find(Bid.class, bid1.getId());          ❸
        Bid fetchedBid2 = entityManager.find(Bid.class, bid2.getId());


        entityManager.remove(fetchedBid1);
        entityManager.remove(fetchedBid2);
        entityManager.remove(fetchedItem);          ❹
        entityManager.remove(fetchedUser);


        entityManager.getTransaction().commit();        ❺
    } finally {
        entityManager.close();      ❻
    }
}
```

❶ 기존 EntityManagerFactory의 도움을 받아 EntityManager를 생성합니다.

❷ 트랜잭션을 시작합니다. 연산이 트랜잭션 방식으로 처리돼야 하기 때문입니다.

❸ 엔티티의 id를 기준으로 이전에 영속화된 User, Item, Bid를 가져옵니다.

❹ 이전에 영속화된 엔티티를 제거합니다.

❺ 앞에서 시작한 트랜잭션을 커밋합니다.

❻ 앞에서 생성한 EntityManager를 닫습니다.

18.3 Neo4j NoSQL 데이터베이스로의 전환

Neo4j 또한 NoSQL 데이터베이스이며, 특히 그래프 지향 데이터베이스입니다. 데이터를 저장하기 위해 JSON과 유사한 도큐먼트를 사용하는 MongoDB와 달리, Neo4j는 그래프를 사용해 데이터를 저장합니다. 그래프는 데이터를 보관하는 노드와 관계를 나타내는 에지로 구성됩니다. Neo4j는 데스크톱 버전 또는 임베디드 버전(이 책의 예제에 사용)에서 실행할 수 있습니다. Neo4j의 기능에 대한 종합적인 가이드는 Neo4j 웹사이트(https://neo4j.com/)를 참고하세요.

하이버네이트 OGM은 내부적으로 서로 다른 패러다임을 사용해서 데이터를 저장하는 경우에도 서로 다른 NoSQL 데이터베이스 간에 빠르고 효율적으로 전환할 수 있도록 지원합니다. 현재 하이버네이트 OGM은 이미 앞에서 설명한 도큐먼트 중심 데이터베이스인 MongoDB와 그래프 중심 데이터베이스인 Neo4j를 모두 지원합니다.

하이버네이트 OGM의 효율성은 엔티티를 정의하고 데이터베이스와의 상호작용을 설명하기 위해 이전에 제시했던 JPA 코드를 계속 사용할 수 있다는 사실에서 비롯됩니다. 이 코드는 변경되지 않고, 구성 수준에서만 변경하면 됩니다. 즉, 하이버네이트 OGM MongoDB 의존성을 하이버네이트 OGM Neo4j로 대체하고, 영속성 단위 구성을 MongoDB에서 Neo4j로 변경하기만 하면 됩니다.

하이버네이트 OGM Neo4j 의존성을 포함하도록 다음과 같이 메이븐 pom.xml 파일을 업데이트하겠습니다.

예제 18.12 하이버네이트 OGM Neo4j 의존성이 포함된 pom.xml 파일

FILE Ch18/hibernate-ogm/pom.xml

```
<dependency>
```

```
    <groupId>org.hibernate.ogm</groupId>
    <artifactId>hibernate-ogm-neo4j</artifactId>
</dependency>
```

또한 src/main/resources/METAINF/persistence.xml의 영속성 단위 구성도 교체합니다.

예제 18.13 Neo4j용 persistence.xml 구성 파일

FILE Ch18/hibernate-ogm/src/main/resources/META-INF/persistence.xml

```
<persistence-unit name="ch18.hibernate_ogm">                    ❶
    <provider>org.hibernate.ogm.jpa.HibernateOgmPersistence</provider>        ❷
    <properties>
        <property name="hibernate.ogm.datastore.provider"
                  value="neo4j_embedded" />                     ❸
        <property name="hibernate.ogm.datastore.database"
                  value="hibernate_ogm" />                      ❹
        <property name="hibernate.ogm.neo4j.database_path"
                  value="target/test_data_dir" />               ❺
    </properties>
</persistence-unit>
```

❶ persistence.xml 파일에서 ch18.hibernate_ogm 영속성 단위를 구성합니다.

❷ API의 공급업체별 공급자 구현은 하이버네이트 OGM입니다.

❸ 데이터 저장소 공급자는 Neo4j이며, 임베드된 형태입니다.

❹ 데이터베이스의 이름은 hibernate_ogm입니다.

❺ 데이터베이스 경로는 메이븐에서 생성한 대상 폴더의 test_data_dir에 있습니다.

애플리케이션의 기능은 Neo4j와 MongoDB가 동일합니다. 하이버네이트 OGM을 이용하면 코드를 그대로 유지한 채로 JPA가 다양한 종류의 NoSQL 데이터베이스에 접근할 수 있습니다. 변경은 구성 수준에서만 이뤄집니다.

정리

- MongoDB를 이용해 간단한 하이버네이트 OGM 애플리케이션을 만들고 데이터베이스와 상호작용하는 데 필요한 메이븐 의존성을 설정할 수 있습니다.

- MongoDB 공급자와 MongoDB 데이터베이스를 사용해 영속성 단위를 구성할 수 있습니다.

- JPA 애너테이션과 기능만 사용하는 엔티티를 생성하고 이를 MongoDB 데이터베이스에 영속화해서 MongoDB에서 엔티티가 삽입된 것을 확인했습니다.

- 도큐먼트 지향 MongoDB 데이터베이스에서 그래프 지향 Neo4j 데이터베이스로 전환할 수 있으며, 이때 메이븐 의존성과 영속성 단위 구성만 변경하면 됩니다.

- 기존 코드를 건드리지 않고도 이전에 생성한 JPA 애너테이션만 사용하는 엔티티를 Neo4j 데이터베이스에 영속화할 수 있습니다.

**자바 퍼시스턴스
프로그래밍**
완벽 가이드
스프링 데이터, JPA, 하이버네이트를 활용한
자바 영속성 프로그래밍

6부

쿼리 작성과
자바 영속성 애플리케이션
테스트

6부에서는 쿼리를 작성하는 방법과 자바 영속성 애플리케이션을 테스트하는 방법을 배웁니다.

19장에서는 자바 프로그램을 사용해 데이터베이스를 쿼리하는 대안 중 하나인 Querydsl을 활용하는 법을 배웁니다. Querydsl의 가장 중요한 기능을 살펴보고 이를 자바 영속성 프로젝트에 적용해 보겠습니다.

다음으로 20장에서는 자바 영속성 애플리케이션을 테스트하는 방법을 살펴봅니다. 테스트 피라미드를 소개하고 그 맥락에서 영속성 테스트를 살펴봅니다. 스프링 TestContext 프레임워크와 애너테이션을 사용하고, 스프링 프로파일을 활용하며, 테스트 실행 리스너를 사용해 자바 영속성 애플리케이션을 테스트하겠습니다.

이 책의 6부를 읽고 나면 Querydsl을 이용해 쿼리를 작성하는 방법과 스프링 TestContext 프레임워크를 사용해 영속성 애플리케이션을 테스트하는 방법을 알게 될 것입니다.

19

Querydsl을 이용한
JPA 쿼리

이번 장에서 다루는 내용

- Querydsl 소개

- Querydsl 애플리케이션 생성

- Querydsl을 이용한 데이터베이스 쿼리

데이터베이스에 대한 쿼리는 특정 기준을 충족하는 정보를 조회하는 데 필수적입니다. 이번 장에서는 자바 프로그램에서 데이터베이스에 쿼리하기 위한 대안 중 하나인 Querydsl을 알아봅니다. Querydsl라는 이름의 "dsl" 부분은 특정 애플리케이션 도메인에 특화된 언어인 DSL(Domain Specific Language)을 나타냅니다. 예를 들어, 데이터베이스에 대한 쿼리는 이러한 도메인에 해당합니다.

이번 장에서는 Querydsl의 가장 중요한 기능을 살펴보고 이를 자바 영속성 프로젝트에 적용해 보겠습니다. Querydsl에 대한 종합적인 설명은 해당 웹사이트(http://querydsl.com/)를 참고합니다.

19.1 Querydsl 소개

자바 프로그램 내에서 데이터베이스에 쿼리하는 데는 다양한 방법이 있습니다. JDBC 초기부터 가능했던 것처럼 SQL을 사용할 수 있습니다. 이 접근 방식의 단점은 이식성이 부족하고(쿼리가 데이터베이스와 특정 SQL 언어에 따라 달라짐) 타입 안전성과 정적 쿼리 검증이 부족하다는 점입니다. JPQL(Jakarta

Persistence Query Language)은 데이터베이스와 독립적인 객체지향 쿼리 언어로, SQL에 비해 한 단계 더 발전한 것이었습니다. 즉, 이식성은 부족하지 않지만 여전히 타입 안전성과 정적 쿼리 검증은 부족합니다.

스프링 데이터를 이용하면 쿼리 빌더 메커니즘을 통해 메서드를 생성하고 메서드에 JPQL이나 SQL 쿼리가 담긴 애너테이션을 지정할 수 있습니다(그럼에도 앞에서 언급한 단점은 여전히 있습니다). 쿼리 빌더 메커니즘은 메서드를 미리 정의해야 하고 컴파일 시점에 메서드명이 정적으로 확인되지 않는다는 단점도 있습니다.

Criteria API를 이용하면 자바 API를 사용해 타입 안전하고 이식 가능한 쿼리를 작성할 수 있습니다. 이전에 제시된 방법의 단점을 해결했지만, 결국 매우 장황하고 읽기 어려운 코드가 만들어집니다.

Querydsl은 타입 안전성과 이식성이라는 중요한 아이디어를 유지합니다. 또한 Criteria API의 장황함을 줄여주며, 생성되는 코드가 Criteria API로 작성된 코드보다 훨씬 더 읽기 쉽고 이해하기 쉽습니다.

19.2 Querydsl 애플리케이션 생성

먼저 메이븐으로 의존성을 관리하는 Querydsl 애플리케이션을 만들어 보겠습니다. 이와 관련된 단계나 프로젝트에 추가해야 하는 의존성, 관리할 엔티티, Querydsl을 활용해 쿼리를 작성하는 방법을 살펴보겠습니다.

> 참고   소스코드의 예제를 실행하려면 먼저 Ch19.sql 스크립트를 실행해야 합니다.

19.2.1 Querydsl 애플리케이션 구성

메이븐 pom.xml 파일에 두 개의 의존성, 즉 querydsl-jpa와 querydsl-apt를 추가하겠습니다. querydsl-jpa 의존성은 JPA 애플리케이션 내에서 Querydsl API를 사용하는 데 필요합니다. querydsl-apt 의존성은 코드 컴파일 전에 자바 파일에서 애너테이션을 처리하는 데 필요합니다.

querydsl-apt의 APT는 Annotation Processing Tool(애너테이션 처리 도구)의 약자로, 이를 이용하면 애플리케이션에서 관리하는 엔티티가 이른바 Q타입(Q-type)으로 복제됩니다(Q는 "쿼리"를 의미). 즉,

각 `Entity` 엔티티마다 빌드 시 생성되는 `QEntity`가 있으며, 이 엔티티는 Querydsl이 데이터베이스에 쿼리하는 데 사용됩니다. 또한 엔티티의 각 필드는 특정 Querydsl 클래스를 사용해 `QEntity`에 미러링됩니다. 예를 들어, `String` 필드는 `StringPath` 필드에, `Long` 필드는 `NumberPath<Long>` 필드에, `Integer` 필드는 `NumberPath<Integer>` 필드에 미러링됩니다.

그럼 메이븐 `pom.xml` 파일에는 다음 예제에 표시된 의존성이 포함됩니다.

예제 19.1 `pom.xml` 메이븐 파일

`FILE` Ch19/querydsl/pom.xml

```xml
<dependency>
    <groupId>com.querydsl</groupId>
    <artifactId>querydsl-jpa</artifactId>
    <version>5.0.0</version>
</dependency>
<dependency>
    <groupId>com.querydsl</groupId>
    <artifactId>querydsl-apt</artifactId>
    <version>5.0.0</version>
    <scope>provided</scope>
</dependency>
```

`querydsl-apt` 의존성의 범위는 `provided`로 지정돼 있습니다. 즉, 이 의존성은 메이븐이 앞에서 소개한 Q 타입을 생성하는 빌드 시에만 필요합니다. 그 이후에는 더 이상 필요하지 않으므로 애플리케이션 아티팩트에 포함되지 않습니다.

Querydsl을 활용하려면 메이븐 `pom.xml` 파일에 메이븐 APT 플러그인도 포함해야 합니다. 이 플러그인은 빌드 과정에서 Q타입 생성을 처리합니다. 프로젝트에서 JPA 애너테이션을 사용하고 있으므로 사실상 이 작업을 수행하는 클래스는 `com.querydsl.apt.jpa.JPAAnnotationProcessor`입니다. 하이버네이트 API와 애너테이션을 사용하는 경우에는 `com.querydsl.apt.hibernate.HibernateAnnotationProcessor`를 사용해야 합니다.

또한 생성된 Q타입이 저장될 출력 디렉터리(`target` 메이븐 폴더 내부)를 지정해야 합니다. 이 모든 것이 추가된 `pom.xml` 파일은 다음과 같습니다.

예제 19.2 APT 플러그인이 포함된 `pom.xml` 메이븐 파일

`FILE` Ch19/querydsl/pom.xml

```
<plugin>
    <groupId>com.mysema.maven</groupId>
    <artifactId>apt-maven-plugin</artifactId>
    <version>1.1.3</version>
    <executions>
        <execution>
            <goals>
                <goal>process</goal>
            </goals>
            <configuration>
                <outputDirectory>target/generated-sources/java</outputDirectory>      ❶
                <processor>com.querydsl.apt.jpa.JPAAnnotationProcessor</processor>      ❷
            </configuration>
        </execution>
    </executions>
</plugin>
```

❶ 생성된 Q타입은 target/generated-sources/java 폴더에 위치하게 됩니다.

❷ com.querydsl.apt.jpa.JPAAnotationProcessor 클래스를 사용해 Q타입을 생성합니다.

이제 영속성 단위의 표준 구성 파일인 src/main/resources/META-INF/persistence.xml로 이동하겠습니다. 이 파일을 다음 예제에서 볼 수 있습니다.

예제 19.3 `persistence.xml` 구성 파일

`FILE` Ch19/querydsl/src/main/resources/META-INF/persistence.xml

```
<persistence-unit name="ch19.querydsl">      ❶
    <provider>org.hibernate.jpa.HibernatePersistenceProvider</provider>      ❷
    <properties>
        <property name="javax.persistence.jdbc.driver"
                  value="com.mysql.cj.jdbc.Driver"/>      ❸
        <property name="javax.persistence.jdbc.url"
                  value="jdbc:mysql://localhost:3306/CH19_QUERYDSL?serverTimezone=UTC"/>      ❹
        <property name="javax.persistence.jdbc.user" value="root"/>      ❺
        <property name="javax.persistence.jdbc.password" value=""/>      ❻
```

```
            <property name="hibernate.dialect"
                      value="org.hibernate.dialect.MySQL8Dialect"/>       ❼
            <property name="hibernate.show_sql" value="true"/>            ❽
            <property name="hibernate.format_sql" value="true"/>          ❾
            <property name="hibernate.hbm2ddl.auto" value="create"/>      ❿
        </properties>
    </persistence-unit>
```

❶ persistence.xml 파일은 ch19.querydsl 영속성 단위를 구성합니다.

❷ JPA는 명세일 뿐이므로 API 구현체의 PersistenceProvider 구현을 지정해야 합니다. 이번 예제의 영속성은 하이버네이트 공급자에 의해 처리됩니다.

❸ JDBC 프로퍼티(드라이버)

❹ 데이터베이스의 URL

❺ 사용자명

❻ 접속을 위한 비밀번호가 없습니다. 사용 중인 컴퓨터에는 MySQL 8이 설치돼 있으며, 접근 자격 증명은 persistence.xml에 있는 것을 사용합니다. 이때 사용 중인 컴퓨터의 자격 증명과 일치하도록 자격 증명을 수정해야 합니다.

❼ 상호작용할 데이터베이스는 MySQL 8.0이므로 하이버네이트 방언은 MySQL8입니다.

❽ 실행하는 동안 SQL 코드를 표시합니다.

❾ 하이버네이트가 SQL 문을 보기 좋게 표시하고 SQL 문자열에 주석을 생성하므로 하이버네이트가 해당 SQL 문을 실행한 이유를 알 수 있습니다.

❿ 프로그램이 실행될 때마다 데이터베이스가 처음부터 새로 만들어집니다. 이렇게 하면 테스트를 실행할 때마다 깨끗한 데이터베이스로 테스트할 수 있으므로 자동화된 테스트에 좋습니다.

19.2.2 엔티티 생성

이제 애플리케이션의 엔티티를 나타내는 User, Bid, Address 클래스를 생성하겠습니다. 이들 간의 관계는 일대다나 다대일 또는 임베드된 유형이 될 것입니다.

예제 19.4 User 클래스

FILE Ch19/querydsl/src/main/java/com/manning/javapersistence/querydsl/model/User.java

```
@Entity
@NoArgsConstructor
public class User {
```

```
    @Id
    @GeneratedValue(generator = Constants.ID_GENERATOR)          ❶
    @Getter
    private Long id;

    @Embedded                        ❷
    @Getter
    @Setter
    private Address address;          ❷

    @OneToMany(mappedBy = "user", cascade = CascadeType.ALL)
    private Set<Bid> bids = new HashSet<>();                      ❸

    // ...
}
```

❶ ID 필드는 Constants.ID_GENERATOR 생성기에 의해 생성되는 식별자입니다. 생성자에 대해서는 5장을 참고합니다.

❷ 주소는 고유한 ID가 없으며, 임베드할 수 있습니다.

❸ User와 Bid는 일대다 관계이며, 이는 Bid 쪽의 user 필드에 의해 매핑됩니다. CascadeType.ALL은 모든 연산이 상위의 User 에서 하위의 Bid로 전파된다는 것을 나타냅니다.

Address 클래스에는 자체적인 영속성 식별자가 없으며, 임베드할 수 있습니다.

예제 19.5 Address 클래스

`FILE` Ch19/querydsl/src/main/java/com/manning/javapersistence/querydsl/model/User.java

```
@Embeddable
@NoArgsConstructor
public class Address {

    // 롬복 애너테이션이 지정된 필드, 생성자
}
```

Bid 클래스에는 User와 비슷한 생성 전략을 가진 id 필드가 있습니다. Bid와 User 간의 관계는 선택 사항 이 아닌 다대일 관계이며, 페치 유형은 지연 로드입니다.

예제 19.6 Bid 클래스

`FILE` Ch19/querydsl/src/main/java/com/manning/javapersistence/querydsl/model/Bid.java

```java
@Entity
@NoArgsConstructor
public class Bid {

    @Id
    @GeneratedValue(generator = Constants.ID_GENERATOR)
    private Long id;

    @ManyToOne(optional = false, fetch = FetchType.LAZY)
    @Getter
    @Setter
    private User user;

    // ...
}
```

UserRepository 인터페이스는 JpaRepository<User, Long>을 확장합니다. 이 인터페이스는 User 엔티티를 관리하며 ID가 Long 타입입니다. 이 스프링 데이터 JPA 인터페이스는 Querydsl을 테스트하기 위해 데이터베이스를 편리하게 채우는 용도로만 사용합니다.

예제 19.7 UserRepository 인터페이스

`FILE` Ch19/querydsl/src/main/java/com/manning/javapersistence/querydsl/repositories/UserRepository
.java

```java
public interface UserRepository extends JpaRepository<User, Long> {

}
```

19.2.3 쿼리할 테스트 데이터 생성

데이터베이스를 채우고 이용하려면 SpringDataConfiguration 클래스와 GenerateUsers 클래스가 필요합니다. 이 접근 방식을 반복적으로 사용했기 때문에 여기서는 이 클래스의 기능만 간단히 살펴보겠습니다.

예제 19.8 SpringDataConfiguration 클래스

FILE Ch19/querydsl/src/test/java/com/manning/javapersistence/querydsl/configuration/SpringDataConf
iguration.java

```
@EnableJpaRepositories("com.manning.javapersistence.querydsl.repositories")      ❶
public class SpringDataConfiguration {
    @Bean
    public DataSource dataSource() {
        // ...                                    ❷
        return dataSource;
    }

    @Bean
    public JpaTransactionManager
    transactionManager(EntityManagerFactory emf) {        ❸
        return new JpaTransactionManager(emf);
    }

    @Bean
    public JpaVendorAdapter jpaVendorAdapter() {
        HibernateJpaVendorAdapter jpaVendorAdapter = new
                HibernateJpaVendorAdapter();              ❹
        // ...
        return jpaVendorAdapter;
    }

    @Bean
    public LocalContainerEntityManagerFactoryBean entityManagerFactory() {
        LocalContainerEntityManagerFactoryBean
            localContainerEntityManagerFactoryBean =
                new LocalContainerEntityManagerFactoryBean();    ❺
        // ...
        return localContainerEntityManagerFactoryBean;
    }
}
```

❶ @EnableJpaRepositories 애너테이션은 스프링 데이터 리포지터리에 대한 애너테이션이 지정된 구성 클래스의 패키지를 스캔
   합니다.

❷ 데이터 소스 빈을 생성해서 드라이버, 데이터베이스 URL, 사용자명과 비밀번호 같은 JDBC 프로퍼티를 보관합니다.

❸ 엔티티 매니저 팩터리를 기반으로 트랜잭션 매니저 빈을 생성합니다. 데이터베이스와의 모든 상호작용은 트랜잭션 경계 내에서 발생해야 하며, 스프링 데이터는 트랜잭션 매니저 빈을 필요로 합니다.

❹ JPA가 하이버네이트와 상호작용하는 데 필요한 JPA 공급자 어댑터 빈을 만들고 구성합니다.

❺ LocalContainerEntityManagerFactoryBean을 생성하고 구성합니다(이것은 EntityManagerFactory를 생성하는 팩터리 빈입니다).

GenerateUsers 클래스에는 사용자와 관련 입찰 리스트를 생성하는 generateUsers 메서드가 포함돼 있습니다.

예제 19.9 GenerateUsers 클래스

FILE Ch19/querydsl/src/test/java/com/manning/javapersistence/querydsl/GenerateUsers.java

```java
public class GenerateUsers {
    public static Address address = new Address("Flowers Street",
                                                "1234567", "Boston", "MA");

    public static List<User> generateUsers() {
        List<User> users = new ArrayList<>();

        User john = new User("john", "John", "Smith");
        john.setRegistrationDate(LocalDate.of(2020, Month.APRIL, 13));
        john.setEmail("john@somedomain.com");
        john.setLevel(1);
        john.setActive(true);
        john.setAddress(address);

        Bid bid1 = new Bid(new BigDecimal(100));
        bid1.setUser(john);
        john.addBid(bid1);

        Bid bid2 = new Bid(new BigDecimal(110));
        bid2.setUser(john);
        john.addBid(bid2);

        // ...
    }
}
```

19.3 Querydsl을 이용한 데이터베이스 쿼리

앞서 언급했듯이 메이븐 APT 플러그인은 빌드 과정에서 Q타입을 생성합니다. 앞에서 살펴본 구성(예제 19.2)에 따라 이러한 소스는 target/generated-sources/java 폴더에 생성됩니다(그림 19.1). 이렇게 생성된 클래스를 사용해 데이터베이스를 쿼리합니다.

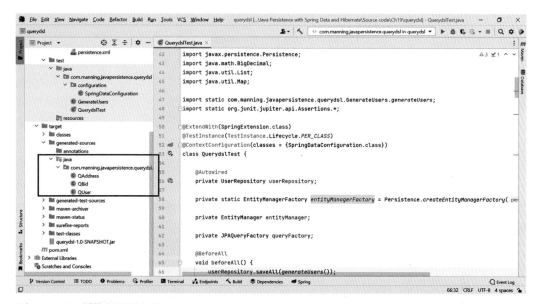

그림 19.1 target 폴더에 생성된 Q타입

하지만 먼저 데이터베이스를 채워야 하며, 이를 위해 UserRepository 인터페이스를 사용하겠습니다. 또한 EntityManagerFactory와 생성된 EntityManager를 사용해 JPAQueryFactory와 JPAQuery로 작업을 시작하겠습니다. 쿼리 작업을 하려면 JPAQueryFactory 인스턴스가 필요한데, 이 인스턴스는 EntityManager 인수를 받는 생성자에 의해 생성됩니다. 그런 다음, JPAQueryFactory는 사실상 데이터베이스에 쿼리하기 위한 JPAQuery 인스턴스를 생성합니다.

SpringExtension을 사용해 테스트를 확장하겠습니다. 이 확장은 스프링 테스트 컨텍스트를 JUnit 5 Jupiter 테스트와 통합하는 데 사용됩니다.

테스트를 실행하기 전에 이전에 생성된 사용자와 해당 사용자의 입찰 정보로 데이터베이스를 채웁니다. 각 테스트 전에 EntityManager를 생성하고 트랜잭션을 시작합니다. 따라서 데이터베이스와의 모든 상호작용은 트랜잭션 경계 내에서 발생합니다. 지금은 이 클래스 내부에서 쿼리를 실행하지 않지만, 테스트와 쿼리가 즉시 추가될 것이므로(예제 19.11부터) 클래스명을 QuerydslTest로 지정하겠습니다.

예제 19.10 QuerydslTest 클래스

FILE Ch19/querydsl/src/test/java/com/manning/javapersistence/querydsl/QuerydslTest.java

```
@ExtendWith(SpringExtension.class)              ❶
@TestInstance(TestInstance.Lifecycle.PER_CLASS)       ❷
@ContextConfiguration(classes = {SpringDataConfiguration.class})     ❸
class QuerydslTest {

    @Autowired
    private UserRepository userRepository;          ❹

    private static EntityManagerFactory entityManagerFactory =
                Persistence.createEntityManagerFactory("ch19.querydsl");     ❺

    private EntityManager entityManager;
                                                    ❻
    private JPAQueryFactory queryFactory;

    @BeforeAll
    void beforeAll() {
        userRepository.saveAll(generateUsers());        ❼
    }

    @BeforeEach
    void beforeEach() {
        entityManager = entityManagerFactory.createEntityManager();
        entityManager.getTransaction().begin();         ❽
        queryFactory = new JPAQueryFactory(entityManager);
    }

    @AfterEach
    void afterEach() {
        entityManager.getTransaction().commit();        ❾
        entityManager.close();
    }

    @AfterAll
    void afterAll() {
        userRepository.deleteAll();      ❿
    }
}
```

❶ SpringExtension을 사용해 테스트를 확장합니다.

❷ JUnit은 테스트당 하나의 인스턴스가 아니라 모든 테스트를 실행하기 위해 테스트 클래스의 인스턴스를 하나만 생성합니다. 이 같은 방식으로 UserRepository 필드를 인스턴스 변수로 자동 의존성 주입할 수 있습니다.

❸ 스프링 테스트 컨텍스트는 앞서 제시한 SpringDataConfiguration 클래스에 정의된 빈을 사용해서 구성됩니다.

❹ UserRepository 빈은 자동 의존성 주입을 통해 스프링에 의해 주입됩니다. 이 빈은 데이터베이스를 채우고 정리하는 데 사용됩니다.

❺ 데이터베이스와 상호작용하기 위해 EntityManagerFactory를 초기화합니다. EntityManagerFactory는 JPAQueryFactory에 필요한 EntityManager를 생성합니다.

❻ 애플리케이션에 필요한 EntityManager와 JPAQueryFactory를 선언합니다.

❼ 테스트에 사용할 목적으로 이전에 생성된 사용자 및 입찰 정보로 데이터베이스를 채웁니다.

❽ 생성자에 EntityManager를 인수로 전달해서 JPAQueryFactory를 생성합니다.

❾ 각 테스트가 끝나면 트랜잭션을 커밋하고 EntityManager를 닫습니다.

❿ 모든 테스트 실행이 끝나면 데이터베이스를 정리합니다.

19.3.1 데이터 필터링

앞에서 설명한 것처럼 애플리케이션에서 관리하는 엔티티는 이른바 Q타입으로 복제됩니다. 즉, 각 Entity 엔티티에는 빌드 시 생성되는 QEntity가 있으며, Querydsl은 이 엔티티를 사용해 데이터베이스에 쿼리합니다. 메이븐 APT 플러그인에 의해 생성된 Q타입 클래스는 각기 해당하는 종류의 정적 인스턴스를 포함합니다.

```
public static final QUser user = new QUser("user");
public static final QBid bid = new QBid("bid");
public static final QAddress address = new QAddress("address");
```

이러한 인스턴스는 데이터베이스에 쿼리하는 데 사용됩니다. 먼저 queryFactory.selectFrom(user)를 호출해서 JPAQuery 인스턴스를 가져옵니다. 그런 다음, 이 JPAQuery 인스턴스를 사용해 쿼리 절을 작성합니다. where 메서드를 사용해 지정된 Predicate를 기준으로 필터링하고 fetchOne 메서드를 사용해 데이터베이스에서 단일 요소를 가져옵니다. fetchOne은 조건을 충족하는 요소가 발견되지 않으면 null을 반환하고, 조건을 충족하는 요소가 여러 개 발견되면 NonUniqueResultException을 던집니다.

예를 들어, 특정 username을 가진 User를 가져오기 위해 다음과 같은 코드를 작성합니다.

예제 19.11 username으로 User 찾기

FILE Ch19/querydsl/src/test/java/com/manning/javapersistence/querydsl/QuerydslTest.java

```java
@Test
void testFindByUsername() {

    User fetchedUser = queryFactory.selectFrom(QUser.user)       ❶
            .where(QUser.user.username.eq("john"))    ❷
            .fetchOne();  ❸

    assertAll(
        () -> assertNotNull(fetchedUser),
        () -> assertEquals("john", fetchedUser.getUsername()),
        () -> assertEquals("John", fetchedUser.getFirstName()),      ❹
        () -> assertEquals("Smith", fetchedUser.getLastName()),
        () -> assertEquals(2, fetchedUser.getBids().size())
    );

}
```

❶ JPAQueryFactory 클래스에 속하는 selectFrom 메서드를 사용해 쿼리 생성을 시작합니다. 이 메서드는 생성된 Q타입 인스턴스인 QUser.user를 인수로 받고 JPAQuery를 반환합니다.

❷ where 메서드는 username과 관련된 Predicate를 기준으로 필터링합니다.

❸ fetchOne 메서드는 데이터베이스에서 단일 요소를 가져오려고 시도합니다.

❹ 가져온 데이터가 예상과 일치하는지 확인합니다.

하이버네이트에서 생성되는 SQL 쿼리는 다음과 같습니다.

```sql
select
    *
from
    User user0_
where
    user0_.username=?

select
    *
```

```
from
    Bid bids0_
where
    bids0_.user_id=?
```

and나 or 같은 메서드(각각 Predicate를 받는)를 사용해 여러 개의 Predicate를 기준으로 필터링할 수 있습니다. 예를 들어, level과 active 필드를 기준으로 필터링하기 위해 다음과 같은 코드를 작성할 수 있습니다.

```
List<User> users = (List<User>)queryFactory.from(QUser.user)
                        .where(QUser.user.level.eq(3)
                    .and(QUser.user.active.eq(true))).fetch();
```

그럼 다음과 같은 SQL 쿼리가 하이버네이트에 의해 생성됩니다.

```
select
    *
from
    User user0_
where
    user0_.level=?
    and user0_.active=?
```

19.3.2 데이터 정렬

데이터를 정렬하기 위해서는 정렬 기준을 나타내는 여러 개의 인수를 받을 수 있는 orderBy 메서드를 사용합니다. 예를 들어, username을 기준으로 정렬된 User 인스턴스를 가져오려면 다음과 같은 코드를 작성합니다.

예제 19.12 username을 기준으로 User 인스턴스 정렬

FILE Ch19/querydsl/src/test/java/com/manning/javapersistence/querydsl/QuerydslTest.java

```
@Test
void testOrderByUsername() {
```

```
List<User> users = queryFactory.selectFrom(QUser.user)     ❶
        .orderBy(QUser.user.username.asc())     ❷
        .fetch();     ❸

assertAll(
    () -> assertEquals(users.size(), 10),
    () -> assertEquals("beth", users.get(0).getUsername()),
    () -> assertEquals("burk", users.get(1).getUsername()),
    () -> assertEquals("mike", users.get(8).getUsername()),     ❹
    () -> assertEquals("stephanie", users.get(9).getUsername())
);
}
```

❶ JPAQueryFactory 클래스에 속한 selectFrom 메서드를 사용해 쿼리 생성을 시작합니다. 이 메서드는 생성된 Q타입 인스턴스 인 QUser.user를 인수로 받고 JPAQuery를 반환합니다.

❷ username 기준으로 결과를 오름차순으로 정렬합니다. orderBy 메서드는 중복 정의된 메서드이며, 정렬 기준을 여러 개 받을 수 있습니다.

❸ fetch 메서드는 User 인스턴스의 리스트를 가져옵니다.

❹ 가져온 데이터가 예상과 일치하는지 확인합니다.

그럼 다음과 같은 SQL 쿼리가 하이버네이트에 의해 생성됩니다.

```
select
    *
from
    User user0_
order by
    user0_.username asc
```

19.3.3 데이터 그룹화와 집계

데이터를 그룹화하기 위해서는 그룹화 표현식을 받는 groupBy 메서드를 사용합니다. 이러한 쿼리는 List<Tuple>을 반환합니다. com.querydsl.core.Tuple 객체는 그룹화할 키와 그에 해당하는 값을 포함 하는 키/값 쌍입니다. 예를 들어, 다음 코드는 amount별로 그룹화된 입찰 인스턴스의 개수를 셉니다.

예제 19.13 금액별로 입찰을 그룹화

FILE Ch19/querydsl/src/test/java/com/manning/javapersistence/querydsl/QuerydslTest.java

```
@Test
void testGroupByBidAmount() {

    NumberPath<Long> count = Expressions.numberPath(Long.class, "bids");        ❶

    List<Tuple> userBidsGroupByAmount =        ❷
        queryFactory.select(QBid.bid.amount,
                        QBid.bid.id.count().as(count))        ❸
                .from(QBid.bid)
                .groupBy(QBid.bid.amount)        ❹
                .orderBy(count.desc())        ❺
                .fetch();        ❻

    assertAll(        ❼
        () -> assertEquals(new BigDecimal("120.00"),
                    userBidsGroupByAmount.get(0).get(QBid.bid.amount)),        ❼
        () -> assertEquals(2, userBidsGroupByAmount.get(0).get(count))
    );

}
```

❶ 나중에 쿼리를 생성할 때 여러 번 필요하므로 count() 표현식을 만들어둡니다.

❷ 그룹화할 키와 그에 해당하는 값의 키/값 쌍인 List<Tuple>을 반환합니다.

❸ Bid로부터 amount와 동일한 amount의 개수를 선택합니다.

❹ amount 값으로 그룹화합니다.

❺ 같은 금액을 가진 레코드의 개수를 기준으로 정렬합니다.

❻ List<Tuple> 객체를 가져옵니다.

❼ 가져온 데이터가 예상과 일치하는지 확인합니다.

그럼 다음과 같은 SQL 쿼리가 하이버네이트에 의해 생성됩니다.

```
select
    bid0_.amount as col_0_0_,
    count(bid0_.id) as col_1_0_
```

```
from
    Bid bid0_
group by
    bid0_.amount
order by
    col_1_0_ desc
```

집계 작업을 수행해 Bid의 최댓값, 최솟값, 평균값을 얻으려면 다음 코드와 같이 max, min, avg 메서드를
사용할 수 있습니다.

```
queryFactory.from(QBid.bid).select(QBid.bid.amount.max()).fetchOne();
queryFactory.from(QBid.bid).select(QBid.bid.amount.min()).fetchOne();
queryFactory.from(QBid.bid).select(QBid.bid.amount.avg()).fetchOne();
```

하이버네이트에서 생성되는 SQL 쿼리는 다음과 같습니다.

```
select
    max(bid0_.amount) as col_0_0_
from
    Bid bid0_

    select
        min(bid0_.amount) as col_0_0_
    from
        Bid bid0_

    select
        avg(bid0_.amount) as col_0_0_
    from
        Bid bid0_
```

19.3.4 서브쿼리와 조인

서브쿼리를 활용하기 위해서는 JPAExpressions 정적 팩터리 메서드(예: select)를 사용해 서브쿼리를
만들고, from과 where 같은 메서드를 사용해 쿼리 매개변수를 정의합니다. 이때 서브쿼리를 메인 쿼리의
where 메서드에 전달합니다. 예를 들어, 다음 예제는 특정 amount의 입찰을 가진 User를 선택합니다.

예제 19.14 서브쿼리 활용

FILE Ch19/querydsl/src/test/java/com/manning/javapersistence/querydsl/QuerydslTest.java

```
@Test
void testSubquery() {

    List<User> users = queryFactory.selectFrom(QUser.user)      ❶
            .where(QUser.user.id.in(              ❷
                    JPAExpressions.select(QBid.bid.user.id)
                            .from(QBid.bid)
                            .where(QBid.bid.amount.eq(          ❸
                                    new BigDecimal("120.00")))))
            .fetch();      ❹

    List<User> otherUsers = queryFactory.selectFrom(QUser.user)
            .where(QUser.user.id.in(
                    JPAExpressions.select(QBid.bid.user.id)
                            .from(QBid.bid)                      ❺
                            .where(QBid.bid.amount.eq(
                                    new BigDecimal("105.00")))))
            .fetch();

    assertAll(
        () -> assertEquals(2, users.size()),
        () -> assertEquals(1, otherUsers.size()),              ❻
        () -> assertEquals("burk", otherUsers.get(0).getUsername())
    );
}
```

❶ JPAQueryFactory 클래스에 속한 selectFrom 메서드를 사용해 쿼리 생성을 시작합니다.

❷ 서브쿼리를 where 메서드의 매개변수로 전달합니다.

❸ amount가 120.00인 Bid를 가져오는 서브쿼리를 생성합니다.

❹ 결과를 가져옵니다.

❺ amount가 105.00인 입찰에 대해 비슷한 쿼리 및 서브쿼리를 생성합니다.

❻ 가져온 데이터가 예상과 일치하는지 확인합니다.

그럼 다음과 같은 SQL 쿼리가 하이버네이트에 의해 생성됩니다.

```
select
    *
from
    User user0_
where
    user0_.id in (
        select
            bid1_.user_id
        from
            Bid bid1_
        where
            bid1_.amount=?
    )
```

조인을 활용하려면 innerJoin, leftJoin, outerJoin 메서드를 사용해 조인을 정의하고, on 메서드를 사용해 조인할 조건(Predicate)을 선언합니다.

예제 19.15 조인 활용

FILE Ch19/querydsl/src/test/java/com/manning/javapersistence/querydsl/QuerydslTest.java

```
@Test
void testJoin() {
    List<User> users = queryFactory.selectFrom(QUser.user)        ❶
            .innerJoin(QUser.user.bids, QBid.bid)                 ❷
            .on(QBid.bid.amount.eq(new BigDecimal("120.00")))     ❸
            .fetch();        ❹

    List<User> otherUsers = queryFactory.selectFrom(QUser.user)
            .innerJoin(QUser.user.bids, QBid.bid)
            .on(QBid.bid.amount.eq(new BigDecimal("105.00")))     ❺
            .fetch();

    assertAll(
        () -> assertEquals(2, users.size()),
        () -> assertEquals(1, otherUsers.size()),                 ❻
        () -> assertEquals("burk", otherUsers.get(0).getUsername())
    );
}
```

❶ JPAQueryFactory 클래스에 속한 selectFrom 메서드를 사용해 쿼리 생성을 시작합니다.

❷ Bid에 대해 내부 조인을 만듭니다.

❸ Bid의 amount가 120.00이 되도록 Predicate로 조인 조건을 정의합니다.

❹ 결과를 가져옵니다.

❺ amount가 105.00인 Bid에 대해 유사한 조인을 만듭니다.

❻ 가져온 데이터가 예상과 일치하는지 확인합니다.

그럼 다음과 같은 SQL 쿼리가 하이버네이트에 의해 생성됩니다.

```
select
    *
from
    User user0_
inner join
    Bid bids1_
        on user0_.id=bids1_.user_id
        and (
            bids1_.amount=?
        )
```

19.3.5 엔티티 업데이트

엔티티를 업데이트하려면 JPAQueryFactory 클래스의 update 메서드와 업데이트할 엔티티를 필터링할 Predicate를 정의하는 where 메서드(선택 사항), 변경 사항을 정의하는 set 메서드, 사실상 업데이트를 실행하는 execute 메서드를 사용합니다.

예제 19.16 정보 업데이트

FILE Ch19/querydsl/src/test/java/com/manning/javapersistence/querydsl/QuerydslTest.java

```
@Test
void testUpdate() {

    queryFactory.update(QUser.user)                              ❶
            .where(QUser.user.username.eq("john"))               ❷
            .set(QUser.user.email, "john@someotherdomain.com")   ❸
            .execute();                                          ❹

    entityManager.getTransaction().commit();                     ❺
```

```
    entityManager.getTransaction().begin();              ❻

    assertEquals("john@someotherdomain.com",
            queryFactory.select(QUser.user.email)
                    .from(QUser.user)                    ❼
                    .where(QUser.user.username.eq("john"))
                    .fetchOne());
}
```

❶ JPAQueryFactory 클래스에 속한 update 메서드를 사용해 쿼리 생성을 시작합니다.

❷ 업데이트할 where 조건을 정의합니다(선택 사항).

❸ set 메서드를 사용해 엔티티에 적용될 변경 사항을 정의합니다.

❹ 업데이트를 실행합니다.

❺ @BeforeEach 애너테이션이 지정된 메서드에서 시작된 트랜잭션을 커밋합니다.

❻ @AfterEach 애너테이션이 지정된 메서드에서 커밋할 새 트랜잭션을 시작합니다.

❼ 수정된 엔티티를 가져와 업데이트 결과를 확인합니다.

그럼 다음과 같은 SQL 쿼리가 하이버네이트에 의해 생성됩니다.

```
update
    User
set
    email=?
where
    username=?
```

19.3.6 엔티티 삭제

엔티티를 삭제하려면 JPAQueryFactory 클래스의 update 메서드, 삭제할 엔티티를 필터링할 Predicate 를 정의하는 where 메서드(선택 사항), 사실상 삭제를 실행하는 execute 메서드를 사용합니다.

이 경우 Querydsl에는 커다란 문제가 있습니다. Querydsl 참조 문서(http://querydsl.com/static/ querydsl/latest/reference/html/)의 2.1.11절에 나오는 JPA를 이용한 DELETE 쿼리에 대한 내용에서는 "JPA의 DML 절은 JPA 수준의 연쇄 적용 규칙을 고려하지 않으며, 잘게 세분화된 2차 캐시 상호작용을 제 공하지 않습니다."라고 언급돼 있습니다. 따라서 User 클래스에 있는 입찰의 @OneToMany 애너테이션에 대한 연쇄 적용 속성은 무시되므로 사용자를 선택하고 수동으로 해당 사용자의 입찰을 삭제한 후 Querydsl 삭제 쿼리를 통해 삭제해야 합니다.

이 문제가 Querydsl에서 발생했다는 추가 증거로, `userRepository.delete(burk);` 명령을 통해 사용자를 삭제할 경우에는 `@OneToMany` 연쇄 적용 속성이 제대로 반영되어 사용자의 입찰을 수동으로 처리할 필요가 없을 것입니다.

예제 19.17 정보 삭제

FILE Ch19/querydsl/src/test/java/com/manning/javapersistence/querydsl/QuerydslTest.java

```java
@Test
void testDelete() {

    User burk = (User) queryFactory.from(QUser.user)
                    .where(QUser.user.username.eq("burk"))      ❶
                    .fetchOne();
    if (burk != null) {
        queryFactory.delete(QBid.bid)
                    .where(QBid.bid.user.eq(burk))              ❷
                    .execute();
    }

    queryFactory.delete(QUser.user)            ❸
            .where(QUser.user.username.eq("burk"))    ❹
            .execute();    ❺

    entityManager.getTransaction().commit();        ❻
    entityManager.getTransaction().begin();         ❼

    assertNull(queryFactory.selectFrom(QUser.user)
            .where(QUser.user.username.eq("burk"))      ❽
            .fetchOne());
}
```

❶ 사용자 burk를 찾습니다.

❷ 앞에서 찾은 사용자의 입찰을 삭제합니다.

❸ JPAQueryFactory 클래스에 속한 delete 메서드를 사용해 쿼리 생성을 시작합니다.

❹ 삭제할 where 조건을 정의합니다(선택 사항).

❺ 삭제를 실행합니다.

❻ @BeforeEach 애너테이션이 지정된 메서드에서 시작된 트랜잭션을 커밋합니다.

❼ @AfterEach 애너테이션이 지정된 메서드에서 커밋할 새 트랜잭션을 시작합니다. 이번 예제에서 commit 트랜잭션이 begin 트랜잭션 앞에 나타나는 이유가 여기에 있습니다.

❽ 엔티티를 가져와 삭제 결과를 확인합니다. 엔티티가 더 이상 존재하지 않는 경우 fetchOne 메서드는 null을 반환합니다.

그럼 다음과 같은 SQL 쿼리가 하이버네이트에 의해 생성됩니다.

```
delete
from
    User
where
    username=?
```

User에게 먼저 삭제해야 할 하위 Bid가 있는 경우 이 쿼리만으로는 충분하지 않습니다. 하이버네이트가 스키마를 생성할 때 bid 테이블의 user_id 칼럼에 외래키 제약조건을 정의할 때 ON DELETE CASCADE 절이 추가되지 않는 MySQL의 또 다른 문제점이 드러납니다. 그렇지 않았다면 Querydsl이 @OneToMany 연쇄 적용 속성을 무시하더라도 이 DELETE 쿼리 하나로 충분했을 것입니다.

Querydsl API는 삽입 기능을 제공하지 않습니다. 엔티티를 삽입하려면 EntityManager(JPA)나 Session(하이버네이트), 리포지터리(스프링 데이터 JPA)를 사용할 수 있습니다.

정리

- SQL, JPQL, Criteria API, 스프링 데이터 같은 쿼리 대안에는 이식성 부족, 타입 안전성 및 정적 쿼리 검증 부족, 장황함이라는 단점이 있습니다. Querydsl은 타입 안전성과 이식성이라는 중요한 아이디어를 해결하고 장황함을 줄입니다.

- 영속성 애플리케이션을 만들어 Querydsl을 사용하고, 구성 및 엔티티를 정의하고, 데이터를 영속화하거나 쿼리할 수 있습니다.

- Querydsl를 활용하려면 해당 의존성을 애플리케이션에 추가해야 합니다. 빌드 시 엔티티를 복제하는 Q타입을 생성하려면 메이븐 APT(Annotation Processing Tool)가 필요합니다.

- 핵심 Querydsl 클래스인 JPAQueryFactory와 JPAQuery를 활용해 데이터를 조회, 업데이트, 삭제하는 쿼리를 작성할 수 있습니다.

- 데이터를 필터링, 정렬, 그룹화하는 쿼리와 조인, 업데이트, 삭제를 실행하는 쿼리를 만들 수 있습니다.

20

자바 영속성
애플리케이션 테스트

이번 장에서 다루는 내용

- 테스트 피라미드 소개 및 해당 맥락에서 영속성 테스트 살펴보기

- 스프링 부트를 이용해 테스트할 영속성 애플리케이션 생성

- 스프링 테스트 컨텍스트 프레임워크 활용

- 스프링 프로파일을 활용한 자바 영속성 애플리케이션 테스트

- 실행 리스너를 활용한 자바 영속성 애플리케이션 테스트

모든 코드는 테스트해야 합니다. 개발 중에는 코딩, 컴파일, 실행을 진행합니다. 실행할 때는 코드가 어떻게 작동하는지 테스트하기도 합니다. 영속성 애플리케이션을 테스트하려면 이보다 더 많은 작업이 필요합니다. 그 과정에서 코드가 외부 데이터베이스와 상호작용하며 프로그램의 작동 방식이 데이터베이스에 종속될 수 있습니다.

20.1　테스트 피라미드 소개

이전 장에서는 데이터베이스와 상호작용하는 코드를 개발하는 데 중점을 뒀습니다. 이를 위한 다양한 대안과 프레임워크를 살펴보고 다양한 데이터베이스와 상호작용했습니다. 이제 프로그램이 안전하고 버그가 없는지 확인해야 합니다. 버그를 만들지 않고 변경 사항을 도입하고, 기존 기능에 영향을 주지 않으면

서 새로운 기능을 추가하고, 기존 기능을 손상시키지 않으면서 코드를 리팩터링할 수 있어야 합니다. 이것이 이 마지막 장의 목적입니다.

애플리케이션은 수동으로 테스트할 수 있지만, 오늘날 대부분의 테스트는 자동으로 실행되며, 테스트의 수준 또한 다양합니다. 모놀리식 애플리케이션에 대한 다양한 수준의 소프트웨어 테스트는 그림 20.1과 같이 피라미드로 간주할 수 있습니다. 소프트웨어 테스트 수준은 다음과 같이 정의할 수 있습니다(가장 낮은 수준부터 가장 높은 수준까지).

- **단위 테스트(Unit testing)**: 단위 테스트는 피라미드의 기초입니다. 메서드 또는 클래스(개별 단위)에 초점을 맞춰 각각을 개별적으로 테스트해서 예상대로 작동하는지 확인합니다.

- **통합 테스트(Integration testing)**: 검증된 개별 소프트웨어 구성 요소를 더 큰 수준에서 결합해서 함께 테스트합니다.

- **시스템 테스트(System testing)**: 명세 준수 여부를 평가하기 위해 전체 시스템에 대해 테스트를 수행합니다. 시스템 테스트는 설계나 코드에 대한 지식이 필요하지 않고 전체 시스템의 기능에 중점을 둡니다.

- **인수 테스트(Acceptance testing)**: 인수 테스트는 시나리오와 테스트 케이스를 사용해 애플리케이션이 최종 사용자의 기대치를 충족하는지 확인합니다.

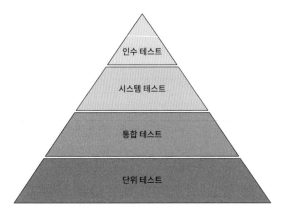

그림 20.1 테스트 피라미드는 하위 수준(단위 테스트)이 크고 상위 테스트 수준은 작습니다. 개별 단위를 확인하는 것부터 시작해서 소프트웨어가 사용자의 요구사항을 해결하는 방법을 검증하는 단계로 올라갑니다.

영속성 애플리케이션 테스트는 통합 테스트 수준에 속합니다. 즉, 코드를 데이터베이스 상호작용과 결합하며 데이터베이스의 작동 방식에 의존합니다. 반복되는 테스트 실행 간에 테스트 동작을 일관되게 유지하고 데이터베이스의 내용을 테스트를 실행하기 전과 동일하게 유지하고자 합니다. 다음 절에서는 이러한 목표를 달성하는 가장 좋은 방법을 살펴보겠습니다.

20.2 테스트할 영속성 애플리케이션 생성

기능을 테스트할 수 있도록 스프링 부트 영속성 애플리케이션을 생성하겠습니다. 이를 위해 스프링 이니
셜라이저 웹사이트(https://start.spring.io/)로 이동한 후 다음과 같은 특성을 가진 새 스프링 부트 프로
젝트를 생성합니다(그림 20.2).

- 그룹: com.manning.javapersistence
- 아티팩트: testing
- 설명: 영속성 테스트

또한 다음과 같은 의존성을 추가합니다.

- Spring Data JPA(이렇게 하면 메이븐 pom.xml 파일에 `spring-boot-starter-data-jpa`가 추가됩니다).
- MySQL Driver(이렇게 하면 메이븐 pom.xml 파일에 `mysql-connector-java`가 추가됩니다).
- Lombok(이렇게 하면 메이븐 pom.xml 파일에 `lombok(org.projectlombok)`이 추가됩니다).
- Validation(이렇게 하면 메이븐 pom.xml 파일에 `spring-boot-starter-validation`이 추가됩니다).
- `spring-boot-starter-test` 의존성은 자동으로 추가됩니다.

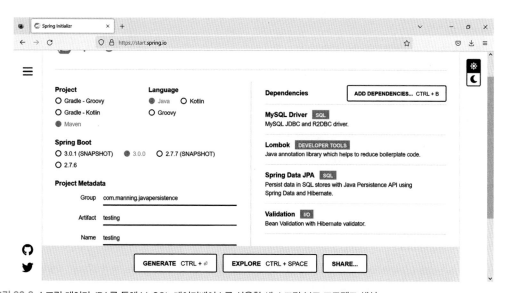

그림 20.2 스프링 데이터 JPA를 통해 MySQL 데이터베이스를 사용할 새 스프링 부트 프로젝트 생성

> **참고** 소스코드의 예제를 실행하려면 먼저 Ch20.sql 스크립트를 실행해야 합니다.

다음 예제의 pom.xml 파일에는 스프링 부트 프로젝트를 생성할 때 추가한 의존성이 포함돼 있습니다. 여기서는 MySQL 데이터베이스에 접근하는 스프링 영속성 애플리케이션을 만들 것이며, 이를 위해 MySQL 데이터베이스에 대한 드라이버도 필요하고 일부 필드의 유효성도 검사해야 할 것입니다.

예제 20.1 pom.xml 메이븐 파일

`FILE` Ch20/1 spring testing/pom.xml

```
<dependency>
    <groupId>org.springframework.boot</groupId>          ❶
    <artifactId>spring-boot-starter-data-jpa</artifactId>
</dependency>
<dependency>
    <groupId>org.springframework.boot</groupId>          ❷
    <artifactId>spring-boot-starter-validation</artifactId>
</dependency>
<dependency>
    <groupId>mysql</groupId>
    <artifactId>mysql-connector-java</artifactId>        ❸
    <scope>runtime</scope>
</dependency>
<dependency>
    <groupId>org.projectlombok</groupId>
    <artifactId>lombok</artifactId>                       ❹
    <optional>true</optional>
</dependency>
<dependency>
    <groupId>org.springframework.boot</groupId>
    <artifactId>spring-boot-starter-test</artifactId>    ❺
    <scope>test</scope>
</dependency>
```

❶ spring-boot-starter-data-jpa는 스프링 부트에서 스프링 데이터 JPA를 통해 관계형 데이터베이스에 연결하기 위해 사용하는 스타터 의존성입니다.

❷ spring-boot-starter-validation은 하이버네이트 유효성 검사기(Hibernate Validator)와 함께 자바 빈 유효성 검사(Java Bean Validation)를 사용하기 위한 스타터 의존성입니다.

❸ mysql-connector-java는 MySQL용 JDBC 드라이버입니다. 런타임 의존성이므로 런타임에만 클래스 경로에 두면 됩니다.

❹ Lombok은 생성자, 게터, 세터를 자동으로 생성해서 상용구 코드를 줄일 수 있게 해줍니다.

❺ spring-boot-starter-test는 JUnit 5를 포함한 라이브러리를 사용해 스프링 부트 애플리케이션을 테스트하기 위한 스타터 의존성입니다.

다음 단계는 스프링 부트용 `application.properties` 파일을 작성하는 것입니다. 이 파일에는 애플리케이션에서 사용할 다양한 프로퍼티를 포함할 수 있습니다. 스프링 부트는 클래스 경로에서 `application.properties`를 자동으로 찾아서 로드하며, 메이븐은 `src/main/resources` 폴더를 클래스 경로에 추가합니다. 예제 애플리케이션의 `application.properties` 구성 파일은 예제 20.2와 같습니다.

예제 20.2 application.properties 파일

FILE Ch20/1 spring testing/src/main/resources/application.properties

```
spring.datasource.url=jdbc:mysql://localhost:3306/CH20_TESTING?serverTimezone=UTC      ❶
spring.datasource.username=root
                                       ❷
spring.datasource.password=
spring.jpa.properties.hibernate.dialect=org.hibernate.dialect.MySQL8Dialect      ❸
spring.jpa.show-sql=true   ❹
spring.jpa.hibernate.ddl-auto=create        ❺
```

❶ 데이터베이스 URL

❷ 데이터베이스에 접속하기 위한 자격 증명입니다. 사용 중인 컴퓨터의 자격 증명으로 바꾸고 실무에서는 비밀번호를 사용하세요.

❸ 데이터베이스의 방언인 MySQL

❹ 실행되는 동안 SQL 쿼리를 표시합니다.

❺ 애플리케이션을 실행할 때마다 테이블을 다시 생성합니다.

> 참고   스프링 부트 애플리케이션에서 매개변수를 제공하는 방법에는 여러 가지가 있으며, `.properties` 파일은 그중 하나에 불과합니다. 매개변수는 소스코드에서 가져오거나 명령줄 인수로 제공할 수 있습니다. 자세한 내용은 스프링 부트 설명서를 참고합니다.

테스트할 애플리케이션에는 User와 Log라는 두 개의 엔티티가 있습니다. User 엔티티는 다음 예제에 나와 있습니다. 이 엔티티에는 생성되는 `id`와 길이 유효성 검사가 수행되는 `name` 필드가 있습니다. 인수가 없는 생성자, 게터, 세터는 롬복에서 생성합니다.

예제 20.3 User 클래스

`FILE` Ch20/1 spring testing/src/main/java/com/manning/javapersistence/testing/model/User.java

---

```java
@Entity
@NoArgsConstructor
public class User {

    @Id
    @GeneratedValue
    @Getter
    private Long id;

    @NotNull
    @Size(
        min = 2,
        max = 255,
        message = "Name is required, maximum 255 characters."
    )
    @Getter
    @Setter
    private String name;

    public User(String name) {
        this.name = name;
    }

}
```

Log 엔티티는 다음 예제에 나와 있습니다. 이 엔티티에는 생성되는 **id**와 길이 유효성 검사가 수행되는 **info** 필드가 있습니다. 인수가 없는 생성자, 게터, 세터는 롬복에서 생성됩니다.

예제 20.4 Log 클래스

`FILE` Ch20/1 spring testing/src/main/java/com/manning/javapersistence/testing/model/Log.java

---

```java
@Entity
@NoArgsConstructor
public class Log {
    @Id
```

```java
    @GeneratedValue
    @Getter
    private Long id;

    @NotNull
    @Size(
        min = 2,
        max = 255,
        message = "Info is required, maximum 255 characters."
    )
    @Getter
    @Setter
    private String info;

    public Log(String info) {
        this.info = info;
    }
}
```

두 엔티티를 관리하기 위해 JpaRepository를 확장하는 UserRepository와 LogRepository라는 두 개의 리포지터리 인터페이스를 생성하겠습니다.

```java
public interface UserRepository extends JpaRepository<User, Long> {
}

public interface LogRepository extends JpaRepository<Log, Long> {
}
```

20.3 스프링 TestContext 프레임워크 활용

스프링 TestContext 프레임워크는 통합 테스트를 지원하도록 설계됐으므로 영속성 계층을 테스트하는 데 적절합니다. 이 프레임워크는 우리가 사용하는 테스트 프레임워크에 구애받지 않으며, 여기서는 JUnit 5를 활용하겠습니다. org.springframework.test.context 패키지에 속하는 필수 클래스와 애너테이션을 살펴보겠습니다.

스프링 TestContext 프레임워크의 진입점은 `TestContextManager` 클래스입니다. 이 클래스의 목표는 단일 TestContext를 관리하고 등록된 리스너로 이벤트를 전송하는 것입니다. 리스너에 대해서는 20.8절에서 자세히 살펴보겠습니다.

주입된 `UserRepository`를 사용해 User 엔티티를 데이터베이스에 저장하고 다시 조회하는 첫 번째 테스트를 작성해 보겠습니다.

예제 20.5 SaveRetrieveUserTest 클래스

FILE Ch20/1 spring testing/src/test/java/com/manning/javapersistence/testing/SaveRetrieveUserTest.java

```java
@SpringBootTest
class SaveRetrieveUserTest {

    @Autowired
    private UserRepository userRepository;

    @Test
    void saveRetrieve() {
        userRepository.save(new User("User1"));
        List<User> users = userRepository.findAll();

        assertAll(
            () -> assertEquals(1, users.size()),
            () -> assertEquals("User1", users.get(0).getName())
        );
    }
}
```

이 테스트를 여러 번 반복해서 실행하면 항상 성공하므로 이 테스트를 수정해서 saveRetrieve 테스트 메서드에 **@RepeatedTest(2)** JUnit 5 애너테이션을 지정해 보겠습니다. 이렇게 하면 클래스를 한 번 실행할 때 두 번 실행됩니다. 수정된 테스트는 다음 예제와 같습니다.

예제 20.6 @RepeatedTest를 사용하는 SaveRetrieveUserTest 클래스

FILE Ch20/1 spring testing/src/test/java/com/manning/javapersistence/testing/SaveRetrieveUserTest.java

```java
@SpringBootTest
class SaveRetrieveUserTest {

    @Autowired
    private UserRepository userRepository;

    @RepeatedTest(2)
    void saveRetrieve() {
        userRepository.save(new User("User1"));
        List users = userRepository.findAll();

        assertAll(
            () -> assertEquals(1, users.size()),
            () -> assertEquals("User1", users.get(0).getName())
        );
    }

}
```

이제 수정된 테스트를 실행해 보겠습니다. 놀랍게도 첫 번째 실행은 성공하고 두 번째 실행은 실패해서 데이터베이스에서 한 명이 아닌 두 명의 사용자를 가져옵니다(그림 20.3).

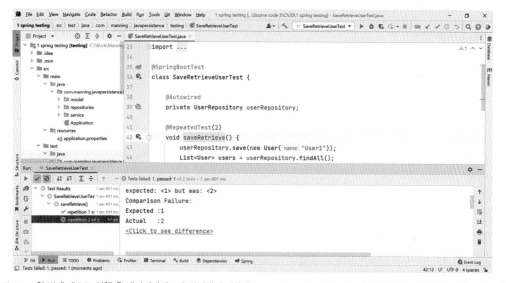

그림 20.3 첫 번째 테스트 실행 후 데이터베이스가 변경됐기 때문에 @RepeatedTest는 첫 번째 테스트에서 성공하고 두 번째 테스트에서는 실패합니다.

이는 첫 번째 테스트 실행으로 삽입된 로우가 제거되지 않았고 두 번째 테스트에서 테이블에서 하나 더 추가된 로우를 발견했기 때문에 발생합니다. 이 경우 클래스가 실행될 때 실행되는 SQL 명령을 추적할 수 있습니다.

두 테스트를 실행하기 전에 실행되는 SQL 명령은 테이블의 (재)생성을 처리합니다.

```
drop table if exists hibernate_sequence
drop table if exists log
drop table if exists user

create table hibernate_sequence (next_val bigint)
insert into hibernate_sequence values ( 1 )
create table log (id bigint not null, info varchar(255) not null, primary key (id))
create table user (id bigint not null, name varchar(255) not null, primary key (id))
```

각 테스트를 실행하기 전에 다음과 같은 SQL 명령이 실행되어 테이블에 새 로우를 삽입합니다.

```
select next_val as id_val from hibernate_sequence for update
update hibernate_sequence set next_val= ? where next_val=?
insert into user (name, id) values (?, ?)
select user0_.id as id1_1_, user0_.name as name2_1_ from user user0_
```

두 번째 테스트를 실행할 때는 테이블에서 기존 로우를 찾고 새 로우를 추가하므로 테스트가 실패하는데, 단일 로우를 찾을 것으로 예상했기 때문입니다. 각 테스트가 끝날 때 데이터베이스의 내용을 실행 전과 동일하게 유지할 수 있는 대안을 찾아야 합니다.

20.4 @DirtiesContext 애너테이션

스프링 TestContext 프레임워크에서 제공하는 한 가지 대안은 @DirtiesContext 애너테이션을 사용하는 것입니다. @DirtiesContext는 테스트 메서드 또는 테스트 클래스가 스프링 컨텍스트를 변경한다는 것을 인식하고, 스프링 TestContext 프레임워크가 이를 처음부터 새로 생성해서 다음 테스트에 제공합니다. 이 애너테이션은 메서드나 클래스에 적용할 수 있습니다. 이 애너테이션의 효과는 각 테스트 메서드의 실행 전후 또는 테스트 클래스의 실행 전후에 적용될 수 있습니다.

다음 예제와 같이 테스트 클래스를 수정하겠습니다.

예제 20.7 @DirtiesContext를 사용하는 SaveRetrieveUserTest 클래스

FILE Ch20/1 spring testing/src/test/java/com/manning/javapersistence/testing/SaveRetrieveUserTest.java

```java
@SpringBootTest
@DirtiesContext(classMode = DirtiesContext.ClassMode.AFTER_EACH_TEST_METHOD)    ❶
class SaveRetrieveUserTest {

    @Autowired
    private UserRepository userRepository;


    @RepeatedTest(2)
    void saveRetrieve() {
        // ...
    }

}
```

❶ 각 테스트 메서드를 실행한 후 스프링 컨텍스트를 다시 생성합니다.

이제 수정된 테스트를 실행하면 첫 번째와 두 번째 실행에 대해 모두 성공합니다(그림 20.4). 즉, 첫 번째 테스트를 실행한 후 두 번째 테스트를 실행할 때 더 이상 변경된 데이터베이스를 대상으로 테스트하지 않게 됩니다.

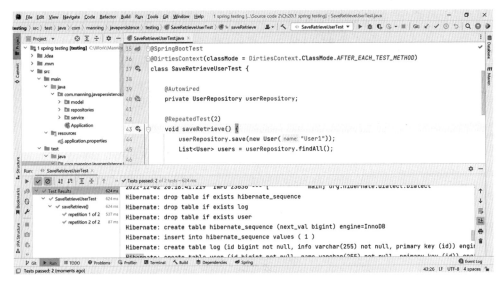

그림 20.4 @DirtiesContext 애너테이션이 지정된 테스트는 첫 번째와 두 번째 경우에 모두 성공합니다.

각 테스트를 실행하기 전에 실행되는 SQL 명령은 테이블을 (재)생성하고 테이블에 로우를 삽입하는 작업을 모두 처리합니다.

```
drop table if exists hibernate_sequence
drop table if exists log
drop table if exists user
create table hibernate_sequence (next_val bigint)
insert into hibernate_sequence values ( 1 )
create table log (id bigint not null, info varchar(255) not null, primary key (id))
create table user (id bigint not null, name varchar(255) not null, primary key (id))
select next_val as id_val from hibernate_sequence for update
update hibernate_sequence set next_val= ? where next_val=?
insert into user (name, id) values (?, ?)
select user0_.id as id1_1_, user0_.name as name2_1_ from user user0_
```

이러한 명령은 각 테스트 전에 한 번씩, 총 두 번 실행됩니다. 이 밖에도 애플리케이션이 시작될 때마다 한 번씩 스프링 부트 배너(그림 20.4의 하단에도 표시됨)도 총 두 번 표시됩니다.

메서드 수준에서 @DirtiesContext 애너테이션의 기능은 그림 20.5에서 확인할 수 있습니다.

이 방법은 효과적이지만 테이블을 다시 생성하고 테스트를 실행할 때마다 애플리케이션을 다시 초기화하는 데 따른 성능 비용이 발생합니다. 다른 대안도 있는지 살펴봅시다.

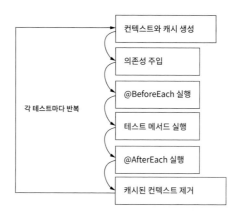

그림 20.5 메서드 수준의 `@DirtiesContext` 애너테이션은 각 테스트 메서드를 실행하기 전에 컨텍스트와 캐시를 생성하고 실행 후에는 제거합니다.

20.5 @Transactional 실행

11장에서 트랜잭션에 대해 자세히 살펴봤습니다. 트랜잭션은 완전히 성공하거나 완전히 실패하는 연산의 원자적 그룹을 제어합니다. 스프링과 스프링 데이터 및 `@Transactional` 애너테이션을 이용한 트랜잭션 관리는 11.4절에서 자세히 설명했습니다. 이번에 적용할 아이디어는 각 테스트를 트랜잭션 방식으로 실행하고 실행이 끝날 때 트랜잭션을 롤백하는 것입니다.

기본적으로 테스트를 실행할 때 트랜잭션은 `TransactionalTestExecutionListener`로 인해 자동으로 롤백됩니다. 리스너에 대해서는 20.8절에서 자세히 다루겠지만 지금은 테스트 실행 시 몇 가지 추가 동작을 제공할 수 있다는 점만 알아둡니다. 기본 동작 방식은 `@Commit` 애너테이션과 `@Rollback` 애너테이션을 이용해 변경할 수 있습니다. 따라서 테스트가 실행이 끝날 때 커밋되게 하려면 `@Commit` 또는 `@Rollback(false)` 애너테이션을 지정하면 됩니다.

테스트를 실행하는 동안 트랜잭션이 언제 활성화됐는지 추적하기 위해 `TransactionSynchronizationManager` 클래스를 사용하겠습니다. 이 클래스는 스레드에 대한 리소스 및 트랜잭션 동기화를 관리합니다. 이 클래스의 `isActualTransactionActive()` 메서드는 `Transaction` 객체가 현재 활성화돼 있는지 여부를 확인합니다.

다음 예제에서는 테스트 클래스를 생성하고, **@Transactional** 애너테이션을 지정하고, 클래스의 메서드 내에서 트랜잭션의 상태를 추적하겠습니다.

예제 20.8 TransactionalTest 클래스

FILE Ch20/1 spring testing/src/test/java/com/manning/javapersistence/testing/TransactionalTest.java

```java
@SpringBootTest
@Transactional
class TransactionalTest {

    // ...

    @BeforeAll
    static void beforeAll() {
        System.out.println("beforeAll, transaction active = " +
            TransactionSynchronizationManager.isActualTransactionActive());
    }

    @BeforeEach
    void beforeEach() {
        System.out.println("beforeEach, transaction active = " +
            TransactionSynchronizationManager.isActualTransactionActive());
    }

    @RepeatedTest(2)
    void storeRetrieve() {
        // ...
        System.out.println("end of method, transaction active = " +
            TransactionSynchronizationManager.isActualTransactionActive());
    }

    @AfterEach
    void afterEach() {
        System.out.println("afterEach, transaction active = " +
            TransactionSynchronizationManager.isActualTransactionActive());
    }

    @AfterAll
    static void afterAll() {
```

```
        System.out.println("afterAll, transaction active = " +
            TransactionSynchronizationManager.isActualTransactionActive());
    }
}
```

실행 로그를 보면 트랜잭션이 @BeforeAll과 @AfterAll을 지정한 메서드에서는 활성화돼 있지 않지만 @BeforeEach와 @AfterEach를 지정한 메서드와 테스트 메서드 자체 내부에서는 활성화돼 있음을 알 수 있습니다. 앞에서 설명한 것처럼 트랜잭션은 테스트가 끝날 때 기본적으로 롤백되므로 모든 실행에 대해 @RepeatedTest가 성공합니다.

```
beforeAll, transaction active = false
beforeEach, transaction active = true
end of method, transaction active = true
afterEach, transaction active = true
beforeEach, transaction active = true
end of method, transaction active = true
afterEach, transaction active = true
afterAll, transaction active = false
```

이 접근 방식에는 여전히 함정이 있습니다. 다음 예제와 같이 트랜잭션 방식의 메서드가 있는 별도의 UserService 클래스를 도입했습니다.

예제 20.9 UserService 클래스

FILE Ch20/1 spring testing/src/main/java/com/manning/javapersistence/testing/service/UserService.java

```
@Service
public class UserService {

    @Autowired
    private UserRepository userRepository;

    @Transactional
    public void saveTransactionally(User user) {
        userRepository.save(user);
    }
}
```

트랜잭션 방식으로 사용자를 영속화하기 위해 TransactionalTest 클래스의 @RepeatedTest 내부에서 이 메서드를 호출하겠습니다.

예제 20.10 saveTransactionally 메서드 호출

FILE Ch20/1 spring testing/src/test/java/com/manning/javapersistence/testing/TransactionalTest.java

```
@SpringBootTest
@Transactional
class TransactionalTest {

    // ...

    @RepeatedTest(2)
    void storeRetrieve() {
        List<User> users = buildUsersList();
        userRepository.saveAll(users);
        assertEquals(getIterations(), userRepository.findAll().size());

        userService.saveTransactionally(users.get(0));

        System.out.println("end of method, transaction active = " +
            TransactionSynchronizationManager.isActualTransactionActive());
    }

    // ...

}
```

UserService의 saveTransactionally 메서드에는 다른 인수가 없는 @Transactional 애너테이션이 있습니다. 기본 전파 방식은 REQUIRED입니다(11.4절 참조). 테스트에 대해 이미 실행 중인 트랜잭션이 있으므로 saveTransactionally 메서드는 동일한 트랜잭션 내에서 실행되며 테스트가 끝나면 모든 것이 롤백됩니다.

saveTransactionally 메서드의 애너테이션을 @Transactional(propagation = Propagation. REQUIRES_NEW)로 변경할 수 있습니다. 그러면 그림 20.6에서 볼 수 있듯이 테스트에서 실행된 트랜잭션이 일시 중단되고 새 트랜잭션이 시작되어 커밋됩니다.

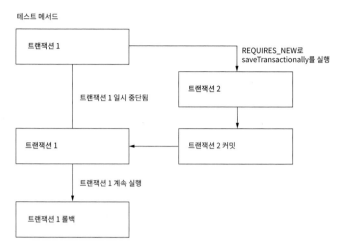

그림 20.6 saveTransactionally 메서드의 트랜잭션이 커밋되고 테스트 메서드의 트랜잭션은 롤백됩니다.

saveTransactionally의 트랜잭션이 커밋됐습니다. 결과적으로 테스트를 두 번째로 실행하면 데이터베이스에 있던 기존 레코드를 만나 테스트가 실패합니다(그림 20.7).

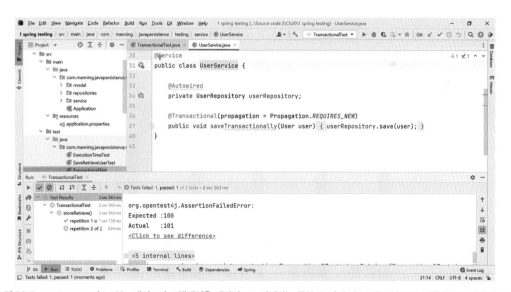

그림 20.7 saveTransactionally 메서드가 트랜잭션을 개별적으로 커밋하는 동안 두 개의 테스트를 연속으로 실행하면 두 번째 테스트가 실패합니다.

결론은 트랜잭션 단위로 테스트를 실행하더라도 별도의 트랜잭션에서 메서드를 실행하는 함정에 주의해야 한다는 것입니다. 이 때문에 이상한 버그가 발생할 수 있습니다. 또한 이 접근 방식에서는 디버깅이 어려울 수 있습니다.

@DirtiesContext를 사용하는 방법과 @Transactional을 사용하는 방법의 성능 비교를 위해 레코드 수를 100개에서 2,000개로 점진적으로 늘리면서 연속으로 10개의 테스트를 실행했습니다. MySQL을 대상으로 수행한 결과를 그림 20.8에서 확인할 수 있습니다.

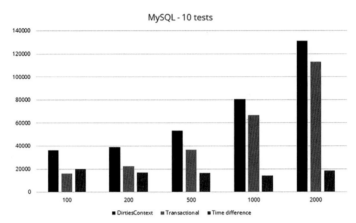

그림 20.8 MySQL을 대상으로 @DirtiesContext와 @Transactional을 사용하고 레코드 수를 100개에서 2,000개까지 다양하게 설정한 경우의 실행 시간(ms)

H2의 결과는 그림 20.9와 같습니다. H2 인메모리 데이터베이스를 사용해 동일하게 레코드 수를 100개에서 2,000개로 점진적으로 늘리면서 연속으로 10개의 테스트를 실행했습니다.

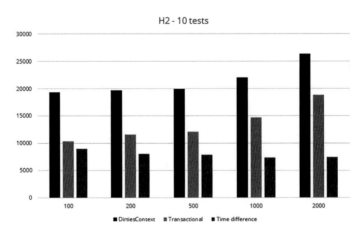

그림 20.9 @DirtiesContext와 @Transactional을 사용하고 레코드 수를 100개에서 2,000개로 변경한 H2의 실행 시간(ms)

MySQL과 H2 모두에 대한 결과를 분석해 보면 @DirtiesContext를 사용해 실행한 경우와 @Transactional을 사용해 실행한 경우 사이에 차이가 거의 일정하다는 것을 알 수 있습니다. 이는 레코드 수가 아니라 컨텍스트가 다시 초기화되는 횟수에 따라 달라집니다. 결론은 @DirtiesContext를 아껴 써야 한다는 것입니다. 이 애너테이션이 지정된 테스트를 CI/CD(지속적 통합/지속적 개발) 환경으로 푸시하면 실행 시간이 크게 늘어날 것입니다.

20.6 @BeforeTransaction과 @AfterTransaction 애너테이션

이제 @BeforeTransaction과 @AfterTransaction 애너테이션을 살펴보겠습니다. 이름에서 알 수 있듯이 두 애너테이션은 트랜잭션 실행 전후에 실행할 메서드를 나타냅니다. 분석을 위해 실제로 해당 메서드 내부에 활성화된 트랜잭션이 없는지 확인하겠습니다.

여기서는 JUnit 5의 Assumptions.assumeFalse 메서드를 이용해 테스트를 실행하기 위한 사전조건이 테스트 실행 시점에 활성 트랜잭션이 없다는 것임을 나타낼 것입니다(그렇지 않으면 테스트가 실행되지 않습니다). 따라서 가정이 충족되지 않으면 테스트가 중단됩니다. 어설션이 충족되지 않으면 테스트는 실패할 것입니다.

예제 20.11 @BeforeTransaction과 @AfterTransaction 활용

FILE Ch20/1 spring testing/src/test/java/com/manning/javapersistence/testing/TransactionsManagementTest.java

```java
@SpringBootTest
@Transactional
class TransactionsManagementTest {

    @Autowired
    private UserRepository userRepository;

    @Autowired
    private LogRepository logRepository;

    @BeforeTransaction
    void beforeTransaction() {
        Assumptions.assumeFalse(
            TransactionSynchronizationManager.isActualTransactionActive());
    }
```

```
// ...

@AfterTransaction
void afterTransaction() {
    Assumptions.assumeFalse(
        TransactionSynchronizationManager.isActualTransactionActive());
}
}
```

여기서 피해야 할 한 가지 함정이 있는데, 바로 @BeforeTransaction 또는 @AfterTransaction 애너테이션이 지정된 메서드에서 데이터가 영속화될 수 있다는 점입니다. 이러한 메서드는 트랜잭션 외부에서 실행되기 때문에 데이터가 롤백되지 않고 데이터베이스의 내용에 영향을 미칩니다. 또한 테스트에서 확인하지 않는 데이터를 영속화하면(예를 들어, 테스트에서 User 엔티티를 검사하는 동안 Log 엔티티가 영속화됨) 다음 예제에서와 같이 테스트는 항상 올바르게 실행되지만 커밋된 데이터는 그 뒤에 남게 됩니다.

예제 20.12 @BeforeTransaction/@AfterTransaction에서 엔티티를 영속화

FILE Ch20/1 spring testing/src/test/java/com/manning/javapersistence/testing/TransactionsManagementTest.java

```
@SpringBootTest
@Transactional
class TransactionsManagementTest {

    @Autowired
    private UserRepository userRepository;

    @Autowired
    private LogRepository logRepository;

    @BeforeTransaction
    void beforeTransaction() {
        Assumptions.assumeFalse(
            TransactionSynchronizationManager.isActualTransactionActive());
        logRepository.save(new Log("@BeforeTransaction"));
    }

    // ...
```

```
@AfterTransaction
void afterTransaction() {
    Assumptions.assumeFalse(
        TransactionSynchronizationManager.isActualTransactionActive());
    logRepository.save(new Log("@AfterTransaction"));
    }

}
```

20.7 스프링 프로파일 활용

기본적으로 스프링 부트는 애플리케이션의 구성을 유지하기 위해 main/resources/application.properties 파일을 생성합니다. 하지만 사용자 프로파일에 따라 프로퍼티를 구분해야 하는 상황이 자주 발생합니다. 스프링 부트를 이용하면 이 경우 기본적으로 main/resources/application-profilename.properties라는 이름의 파일에 프로퍼티를 분리할 수 있으며, 이를 통해 각 프로파일을 전환할 수 있습니다.

실제 사례로 개발 중에 임베디드 데이터베이스를 사용하는 프로그래머용 프로파일과 실제 데이터베이스를 사용하는 프로덕션용 프로파일이 있는 경우를 들 수 있습니다. 프로그래머는 테스트를 빠르게 실행하고 싶어하는 반면 프로덕션 환경에서는 실제 환경에서 테스트가 실행됩니다.

개발용 구성은 다음 예제에 나와 있습니다. 이 구성에서는 H2 데이터베이스를 사용하며, 프로그래머가 SQL 쿼리를 추적하는 데 관심이 있으므로 실행 중에 SQL 쿼리를 표시합니다.

예제 20.13 application-dev.properties 파일

FILE Ch20/2 spring profiles/src/main/resources/application-dev.properties

```
spring.datasource.url=jdbc:h2:mem:ch20_testing
spring.datasource.username=sa
spring.datasource.password=
spring.jpa.properties.hibernate.dialect=org.hibernate.dialect.H2Dialect
spring.jpa.show-sql=true
spring.jpa.hibernate.ddl-auto=create
```

프로덕션용 구성은 다음 예제에 나와 있습니다. 이 구성에서는 MySQL 데이터베이스를 사용하며, 프로덕션 환경에서 리소스를 사용할 것이므로 실행 중에 SQL 쿼리를 표시하지 않습니다.

예제 20.14 application-prod.properties 파일

FILE Ch20/2 spring profiles/src/main/resources/application-prod.properties

```
spring.datasource.url=jdbc:mysql://localhost:3306/CH20_TESTING?serverTimezone=UTC
spring.datasource.username=root
spring.datasource.password=
spring.jpa.properties.hibernate.dialect=org.hibernate.dialect.MySQL8Dialect
spring.jpa.show-sql=false
spring.jpa.hibernate.ddl-auto=create
```

개발 과정에서 H2 데이터베이스에서 테스트를 실행하려면 dev 프로파일을 선택해야 합니다. 그러려면 예를 들어 application.properties 파일 내에서 다음과 같이 하면 됩니다.

예제 20.15 dev 프로파일이 포함된 application.properties 파일

FILE Ch20/2 spring profiles/src/main/resources/application.properties

```
spring.profiles.active=dev
```

프로파일 전환이 얼마나 쉬운지 보여드리기 위해 데이터베이스에서 엔티티를 저장하고 검색하는 테스트를 하나 실행해 보겠습니다.

예제 20.16 SpringProfilesTest 클래스

FILE Ch20/2 spring profiles/src/test/java/com/manning/javapersistence/testing/SpringProfilesTest.java

```java
@SpringBootTest
@Transactional
class SpringProfilesTest {

    @Autowired
    private UserRepository userRepository;

    @Test
    void storeUpdateRetrieve() {
```

```
        List<User> users = buildUsersList();
        userRepository.saveAll(users);

        assertEquals(getIterations(), userRepository.findAll().size());
    }

}
```

이 테스트를 성공적으로 실행하려면 pom.xml 파일에 H2 드라이버 의존성이 있어야 합니다.

예제 20.17 H2 드라이버 의존성이 포함된 pom.xml 파일

FILE Ch20/2 spring profiles/pom.xml

```
<dependency>
    <groupId>com.h2database</groupId>
    <artifactId>h2</artifactId>
    <version>1.4.200</version>
    <scope>runtime</scope>
</dependency>
```

dev 프로파일에서 테스트를 실행한 결과를 그림 20.10에서 볼 수 있습니다. dev 프로파일에서는 인메모리 H2 데이터베이스를 사용합니다.

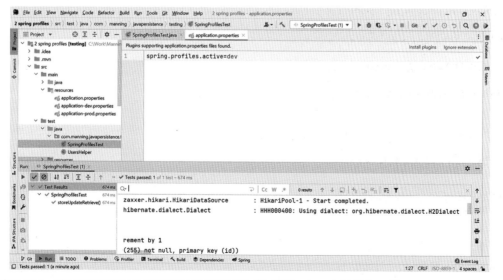

그림 20.10 dev 개발 프로파일에서 H2 데이터베이스를 사용해 테스트를 실행하고 SQL 쿼리 실행을 표시한 결과

프로덕션 환경에서 MySQL 데이터베이스를 대상으로 테스트를 실행하려면 프로덕션 프로파일을 선택해야 합니다. 이는 예를 들어 application.properties 파일 내에서 할 수 있습니다.

예제 20.18 prod 프로파일이 포함된 application.properties 파일

`FILE` Ch20/2 spring profiles/src/main/resources/application.properties

```
spring.profiles.active=prod
```

활성 프로파일을 수정하는 대신 예제 20.19에 표시된 것처럼 테스트 수준에서 @ActiveProfiles 애너테이션을 사용해도 됩니다. 이 애너테이션은 application.properties에 설정된 프로파일을 재정의하지만 코드를 수정하고 다시 컴파일해야 합니다.

예제 20.19 SpringProfilesTest 클래스

`FILE` Ch20/2 spring profiles/src/test/java/com/manning/javapersistence/testing/SpringProfilesTest.java

```
@SpringBootTest
@Transactional
@ActiveProfiles("prod")
class SpringProfilesTest {
    // ...
}
```

이 테스트를 성공적으로 실행하려면 pom.xml 파일에 MySQL 드라이버 의존성이 있어야 합니다.

예제 20.20 MySQL 드라이버 의존성이 포함된 pom.xml 파일

`FILE` Ch20/2 spring profiles/pom.xml

```
<dependency>
    <groupId>mysql</groupId>
    <artifactId>mysql-connector-java</artifactId>
    <scope>runtime</scope>
</dependency>
```

---

prod 프로파일에서 테스트를 실행한 결과를 그림 20.11에서 볼 수 있습니다. dev 프로파일과 달리 이 프로파일에서는 MySQL 데이터베이스를 사용합니다.

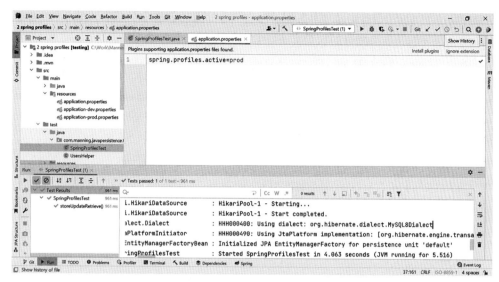

그림 20.11 MySQL 데이터베이스를 사용하고 SQL 쿼리 실행을 표시하지 않는 prod 프로파일에서 테스트를 실행한 결과

20.8 테스트 실행 리스너 활용

테스트 실행 수명주기를 제어하는 한 가지 방법은 @BeforeAll, @AfterAll, @BeforeEach, @AfterEach와 같은 JUnit 5 애너테이션을 사용하는 것입니다. 일부 상황에서는 이 방법이 불편할 수 있습니다. 예를 들어, 여러 테스트에 동일한 @BeforeEach와 @AfterEach 동작이 필요한 경우 이러한 메서드를 포함하는 기반 클래스를 만들고 테스트를 실행할 때 이를 상속하고 실행할 여러 하위 클래스를 만들어야 합니다. 이렇게 하면 클래스 계층 구조에 테스트가 포함되는 불편함이 있습니다. 또는 TestExecutionListener 인터페이스와 @TestExecutionListeners 애너테이션을 통해 테스트의 수명주기를 제어하는 동작을 분리하는 방식으로 테스트 실행 리스너를 활용하는 방안을 고려할 수 있습니다.

기본적으로 스프링은 각 테스트에 대해 이미 구현된 TestExecutionListener를 제공합니다. 여기서 가장 관심 있는 것은 테스트 인스턴스에 대한 의존성 주입을 지원하는 DependencyInjectionTestExecutionListener와 롤백을 통해 테스트를 트랜잭션 방식으로 실행할 수 있게 지원하는 TransactionalTestExecutionListener입니다. 20.3.2절에서 테스트를 실행할 때 기본적으로 TransactionalTestExecutionListener로 인해 트랜잭션이 자동으로 롤백된다고 언급한 바 있는데, 이는 영속성을 테스트하고 테스트를 실행한 후 데이터베이스를 깨끗하게 유지하고 싶을 때 필수적입니다.

TestExecutionListener 인터페이스에서는 JUnit 5 수명주기 메서드보다 더 세분화되고 표 20.1에 표시된 순서대로 실행되는 일련의 비어 있는 기본 메서드를 정의합니다.

표 20.1 TestExecutionListener 인터페이스의 기본 메서드

메서드	설명
beforeTestClass	JUnit 5의 @BeforeAll 메서드 이전에 실행됩니다.
prepareTestInstance	제공된 테스트 컨텍스트의 테스트 인스턴스를 준비합니다.
beforeTestMethod	JUnit 5의 @BeforeEach 메서드 이전에 실행됩니다.
beforeTestExecution	테스트 메서드 이전에 실행됩니다.
afterTestExecution	테스트 메서드 이후에 실행됩니다.
afterTestMethod	JUnit 5의 @AfterEach 메서드 이후에 실행됩니다.
afterTestClass	JUnit 5의 @AfterAll 메서드 이후에 실행됩니다.

여기서는 TestExecutionListener 인터페이스를 구현하는 리스너를 직접 작성하고, 해당 인터페이스의 모든 메서드를 재정의하며, 각 메서드에서 메시지를 출력함으로써 해당 리스너를 사용해 애너테이션을 지정할 테스트의 실행을 추적할 수 있게 만들겠습니다.

20.3.2절에서와 같이 트랜잭션 객체가 현재 활성화돼 있는지 확인하는 TransactionSynchronizationManager 클래스와 그 메서드인 isActualTransactionActive()를 사용해 테스트 실행 중에 트랜잭션이 활성화되는 시점을 추적하겠습니다. 리스너는 다음 예제에서 확인할 수 있습니다.

예제 20.21 DatabaseOperationsListener 클래스

`FILE` Ch20/3 spring listeners/src/test/java/com/manning/javapersistence/testing/listeners/DatabaseOperationsListener.java

```java
public class DatabaseOperationsListener implements TestExecutionListener {

    @Override
    public void beforeTestClass(TestContext testContext) {
        System.out.println("beforeTestClass, transaction active = " +
            TransactionSynchronizationManager.isActualTransactionActive());
    }

    @Override
```

```
    public void afterTestClass(TestContext testContext) {
        System.out.println("afterTestClass, transaction active = " +
            TransactionSynchronizationManager.isActualTransactionActive());
    }


    @Override
    public void beforeTestMethod(TestContext testContext) {
        System.out.println("beforeTestMethod, transaction active = " +
            TransactionSynchronizationManager.isActualTransactionActive());
    }


    @Override
    public void afterTestMethod(TestContext testContext) {
        System.out.println("afterTestMethod, transaction active = " +
            TransactionSynchronizationManager.isActualTransactionActive());
    }


    @Override
    public void beforeTestExecution(TestContext testContext) {
        System.out.println("beforeTestExecution, transaction active = " +
            TransactionSynchronizationManager.isActualTransactionActive());
    }


    @Override
    public void afterTestExecution(TestContext testContext) {
        System.out.println("afterTestExecution, transaction active = " +
            TransactionSynchronizationManager.isActualTransactionActive());
    }


    @Override
    public void prepareTestInstance(TestContext testContext) {
        System.out.println("prepareTestInstance, transaction active = " +
            TransactionSynchronizationManager.isActualTransactionActive());
    }

}
```

다음으로 직접 테스트를 생성하고, 테스트에 새로운 DatabaseOperationsListener 애너테이션을 지정하고, 수명주기 메서드와 테스트 자체에서 메시지를 출력함으로써 테스트 실행을 추적하겠습니다.

예제 20.22 ListenersTest 클래스

FILE Ch20/3 spring listeners/src/test/java/com/manning/javapersistence/testing/ListenersTest.java

```java
@SpringBootTest
@Transactional
@TestExecutionListeners(value = {DatabaseOperationsListener.class})
class ListenersTest {

    @Autowired
    private UserRepository userRepository;

    @BeforeAll
    static void beforeAll() {
        System.out.println("@BeforeAll");
    }

    @BeforeEach
    void beforeEach() {
        System.out.println("@BeforeEach");
    }

    @Test
    void storeUpdateRetrieve() {
        TestContextManager testContextManager = new
                        TestContextManager(getClass());
        System.out.println(
            "testContextManager.getTestExecutionListeners().size() = "
            + testContextManager.getTestExecutionListeners().size());
        List<User> users = buildUsersList();
        userRepository.saveAll(users);
        assertEquals(getIterations(), userRepository.findAll().size());
    }

    @AfterEach
    void afterEach() {
        System.out.println("@AfterEach");
    }

    @AfterAll
```

```
static void afterAll() {
    System.out.println("@AfterAll");
}

}
```

이제 이 테스트를 실행하면 그림 20.12와 같이 NullPointerException이 발생하면서 실패합니다.

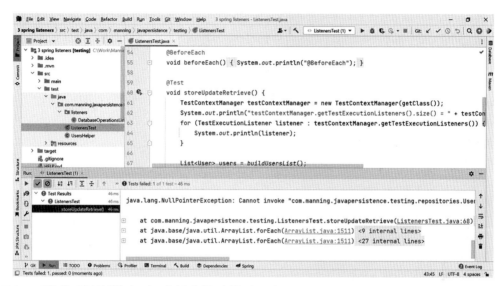

그림 20.12 처음에는 직접 작성한 리스너로 애너테이션을 지정한 테스트가 NullPointerException과 함께 실패합니다.

실패한 원인을 살펴보면 데이터베이스와 상호작용하는 객체에 대한 userRepository 참조가 null이라는 것을 알 수 있습니다. 콘솔의 메시지에서 알 수 있듯이 TestContextManager에 등록된 리스너는 DatabaseOperationsListener 하나뿐입니다. 테스트 인스턴스와 그에 따른 userRepository에 대한 의존성 주입을 지원하는 DependencyInjectionTestExecutionListener(이전에 필요했던)는 더 이상 등록되지 않습니다. 이는 자체 리스너를 도입하면 기본 리스너가 더 이상 자동으로 등록되지 않기 때문입니다.

이 문제를 해결하기 위해 다음과 같이 병합 모드로 MERGE_WITH_DEFAULTS 옵션을 사용합니다.

예제 20.23 기본 리스너와 사용자 정의 리스너 병합

FILE Ch20/3 spring listeners/src/test/java/com/manning/javapersistence/testing/ListenersTest.java

```
@SpringBootTest
```

```
@Transactional
@TestExecutionListeners(value = {
        DatabaseOperationsListener.class}, mergeMode =
            TestExecutionListeners.MergeMode.MERGE_WITH_DEFAULTS)
class ListenersTest {
    // ...
}
```

이제 테스트를 다시 실행하면 리스너와 JUnit 5의 수명주기 메서드 모두에서 메서드의 실행 순서를 추적할 수 있습니다. 또한 등록된 리스너의 수가 이제 15개, 즉 기본 리스너 14개와 사용자 정의 리스너 1개가 있음을 알 수 있습니다:

```
beforeTestClass, transaction active = false
@BeforeAll
prepareTestInstance, transaction active = false
beforeTestMethod, transaction active = true
@BeforeEach
beforeTestExecution, transaction active = true
testContextManager.getTestExecutionListeners().size() = 15
afterTestExecution, transaction active = true
@AfterEach
afterTestMethod, transaction active = true
@AfterAll
afterTestClass, transaction active = false
```

표 20.2는 영속성 애플리케이션을 테스트하는 데 사용되는 스프링 TestContext 프레임워크의 가장 중요한 애너테이션을 요약한 것입니다. 스프링 TestContext 프레임워크의 이러한 애너테이션들은 영속성 애플리케이션에서 사용할 수 있습니다. 이 프레임워크는 영속성 애플리케이션 테스트가 속하는 통합 테스트를 강력하게 지원합니다. 이 프레임워크를 기반으로 이번 장의 도입부에서 테스트 피라미드를 소개할 때 설명한 것처럼 시스템 테스트와 인수 테스트를 계속 구축해 나갈 수 있습니다. 일반적인 자바 애플리케이션 테스트, 특히 인수 테스트에 대한 자세한 내용은 제가 쓴 《JUnit in Action, 3판》(Tudose, 2020)을 참고하기 바랍니다.

표 20.2 영속성 애플리케이션 테스트에 사용되는 가장 중요한 스프링 TestContext 프레임워크 애너테이션

애너테이션	설명
@DirtiesContext	기반 스프링 컨텍스트가 테스트를 실행하는 동안 변경됐으므로 다시 초기화해야 합니다.
@BeforeTransaction	이 애너테이션이 지정된 void 메서드가 스프링 @Transactional 애너테이션이 지정된 메서드보다 먼저 실행돼야 합니다.
@AfterTransaction	이 애너테이션이 지정된 void 메서드가 스프링 @Transactional 애너테이션이 지정된 메서드 다음에 실행돼야 합니다.
@Rollback	트랜잭션 방식으로 실행되는 테스트에 대한 트랜잭션이 테스트가 완료된 후 롤백됩니다. 이것이 기본 동작 방식이며, @Rollback(false) 또는 @Commit을 사용해 변경할 수 있습니다.
@Commit	트랜잭션 방식으로 실행되는 테스트에 대한 트랜잭션이 테스트가 완료된 후에 커밋됩니다.
@ActiveProfiles	스프링 컨텍스트에서 활성화할 구성 프로파일을 지정합니다.
@TestExecutionListeners	테스트 실행 리스너를 TestContextManager에 등록하도록 구성합니다.

코드에 문제가 있을 때만 실패하고 외부 요인(예: 변경된 데이터베이스 내의 부적절한 콘텐츠)으로 인해 실패하지 않는 예측 가능하고 안전한 테스트가 있다면 프로그래머의 삶이 훨씬 더 나아질 것입니다!

정리

- 테스트 피라미드는 단위 테스트, 통합 테스트, 시스템 테스트, 인수 테스트 수준으로 구성됩니다. 영속성 테스트는 통합 테스트 수준으로 분류할 수 있습니다.

- 스프링 부트를 사용해 영속성 애플리케이션을 생성 및 구성하고 그 안에서 엔티티와 리포지터리를 관리할 수 있습니다.

- 스프링 TestContext 프레임워크를 사용해 영속성 테스트를 생성하고 @DirtiesContext 또는 @Transactional을 사용해 관리할 수 있습니다.

- 스프링 프로파일을 사용해 다양한 데이터베이스에 접근하고 다양한 구성을 가진 자바 영속성 애플리케이션을 테스트할 수 있습니다.

- 사용자 정의 테스트 실행 리스너를 생성해서 테스트의 수명주기를 추적하고 해당 리스너 및 기본 리스너를 활용할 수 있습니다.

**자바 퍼시스턴스
프로그래밍
완벽 가이드**
스프링 데이터, JPA, 하이버네이트를 활용한
자바 영속성 프로그래밍

부록

A

메이븐

메이븐(Maven, https://maven.apache.org)은 소스 빌드 **환경**이라고 할 수 있습니다. 메이븐의 작동 방식을 더 잘 이해하려면 메이븐의 기반이 되는 핵심 사항(원칙)을 이해해야 합니다. 메이븐 프로젝트가 처음 시작될 때부터 소프트웨어 아키텍처에 대한 특정 기본 규칙들이 만들어졌습니다. 이러한 규칙은 메이븐을 사용해 개발을 단순화하고 개발자가 빌드 시스템을 더 쉽게 구현할 수 있도록 하는 것을 목표로 합니다.

소프트웨어 엔지니어가 빌드 시스템을 구현하는 데 많은 시간을 소비하지 않도록 빌드 시스템을 최대한 단순하게 만들어야 한다는 것이 메이븐의 기본 개념 중 하나입니다. 새 프로젝트를 처음부터 쉽게 시작한 다음 소프트웨어 개발을 빠르게 시작할 수 있어야 합니다. 이 부록에서는 핵심적인 메이븐 원칙에 대해 자세히 설명하고 개발자의 관점에서 그 의미를 설명합니다.

A.1 설정보다 관례

'**설정보다 관례**(convention over configuration)'는 소프트웨어 엔지니어가 엄격하게 따라야 하는 기존 규칙을 도입하는 대신 소프트웨어 엔지니어가 수행해야 하는 구성의 수를 줄이는 것을 목표로 하는 소프트웨어 설계 원칙입니다. 이렇게 하면 지루한 프로젝트 구성을 건너뛰고 업무에서 더 중요한 부분에 집중할 수 있습니다.

설정보다 관례는 메이븐 프로젝트의 가장 강력한 원칙 중 하나입니다. 이 원칙이 적용되는 한 가지 예는 빌드 프로세스를 위한 폴더 구조입니다. 예를 들어, src/main/java/는 프로젝트의 자바 코드가 저장되는 위치, src/test/java는 프로젝트의 단위 테스트가 저장되는 위치, target은 빌드 폴더 등 필요한 모든 디렉터리가 이미 정의돼 있는 것이 메이븐의 규칙입니다.

좋은 생각 같지만 프로젝트의 유연성을 잃게 되지 않을까요? 소스코드를 다른 폴더에 저장하려면 어떻게 해야 할까요? 메이븐은 구성하기 쉽습니다. 규칙을 제공하지만 언제든지 규칙을 재정의하고 원하는 구성을 사용할 수 있습니다.

A.2 강력한 의존성 관리

강력한 의존성 관리는 메이븐이 도입한 두 번째 핵심 요점입니다. 메이븐 프로젝트가 시작됐을 때 자바 프로젝트를 위한 사실상의 빌드 시스템은 또 다른 빌드 도구인 Ant였습니다. Ant를 사용하면 프로젝트의 의존성을 분산해야 하므로 각 프로젝트가 필요한 의존성을 직접 관리해야 하며, 한 프로젝트의 의존성이 여러 곳에 분산될 수 있습니다. 또한 동일한 의존성을 여러 프로젝트에서 사용하지만 각 프로젝트마다 다른 곳에 위치해서 리소스가 중복될 수 있습니다.

메이븐은 모든 종류의 아티팩트(의존성)가 저장되는 인터넷상의 장소인 **중앙 리포지터리**(central repository)라는 개념을 도입했습니다. 메이븐 빌드 도구는 프로젝트의 빌드 디스크립터를 읽고 필요한 버전의 아티팩트를 다운로드해서 애플리케이션의 클래스 경로에 포함시킴으로써 이러한 아티팩트를 처리합니다. 이렇게 하면 빌드 디스크립터의 의존성 섹션에 의존성을 한 번만 나열하면 됩니다. 다음 예시를 봅시다.

```
<dependencies>
    <dependency>
        <groupId>mysql</groupId>
        <artifactId>mysql-connector-java</artifactId>
        <version>8.0.29</version>
    </dependency>
    <dependency>
        <groupId>org.springframework.data</groupId>
        <artifactId>spring-data-jpa</artifactId>
        <version>2.7.0</version>
```

```
      </dependency>
  </dependencies>
```

그 후에는 다른 컴퓨터에서 소프트웨어를 자유롭게 빌드할 수 있습니다. 프로젝트와 함께 의존성을 번들로 제공할 필요가 없습니다.

또한 메이븐에서는 로컬 리포지터리라는 개념을 도입했는데, 로컬 리포지터리는 중앙 리포지터리에서 다운로드한 아티팩트를 보관하는 하드디스크의 폴더(유닉스: ~/.m2/repository/, 윈도우: C:\사용자\<사용자명>\.m2\repository\)입니다. 프로젝트를 빌드한 후 나중에 다른 프로젝트에서 사용할 수 있도록 로컬 리포지터리에 아티팩트를 설치하면 간단하고 깔끔합니다.

개발자가 메이븐이 관리하는 프로젝트에 참여해서 해당 프로젝트의 소스에만 접근해야 할 수 있습니다. 메이븐은 중앙 리포지터리에서 필요한 의존성을 다운로드해서 로컬 리포지터리로 가져와 동일한 개발자가 다른 프로젝트에서도 사용할 수 있게 합니다.

A.3   메이븐 빌드 수명주기

메이븐의 또 다른 매우 강력한 원칙은 **빌드 수명주기(build lifecycle)**입니다. 메이븐 프로젝트는 특정 아티팩트를 빌드, 테스트, 배포하는 프로세스를 정의한다는 개념을 중심으로 구축됩니다. 메이븐 프로젝트는 하나의 아티팩트만 생성할 수 있습니다. 따라서 메이븐을 사용해 프로젝트 아티팩트를 빌드하거나 프로젝트의 폴더 구조를 정리하거나 프로젝트 문서를 생성할 수 있습니다. 다음은 세 가지 기본 메이븐 수명주기입니다.

- Default: 프로젝트 아티팩트 생성용
- Clean: 프로젝트 정리용
- Site: 프로젝트 문서 생성용

이러한 각 수명주기는 여러 단계(phase)로 구성됩니다. 빌드 시에는 특정 수명주기에 대해 해당 수명주기의 단계들을 따르게 됩니다(그림 A.1).

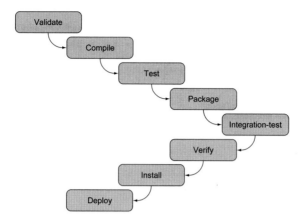

그림 A.1 Validate(유효성 검사)에서 Deploy(배포)에 이르는 메이븐의 기본 수명주기 단계

다음은 기본 수명주기의 단계입니다.

1. Validate(유효성 검사): 프로젝트에 문제가 없고 필요한 모든 정보가 사용 가능한지 확인합니다.

2. Compile(컴파일): 프로젝트의 소스코드를 컴파일합니다.

3. Test(테스트): 컴파일된 소스코드를 적절한 단위 테스트 프레임워크(이 경우 JUnit 5)를 사용해 테스트합니다. 테스트에서는 코드를 패키징하거나 배포할 필요가 없어야 합니다.

4. Package(패키징): 컴파일된 코드를 배포 가능한 형식(예: .jar 파일)으로 패키징합니다.

5. Integration-test(통합 테스트): 패키지를 처리하고 통합 테스트를 실행할 수 있는 환경에 배포합니다.

6. Verify(확인): 패키지가 유효하고 품질 기준을 충족하는지 확인하기 위한 검사를 실행합니다.

7. Install(설치): 로컬 리포지터리에 패키지를 설치해서 다른 프로젝트의 의존성으로 사용할 수 있도록 합니다.

8. Deploy(배포): 통합 또는 릴리스 환경에서 다른 개발자나 프로젝트와 공유할 수 있도록 최종 패키지를 원격 리포지터리에 복사합니다.

여기에도 메이븐이 장려하는 설정보다 관례 원칙이 있습니다. 이러한 단계들은 이미 여기에 나열된 순서대로 정의돼 있습니다. 메이븐은 이러한 단계를 매우 엄격한 순서로 호출하며, 단계는 여기에 나열된 순서대로 순차적으로 실행되어 수명주기를 완료합니다. 이러한 단계 중 하나를 호출하면(예: 프로젝트 홈 디렉터리의 명령줄에서 mvn compile을 입력) 먼저 프로젝트의 유효성을 검사한 다음, 프로젝트의 소스를 컴파일하려고 시도합니다.

마지막으로 한 가지 더 언급하자면 이러한 모든 단계를 확장 지점으로 생각할 수 있습니다. 특정 단계에 추가 메이븐 플러그인을 연결하고 이러한 플러그인이 실행되는 순서와 방법을 조정할 수 있습니다.

A.4 플러그인 기반 아키텍처

여기서 마지막으로 언급할 메이븐의 기능은 플러그인 기반 아키텍처입니다. 앞서 메이븐은 소스 빌드 환경이라고 언급했습니다. 좀 더 구체적으로 말하자면, 메이븐은 플러그인을 실행하는 방식의 소스 빌드 환경입니다. 메이븐 프로젝트의 핵심부는 매우 작지만 이 프로젝트의 아키텍처는 핵심부에 여러 개의 플러그인을 연결할 수 있습니다. 이러한 방식으로 메이븐은 다양한 플러그인을 실행할 수 있는 환경을 구축합니다.

특정 수명주기의 각 단계에는 여러 개의 플러그인이 첨부돼 있으며, 메이븐은 플러그인이 선언된 순서대로 특정 단계를 통과할 때 해당 플러그인을 호출합니다. 다음은 핵심 메이븐 플러그인 중 일부입니다.

- Clean: 빌드 후 정리합니다.
- Compiler: 자바 소스를 컴파일합니다.
- Deploy: 빌드한 아티팩트를 원격 리포지터리에 배포합니다.
- Install: 빌드한 아티팩트를 로컬 리포지터리에 설치합니다.
- Resources: .jar 파일에 포함할 리소스를 출력 디렉터리에 복사합니다.
- Site: 현재 프로젝트에 대한 정보가 포함된 사이트를 생성합니다.
- Surefire: 격리된 클래스 로더에서 JUnit 테스트를 실행합니다.
- Verifier: 특정 조건의 존재를 확인합니다(통합 테스트에 유용).

이러한 핵심 메이븐 플러그인 외에도 WAR(웹 애플리케이션 패키징용) 및 Javadoc(프로젝트 문서 생성용) 등 다양한 상황에서 사용할 수 있는 메이븐 플러그인을 사용할 수 있습니다.

플러그인은 다음 예제에서와 같이 빌드 구성 파일의 `plugins` 섹션에 선언됩니다.

```
<build>
    <plugins>
        <plugin>
```

```
        <artifactId>maven-surefire-plugin</artifactId>
        <version>2.22.2</version>
    </plugin>
  </plugins>
</build>
```

플러그인 선언에는 groupId, artifactId, version이 포함될 수 있습니다. 이렇게 하면 플러그인이 의존성처럼 보입니다. 실제로 플러그인은 의존성과 같은 방식으로 처리되며, 의존성처럼 로컬 리포지터리에 다운로드됩니다. 플러그인을 지정할 때 groupId와 version 매개변수는 선택 사항이라서 이를 선언하지 않으면 메이븐은 지정된 artifactId와 org.apache.maven.plugins 또는 org.codehaus.mojo라는 groupId 중 하나를 가진 플러그인을 찾습니다. 버전은 선택 사항이므로 지정하지 않으면 메이븐이 사용 가능한 최신 플러그인 버전을 다운로드하려고 시도합니다. 자동 업데이트 및 재현 불가능한 빌드를 예방하려면 플러그인 버전을 지정하는 것이 좋습니다. 즉, 가장 최근에 업데이트된 메이븐 플러그인으로 프로젝트를 빌드했는데, 나중에 다른 개발자가 같은 구성으로 동일한 빌드를 만들려고 할 때 그 사이에 메이븐 플러그인이 업데이트된 경우 최신 버전으로는 재현할 수 없는 빌드가 만들어질 수 있습니다.

A.5 메이븐 프로젝트 객체 모델(POM)

메이븐에는 기본적으로 pom.xml('project object model'의 줄임말)이라는 빌드 디스크립터가 있습니다. 다음 예제와 같이 pom.xml에서는 프로젝트 자체에 대한 일반적인 정보를 선언적으로 지정하며, 수행하려는 작업을 지정하는 것은 아닙니다.

예제 A.1 매우 간단한 pom.xml

```
<project>
    <modelVersion>4.0.0</modelVersion>
    <groupId>com.manning.javapersistence</groupId>
    <artifactId>example-pom</artifactId>
    <packaging>jar</packaging>
    <version>1.0-SNAPSHOT</version>
</project>
```

이 코드는 정말 간단해 보일 것입니다. 하지만 한 가지 큰 의문이 생길 수 있습니다. 어떻게 메이븐이 이토록 적은 정보로 소스코드를 빌드할 수 있을까요?

해답은 pom.xml 파일의 상속 기능에 있습니다. 모든 간단한 pom.xml은 대부분의 기능을 슈퍼 POM(Super POM)에서 상속받습니다. 모든 클래스가 java.lang.Object 클래스로부터 특정 메서드를 상속하는 자바와 마찬가지로 슈퍼 POM은 각 pom.xml 파일에 메이븐 기능을 제공합니다.

자바와 메이븐의 비유를 좀 더 자세히 설명하자면 메이븐 pom.xml 파일은 일부 클래스가 다른 클래스의 부모 역할을 할 수 있는 자바와 마찬가지로 서로 상속할 수 있습니다. 예제 A.1의 POM을 부모로 사용하려면 해당 POM의 packaging 값을 pom으로 변경하기만 하면 됩니다. 부모 및 어그리게이션(멀티모듈) 프로젝트는 packaging 값으로 pom만 가질 수 있습니다. 또한 부모에서 어떤 모듈이 자식인지 정의해야 합니다.

예제 A.2 자식 모듈이 있는 부모 pom.xml

```
<project>
    <modelVersion>4.0.0</modelVersion>
    <groupId>com.manning.javapersistence</groupId>
    <artifactId>example-pom</artifactId>
    <packaging>pom</packaging>
    <version>1.0-SNAPSHOT</version>
    <modules>
        <module>example-module</module>
    </modules>
</project>
```

예제 A.2는 예제 A.1의 확장입니다. 패키지를 pom 유형으로 선언하고 modules 섹션을 추가해서 이 pom이 어그리게이션 모듈임을 선언합니다. modules 섹션에는 프로젝트 폴더의 상대 경로(이 경우 example-module)를 지정해 이 모듈이 가지고 있는 모든 자식 모듈을 나열합니다.

다음 예제는 하위 pom.xml을 보여줍니다.

예제 A.3 부모 pom.xml을 상속하는 pom.xml

```
<project>
    <modelVersion>4.0.0</modelVersion>
    <parent>
        <groupId>com.manning.javapersistence</groupId>
        <artifactId>example-pom</artifactId>
        <version>1.0-SNAPSHOT</version>
    </parent>
```

```
    <artifactId>example-child</artifactId>
</project>
```

이 `pom.xml`은 부모 XML에서 선언한 폴더(이 경우 `example-module`)에 있다는 것을 기억해 둡니다.

여기서 주목해야 할 두 가지가 있습니다. 첫째, 다른 pom에서 상속받기 때문에 자식 pom에 대해 `groupId`와 `version`을 지정하지 않아도 됩니다. 둘째, 메이븐은 값이 부모 pom과 동일할 것으로 예상합니다.

자바에 좀 더 비유하자면 pom이 부모로부터 어떤 종류의 객체를 상속받을 수 있는지 물어보는 것이 합리적입니다. 다음은 pom이 부모로부터 상속받을 수 있는 모든 요소입니다.

- 의존성
- 개발자 및 기여자
- 플러그인 및 해당 구성
- 보고서 목록

부모 pom에 지정된 이러한 각 요소는 자식 pom에도 자동으로 지정됩니다.

A.6　메이븐 설치

메이븐 설치는 3단계로 이뤄집니다.

1. https://maven.apache.org에서 최신 배포판을 다운로드하고 원하는 디렉터리에 압축을 풉니다.
2. 메이븐을 설치한 위치를 가리키는 M2_HOME 환경변수를 정의합니다.
3. 어느 디렉터리에서든 mvn을 입력할 수 있도록 PATH 환경변수에 M2_HOME\bin(유닉스의 경우 M2_HOME/bin)을 추가합니다.

B

스프링 데이터 JPA
키워드 사용법

표 B.1은 스프링 데이터 JPA가 지원하는 키워드와 각 메서드명이 JPQL에서 어떻게 바뀌는지를 설명합니다.

표 B.1 스프링 데이터 JPA의 키워드 사용법과 생성된 JPQL

키워드	예제	생성된 JPQL
Is, Equals	findByUsername findByUsernameIs findByUsernameEquals	... where e.username = ?1
And	findByUsernameAndRegistrationDate	... where e.username = ?1 and e.registrationDate = ?2
Or	findByUsernameOrRegistrationDate	... where e.username = ?1 or e.registrationDate = ?2
LessThan	findByRegistrationDateLessThan	... where e.registrationDate < ?1
LessThanEqual	findByRegistrationDateLessThanEqual	... where e.registrationDate <= ?1
GreaterThan	findByRegistrationDateGreaterThan	... where e.registrationDate > ?1
GreaterThanEqual	findByRegistrationDateGreaterThanEqual	... where e.registrationDate >= ?1

키워드	예제	생성된 JPQL
Between	findByRegistrationDateBetween	... where e.registrationDatebetween ?1 and ?2
OrderBy	findByRegistrationDateOrderByUsernameDesc	... where e.registrationDate = ?1 order by e.username desc
Like	findByUsernameLike	... where e.username like ?1
NotLike	findByUsernameNotLike	... where e.username not like ?1
Before	findByRegistrationDateBefore	... where e.registrationDate < ?1
After	findByRegistrationDateAfter	... where e.registrationDate > ?1
Null, IsNull	findByRegistrationDate(Is)Null	... where e.registrationDate is null
NotNull, IsNotNull	findByRegistrationDate(Is)NotNull	... where e.registrationDate is not null
Not	findByUsernameNot	... where e.username <> ?1
In	findByRegistrationDateIn (Collection<LocalDate> dates)	... where e.registrationDate in ?1
NotIn	findByRegistrationDateNotIn (Collection<LocalDate> dates)	... where e.registrationDate not in ?1
True	findByActiveTrue	... where e.active = true
False	findByActiveFalse	... where e.active = false
StartingWith	findByUsernameStartingWith	... where e.username like ?1%
EndingWith	findByUsernameEndingWith	... where e.username like %?1
Containing	findByUsernameContaining	... where e.username like %?1%
IgnoreCase	findByUsernameIgnoreCase	... where UPPER(e.username) = UPPER(?1)

C

스프링 데이터 JDBC
키워드 사용법

표 C.1은 스프링 데이터 JDBC가 지원하는 키워드와 각 메서드명이 쿼리 조건을 어떻게 생성하는지 설명합니다.

표 C.1 스프링 데이터 JDBC의 키워드 사용법과 생성되는 조건

키워드	예제	조건
Is, Equals	findByUsername(String name) findByUsernameIs(String name) findByUsernameEquals(String name)	username = name
And	findByUsernameAndRegistrationDate(String name, LocalDate date)	username = name and registrationDate = date
Or	findByUsernameOrRegistrationDate(String name, LocalDate date)	username = name or registrationDate = name
LessThan	findByRegistrationDateLessThan(LocalDate date)	registrationDate < date
LessThanEqual	findByRegistrationDateLessThanEqual(LocalDate date)	registrationDate <= date
GreaterThan	findByRegistrationDateGreaterThan(LocalDate date)	registrationDate > date
GreaterThanEqual	findByRegistrationDateGreaterThanEqual(LocalDate date)	registrationDate >= date

키워드	예제	조건
Between	findByRegistrationDateBetween (LocalDate from, LocalDate to)	registrationDate between from and to
OrderBy	findByRegistrationDateOrderByUsername Desc(LocalDate date)	registrationDate = date order by username desc
Like	findByUsernameLike(String name)	username like name
NotLike	findByUsernameNotLike(String name)	username not like name
Before	findByRegistrationDateBefore (LocalDate date)	registrationDate < date
After	findByRegistrationDateAfter (LocalDate date)	registrationDate > date
Null, IsNull	findByRegistrationDate(Is)Null()	registrationDate is null
NotNull, IsNotNull	findByRegistrationDate(Is)NotNull()	registrationDate is not null
Not	findByUsernameNot(String name)	username <> name
In	findByRegistrationDateIn (Collection<LocalDate> dates)	registrationDate in (date1, ... dateN)
NotIn	findByRegistrationDateNotIn (Collection<LocalDate> dates)	registrationDate not in (date1, ... dateN)
True, IsTrue	findByActiveTrue()	active is true
False, IsFalse	findByActiveFalse()	active is false
StartingWith	findByUsernameStartingWith (String name)	username like name%
EndingWith	findByUsernameEndingWith (String name)	username like %name
Containing	findByUsernameContaining (String name)	username like %name%
IgnoreCase	findByUsernameIgnoreCase (String name)	UPPER(username) = UPPER(name)

D

스프링 데이터 MongoDB
키워드 사용법

표 D.1은 스프링 데이터 MongoDB가 지원하는 키워드와 각 메서드명이 쿼리 조건을 어떻게 생성하는지 설명합니다.

표 D.1 스프링 데이터 MongoDB의 키워드 사용법과 생성되는 조건

키워드	예제	조건

Is, Equals	`findByUsername(String name)`
	`findByUsernameIs(String name)`
	`findByUsernameEquals(String name)`
		`{`
		  `"username": "name"`
		`}`

And	`findByUsernameAndEmail(String username, String email)`	`{`
		  `"username": "username",`
		  `"email": "email"`
		`}`

Or	`findByUsernameOrEmail(String username, String email)`	`{`
		  `"$or": [`
		    `{`
		      `"username": "username"`
		    `},`
		    `{`
		      `"email": "email"`
		    `}`
		  `]`
		`}`

키워드	예제	조건
LessThan	findByRegistrationDateLessThan(LocalDate date)	```{ "registrationDate": { "$lt": { "$date": "date" } } }```
LessThanEqual	findByRegistrationDateLessThanEqual(Local Date date)	```{ "registrationDate": { "$lte": { "$date": "date" } } }```
GreaterThan	findByRegistrationDateGreaterThan(LocalDate date)	```{ "registrationDate": { "$gt": { "$date": "date" } } }```
GreaterThanEqual	findByRegistrationDateGreaterThanEqual(LocalDate date)	```{ "registrationDate": { "$gte": { "$date": "date" } } }```

키워드	예제	조건

Between	findByRegistrationDateBetween(LocalDate from, LocalDate to)	```{
		  "registrationDate": {
		    "$gte": {
		      "$date": "from"
		    },
		    "$lte": {
		      "$date": "to"
		    }
		  }
		}```

OrderBy	findByRegistrationDateOrderByUsernameDesc (LocalDate date)	```{
		  "registrationDate": {
		    "$date": "date"
		  }
		}```

Like	findByUsernameLike(String name)	```{
		  "username": {
		    "$regularExpression": {
		      "pattern": "name",
		      "options": ""
		    }
		  }
		}```

NotLike	findByUsernameNotLike(String name)	```{
		  "username": {
		    "$not": {
		      "$regularExpression":
		{
		        "pattern": "name",
		        "options": ""
		      }
		    }
		  }
		}```

키워드	예제	조건
Before	findByRegistrationDateBefore (LocalDate date)	```json\n{\n "registrationDate": {\n "$lt": {\n "$date": "date"\n }\n }\n}\n```
After	findByRegistrationDateAfter(LocalDate date)	```json\n{\n "registrationDate": {\n "$gt": {\n "$date": "date"\n }\n }\n}\n```
Null, IsNull	findByRegistrationDate(Is)Null()	```json\n{\n "registrationDate": null\n}\n```
NotNull, IsNotNull	findByRegistrationDate(Is)NotNull()	```json\n{\n "registrationDate": {\n "$ne": null\n }\n}\n```
Not	findByUsernameNot(String name)	```json\n{\n "username": {\n "$ne": "name"\n }\n}\n```

키워드	예제	조건
In	findByRegistrationDateIn(Collection\<Local Date> dates)	```{ "registrationDate": { "$in": [{ "$date": "date1" }, ... { "$date": "daten" }] } }```
NotIn	findByRegistrationDateNotIn(Collection\<Lo calDate> dates)	```{ "registrationDate": { "$nin": [{ "$date": "date1" }, ... { "$date": "daten" }] } }```
True, IsTrue	findByActiveTrue()	```{ "active": true }```
False, IsFalse	findByActiveFalse()	```{ "active": false }```

키워드	예제	조건

StartingWith	findByUsernameStartingWith(String name)	`{`
		`  "username": {`
		`    "$regularExpression": {`
		`      "pattern": "^name",`
		`      "options": ""`
		`    }`
		`  }`
		`}`

EndingWith	findByUsernameEndingWith(String name)	`{`
		`  "username": {`
		`    "$regularExpression": {`
		`      "pattern": "name$",`
		`      "options": ""`
		`    }`
		`  }`
		`}`

Containing	findByUsernameContaining(String name)	`{`
		`  "pattern": ".*name.*",`
		`  "options": ""`
		`}`

IgnoreCase	findByUsernameIgnoreCase(String name)	`{`
		`  "username": {`
		`    "$regularExpression": {`
		`      "pattern": "^name$",`
		`      "options": "i"`
		`    }`
		`  }`
		`}`

참고 문헌

- Bernard, E., and J. Griffin. 2008. Hibernate Search in Action. Manning Publications.

- Bloch, J. 2017. Effective Java, third edition. Addison–Wesley Professional. [1]

- Codd, E.F. 1970. "A Relational Model of Data for Large Shared Data Banks." Communications of the ACM 13 (6): 377–387. https://dl.acm.org/doi/10.1145/362384.362685.

- Date, C.J. 2015. SQL and Relational Theory: How to Write Accurate SQL Code, third edition. O'Reilly Media.

- Elmasri, R., and S. Navathe. 2016. Fundamentals of Database Systems. Pearson.

- Fielding, R. 2000. "Architectural Styles and the Design of Network–based Software Architecture." PhD dissertation, University Of California, Irvine. https://www.ics.uci.edu/~fielding/pubs/dissertation/top.htm.

- Gamma, E., R. Helm, R. Johnson, and J. Vlissides. 1994. Design Patterns: Elements of Reusable ObjectOriented Software. Addison–Wesley Professional. [2]

- Johnson, R. 2002. Expert One–on–One J2EE Design and Development. Wrox. [3]

- Karwin, B. 2010. SQL Antipatterns: Avoiding the Pitfalls of Database Programming. The Pragmatic Bookshelf. [4]

- Spilcă, L. 2021. Spring Start Here. Manning Publications.

- Tow, D. 2003. SQL Tuning. O'Reilly Media.

- Tudose, C. 2020. JUnit in Action, third edition. Manning Publications.

- Tudose, C., and C. Odubășteanu. 2021. "Object–Relational Mapping Using JPA, Hibernate and Spring Data JPA." Proceedings 2021 23rd International Conference on Control Systems and Computer Science(CSCS 2021): 424 – 431.

---

1 한국어판: 《이펙티브 자바 Effective Java 3/E》(인사이트, 2018)
2 한국어판: 《GoF의 디자인 패턴》(프로텍미디어, 2015)
3 한국어판: 《expert one–on–one J2EE 설계와 개발》(정보문화사, 2004)
4 한국어판: 《SQL AntiPatterns》(인사이트, 2011)

기호

J – M